Religion/Umwelt-Forschung im Aufbruch

Herrn Hard mit bestem
Gruß.

Bochum, d. 18.11.89

M. Büttner

Abhandlungen zur Geschichte der Geowissenschaften und Religion/Umwelt-Forschung

Herausgeber: Prof. Dr. Dr. Dr. Manfred Büttner

Band 1 Werner Kreisel (Hg.) Geisteshaltung und Umwelt
Festschrift zum 65. Geburtstag von Manfred Büttner
(Alano-Vlg.)

Band 2 Manfred Büttner (Hg.) Religion/Umwelt-Forschung im Aufbruch
ISBN 3-88339-717-2 (Studienverlag Dr. N. Brockmeyer)

Manfred Büttner (Hg.)

Religion/Umwelt-Forschung im Aufbruch

Studienverlag Dr. N. Brockmeyer
Bochum 1989

CIP-Titelaufnahme der Deutschen Bibliothek

Religion-Umwelt-Forschung im Aufbruch / Manfred
Büttner (Hg.). – Bochum : Studienverl. Brockmeyer, 1989
    (Abhandlungen zur Geschichte der Geowissenschaften
    und Religion-Umwelt-Forschung ; Bd. 2)
    ISBN 3-88339-717-2
NE: Büttner, Manfred [Hrsg.]; GT

ISBN 3-88339-717-2
Alle Rechte vorbehalten
©1989 by Studienverlag Dr. N. Brockmeyer
Querenburger Höhe 281, 4630 Bochum 1
Gesamtherstellung: Druck Thiebes GmbH & Co. KG Hagen

Inhaltsverzeichnis

Vorwort   1

A. Wissenschaftsgeschichte/Wissenschaftssystematik

Geographie und *Theologie* im 18. Jahrhundert
von Manfred Büttner   6

Kant und die Überwindung der physikotheologischen
Betrachtung der geographisch-kosmologischen Fakten
von Manfred Büttner   17

Zu Beziehungen zwischen Geographie, Theologie und
Philosophie im Denken *Carl Ritters*
von Manfred Büttner   30

Die Protogeae von *Leibniz* - Ein Beitrag zur
rationalen Ausdeutung des Schöpfungsmythos und der
Ausarbeitung des Cartesischen Programms zu einer
rationalen Kosmogonie
von Hans-Joachim Waschkies   60

Zur Geschichte und zum gegenwärtigen Stand der
Religion/Umwelt-Forschung - Versuch einer
Standortbestimmung aus *wissenschaftshistorischer*
und *geographischer* Sicht
von Manfred Büttner   101

Zur Geschichte und zum gegenwärtigen Stand der
Religion/Umwelt-Forschung - Versuch einer
Standortbestimmung aus *religionswissenschaftlicher*
Sicht
von Kurt Rudolph   122

Zur Beziehung *Religion/Umwelt* unter besonderer
Berücksichtigung einiger Aspekte des *Islams*
von Dieter Zeller   142

B. Geographie

Der *dialektische Prozeß* der Religion/Umwelt
Beziehung in seiner Bedeutung für den Religions-
bzw. Sozialgeographen
von Manfred Büttner   170

Die Neuausrichtung der *Geographie* im
17. Jahrhundert durch *Bartholomäus Keckermann*
von Manfred Büttner   211

Von der Religionsgeographie zur
Geographie der Geisteshaltung
von Manfred Büttner   228

Neugnadenfeld und Füchtenfeld,
zwei Flüchtlingssiedlungen im Emsland -
Eine religionsgeographische Studie
von Manfred Büttner   280

Die Verbreitung der *Religionen* und Konfessionen in
Afrika südlich der Sahara und ihr Zusammenhang mit
dem Entwicklungsstand der Staaten
von Reinhard Henkel   318

Stadtgeographische Probleme aus
religionsgeographischer Sicht
von Wilhelm Leitner   339

C. Theologie

Die *Trompete(n)* als Kultinstrument(e) im Alten
Israel - Ein Beitrag zur Musik/Umwelt-Forschung
von Manfred Büttner   359

The Significance of the *Reformation* for the
Reorientation of Geography in Lutheran Germany
von Manfred Büttner   380

Die Beziehungen zwischen Theologie und Geographie
bei *Bartholomäus Keckermann*
Seine Sünden- und *Providentialehre* eine Folge der
Emanzipation der Geographie aus der Theologie?
von Manfred Büttner   413

Grundsätzliches zu den *Schöpfungsmythen*
aus religionsgeographischer Sicht
von Manfred Büttner   436

Maskierte Götter? - Anmerkungen zum
Aufeinandertreffen von Ost und West
am Beispiel der *arabischen Nabatäer*
von Robert Wenning   454

Gott, Mensch, Natur und Umwelt - Zur Geschichte
der Religion/Umwelt-Forschung (*Physikotheologie*)
aus theologischer Sicht
von Manfred Büttner   474

D. Religionswissenschaft

On the Modern *Geography of Perception* and Its
Importance in the Investigation into the
Religion/Environment Relationship
von Manfred Büttner   529

Pilgrimage and Plebiscite -
The Political Significance of the 1933
Pilgrimage to the Holy Robe in *Trier*
von Kirk Allison   542

Religiöse Texte in fremder Kultur –
Eine religionsgeographische Problemstellung mit
pädagogischen Implikationen
von Frank Usarski   588

Rückkehr zum Ursprung – Das Problem der
Revitalisierung von Stammesreligionen, dargestellt
am Beispiel der *christianisierten Batak*
von Peter Gerlitz   605

Marianische Wallfahrten im süddeutsch-
österreichischen Raum im 17./18. Jahrhundert
von Ludwig Hüttl   627

Beitrag zum Verständnis verschiedener Aspekte
Heiliger Berge im *Alten China*
von Thomas Hahn   660

E. Anhang

1. Eichstätt-Tagungsprogramm und Teilnehmerliste ... 3

2. Hamburg Abstracts (ICHS 1989) ... 18
(Ausblick auf weitere Forschung)

(in alphabet. Reihenfolge) zu den Bereichen:

Allgemein Grundsätzliches (A. G.)
Geographie/Geographiegeschichte (G.)
Theologie/Missionswissenschaft (Th./M.)
Religionswissenschaft (Rw.)

Günther BECK (Th./M.)	19
Hartmut BECK (A.G.)	21
Manfred BÜTTNER (A.G.)	23
Ernst DAMMANN (Th.M.)	25
Tobias EISELEN (Th./M.)	27
Dietrich FLIEDNER (G.)	29
Bernhard FRITSCHER (G.)	32
Thomas H. HAHN (Rw.)	33
Reinhard JÄKEL (G.)	36
Udo O. F. KROLZIK (A.G.)	38
Wilhelm LEITNER (G.)	40
M. M. Louise PIROUET (Rw.)	43
Frank USARSKI (Rw.)	45
Heinz WARNECKE (G.)	47
Götz WARNKE (Th./M.)	49
Hans-Joachim WASCHKIES	50

Vorwort

In diesem Band II der neuen Reihe soll das Eichstätt-Symposium aus wissenschaftshistorischer Sicht in die Geschichte der Religion/Umwelt-Forschung hineingestellt und kritisch gewürdigt werden. Die hier veröffentlichten Eichstätt-Referate bilden den Angelpunkt des Bandes, in Analogie zu Band I der "Abhandlungen und Quellen zur Geschichte der Geographie und Kosmologie" (Referate des Mainzer Geographentages) und Band I von "Geographia Religionum" (Referate gehalten am Rande des Geographentages in Münster). Hier wie dort wurden bzw. werden "passende" (hinführende) verstreut und schwer zugängliche bzw. bisher überhaupt noch nicht veröffentlichte Aufsätze hinzugefügt, um die Entwicklung (im Sinne einer Art von Dokumentation über den Weg der Forschung) deutlich werden zu lassen (Aufeinander-Zugehen von Vertretern unterschiedlicher Disziplinen, Aufgreifen religionsgeographischen Denkens unter Zugrundelegung je fachspezifischer Methoden). Daß eine derartige Dokumentation teilweise nach rein subjektiven Kriterien erfolgen muß (darf, kann), soll ausdrücklich betont werden (Vgl. Anm. 1 meines Eichstätt-Referates).

Die Gliederung des Stoffes (Kapiteleinteilung) erfolgt gemäß dem Titel der Gesamtreihe: Geschichte der Geowissenschaften (vornehmlich Geographie), dann Theologie und Religionswissenschaft. Vorangestellt werden (analog zu Eichstätt) allgemeine Themen, soweit sie ganz besonders fächerübergreifend sind, sowie Referate mit wissenschaftshistorisch/wissenschaftssystematischer Ausrichtung. Manche Aufsätze könnten, so mag es auf den ersten Blick scheinen, auch anders eingeordnet werden. Daß z.B. eine Studie über die Trompete(n) im Kapitel 3 (Theologie) zu finden ist, mag manchem willkürlich erscheinen. Entscheidend für die Zuordnung ist der jeweilige Schwerpunkt bzw. der Forschungsansatz.

Es soll bei dieser Publikation, in der es vorwiegend um Aufsätze mit interdisziplinärer Ausrichtung geht, deutlich werden, daß es oft (meist) erforderlich ist, dieselbe "Sache" aus verschiedenen Blickwinkeln (mit unterschiedlichen "Vokabeln") den Vertretern verschiedener Disziplinen in ihrer jeweils eigenen "Denkweise" nahezubringen.

Beispiele: Die Bedeutung von MELANCHTHON, KECKERMANN, KANT, RITTER usw. für die Geschichte der Beziehungen zwischen Geographie, Theologie und Philosophie muß z.B. für einen Wissenschaftshistoriker anders dargestellt ("gewichtet") werden als für einen Geographen, Theologen oder Philosophen (bzw. Physikotheologen). Ernst PLEWE war unter den Geographen wohl der erste, der betont darauf hingewiesen hat, daß man sich auf den jeweiligen "Adressaten" (Leser bzw. Hörer) einstellen muß (in der Diskussion im Anschluß an einen fächerübergreifenden Vortrag auf dem Bochumer Geographentag 1965).

Dasselbe gilt für die genannte "geographische" und "religionswissenschaftliche" Seite der Religionsgeographie bzw. Religion/Umwelt-Forschung oder auch für die verschiedenen Seiten der Physikotheologie, die, als zugehörig zur Geschichte der Religion-Umwelt/Forschung, sowohl nach philosophischen, geographischen, theologischen, allgemein naturwissenschaftlichen als auch (und vor allem) nach wissenschaftshistorischen Aspekten (mit entsprechendem Ansatz und entsprechender Ausrichtung) betrieben und dann "gewichtet" dargestellt werden kann und muß.

Einige Aufsätze, die sehr gut in diesen Band gepaßt hätten, konnten leider nicht (mehr) aufgenommen werden (z.B. PAHNKE). Der 15. März war Einsendeschluß. Wesentlich später eingegangene Referate werden dann wahrscheinlich im folgenden Band III (zusammen mit den Vorträgen des internationalen Wissenschaftshistoriker-Kongresses Hamburg/München, die dort den Angelpunkt des Bandes bilden) erscheinen oder/und in dem von RINSCHEDE in Arbeit befindlichen Band mit Eichstätt-Referaten (dort schwerpunktmäßig die Aufsätze zur Pilgerforschung sowie einige Grundsatzreferate in Doppelveröffentlichung, da ja verschiedene Leserkreise mit den verschiedenen Reihen angesprochen werden, vgl. Anm. 15-18 meines Eichstätt-Referates).

Einige Eichstätt-Vorträge, z.B. die von KIPPENBERG und SEIWERT, sind bereits in Band I dieser Reihe (gewissermaßen vorgezogen) publiziert worden, so daß sich eine neuerliche Veröffentlichung ausschließt.

Einige Referenten (z.B. ALTNER und OTTO) haben sich entschieden, ihre (aus meiner Sicht) hochinteressanten und anregenden Vorträge nicht zu publizieren, ganz gleich in welcher Form und in welcher Reihe. Als Herausgeber und Organisator des Symposiums habe ich diese Entscheidung zu respektieren.

Die Publikation eines offiziellen Gesamt-Kongreßbandes mit allen (oder zumindest den meisten) Referaten ist nicht vorgesehen (vgl. dazu Anm. 18 meines Eichstätt-Referates). Es wird ohnehin immer mehr üblich, auf derartige Veröffentlichungen zu verzichten und stattdessen "nur noch" besonders anregende Aufsätze (obendrein möglichst in einer überarbeiteten Form unter Einbeziehung der Diskussionsergebnisse) zu drucken und diese dann auf unterschiedliche Reihen (je nach Interessenlage des Leserkreises) zu verteilen.

Gesamtpublikationen unter Einbeziehung nicht nur der Diskussionsergebnisse, sondern unter Hereinnahme der Diskussion selbst (wie auf dem Bochumer Geographentag 1965) haben sich nicht bewährt. Für den Wissenschaftshistoriker-Kongreß (ICHS) ist geplant, daß die jeweiligen Organisatoren der einzelnen Symposien für eine Publikation der auf ihren Veranstaltungen gehaltenen Referate sorgen (in einer ihnen geeignet erscheinenden Reihe und einer ihnen freigestellten Auswahl). Ich habe mich bei der Publikation dieses Bandes entsprechend anregen lassen.

Neu ist der Versuch, die Eichstätt-Referate nicht nur in die vergangene, sondern auch in die <u>zukünftige</u> Entwicklung einzuordnen. Aus dem Grunde sind einige besonders wegweisende Abstracts in Form eines Anhangs bzw. Ausblicks beigefügt, die für den sogenannten ICHS-Kongreß (angeregt durch Eichstätt) eingereicht wurden.

Zu danken ist der Gesellschaft zur Förderung der Religion/Umwelt-Forschung für die Bereitstellung eines Druckkostenzuschusses, sowie der DFG für die Bereitstellung von Mitteln für Forschungen, über die in einigen Referaten berichtet wird.

Mein Hauptdank für die reibungslose und vor allem zügige Abwicklung des ganzen Publikationsvorganges gilt Frau MICHLER-BROZIO, unserer neuen Schriftführerin, sowie dem Verlag (hier insbesondere Frau HEUSNER). Es ist schon etwas Besonderes und durchaus nicht allgemein üblich, daß zwischen Anlieferung der Manuskripte und Erscheinen des Buches nur zwei Monate erforderlich waren.

Bochum, im Mai 1989   M. Büttner

A. Wissenschaftsgeschichte/Wissenschaftssystematik

Geographie und Theologie im 18. Jahrhundert

von Manfred Büttner, Bochum

Vortrag gehalten auf dem Deutschen Geographentag
Bochum 1965*

Wenn wir uns einmal von allen Einzelheiten frei machen und lediglich die großen Linien herauszustellen versuchen, die für die Beziehungen zwischen Geographie und Theologie im Zeitalter der Aufklärung charakteristisch sind, so können wir folgende Punkte zusammenstellen:

1. Die Geographie ist in dieser Zeit Wortführerin für den Gesamtbereich aller naturwissenschaftlichen Disziplinen im Gespräch mit der Theologie; mit anderen Worten: Die Geographie nimmt stellvertretend für die Gesamt-Naturwissenschaft die Beziehung zur Theologie wahr.

2. Zunächst herrscht in der Geographie die "theologische Methode" vor, das heißt, man ordnet und beschreibt geographische Fakten nach theologischen Gesichtspunkten.

3. Mit dem Aufkommen der kausalmechanischen Naturbetrachtung entwickelt die Geographie ihre eigene Methode und emanzipiert sich dadurch aus der theologischen Umklammerung.

4. Das Entwickeln einer eigenen naturwissenschaftlich-mathematischen Methode wurde für die Theologie in zweifacher Hinsicht sehr bedeutungsvoll:

   a) Jetzt konnte man die geographischen Fakten wie Berge und Täler, Wind und Regen, Blitz und Donner nicht mehr im Rahmen einer natürlichen Theologie als ersten Weg zu Gott hinstellen. Die Folge ist dann der weitgehende Verzicht auf eine natürliche Theologie.

b) Während man vor der Emanzipation Geographie nach theologischen Gesichtspunkten betrieb, greift jetzt die Theologie die naturwissenschaftlich-mathematische Methode auf. Die Folge ist der sog. WOLFFsche Streit, in dessen Verlauf die Theologie zu ihrer eigenen Methode findet.

Wenn wir das in diesen fünf Punkten Gesagte ganz kurz zusammenfassen wollen, dann können wir vielleicht so formulieren: Die uns heute so selbstverständlich erscheinende Besonderheit zwischen naturwissenschaftlicher und theologischer Methode kristallisiert sich im 18. Jahrhundert im Zuge des Gesprächs zwischen Geographie und Theologie heraus. Etwas überspitzt können wir sogar folgendermaßen formulieren, wie es Prof. PLEWE in einem Brief einmal getan hat: *im 18 Jahrhundert liegen die geographischen Wurzeln der Theologie genauso wie die theologischen Wurzeln der Geographie.*

Obwohl es schwierig ist, in 20 Minuten diese erwähnten geographischen Momente einer Theologie sowie die theologischen Ordnungsprinzipien einer Geographie herauszustellen, will ich es doch versuchen, und zwar derart, daß ich die genannten fünf Punkte etwas näher beleuchte. Beginnen wir also damit, daß wir uns fragen:

Wie kam es, daß die Geographie im 18. Jahrhundert zur Wortführerin im Gespräch zwischen Naturwissenschaft und Theologie wurde?

Wenn wir uns die Geschichte der Beziehungen zwischen Naturwissenschaft und Theologie ansehen, so bemerken wir, daß es in jedem Jahrhundert ein anderer Fragenkomplex ist, um den es geht. Im 16. Jahrhundert bewegte die "kopernikanische Frage" die Gemüter, es war also die Astronomie, die das Gespräch mit der Theologie anführte. Das 19. Jahrhundert war durch die Frage nach der Evolution gekennzeichnet. Darwin oder die Bibel, so hieß die Frage; es ging also um Dinge aus dem Bereich der Biologie. Heute hat die Physik den Stafettenstab übernommen und führt das Fragen des Naturwissenschaftlers an den Theologen an. Im 17. und 18. Jahrhundert jedoch ging es vorwiegend um geographische Fakten, und zwar aus folgendem Grunde:

Man war seit alters her gewöhnt, in der Theologie eine Zweiteilung vorzunehmen. Theologia naturalis und Theologia supranaturalis, so nannte man diese beiden Wege zu Gott. Der erste Weg zu Gott war der über die Natur, und hier spielten die geographischen Fakten wir Regen und Schnee, Berge und Täler, Wind und Wolken usw. die Hauptrolle. Der erste Weg zu Gott war der, daß man einsah, wie diese genannten Phänomene von Gott zum Wohle der Menschen dirigiert wurden.

Als man nun eines Tages feststellte, daß die Erscheinungen der natürlichen Umwelt offenbar genauso den von der Gravität ableitbaren Gesetzen gehorchten, wie die durch NEWTON erforschten Bewegungen der Himmelskörper, war mit einem Schlage die ganze natürliche Theologie – und mit ihr der erste Weg zu Gott – in Frage gestellt. Die ins Unermeßliche anschwellende physikotheologische Literatur dieser Zeit versucht denn auch, auf alle nur erdenklichen Weisen darzutun, daß eben doch Gott den Regen oder den Schnee oder das Gewitter macht, und daß man an der weisen Verteilung der Klimagürtel über die Erde und an der sinnvollen Verteilung von Wasser, Land und Gebirgen eben doch Gott erkennen kann. Da uns hier nur das Methodische interessiert, kann ich auf weitere Einzelheiten verzichten. Wichtig erscheint lediglich noch die Bemerkung, daß von theologischer Seite hauptsächlich protestantische Vertreter Wortführer im physikotheologischen Gespräch sind, angefangen von FABRICIUS, der als erster die _funktionalen_ Beziehungen herausstellt, bis hin zu WOLFF und seinen Schülern, die dann hauptsächlich die Kontingenz dieser funktionalen Verflochtenheit herausarbeiten, wobei sie sich an THOMAS anschließen.

Ich hoffe, die Hinweise genügen, um deutlich gemacht zu haben, wie durch die "kausalmechanische Fragestellung" geographische Fakten auf einmal das Hauptinteresse im Gespräch zwischen Naturwissenschaft und Theologie erwecken.

Wir kommen zum zweiten Punkt und fragen:

Was heißt "theologische Methode in der Geographie?"

Fragen wir zunächst vorbereitend so: Was macht die Geographie zu einer Wissenschaft? Etwa die Menge der Fakten oder die Genauigkeit der Untersuchung? Das noch nicht, sondern das verbindende Forschungsprinzip. MÜLLER-WILLE pflegt zu sagen: Es kommt nicht auf die Dinge selbst in erster Linie an, sondern es kommt darauf an, Ordnung in diese Vielfalt zu bringen. Und PLEWE formuliert mit einem Vergleich aus der Geologie die Sache so: Was macht Schotter zu einem festen Ganzen? Der "Kitt". Es kommt auf den "Kitt" an, damit aus einem Sammelsurium von geographischen Fakten die Geographie als Wissenschaft wird. Dieses Ordnungsprinzip, dieser "Kitt" aber war im 18 Jahrhundert theologisch. Die Geographie als Wissenschaft von den "natürlichen Fakten" war Theologie, genauer gesagt natürliche Theologie. So kommt es, daß derjenige, der sich über die Geschichte der Geographie im 17. und 18. Jahrhundert orientieren will, vorwiegend theologische Werke in die Hand nehmen muß.

Wir wir festgestellt hatten, war das <u>theologische</u> Ordnungsprinzip <u>teleologisch</u>. Es ging darum nachzuweisen, daß das Ziel dieses oder jenes geographischen Phänomens in diesem oder jenem Nutzen für den Menschen bestand. Hatte man das naturwissenschaftlich erhellt, so war die Aussage der Bibel, daß Gott die Natur zum Wohle des Menschen leite, naturwissenschaftlich "bewiesen". Es bestand also die große Übereinstimmung zwischen Naturwissenschaft und Schrift.

Bekanntlich war ARISTOTELES derjenige, der die teleologische Betrachtung einführte; so lange man aristotelisch in der Naturwissenschaft - oder nennen wir die damalige Naturwissenschaft besser Naturphilosophie – dachte, konnten Männer wie ALBERTUS oder THOMAS genauso wie MELANCHTHON oder COMENIUS mit Hilfe der zeitgenössischen Naturbetrachtung unabhängig von der Schrift den ersten Weg zu Gott führen.

Halten wir also fest: Wenn auch in Einzelheiten die Bibel eine andere Darstellung bringt als ARISTOTELES, so ist doch die teleologische Gesamtschau das Verbindende, das sowohl die Einzelaussage der Schrift als auch die Einzelfakten der geographischen Umwelt zu einem einheitlichen Ganzen formt. Aristotelisch betriebene Naturforschung muß bezüglich der Methode mit der biblisch-theologischen identisch sein.

Unser dritter Punkt führt uns mitten hinein in die Auseinandersetzung des 18. Jahrhunderts. Es geht um die

Frage nach der den natürlichen Fakten angemessenen Methode

Forscher wie DREBBEL, BACON, CAMPANELLA, BOYLE usw. fragen zunächst vorsichtig, doch dann immer verwegener nicht mehr nach dem Nutzen etwa der Luft, des Gewitters oder der Verteilung der Klimazonen, sondern sie fragen nach den Ursachen. Die oben erwähnten Physikotheologen versuchen – wie gesagt – zu retten, was zu retten ist, So wie NEWTON in seiner Himmelsmechanik Gott noch Platz für ein gelegentliches Eingreifen läßt, so suchen die Apologeten in dieser neuen Weltmechanik noch Refugien für Gott. Doch wie die Geschichte der Physikotheologie zeigt, ist grundsätzlich mit dem Abweichen von der teleologischen Naturbetrachtung ein neuer Weg beschritten, der zu einer grundsätzlichen Trennung von Theologie und Naturwissenschaft führt. Bei kausalmechanischer Betrachtung führt die Natur nicht mehr zu Gott. Ein Gottesbeweis ist nicht mehr möglich. Übrig bleibt allenfalls noch eine natürliche Theologie "von oben"; das heißt: Dem Menschen, der im Glauben steht, offenbart sich Gott auch in der Natur, der Nicht-Glaubende jedoch ist nicht mehr mit zeitgenössischen naturwissenschaftlichen Methoden sozusagen "mit Gewalt" zu Gott zu führen.

Methodisch bedeutet diese Erkenntnis folgendes: Die geographischen Fakten werden nicht mehr unter theologischen Ordnungsprinzipien betrachtet. Die Emanzipation der Geographie aus der Theologie ist also eigentlich nicht die richtige Bezeichnung für das, was sich wissenschaftsgeschichtlich abspielt, sondern man müßte den Emanzipationsprozeß wohl besser folgendermaßen charakterisieren: Solange die geographischen Fakten unter teleologischem Gesichtspunkt von Theologen "geordnet" wurden, gab es noch keine Geographie im eigentlichen Sinne als Wissenschaft. Zuständig für den Bereich, von dem hier die Rede ist, war als Wissenschaft die Theologie, und zwar der Teil der Theologie, den man als Theologia naturalis bezeichnet. Erst als sich eine eigene "untheologische" Betrachtungsweise entwickelt, in der es darum geht, Berge und Täler oder Wind und Wetter kausalmechanisch und empirisch-messend anzugehen, kann von einer eigenständigen von der Theologie unabhängigen Wissenschaft gesprochen werden.

Während nun also die Geographie, besonders in ihrem Teilgebiet, der Klimatologie, zu "sich selbst" gefunden hat, muß die Theologie erst noch den WOLFFschen Streit durchmachen, um dann endlich zu der heute bekannten und einzig legitimen Methode zu finden. Damit kommen wir, während sich der erste Teil der vierten Frage, nämlich <u>der notwendig werdende Verzicht auf die natürliche Theologie</u> bei der Erörterung der Emanzipation sozusagen von selbst erledigte, zum zweiten Teil unserer vierten Frage, nämlich der

Frage nach der naturwissenschaftlichen Methode in der Theologie

Sehen wir uns also diese naturwissenschaftliche Methode in der Theologie, die als Folge des Gesprächs zwischen Geographie und Theologie im 18. Jahrhundert entsteht, etwas genauer an.

Vorauszuschicken sind einige Bemerkungen über die Methode in der Theologie überhaupt. Bekanntlich ist die Bibel kein "systematisches Buch". Abgesehen von der teleologischen Grundschau, daß Gott es ist, der die Welt nach seinen Zielen lenkt und den Menschen nach seinem Plan erlösen wird, finden wir vornehmlich nur Einzelaussagen ohne eine systematische Ordnung. Ähnlich wie der Geograph die Aufgabe hat, um der geistigen Erfassung vieler Einzelfakten willen eine übersichtliche Ordnung in die Vielfalt der Dinge zu bringen, so hat der systematische Theologe die Aufgabe, die Menge der Einzelaussagen so zu ordnen, daß sie überschaubar werden. Um nicht mißverstanden zu werden, der Glaube wird durch solche Systematisierung grundsätzlich weder gefördert noch gehemmt. Die Systematisierung geschieht nicht aus Glaubenszwecken, sondern aus rein wissenschaftlichen Zwecken.

ORIGENES, wohl der erste systematische Theologe überhaupt, bezeichnete denn auch als Grund der Systematisierung den, daß man mit den Gegnern reden kann. Um aber mit jemandem reden zu können, muß ich meine Sprache der des Gegenüberstehenden anpassen, sonst versteht mich mein Gesprächspartner nicht.

Worauf diese Überlegungen hinzielen sollen, ist dieses: Nach der Aussage der Schrift weht der Geist, wo er will, er schafft Glauben dort, wo er will; da kann die Wissenschaft nicht viel ausrichten. Wohl aber für ein Gespräch ist es erforderlich, daß die Aussagen der Schrift so geistig verfügbar - also systematisiert - werden, daß ein Gespräch möglich wird. Das bedeutet: Der systematische Theologe hat die Aufgabe, die _eine_ Grundaussage der Schrift mit den jeweils verständlichen und gängigen Worten und Denkformen zu formulieren.

Nun war es - wie wir gesehen haben - verhältnismäßig leicht, die biblische Botschaft in aristotelischem Gewande zu formulieren, und die einmalige Geschlossenheit des mittelalterlichen Weltbildes rührt eben daher, daß es möglich war, ARISTOTELES und die Schrift durch die teleologische Klammer zusammenzuhalten. Als das neue naturwissenschaftliche mathematische Denken die alten Aristotelischen Denkformen ablöste, war es daher völlig legitim - so schien es jedenfalls - nun auch die biblischen Wahrheiten in dieser neuen Denkform vorzutragen. COMENIUS, jener Europäer am Vorabend der Aufklärung, ein Mann, der sowohl theologische wie klimatologische Werke verfaßte, fordert denn als erster auch in der Theologie die demonstrativische Methode, weil nur diese, die sich bereits in der Luftmeßkunst so sehr bewährt habe, der Zeit angemessen sei.

Je mehr man nun im Verlaufe des oben geschilderten Gesprächs zwischen Geographie und Theologie einsah, daß die natürliche Theologie aufzugeben sei, um so stärker versuchte man, die mathematische Methode in die Theologie einzuführen, weil man hier das zeitgemäße Äquivalent vermutete.

Ganz wie es COMENIUS gefordert hatte, setzte man mit der Sinnenwahrnehmung an und baute darauf "unumstößliche" Schlüsse auf. So systematisierte man nach naturwissenschaftlich-mathematischer Methode die Gesamtaussage der Schrift. Systematische Theologien, die den Untertitel führen "nach mathematischer oder demonstrativer Methode" sind häufig.

Während die Schule um WEIGEL auf diese Art nur eine Schöpfungs- und Gotteslehre entfaltet, gehen Männer wie HARTMANN, DIPPEL und KNUTZEN, der Lehrer KANTs, sogar so weit, die Christologie und das Erlösungswerk mathematisch-naturwissenschaftlich zu entfalten. Der WOLFFsche Streit, sowie der DIPPELsche Streit machen deutlich, daß es so nicht geht. Es geht nicht an, teleologisch-theologische Aussagen mit Worten und Denkformen der Kausalmechanik zu entfalten. Die Pietisten, die mehr gefühlsmäßig als verstandesmäßig erkannten, daß der so eingeschlagene Weg für die Theologie nicht legitim sei, wurden schließlich von KANT in ihrer Auffassung bestärkt. Seither wissen wir, daß sich die Theologie zwar mit den Denkformen der jeweiligen Zeit auseinanderzusetzen hat, nicht aber sich diesen assimilieren kann.

Wissenschaftsgeschichtlich ist es jedoch nun interessant festzuhalten, daß aus dem Gespräch zwischen Geographie und Theologie im 18. Jahrhundert die Geographie als selbständige Wissenschaft entstand, während die Theologie erst nach langen Kämpfen über den Umweg einer artfremden Methode zu ihrer eigenen fand, die wir heute als die einzig legitime anzuerkennen geneigt sind. (Vgl. dazu den Aufsatz "Gott, Mensch, Natur und Umwelt in diesem Band.)

Wenn wir uns dessen bewußt sind, daß die Formulierung etwas überspitzt ist, so möge sie doch abschließend schlaglichtartig die Gesamtsituation kennzeichnen:

Im 18. Jahrhundert können wir die theologischen Wurzeln der Geographie, aber auch die geographischen Wurzeln der Theologie bemerken. Die Geographie findet über eine "theologische Geographie" direkt zu sich selbst, während die Theologie erst auf dem Umweg über eine "geographisch-mathematische Theologie" schließlich zu ihrer Eigentlichkeit findet.

Diskussion zum Vortrag Büttner

Prof. Dr. E. PLEWE (Mannheim):

Dieser Vortrag erscheint mir deswegen so wichtig und wegweisend, weil sich hier ein Fachtheologe der Geschichte der Geographie zuwendet und bisher kaum oder gar nicht beachtete Bezüge sichtbar macht. Wir haben uns zu sehr daran gewöhnt, die Geschichte der Geographie rückblickend aus den modernen engeren Fachproblemen heraus zu sehen. Die Geographie hat aber, wie hier gezeigt wurde, sehr starke Wurzeln in ganz anderen Bereichen, aus denen Herr BÜTTNER die protestantischen Theologen herausgehoben hat, die in auffallend großer Zahl die Geographie in ihre Betrachtung einbezogen hatten, ja z. T. ganz zu ihr übergewechselt sind, wie etwa J.R. FORSTER oder BÜSCHING. Die aus katholischer Sicht geschriebenen Kosmographien standen der Erde viel kontemplativer gegenüber. Warum? Die katholische Theologie hat zur Grundlage die Heilige Schrift und die mündliche Offenbarung. Der Protestantismus hatte diesem System den einen Flügeln, die mündliche Offenbarung, abgeschnitten, empfand sich dadurch aber offenbar lange als flügellahm. Als Ergänzung zog er nun die Natur, also insbesondere die Erde, die als Gotteswerk auch theologischer Erkenntnisgrund ist, in seine Betrachtung ein, und nun konnte der Vogel wieder fliegen, wobei die Geographie am meisten profitierte. Das sind sehr interessante Zusammenhänge, die bis in CARL RITTERs frühe Pläne einer "Physicotheologie" hineinspielen. Die Geschichte folgt Motiven, an denen man die Ereignisse in ihrem Zeitablauf ordnen und verständlich machen kann. Da sich diese teils von selbst anbieten, teils sogar ausgesprochen sind, ist es begreiflich, daß die mittelalterlichen Kosmographien ebensosehr historische wie geographische Werke sind. Denn die Geographie bietet per se den "Kitt", von dem Herr BÜTTNER sprach, nicht. Der geographische Stoff verfällt zu Sand in dem Augenblick, in dem man ihn keinem Bezugspunkt unterordnen kann, kein Ordnungsprinzip für ihn hat. Der am leichtesten greifbare "Kitt" ist zweifellos die Geschichte, die daher auch am frühesten aufgegriffen wurde.

Seit KANT, der aus seiner Kategorientafel nur eine einzige Kategorie, nämlich die Kausalität, in seiner Erkenntnistheorie in Anwendung auf die Erfahrungswelt fruchtbar machte, haben wir uns daran gewöhnt, die Geographie unter der Frage von Ursache und Wirkung aufzufassen.

Es gibt aber neben dem historischen, dem theologischen und dem in engeren Sinn kausalen auch andere Bezugspunkte, die es erlauben, den "Kitt" in die geographischen Gegebenheiten hineinzutragen, z.B. den Staat. Wird die Geographie, wie weithin im 17. und 18. Jahrhundert, zur Lehre von den Staatsgebieten, abgehandelt nach den wesentlichen Eigenschaften und Kategorien des Staates, dann erhält sie ebenfalls einen systematischen Charakter. Diesen Zusammenhang schien mir der gestrige Vortrag über Geographie und Statistik nicht genügend erklärt zu haben.

Statistik ist ursprünglich nichts weiter als Staatsbeschreibung, wobei es eine lange umkämpfte cura posterior war, ob und wieweit diese zu quantifizieren ist. Zum Tabellenwerk und schließlich zur Zahlenwissenschaft, zu einer angewandten Mathematik, wurde sie erst viel später und nicht ohne heftigen Widerspruch. Alte Statistiken haben begrifflich und systematisch eine sehr große Ähnlichkeit mit unseren Länderkunden, und auch das viel berufene länderkundliche Schema stammt aus der Statistik des 18. Jahrhunderts. Von hier geht ein ganz breiter Strom in die Geographie. Wie sehr die alte Verbalstatistik eine Wurzel unserer Geographie ist, kann man, ohne daß das sebstverständlich ihre Absicht gewesen sein könnte, der "Geschichte der Statistik" von JOHN (1. und einziger Band 1884) entnehmen. Auch HUMBOLDTs "Essay Politique sur le Royaume de la Nouvelle Espagne", den wir so gern als erste moderne Länderkunde bezeichnen, gehört durchaus in die Entwicklung auch der Verbalstatistik, zu deren System auch eine mehr oder minder breite Darlegung der natürlichen Grundlagen des behandelten Gebietes gehörte. Das Ordnungsprinzip dieser Statistiken war pragmatisch; dementsprechend beschränkten sie sich vielfach auch nicht auf die bloße Darstellung des Staatsinhaltes, sondern boten auch Kritik und Besserungsvorschläge, gingen aber auch in Richtung der Raumordnung und Landesplanung.

Verstehen wir also recht: Da die bloße Darbietung der unendlichen Masse geographischer Tatsachen, falls sie nicht lexikalisch ist, formende Gedanken und Leitideen voraussetzt, ohne solche sinnlos ist, dreht sich das Ringen jeder nach Wissenschaftlichkeit strebenden Geographie recht eigentlich um diese. Auf diese Weise sind historisierende, teleologische und pragmatische Ideen nacheinander in die Geographie eingedrungen und haben sie formen helfen, bis schließlich das Kausaldenken, das natürlich nie gefehlt hat, sich endgültig durchgesetzt hat.

Kant und die Überwindung der physikotheologischen Betrachtung der geographisch-kosmologischen Fakten

Ein Beitrag zur Geschichte der Geographie in ihren Beziehungen zur Theologie und Philosophie

von Manfred Büttner, Bochum

Überarbeitete Fassung eines auf dem 15. Wissenschaftshistoriker-Kongreß in Tokyo (1973) gehaltenen Vortrages*

Der Geographiehistoriker[1] hat eine doppelte Aufgabe zu erfüllen. Er muß zunächst einmal untersuchen, wie man früher Geographie betrieben hat, also nach welchen Prinzipien das damals bekannte Material geordnet wurde, welche Konzeptionen man zugrundelegte, bzw. entwickelte, welche Fragen im Mittelpunkt des Interesses standen, welche am Rande behandelt wurden, usw.[2]

Doch dann kommt das zweite, ungleiche Wichtigere hinzu, nämlich die Beantwortung der Warum-Frage.[3] Das bedeutet auf KANT und seine Zeit bezogen: Warum versucht man z.B. bis in die Mitte dieses Jahrhunderts hinein, die gesamte Naturwissenschaft (einschließlich der Geographie) in den Dienst der Theologie zu stellen, woraus sich weitreichende Konsequenzen für den inneren Aufbau dieser Disziplin sowie ihre Zielrichtung, Aufgabenstellung usw. ergaben? Und warum führt dann KANT, obwohl er in der Tradition eines Christian WOLFF stand, nicht dessen physikotheologische Richtung in der Geographie weiter, sondern beschreitet einen neuen Weg, womit er unserem Fach die entscheidende Ausrichtung für die Folgezeit gibt, so daß man heute schlechthin von den zwei großen Epochen in der Geographie sprechen kann, nämlich von der Zeit vor und der Zeit nach KANT? Welche hintergründigen geistigen Kräfte waren es, die gerade bei KANT - und zwar nur bei ihm und nur zu dieser Zeit - einen derartigen Umbruch in unserem Fach bewirkten, und wie sah dieser Umbruch aus?[4]

Bevor wir uns diesem Umbruch zuwenden, soll ein kurzer Blick auf die Situation zu Beginn des 18. Jahrhunderts geworfen werden.

1. Die *physikotheologische Ausrichtung der geographisch-kosmologischen Fakten im frühen 18. Jahrhundert*[5]

Um die Jahrhundertwende war die kausalmechanische Weltbetrachtung aufgekommen und hatte auch in die Geographie Eingang gefunden. Diese Entwicklung löste eine von theologischer Seite ausgehende Gegenbewegung aus, und zwar aus folgendem Grunde: Daß sich das heliozentrische Weltbild allmählich allgemein durchsetzte, hatte man noch hinnehmen können; denn letztlich hing davon für die Theologie doch weniger ab als man zunächst angenommen hatte.[6] Gott blieb in jedem Fall Herr der Welt. Wenn nun aber die Naturwissenschaftler, insbesondere die Geographen, im Begriff waren zu zeigen, daß das gesamte Naturgeschehen "automatisch" abläuft, dann war damit die Botschaft von Gott als dem Herrn und Lenker der Welt grundsätzlich in Frage gestellt. Hier konnte und durfte die Theologie (bzw. die Kirche und die kirchlich ausgerichteten Wissenschaftler) nicht schweigen, insbesondere auch deswegen nicht, weil ja Geographie ein wichtiges Fach in den Schulen war.

So setzte dann zu Beginn des 18. Jahrhunderts die physikotheologische Betrachtung ein. Man versuchte nun nachzuweisen, daß auch die kausalmechanische Betrachtungsweise, wenn man sie nur "richtig" durchführte, die Lehre der Kirche keineswegs in Frage stellte, sondern in ganz besonderer und neuartiger Weise gerade bestätigte.

Man überwand den Gegensatz zwischen kausalmechanischer Naturbetrachtung und theologischer Providentialehre (der Lehre von Gott dem Weltenlenker) dadurch, daß man die einzelnen Prozesse der Natur zwar als kausalmechanisch (aus sich selbst heraus) ablaufend betrachtete, daß man aber die Gesamttendenz (nämlich die Wahl der "passenden" Kausalreihe) als von einem steuernden Geist ausgehend ansah.

Ich nenne diese Art physikotheologischer Betrachtungsweise, wie sie vor allem WOLFF betreibt, die "teleologische Überhöhung der Kausalmechanik".[7]

Genau an dieser Stelle setzt KANT dann an, indem er mit unerbittlicher Schärfe klarmacht, daß man mit Hilfe der Geographie weder Gott beweisen noch den Gegenbeweis gegen seine Existenz liefern kann. Die Geographie ist theologisch neutral!

2. Die verbesserte physikotheologische Methode KANTs

KANT hat lange Zeit hindurch zunächst im Geiste seines Lehrers WOLFF Philosohpie bzw. Theologie betrieben. Auch in der Geographie lehnte er sich zunächst an WOLFF an. Jedoch beginnt er unter dem Einfluß der Ideen NEWTONs (sie waren für WOLFF noch nicht so gravierend) daran zu zweifeln, ob die bis dato durchgeführte physikotheologische Ausrichtung der geographischen Fakten richtig sei. Er nimmt zunächst kleine Verbesserungen am System WOLFFs vor. Daß dieses System als Ganzes durch ein neues zu ersetzen ist, und daß Verbesserungen an einigen Stellen letztlich doch zu nichts führen, wird ihm erst später deutlich.

Ich hatte WOLFFs Methode als "teleologische Überhöhung der Kausalmechanik" bezeichnet. Zur Verdeutlichung dessen, was damit gemeint ist, sei ein Beispiel angeführt: Die Verteilung von Bergen und Tälern, Wasser und Land, der Wechsel der Jahreszeiten usw., all das ist für WOLFF zwar kausalmechanisch bedingt, aber nicht <u>notwendig</u>. Es könnte auch ganz anders sein. Es könnte z.B. ein jahreszeitenloses Klima geben, die Erde könnte ohne Gebirge sein usw. Die Folge wäre allerdings, daß die Menschheit dann weniger gut, ja vielleicht überhaupt nicht leben könnte. So kommt WOLFF zu dem Schluß, daß diese Welt die bestmögliche sei, und daß hinter dieser teleologischen Ordnung des kausalmechanischen Geschehens in der Natur ein Lenker stehen müsse.

KANT setzt nun, um den Lösungsversuch WOLFFs auch unter Berücksichtigung der neuen Erkenntnisse NEWTONs halten zu können, zu einem Verbesserungsvorschlag an. Ich nenne diesen Schritt, den KANT über WOLFF hinaus macht, den "Übergang von der teleologischen zur kosmologischen Überhöhung der Kausalmechanik".

An drei Beispielen sei gezeigt, wie KANT die teleologische Deutung geographischer Fakten kritisiert und abbaut, zunächst nur die rein kausale Betrachtung als einzig legitime gelten läßt; diese aber dann kosmologisch (und später ontologisch) überhöht.

a) Die Gebirge der Erde

KANT sagt:

> "Nach der gewöhnlichen Methode der Physikotheologen werden die ausgebreiteten Vorteile dieser Bergstrecken erzählt, und darauf werden sie als eine göttliche Anstalt durch große Weisheit um so vielfältig abgezielter Nutzen willen angesehen. Nach einer solchen Art zu urteilen wird man auf den Gedanken gebracht: daß allgemeine Gesetze, ohne eine eigene künstliche Anordnung auf diesen Fall, eine solche Gestalt der Erdoberfläche nicht zuwege gebracht hätten, und die Berufung auf den allmächtigen Willen gebietet der forschen Vernunft ein ehrerbietiges Schweigen."[8]

In den folgenden Ausführungen kommt KANT dann zu dem Schluß, daß es natürliche Gesetze sind, auf Grund deren sich die Gebirge bilden. Der Naturforscher (in diesem Falle der Geograph bzw. Kosmologe oder Physiker) hat diese Gesetze zu erforschen, nicht aber zu erörtern, ob die Berge zum Wohle des Menschen oder als Strafe für seine Sünden von Gott geschaffen wurden.[9]

b) Ebbe und Flut

Ich zitiere wieder KANT:

> "Die Natur bietet unzählige Beispiele von einer ausgebreiteten Nutzbarkeit einer und eben derselben Sache zu einem vielfältigen Gebrauch dar. Es ist verkehrt, diese Vorteile sogleich als Zwecke, und als diejenigen Erfolge anzusehen, welche die Bewegungsgründe enthielten, weswegen die Ursachen desselben durch göttliche Willkür in der Welt angeordnet würden. Der Mond schaffet unter anderen Vorteilen auch diesen, daß Ebbe und Flut Schiffe auch wider oder ohne Wind vermittelst der Ströme in den Straßen und nahe beim festen Lande in Bewegung setzen...
>
> Es ist eine widersinnige Art zu urteilen, wenn man, wie es gemeiniglich geschieht, diese alle zu den Bewegungsgründen der göttlichen Wahl zählt...
>
> Man hüte sich, daß man die Spötterei eines VOLTAIRE nicht mit Recht auf sich ziehe, der in einem ähnlichen Tone sagt: sehet da warum wir Nasen haben; ohne Zweifel, damit wir Brillen darauf stecken können."[1●]

Dieses Zitat spricht ohne weiteren Kommentar für sich selbst.

c) Die Flußläufe

Es war unter den Physikotheologen üblich, besonders aus der weisen Verteilung des Wassers über die Erde Gottes Providentia abzuleiten. Diese Wasser-Physikotheologie beherrschte im 18. Jahrhundert weithin das geographische Schrifttum bis in die Schulbücher hinein. Es handelte sich hier gewissermaßen um das Lieblingsthema der Geographie-Theologen; denn in kaum einem anderen Bereich ließ sich Gottes Güte und Weisheit so überzeugend darstellen wie hier.

KANT holt daher zu diesem Thema weit aus. Als <u>lutherischer</u> Geograph, den der <u>augenblickliche Zustand</u> mehr interessiert als der frühere, wendet er sich vor allem gegen die <u>reformierten</u> Fachvertreter, die das Problem der Verteilung des Wassers von der Schöpfungsgeschichte, also vom <u>früheren</u>

<u>Zustand</u> her, angehen. Theorien über die Entstehung der Flüsse im Paradies und die daraus resultierenden Folgen für das jetzt vorhandene Fluß-System lehnt KANT ab. Ja, er verwirft auch hier grundsätzlich alle Spekulationen und stellt die Beschreibung der sichtbaren Erscheinungen in den Vordergrund, wobei er immer wieder betont, daß eins aus dem anderen folgt und eine naturgesetzlich ablaufende Kausalkette den jetzigen Zustand herbeigeführt hat.[11]

Soweit die drei Beispiele, die verdeutlichen sollen, wie KANT zunächst einmal den teleologischen Überbau einschließlich aller Spekulationen ablehnt und allein die kausalmechanische Betrachtungsweise gelten läßt.

In einem zweiten Schritt setzt er dann an die Stelle der teleologischen die kosmologische bzw. ontologische Überhöhung. Durch die Kenntnis der NEWTONschen Entdeckungen war er nämlich zu der Überzeugung gelangt, daß die Naturgesetze <u>mit Notwendigkeit</u> aus der Weltkonzeption folgen und nicht (wie WOLFF noch annahm) zufällig seien. Daraus ergibt sich: Man kann aus dem nach bestimmten Gesetzen sich vollziehenden Ablauf einer Kausalreihe nicht auf einen Lenker schließen, wohl aber auf einen <u>Creator</u>, der zu Anfang die Materie einschließlich der ihr zugrundeliegenden Gesetze schuf, nach denen sich dann die Prozesse mit und innerhalb dieser Materie "von selbst" und ohne weitere Steuerung vollziehen.

Allerdings ist mit diesem kosmologischen Beweis bzw. der kosmologischen Überhöhung der Kausalmechanik für den <u>Lutheraner</u> (der vorwiegend am jetzt tätigen Gott interessiert ist) nicht viel gewonnen; denn was bedeutet es schon für ihn, nunmehr einen Beweis für die Existenz Gottes zu haben, wenn dieser Gott doch nur der "ferne" Gott der Reformierten bzw. Deisten ist, der zwar früher einmal die Welt erschuf, der sich aber seitdem zur Ruhe gesetzt hat und die "Weltmaschine" nach den ihr mitgegebenen Gesetzen automatisch ablaufen läßt?

KANT erkennt dieses Problem und versucht ihm dadurch zu begegnen, daß er den kosmologischen Beweis in den ontologischen überführt. Doch auch damit gelangt er nicht zu einem Ziel, das den Lutheraner befriedigen könnte.

Ich gehe an dieser Stelle auf die Einzelheiten seiner philosophischen Gedankenführung nicht näher ein, möchte jedoch darauf hinweisen, daß wir es hier nicht mit dem Transzendentalphilosophen zu tun haben, sondern immer noch mit dem Schüler WOLFFs. Er liefert keinesfalls einen Beweis a priori, der unabhängig von der Empirie entwickelt wäre, sondern setzt mit dem an, was wir mit unseren Sinnen wahrnehmen können. Daher konnte auch nur in dieser seiner vorkritischen Zeit folgender Ausspruch entstehen, den er später sicherlich anders formuliert hätte:

> "Nichts ist fähiger, den gesunden Menschenverstand mehr aufzuhellen als gerade die Geographie. Denn da der gemeine Verstand sich auf die Erfahrung bezieht, so ist es ihm nicht möglich, sich ohne Kenntnis der Geographie auf eine nur einigermaßen beträchtliche Weise zu extendieren."[12]

3. Die Emanzipation der Geographie gegen Ende des Jahrhunderts

In den achtziger Jahren erkennt KANT die Unzulänglichkeit sowohl einer teleologischen als auch einer kosmologischen oder ontologischen Überhöhung der Kausalmechanik und der entsprechenden Indienstnahme des geographischen bzw. kosmologischen Faktenmaterials für die Theologie; denn ihm ist inzwischen klargeworden, daß man von der Empirie und von der Immanenz her niemals einen Schritt auf die Transzendenz hin unternehmen kann.

Für die Geographie, die sich um die Erforschung der immanenten Welt zu bemühen hat, gelten andere Kriterien, Zielsetzungen usw. als für die Theologie bzw. Transzendentalphilosophie. Die Geographie ist theologisch neutral.

KANT beweist mit Hilfe seiner Antinomienlehre, daß es unmöglich ist, von der Immanenz zur Transzendenz vorzudringen. Seine Beweisführung soll den Schluß meiner Ausführungen bilden. Er sagt:

> "**These:** Die Welt hat einen Anfang in der Zeit, und ist dem Raume nach auch in Grenzen eingeschlossen.
>
> **Beweis:** Denn, nehme man an, die Welt habe der Zeit nach keinen Anfang: so ist bis zu jedem gegebenen Zeitpunkte eine Ewigkeit abgelaufen und mithin eine unendliche Reihe aufeinander folgender Zustände der Dinge in der Welt verflossen. Nun besteht aber eben darin die Unendlichkeit einer Reihe, daß sie durch sukzessive Synthesis niemals vollendet sein kann. Also ist eine unendliche verflossene Weltreihe unmöglich, mithin ein Anfang der Welt eine notwendige Bedingung des Daseins...
>
> **Antithese:** Die Welt hat keinen Anfang, und keine Grenzen im Raume, sondern ist, sowohl in Ansehung der Zeit, als des Raumes, unendlich.
>
> **Beweis:** Denn man setzte: sie habe einen Anfang. Da der Anfang ein Dasein ist, wovor eine Zeit vergeht, darin das Ding nicht ist, so muß eine Zeit vorhergegangen sein, darin die Welt nicht war, d.i. eine leere Zeit. Nun ist aber in einer leeren Zeit kein Entstehen irgendeines Dinges möglich, weil kein Teil einer solchen Zeit vor einem anderen irgendeine unterscheidende Bedingung des Daseins, vor der des Nichtseins, an sich hat (so mag man annehmen, daß sie von sich selbst, oder durch eine andere Ursache entstehe). Also kann zwar in der Welt manche Reihe der Dinge anfangen, die Welt selbst aber kann keinen Anfang haben und ist also in Ansehung der vergangenen Zeit unendlich..."[13]

Mit der Gegenüberstellung dieser beiden sich widersprechenden Thesen ist die Ohnmacht der Vernunft, von der Empirie und der Immanenz her die Transzendenz zu erschließen, aufgezeigt. Damit hat KANT grundsätzlich ein für allemal bewiesen, daß die Geographie (so wie alle anderen Wissenschaften) nicht für die Theologie und den Beweis der göttlichen Weltregierung indienst genommen werden kann, sondern daß sie sich ihre Ziele und Aufgaben selbst stellen kann und muß.[14]

Summary

KANT and the surmounting of the physico-theological interpretation of geographic-cosmological reality

The following points are dealt with:

1. Why the physico-theological interpretation of geographic cosmological reality came about in the 18th century and what consequences there were for geography.

2. Why KANT was able to overcome this interpretation and substitute causal mechanism, thereby giving geography its decisive future form so that it is possible to speak today of 2 great epochs in the history of geography, the time before KANT and the time after.

to 1: The physico-theological interpretation should be seen as a theological reaction (and practically all geographers at that time were theologicans) to the questioning, brought about by the Age of Enlightenment, of the divine world order. With the help of geographical facts attempts were made to overcome the tensions between theology and science, particularly geography, by stressing teleological command of the causal mechanism (WOLFF), in that a theological goal namely the revelation of divine providence was attributed to geography.

to 2: KANT showed that geography is theologically neutral; it is not possible, within the limits of human reason, to infer transcendence from immanence, that is to use geography as evidence for the divine world order.

Anmerkungen

*   Originalfassung in englischer Sprache publiziert: "Kant and the physico-theological considerations of the geographicalfacts: A contribution to the historiy of geography in its relation to theology and philosophy. The geographical schools in Central Europe before 1800." Organon, 11, Warschau 1975. Überarbeitete Fassung auf deutsch: "Kant und die Überwindung... In: Erdkunde, Bd. 29, 1975, S. 162-166.

1. Ich betrachte Geographiegeschichte nicht als Geschichte der Entdeckungen, sondern im Sinne der IGU-Commission "History of Geographical Thought" als Geschichte des geographischen Denkens. Vgl. dazu:

   BECK, H.: Methoden und Aufgaben der Geschichte der Geographie. In: Erdkunde Bd. 8, 1954, S. 197-204; ders.: Entdeckungsgeschichte und geographische Disziplinhistorie. In: ebenda, S. 51-57.

2. Die Frage nach dem Wie kann im allgemeinen "innergeographisch" erforscht werden, indem man sich auf die rein geographischen Schriften der in Frage kommenden Autoren beschränkt.

3. Die Untersuchung der Warum-Frage bereitet meist größere Schwierigkeiten. In ihren geographischen Schriften gehen die Verfasser ja darauf nur selten ein. Es ist daher meist erforderlich, hierzu auch ihre nichtgeographischen Werke heranzuziehen, also "außergeographisch" (bzw. metageographisch) vorzugehen.

   Und eine weitere Schwierigkeit kommt hinzu: Oft sind sich die Geographen (besonders in der Zeit vor 1800) selbst nicht einmal dessen bewußt, warum sie so und nicht anders vorgehen. In diesen Fällen wird man auch in ihren nichtgeographischen Schriften vergebens nach Hinweisen auf die Beantwortung der Warum-Frage suchen. Hier muß man "indirekt" vorgehen und von der allgemein herrschenden Geisteshaltung und deren Wandlung ausgehen. In meiner Habil.-Schrift und in anderen Arbeiten habe ich diesen "indirekten außergeographischen" Weg beschreiten müssen, um eine Antwort auf die Frage zu finden, warum sich in der Zeit vom 15. bis zum 18. Jahrhundert im geographischen Denken immer wieder entscheidende Wandlungen vollzogen. Vgl. dazu:

   BÜTTNER, M.: Theologie und Naturwissenschaft, insbesondere Geographie. Theologische Dr.-Arbeit, Münster 1963; ders.: Theologie und Klimatologie. In: Neue Zeitschrift für systematische Theologie und Religionsphilosophie Bd. 6, Heft 2, 1964, S. 154-191; ders.: Geographie und Theologie im 18. Jahrhundert. In: Verhandlungen des deutschen Geographentages 1965 in Bochum, Wiesbaden 1966, S. 352-359; ders.: A Geographia generalis before Varenius. In: International Geography 1972, Bd. 2, University of Toronto Press 1972, S. 1219-1231; ders.: Die Geographia generalis vor Varenius. Providentialehre und geographisches Weltbild. Wiesbaden 1973 (Habil.-Schrift); ders.: Kopernikus und die deutsche Geographie im 16. Jahrhundert. In: Philosophia naturalis, Bd. 14, 1973, S. 353-364; ders.: Keckermann und die Begründung der allgemeinen Geographie. Das Werden der Geographia generalis im Zusammenhang der wechselseitigen Beziehungen zwischen Geographie und Theologie. In: Plewe-Festschrift, Wiesbaden 1973, S. 63-69; ders.: Regiert Gott die Welt? Vorsehung Gottes und Geographie. Stuttgart 1975; ders.: Die Emanzipation der Geographie im 17. Jahrhundert. In: Sudhoffs Archiv, Bd. 26, Wiesbaden 1975, S. 1-16; ders.: Die Neuausrichtung der Geographie im 17. Jahrhundert. In: Geographische Zeitschrift Jg. 62, Heft 3, Wiesbaden 1975; SUZUKI, H. (Hrsg.): Manfred Büttners Arbeiten über die Beziehungen zwischen Theologie und Geographie. In: Geographical Review of Japan, Tokyo 1974, S. 653-657.

4. Für KANT ist eine solche Untersuchung der Warum-Frage bisher noch nicht durchgeführt worden. Auch der Umbruch selbst wurde noch nicht dargestellt. In jüngster Zeit hat sich zwar MAY mit KANTs Konzeption der Geographie befaßt, er ist jedoch nur der Wie-Frage nachgegangen. Siehe: MAY, J.A.: Kant's Concept of Geography ... University of Toronto Press 1970.

Der vorliegende Aufsatz (er stellt die gekürzte Fassung eines größeren Vortrages dar, den ich auf dem Wissenschaftshistoriker-Kongreß in Tokyo und dem Manchester Meeting der IGU-Commission "History of Geographical Thought" im September 1974 gehalten habe) bildet daher eine gewisse Ergänzung zu der Arbeit von MAY.

Ich hoffe, demnächst weitere Forschungsergebnisse über KANTs Konzeption der Geographie vorlegen zu können, in denen vor allem auf die "Antinomien" eingegangen werden soll, die MAY noch nicht behandelt hat.

5. Zur Geschichte der Physikotheologie und der theologischen Ausrichtung der geographisch-kosmologischen Fakten (bzw. der gesamten Naturwissenschaft unter Einschluß der Geographie) vgl. außer den in Anm. 3 genannten Schriften:

BÜTTNER, M.: Zum Gegenüber von Naturwissenschaft (insbesondere Geographie) und Theologie im 18. Jahrhundert. Der Kampf um die Providentialehre innerhalb des Wolffschen Streites. In: Philosophia naturalis, Bd. 14, S. 95-122; ders.: Das "physikotheologische" System Karl Heims. Einordnung und Kritik. In: Kerygma und Dogma, Heft 4, Göttingen 1973, S. 267-286; ders.: Zum Übergang von der teleologischen zur kausal-mechanischen Betrachtung der geographisch-kosmologischen Fakten. In: Studia Leibnitiana Bd. V, Heft 2, Wiesbaden 1973, S. 177-195; PHILIPP, W.: Das Werden der Aufklärung in theologiegeschichtlicher Sicht. Göttingen 1957; YI-FU, T.: The Hydrological Cycle and the Wisdom of God. A Theme in Geoteleology. University of Toronto Press 1968.

6. Vgl. dazu die in Anm. 3 und 5 genannten Schriften, vor allem meine theologische Dissertation, den KOPERNIKUS-Aufsatz, den WOLFF-Aufsatz und den Aufsatz über die Emanzipation der Geographie in Sudhoffs Archiv.

7. Ich verzichte hier und im folgenden, soweit es sich um WOLFF und die Zeit vor KANT handelt, auf die Angabe von Quellen, sondern verweise dazu auf meinen WOLFF-Aufsatz (vgl. Anm. 5) und den Aufsatz "Theologie und Klimatologie" (vgl. Anm. 3).

8. KANT, I.: Der einzig mögliche Beweisgrund zu einer Demonstration des Daseyns Gottes, zitiert nach der Auflage 1781, A 126.

9. BURNET, der um 1750 immer noch große Autorität besaß, hatte gesagt, daß es vor der Sündflut keine Berge gegeben habe; sie seien Einbruchsreste dieser Flut, die um der Sünde der Menschen willen seinerzeit auf Gottes Geheiß die Erde überschwemmte. Die ganze "Geographie" BURNETs stellt nichts anderes als eine Spekulation über das Aussehen der Erde vor der Sündflut dar. Er untersucht z.B. die positiven Folgen für den Menschen, die sich aus dem Fehlen der Berge ergaben. Vgl. dazu:

    BURNET, TH.: Telluris Theoria Sacra. London 1681; YI-FU, T.: The Hydrological Cycle (s. Anm. 5); BÜTTNER, M.: Theologie und Naturwissenschaft, insbesondere Geographie (s. Anm. 3).

10. KANT, I.: Der einzig mögliche Beweisgrund zu einer Demonstration des Daseyns Gottes. A 134/135.

11. KANT, I.: Der einzig mögliche Beweisgrund ... Ich kann hierzu kein kurzes Zitat bringen, sondern verweise insgesamt auf den entsprechenden langen Abschnitt dieser Schrift.

12. Dieser Satz steht am Ende des 4. Paragraphen der Einleitung zu seiner physischen Geographie. KANT kommt an dieser Stelle auf die Schulgeographie zu sprechen und sagt: "Allein unsere gewöhnliche Schulgeographie ist sehr mangelhaft, obwohl nichts fähiger ist..." Man sollte diesen Ausspruch KANTs nicht überinterpretieren. Siehe:

    KANTs gesammlte Schriften, herausgegeben von der königlich preußischen Akademie der Wissenschaften. Berlin 1910ff (Physische Geographie: Bd. IX, 1923).

13. KANT, I.: Kritik der reinen Vernunft. Zitiert nach der Auflage von 1781, A 426/427.

14. Es sei ausdrücklich auf folgendes hingewiesen: KANT ist nicht der erste, der feststellt, daß sich die Naturwissenschaften (unter ausdrücklichem Einschluß der Geographie) ihre Ziele selbst zu stellen haben, und zwar unabhängig von den "Wünschen" der Theologie.

Bereits KECKERMANN, der Begründer der Geographia generalis, hatte derartiges geäußert (wenn auch mit anderen Argumenten) und eine entsprechende theologisch neutrale (bzw. emanzipierte) Geographie verfaßt, die fachspezifisch aufgebaut war. Aber für eine endgültige Emanzipation war die Zeit damals offenbar noch nicht reif. Nach KECKERMANN setzte der von mir sogenannte "physikotheologische Rückschlag" in der Geographie ein. Erst seit KANT, der eine theologisch neutrale Geographie entfaltet und eine entsprechende wissenschaftstheoretische Begründung dazu vorlegt, kann man von der endgültigen Emanzipation der Geographie aus der Theologie sprechen. Trotzdem versuchen es manche "frommen" Geographen (vor allem die unter dem Einfluß des Hallensischen Pietismus stehenden, wie z.B. C. RITTER) noch im 19. Jahrhundert, die Geographie physikotheologisch in den Dienst der Providentia-Erläuterung zu stellen.

Es war dann vor allem der zu dieser Zeit einflußreiche und weltbekannte Theologie SCHLEIERMACHER, der (bezeichnenderweise unter Berufung auf KANT) allgemein bewußt machte, daß eine solche theologische Ausrichtung der Geographie ein für allemal als überwunden gelten müsse.

Vgl. dazu meine in Anm. 3 genannten Schriften über KECKERMANN sowie den Aufsatz in Sudhoffs Archiv. Eine größere Arbeit über die von Halle und dem dortigen Pietismus ausgehenden Einflüsse auf die Entwicklung der Geographie in Europa (in Halle studierte seinerzeit die Jugend aus ganz Europa) ist in Vorbereitung.

Zu Beziehungen zwischen Geographie, Theologie und Philosophie im Denken Carl Ritters

von Manfred Büttner, Bochum

Vortrag gehalten beim Symposium anläßlich der Wiederkehr des 200. Geburtstages von Carl Ritter in Berlin/West 1979*

Grundsätzliches zum Thema "Geographie und Theologie"

Daß Philosophie und Geographie eng zusammengehören und daher philosophisches und geographisches Denken oft untrennbar miteinander verbunden sind, scheint verständlich, besonders wenn man den Begriff "Philosophie" nicht zu eng faßt. Zur (Welt-)Weisheit (und mehr bedeutet ja Philosophie im ursprünglichen Sinne nicht) gehört nun einmal die Geographie, wie schon Strabo feststellte. Und wenn KANT sagt, daß nichts fähiger sei, den gesunden Menschenverstand zu fördern als gerade die Geographie[1] (eine Aussage, die übrigens in ähnlicher Weise schon sein Lehrer WOLFF gemacht hat[2]), so liegt das durchaus auf dieser Linie. (Auf Einzelheiten der Beziehungen zwischen Geographie und Philosophie vor allem im ausgehenden 18. Jahrhundert komme ich weiter unten zu sprechen.)

Aber wie ist es mit der Theologie, die man als "Gottesweisheit" bzw. "Weisheit über Gott" oder "Lehre von Gott" bezeichnen kann? Was hat die mit Geographie zu tun, und wie kam es, daß immer wieder gerade Theologen sich mit Geographie befaßten, angefangen von den frühchristlichen Schöpfungsexegeten bis hin zu MELANCHTON und MÜNSTER, den Begründern der deutschen Geographie, oder KECKERMANN, HAUBER, BÜSCHING usw.? Und wie kam es weiter, daß auch die meisten Nichttheologen unter den Geographen (wie z.B. MERCATOR oder auch der hier zur Diskussion stehende CARL RITTER) geographisches und theologisches Denken oft so eng miteinander verbanden, daß es heute oft schwierig ja meist unmöglich und im Grunde genommen auch unangemessen ist, beides im nachhinein voneinander zu trennen, selbst in ihren sogenannten rein geographischen Werken?[3] Wer nämlich eine solche Trennung durchführt, ist mit einem Gärtner zu vergleichen, der einem Baum die Krone absägt. Ihm bleibt schließlich nur ein Stumpf, wie HANNO BECK in seiner Festrede (bezogen auf RITTER) so anschaulich und temperamentvoll herausgestellt hat.[4]

Um diese Frage nach den Ursachen für die enge Verflechtung zwischen theologischem und geographischem Denken richtig zu beantworten, ist ein Blick in die systematische Theologie bzw. Theologiegeschichte nötig.[5]

Das Besondere an den Beziehungen zwischen Theologie und Geographie ist bzw. war dieses: Geographie und Theologie haben (wenigstens zu einem großen Teil) ein gemeinsames Objekt. Diese Tatsache ist bislang kaum beachtet worden. Nun mag man sich ja in der Tat fragen: Wo soll das gemeinsame Objekt liegen? Der Theologe befaßt sich grundsätzlich mit Gott, der Geograph mit der Erde bzw. der Erdoberfläche. Wo ist hier ein gemeinsamer Bezug? Nun, heute (und man kann sagen, im Grunde genommen seit dem Ende des 18. Jahrhunderts) besteht tatsächlich so viel wie kein gemeinsamer Bezug mehr, bzw. der grundsätzlich vorhandene gemeinsame Bezug hat an Bedeutung für die Beziehungen zwischen Geographie und Theologie verloren. Trotz des gemeinsamen Objektes gehen Theologie und Geographie heute getrennte Wege. Das war früher anders, und deswegen ist es wichtig, sich die Situation vor Augen zu führen, die im 18. Jahrhundert vorlag, eine Situation, in die Ritter hineingeboren wurde, und die sein Denken bis an sein Lebensende weitgehend bestimmte.

Als Einstieg bietet sich folgender Gedankengang an, der die christliche Theologie seit Paulus bestimmt: Gott offenbart sich den Menschen auf zweierlei Weise, nämlich in Natur und Geschichte. Sehen wir uns zunächst die Offenbarung in der Geschichte an, die man auch als persönliche, direkte oder übernatürliche Offenbarung bezeichnen kann. (Man denke etwa an die Offenbarung, die Mose auf dem Berg Sinai erlebte.)

Offenbarungen dieser Art werden in der Regel zunächst mündlich tradiert und dann nach und nach schriftlich fixiert. Wissenschaftler, die sich mit diesen Texten befassen, müssen - bevor sie an die theologische Exegese gehen können - vor allem erst einmal Philologen sein und die Sprachen beherrschen, in denen diese Texte verfaßt sind. Sie müssen (und damit kommt bereits die weiter unten zu besprechende Analogie in den Blick) die Regeln kennen, nach denen die betreffenden Sprachen aufgebaut sind, usw. Vor allem die protestantischen Theologen, deren Forderung es war, einzig und allein nur die Schrift gelten zu lassen, mußten daher zunächst die Sprachen Griechisch und Hebräisch studieren, bevor sie an ihre eigentliche Aufgabe, die theologische Exegese der Schrift, herangehen konnten. PHILIPP MELANCHTON und SEBASTIAN MÜNSTER, die beiden Begründer der Geographie in Deutschland, waren zugleich die ersten Philologen der biblischen Sprachen. MELANCHTON war der erste Gräzist und MÜNSTER der erste Hebraist. (Von weniger bedeutenden Vorläufern einmal abgesehen.)

Nun zur Offenbarung in der Natur, die man auch als natürliche Offenbarung bezeichnet. Der Zweig der Theologie, der sich mit ihr befaßt, wird "natürliche Theologie" genannt. Hier haben wir es nicht mit Texten zu tun, sondern mit Faktenmaterial aus dem Bereich der Natur, und zwar vorwiegend mit solchem Material, das man im Rahmen der Geographie behandelt (Relief, Klima, Land/Meer-Verteilung, Erdbeben, Überschwemmungen usw.). Analog zu dem Theologen, der sich mit der übernatürlichen Offenbarung befaßt und der zunächst einmal Philologe sein muß, ist es für den Theologen, der sich mit der natürlichen Theologie befaßt, unbedingt erforderlich, zunächst einmal Naturwissenschaft (insbesondere Geographie) zu studieren. Und dabei ist, bzw. war es wichtig, auf der Höhe der Zeit zu stehen, Gelehrte wie CALVÖR, die sich gegen die moderne im 17. und vor allem im 18. Jahrhundert aufgekommene kausalmechanische Naturbetrachtung stellten, verloren bald an Boden.[6] Immer mehr setzte sich die Meinung durch, daß gerade mit Hilfe der kausalmechanischen Betrachtung die weise Lenkung Gottes (als Parallele zu der in der Bibel bezeugten) ganz besonders gut zu demonstrieren sei. Bibel und Natur sagen grundsätzlich dasselbe, wenn man sie theologisch befragt, also fachgerecht exegesiert, das war die Meinung zu dieser Zeit.[7]

Ich denke, das Gesagte genügt, um deutlich zu machen, woher die engen Beziehungen zwischen Theologie und Geographie rühren. Dabei ist folgendes wichtig: Rein vordergründig waren die Theologen, wenn sie sich dem geographischen Faktenmaterial zuwandten, Geographen, genauso wie ihre nichttheologischen Fachkollegen. Und dennoch stellten sie, obwohl sie die in der Geographie gängige Methode benutzten, letztlich das empirisch gewonnene Material - wiederum genau wie ihre geographischen Fachkollegen - in den Dienst der theologischen Aussage: Hier sieht man, wie Gott die Welt regiert und sich über die Natur dem Menschen offenbart. Meiner Meinung nach ist es völlig gleichgültig, ob vom Umfang her das vorgelegte rein empirisch ermittelte geographische Material die theologischen Erörterungen übertrifft oder nicht, genauso, wie es vom Grundsätzlichen her gesehen belanglos ist, ob in einem Bibelkommentar der philologische rein sprachwissenschaftliche Teil mehr Seiten umfaßt als der theologische exegetische. Hier wie dort handelt es sich von der Zielsetzung her um theologische Werke.[8] Diese Erwägungen sind wichtig für die Einordnung der Werke RITTERs.

Soweit zu den Beziehungen zwischen Geographie und Theologie. Es wäre nun noch der Frage nachzugehen, welche Rolle die Philosophie bzw. philosophisches Denken in diesem Zusammenhang spielt.

Die Bedeutung philosophischen Denkens im Rahmen der Beziehungen zwischen Geographie und Theologie

Um der Gefahr zu begegnen, hier oder da mißverstanden zu werden, möchte ich, bevor ich weiter fortfahre, gewisse Begriffe, die bereits benutzt wurden, nunmehr genau definieren, wenn sie auch bereits umrißhaft erläutert wurden. Vor allem soll aber auch klar herausgestellt werden, wie diese Begriffe im weiteren Verlauf meiner Ausführungen benutzt werden sollen.

Unter Theologie soll die Lehre von Gott und seiner Offenbarung in Natur und Geschichte verstanden werden. Theologisches Denken kreist dann um die beiden Pole: Gotteserkenntnis durch übernatürliche Offenbarung (in der Bibel fixiert) und natürliche Offenbarung (in der Natur fixiert).

Geographie bedeutet ja zunächst so viel wie "Beschreibung der Erde". (Ich gehe hier nicht auf die Frage ein, ob man beim Beschreiben vorwiegend an Beschreiben mit Worten oder mit Karten dachte.) Für uns soll (und damit will ich die enge Beziehung zwischen Geographie und Theologie in der Zeit vor 1800 ausdrücken) Geographie folgendes bedeuten: Beschreiben des Aussehens und Erklären des Funktionierens der von Gott geschaffenen und von ihm regierten Welt, genauer gesagt, vorwiegend der Erdoberfläche. Mit dieser Definition glaube ich dem, was die Geographen seit der Zeit der Reformation (in dieser Zeit beginnt ja die deutsche Geographie) bis weit ins 18. Jahrhundert, ja, bis zu CARL RITTER hin unter Geographie verstanden, am nächsten zu kommen.

Geographisches Denken kreist dann um die beiden Pole Beschreiben und Erklären. Das Beschreiben (ob mit Worten oder Karten) hat dann enge Beziehungen zum theologischen Lehrstück von Gott dem Schöpfer. Das Erklären des Funktionierens kann dann in Beziehung zu Gott dem Lenker und Regierer der Welt gebracht werden. Damit komme ich zu dem, was in unserem Zusammenhang unter Philosophie bzw. philosophischem Denken verstanden werden soll.

Daß ich Philosophie nicht zu eng fassen möchte, deutete ich bereits an. Andererseits spare ich Bereiche wie philosophische Ethik, Ontologie usw. (also das, was man heute weithin als die eigentliche Philosophie betrachtet) aus. Wenn ich hier von Philosophie spreche, dann soll damit die von CHRISTIAN WOLFF entwickelte deutsche Schulphilosophie des 18.

Jahrhunderts verstanden werden, der sich auch der vorkritische KANT noch verpflichtet fühlte, und zwar meine ich dann vor allem den Teil der Philosophie bzw. des philosophischen Denkens, mit dem es gelingt, die kausalmechanische Betrachtung in der Naturwissenschaft (und insbesondere in der Geographie) teleologisch so zu überformen, daß das empirisch erforschte Faktenmaterial, obwohl es zunächst kausalmechanisch erklärt wird, doch zum Gottesbeweis bzw. zur Erläuterung seiner Macht, Weisheit und Güte herangezogen werden kann. Ich will diesen Teil aus dem Gesamtbereich der Philosophie, der gewissermaßen das Bindeglied zwischen Geographie und Theologie bildet, die "<u>theologisch-teleologische Überformung des kausalmechanischen Denkens in der Geographie</u>" nennen.

Wie setzt nun ein Geograph, der mit Hilfe dieses philosophischen Denkens seine Beziehung zwischen Geographie und Theologie herstellen will, an? Ja, wie erreicht er es, ohne das empirisch ermittelte Material zu "vergewaltigen", dieses theologisch indienst zu nehmen, so daß im Grunde genommen (wie weiter vorn bereits angedeutet) fast alle geographischen Werke des 18. Jahrhunderts von ihrer letzten Zielsetzung her als theologische Werke zu bezeichnen sind? Ich verweise auf die hierher gehörigen Schriften z.B. von CHRISTIAN WOLFF, dem Haupt der deutschen Frühaufklärung, FABRICIUS, BÜSCHING, HAUBER usw.[9]

Der empirische Ansatz und die theologisch-teleologische Überformung

Wenn man einmal alle Unterschiede beiseite läßt, die das Vorgehen der lutherischen Geographen von dem der Reformierten (bzw. Calvinisten) und Katholiken im Detail unterscheidet, dann läßt sich vielleicht folgendes herausstellen, was immer wieder in ihren Werken der Sache nach anklingt oder expressis verbis gesagt wird: Die Welt bzw. Erdoberfläche, wie sie sich dem empirisch vorgehenden Naturforscher, insbesondere dem Geographen, darstellt, kann in ihrer großartigen Anlage und wunderbaren Funktion (eins greift erstaunlich gut ins andere) nicht zufällig so entstanden sein und zufällig so funktionieren. Es muß einfach ein weiser Schöpfer und Lenker hinter all diesem vordergründig Sichtbaren am Werk sein bzw. gewesen sein.[10] Ein Blick in die Natur weist also auf Gott. Anders ausgedrückt: Beschäftigung mit der Geographie führt zur Gotteserkenntnis.

Soweit zum Ansatz und zur theologisch-teleologischen Überformung des empirisch ermittelten Faktenmaterials. Wie weiter vorn gesagt, spielt es dabei keine Rolle, ob diese Überformung nur in einem einzigen Satz in der Einleitung bzw. am Schluß erfolgt oder ob immer wieder bei jeder passenden Gelegenheit expressis verbis diese Überformung durchgeführt wird. Grundsätzlich wird durch diese Überformung aus einer nach unseren heutigen Vorstellungen "echten" Geographie ein theologisches Werk, zumindest ein geographisches Werk mit einer theologischen Zielrichtung.

Jedoch sei schon jetzt auf eine Entwicklung hingewiesen, die für die Einordnung RITTERs von Bedeutung ist. Während bei den frühen Geographen (z.B. MELANCHTON, MÜNSTER, MERCATOR usw.) die theologische Überformung des geographischen Faktenmaterials meist eine so enge Verbindung mit dem Material selbst einging, daß das, was wir heute das "rein Geographische" nennen würden, kaum von dem philosophisch-theologisch Übeformten abzuheben ist, rückt das zur Überformung Gesagte im Laufe der Zeit immer mehr in die Anmerkungen oder ins Vor- bzw. Nachwort, so daß das "rein Geographische" sozusagen von selbst langsam immer deutlicher erkennbar wird.[11] Die Geographie WOLFFs, HAUBERs, BÜSCHINGs usw. wirkt daher weniger theologisch als z.B. der Atlas MERCATORs, der noch eine echte Schöpfungsexegese darstellt.[12] Wir werden zu untersuchen haben, wie RITTER vorgeht. Kann man sein geographisches Werk , wenn man das Vorwort wegläßt, als "rein geographisch" bezeichnen, setzt er also die Entwicklung, die im 18. Jahrhundert begonnen hatte, fort, oder finden sich bei ihm auch im Haupttext (noch) so viele teleologisch-theologische Überformungen, so daß er den Physikotheologen des frühen 18. Jahrhunderts (zumindest in dieser Hinsicht) an die Seite gestellt werden müßte, was im 19. Jahrhundert ein Anachronismus wäre?

Zu Beziehungen bei CARL RITTER

Das bisher Gesagte war meiner Meinung nach erforderlich, um das Verständnis für Beziehungen vorzubereiten, die möglicherweise zwischen Geographie, Theologie und Philosophie im Denken Ritters vorliegen. Ich spreche ausdrücklich nicht von den Beziehungen, sondern von Beziehungen. Wenn ich von den Beziehungen sprechen wollte, dann müßte ich jetzt auf die einzelnen Werke RITTERs eingehen, die Entwicklung aufzeigen, die sein Denken im Laufe seines langen Lebens durchgemacht hat usw. Das kann ich einmal nicht, weil die mir im Rahmen dieses Vortrages zur Verfügung stehende Zeit zu knapp ist; zum anderen sind diese Dinge noch zu wenig erforscht, als daß ich hier schon eine Art abschließendes Urteil vorlegen könnte oder wollte. Meine folgenden Ausführungen mögen mehr als Anregung, als Diskussionsbeitrag dienen, auch einmal diese Seite seines Gesamtdenkens, bzw. diese Beziehung innerhalb seines Gesamtdenkens näher zu erforschen. Zwar ist in der Literatur über RITTER immer wieder auf den teleologischen Zug seines Denkens hingewiesen worden,[13] doch fehlt bisher eine wirklich tiefgründige umfassende und systematische Untersuchung darüber, welchen Stellenwert dieser teleologische Zug vor allem in Verbindung zur Theologie bei ihm eingenommen hat und wie er sich mit dem bei RITTER auch immer wieder zu beobachtenden kausalmechanischen Denken verträgt.[14]

War der teleologische Zug eine wichtige Komponente in seinem Gesamtdenken, mit dessen Hilfe es ihm gelang, kausalmechanisches ja sogar geodeterministisches Denken in der Geographie mit theologischem Denken zu verbinden und eventuelle sogar die Geographie auf diese Weise in den Dienst der Theologie zu stellen? Und wenn das stimmt, an welcher Stelle der Beziehungen zwischen Geographie und Theologie (bzw. Philosophie) steht RITTER dann? Zu diesem Fragenkomplex sei auf einige Passagen in seinem Hauptwerk, der "Erdkunde"[15], eingegangen.

Sicherlich werden diejenigen, die bemüht sind, Beziehungen zwischen Geographie, Theologie und Philosophie (oder gar eine theologische Ausrichtung seiner Geographie) herunterzuspielen, mir vorhalten, daß sich beliebig viele Stellen finden lassen, die "rein geographisch" zu verstehen und zu interpretieren sind, also keinen Bezug zur Theologie oder Philosophie erkennen lassen.[16] Dem möchte ich entgegenhalten: Wenn ich zwei oder auch nur einen einzigen weißen Raben gesehen habe, dann ist damit für mich bewiesen, daß es weiße Raben gibt. Ob man mir dann 100, 1000 oder eine Million schwarze Raben zeigt, die Tatsache, daß es weiße Raben gibt, ist dadurch nicht entkräftet, höchstens relativiert worden. Und auf diese Relativierung wird es bei weiteren Forschungen ankommen.

Zurück zu RITTER. Wenn ich in ein oder zwei Fällen Beziehungen obengenannter Art aufzeigen kann, dann ist damit bewiesen, daß es solche Beziehungen bei ihm gegeben hat. Eine ganz andere Frage ist dann die, ob RITTERs **ganzes** Denken gleichermaßen und zu allen Zeiten seines Lebens von solchen Beziehungen geprägt war, oder ob das nur für bestimmte Teile seines Werkes oder bestimmte Zeiten seines Lebens galt.[17]

Ich will im folgenden an zwei Beispielen aufzeigen, daß es bei RITTER Beziehungen zwischen geographischem, theologischem und philosophischem Denken gegeben hat. Gleichzeitig will ich herausstellen, an welcher Stelle innerhalb der Geschichte dieser Beziehungen das Denken RITTERs anzusiedeln ist. Gehört es (wie schon weiter vorn gefragt) noch in die physikotheologische Epoche hinein, weist es bereits über diese ins 19. Jahrhundert oder muß man die Frage mit "sowohl als auch" beantworten? Als Beispiele greife ich die Einleitung zur zweiten Auflage seines Hauptwerkes und das Palästina-Kapitel dieser Auflage heraus.

Zum "<u>Vorwort</u>" bzw. zur Einleitung[18]: Daß Ritter hier Beziehungen zur Theologie behandelt, ja der ganzen Geographie eine theologische Begründung und Ausrichtung gibt, ist allgemein anerkannt und nie geleugnet worden; denn RITTER behandelt diese Dinge expressis verbis in so eindringlicher Weise, daß man einfach nicht daran vorbeikommen kann. Ich kann es mir daher ersparen, hier näher darauf einzugehen. Entscheidend ist in unserem Zusammenhang die Frage, ob dieses "Vorwort" isoliert für sich steht, lediglich als "Kotau" vor dem Staat oder der Kirche aufzufassen ist, oder ob es soviel wie die Leitlinie des ganzen Werkes darstellt.

Da man mir (ich bin ja von Hause aus Theologe) möglicherweise Voreingenommenheit vorwerfen könnte, zitiere ich, was HANNO BECK in seinem vor kurzem erschienenen Buch[19] dazu sagt. Nachdem er Grundsätzliches besprochen hat, sagt er:

> "Bereits jetzt können wir das Vorhaben seines Werkes transparent machen: Es geht RITTER zunächst um die Plastik oder das Relief der Erdteile, die er behandelt. Da diese Gliederung für ihn nicht zufällig, sondern gottgewollt ist, sinnt er zweitens über den Einfluß nach, der von der horizontalen und vertikalen Gliederung auf das Dasein der Menschen und Völker ausgeht. Nachdem er dieses Vorhaben schon im Plan seines Werkes festlegte, haben wir weitere Erläuterungen dazu gefunden, so daß dieses Ergebnis zweifelsfrei ist." (S. 81 ff.)

Zu dem von BECK Gesagten möchte ich folgendes anmerken:

1. Das Vorwort bzw. die Einleitung (also das vorn und nicht im Haupttext Gesagte) steht nicht isoliert für sich da, sondern hier wird der Plan des ganzen Werkes dargelegt.

2. Wie die meisten Physikotheologen setzt RITTER mit dem Gedanken an, daß es im physiogeographischen Bereich keinen Zufall geben kann, sondern daß alles gottgewollt ist. Der Hinweis auf diese Nichtzufälligkeit ist der entscheidende Schritt von der Neutralen Geographie zur philosophisch-theologischen Überformung des geographischen Faktenmaterials.[20]

3. Neu gegenüber den physikotheologisch ausgerichteten Geographen des 18. Jahrhunderts ist bei RITTER das Nachsinnen über den Einfluß, der vom Relief auf den Menschen ausgeht. Hier scheint sich ein (wenn auch theologisch überformter) Geodeterminismus anzudeuten. Für Ritter ist es zwar noch selbstverständlich, daß sich Gott des Reliefs bedient, um seine Ziele, die er mit der Menschheit hat, zu verfolgen. Zufall ist für RITTER noch ausgeschlossen. Doch es genügt eine kleine Korrektur, und dieses Denken landet im platten Determinismus, wie das dann ja auch gegen Ende des Jahrhunderts etwa mit folgendem Gedankengang der Fall ist: Weil (zufällig) in bestimmten Gegenden bessere Voraussetzungen vorhanden sind, deswegen entwickelte sich dort eine höhere Kultur. Bei diesem Denken ist die Erstursache rein zufällig und alle Folgen ergeben sich dann zwangsläufig.[21]

Soviel zu dem, was über das grundsätzliche Vorgehen RITTERs zu sagen wäre. Es zeigt sich, daß er gewissermaßen zwischen den Zeiten steht. Einerseits denkt er noch physikotheologisch, andererseits öffnet er bereits geodeterministischem Denken Tür und Tor.

Ich komme zu dem zweiten Beispiel. Während das erste Beispiel "nur" im "Vorwort" und in dem zu diesem "Vorwort" passenden Gesamtdenken RITTERs sozusagen hintergründig eine Beziehung zwischen geographischem, theologischem und philosophischem Denken erkennen läßt, soll in diesem zweiten Beispiel deutlich gemacht werden, wie sich ein solches Denken bei der (angeblich) rein geographischen Beschreibung eines Erdindividuums ausnimmt.

Als Beispiel wähle ich die Palästina-Kapitel. Wieder verweise ich auf BECK, der sagt:

> "Für den durch und durch christlichen Geographen RITTER war die Behandlung Palästinas die Aufforderung zu einer Bewährungsprobe seiner Methode."
> (S. 95)

Wie sieht diese Bewährungsprobe aus? Ohne auf Einzelheiten einzugehen (was bei den über 1000 Seiten umfassenden Palästina-Kapiteln den Rahmen dieses Aufsatzes sprengen würde[22], will ich nur folgende Punkte herausstellen, die für unseren Zusammenhang besonders wichtig sind und uns die Möglichkeit geben, RITTER noch genauer in die Geschichte der Beziehungen zwischen Geographie, Theologie und Philosophie einzuordnen.

1. RITTER greift wieder den im "Vorwort" bereits betonten Gedanken von der Nicht-Zufälligkeit auf. Er führt im einzelnen das an dem Beispiel Palästina näher aus, was er grundsätzlich im "Vorwort" hatte anklingen lassen. Das Ziel seiner wortreichen Ausführungen kann man folgendermaßen umreißen: Es ist nicht Zufall, daß sich in diesem kleinen abseits gelegenen Land jene Dinge ereigneten, ereignen konnten, die dann für die ganze Weltgeschichte von so großer Bedeutung geworden sind. Alles entspringt dem Plan Gottes, er hat alles entsprechend angelegt.

Gehen wir vom Inhaltlichen zum Formalen über, so zeigt sich hier erneut, daß RITTER nicht in die Reihe derjenigen Physikotheologen einzuordnen ist, bei denen die Beziehungen zwischen Geographie und Theologie immer lockerer wurden und schließlich nur noch in einem theologischen Vor- oder Nachwort bestanden, das ohne irgendeinen Verlust für den Gedankengang des Gesamtwerkes (für den rein geographischen Gedankengang des Gesamtwerkes) entfernt werden konnte.

2. Ein neuer Gesichtspunkt kommt hinzu, der im "Vorwort" bzw. in der Einleitung noch nicht anklang. Man könnte ihn heute als "Possibilismus" bezeichnen. RITTER sagt, es sei die Aufgabe des Geographen, der sich mit Palästina befaßt, herauszuarbeiten, was die dort wohnenden Israeliten mit den ihnen von Gott bereitgestellten Möglichkeiten gemacht haben. Haben sie mit dem ihnen verliehenen Erbteil optimal gewuchert; denn Gott stellte nur Möglichkeiten bereit, Zwänge gab es nicht.

Mir scheint, daß besonders dieser zweite Punkt in seiner Bedeutung nicht nur für die Geschichte der Beziehungen zwischen Geographie, Theologie und Philosophie von großer Bedeutung ist, sondern auch für die Entwicklung des geographischen Denkens schlechthin. Im Grunde genommen kann man RITTER zu den ersten Possibilisten rechnen.[23] In einer Zeit, da deterministisches Denken in der Geographie seinem Höhepunkt zustrebte, hatte RITTER dieses Denken schon überwunden, und zwar aus theologischem Denken heraus.

Ich weise ausdrücklich darauf hin, um Anregungen für weitere Forschungen zu geben, daß diese Dinge bei RITTER noch einmal näher untersucht werden müßten. Läßt sich (wie in seinem rein geographischen Denken) auch in dem, wie er über Beziehungen zwischen Geographie, Theologie und Philosophie denkt (die wiederum sein geographisches Denken stark beeinflussen) eine Entwicklung nachweisen? In seiner Einleitung zur 1. Auflage (wohl 1815 konzipiert[24]) sagt er, daß der Einfluß, den die Natur auf die Völker ausübe, besonders groß sei, da hier Massen auf Massen wirken. Hier ist nichts von possibilistischem Denken zu verspüren. Es folgt in den Jahren nach 1815 eine (plötzliche oder langsame) Änderung in seinem Denken, möglicherweise verursacht durch die Heirat der dem Pietismus nahestehenden LILLI KRAMER?[25] Welche Gründe sind es, die ihn später von der deterministischen in die possibilistische Richtung weisen, bzw. zum deterministischen Denken auch possibilisitisches hinzuzunehmen? Soweit mir bekannt ist, ging RITTER unter anderem ja auch aus dem Grunde nach Berlin, um dort mit SCHLEIERMACHER, dem Theologen des frühen 19. Jahrhunderts in Kontakt zu kommen. Welchen Einfluß hat SCHLEIERMACHER auf RITTER ausgeübt?[26]

Und welche Einflüsse gingen von den Philosophen des frühen 19. Jahrhunderts aus, für die das Thema "menschliche Freiheit" ja ein zentrales Anliegen war? Hier ist noch viel an Forschungsarbeit zu leisten bis wir ein endgültiges klares Bild von den (zum Teil nur hintergründig faßbaren) Einflüssen auf das Denken RITTERs (und dessen Wandlungen?) entwerfen können. (eine Dr.-Arbeit über diese Dinge, die uns sicherlich ein gutes Stück weiterbringen wird, ist zur Zeit in Bochum unter meiner Betreuung in Arbeit.)

Schlußwort

Aufgrund meines Themas hatte ich nicht die Aufgabe, das Neue in der rein geographischen Konzeption RITTERs herauszustellen, also z.B. darzulegen, daß er als erster Erdindividuen erkannte und beschrieb, nach welcher Methode er bei dieser Beschreibung vorging, oder daß er (als erster wieder nach POLYCARP LEYSER) eine Geographie forderte (und auch ausführte), die nicht, wie z.B. noch die seines großen Vorgängers BÜSCHING, von politischen Grenzen ausging. Über diese Themenkreise sind andere Referate gehalten worden bzw. werden noch gehalten. Auch war es nicht meine Aufgabe, auf das Fragmentarische im Werk RITTERs einzugehen oder die Einflüsse PESTALOZZIs und seines Kreises zu erörtern und die sich daraus ergebenden Folgen zu behandeln.[27] Meine Aufgabe bestand darin, herauszustellen, daß es bei Ritter Beziehungen zwischen Geographie, Theologie und Philosophie gibt, bzw. gegeben hat und zwar zu einer Zeit, da man aufgrund der allgemeinen Geisteshaltung solche Beziehungen eigentlich nicht mehr vermuten sollte.[28] Und meine Aufgabe bestand weiter darin, diese Beziehungen in den großen Rahmen der Beziehungen zwischen diesen drei Disziplinen einzuordnen. Daß diese Einordnung nur ein erster Versuch, eine Anregung für weitere Forschung sein soll, sagte ich bereits. Ich fasse, um für weitere Forschung deutliche Ansatzpunkte zu schaffen, das Erarbeitete kurz zusammen und weise auf noch vorhandene Forschungslücken ausdrücklich hin.

1. Die Beziehungen zwischen Geographie, Theologie und Philosophie sind bei RITTER enger als bei manchem Hauptfachtheologen, der sich mit Geographie befaßt hat, wie z.B. BÜSCHING. Warum das so ist, warum RITTER in gewisser Weise "gegen den Strom schwamm", müßte noch genauer untersucht werden.

2. Seine Verbindung zwischen den drei genannten Disziplinen läuft im wesentlichen über die teleologisch-theologische Überformung des empirisch ermittelten geographischen Faktenmaterials. Obwohl KANT (vor allem im Vorwort zu seiner Allgemeinen Naturgeschichte und Theorie des Himmels[29] und in seinem Einzig möglichen Beweisgrund...[30]) ein solches Vorgehen als grundsätzlich unangemessen widerlegt hatte, geht RITTER hier (ob bewußt oder unbewußt, das sei dahingestellt) auf WOLFF[31] zurück bzw. nimmt die Position ein, die WOLFF bereits lange vor ihm eingenommen hatte, wenn er auch dessen Plattheit überwindet; um die Kritik KANTs kümmert er sich nicht. Auch hier erhebt sich die Warum-Frage. Warum berücksichtigt ein Gelehrter wie RITTER, dessen umfassende Bildung unumstritten ist, hier nicht die allgemein gegen Ende des 18. Jahrhunderts sich durchsetzende Überzeugung, daß jegliches physikotheologisches Vorgehen unangemessen ist, und daß ein Schritt von der Immanenz zur Transzendenz eine Grenzüberschreitung für den empirisch vorgehenden Naturforscher darstellt? (Vgl. Anm. 29).

3. Ist RITTER hinsichtlich der beiden genannten Punkte offenbar nach rückwärts orientiert, so weist sein Geodeterminismus, den er aber noch dadurch vor den später auftretenden Plattheiten (theologisch) absichert, daß er Gott als den weisen Lenker in Spiel bringt, in die Zukunft. Die Warum-Frage beantwortet sich hier von selbst.

4. Weiter zukunftsweisend ist die trotz aller herausgestellten Beziehungen zwischen Geographie, Theologie und Philosophie gelegentlich deutliche Trennung zwischen empirisch ermitteltem geographischen Faktenmaterial und der theologisch-teleologischen Überformung.[32] Auch hier beantwortet sich meiner Meinung nach die Warum-Frage von selbst. Im Grunde genommen können wir ja nur da die Warum-Frage schlecht beantworten, wo es darum geht zu erklären, wieso der Begründer der neueren deutschen

Geographie noch so stark nach rückwärts orientiert ist und zum Teil gegen den Strom schwimmt. Dort wo er mit dem Strom schwimmt, bzw. sogar der eigentliche Motor für die neue Strömung ist, die sich im Kontakt mit der Gesamt-Geisteshaltung dieser Zeit ergibt, ist eine Beantwortung der Warum-Frage leichter gegeben.

5. Am zukunftsweisendsten ist aber seine (meiner Meinung nach aus theologischen Gründen) possibilistische Denkweise, die so modern klingt (auch wenn wir sie heute nicht theologisch begründen), daß man mit RITTER heute fragen kann: Was haben wir Menschen mit den uns zur Verfügung stehenden Möglichkeiten gemacht, bzw. was machen wir damit? Nutzen wir sie optimal?

Soweit mein Schlußwort zu RITTER. Ich möchte in diesem Zusammenhang mit einem Hinweis auf die Bedeutung interdisziplinären Kontaktes für die Entwicklung fachspezifischer Methoden insbesondere in unserem Fach, der Geographie, schließen; denn im Rahmen der Forschung zur Entwicklung des Geographischen Denkens[33] stoßen wir immer wieder auf diese Dinge. RITTER ist nicht nur aufgrund fachspezifisch-geographischen Denkens sondern vor allem aufgrund "Kontaktdenkens" (im Kontakt mit anderen Disziplinen und der ganzen Zeitströmung stehend) zu neuen methodischen Einsichten in der Geographie gekommen.[34] Wir befinden uns heute in einer ähnlichen Situation, und dasselbe gilt für die Zeit vor RITTER. Bis zu RITTER hin waren es vorwiegend Beziehungen zur Theologie und Philosophie (aber auch zur Astronomie, Mathematik, Physik usw.), die Anregungen zur methodischen Weiterentwicklung des Faches Geographie vermittelten. Heute erhalten wir durch die Diskussion mit Soziologen, Wissenschaftstheoretikern, Ökologen usw. manche wichtige Anregung. Wir sollten uns als Geographiehistoriker nie damit zufrieden geben, herauszuarbeiten, wann welche methodische Neu- oder Umorientierung (bzw. Fortentwicklung) einsetzte, sondern immer auch der Warum-Frage nachgehen. Und wir sollten uns (das gilt insbesondere auch für Dr.-Arbeiten) nicht nur auf das rein Innergeographische beschränken, sondern die geographische Arbeit eines einzelnen Gelehrten oder auch die Wandlungen im methodischen Vorgehen einer ganzen Schule oder einer ganzen Zeitepoche immer auch vor dem Hintergrund der jeweiligen Gesamt-Geisteshaltung und ihrer Wandlung sehen, nur so können wir die Warum-Frage (die meiner Meinung nach wichtiger ist als die Wie-Frage) einer Lösung zuführen, auch wenn die Wie-Frage selbstverständlich zunächst einmal am Anfang aller geographiehistorischer Forschung zu stehen hat.[35]

Zusammenfassung

Man kann im Denken CARL RITTERs prinzipiell drei Ebenen unterscheiden und voneinander abheben. Zunächst einmal beschreibt er das empirisch ermittelte Faktenmaterial. Hier auf der unteren Stufe haben wir es mit dem zu tun, was man vielleicht das "rein Geographische" nennen kann. Dieses rein geographische Faktenmaterial versucht er auf einer höheren zweiten Ebene kausal zu deuten und teleologisch zu überformen, indem er behauptet: Die kausale Erklärung allein vermag nicht zu befriedigen. Erst wenn der Zweck, dem das Faktenmaterial letztlich dient, herausgestellt ist, hat der Geograph (und hier bewegt sich RITTER auf der philosophischen Ebene seines Denkens) eine seiner wesentlichen Aufgaben erfüllt. Doch RITTER geht noch einen Schritt weiter, indem er das philosophische Denken durch theologisches überhöht und postuliert: Es war Gott, der die Schöpfung so anlegte, daß sich alle Vorgänge (und dabei hat RITTER vor allem die Kulturentwicklung im Auge) in einer ganz bestimmten Weise abspielen konnten. (Die Kulturentwicklung begann auf niedriger Stufe im Osten der Alten Welt und hat in der Neuen Welt ihren Höchststand erreicht.) Da RITTER die Entscheidungsfreiheit des Menschen betont, der von den durch Gott bereitgestellten Möglichkeiten Gebrauch machen kann oder auch nicht, überwindet er prinzipiell geodeterministisches Denken zu einer Zeit, da dieses gerade seinem Höhepunkt zustrebt. So ergibt sich das Kuriosum, daß RITTER, indem er auf das vor KANT übliche physikotheologische Denken in der Geographie zurückgreift, zum Possibilisten wird und in dieser Hinsicht weit in die Zukunft weist. Indem er zum Teil "gegen den Strom schwimmt", weist er der Geographie einen Weg, den diese im Grunde genommen erst im 20. jahrhundert bewußt aufgreift.

Summary

On the Relations between Geography, Theology and Philosophy in CARL RITTER`s Thought

Three levels may be distinguished in CARL RITTER's thinking. First, he describes empirically accumulated facts. Here, at the lower level, we are dealing with what might be called the "purely geographical". At a second, higher, level he attempts to interpret this purely geographical factual material and to modify it teleologically by maintaining that the causal explanation alone does not satisfy. Only when the purpose finally served by the factual material is revealed has the geographer (this is the philosophical level of RITTER's thought) fulfilled one of his most important tasks. But RITTER goes a step further in that he augments philosophical with theological thought and postulates that it was God who planned creation in such a way that all events (here RITTER means cultural development) could develop in a particular way. (Cultural development began on a low level in the east of the Old World and reached its peak in the New World). Since RITTER emphasizes man`s freedom of decision, his ability to use or not use the possibilities God has made available, he overcomes in principle geodeterministic thinking at a time when this was heading for its peak. The result of this is the curious fact that in that RITTER returns to the physico-theological thinking practised before KANT he becomes a possibilist and in this respect points far into the future. By partly "swimming against the tide" he points out a direction that geography consciously took up only in the 20th century.

Anmerkungen

* Veröffentlicht in: Carl Ritter – Geltung und Deutung. Hrsg.: KARL LINZ, Berlin 1981, S. 75-91.

1. In der RINK-Bearbeitung von KANTs physischer Geographie (1910) heißt es am Ende des 4. Paragraphen der Einleitung: "Allein unsere gewöhnliche Schulgeographie ist sehr mangelhaft, obwohl nichts fähiger ist, den gesunden Menschenverstand mehr aufzuhellen als gerade die Geographie. Denn da der gemeine Verstand sich auf die Erfahrung bezieht: so ist es ihm nicht möglich, sich ohne Kenntnis der Geographie auf eine nur einigermaßen beträchtliche Weise zu extendieren."

    Obwohl allgemein bekannt ist, daß RINK nicht gerade sorgfältig gearbeitet hat, so daß der RINK-Text nicht in jedem Fall wirklich das wiedergibt, was KANT gesagt oder gemeint hat, spricht doch alles dafür, daß an dieser Stelle wirklich echt kantisches Denken wiedergegeben ist, selbst wenn RINK die eine oder andere Formulierung nach Gutdünken gewählt haben sollte. Vgl. dazu BÜTTNER (1975 b) und HOHEISEL (1979).

2. CHR. WOLFF (1800): Dort heißt es im Vorwort zur Astronomie und Geographie, daß wir mit Hilfe dieser Wissenschaften den Verstand trefflich schulen können. Vgl. dazu BÜTTNER (1979 g)

3. An Arbeiten, in denen auf Beziehungen zwischen Geographie und Theologie näher eingegangen wird, seien hier nur folgende genannt: BECK (1973, 1979), BÜTTNER (1963, 1964, 1966, 1973 a, 1976 b), Aufsätze in der von BÜTTNER herausgegebenen Schriftenreihe (1979 a), SCHMITTHENNER (1951) und PHILIPP (1957).

4. Siehe die Festrede von HANNO BECK (veröffentlicht in diesem Band).

5. Dabei zeigt sich, daß es sich keinesfalls (wie immer wieder behauptet wird) um einen "Kotau" handelt, den man als frommer Gelehrter meinte, der Kirche oder dem Staat gegenüber machen zu müssen, wenn man sich ob als Theologe oder Nicht-Theologe mit der Geographie befaßte.

    Ich verzichte im folgenden auf Einzelnachweise und lege insgesamt meine Habil.-Schrift zugrunde, sowie meine theologische Dr.-Arbeit (BÜTTNER 1973 A, 1963).

6. Vgl. hierzu und zu dem vorher Gesagten den aus meiner theologischen Dr.-Arbeit erwachsenen Aufsatz (BÜTTNER 1964). Da dieser Aufsatz in einer Zeitschrift erschienen ist, die dem Geographen und Wissenschaftshistoriker im allgemeinen nur schwer oder gar nicht zugänglich ist, erscheint ein Nachdruck in Bd.. 2 der von mir herausgegebenen Schriftenreihe (BÜTTNER 1979 a).

7. Schon KECKERMANN, ein Universalgelehrter des frühen 17. Jahrhunderts, hauptsächlich Theologe und Geograph (er ist Begründer der Geographia generalis) hatte ausdrücklich festgestellt, daß nur der ein guter Theologe sein könne, der zunächst einmal Naturwissenschaften, insbesondere Geographie, studiert habe. Siehe dazu BÜTTNER (1973 a, 1975 c, 1976 a).

    KEPLER, ein Zeitgenosse KECKERMANNs, war sogar noch einen Schritt weiter gegangen und hatte die Offenbarung in der Natur über die Offenbarung in der Schrift gestellt. Sein Gedankengang war dieser: Da die Schrift viele Unklarheiten, ja sogar Widersprüche enthält und sich deswegen unterschiedliche Konfessionen (die sich alle auf die Schrift berufen) ausbilden konnten, ist es nur mit Hilfe der Naturwissenschaft und der auf ihr basierenden natürlichen Theologie möglich, die Widersprüche und Unklarheiten auszuräumen und zu einem Ausgleich zwischen den Konfessionen zu kommen. Siehe dazu HÜBNER (1975). Noch WOLFF weist die Nicht-Naturwissenschaftler unter den Theologen in ihre Schranken, indem er ausdrücklich feststellt, daß nur diejenigen mitreden können, die auf dem Gebiet der Naturwissenschaft zu Hause sind. Siehe dazu BÜTTNER (1964).

8. Das schließt nicht aus (und hierin werde ich oft mißverstanden), daß ein aufgrund dieser hier gemeinten grundsätzlichen Zielrichtung als theologisch zu bezeichnendes Werk eine Fülle von Aussagen enthalten kann, die den heutigen Geographen, den die theologische Zielsetzung nicht interessiert, angeht. Aber es ist ein Unterschied, ob ich als Geograph oder als Geographiehistoriker daran gehe, ein Buch aus früherer Zeit zu lesen. Der Geographiehistoriker darf nie die Gesamtzielrichtung eines Werkes und die Geisteshaltung, aus der heraus es verfaßt ist, außer Acht lassen.

9. Ich verzichte auch hier auf Einzelnachweise, sondern lege insgesamt folgende Schriften zugrunde: BÜTTNER (1964, 1973 a) und die Aufsätze in der von BÜTTNER herausgegebenen Schriftenreihe (1979 a).

10. Katholiken, Calvinisten und Reformierte zielen bei diesem Gedankengang stärker auf den Schöpfer, was dann leicht zum Deismus führt, während die Lutheraner – und zu ihnen gehören die führenden deutschen Geographen von MELANCHTON über WOLFF und BÜSCHING bis zu KANT und z.T. bis zu RITTER – stärker den Regierer Gott anvisieren, was – geographisch gesprochen – bei ihnen zu einem besonderen Interesse für das Funktionieren (bzw. das Erforschen des Funktionierens) führt. Es sind als theologische Gründe, die bis zu RITTER hin die Geographie bis ins Detail der Forschung hinein prägen und ihr die (rein geographische) Richtung weisen. Siehe dazu BÜTTNER (1973 a, 1977 a, 1978, 1979 a-d, h-k); vgl. dazu Anm. 26.

11. Siehe BÜTTNER, 1964.

12. Siehe BÜTTNER, 1973 a und 1979 g.

13. Aus der Fülle der diesbezüglichen Arbeiten sei stellvertretend auf die Dissertation von RICHTER (1905) verwiesen. An Arbeiten aus neuerer Zeit wären die von SCHMITTHENNER (1951) und BECK (1979) zu nennen, sowie ein Aufsatz von BÜTTNER (1980).

14. Siehe dazu BÜTTNER, 1980.

15. RITTER, C., 1822.

16. Auf dem RITTER-Symposium am Rande des Göttinger Geographentages sagte einer der Diskussionsteilnehmer, er bedaure es, daß RITTER in seinem Akademieaufsatz (1852) so stark die Beziehungen zur Theologie herausgestellt habe. Ihm wäre es lieber, wenn RITTER diesen Vortrag nicht gehalten bzw. veröffentlicht hätte. Ich bin hier völlig anderer Meinung. Wir können doch als Geographiehistoriker nicht unseren Unmut darüber äußern, daß RITTER Dinge gesagt und veröffentlicht hat, die uns möglicherweise nicht gefallen.

17. Vgl. weiter vorn, wo ich sagte, daß die Beziehungen gegen Ende des Jahrhunderts langsam schwächer werden und daß zu fragen ist, ob man bei RITTER eine ähnliche Entwicklung feststellen kann.

18. Auf die Problematik zum Thema "Vorwort, Einleitung usw. zu den einzelnen Bänden oder zum Gesamtwerk oder einer bestimmten Auflage" will ich hier nicht näher eingehen. Sie ist u.a. von BECK und PLEWE hinreichend abgehandelt. Siehe BECK (1979, S. 74-81) und PLEWE (1959 a, S. 130). Hier sei nur folgendes gesagt: RITTER schickt seinem Gesamtwerk eine Einleitung voraus. (Vgl. Anm. 25). Jeder Band hat dann noch sein eigenes Vorwort, das gelegentlich auch als Vorrede bezeichnet wird. Siehe BECK (1979, S. 79 und 80). Wenn ich von "Vorwort bzw. Einleitung" spreche, dann meine ich das, was RITTER nicht im eigentlichen Hauptteil seines Werkes behandelt, sondern zu Anfang, also dort, wo über den Plan, die Zielsetzung, die Aufgabenstellung des ganzen Werkes oder der einzelnen Bände gehandelt wird. Mir kommt es darauf an, herauszuarbeiten, ob das, was "zu Anfang" gesagt wird, eine innere Beziehung zum Haupttext hat oder nicht, ganz gleich, ob es sich dabei um die Einleitung oder die Vorworte oder sonstige weiter vorn gebrachte vorausgeschickte Aussagen handelt. Vgl. dazu BÜTTNER (1964), wo ich herausstelle, daß die innere Beziehung zwischen Vorwort (Einleitung oder allgemeiner Einführung usw.) und Haupttext gegen Ende des 18. Jahrhunderts immer lockerer wird. Vgl. Anm. 11 und 12.

19. BECK (1979).

20. Siehe BÜTTNER (1973 c, 1973 d, 1975 b, 1975 d, 1975 e, 1976 b, 1979 a, 1979 f, 1979 g, 1980).

21. Schon bei WOLFF findet sich der Gedanke, daß sich aus einer Erstursache alle Folgen zwangsläufig ergeben. So stellt er z.B. im einzelnen heraus, welche Folgen sich durch die Schiefstellung der Erdachse ergeben. Aber bei ihm steht noch teleologisches Denken dahinter. Für ihn war es Gott, der deswegen die Erdachse schief stellte, damit sich optimale Lebensmöglichkeiten für die Lebewesen ergäben. Siehe BÜTTNER (1979 g, S. 223).

22. Hier wäre der Religionsgeograph RITTER herauszustellen, übrigens eine Arbeit, die noch nie unternommen worden ist. Vielleicht vermag das hier Gesagte zu solch einer Studie anzuregen.

23. Vgl dazu BÜTTNER (1980).

24. Siehe BECK (1979, S. 74) und PLEWE (1959 a, S. 130).

25. Wenn PLEWE recht hat (1959 a, s. 130), dann kann man bei RITTER zumindest in dem. was er in seiner "Einleitung" behandelt, keine Wandlung in der Zeit zwischen 1815 und 1852 feststellen. PLEWE sagt: "Wir wissen genau, daß er seine `Einleitung`zu dem 1817 erschienenen ersten Band am 29. Oktober 1815 abgeschlossen hat. Sie hielt er offenbar für geglückt; sie muß so adäquat das von ihm Gemeinte ausgesprochen haben, daß er sie auch in der 2. Auflage und dem 1852 erschienenen Sammelband seiner Abhandlungen fast unverändert wieder beigegeben hat."

Nun kommt es hier auf das Wort "fast" an. 1822 schließt RITTER mit dem Satz: "Wie die Erde als Planet der mütterliche Träger des ganzen Menschengeschlechts, so sollte sie, die Natur, die Erweckerin aus dem bewußten Schlummer, die bildende Leiterin, die organisierende Kraft der Menschheit werden." 1852 schließt RITTER nach einem Komma an: "um diese noch zu Höherem, zur Anschauung des Unendlichen im Unsichtbaren vorzubereiten." (Ich danke Herrn JÄKEL für diesen Hinweis). Wer diesen Zusatz von 1852 als Geograph liest, wird sicherlich zustimmen, daß es sich hier um soviel wie fast keine Veränderung handelt. Wer diesen Zusatz jedoch unter dem Gesichtspunkt der Beziehungen zwischen geographischem, theologischem und philosophischem Denken betrachtet, wird feststellen, daß dieser kleine Zusatz (offenbar wohlbedacht an das Ende der "Einleitung" und damit an eine der auffallendsten Stellen gesetzt) die Geographie zusätzlich theologisch indienst nimmt. Mit anderen Worten 1852 schließt RITTERs "Einleitung" (anders als vorher) mit dem Hinweis, daß die Geographie zur Anschauung Gottes führt. Ähnliche Gedankengänge (daß die Geographie zur Gotteserkenntnis führt usw.) finden wir auch in anderen späten Schriften RITTERs. Siehe BÜTTNER (1980). Ein anderer Gedanke kommt hinzu. Schon PLEWE (1959 b, S. 64) hat darauf hingewiesen, daß RITTER in jungen Jahren physikotheologisch dachte. Später ist zumindest von dem vordergründig platten physikotheologischen Denken eines CHRISTIAN

WOLFF und seinesgleichen (siehe dazu BÜTTNER, 1979 g) nichts mehr zu entdecken. Offenbar macht RITTER eine Wandlung durch, die ich an anderer Stelle folgendermaßen charakterisiert habe: Von der physikotheologischen Überhöhung der kausalmechanischen Betrachtung der Naturvorgänge zur theologisch-teleologischen Überhöhung der deterministischen Betrachtung des Natur/Mensch-Verhältnisses. Siehe BÜTTNER (1980).

Daß RITTER möglicherweise unter dem Einfluß des Hallensischen Pietismus von der Physikotheologie WOLFFscher Prägung abkam, dürfte ebenfalls eine ernstzunehmende Arbeitshypothese sein; denn schon A.H. FRANCKE war ein ausgesprochener Gegner der platten WOLFFschen Physikotheologie. Siehe BÜTTNER (1963 und 1964). In diesem Zusammenhang müßte auch der theologische Einfluß, der von dem PESTALOZZI-Kreis auf RITTER ausging, im einzelnen untersucht werden, ebenso wie sein sog. religiöses "Urerlebnis" beim Anblick des Rheinfalls von Schaffhausen. Wurde hier der Homo religiosus RITTER in seiner ganzen Existenz getroffen und (im Sinne SCHLEIERMACHERs) von der schlechthinnigen Abhängigkeit rein gefühlsmäßig überwältigt, oder ergaben sich hier für RITTER nur Anregungen, über die Beziehung Gott/Welt bzw. Erdoberfläche nachzudenken? Anregungen, die dann sein späteres Denken und die Beziehungen zwischen Geographie, Theologie und Philosophie entscheidend prägten? Solange diese Dinge noch nicht genau untersucht sind, legt sich beim Charakter RITTERs die Hypothese nahe, daß er mehr unbewußt als bewußt, mehr gefühlsmäßig als rational logisch klar abgeleitet (ganz anders als z.B. KANT) eine Beziehung zwischen Geographie und Theologie durchführte.

26. Ein Teilnehmer wies mich in einem persönlich geführten Gespräch im Anschluß an meinen Vortrag darauf hin, es sei typisch calvinistisches Denken, aus allem das Beste zu machen. Es wäre daher denkbar, daß RITTER hier entweder von dem zum großen Teil calvinistisch denkenden SCHLEIERMACHER beeinflußt, zumindest aber in seiner Denkweise (sofern sie schon vor seinem Umzug nach Berlin unterschwellig angelegt war) bestärkt worden ist. Daß RITTER insgesamt stärker auf die Schöpfung abzielt als seine lutherischen geographischen Vorgänger, weist ebenfalls auf die Nähe zu calvinistischem bzw. reformiertem Denken. Vgl. Anm. 10.

27. Vgl. dazu PLEWE, der diese Dinge nahezu erschöpfend untersucht hat (1959 a). Neuerdings hat BECK (1979) allerdings gezeigt, daß PLEWE zu weit gegangen ist, wenn er das Vorgehen RITTERs als eine Übertragung der Methode PESTALOZZIs auf die Geographie bezeichnete. So einfach kann man nach BECK die Beziehung bzw. den Einfluß PESTALOZZI-RITTER nicht sehen. Man wird differenzierter vorgehen müssen.

28. BECK (1979, S. 121) schreibt dazu: "RITTERs Geographie war gegen ihre eigene Zeit geschrieben, und nur wenige merkten, daß RITTER gegen einen mächtigen Strom schwamm, um seiner Quelle, dem lebendigen Gott, wenigstens etwas näherzukommen."

29. KANT (Allgemeine Naturgeschichte und Theorie des Himmels).

30. KANT (Der einzig mögliche Beweisgrund...).

31. Zu WOLFFs Physikotheologie und den bei ihm zu konstatierenden Beziehungen zwischen Naturwissenschaft, insbesondere Geographie, Theologie und Philosophie siehe BÜTTNER (1963, 1964, 1973 d, 1979 g). Das Argument, RITTER habe die Werke WOLFFs nicht in seiner Bibliothek gehabt, er könne also auch nicht auf WOLFF zurückgehen, bzw. von ihm beeinflußt sein, "zieht" nicht. (Ein Diskussionsteilnehmer äußerte auf dem Göttinger Symposium diesen Gedanken.) WOLFFs Gedankengänge waren im 18. Jahrhundert so Allgemeingut, daß man praktisch in jedem Philosophie- oder Naturkundebuch (auch in Geographie- und sogar Theologiebüchern) indirekt auf ihn stieß. Zu KANTs Überwindung der Physikotheologie siehe KANT (Der einzig mögliche Beweisgrund...), BÜTTNER (1973 d, 1975 e).

32. Es stimmt zwar, daß dann nur "Stümpfe" übrigbleiben, mit denen der Geographiehistoriker nichts anzufangen weiß, da er sie nicht in den Gesamtzusammenhang einordnen kann und aus der Gesamtzielrichtung heraus verstehen kann; aber in Einzelfällen mögen diese "Stümpfe" demjenigen, der nur an dem rein Geographischen interessiert ist und den die Ausrichtung des Faktenmaterials weniger interessiert als dieses selbst, durchaus einiges bieten, ja, gegebenenfalls mehr bieten, als bei denjenigen, die "Stumpf" und "Krone" völlig untrennbar miteinander verbunden haben.

33. Zu den im Rahmen der IGU (Internationale Geographische Union) durchgeführten Forschungen zur Entwicklung des Geographischen Denkens siehe BÜTTNER (1974).

34. Vgl. Anm. 10. Ich denke hier vor allem an die im Kontakt mit der Theologie erreichte Überwindung der platten Physikotheologie und die Hinwendung zum Possibilismus. Allerdings darf dabei nicht übersehen werden, daß der Kontakt zu einer inzwischen überholten theologischen Position bei RITTER zum "Schwimmen gegen den Strom" geführt hat und immer dann führen muß, wenn man (wie es offenbar bei ihm der Fall war) in der Nachbardisziplin nicht "up to date" ist, sondern das als Anregung aufgreift, was einem am meisten zusagt, was man irgendwann einmal mitbekommen hat.

35. Zur Bedeutung der Wie-Frage siehe BÜTTNER (1975 b und 1979 a).

Literatur

BECK, H.: Geographie. Europäische Entwicklungen in Texten und Erläuterungen. Freiburg/München 1973.

BECK, H.: Carl Ritters Genius der Geographie. Berlin 1979.

BÜTTNER, M.: Theologie und Naturwissenschaft, insbesondere Geographie. Theologische Dissertation, Münster 1963.

BÜTTNER, M.: Theologie und Klimatologie. In: Neue Zeitschrift für Systematische Theologie und Religionsphilosophie 6, 1964, S. 154-191.

BÜTTNER, M.: Geographie und Theologie im 18. Jahrhundert. In: Tagungsberichte und wissenschaftliche Abhandlungen. Deutscher Geographentag Bochum 1965. Wiesbaden 1966, S. 352-359.

BÜTTNER, M.: A Geographia Generalis before Varenius. In: International Geography 2, Toronto 1972, S. 948-950.

BÜTTNER, M.: Die Geographia Generalis vor Varenius. Geographisches Weltbild und Providentiallehre. Erdwissenschaftliche Forschungen 7, Wiesbaden 1973 a (Habil.-Schrift).

BÜTTNER, M.: Keckermann und die Begründung der allgemeinen Geographie. In: Plewe-Festschrift. Wiesbaden 1973 b, S. 63-69.

BÜTTNER, M.: Zum Gegenüber von Naturwissenschaften (insbesondere Geographie) und Theologie im 18. Jahrhundert. Der Kampf um die Providentialehre innerhalb des WOLFFschen Streites. In: Philosophia Naturalis 14, 1973 c, S. 95-122.

BÜTTNER, M.: Zum Übergang von der teleologischen zur kausalmechanischen Betrachtung der geographisch-kosmologischen Fakten. In: Studia Leibnitiana 5, 1973 d, S. 177-195.

BÜTTNER, M.: IGU-Commission "History of Geographical Thought". Ein Kurzbericht über die Ziele und den Stand der Arbeiten. In: Geographische Zeitschrift 62, 1974, S. 233-235.

BÜTTNER, M.: Die Emanzipation der Geographie im 17. Jahrhundert. In: Sudhoffs Archiv 26, 1975 a, S. 1-16.

BÜTTNER, M.: Kant und die Überwindung der physikotheologischen Betrachtung der geographisch-kosmologischen Fakten. Ein Beitrag zur Geschichte der Geographie in ihren Beziehungen zur Theologie und Philosophie. In: Erdkunde 29, 1975 b, S. 53-60.

BÜTTNER, M.: Die Neuausrichtung der Geographie im 17. Jahrhundert durch Bartholomäus Keckermann. Ein Beitrag zur Geschichte der Geographie in ihren Beziehungen zur Theologie und Philosophie. In: Geographische Zeitschrift 63, 1975 c, S. 1-12.

BÜTTNER, M.: Regiert Gott die Welt? Vorsehung Gottes und Geographie. Stuttgart 1975 d.

BÜTTNER, M.: Kant and the Physico-Theological Consideration of the Geographical Facts. A Contribution to the History of Geography in its Relation to Theology and Philosophy. The Geographical Schools in Central Europe before 1800. In: Organon (Warschau) 1975 e, S. 231-249.

BÜTTNER, M.: Beziehungen zwischen Theologie und Geographie bei Bartholomäus Keckermann. Seine Sünden- und Providentialehre eine Folge der Emanzipation der Geographie aus der Theologie? In: Neue Zeitschrift für Systematische Theologie und Religionsphilosophie 18, 1976 a, S. 209-234.

BÜTTNER, M.: Die wechselseitigen Beziehungen zwischen Weltbild und Glaube vom Mittelalter bis zur Neuzeit (Geographie und Theologie). In: Weltbild und Glaube. Tagung der Evangelischen Akademie Bad Herrenalb 16. bis 18. Januar 1976. Protokoll 1, S. 30-74. 1976 b.

BÜTTNER, M.: Die Bedeutung der Reformation für die Neuausrichtung der Geographie im protestantischen Europa. In: Archiv für Reformationsgeschichte 68, 1977 a, S. 209-225.

BÜTTNER, M.: Internationale Arbeitsgruppe zur Religionsgeographie bzw. Geographie der Geisteshaltung. In: Geographische Zeitschrift 65, 1977 b, S. 39-45.

BÜTTNER, M.: Bartholomäus Keckermann (1572-1609). In: Geographers. Bibliographical Studies, edited by T.W. FREEMAN, M. OUGHTON and PH. PINCHEMEL on behalf of the IGU-Commission on the History of Geographical Thought, London 1977 c, S. 73-79.

BÜTTNER, M.: El significado de la Reforma para la nueva orientacion de la geografia en la Alemania Luterana. In: Geocritica. Cuadernos Criticos de Geografia humana 12, Barcelona 1977 d, S. 5-22.

BÜTTNER, M.: Die Bedeutung von Karte und Globus innerhalb der Entwicklung des Geographischen Denkens vom Zeitalter des Humanismus bis zur Aufklärung. Paper für das V. Internationale Symposium des Coronelli-Weltbundes. In: Der Globusfreund, Nr. 25-27, Wien 1978, S. 77-95.

BÜTTNER, M.: Die geographisch-cosmographischen Schriften des Aristoteles und ihre Bedeutung für die Entwicklung der Geographie in Deutschland. Ursachen und Folgen. In: BÜTTNER, MANFRED (Hrsg.): Abhandlungen und Quellen zur Geschichte der Geographie und Kosmologie, Bd..1: Wandlungen im geographischen Denken von Aristoteles bis Kant, dargestellt an ausgewählten Beispielen. Paderborn, München, Wien, Zürich 1979 a, S. 15-34.

BÜTTNER, M.: Philipp Melanchton (1497-1560) ebd. S. 93-110. 1979 b.

BÜTTNER, M. und BURMEISTER, K.H.: Sebastian Münster (1488-1522), ebd. S. 111-128. 1979 c.

BÜTTNER, M.: Mercator und die auf einen Ausgleich zwischen Aristoteles und die Bibel zurückgehende "Klimamorphologie" vom Mittelalter bis ins frühe 17. Jahrhundert. Beziehungen zwischen Theoriebildung und regio, ebd. S. 139-150. 1979 d.

BÜTTNER, M.: Bartholomäus Keckermann (1572-1609), ebd. S. 153-172. 1979 e.

BÜTTNER, M.: Zur Konzeption der Physiogeographie bei Comenius. Wechselseitige Beziehungen zwischen theologischem und geographischem Denken, ebd. S. 189-197. 1979 f.

BÜTTNER, M.: Christian Wolffs Bedeutung für die zu Beginn des 18. Jahrhunderts einsetzende Wandlung im geographischen Denken, ebd. S. 219-229. 1979 g.

BÜTTNER, M.: The Significance of the Reformation for the Reorientation of Geography in Lutheran Germany. In: History of Science 17, 1979 h, S. 151-169.

BÜTTNER, M.: Philipp Melanchton. In: Geographers. Bibliographical Studies. edited by T.W. FREEMAN, M. OUGHTON and PH. PINCHEMEL on behalf of the IGU-Commission on the History of Geographical Thought, London 1979 i, vol. 3.

BÜTTNER, M. und BURMEISTER, K.H.: Sebastian Münster, ebd., vol. 3, 1979 k.

BÜTTNER, M.: Wandlungen im teleologischen Denken von Wolff über Kant zu Ritter. Vortrag, gehalten im Rahmen des Ritter-Symposiums am Rande des Deutschen Geographentages Göttingen 1979. In: BÜTTNER, M. (Hrsg.): Abhandlungen und Quellen ... (s.o.) Band 2, 1980.

HOHEISEL, K.: Immanuel Kant und die Konzeption der Geographie am Ende des 18. Jahrhunderts. In: BÜTTNER, M. (Hrsg.): Abhandlungen und Quellen ... (s.o.), Bd.. 1, 1979, S. 263-276.

HÜBNER, J.: Die Theologie Johannes Keplers zwischen Orthodoxie und Naturwissenschaft. Tübingen 1975.

JÄKEL, R.: Johann Michael Franz (1700-1761). In: BÜTTNER, MANFRED (Hrsg.): Abhandlungen und Quellen ... (s.o.), Bd.. 1, 1979, S. 251-262.

KANT, I.: Kants gesammelte Schriften, herausgegeben von der königlich preußischen Akademie der Wissenschaften. Berlin 1910ff, Physische Geographie: Bd.. IX, S. 151-436.

KANT, I.: Allgemeine Naturgeschichte und Theorie des Himmels ... In: Akademie-Textausgabe Bd.. I, S. 215-368.

KANT, I.: Der einzig mögliche Beweisgrund zu einer Demonstration des Daseyns Gottes. In: Akademie-Textausgabe Bd.. II, S. 63-163.

PLEWE, E.: Carl Ritter. Hinweise und Versuche zu einer Deutung seiner Entwicklung. In: Die Erde 90, 1959 a, S. 98-166.

PLEWE, E.: Carl Ritters Stellung in der Geographie. In: Tagungsbericht und wissenschaftliche Abhandlungen, Deutscher Geographentag Berlin 1959, Wiesbaden 1959 b, S. 59-68.

PHILIPP, W.: Das Werden der Aufklärung in theologiegeschichtlicher Sicht. Göttingen 1957.

RICHTER, O.: Der teleologische Zug im Denken Carl Ritters. Diss. Borna/Leipzig 1905.

RITTER, C.: Die Erdkunde im Verhältniß zur Natur und zur Geschichte des Menschen oder allgemeine, vergleichende Geographie als sichere Grundlage des Studiums und Unterrichts in physikalischen und historischen Wissenschaften, 2. Aufl., Berlin 1822 ff.

RITTER, C.: Über räumliche Anordnungen auf der Außenseite des Erdballs, und ihre Positionen im Entwicklungsgange der Geschichte. (Vorgetragen ... am 1. April 1849 und in der öffentlichen Sitzung <5. Juli> zur Feier des Leibnizischen Jahrestages). - In: Akad. Abh. a.d. J. 1849, S. 1-36 und Einleitung und Abhandlungen ... Berlin 1852, S. 206-246. Dasselbe als Separatdruck. Berlin 1850. Übersetzung ins Französiche, Paris 1859.

SCHMITTHENNER, H.: Studien über Carl Ritter. Frankfurter Geographische Hefte, Jg. 25, H. 4, Frankfurt 1951.

WITTE, L.: Eberhard David Hauber. In: BÜTTNER, MANFRED (Hrsg.): Abhandlungen und Quellen ... (s.o.), Bd.. 1, 1979, S. 231-250.

WOLFF, CHR.: Vernünfftige Gedanken von den Absichten der natürlichen Dinge ... Halle 1724.

WOLFF, CHR.: Anfangsgründe aller mathematischen Wissenschaften dritter Teil ..., 11. Aufl., Halle 1800.

Die Protogaea von Leibniz

Ein Beitrag zur rationalen Ausdeutung des Schöpfungsmythos und der Ausarbeitung des Cartesischen Programms zu einer rationalen Kosmogonie[1]

von Hans-Joachim Waschkies, Kiel

Erweiterte Fassung eines Vortrags gehalten auf der 69. Jahrestagung der Deutschen Gesellschaft für Geschichte der Medizin, Naturwissenschaft und Technik in Hannover 1986

In den Principia des DESCARTES[2] (1596-1650) sieht man heute nicht selten ein eher kurios wirkendes Produkt der sich im ersten Überschwang beginnender Aufklärung selbst noch ein wenig überschätzenden Vernunft. Ihr Autor gruppiert dort um eine Vorform des Trägheitsgesetzes[3] sieben spekulativ erdachte Regeln für den Ablauf von Stoßprozessen[4], die sich bereits bei einer oberflächlichen Nachprüfung[5] fast durchweg als empirisch falsch erweisen;[6] aber nichtsdestoweniger läßt er gleich darauf das Programm zu einer Kosmogonie folgen, mit dem er umreißt, wie sich die Gestirne nach eben jenen, jeder Empirie spottenden Gesetzen aus einem wenig vorstrukturierten Anfangszustand heraus zu dem uns wohlvertrauten Makrokosmos entwickelt haben sollen.[7]

Nach diesen Hypothesen[8] die LEIBNIZ gleich zu Beginn seiner Protogaea referiert[9], schuf Gott am Anfang eine dichte Packung von ungleich großen, riesigen, annähernd kugelförmigen Materiewirbeln. Die Partikel, aus denen sie bestanden, waren ursprünglich sperrig; aber im Verlauf eines ausgedehnten Schleifprozesses formten sich aus ihnen zum einen (auch als Materie 2. Art bezeichnete) Kügelchen, die in den schon erwähnten Wirbeln weiterrotierten und später als Transportmittel für die einstweilen noch gar nicht vorhandenen Planeten dienen sollten. Zunächst sammelte sich in den Wirbelzentren nämlich der von DESCARTES mit dem Namen 1. Materie belegte 'Schleifstaub', aus dem sich allmählich ein gleichsinnig mitrotierender Fixstern zusammenballte. Aus diesen Sonnen fließt nach der Kosmogonie aus den Principia unter dem Einfluß zentrifugaler Kräfte zwar ständig Materie 1. Art in der Form von Licht ab, doch das führt in der Regel nicht zu einem Schwund dieser Gestirne, weil das kropuskular gedeutete Licht nach Descartes im Verlauf eines äußerst komplizierten Kreislaufs, an dem auch die Lichtquanten aus den Nachbarwirbeln beteiligt sind, zu den einzelnen Sonnen zurückkehrt. Da unter den Lichtteilchen Partikel von jeglicher Gestalt zu finden sind, kommt es allerdings vor, daß sich eine größere Anzahl von ihnen miteinander verhakt und auf diese Weise einen gröber strukturierten Klumpen bildet, der aus Materie 3. Art besteht. Die damals eben erst entdeckten Sonnenflecken[10] sind nach DESCARTES solche Gebilde, die sich auf den brodelnden Fixsternoberflächen wie Suppenschaum zu bilden pflegen. Sie lösen sich im allgemeinen zwar wie ihre Analoga von selber wieder auf; aber mitunter verkrustet auch eine komplette Fixsternoberfläche. Diese vollkommen von Materie 3. Art umgebenen Gestirne senden kein Licht mehr aus. Ihre bislang von dem zentrifugal abströmenden Licht gestützten Wirbel halten daher nicht mehr dem Druck der benachbarten Wirbelsysteme stand, die sich ihrerseits ausdehnen, bis von dem einst selbstleuchtenden Fixstern in ihrer Mitte nur noch ein kleiner, dunkler Restkörper übrig geblieben ist. Dieser driftet (mitunter erst nach einer Zwischenphase, in der er als Komet durch den Raum zwischen den Wirbelsystemen zieht), tief in das Innere eines anderen Wirbels ein, von dem er wie ein Blatt oder ein Halm von einem Wasserstrudel gefangen und so zu einem Planeten gemacht wird.

Das klingt phantastisch; aber man darf nicht übersehen, daß die kosmogonischen Spekulationen aus DESCARTES' Principia den ersten Ansatz zu einer entwicklungsgeschichtlichen Deutung der Natur enthalten und damit den Beginn einer immer energischer fortschreitenden Abkehr von dem weitgehend statischen Weltbild der Heiligen Schrift markieren.[11] Dazu sei jedoch gleich bemerkt, daß man der wissenschaftsgeschichtlichen Bedeutung der Cartesischen Kosmogonie auf keinen

Fall gerecht wird, solange man ihren Wert vor allem danach bemißt, daß sich ihr Autor in einer für seine Zeit erstaunlichen Weise von gewissen Dogmen zu emanzipieren wußte. Der bloße Entschluß zu einer noch so kritischen Distanzierung von irgendwelchen Autoritäten hätte in den Naturwissenschaften auf die Dauer ebensowenig zu entscheidenden Fortschritten geführt wie ein bloß inventarisierendes Anhäufen von biologisch oder geologisch interessanten Funden in einer Kuriositätenkammer. Worauf es zu Beginn der Neuzeit in hohem Maße ankam, war die Erstellung von rational konzipierten Hypothesen, die ein erstes, korrekturfähiges Bezugssystem für die Beantwortung der Frage abgeben konnten, ob und wie sich Aussagen über den betreffenden Teilbereich der Natur widerspruchsfrei und empirisch verifizierbar in einer Lehre zusammenfassen und bewähren lassen.[12]

Die Revision und Ausarbeitung der kosmogonischen Spekulationen von DESCARTES erwies sich zunächst allerdings als äußerst schwierig. Den Gelehrten des 17. Jahrhunderts standen nämlich nur wenige astrophysikalische Daten zur Verfügung, mit deren Hilfe sie dessen unschwer als bloß spekulativ erdacht erkennbare Hypothesen[13] über die Entstehung des Makrokosmos prüfen oder präzisieren konnten. Die Entfernung zu den Gestirnen erschien unüberbrückbar, doch es gab eine Ausnahme, und das war unsere Erde. Über die Struktur der oberflächennächsten Schichten dieses Planeten wußte man damals nämlich bereits in groben Zügen Bescheid, und damit wird verständlich, warum man DESCARTES' Programm zu einer entwicklungsgeschichtlichen Deutung des Makrokosmos zunächst mit einer Ausarbeitung seiner Geogonie aus dem VI. Teil der Principia fortzuführen versuchte, das ich im folgenden kurz referieren werde, weil es allen Gelehrten der Barockzeit, denen wir eine detailliert ausgeführte Geogonie verdanken, als Grundmodell vor Augen stand.[14]

Wie ich bereits erwähnte, entstand die Erde nach DESCARTES wie alle übrigen Planeten aus einem inaktiv gewordenen Fixstern, dessen aus einem Rest von Materie 1. Art bestehender Kern J[15] vollständig von weit gröber strukturierter Materie 3. Art umgeben war, die den Lichtfluß von J nach außen unterband. Dabei setzte sich die J umschließende Materie 3. Art zunächst aus einer inneren, kompakten Kugelschale M zusammen, deren Elemente ein relativ festes Gefüge bilden sollten, und dazu kam dann noch eine erheblich weiter ausgedehnte Außenhülle, deren Teilchen vorerst gegeneinander verschiebbar waren. Aus diesem Gemisch sonderten sich aber bald drei stofflich einigermaßen homogene, konzentrisch angeordnete Materieschichten voneinander ab, von denen sich die innerste, stark metallhaltige Schale C direkt an M anlagerte. Darauf folgte eine Wasserschicht D, und außen bildete sich die Lufthülle B aus.

Nach DESCARTES wurde dieser geogonische Prozeß durch die Stoßwirkung der von außen einfallenden bzw. im Inneren des Protoplaneten immer noch vorhandenen Materieteilchen 1. und 2. Art in Gang gebracht und aufrechterhalten. Zu den Effekten, die von diesen Partikelströmen induziert werden sollen, gehört nun insbesondere das Phänomen der Schwere, und daher ist es nicht erstaunlich, daß DESCARTES' Nachfolger die oben skizzierten Phasen seiner Geogonie zu einem Sedimentationsprozeß umdeuteten, bei dem sich ein flüssiges, aber stofflich heterogenes Materiegemisch nach den Gesetzen der Hydrostatik zu einem kugelsymmetrisch strukturierten Körper ausformt, bei dem die spezifische Dichte der Schichten nach außen hin beständig abnimmt. Dazu sei schon an dieser Stelle angemerkt, daß sich diese Vorstellung mit zwei recht unterschiedlichen Annahmen über den Zustand kombinieren ließ, in dem die Erde 'am Anfang' vorgelegen haben soll. Sie paßt nämlich ebensogut zu der Hypothese, nach der die Erde wie bei TH. BURNET[16] aus einem mit trübem Wasser oder Schlamm vergleichbaren Materiegemisch hervorgegangen ist wie zu der Ansicht, daß die Erde in einer frühen Phase ihrer Entwicklung aus einer Masse bestand, die einer glutflüssigen Schmelze glich.[17]

Zu den Autoren, die sich bemühten, die geogonischen Spekulationen von DESCARTES im Rahmen des zuletzt erwähnten Modells fortzuführen, gehörte insbesondere G. W. LEIBNIZ.[18] Da sich LEIBNIZ in den Jahren 1678-1685 im Auftrag seiner Hannoveraner Herzöge intensiv mit dem Harzer Bergbau befaßt hat[19] (und bei seinen Landesherren offenbar auch noch nach dem Abbruch des erfolglos gebliebenen 'Harzer Projekts'[20] weiter als Experte für das Berg- und Hüttenwesen galt)[21] betrachtete man seine Protogaea außerdem immer etwas einseitig als Spätfolge seines Engagements in diesem Industriezweig.[22] Ich möchte mit meinen nachfolgenden Ausführungen dagegen deutlich machen, daß dieses Werk problemgeschichtlich in einem sehr viel komplexeren Zusammenhang steht, dessen Konturen sich allerdings erst abzeichnen, wenn man die über viele Schriften und Briefe von LEIBNIZ und dessen Korrespondenten verstreuten Äußerungen zu geologisch-geogonischen Problemen zusammenschaut.

In einem Schreiben an den Abbé SIMON FOUCHER (1644-1696) gestand LEIBNIZ 1675 noch ein, daß er sich bis dato fast nur an Hand sekundärer Quellen über die "metaphysischen und physischen Meditationen des Herrn DESCARTES informiert hatte".[23] Kurz darauf muß er jedoch mit einem intensiven Studium von dessen Schriften begonnen haben.[24] Dabei befaßte er sich offensichtlich auch mit der Kosmogonie aus den Cartesischen Principia; denn bei einem Besuch in Hamburg diskutierte im Sommer 1678[25] mit CHRISTIAN PHILIPP (gest. 1682) und ESAIAS VON PUFFENDORF (gest. 1689), ob diese Lehre von der Entstehung des Makrokosmos mit dem christlichen Glauben vereinbar ist oder zum Atheismus führt.[26] Darin darf man übrigens nicht so ohne weiteres eine von zwei eher konservativ gesinnten Gesprächspartnern an den in diesem Punkt fortschrittlicher denkenden LEIBNIZ herangetragene Frage sehen; denn neben den Principia des DESCARTES steckten zunächst vor allem einige kosmogonisch ausdeutbare Passagen aus der Heiligen Schrift den Rahmen ab, in den man alle auf eine längerfristige Entwicklung der Natur hindeutenden Beobachtungen einzupassen versuchte.

Als klassischer Versuch, die Lehren aus dem Alten und Neuen Testament (praktisch ohne jeden Rückgriff auf irgendwelche empirisch ermittelten Daten) mit DESCARTES' Physik und Kosmogonie zu verbinden, dürfen die geogonischen Spekulationen von THOMAS BURNET gelten.[27] Als Orientierungspunkte für dessen zuerst 1681 bekannt gemachte Geogonie[28] dienten vielmehr die nachstehend genannten Phasen einer ansonsten nach Cartesischen Prinzipien[29] ablaufenden Entwicklung unserer Erde, von denen an verschiedenen Stellen der Bibel die Rede ist:

Auf eine durch Gottes Schöpfertat hervorgebrachte 'wüste' Verteilung der Materie[30] folgte nach BURNET eine erste Ausformung des Erdballs, der sich dabei im Verlauf eines von den Gesetzen der Hydrostatik geregelten Prozesses aus einem schlammartigen, kalten Stoffgemisch zu einem an der Oberfläche völlig glatten Körper ohne Berg und Tal ausbildete und den Menschen 'paradiesische' Lebensbedingungen geboten haben soll.[31] Diese Periode der Erd-(und Menschheits)geschichte ging mit der Sintflut zu Ende[32], nach der die Oberfläche unserer Erde im wesentlichen ihre gegenwärtige Gestalt erhielt.[33] Bei einer zukünftigen, im II. Brief des Petrus angekündigten Brandkatastrophe von globalem Ausmaß[34] wird sie allerdings wieder zerstört werden, doch aus den danach übrigen Ruinen wird nach BURNET von neuem ein bewohnbarer Erdball entstehen.[35]

Ich habe diese Spekulationen von TH. BURNET mit angeführt, weil sie teilweise in die Protogaea eingegangen sind.[36] Das gilt nun a fortiori für mein zweites Beispiel einer solchen rational überformten Bibelexegese, bei dem es sich genauer um ein Lehrstück handelt, das der junge LEIBNIZ 1671 in seiner eigenen Hypothesis physica nova vorgestellt hat[37], die in dieser Hinsicht durch einen Brief an PIERRE DE CARCAVY[38] ergänzt wird. Danach ist unsere Erde aus einem völlig homogenen, qualitativ an eine wässrige Lösung erinnernden Materieball hervorgegangen, in den ein von der Sonne induzierter Ätherstrom eindrang, der diese Protoerde aufheizte und auf diese Weise einen geogonischen Prozeß in Gang brachte. Wie LEIBNIZ pointiert anmerkt, sah er darin insbesondere eine zeitgemäße Interpretation der Worte aus Genesis I.2, nach denen der (nicht nur in der Hypothesis physica nova[39] sondern auch noch in der Protogaea[40]) mit dem aktiven Geist Gottes identifizierte Äther 'am Anfang' über dem trägen und passiven Wasser schwebte.

In der aufbrodelnden Urerde bildeten sich zunächst äthergefüllte, rotierende Bläschen von unterschiedlicher aber durchweg submikroskopischer Größe, wozu LEIBNIZ erläuternd anmerkt, daß er sich bei der Formulierung dieser Hypothese an der Praxis der Glasbläser orientiert hat, die durch das Einblasen von Luft in eine am Ende einer Glasbläserpfeife rotierende, glutflüssige Glasperle gläserne Kugeln von einer erstaunlichen Druckfestigkeit herstellen.[41] Dabei verdient Beachtung, daß es nach LEIBNIZ primär nur eine Art von Materie gibt.[42] Die feinste Modifikation dieses Grundstoffs bildet der schwerelose Äther; denn das Phänomen der Schwere wird nach der Lehre aus der Hypothesis physica nova bei den sinnlich wahrnehmbaren Körpern erst sekundär durch einen Ätherwirbel induziert, der gegen den Drehsinn der 'von Anfang an' rotierenden Erdkugel um diese herumläuft, während die Unterschiede zwischen den makroskopisch erfaßbaren Stoffen ansonsten in der Größe und der Rotationsgeschwindigkeit der sie aufbauenden Bläschen bzw. in der Größe, Struktur und Bewegung der aus vielen solchen kugelförmigen Teilchen gebildeten Komplexe fundiert sein sollen.

Im übrigen stiegen die feineren Materiebläschen nach dieser von LEIBNIZ in den 70er Jahren erdachten Rumpfgeogonie bald als Luft auf. Sie bilden seither die Erdatmosphäre, während sich die wenig größeren äthergefüllten Kügelchen zu einem Wssermantel zusammenschlossen, der den festen Erdball einhüllte, und schließlich merkt LEIBNIZ noch an, daß die Erde im Prinzip aus Glas besteht. Diese Behauptung begründet er mit einem Hinweis darauf, daß der Sand (nichts weiter als zerkleinertes) Glas ist[43], und das legt zunächst die Vermutung nahe, daß hier (nur) von der Existenz einer gemeinsamen stofflichen Basis aller 'erdigen' und 'steinigen' Körper gesprochen wird. Diese Deutung erweist sich aber schnell als viel zu eng. Nach der Kosmogonie und Kosmologie von LEIBNIZ unterscheiden sich die Stoff(arten) Erde, Wasser und Luft nämlich nur dadurch, daß die Bläschen, aus denen sie bestehen, unterschiedlich groß sind. Wasser ist danach nichts als feiner Sand, die Luft ist ihrerseits nichts als ein feines Wasser, und schließlich ist noch zu berücksichtigen, daß die äthergefüllten Materiebläschen, aus denen die von uns registrierbaren Stoffe aufgebaut sind, nach LEIBNIZ mitunter in kleinere Bläschen zerspringen bzw. daß mehrere von ihnen wie Seifenblasen zu einer größeren Blase zusammenfließen können. Damit ist klar, warum nach LEIBNIZ im Prinzip die gesamte, zu unserem Planeten gehörige Erde zu Wasser werden kann bzw. warum alle in unserem Planeten enthaltenen Wasserteilchen zu Erde umwandelbar sind. Partiell soll das bei allen Sedimentationsprozessen vor sich gehen, und schließlich folgt aus dieser Hypothese noch ganz allgemein, daß sich im Prinzip jeder Stoff in jeden anderen überführen lassen muß.[44] Dazu paßt, daß Metalle und Mineralien nach der Geogonie des jungen LEIBNIZ entstehen, wenn 'rauchhaltige Luft' von 'geeigneter Erde' eingefangen wird, doch die damit berührte Frage nach der Genese der Metalle soll erst am Ende dieser Untersuchung wieder aufgenommen werden.

Zuvor sei darauf hingewiesen, daß sich die eben skizzierten Spekulationen, die LEIBNIZ nach seinen eigenen Angaben konzipiert hat, bevor er DESCARTES' Überlegungen zu diesem Topos kennengelernt hatte[45], gut an dessen Kosmogonie adaptieren lassen. Dazu brauchte LEIBNIZ seine von einem Ätherstrom in eine glühend heiße Schmelze verwandelte Protoerde aus der Hypothesis physica nova nur mit einem derjenigen Fixsterne aus den Cartesischen Principia zu identifizieren, die nach einem Verkrusten ihrer Oberfläche zu einem Planeten werden, und ganz so ist LEIBNIZ in der Protogaea vorgegangen. Im Anschluß an ein Referat der in dieser Hinsicht einschlägigen Passagen aus der Principia des DESCARTES[46] beschreibt LEIBNIZ nämlich[47], wie seine vom Äther in eine aufbrodelnde Schmelze umgewandelte Urerde, aus der diesmal (anders als in der Hypothesis physica nova) nicht nur ein großer Teil der Luft, sondern auch viele Wasserteilchen als Dampf in die sich dabei bildende Erdatmosphäre entwichen, erkaltete. Da die Abkühlung der Erdoberfläche ein wenig zu rasch erfolgte, entstanden in dieser frischen Kruste, die in ihrem Innern eine Rest von glutflüssiger Materie einschloß[48], wie bei jedem zu schnell erkaltenden Gußstück aus Metall oder Glas Höhlen und Risse, die anfangs noch mit Wasser oder Luft angefüllt waren. Im übrigen bestand die

Erdrinde in dieser frühen Phase aus einer glasartigen Masse von der Art der Schlacken, die sich bei der Verhüttung von Erzen auf der Metallschmelze ansammeln, und schließlich betont LEIBNIZ noch, daß diese Überlegungen ausgezeichnet zu den Worten aus Genesis I.4 passen, nach denen Gott am Anfang das Licht von der Finsternis getrennt hat. Ein weiteres Indiz für das Interesse von LEIBNIZ an einer durch empirisch-rationale Komponenten angereicherten Bibelexegese bietet seine Erklärung für das ubiquitäre Vorkommen maritimer Fossilien, auf die ich später noch etwas genauer eingehen werde. Der Bericht von der Sintflut aus dem Alten Testament[49] fungiert bei ihm nämlich nicht nur als vages Leitbild sondern durchaus noch als ein ernst zu nehmender Beleg für seine Deutung der fossilen Muschel- und Fischfunde in heute wasserfernen Regionen[50], wobei wohl kaum erwähnt zu werden braucht, daß LEIBNIZ und seine diesbezüglichen Vorgänger bei diesem Unternehmen nicht ganz ohne jede Gewalt gegenüber dem Buch der Natur und dem Buch der Bücher ausgekommen sind.

Für die wissenschaftsgeschichtliche Einordnung der Protogaea ist ferner wichtig, daß LEIBNIZ in einem Briefentwurf von 1679[51], der ansonsten vor allem eine scharfe Kritik an einigen der von DESCARTES zumeist nur programmatisch vorgestellten Lehren enthält, im Anschluß an ein erstaunlich positives Urteil über dessen Kosmogonie einschränkend anmerkt, man werde den Entwurf zu einer universellen Weltdeutung aus den Cartesischen Principia erst weiter ausarbeiten können, wenn man die Chemie mit in Betracht zieht. Das ist ein gutes Indiz dafür, daß die Vertrautheit von LEIBNIZ mit vielen, in einer zumeist noch eher vorwissenschaftlichen Praxis bewährten, chemischen Prozessen zu den Wurzeln der Geogonie aus der Protogaea zählt, und in der Tat erklärt er dort expressis verbis, es gelte zu erkennen,

> "daß die Natur dasjenige, was wir nur spielend in winzigen Proben zustande bringen, schon längst in ihren großen Werken ausgeführt hat; denn die Vulkane dienen ihr als Öfen und die Berge sind ihre Destillierhelme"[52].

LEIBNIZ hat die Fruchtbarkeit seines wissenschaftstheoretischen Programms, nach dem man systematisch versuchen sollte, per analogiam von der Herstellung technischer Produkte auf einen gleichartigen Prozeß bei ihrer Entstehung im Bereich der vom Menschen nicht beeinflußten Natur zu schließen[53], in der Protogaea u.·a. mit einem Hinweis auf GEORG AGRICOLAS (1494-1555) De natura fossilium libri X zu belegen versucht, nach dem das Mineral Hämatit (α-Fe_2O_3) nicht nur im Labor sondern auch in der Natur bei einem Verbrennungsprozeß entstehen kann.[54] Auch sonst beruft sich LEIBNIZ in der Protogaea häufig auf diesen Klassiker der Mineralogie, bei dem nicht zuletzt recht ausführlich von der Gewinnung der Edelmetalle die Rede ist, und daher dürfte LEIBNIZ dieses Werk schon lange vor dem Beginn seiner Bemühungen um technische Verbesserungen im Oberharzer Bergbau gründlich gelesen haben.

Nach seiner Promotion zum Dr. jur. in Altdorf hatte LEIBNIZ als erste bezahlte Stellung das Amt eines Sekretärs der Nürnberger Rosenkreuzer übernommen[55], und da sich die Mitglieder dieser Gesellschaft vor allem für (al)chemische Methoden zur Herstellung von Gold interessierten, gab man dem neuen Sekretär den Auftrag, aus den einschlägigen (Lehr)büchern von damals Exzerpte von Berichten über Stoffumwandlungen aller Art zusammenzustellen. Wie LEIBNIZ später selbst erwähnt hat, erwarb er auf diese Weise einen vorzüglichen Einblick in das chemische Wissen seiner Zeit, der ihn in die Lage versetzte, alle Mitteilungen über angeblich erfolgreiche Versuche, Gold aus unedlen Materialien zu gewinnen, als Scharlatanerie zu durchschauen. 1679 konnte er seinen Herzog JOHANN FRIEDRICH (1625-1679) daher auch mit guten Gründen vor dem Ankauf fragwürdiger Rezepte zur Herstellung von Gold aus Sand warnen[56], und schließlich sei schon hier kurz darauf hingewiesen, daß LEIBNIZ seine Überlegungen zu diesem Topos im Zusammenhang mit der Frage nach dem Ursprung der Metalle in der Protogaea wieder aufgenommen hat.[57] LEIBNIZ befaßte sich aber auch mit seriöseren Problemen aus der Chemie. So schloß er 1678 nach vorbereitenden Gesprächen für Herzog JOHANN FRIEDRICH eine Vertrag mit HEINRICH BRAND ab, der die Vervollkommnung der

Phosphorgewinnung betraf[58], und im selben Jahr wies er seinen Landesherren außerdem darauf hin, daß der französische Ingenieur NOEL DOUCEUR die Rechte zur Auswertung eines neuartigen Eisengußverfahrens zum Kauf anbot.[59] Der Hannoveraner Hof war an der technischen Anwendung metallurgischer Prozesse aufs höchste interessiert, weil ihm das Oberharzer Berg- und Hüttenwesen unterstand, und damit sind wir auf eine von der Leibnizforschung schon immer stark beachtete Wurzel der Geogonie aus der Protogaea gestoßen. Wie ich bereits andeutete, hat LEIBNIZ in den Jahren 1679-1686 mit großer Energie versucht, durch technische Innovationen die Menge der im Harz jährlich geförderten Erze zu steigern.[60] Dabei war ihm klar, daß für die Bergbaupraxis gute Kenntnisse vom Aufbau der äußeren Erdschichten unerläßlich sind. Dieses Wissen erwarb er im Verlauf zahlreicher Reisen in den Harz[61], bei denen er manchmal sogar in eine Grube eingefahren ist[62], und zum andern nahm er in den Jahren 1687-1690 auf der großen Reise, die ihn über Süddeutschland und Österreich bis nach Neapel führte, immer wieder die Gelegenheit zu geologischen Studien wahr, deren Ergebnisse er später als erläuternde Beispiele in die geogonischen Spekulationen aus der Protogaea eingefügt hat. Besonders eindrucksvoll zeigt sich das bei der Schilderung seiner Besuche von zwei Tropfsteinhöhlen im Harz, die im Herbst 1685 stattgefunden haben[63], während der Hinweis aus der Protogaea darauf[64], daß die unter der Erdkruste verborgenen Glutmassen bis heute durch die Schlote der Vulkane aufsteigen und lokal zu einer Umstrukturierung der Erdoberfläche führen können, ein weniger spektakulärer Reflex seiner Besteigung des Vesuv vom Mai 1689[65] sein dürfte.[66]

Zum anderen war für die Entstehung der Protogaea mitentscheidend, daß sich NIELS STENSEN von 1677 bis 1680 als Apostolischer Vikar in Hannover aufhielt. STENSEN[67], der seit 1656 in seiner Heimatstadt Kopenhagen unter der anleitenden Aufsicht des damals schon nicht mehr an der Universität lehrenden THOMAS BARTHOLIN (1616-1680) Medizin studiert hatte, gelangen während eines Aufenthalts in Holland bahnbrechende Einsichten in den Bau und die Funktion der Drüsen und Muskeln. Nachdem er für eine halbes Jahr nach

Kopenhagen zurückgekehrt war und sich während eines Besuchs in Frankreich vor allem der Embryologie sowie der Anatomie des Gehirns zugewandt hatte, kam er spätestens im Frühjahr 1666 nach Italien. Dort stellte ihm der Großherzog FERDINAND·II (1610-1670) in Florenz finanzielle und materielle Mittel zur Fortsetzung seiner Studien des menschlichen Muskelapparats zur Verfügung; aber ein Zufall wollte es, daß sich STENSENS Interesse von 1667 an einseitig auf die Geologie richtete.

Mitte Oktober 1666 wurde im Mittelmeer bei Livorno ein riesiger Weißhai (Carcharodon carcharias; Linné, 1758)[68] gefangen, und da STENSEN 1664 bereits zwei Glattrochenweibchen (Raja batis; Linné, 1758) seziert hatte, die in seiner De anatome rajae epistola beschrieben sind, ließ der Großherzog den Kopf des Riesenfisches an seinen Hof schaffen und STENSEN mit der Sektion des (leider stark verstümmelten) Haifischschädels betrauen.[69] Die Durchführung dieses Projekts, dem Anfang Februar 1667 die Sektion eines Schokoladenhais (Dalatias licha; Bonnaterre, 1788) folgte[70], führte zu vielen neuen Einsichten in die Anatomie der Knorpelfische, von denen hier allerdings nur das folgende Detail von Interesse ist.

STENSEN dürfte schon während seines Studiums in Kopenhagen mit der Frage nach der Natur der sogenannten glossopetrae oder Zugensteine bekannt geworden sein, die sein Präzeptor THOMAS BARTHOLIN 1644 auf einer Reise nach Malta[71] gesehen und später wiederholt beschrieben hatte.[72] Außerdem kannte STENSEN die auffälligen Gebilde sicher auch aus eigener Anschauung; denn sie waren im Natrualienkabinett von OLAF WORM (1588-1654) zur Schau gestellt, das damals zu den großen Attraktionen von Kopenhagen gehörte.[73] Die Zungensteine wurden in jenen Tagen von den meisten Autoren (samt aller anderen Fossilien) für anorganische Produkte der Erd- bzw. Steinschichten gehalten, in denen sie zu finden waren, und zum Teil glaubte man sogar noch einer alten Legende, nach der die glossopetrae Überreste von Schlangenzungen sind, die der Apostel Paulus versteinert hatte, als er auf einer seiner Reisen ihren Hauptfundort Malta betrat.[74] Das

Ergebnis der Sektion des großen Haifischkopfs überzeugte STENSEN jedoch augenblicklich von der Unhaltbarkeit dieser Vorstellung. Er vertrat vielmehr sofort die schriftlich zuvor anscheinend nur von FABIO COLONNA (1567-1650)[75] geäußerte Vermutung, nach der die glossopetrae nichts weiter als versteinerte Zähne von Haien sind,

> "weil sich die Flächen, Kanten und Basen dieser [pyramidenförmigen] Gebilde so ähnlich wie nur irgend möglich sehen. ... Die Zähne des Canis carchariae und die Zungensteine gleichen einander [demnach] wie ein Ei dem anderen, und daher können nicht einmal ... ihre mitten im Land gelegenen Fundstellen als ein überzeugendes Indiz für die unterschiedliche Natur der fraglichen Körper betrachtet werden".[76]

STENSEN zog aus seinen anatomischen Befunden statt dessen den Schluß, daß die Fundstätten der glossopetrae einst vom Meer überspült gewesen sein müssen[77], und diese Einsicht induzierte bei ihm offenbar schlagartig die sehr viel weitergehende Vermutung, nach der die Struktur der oberflächennahen Erdschichten im wesentlichen das Resultat einer mehrfachen Überflutung ist[78], wobei sich jeweils Sedimentschichten ausbildeten, in die im allgemeinen Überreste von Wassertieren eingebettet sind.

Um diese Hypothese, mit der STENSEN zum Begründer der Stratigraphie wurde[79], empirisch absichern zu können, gab er seine medizinisch-anatomischen Studien auf.[80] Statt dessen unternahm er mit Billigung des Großherzogs einige Exkursionen in die Umgebung von Florenz, in der es Gebirgsformationen aus Sedimentgesteinen gibt, die fossile Muscheln sowie versteinerte Reste von weiteren Meerestieren enthalten.[81] Als ein erstes Ergebnis seiner Untersuchungen zur Erdgeschichte legte STENSEN dann schon 1669 den epochemachenden De solido intra solidum naturaliter contento dissertationis prodromus vor, und auch danach unternahm er noch ausgedehnte Reisen, um seine Vorstellung von der Gestaltung der Erdoberfläche durch das Wasser zu verfeinern; aber zu einer Ausarbeitung der von ihm angekündigten Dissertation kam es nicht mehr.

Nach einem religiösen Erweckungserlebnis war STENSEN bereits 1667 zum katholischen Glauben konvertiert, 1675 empfing er die Priesterweihe, und nachdem ihn der Papst 1677 als Apostolischen Vikar an den Hof von Herzog JOHANN FRIEDRICH nach Hannover entsandt hatte[82], stellte er seine naturwissenschaftlichen Forschungen ein.[83] LEIBNIZ selbst erfuhr offenbar erst bei seinen persönlichen Gesprächen mit STENSEN von dessen Arbeiten auf dem Gebiet der Erdgeschichte.[84] Spätestens 1679 muß er dann auch den Prodromus gelesen haben[85], und außerdem versuchte er zunächst noch, STENSEN zur Fortsetzung seiner geologischen Studien zu bewegen;[86] doch diese Bitten blieben ohne Resonanz; denn wie LEIBNIZ bedauernd notierte, wollte STENSEN lieber ein schlechter Theologe als ein exzellenter Wissenschaftler sein.[87]

In jenen Tagen scheint LEIBNIZ allerdings auch noch nicht vorgehabt zu haben, eine Schrift zu diesem Thema abzufassen. Ein derartiger Plan läßt sich in seinen bislang veröffentlichten Schriften erst für den Herbst 1682 nachweisen. LEIBNIZ, der damals wohl immer noch hoffte, als besoldetes Mitglied in die Pariser Akademie aufgenommen zu werden[88], stellte sich in einem Schreiben an deren Sekretär JEAN GALLOIS (1632-1707) als denjenigen Gelehrten vor, der am ehesten befähigt war, das von DESCARTES in Angriff genommene bzw. programmatisch vorgestellte philosophische und naturwissenschaftliche Werk fortzuführen. Dazu legte er GALLOIS eine Art von Rechenschaftsbericht über seine wissenschaftliche Arbeit aus den letzten Jahren vor, in dem wir unter anderem lesen:

> "In der Physik hatte ich inzwischen Gelegenheit, bedeutende Beobachtungen anzustellen, die insbesondere die Mineralien betreffen. In der näheren Umgebung [von Hannover] gibt es nämlich Bergwerke, die zu den bedeutendsten in Deutschland gehören. Diesen Umstand habe ich mir zu Nutze gemacht. Dabei bin ich auf eine Theorie über die Entstehung der Mineralien gekommen, die denkbar wenig zu dem paßt, was man gemeinhin über diesen Topos denkt, obwohl sie leicht an Hand von Argumenten aus der Mechanik begründet werden kann. [Meine Überlegungen und] Beweise betreffen vor allem die Entstehung der Erze und Gesteine. ... Außerdem habe ich ganz einzigartige Fundstücke aus den [hiesigen] Kupferminen

erhalten. [Dabei handelt es sich unter anderem um eine Kupferschieferplatte, die auf jeder ihrer Seiten den Abdruck eines anderen Fischs enthält.[89]] Ich plane, eine exakte Abbildung von diesem Fossil herstellen zu lassen und die Art seiner Entstehung in einer kleinen Abhandlung zu beschreiben. ... Dabei denke ich daran, zumindest das Manuskript Herr COLBERT (1619-1683) zu widmen, und falls sich eines Tages die Gelegenheit dazu ergeben sollte, beabsichtige ich darüber hinaus, ihm [jenen] Stein zu überreichen."[90]

LEIBNIZ hat seinen Plan, eine Schrift über geologische und geogonische Probleme abzufassen, nicht wieder aufgegeben; denn in einem Brief an FONTENELLE (1657-1757) vom 11.7. 1684[91] deutete er erneut an, daß er eine Abhandlung vorzulegen gedenkt, die Überlegungen von AGRICOLA, DESCARTES und STENSEN fortführen soll. Als LEIBNIZ 1694 schließlich die erste Version seiner Protogaea vorlegte, geschah das allerdings nicht mehr mit dem Ziel, die Gunst der Pariser Akademie zu gewinnen. Um sich nach dem Tod von Herzog JOHANN FRIEDRICH dessen Nachfolger ERNST AUGUST (1629-1698) zu empfehlen, stellte LEIBNIZ dem Hannoveraner Hof 1690 u. a. den Plan vor, eine Geschichte des Hauses Braunschweig-Lüneburg zu schreiben.[92] In einem Memorandum aus demselben Jahr, das er für einen Bekannten am Wiener Hof abgefaßt hatte, betonte er ferner, daß "die Staatswirthschaft der bei weitem wichtigste Theil der Staatswissenschaft ist."[93] Dabei räumte er dem Bergbau innerhalb der Staatswirtschaft eine eminente Stelle ein; denn ohne diese Finanzquelle wären seine Hannoveraner Herzöge die Herren eines wenig bedeutenden Agrarstaates geblieben. Als LEIBNIZ 1685 dann auch offiziell den Auftrag erhielt, die Geschichte des Welfenhauses zu schreiben[94], war es daher kein Zeichen von Weitschweifigkeit sondern systematisch konsequent, daß er dieses Werk mit einem Bericht "von den höchsten Antiquitäten [der von den Welfen beherrschten] Lande, ehe sie vielleicht von Menschen bewohnt worden, und so alle Historien übersteigen, aber aus den Merckmahlen genommen werden, so uns die Natur hinterlassen"[95], nämlich aus "vestigia incendiorum und inundationum"[96], begann.[97]

Die Grundzüge dieser geogonischen Studie, in der er seinem Landesherrn, der inzwischen Kurfürst geworden war, nicht zuletzt versprach, den "Ursprung der Metallen"[98] zu erklären, denen das Haus Braunschweig-Lüneburg seine damalige Blüte in hohem Maße mitverdankte[99], müssen LEIBNIZ spätestens im Dezember 1689 deutlich vor Augen gestanden haben. In jenen Tagen hat er sie nämlich bei einem Besuch in Bologna mit MARCELLO MALPIGHI (1628-1694) diskutiert.[100] In der ersten Häfte des Jahres 1691 scheint er dann eine erste Version seiner Protogaea schriftlich fixiert zu haben[101], und im Oktober 1694 legte er dem Hannoveraner Vizekanzler LUDOLF HUGO ein Manuskript dieser Abhandlung vor[102], nachdem er 1693 schon eine Kurzfassung des systematischen Teils seiner Protogaea in den Leipziger Acta Eruditorum veröffentlicht hatte. Außerdem muß LEIBNIZ die Protogaea um 1700 noch einmal etwas erweitert haben; denn die uns überlieferten Handschriften enthalten eine Kritik an der Erklärung der Sintflut aus WILLIAM WHISTONS erst 1696 gedruckter New Theory of the Earth[103], die LEIBNIZ (eventuell) sogar erst nach 1699 genauer kennengelernt hat;[104] aber an den Grundzügen seiner Geogonie hat sich dadurch nichts mehr geändert.

Meine Skizze der heute zumeist obsoleten Spekulationen von LEIBNIZ über die Entstehung der Erdoberflächenstruktur knüpft an die Ausführungen zu seinem Versuch an, den an die Kosmogonie des DESCARTES angepaßten Anfang der Protogaea mit der Schöpfungsgeschichte aus dem Alten Testament in Einklang zu bringen. Nach dieser Phase des Prozesses, den die Erde durchlaufen haben soll, bis ihre Oberfläche schließlich im wesentlichen ihre heutige Form annahm, hatte sich um den glutflüssigen Erdkern eine feste, aber rissige Kruste gebildet, die aus einer glasartigen Masse bestand. Außerdem enthielt diese junge Erdrinde in ihrem Inneren viele wasser- oder luftgefüllte Höhlen, deren Decken zum Teil nach und nach einstürzten. Das führte zur Ausbildung von Anhöhen und Senken, und schließlich sei daran erinnert, daß die Erdatmosphäre nach LEIBNIZ damals noch große Wasserdampfmengen enthielt. Dieser Wasserdampf kondensierte in den oberflächenfernen, kühlen Regionen des Raumes und fiel als Regen auf die Erde nieder. Dort bildete er große Wasserlachen, doch unter deren Last brach die rissige Erdkruste an weiteren, über großen Höhlungen gelegenen Stellen ein. Das führte zur Ausbildung von trockenfallenden Randbergen und tiefen Tälern, in denen sich das Wasser zu ersten Ozeanen sammelte.[105] Mit diesen Überlegungen folgte LEIBNIZ weitgehend ähnlichen Vorstellungen von STENSEN[106], dessen Spekulationen er allerdings durch ein auch von ihm selbst für wichtig erachtetes Detail ergänzte.[107] Die unter dem Einfluß des Feuers entstandene glasige Schlacke, aus der die Erdkruste ursprünglich bestanden haben soll, enthielt nach LEIBNIZ viele, zum Teil hygroskopische und die Atmosphäre daher weiter austrocknende Salze, die sich im übrigen bereits im ersten Wassermantel der Erde zu lösen begonnen hatten. Das förderte zu einen die durch die Bewegung der Gewässer in Gang gebrachte Zerkleinerung der schlackenartigen Materie an der Erdoberfläche, die dabei unter Mitwirkung der Salze zum Teil in einen Schlamm verwandelt wurde, der Pflanzen zu ernähren vermag und Tieren zuträglich ist[108], und zum andern konnte LEIBNIZ damit erklären, woher das Salz in den bis heute salzigen Meeren und Ozeanen stammt.

Wie LEIBNIZ mehrfach betont hat[109], zerfällt der Prozeß, in dessen Verlauf unsere Erde zu einem bewohnbaren Planeten wurde, nach seiner Geogonie in zwei Hauptphasen. Dabei handelt es sich bei der ersten um eine an DESCARTES' Kosmogonie angepaßte Version von Überlegungen aus seiner Hypothesis physica nova, nach der anfangs allein das Feuer als gestaltende Kraft wirksam war, während die Schlußphase im wesentlichen eine Variante der erdgeschichtlichen Spekulationen von NIELS STENSEN ist[110], der dem Wasser die Hauptrolle bei der Entstehung der Oberflächenstruktur unserer Erde zugebilligt hatte.[111]

Bei seinen nachfolgend skizzierten Ausführungen zur Erdgeschichte hat sich LEIBNIZ nun in der Tat in hohem Maße an der Geogonie aus dem Prodromus von STENSEN orientiert. Dabei kam dessen Deutung der Zugensteine eine entscheidende Bedeutung zu; denn LEIBNIZ schrieb darüber im Frühjahr 1691 an HULDREICH VON EYBEN (1629-1699):

> "Ich bin unlängst beschäfftiget gewesen circa naturalia soli huius und uralter, aller menschen gedencken und nachrichtungen übersteigende veränderungen einige Untersuchungen zu thun. Da[bei habe ich] von den Reliqvien der thiere so sich in stein und erde finden, und durch ungeheure fluthen verschüttet ... meine gedancken gehabt. Ich bin mit FABIO COLUMNA[112] und STENONE ganz einig, daß die Glossopetrae nichts anders seyn als dentes Lamiarum[113] ... ungehindert deßen, so H. REISKIUS in seine[m] tractat de Glossopetris Luneburgensibus dagegen vor[ge]bracht."[114]

Wie schon K. MÜLLER bemerkte[115], sind diese Worte, die stark an diejenigen Formulierungen erinnern, mit denen LEIBNIZ seine Protogaea zuerst in einem vermutlich 1690 abgefaßten Memorandum und dann wieder im Jahre 1694 in einem Schreiben an Kurfürst ERNST AUGUST charakterisiert hat[116], ein gutes Indiz dafür, daß die Protogaea 1691 im Rohbau vorlag. Außerdem habe ich bereits erläutert, daß STENSEN durch seine korrekte Deutung der Zungensteine zur Ausarbeitung der Geogonie aus dem Prodromus angeregt worden war, und die Tatsache, daß in der näheren Umgebung von Lüneburg ebenfalls glossopetrae vorkommen, die LEIBNIZ in der Protogaea samt ihres Fundorts beschreibt[117], scheint ihn (spätestens) 1690 davon überzeugt zu haben, daß es sich bei den von STENSEN aus dem meeresfernen Auftreten dieser (und anderer maritimer) Fossilien für eine ferne Vorzeit erschlossenen Überflutungen großer, heute landfester Gebiete um weltweit nachweisbare Vorgänge gehandelt hat. In diesem Sinne betont LEIBNIZ in seiner Protogaea:

> "Die Zungensteine aus Lüneburg sind nach denen von [der Insel] Malta der berühmtesten der Denkmäler, die [uns] zeigen, daß der Ozean einst auf das Land [von heute] eingewirkt hat."[118]

Nach LEIBNIZ[119] kam es in den Urmeeren immer wieder zur Ablagerung von Sinkstoffen, aus denen Sedimentgesteine erwuchsen. Dieser Belastung waren einige der darunter liegenden Höhlen jedoch nicht gewachsen. Sie brachen ein, und das führte zur Ausbildung weiterer Randgebirge, die tief gelegene Gebiete umgaben, in denen das (Salz)wasser zu neuen Ozeanen zusammenfloß. Auf deren Boden lagerten sich wieder ständig dicker werdende Steinschichten ab, bis unter deren Gewicht auch verhältnismäßig tief in der Erde verborgene Höhlensysteme einstürzten. Wenn sie wassergefüllt und hinlänglich groß waren, wurde dieses Flüssigkeitsreservoir dabei schlagartig an die Oberfläche des Erdballs gepreßt. Das führte im Extremfall zu einer globalen Überflutung, die allerdings recht bald zurückging, weil das überschüssige Wasser durch die Ritzen der Erdkruste einen Weg in luftgefüllte Spalten und Höhlen fand, die sich bei der vorangegangenen Einsturzkatastrophe geöffnet oder gar gebildet hatten.

Wie LEIBNIZ anmerkt[120], verfügte er damit über eine rationale Deutung der Sintflut, mit der er ähnliche Überlegungen von STENSEN[121] und BURNET[122] variierte. Im übrigen betonte er jedoch[123], daß man allenfalls nach einer kartographischen Aufnahme aller Oberflächenformationen der Erde ermitteln kann, wie oft die einzelnen Regionen von solchen Einsturz- und Flutkatastrophen betroffen worden sind. Auf alle Fälle glaubte er aber erklärt zu haben, warum selbst auf den höchsten Bergen versteinerte Reste von Meerestieren vorkommen, und auch sonst wandte er sich sehr energisch gegen jeden Versuch, irgendwelche auf Grund ihrer strukturellen Ähnlichkeit als Abdruck oder als Versteinerung von Tieren erkennbaren Fossilien als sogenannte Spiele der Natur zu deuten.[124]

Dagegen vermißt man in der Protogaea noch jeden deutlichen Hinweis darauf, wann die ersten Pflanzen und Tiere aufgetreten sind. STENSEN[125] hatte aus dem empirischen Befund, daß in den untersten und daher geologisch ältesten Schichten der Sedimentgesteine, die er untersucht hatte, keine Überreste von Lebewesen zu entdecken waren, auf die Existenz einer ursprünglichen, die Erde total überdeckenden Wasserhülle geschlossen, die noch keinerlei Tiere oder Pflanzen enthielt. Diese Vorstellung, in der STENSEN eine Bestätigung des Berichts aus Genesis I.2 sah, nach dem Gottes Geist 'anfangs' über dem Wasser schwebte, hat LEIBNIZ in die Protogaea übernommen; denn wie eine bereits zitierte Passage aus diesem Werk zeigt[126], soll der als Grundlage für alles Leben unentbehrliche Erdboden erst im Gefolge einer ersten Überflutung des Erdballs aus schlackenartigen Stoffen hervorgegangen sein. In einem Brief an MELCHISEDECH THEVENOT vom 24.8./3.9.1691[127] deutet LEIBNIZ sogar vorsichtig an, daß zwischen der Entstehung eines Minerals und einer Pflanze kein wesentlicher Unterschied bestehen dürfte; aber in der Protogaea wird dieser Gedanke nicht wieder aufgenommen. LEIBNIZ betont dort vielmehr[128], daß Schlamm und Steine kein geeigneter Nährboden für die Erzeugung organischer Körper sind, die er dabei scharf von den unbeseelten, aber nichtsdestoweniger oft recht fein strukturierten Mineralien unterscheidet. Sorgfältige Untersuchungen der Biologen jener Tage hatten nämlich ergeben, daß Lebewesen immer nur aus Samen entstehen, während sich die Lehre von der zeugenden Kraft der Fäulnis als ebenso falsch wie alle anderen Vorstellungen von der Möglichkeit einer Urzeugung erwiesen hatten.[129]

Dazu sei außerdem bemerkt, daß sich LEIBNIZ in der Protogaea sogar gegen die Hypothese eines bislang nicht identifizierbaren Autors gewandt hat[130], nach der die Vorfahren der Tiere, die heute das Festland bewohnen, Wassertiere gewesen sein müssen, weil die Erde einst völlig überschwemmt war. Mit dem Rückgang des Wassers sollen sich daraus zunächst einmal Amphibien entwickelt haben, deren Nachkommen sich schließlich ganz dem Landleben anpaßten, doch das hielt LEIBNIZ für eine allzu willkürliche Mutmaßung, die obendrein dem Bericht über die Erschaffung der Lebewesen aus dem Alten Testament[131] widerspricht.

LEIBNIZ versuchte auch nicht, seine Geogonie aus der Protogaea durch absolute Zeitangaben zu ergänzen. NIELS STENSEN[132] hatte sich dagegen noch bemüht, seine Vorstellung von dem Prozeß, in dessen Verlauf die Erde an der Oberfläche die uns vertraute Struktur annahm, mit einer Variante der von dem irischen Bischof JAMES USHER (1581-1651) aus alttestamentarischen Quellen extrapolierten Chronologie in Einklang zu bringen, nach der Gott die Welt in der Nacht vor dem 23. Oktober 4004 v. Chr. erschaffen haben soll.[133] Wie ein Brief aus dem Jahre 1694 an JOHANN GEORG GRAEVIUS (1632-1703) verrät[134], betrachtet LEIBNIZ solche Chronologien jedoch mit einiger Reserve, und sein Schweigen zu diesem Topos in der Protogaea dürfte ganz entsprechend motiviert sein.

Anschließend sei noch kurz erwähnt, daß es LEIBNIZ (verständlicherweise) nicht gelungen ist, eine Theorie der Metallgenese vorzulegen. Wie ich bereits erläuterte, muß sich nach seiner Kosmogonie aus der Hypothesis physica nova, die in die Protogaea intergriert ist, im Prinzip jeder Stoff in jeden anderen überführen lassen. Aus diesem Grunde hielt er die Versuche, Gold aus anderen Materialien zu gewinnen, auch nicht prinzipiell für unsinnig;[135] aber sein in der Protogaea immer noch spürbares Interesse an der 'Goldmacherei' steht dort inzwischen im Zusammenhang mit der weit allgemeineren Frage, wie äthergefüllte Kügelchen mit einer Schale aus 'Elementarmaterie' zu Metallpartikeln zusammentreten können. LEIBNIZ versprach Kurfürst ERNST AUGUST 1694 zwar noch[136], am Anfang seiner Geschichte der Welfen die Entstehung der (für dieses Fürstenhaus so wichtigen) Metalle zu erklären; aber schon 1691 hatte er in einem Brief an MELCHISEDECH THEVENOT bedauernd festgestellt[137], daß er immer noch nichts über die Erzeugung der Metalle zu sagen wußte, weil ihm bis dato kein Experiment bekannt geworden war, bei dem Metalle neu entstehen. Alle Prozesse, bei denen das angeblich geschehen soll, sind nichts anderes als ein Sammeln oder eine Umwandlung von Metallverbindungen, die zuvor feinverteilt oder chemisch gebunden unter einer 'Maske' vorlagen.[138] Wie LEIBNIZ gegenüber THEVENOT betonte, wollte er damit allerdings nicht ausschließen, daß es irgendwann einmal gelingen könnte, ein Metall aus Nichtmetallen zu erzeugen. Diese Ansicht vertrat er auch noch in der Protogaea;[139] aber wie wir schon hörten, enthält diese Schrift (natürlich) keine explizit formulierten Vorschläge zur Lösung des damit aufgeworfenen Problems.

Mit der hier vorgelegten Untersuchung wollte ich mich in erster Linie gegen das Vorurteil wenden, nach dem LEIBNIZ hautpsächlich unter dem Eindruck von empirischen Daten, mit denen er auf seinen vielen Reisen in den Harz konfrontiert wurde, spontan auf die Idee kam, seine Protogaea abzufassen. Diese geologischen Fakten waren dafür von mitentscheidender Bedeutung, aber wie ich zu zeigen versuchte, wirkten sie eher wie ein Kristallisationskeim, der bei LEIBNIZ wie in eine Lösung fiel, die von seinem Interesse an einer rationalen Auslegung der Bibel, seiner Descartesrezeption, seinen chemischen Kenntnissen, den Informationen, die er bei seinen Gesprächen mit NIELS STENSEN erhalten hatte, seinem Interesse an der Historie als empirischem Beleg für eine Wissenschaft vom Staat sowie von vielen, hier nicht in extenso angeführten Lesefrüchten eines umfangreichen Literaturstudiums gesättigt war.

Zusammenfassung

Von der Mitte des 17. Jahrhunderts an versuchten verschiedene Gelehrte das noch weitgehend statische Weltbild der Bibel durch eine entwicklungsgeschichtliche Deutung der (unbelebten) Natur zu ersetzen. Den Ausgangspunkt dieser Bewegung bildeten die fast ohne jede Rücksicht auf empirische Daten erdachten, rational konzipierten Spekulationen des DESCARTES über die Genese des Makrokosmos. In einem nächsten Schritt versuchte THOMAS BURNET, die kosmogonisch ausdeutbaren Passagen aus dem Alten und Neuen Testament wie den Bericht von der Erschaffung eines ursprünglichen Chaos, der Sintflut und der von PETRUS prophezeiten Brandkatastrophe von globalem Ausmaß aus einer verbesserten Version der Lehren des DESCARTES zu deduzieren bzw. an diese anzupassen. Dieser Plan liegt auch noch der Protogaea von G. W. LEIBNIZ zu Grunde; aber LEIBNIZ ging es nicht mehr allein darum, einigen mythisch anmutenden Stellen aus der Heiligen Schrift einen rational überprüfbaren Sinn zu geben. Er wollte darüber hinaus zeigen, daß eine nach dem Vorbild von DESCARTES und BURNET entworfene Geogonie als Rahmen für die theoretische Einordnung vieler Fakten aus unserer Umwelt dienen kann, zu denen neben seinen Kenntnissen im Bergbau- und Hüttenwesen vor allem die Ergebnisse von NIELS STENSENS Forschungen über die Fossilien und Sedimentgesteine gehörten.

Summary

During the second half of the 17th century several scholars began to replace the more static view of the world, which is the background of the Holy Scriptures by a developmental explanation of nature. The first one to do this was DESCARTES, who proposed a speculative theory concerning the origin and formation of stars and planets. However, his system was thought out without much regard to empirical facts. In a next step, THOMAS BURNET made an effort to deduce some passages of the Bible like Genesis, the Deluge, and the cataclysm of the world by fire as announced by ST PETER from an improved version of DESCARTES' cosmogony. This plan was followed by G. W. LEIBNIZ too, but the aim of the latter was more than to give some biblical accounts a more rational sense. He tried to show in his Protogaea that a geological history of the earth carrying on the scheme of DESCARTES' Principia and THOMAS BURNET's Telluris theoria sacra could serve as a frame of reference for the classification of a host of geological facts comprising the knowledge LEIBNIZ had gained as well in the Harz mountains and mines as from N. STENSEN's studies in palaeontology.

Anmerkungen

1. Erweiterte Fassung eines Vortrags auf der 69. Jahrestagung der Deutschen Gesellschaft für Geschichte der Medizin, Naturwissenschaft und Technik WISSENSCHAFT UND TECHNIK ZWISCHEN BAROCK UND AUFKLÄRUNG, 19.-23. September 1986, Hannover.

2. Die Erstausgabe der Cartesischen Principia erschien 1644 in Amsterdam.

3. Dazu verweise ich auf W. KUTSCHMANNs Analyse der kinematischen Grundbegriffe bei DESCARTES (Die newtonsche Kraft, S. 48-54).

4. DESCARTES, Principia, II. 46-52.

5. Zu den Kritikern der Stoßregeln aus den Principia des DESCARTES gehörte auch G. W. LEIBNIZ (1646-1716), dessen Überlegungen zu diesem Topos aus den Animadversiones in partem generalem Principiorum Cartesianorum (S. 376-380) nach seinem eigenen Bekunden aus dem Stegreif für ein breites Publikum niedergeschrieben worden sind und spätestens 1692 als Manuskript vorlagen (siehe C. I. GERHARDT, Einleitung zu den von Leibniz in den Jahren 1677-1702 gegen Descartes und den Cartesianismus abgefaßten Schriften, S. 270-272).

6. Dazu verweise ich auf I. SZABO (Geschichte der mechanischen Prinzipien, S. 436-452), bei dem man außerdem ein Referat über die 1668-1669 von CHRISTIAN HUYGENS (1629-1695), JOHN WALLIS (1616-1703) und Sir CHRISTOPHER WERN (1632-1723) unternommene Revision der Cartesischen Stoßgesetze findet.

7. Bei DESCARTES vermißt man allerdings noch jede genetische Erklärung der von GALLILEI (1564-1642) bereits 1610 im Sidereus Nuncius (S. 109) als immense Ansammlung von Fixsternen beschriebenen Milchstraße.

8. Siehe DESCARTES, Principia, III.48-IV.4.

9. Protogaea, S. 10 (Meine Verweise auf Passagen aus dieser Abhandlung beziehen sich durchweg auf W. v. ENGELHARDTs durch ein ausführliches Verzeichnis der von LEIBNIZ benutzten chemischen, mineralogischen, geologischen und biologischen Fachausdrücke ergänzte, lateinisch-deutsche Ausgabe, der eine von LEIBNIZ selber korrigierte, aber dann doch nicht mehr zum Druck gegebene Reinschrift zu Grunde liegt (siehe W. v. ENGELHARDT, a.a.O., S. 174-175).

10. Die Sonnenflecken scheinen zuerst Ende 1610 von JOHANNES FABRICIUS (1587-1616) beobachtet worden zu sein; siehe ST. DRAKE, Galileo at Work (S. 213).

11. Ich komme später noch darauf zurück, daß die Heilige Schrift Passagen enthält, die man in der Barockzeit kosmogonisch bzw. geogonisch auszudeuten versuchte.

12. Dazu verweise ich ergänzend auf die wissenschaftsgeschichtliche Einordnung und Würdigung der Physik von GALILEI durch J. MITTELSTRASS (Neuzeit und Aufklärung, S. 168-170).

13. LEIBNIZ charakterisierte die Physik und Kosmogonie aus den Principia des DESCARTES in einem vermutlich 1679 abgefaßten Schreiben an einen unbekannten Empfänger (II.1; Nr. 219, S. 503-504) als schönen Roman voller netter Fiktionen, der bald wieder in Vergessenheit geraten dürfte, wenn es nicht gelingt, ihn zu revidieren.

14. Die wissenschaftsgeschichtliche Bedeutung der kosmogonischen Spekulationen aus den Cartesischen Principia spiegelt sich deutlich im Urteil von B. STICKER über die Protogaea wider (Leibniz' Beitrag zur Theorie der Erde, S. 244-245); denn nach STICKER verliert sich LEIBNIZ in dieser Schrift "nach einem kurzen, vielversprechenden Anlauf in eine breit angelegte Sammlung von Materialien über sehr verschiedenartige Probleme". Dabei stellt man schnell fest, daß es sich bei dem 'vielversprechenden Anlauf' um diejenigen Partien der Protogaea handelt, in denen LEIBNIZ dem (z.·T. bereits von TH. BURNET, ca. 1635-1715, und NIELS STENSEN, 1638-1686, modifizierten) Grundschema der Cartesischen Geogonie gefolgt ist, während seine empirisch gut fundierten Ausführungen zu einer großen Zahl von geologisch interessanten Einzelbeobachtungen in der Tat häufig den Eindruck einer eher unsystematisch zusammengetragenen Materialsammlung vermitteln.

15. Bei meinem Referat der Paragraphen VI. 3-48 aus den Cartesischen Principia benutze ich zur Bezeichnung gewisser Teilbereiche der (sich bildenden) Erde dieselben lateinischen Majuskeln wie DESCARTES.

16. TH. BURNET, The Sacred Theory of the Earth, Buch Kapitel·3.

17. Wie ich gleich genauer erläutern werde, entspricht das den Vorstellungen von LEIBNIZ.

18. Wenn man von einer knappen Skizze der erdgeschichtlichen Spekulationen aus der Protogaea in den Acta Eruditorum von 1693 und einigen Andeutungen in den Paragraphen 244-245 des III. Teils der Théodicée absieht, wurde die Geogonie von LEIBNIZ erst 1749 durch CHR. L. SCHEIDS posthum besorgte lateinische und deutsche Ausgabe der Protogaea bekannt.

19. Siehe MÜLLER/KRÖNERT, S. 54-75 sowie E. J. AITON, Leibniz, S. 107-114.

20. Siehe U. HORST und J. GOTTSCHALK, Über die Leibniz'schen Pläne zum Einsatz seiner Horizontalwindkunst im Oberharzer Bergbau und ihre mißglückte Durchführung, J.·GOTTSCHALK, Die Auswertung der im Windkanal vorgenommenen Messungen an den nach Unterlagen aus dem LEIBNIZ-Nachlaß angefertigten Windkunstmodellen in bezug auf die Leistungsfähigkeit für die Wasserförderung im Oberharzer Bergbau sowie J. GOTTSCHALK und J. G. O'HARA, Leibniz und Friedrich Heyn: Bergbautechnologische Überlegungen im Jahre 1687.

21. Die Tatsache, daß LEIBNIZ während der großen Reise, die ihn in den Jahren von 1687 bis 1690 nach Süddeutschland, Österreich und Italien führte, nicht nur nach Urkunden zum genealogischen Ursprung des Hauses Braunschweig-Lüneburg gesucht hat, sondern auch Bergbau- und Hüttenbetriebe (sowie Orte, an denen geologisch interessante Beobachtungen möglich waren), be-

suchte (siehe MÜLLER/KRÖNERT, S. 82-103), war offenbar nicht nur durch sein Interesse an der Geologie bedingt; denn andernfalls hätte man für ihn wohl kaum den Bergwerksinspektor FRIEDRICH HEYN als offiziellen Reisebegleiter ausgewählt.

22. Schon für G. E. GUHRAUER legten LEIBNIZ' geologische Beobachtungen während der vielen Reisen in den Harz den Grund für die erdgeschichtlichen Spekulationen aus der Protogaea (G. W. v. Leibnitz, Bd. I, S. 205-206), und E. J. AITON rechnet diese Abhandlung in seiner kürzlich erschienenen Leibnizbiographie noch ebenso einseitig zu den Nachwirkungen des Harzer Projekts (S. 136); außerdem vergleiche man in diesem Zusammenhang die Versuche von B. STICKER (Leibniz' Beitrag zur Theorie der Erde, S. 247), LEIBNIZ mit einem Hinweis auf seine berg- und hüttenmännischen Kenntnisse "von dem Odium des Dilettanten [zu] befreien".

23. Konzept eines Schreibens an SIMON FOUCHER aus dem Jahre 1675 (II.1; Nr. 120, S. 247).

24. Indizien dafür findet man zum Beispiel in den Ende 1676 bzw. Anfang (?) April 1677 an HONORATO FABRI (1607-1688) bzw. über GERHARD WOLTER MOLANUS (1633-1722) an ARNOLD ECKARD (gest. 1685) gerichteten Briefen (II.1, Nr. 133, S. 286-301 und Nr. 138, S. 305-310).

25. Siehe MÜLLER/KRÖNERT, S. 53.

26. Über den Inhalt dieser Gespräche sind wir durch einen Brief von CHRISTIAN PHILIPP (gest. 1682) an LEIBNIZ vom 22.11./2.12.1679 sowie dessen Antwortschreiben von Anfang Dezember 1676 informiert (II.1, Nr. 216-217, S. 495).

27. Der oben erwähnte THOMAS BURNET ist ein entfernter Verwandter von THOMAS BURNETT OF KEMNEY (1656-1729), mit dem LEIBNIZ von 1695 bis 1714 korrespondiert hat (siehe C. I. GERHARDT, Einleitung in den Briefwechsel zwischen Leibniz und Thomas Burnett de Kemney, S. 151) und darf nicht mit diesem verwechselt werden.

28. Die Erstausgabe der Telluris theoria sacra von THOMAS BURNET erschien 1681 (Buch I-II) und 1689 (Buch III-IV) in London. Von 1690 an hat er diese Geogonie dann unter dem Titel The Sacred Theory of Earth erweitert und zum Teil neu arrangiert, bevor er 1692 in der Archaeologia philosophica noch ausführlicher als in den schon genannten Werken zu begründen versuchte, daß seine Hypothesen mit der christlichen Lehre kompatibel sind.

29. BURNET vertritt gleich zu Beginn der Sacred Theory of the Earth (Buch I, Kapitel 3, S. 34) die These des DESCARTES, nach der das Universum lückenlos mit Materie angefüllt ist. Ein wenig später charakterisiert er seine Theorie von der Entwicklung des Erdkörpers aus dem Chaos zu einem von Menschen bewohnbaren Pla-

neten als eine Variante der Überlegungen, die DESCARTES zu diesem Topos vorgelegt hat (a.a.O., Kapitel 9, S. 93), wobei er moniert, daß dieser seine Kosmogonie noch nicht zur Bibelexegese zu benutzen wußte. Auch sonst erweist sich BURNET als überzeugter Cartesianer; denn im Buch II desselben Werks (Kapitel 10, S. 214-216) referiert er alle Passagen aus den Meditationes I-III, die zu dem darin vorgetragenen Gottesbeweis hinführen, und BURNETs Vorstellung von der Struktur des Makrokosmos (siehe a.a.O., Buch II, Kapitel 11, S. 224-226), der danach aus Fixsternen besteht, die (wenigstens z.·T.) von Planeten umlaufen werden, entspricht aufs engste den diesbezüglichen Ausführungen aus den Principia des DESCARTES; weitere Belege für BURNETs Abhängigkeit von DESCARTES findet man in seiner Archaeologia philosophica.

30. AT, Genesis, I.1-2.

31. Auf dieses Detail der Geogonie aus der Sacred Theory of the Earth (Buch I, Kapitel 5) spielt LEIBNIZ gleich zu Beginn seiner Protogaea (S. 6) an, ohne BURNET namentlich zu nennen.

32. AT, Genesis, VII.10-VIII.14.

33. TH. BURNET, a.a.O., Buch I, Kapitel 6-12.

34. NT, II. Brief des Petrus, III.7 und III.10-13.

35. TH. BURNET, a.a.O., Buch III-IV.

36. Siehe Anm. 31 und 122.

37. Hypothesis physica nova, § 1-16.

38. Brief an PIERRE DE CARCAVY vom Juni (?) 1671 (II.1, Nr. 66, S. 125-129).

39. Hypothesis physica nova, § 6-7.

40. Protogaea, S. 8.

41. Einen weiteren Beleg für das große Interesse von LEIBNIZ an der Glasmanufaktur beitet der an ihn gerichtete Brief des seit 1652 als Kaufmann in Venedig nachweisbaren GEORG CHRISTOPH VON EBERTZ vom 24.7.1691 (I.6; Nr. 336, S. 577).

42. Diese Hypothese geht auch in die geogonischen Spekulationen aus der Protogaea (S. 10-12) ein.

43. In der Protogaea (S. 10) versucht LEIBNIZ diese Behauptung mit dem Hinweis darauf weiter abzusichern, daß die Schlacken, die beim Verhütten von den glutflüssigen Metallen abgesondert werden, eine Art von Glas sind, das im Verlauf eines Schmelzprozesses aus den die Metalle einbettenden bzw. enthaltenden Gesteinen und Erden hervorgeht.

44. Auch diese Vorstellung hat LEIBNIZ in die Geogonie aus seiner Protogaea (S. 10-14) übernommen.

45. Brief von Ende 1679 an HONORATO FABRI (II.1; Nr. 133, S. 289); dazu vergleiche man ergänzend das in der Anm. 23 angeführte Schreiben an SIMON FOUCHER.

46. Siehe Anm. 9.

47. Protogaea, S. 10-16.

48. Im weiteren Verlauf der Protogaea (S. 68) führt LEIBNIZ als empirisches Indiz dafür den Vulkanismus an.

49. AT, Genesis, VI-VIII.

50. Protogaea, S. 22-28.

51. Vermutlich 1679 geschriebener Entwurf eines Briefes an einen unbekannten Adressaten (II.1; Nr. 219, S. 499-504).

52. Protogaea, S. 48; siehe auch ibidem, S. 46.

53. Eine ausführliche Diskussion der von LEIBNIZ in der Protogaea vertretenen (bzw. de facto angewendeten) Methoden findet man bei B. STICKER (Leibniz' Beitrag zur Theorie der Erde, S. 253-259).

54. GEORG AGRICOLA, De natura fossilium, Buch V (S. 121) bzw. G. W. LEIBNIZ, Protogaea, S. 70.

55. Zum folgenden verweise ich auf G. E. GUHRAUER, Gottfried Wilhelm von Leibnitz, Bd. I, S. 42-47; siehe auch MÜLLER/ KRÖNERT, S. 9-11 und S. 157.

56. Brief an Herzog JOHANN FRIEDRICH von Mitte Juni 1679 (I.2; Nr. 139, S. 177).

57. Siehe Protogaea, S. 42-44.

58. MÜLLER/KRÖNERT, S. 53.

59. Brief an Herzog JOHANN FRIEDRICH vom Mai 1678 (I.2, Nr. 41, S. 54); siehe auch MÜLLER/KRÖNERT, S. 52.

60. Eine Chronologie der Bemühungen von LEIBNIZ um den Oberharzer Bergbau bieten die Einleitungen in die Bände I.3 (S. XXIX-XXXIX) und I.4 (XXXVI-XLVI) seiner sämtlichen Schriften und Briefe; siehe auch MÜLLER/KRÖNERT, S. 54.

61. Während der 31 Reisen, die LEIBNIZ in den Jahren 1680-1686 in den Harz unternahm, hielt er sich dort wenigstens 165 Wochen lang auf (siehe I.3; Einleitung, S. XXIX-XXX).

62. Siehe U. HORST und J. GOTTSCHALK, Über die Leibniz'schen Pläne zum Einsatz seiner Horizontalwindkunst im Oberharzer Bergbau, S. 36 und S. 54-55.

63. Protogaea, S. 128-136; dazu vergleiche man ergänzend den Brief von CHRISTIAN ESSKEN (gest. 1707) an LEIBNIZ vom 17./27.11.1685 (I.4; Nr. 171, S. 217-218) sowie MÜLLER/ KRÖNERT, S. 76-77.

64. Protogaea, S. 22.

65. Siehe MÜLLER/KRÖNERT, S. 96.

66. Ein Bericht über die Gewinnung von Amoniaksalzen aus Dämpfen, die in der Nähe von Neapel aus der Erde steigen sowie über die Abfolge der Erdschichten, auf die man in Modena beim Brunnenbau zu stoßen pflegt, sind weitere Spuren, die LEIBNIZ' Italienaufenthalt von 1689-1690 (siehe MÜLLER/KRÖNERT, S. 95-102) in der Protogaea (S. 52 und S. 148-154) hinterlassen hat.

67. Zum folgenden verweise ich auf GUSTAV SCHERZ, Niels Stensen's Geological Work, S. 11-19 und Pionier der Wissenschaft: Niels Stensen, S. 14-24.

68. Im 17. Jahrhundert bezeichnete man den Weißhai noch als Canis carchariae.

69. Dazu verweise ich auf NIELS STENSEN, Canis carchariae dissectum caput, S. 72, sowie auf die zugehörige Anm. 12 (S. 124) von G. SCHERZ.

70. Siehe G. SCHERZ, Pionier der Wissenschaft: Niels Stensen, S. 178.

71. Siehe N. STENSEN, Canis carchariae dissectum caput, S. 94 samt der zugehörigen Anm. 72 (S. 128) von G. SCHERZ.

72. Hinweise auf drei Schriften von THOMAS BARTHOLIN, in denen dieser auf die Zungensteine eingeht, findet man in V. MAARS Ausgabe der Opera philosophica von NIELS STENSEN (Vol. II, S. 326).

73. Siehe G. SCHERZ, Niels Stensen's Geological Work, S. 13 und S. 39 (Anm. 12).

74. Siehe NIELS STENSEN, Canis carchariae dissectum caput, S. 72-74 und S. 94 samt der zugehörigen Anm. 72 (S. 128) von G. SCHERZ sowie G. W. LEIBNIZ, Protogaea, S. 102-104.

75. G. SCHERZ, Niels Stensen's Geological Work, S. 22 und S. 43 (Anm. 82) verweist in diesem Zusammenhang auf FABIO COLONNAS Dissertatio de glossopertris von 1616.

76. NIELS STENSEN, Canis carchariae dissectum caput, S. 114.

77. NIELS STENSEN, a.a.O.

78. Siehe N. STENSEN, De solido intra solidum naturaliter contento dissertationis prodromus (im folgenden kurz als Prodromus bezeichnet), S. 138.

79. G. SCHERZ, Pionier der Wissenschaft: Niels Stensen, S. 206.

80. NIELS STENSEN, Prodromus, S. 138.

81. G. SCHERZ, Niels Stensen, S. 73-74.

82. G. SCHERZ, Pionier der Wissenschaft: Niels Stensen, S. 29-35.

83. G. W. LEIBNIZ, Brief an HERMANN CONRING (gest. 1681) vom 3./13.1.1678 (II.1; Nr. 162, S. 385); SIMON DE LA LOUBERE (1642-1729), Brief an G. W. LEIBNIZ vom 22.1.1681 (I.3; Nr. 379, S. 459); MELCHISEDECH THEVENOT, Brief vom Herbst 1681 (?) an LEIBNIZ (I.3; Nr. 436, S. 504); G. W. LEIBNIZ, Brief an den Landgraf ERNST VON HESSEN-RHEINFELS (1623-1693) vom 6./16.5.1692 (I.7; Nr. 159, S. 331).

84. Bevor LEIBNIZ gegen Ende 1677 (dazu verweise ich auf seinen Brief an H. CONRING vom 3./13.1.1678; II.1, Nr. 162, S. 385) zum ersten Mal mit STENSEN zusammentraf, kannte er ihn offenbar nur als (Theologe und) berühmten Anatom (siehe G. W. LEIBNIZ, Brief an H. CONRING vom 24.8./3.9.1677; II.1, Nr. 156, S. 377) der im Sommer 1674 auf der Durchreise von Kopenhagen nach Florenz in Hannover Sektionen ausgeführt hatte, um die Lehre vom Blutkreislauf und der Funktion des Herzens anschaulich erläutern zu können (siehe G. SCHERZ, Niels Stensen, 1964, S. 103). Dabei ist zu beachten, daß sich der Hinweis auf STENSEN im Paragraphen 59 der Hypothesis physica nova (S. 254-255) schon vom Kontext her nur auf dessen frühe Schriften zur Anatomie beziehen kann.

85. Im Juni 1679 erhielt LEIBNIZ von dem Hamburger Buchhändler GOTTFRIED SCHULTZE (gest. 1686) für drei Groschen ein Exemplar "STENONIS de solido intra solidum" (I.2; Nr. 481, S. 488).

86. Brief an CHRISTIAN PHILIPP (gest. 1682) vom 11./21.3.1681 (II.1; Nr. 230, S. 518).

87. Konzept eines Briefes an JUSTUS SCHRADER (1646-1720) vom Oktober 1695 (I.11; Nr. 521, S. 768 und S. 771).

88. Über die Versuche von LEIBNIZ aus den Jahren 1675-1676, mit Hilfe von GALLOIS eine bezahlte Stelle an der Pariser Akademie zu erhalten, berichten E. J. AITON (Leibniz, S. 35, S. 55 und S. 60) sowie J. E. HOFMANN (Leibniz in Paris, S. 160-162).

89. Dieses ungewöhnliche Fossil hat LEIBNIZ später auch in seiner Protogaea erwähnt (S. 62-64).

90. Entwurf eines Briefes an JEAN GALLOIS von Ende Oktober 1682 (II.1, Nr. 238, S. 530-531).

91. Brief an BERNARD LE BOVIER DE FONTENELLE vom 11.7.1684 (G. W. LEIBNIZ, Lettres et opuscules inédits, S. 197). Den Hinweis auf diesen Leibnizbrief verdanke ich Herrn Dr. HEINZ-JÜRGEN HESS (Hannover, Leibniz-Archiv).

92. Vermutlich an den Hannoveraner Geheimen Rat und Hofmarschall FRANZ ERNST VON PLATEN (1631-1709) gerichtetes Schreiben von Ende (?) Januar 1680 (I.3; Nr. 17; S. 20); siehe auch MÜLLER/KRÖNERT (S. 59-60).

93. Abgedruckt bei G. E. GUHRAUER, Gottfried Wilhelm Freiherr von Leibniz, Bd. I, S. 203.

94. Resolution von Herzog ERNST AUGUST vom 31.7./10.8.1685 (I.4; Nr. 159, S. 206).

95. G. W. LEIBNIZ, (1690 abgefaßter) Entwurf der Welfischen Geschichte, S. 240; dazu vergleiche man ergänzend ein vermutlich im November 1694 abgefaßtes Schreiben an Kurfürst ERNST AUGUST, in dem LEIBNIZ über den Inhalt der Protogaea berichtet, die als I. Teil der Welfengeschichte erscheinen sollte (I.10; Nr. 67, S. 79), und am 4./ 14. 10.1694 bei dem Hannoveraner Vizekanzler LUDOLF HUGO (ca. 1630-1704) als Manuskript hinterlegt worden war (Schreiben an L. HUGO vom 4./14.10.1694; I.10; Nr. 61, S. 74).

96. Schreiben an Kurfürst ERNST AUGUST vom November (?) 1694 (I.10; Nr. 67, S. 79).

97. Bei B. STICKER findet man Hinweise auf Autoren (Leibniz' Beitrag zur Theorie der Erde, S. 245-246), die sich verwundert gefragt haben, warum LEIBNIZ seine Geschichte des Welfenhauses mit einer naturwissenschaftlichen Schrift über die Entstehung der Erde begann. Dabei kritisierte STICKER alle pauschalen Verweise auf die 'universalgeschichtliche Betrachtungsweise' von LEIBNIZ als Verlegenheitsantworten; aber auch STICKERs eigene Vermutung, nach der die Protogaea deutlich machen soll, wie jedes historische Einzelphänomen den ganzen Weltprozeß ausdrückt, in dem "jede Monade auf ihre Art ein Spiegel des Universums ist" (Monadologie, § 63), scheint mir etwas zu vage.

98. Vermutlich im November 1694 abgefaßtes Schreiben an Kurfürst ERNST AUGUST (i.10; Nr. 67, S. 97).

99. Nach U. HORST und J. GOTTSCHALK (Über die Leibniz'schen Pläne zum Einsatz seiner Horizontalwindkunst im Oberharzer Bergbau, S. 35-36) lag im Harz zu Beginn der Neuzeit das größte deutsche Industriegebiet, dessen Grundlage der von den Hannoveraner und

Braunschweiger Welfen kontrollierte Erzbergbau des Ober- und nördlichen Unterharzes mit seinen Gruben, Pochwerken und Hütten bildete.

100. Über den Inhalt dieser Gespräche, die LEIBNIZ (nach MÜLLER/KRÖNERT, S. 99) in der Zeit zwischen dem 22. und dem 30.12.1689 mit MALPIGHI geführt hat, sind wir durch den Leibnizbrief an MELCHISEDECH THEVENOT (ca. 1620-1692) vom 24.8./3.9.1691 informiert (I.7; Nr. 173, S. 353-355).

101. Diese Datierung wird nach K. MÜLLER (Progogaea, Sp. 159) durch eine Reihe von Bemerkungen in den Leibnizbriefen aus dieser Zeit nahe gelegt.

102. Siehe Anm. 95.

103. In die Zweifel von LEIBNIZ an dem schon 1665 von ATHANASIUS KIRCHER (1602-1680) im Bd. I seines Mundus subterraneus vorgestellten und von NIELS STENSEN (siehe Prodromus, S. 206-208 samt der zugehörigen Anm. 139, S. 233 von G. SCHERZ) erwähnten Versuch, das Auftreten der Sintflut auf eine Verlagerung des Schwerpunktes unserer Erde zurückzuführen (Protogaea, S. 24-26), ist nicht nur eine Kritik an der Erklärung der Sintflut als Effekt einer Nahbegegnung der Erde mit einem Kometen durch WILLIAM WHISTON sondern auch ein ablehnender Hinweis auf einen an KIRCHERs Überlegungen anknüpfenden Vorschlag zur Lösung dieses Problems von EDMOND HALLEY (1656-1742) aus dessen Account of the Cause of the Change of the Variation of the Magnetical Needle, with an Hypothesis of the Structure of the Internal Parts of the Earth von 1694 eingeschoben, der daher wahrscheinlich auch erst zu dem Nachtrag gehört, den LEIBNIZ um 1700 in sein Manuskript der Protogaea eingeschoben hat. (Eine kurze Darstellung der Versuche von WHISTON und HALLEY, das Auftreten der Sintflut rational zu deuten, findet man auf den Seiten 320-326 meiner Monographie über die Physik und Physikotheologie des jungen Kant.)

104. In einem Brief vom 20./30.1.1699 an THOMAS BURNETT OF KEMNEY bemerkt LEIBNIZ beiläufig (GPS, Bd. 3, S. 250), daß er einen Bericht über die Geogonie von W. WHISTON gelesen hatte, der bei ihm offenbar keinen günstigen Eindruck hinterließ. Die Frage, ob sich die Ausführungen aus der Protogaea zur Sintfluttheorie von WHISTON auf dieses Referat beziehen oder ob LEIBNIZ dessen New Theory of the Earth schließlich doch noch selber gelesen hat, scheint heute nicht mehr entscheidbar zu sein.

105. Protogaea, S. 14-16.

106. NIELS STENSEN, Prodromus, S. 202-206.

107. Dazu vergleiche man neben der Protogaea (S. 14-16) den Brief von LEIBNIZ an MELCHISEDECH THEVENOT vom 24.8./3. 9.1691 (I.7; Nr. 173, S. 354).

108. In der Protogaea heißt es dazu genauer (S. 12): "Solutione agitationeque aquarum ... accedente salium opera ad vim caloris in limum corrumperetur saxea durities, alendis plantis et animalibus convenientem."

109. Siehe Protogaea, S. 8-10 und S. 12.

110. Siehe Protogaea, S. 28.

111. STENSEN erwog darüber hinaus, daß sich noch relativ spät größere Teile der Erdrinde unter dem Einfluß des von ihr eingeschlossenen Feuers aufgewölbt haben könnten (Prodromus, S. 208); aber wie LEIBNIZ anmerkte (Protogaea, S. 80), war er nicht bereit, diese Vorstellung zu übernehmen.

112. LEIBNIZ meint hier offenbar FABIO COLONNAs Dissertatio de glossopetris von 1616.

113. Die Haie wurden im 17. Jahrhundert auch als Lamiae bezeichnet (siehe NIELS STENSEN, Canis carchariae dissectum caput, S. 72).

114. Brief an HULDREICH VON EYBEN vom 26.3.1691 (I.6; Nr. 246, S. 441); dazu vergleiche man ferner die Briefe an CHRISTIAN FRANZ PAULINI (1634-1712) vom 15./25.6.1691 (I.6; Nr. 310, S. 529) und MELCHISEDECH THEVENOT vom 24.8./3.9.1691 (I.7; Nr. 173, S. 353).

115. Siehe Anm. 101.

116. Siehe Anm. 95 und 96.

117. LEIBNIZ, dem CHILIAN SCHRADER (1650-1721) im Frühjahr 1691 zwei in Lüneburg gefundene Zungensteine zur Ansicht überlassen hatte (Brief von CH. SCHRADER an LEIBNIZ vom 25.4./5.5.1691; I.6; Nr. 276, S. 483-484), hat sich nach seinen eigenen Angaben in der Protogaea (S. 98-108 und Tafel VI) auf Berichte vom (dem vir eruditus) JOHANN REISKE (De glossopetris Lüneburgensibus) und (dem 1676 verstorbenen) FRIEDRICH LACHMUND (Oryktographia Hildesheimensis) gestützt.

118. Protogaea, S. 98.

119. Protogaea, S. 26-28.

120. Protogaea, S. 28.

121. NIELS STENSEN, Prodromus, S. 206-208.

122. TH. BURNET, The Sacred Theory of the Earth, Buch I, Kapitel III-VI, S. 33-71; dabei verdient Beachtung, daß LEIBNIZ den Plan, nach dem BURNETS Geogonie konzipiert ist, bereits in einem Brief vom 10./20.5.1684 an den Landgrafen ERNST VON HESSEN-RHEINFELS als lobenswert und trotz aller Mängel im Detail vorzüglich bezeichnet hat (I.4; Nr. 293, S. 331).

123. Protogaea, S. 18-20.

124. Siehe Protogaea, S. 62-74, S. 92-98 und S. 134-136.

125. NIELS STENSEN, Prodromus, S. 204.

126. Siehe Anm. 108.

127. I.7; Nr. 173, S. 354-355.

128. Protogaea, S. 92.

129. Wie die Briefe vom 29.7./8.8.1692 an WILHELM ERNST TENTZEL (1659-1707) und HENRI JUSTEL (1620-1693) zeigen (I.8; Nr. 216, S. 370 und Nr. 217, S. 372), stand LEIBNIZ dabei unter dem Einfluß der Untersuchungen über die Fortpflanzung (wirbelloser) Tiere (siehe ILSE JAHN et al., Geschichte der Biologie, S. 199-204) von FRANCESCO REDI (1626-1697) und JAN SWAMMERDAM (1637-1680), die er auf seinen Reisen beide persönlich kennengelernt hatte (siehe MÜLLER/KRÖNERT, S. 46 und S. 99).

130. Protogaea, S. 22-24.

131. AT, Genesis. I. 20-30.

132. NIELS STENSEN, Prodromus, S. 206.

133. Siehe G. SCHERZ, Das Feste im Festen, S. 30-31 und S. 102 (Anm. 52) sowie JOHN D. NORTH, Chronology and the Age of the World, S. 307-308 und S. 329-332.

134. Brief an JOHANN GEORG GRAEVIUS vom 9./19.8.1694 (I.10; Nr. 344, S. 510).

135. Protogaea, S. 42.

136. Schreiben an Kurfürst ERNST AUGUST vom November (?) 1694 (I.10; Nr. 67, S. 79).

137. Brief vom 24.8.1691 an M. THEVENOT (I.7; Nr. 173, S. 354-355).

138. LEIBNIZ erläutert das in seiner Protogaea (S. 32-44) mit einem Hinweis auf das Quecksilber (S. 46), das als Komponente im Zinnober (HgS) enthalten ist, ohne als Metall zu 'vergehen'.

139. Protogaea, S. 42-44.

Literatur

Durchgängig benutzte Abkürzungen:

AT: Altes Testament

GPS: Gottfried Wilhelm Leibniz: Die philosophischen Schriften. Herausgegeben von Carl Immanuel Gerhardt.

NT: Neues Testament.

Bibliographische Hinweise der Form I.2, II.1 usw. beziehen sich auf den Bd. 2 der I. Reihe bzw. auf den Bd. 1 der II. Reihe usw. der Sämtlichen Schriften und Briefe von GOTTFRIED WILHELM LEIBNIZ, die seit 1923 von der Preussischen Akademie der Wissenschaften bzw. in deren Nachfolge von der Deutschen Akademie der Wissenschaften zu Berlin herausgegeben werden.

Die in der nachfolgenden Bibliographie mit einem (*) gekennzeichneten Titel habe ich nicht selber einsehen können.

AGRICOLA, G.: De natura fossilium libri X: Die Mineralien. Übersetzt und bearbeitet von Georg Fraustadt. Berlin, 1958.

AITON, E. J.: Leibniz: A Biography. Bristol und Boston, 1985.

Bibel: Siehe Heilige Schrift.

BURNET, Th.: The Sacred Theory of the Earth. Book I-IV. With a Supplement (S. 379-413) 'A Review of the Theory of the Earth and of Its Proofs: Especially in Reference to Scripture'. With an Introduction by BASIL WILLEY, London und Fontwell, 1965. Nachdruck der 2. Auflage von 1691 (Buch I-II) bzw. der Erstausgaben von 1690 (Buch III-IV und 'Review').

BURNET, TH.: Telluris theoria sacra, orbis nostri originem et mutationes generales, quas aut jam subiit aut olim subiturus est, complectens. Libri duo priores de Diluvio et Paradiso. London, 1681.

BURNET, TH.: Archaeologia philosophica sive doctrina antiqua de rerum originibus. London, 1692.

COLONNA, F.: *Dissertatio de glossopetris. Rom, 1616.

DESCARTES, R.: Principia philosophiae (Oeuvres de Descartes, Vol. VIII.1). Von B. Rochot unter Mitarbeit von R. P. Costabel überarbeiteter Neudruck einer 1905 von Ch. Adam und P. Tannery besorgten Ausgabe.

DRAKE, S.: Galileo at Work: His Scientific Biography. Chicago und London, 1981 (11978).

GALILEI, G.: Sidereus Nuncius: Nachricht von neuen Sternen. Dialog über die Weltsysteme (Auswahl). Vermessung der Höhle Dantes. Marginalien zu Tasso. Herausgegeben und eingeleitet von Hand Blumenberg. Frankfurt am Main, 1980.

GERHARDT, C. I.: "Einleitung zum Briefwechsel zwischen Leibniz und Thomas Burnett de Kemney (1695-1714)." GPS, Bd. 3. Berlin, 1887. S. 149-160.

GERHARDT, C.I.: "Einleitung zu den von Leibniz in den Jahren 1677-1702 gegen Descartes und den Cartesianismus abgefaßten Schriften." GPS, Bd. 4, S. 263-273. Berlin, 1880.

GOTTSCHALK, J.: "Die Auswertung der im Windkanal vorgenommenen Messungen an den nach Unterlagen aus dem Leibniz-Nachlaß angefertigten Windkunstmodellen in bezug auf die Leistungsfähigkeit für die Wasserförderung im Oberharzer Bergbau." Gottfried-Wilhelm-Leibniz-Gesellschaft (Herausgeber): Leibniz: Werk und

Wirkung: IV. Internationaler Leibniz-Kongreß, Hannover, 14.-19. November 1983 (Vorträge). Hannover, 1983. S. 221-228.

GOTTSCHALK, J.: "Über die Leibniz'schen Pläne zum Einsatz seiner Horizontalwindkunst usw.". Siehe Horst, U. und J. Gottschalk.

GOTTSCHALK, J.: "Leibniz und Friedrich Heyn: Bergbautechnologische Überlegungen im Jahre 1687." Siehe O'Hara, J. G. und J. Gottschalk.

GUHRAUER, G. E.: Gottfried Wilhelm Freiherr von Leibnitz: Eine Biographie. Teil I-II. Breslau, o. J. (d.i. 1842).

HALLEY, E.: "An Account of the Cause of the Change of the Variation of the Magnetical Needle, with an Hypothesis of the Structure of the Internal Parts of the Earth: as it was proposed to the Royal Society in one of their late meetings." Philosophical Transactions, Vol. VII for the Year 1693 (Nr. 195), S. 563-578 mit einer Tafel am Anfang des Heftes. London, 1694.

Heilige Schrift: Die Bibel, oder die ganze Heilige Schrift des alten und neuen Testaments. Nach der deutschen Übersetzung von Martin Luther. Halle, 1846 (372. Auflage).

HOFMANN, J. E.: Leibniz in Paris (1672-1676): His Growth to Mathematical Maturity. London und New York, 1974.

HORST, U. und GOTTSCHALK, J.: "Über die Leibniz'schen Pläne zum Einsatz seiner Horizontalwindkunst im Oberharzer Bergbau und ihre mißglückte Durchführung." Studia Leibnitiana. Supplementa, Vol. XII (1973), S. 35-59.

JAHN, I., LÖTHER, R. und SENGLAUB, K. (Hrsg.): Geschichte der Biologie: Theorien, Methoden, Institutionen, Kurzbiographien. Jena, 1982.

KIRCHER, A.: *Mundus subterraneus in XII libros digestus. Teil I-II. Amsterdam, 1665.

KRÖNERT, G.: Leben und Werk von Gottfried Wilhelm Leibniz: Siehe MÜLLER, K. und G. KRÖNERT.

KUTSCHMANN, W.: Die newtonsche Kraft: Metamorphose eines wissenschaftlichen Begriffs. Wiesbaden, 1983.

LACHMUND, F.: *Oryktographia Hildesheimensis, sive admirandorum fossilium, quae in tractu Hildesheimensi reperiuntur, descriptio inconibus illustrata, cui addita sunt alia de calculis, de fontibus ect. Hildesheim, 1669.

LEIBNIZ, G.W.: Protogaea (lateinisch-deutsch). Übersetzt von W. v. ENGELHARDT. Stuttgart, 1949.

LEIBNIZ, G.W.: *Protogaea sive de prima facie telluris et antiquissimae historiae vestigiis in ipsis naturae monumentis dissertatio ex schedis manuscriptis (Godefridi Guilielmi Leibnitii) in lucem edita a Christiano Ludovico Scheidio. Göttingen, 1749.

LEIBNIZ, G.W.: Protogaea oder Abhandlung von der ersten Gestalt der Erde und den Spuren der Historie in den Denkmaalen der Natur. Aus (den) Papieren (von Leibniz) herausgegeben von Christian Ludwig Scheid. Aus dem lateinischen ins teutsche übersetzt von M. W. L. G. Leipzig und Hof, 1749.

LEIBNIZ, G.W.: "Protogaea." Acta Eruditorum, Januar 1693, S. 40-42. Leipzig, 1693.

LEIBNIZ, G.W.: "Entwurf der Welfischen Geschichte." Pertz, Georg Heinrich (Herausgeber): Geschichtliche Aufsätze und Gedichte (von G. W. LEIBNIZ). Aus den Handschriften der Königlichen Bibliothek zu Hannover. Bd. 4, S. 240-255. Hildesheim, 1966 (reprographischer Nachdruck der Erstausgabe von 1847).

LEIBNIZ, G.W.: Essais de Théodicée sur la bonté de dieu, la liberté de l'homme et l'origine du mal. Chronologie et introduction par J. Brunschwig. Paris, 1969. (Die Erstausgabe der Théodicée erschien 1710 in Amsterdam.)

LEIBNIZ, G.W.: "Hypothesis physica nova qua phaenomenorum naturae plerorumque causae ab unico quodam universali motu, in globo nostro supposito, neque Tychonicis neque Copernicanis aspernando, repetuntur." VI.2; Nr. 40, S. 219-257. (Dem Text liegt der Erstdruck von 1671 zu Grunde.)

LEIBNIZ, G.W.: Vernunftprinzipien der Natur und der Gnade. Monadologie. Auf Grund der kritischen Ausgabe von ANDRÉ ROBINET (1954) und der Übersetzung von ARTHUR BUCHENAU mit Einführung und Anmerkungen französisch-deutsch herausgegeben von HERBERT HERRING. Hamburg, 1969.

LEIBNIZ, G.W.: Lettres et opuscules inédits. Précédés d'une introduction par Louis Alexandre Foucher de Careil. Paris, 1854.

LEIBNIZ, G.W.: "Animadversiones in partem generalem Principiorum Cartesianorum." GPS, Bd. 4, S. 350-392.

MITTELSTRAß, J.: Neuzeit und Aufklärung: Studien zur Entstehung der neuzeitlichen Wissenschaft und Philosophie. Berlin und New York, 1970.

MÜLLER, K. (Rezensent): "Gottfried Wilhelm Leibniz: Protogaea. Übersetzt von W. v. ENGELHARDT. Stuttgart, 1949." Deutsche Literatur Zeitung, 72. Jahrgang (1951), Sp. 158-160.

MÜLLER, K. und KRÖNERT, G.: Leben und Werk von Gottfried Wilhelm Leibniz: Eine Chronik (zitiert als Müller/Krönert). Frankfurt am Main, 1969.

NORTH, J. D.: "Chronology and the Age of the World." YOURGRAU, W. und A. D. BRECK (Herausgeber): Cosmology, History and Theology. New York und London, 1977. S. 307-333.

O'HARA, J. G. und GOTTSCHALK J.: "Leibniz und Friedrich Heyn: Bergbautechnologische Überlegungen im Jahre 1687." Teil A: Die Berichte (J. G. O'HARA), Teil B: Die technischen Einzelheiten (J. GOTTSCHALK). HEINEKAMP, A. (Hrsg.): Leibniz: Tradition und Aktualität. V. Internationaler Leibniz-Kongreß, Hannover, 14.-19. November 1988 (Vorträge). Hannover, 1988. S. 644-660.

REISKE, J.: *De glossopetris Lüneburgensibus ... epistolica commentatio. Leipzig, 1684.

SCHERZ, G.: Pionier der Wissenschaft: Niels Stensen in seinen Schriften. Kopenhagen, 1963.

SCHERZ, G.: Niels Stensen: Denker und Forscher im Barock. Stuttgart, 1964.

SCHERZ, G.: "Das Feste im Festen." Siehe STENSEN, N.: Das Feste im Festen.

SCHERZ, G.: "Niels Stensen's Geological Work." Siehe STENSEN, N.: Geological Papers, dort S. 11-47.

STENSEN, N.: Geological Papers. Edited by GUSTAV SCHERZ. Translation by A. J. POLLOCK. Odense, 1969.

STENSEN, N.: "Canis carchariae dissectum caput." Siehe STENSEN, N.: Geological Papers, dort S. 72-131.

STENSEN, N.: "De solido intra solidum naturaliter contento dissertationis prodromus." Siehe ebenda, S. 133-234.

STENSEN, N.: Das Feste im Festen: Vorläufer einer Abhandlung über Festes, das in der Natur in anderem Festen eingeschlossen ist. Übersetzt von Karl Mieleitner. Revidiert, eingeleitet und erläutert von G. SCHERZ. Frankfurt am Main, 1967.

STENSEN, N.: Opera philosophica. Vol. I-II. Edited by VILHELM MAAR. Kopenhagen, 1910.

STENSEN, N.: "De anatome Rajae epistola." Siehe STENSEN, N.: Opera philosophica, dort Vol. I, S. 193-207. (Der Brief ist auf den 24.4.1664 alten Stils datiert.)

STICKER, B.: "Leibniz' Beitrag zur Theorie der Erde." Sudhoffs Archiv, Bd. 51 (1967), S. 244-259.

SZABO, I.: Geschichte der mechanischen Prinzipien und ihrer wichtigsten Anwendungen. Basel; Boston; Stuttgart, 1979 (2. erweiterte Auflage, 1977).

WASCHKIES, H.-J.: Physik und Physikotheologie des jungen Kant: Die Vorgeschichte seiner Allgemeinen Naturgeschichte und Theorie des Himmels. Amsterdam, 1987.

Zur Geschichte und zum gegenwärtigen Stand der Religion/Umwelt-Forschung

Versuch einer Standortbestimmung
aus wissenschaftshistorischer und geographischer Sicht

von Manfred Büttner, Bochum

Vortrag gehalten auf dem Eichstätt-Symposium 1988

Bewußt habe ich den Untertitel gewählt: <u>Versuch einer Standortbestimmung</u>. Und betont stehen folgende drei Fragen am Anfang des vorliegenden Abstracts:

1. Woher kommen wir?
2. Wo stehen wir?[1]
3. Wohin wollen wir?

Die dritte Frage könnte man vielleicht auch provokativ überspitzen und so formulieren: Was wollen wir eigentlich? Warum sind wir hier aus den verschiedensten Fächern zusammengekommen? Man könnte weiter fragen: Wie ist es mit der Definition von <u>Religion</u>, <u>Umwelt</u>, <u>Geisteshaltung</u> usw.? Sollten diese grundlegenden Begriffe (und viele weitere) nicht zunächst einmal geklärt sein, bevor man sich zu einem interdisziplinären Gespräch zusammensetzt; denn sie werden doch wahrscheinlich in den einzelnen Fächern (und vielleicht auch noch von den einzelnen Wissenschaftlern in den verschiedenen Disziplinen) unterschiedlich benutzt? Eine fächerübergreifende gemeinsame Terminologie, wie in Geographia Religionum Bd. I, S. 58 gefordert, gibt es ja (noch) nicht. Ich lasse diese Fragen und weitere, die sich assoziativ im Zusammenhang mit ihnen einstellen, zunächst im Raume stehen. Wir werden, das ist meine feste Überzeugung, im Laufe dieses Symposiums zum größten Teil zufriedenstellende Antworten darauf finden.[2]

Doch nun zum eigentlichen Thema meines Eingangsreferates: Welche Entwicklung haben wir bisher durchlaufen, wo liegen gewissermaßen unsere Wurzeln, und wo stehen wir zu Zeit? Dieser Fragenkomplex soll aus <u>wissenschaftshistorischer</u> bzw. <u>wissenschaftssystematischer</u> und <u>organisatorischer Sicht</u> kurz angegangen werden.

Es ist ja zu berücksichtigen, daß eigentlich nur ganz wenige von Ihnen sich schon länger kennen und entsprechend zusammenarbeiten. Das gilt insbesondere auch für die <u>Leiter</u> der einzelnen <u>Sektionen</u>, die sich untereinander (und auch uns von der Koordination) zum großen Teil erstmals auf diesem Symposium persönlich kennenlernen und bislang nur über gemeinsame Bezugspersonen Kontakt miteinander hatten. Viele von Ihnen nehmen zum erstenmal an einer unserer Tagungen teil, die man im weitesten Sinne als <u>religionsgeographische</u> Tagung bezeichnen kann, als ein Treffen von Wissenschaftlern, die sich für die wechselseitigen Beziehungen zwischen Religion und Umwelt interessieren.

Meine folgenden Ausführung sollen daher auch die Aufgabe erfüllen, einen <u>gemeinsamen Informationsstand</u> zu erreichen, soweit das in der Kürze der mir zur Verfügung stehenden Zeit möglich ist. Nur wenn wir alle (zumindest in groben Zügen) wissen und uns dessen bewußt sind, woher wir (wissenschaftshistorisch gesehen) kommen und wo wir zur Zeit (wissenschaftssystematisch und organisatorisch) stehen[3], können wir uns mit einer gewissen Aussicht auf Erfolg das Vorgehen für die Zukunft gemeinsam erarbeiten. Nur dann scheint die Gefahr gebannt, zumindest verringert, immer wieder infolge von Informationslücken nachfragen zu müssen oder gelegentlich aneinander vorbeizureden bzw. Probleme zur Diskussion zu stellen, die bereits auf früheren Tagungen hinreichend diskutiert, im Grunde genommen <u>ausdiskutiert</u> worden sind, und die erneut zur Diskussion zu stellen nur dann sinnvoll ist, wenn neue Argumente, neue Sichtweisen usw., die bislang noch nicht berücksichtigt wurden, in den Blick kommen.

Nun also zu der Frage:

Woher kommen wir?

Die Geschichte der Religionsgeographie bzw. Religion/Umwelt-Forschung, Physikotheologie, Umwelttheologie[4] oder wie immer wir diese fächerübergreifende Forschungsrichtung bezeichnen wollen, die in jüngster Zeit auch zunehmend mit dem Terminus "Geographie der Geisteshaltung" belegt wird, ist noch wenig erforscht. Das, was hierzu beispielsweise in "Geographia Religionum" publiziert wurde, kann ja lediglich als ein Forschungsanfang bezeichnet werden.

Nach dem gegenwärtigen Stand unseres Wissens ist es KANT[5], der als erster auf die wechselseitigen Beziehungen zwischen Religion und Umwelt hingewiesen hat. Unter Religion[6] versteht er dabei hauptsächlich die altisraelitisch/-christliche, und zwar weniger die Religionsgemeinschaft (heute von uns zunehmend als Religionskörper bezeichnet), sondern mehr das Ideengut, das Denkgebäude dieser Gemeinschaft, wie es sich in der Bibel und den theologischen Schriften niedergeschlagen hat. Umwelt[7] ist für ihn zum einen das Physiogeographische (Klima, Boden usw.), zum anderen aber auch die gesamte Kultur einschließlich der Zivilisation (also der Naturwissenschaft, Technik, Wirtschaft, Sozialstruktur usw., wie wir heute sagen würden). Soweit ich sehe, versteht KANT unter Umwelt die Umgebung, in die ein Mensch (oder im übertragenen Sinne eine Religion) "hineingeboren" wird, die ihn prägt, und die er seinerseits prägt, je älter er wird und je stärker seine Persönlichkeit ist.

Wenn die Jahrestagung der Deutschen Vereinigung für Religionsgeschichte (DVRG) 1986 unter dem Thema stand "Religion in fremder Kultur"[8], dann kann man meiner Meinung nach sagen, daß es sich hier um eine Tagung mit einer religionsgeographischen Thematik, eigentlich mit der religionsgeographischen Thematik handelte.

Zurück zu KANT. Er selbst hat keine Systematik der Religionsgeographie entwickelt, die er übrigens mit dem Terminus "theologische Geographie" belegt. Er läßt es auch offen, ob die Religion/Umwelt-Forschung in den Bereich der Geographie, Theologie, Physikotheologie, Philosophie (oder wohin auch immer) gehört. Er behandelt diese Thematik in seinen unterschiedlichsten Schriften. Angeregt von KANT scheint es sich daher nahezulegen, von "religionsgeographischem Denken in verschiedenen Fächern" zu sprechen, wie in Geographia Religionum, Bd. 1, näher ausgeführt.

Der Lübecker Theologe KASCHE[9] ist es dann, der gegen Ende des 18. Jahrhunderts eine erste Systematik der Religionsgeographie entfaltet, den Begriff "Religionsgeographie" in die Wissenschaft einführt (übrigens synonym mit der Bezeichnung "religiöse Geographie") und dieses neue "Fach" der Theologie zurechnet, bzw. im Rahmen der Theologie, also unter theologischen Aspekten (genauer gesagt unter physikotheologischen Aspekten) behandelt. Man könnte seine Religionsgeographie in gewisser Weise als "Theologie der Religion" bezeichnen, wenn man heutige Begriffe anwenden will.

KASCHE geht (wohl in Anlehnung an KANT) davon aus, daß alles, was "da" ist, in Raum und Zeit existiert. Folglich muß auch alles, was wissenschaftlich erforscht werden soll, in Hinsicht auf seine räumliche und zeitliche Komponente, bzw. seinen räumlichen und zeitlichen Aspekt untersucht werden. Der Historiker ist für das Zeitliche, der Geograph für das Räumliche zuständig, wie von KANT hinreichend herausgestellt. Diese "Arbeitsteilung" gilt auch für die Untersuchung bzw. Erforschung des Religiösen, also für die Theologie, unter Einschluß der Religionswissenschaft, wie wir heute vielleicht sagen würden.

KASCHE stellt heraus: Religionsgeschichte und Religionsgeographie ergänzen sich gegenseitig. Ich formuliere es gern so: Nach KASCHE hat sich der Religionshistoriker mit der Verknüpfung bzw. der Struktur der Religion in (oder auch mit) der Zeit zu befassen, der Religionsgeograph in Ergänzung dazu mit der Verknüpfung bzw. der Struktur der Religion im (oder auch mit dem) Raum.

Diese Probleme, über die eigentlich tagelang zu diskutieren wäre, können heute nur angedeutet werden. Bereits auf dem Theologentag in Wien (1987)[10] habe ich darauf hingewiesen, daß man hier eine Parallele zum Denken in den modernen Naturwissenschaften feststellen kann. Für Forscher wie SCHRÖDINGER, PRIGOGINE, DAVIES usw. sind Raum und Zeit gewissermaßen gleichwertig. Der Raum ist eine Funktion der Zeit und umgekehrt. Raum und Zeit dehnen sich <u>irreversibel</u> aus. (Daß diese Vorstellung im Widerspruch zur ewigen Wiederkehr und mehr im Einklang zur Vorstellung von der Zielgerichtetheit der Zeit steht, sei nur am Rande vermerkt.)

Wenn man vom <u>in sich ruhenden Sein</u> spricht, so muß gefolgert werden, kann das nur unter Absehung des zeitlichen Aspektes erfolgen. In Analogie dazu kommt man dann unter Absehung des räumlichen Aspektes zum <u>reinen Werden</u>. Wenn gelegentlich davon gesprochen wird, daß Christus die Mitte der Zeit sei, wenn man vom "Geworfensein in die Zeit" spricht, so geschieht das bewußt (oder auch unbewußt) unter Absehung des räumlichen Aspektes. Hier besteht noch ein gewisser Nachholbedarf für Theologie, Religionswissenschaft und Philosophie. Anregungen dazu gehen heute vorwiegend von der Naturwissenschaft aus, im 18. Jahrhundert war es (jedenfalls für unseren Bereich, also den der Religionsgeographie) der Theologe KASCHE, der hier gewissermaßen die Weichen stellte.

Ich breche hier mit meinen Andeutungen über unsere Herkunft ab. Erstens reicht die Zeit nicht, die weitere Entwicklung im einzelnen zu verfolgen. Zweitens ist (wie gesagt) der Forschungsstand noch sehr unbefriedigend. Drittens gehe ich davon aus, daß Herr RUDOLPH noch einiges zur Geschichte unseres "Faches" aus seiner Sicht sagen wird, und viertens kam es mir in der Hauptsache darauf an, Ihnen deutlich zu machen, daß wir irgendwie Kinder der Aufklärung sind, und daß die heute anstehenden Probleme im Grunde genommen bereits zu der Zeit in den Blick kamen, da sich die Religionsgeographie etablierte. Daß man bis in die siebziger Jahre hinein KASCHE für einen Geographen hielt und ihn sogar als Begründer der Verbreitungslehre bezeichnete, sei nur am Rande vermerkt, um deutlich zu machen, wie es um die Erforschung unserer Geschichte stand bzw. steht.

Doch lassen Sie mich noch ganz kurz auf Carl RITTER zu sprechen kommen, der an der Wende vom 18. zum 19. Jahrhundert lebte und als Begründer der Hochschulgeographie gilt. Über ihn und insbesondere über sein religionsgeographisches Denken wußten wir bis in die siebziger Jahre sehr wenig. Erst im Zusammenhang mit dem Wissenschaftshistoriker-Kongreß 1978 in Coburg und dann dem Ritter-Symposium 1979 aus Anlaß seines 200. Geburtstages haben wir einiges in Erfahrung bringen können.[11] RITTER kommt von der Geschichte her und wendet sich später gänzlich der Geographie zu, führt also in gewisser Weise das aus, was KASCHE forderte: Die Geographie bzw. das Räumliche stärker berücksichtigen!

Sehr deutlich ist bei RITTER die Herkunft zu erkennen. Nicht nur sein religionsgeographisches sondern sein gesamtes geographisches Denken ist vorwiegend theologisch-teleologisch, ja auf weite Strecken physikotheologisch ausgerichtet. Erst bei seinen Nachfolgern setzt sich dann die sogenannte rein geographische (vorwiegend dann allerdings deterministische) Ausrichtung der Religionsgeographie durch.

Soviel zum Wissenschaftshistorischen, also zu der Frage, woher wir kommen. Nun zur Gegenwart und jüngsten Vergangenheit, also zu der Frage:

Wo stehen wir?

Nun zur Gegenwart und jüngsten Vergangenheit. Hier müssen wohl die Jahre 1975 und 1976 in besonderer Weise genannt werden. Während bis dahin religionsgeographische Themen gewissermaßen nur am Rande auf Kongressen der Geographen, Religionswissenschaftler, Wissenschaftshistoriker usw. behandelt wurden, fand 1975 in Milwaukee eine erste rein religionsgeographische Sitzung statt, zu der man ausdrücklich auch Nichtgeographen (Theologen, Historiker usw.) eingeladen hatte.

Ich mache es kurz. Wir waren der Meinung, daß die Zeit reif sei, die Religionsgeographie zu aktivieren, wozu auch eine Aktivierung in organisatorischer Hinsicht gehört. Es wurde angeregt, daß wir uns im kommenden Jahr (also 1976) am Rande des US-Amerikanischen Geographentages treffen wollten, um eine internationale Arbeitsgruppe zu gründen.

Dies geschah dann in New York. Wir nannten uns: "International Working Group on the Geography of Belief Systems/Internationale Arbeitsgruppe zur Geographie der Geisteshaltung. Von all dem, was diskutiert und beschlossen wurde, sei nur folgendes erwähnt:

1. Für jedes Land, in dem Interesse an Religionsgeographie bestand bzw. besteht, sollten möglichst zwei Vollmitglieder ernannt werden, eines aus dem Bereich Geographie, eines aus dem Bereich Theologie, Geschichte, Philosophie, Religionswissenschaft usw. Die Aufgabe dieser Vollmitglieder bestand bzw. besteht dann darin, jeweils eigene nationale Zweige aufzubauen.

2. Ausdrücklich wollten wir auch die von SOPHER so genannten "quasi-religions" (Ersatzreligionen, oder wie immer man sie nennen sollte) mit in unsere Forschungen einbeziehen.

3. Entsprechend der inzwischen in der Gesamtgeographie immer stärker sichtbar gewordenen Schwerpunktverlagerung zur Sozialgeographie[12] hin, sollten die sogenannten geographisch relevanten religiösen Aktivitäten, wie Gottesdienstbesuch, Pilgerfahrten usw. betont untersucht werden.

4. Da die Beziehungen zwischen Religion und Umwelt wechselseitig sind, sollten <u>beide</u> Seiten angemessen erforscht werden. Es herrschte Einvernehmen darüber, daß die <u>Religion/Umwelt</u>-Beziehung in der Hauptsache von Geographen zu untersuchen sei und als die <u>geographische Seite</u> der Religionsgeographie zu bezeichnen sei. Entsprechend wäre dann die <u>Umwelt/Religion</u>-Beziehung als die <u>religionswissenschaftliche</u> Seite der Religionsgeographie anzusehen und vorwiegend von Religionswissenschaftlern, Theologen, Philosophen usw. zu betreiben.

Volle Einigkeit herrschte auch darüber, daß man eng zusammen arbeiten sollte, und daß es an der Zeit sei, die Isolierung zu überwinden.

5. Deswegen hielt man es für äußerst wichtig, eine <u>interdisziplinäre Schriftenreihe</u> herauszugeben, in der die Vertreter der verschiedenen Fächer zu Worte kommen sollten.

Soviel zu New York in aller gebotenen Kürze. Vielleicht sollte noch erwähnt werden, daß wir beschlossen, uns in irgendeiner Weise der Geographischen Union anzuschließen. Erste Gespräche dazu wurden bereits in New York mit dem damaligen Präsidenten, Herrn Kollegen HARRIS, geführt, der ein sehr großes persönliches Interesse an der Religionsgeographie hat bzw. hatte. Soweit mir bekannt, ist er Mormone.

Ich mache wieder einen Sprung und wende mich der Bundesrepublik Deutschland zu, dem "Heimatland" der Religionsgeographie. Hier bei uns ist inzwischen die

Entwicklung am weitesten vorangeschritten. 1983 gelang es zum erstenmal, auf einem Deutschen Geographentag präsent zu sein. Wir luden als Bundesdeutscher Zweig der weiter oben genannten Internationalen Arbeitsgruppe (IWG-GBS/IAGG) zu einem Treffen ein. Es wurden Referate von Vertretern aus den Fächern Geographie, Theologie und Religionswissenschaft gehalten.

Damit war ein wichtiger Schritt zur interdisziplinären Zusammenarbeit auch in der Bundesrepublik vollzogen.

Uns kam ein glücklicher Umstand zugute. Die Universität Eichstätt war bereit, eine interdisziplinäre Schriftenreihe zur Religionsgeographie zu unterstützen. So konnte Geographia Religionum auf den Weg gehen. Als Herausgeber fungieren Vertreter der sogenannten "Kernfächer" der Religionsgeographie, nämlich der Geographie, Theologie und Religionswissenschaft.

Auf dem Geographentag 1985 in Berlin konnte Band I dieser Schriftenreihe vorgestellt werden, der im wesentlichen die Referate enthält, die 1983 in Münster gehalten wurden.

Nun ging es mit der weiteren Organisation zügig voran. Im Laufe der letzten Jahre wurden die Arbeitskreise bzw. Arbeitsgruppen usw. gegründet, wie sie in meinem Abstract im einzelnen aufgeführt sind. Es geht jetzt darum, diese Gruppen mit Leben zu füllen.[13]

Soweit zum Organisatorischen, insbesondere in der Bundesrepublik. Wir haben hier zur Zeit sechs Gruppen, die eng zusammenarbeiten und zum Teil durch Personalunion miteinander verbunden sind. Auf internationaler Ebene bestehen Beziehungen zur Geographischen Union, den Wissenschaftshistorikern und Religionswissenschaftlern, jüngst auch zur Theologischen Gesellschaft und zu den Missionswissenschaftlern. Diese Beziehungen stehen jedoch noch in den Anfängen, beruhen zunächst in der Hauptsache nur auf Personalunion und müssen noch mit Leben erfüllt werden.[14]

In diesem Zusammenhang noch ein Hinweis auf Publikationsmöglichkeiten. Grundsätzlich können wohl alle von uns gehaltenen Vorträge, ganz gleich auf welcher Tagung, in Geographia Religionum veröffentlicht werden. Zunehmend sollen jedoch auch Publikationen in unseren "Abhandlungen und Quellen zur Geschichte der Geographie" erfolgen, insbesondere, wenn es sich um Themen aus dem Bereich der Geschichte der Religion/Umwelt-Forschung handelt. Beide Schriftenreihen können und sollen sich dann auf Dauer ergänzen.[15]

Um kein Mißverständnis aufkommen zu lassen: Es ist keinesfalls daran gedacht, möglichst alle Forschungsergebnisse aus dem Bereich der Religion/Umwelt-Forschung gewissermaßen "anzusaugen" und einzig und allein nur in den beiden hier genannten Schriftenreihen zu publizieren. Nein, nach wie vor sollte jeder in seinen Fach-Zeitschriften usw. veröffentlichen; denn nur dort kann er ja als Fachmann in seiner Fachterminologie sprechen. Aber es wäre wohl schon gut, wenn ein gemeinsames Forum existiert, wo das in den einzelnen Fächern Erforschte gewissermaßen als gegenseitige Information und gegenseitige Anregung sozusagen "gesammelt" würde. Nie wäre es z.B. zu den "Verirrungen" oder Isolierungen gekommen, wenn die Geographen von den Forschungen eines NOTH oder ALT gewußt hätten. Und umgekehrt hätte sich mancher Nicht-Geograph schon lange auch mit der geographischen Seite der Religion/Umwelt-Forschung befaßt (diese zumindest zur Kenntnis genommen), wenn ihm über eine gemeinsame Informationsstelle bekannt geworden wäre, daß die moderne Geographie (als Sozialgeographie) ja viel engere Beziehungen zur Religionswissenschaft, Theologie usw. hat (haben kann) als die Geographie, die man von seiner Schulzeit her kennt.[16]

Nun komme ich noch kurz zu der Frage:

Wohin wollen wir?

Lassen Sie mich mit einem Hinweis schließen, der nicht nur für die Publikationen von Bedeutung ist, sondern vor allem auch für die Durchführung dieses Symposiums. Ich bin der Meinung, daß seriöse und vor allem tiefgründige Forschung (aber auch Diskussion) eigentlich nur <u>fachbezogen</u> erfolgen kann. Wenn wir immer wieder von inderdisziplinärer Zusammenarbeit sprechen, dann sollte darunter keinesfalls die Forderung nach einem <u>interdisziplinären Schwebezustand</u> oder nach <u>Auflösung der Fachgrenzen</u> verstanden werden. Nur derjenige, der sein Fach beherrscht, sollte sich der fächerübergreifenden Religion/Umwelt-Forschung zuwenden. Aus gegebenem Anlaß scheint es mir wichtig, jetzt zu Beginn des Symposiums darauf hinzuweisen. Betont sei daran erinnert, daß wir in letzter Zeit immer stärker von <u>religionsgeographischem Denken in verschiedenen Fächern</u> sprechen.

Aber es kommt folgendes hinzu: Wenn man mit dem Kollegen von den Nachbarfächern in Kontakt treten will, Informationen austauschen und Anregungen aufgreifen sowie weitergeben möchte, dann muß man sich so ausdrücken, daß man vom Nachbarn auch verstanden wird. Hier besteht für unser Symposium einerseits ein großes Problem, andererseits aber auch die große Chance.[17]

Möglicherweise ist es sinnvoll und notwendig, in den <u>Parallelsitzungen</u>, die man als <u>Fachsitzungen</u> betrachten kann, betont Fachterminologie zu verwenden, also in einer Weise zu argumentieren, die nur vom Fachvertreter nachvollzogen werden kann.

Doch dann kommt es darauf an, das dort Diskutierte und möglicherweise in der Diskussion Erarbeitete hinterher dem Plenum in allgemeinverständlicher Weise so darzulegen, daß wirklich aus einem <u>Neben</u>einander ein echtes <u>Mit</u>einander wird. Den Sektionsleitern fällt hier die Aufgabe des "Übersetzens" zu. So wie ich die Dinge sehe, wird der Erfolg dieses Symposiums (sowie die weitere Entwicklung einer interdisziplinären Religion/Umwelt-Forschung) nicht zuletzt davon abhängen, wie gut und mit welchem Engagement die "Übersetzung" von der Fachsprache in die auch für den interessierten Fachfremden verständliche Sprache gelingt.18

Anmerkungen

1. Hierzu gehört wohl auch die Frage: Inwieweit sind wir bereits "zusammengewachsen" bzw. aufeinander zugegangen? Ist aus einem unverbindlichen Nebeneinander (einem multidisziplinären gelegentlichen Voneinander-Kenntnisnehmen) bereits ein Miteinander geworden (ein echtes interdisziplinäres gegenseitiges Anregen, ein Diskutieren, wobei man sich dem Gegenüber öffnet)?

   Diese Fragestellung spielte auf dem Symposium eine besonders große Rolle. Wie weiter unten ausgeführt, sollte es eine der Hauptaufgaben des Eichstätt-Treffens sein, das bereits inganggekommene Aufeinander-Zugehen zu intensivieren und denjenigen bewußt zu machen (bzw. diejenigen darauf hinzuweisen), denen die Bedeutung und die eigentliche Zielrichtung dieses ersten größeren internationalen und interdisziplinären Symposiums (bzw. Kongresses) (noch) nicht (immer noch nicht, trotz vieler vorbereitender Rundschreiben, Vorgespräche usw.) deutlich war (und zum Teil leider auch heute noch nicht deutlich ist).

   Das im folgenden Ausgeführte stellt insofern eine Art "Manöverkritik" des Eichstätt-Symposiums dar, als versucht wird (vgl. dazu das Vorwort zu diesem Band) herauszuarbeiten, welchen Stellenwert dieses Treffen innerhalb der Entwicklung der Religion/Umwelt-Forschung hat (bzw. gehabt hat). Kann in der Tat von einem Aufbruch gesprochen werden, wie es der Bandtitel ankündigt? Und, ist Eichstätt gewissermaßen ein Produkt dieses Aufbruchs, oder muß (kann) man die Entwicklung anders sehen und die Meinung vertreten, daß (erst) mit Eichstätt der (ein?) Aufbruch eingesetzt hat?

   Zugegeben, hier stellen sich viele Fragen. Und zugegeben auch, daß ich bei der Beantwortung dieser Fragen sehr oft rein subjektiv vorgehen muß. Der Abstand ist noch nicht groß genug, als daß man zu einer auch nur halbwegs objektiven Beurteilung und Einordnung in die wissenschaftshistorische Entwicklung (den Weg, den die Forschung genommen hat) kommen kann, sofern eine objektive Beurteilung und Einordnung überhaupt sinnvoll und erstrebenswert ist. Bei der Wissenschaftsgeschichte handelt es sich nicht um eine naturwissenschaftliche Disziplin! Andere Kollegen werden die Zusammenhänge möglicherweise anders sehen und darstellen. Die Frage, wer die Entwicklung (das Aufeinander-Zugehen) "richtig" oder "falsch" darstellt, ist unangemessen. Ebenso ist die Frage unangemessen, ob die von mir für diesen Band ausgewählten Aufsätze (um den Weg der Forschung gewissermaßen zu dokumentieren) die "richtigen" (passenden) oder (zumindest zum Teil) die "falschen" sind.

Ebenso ist die Frage unangemessen, ob Eichstätt von mir "richtig" vor dem Hintergrund der Entwicklung dargestellt bzw. in diese eingeordnet wurde. Ein objektives Kriterium gibt es allerdings meiner Meinung nach: Es ist nur schwer vorzustellen, daß ein Wissenschaftler, der sich bislang nie mit Geschichte der Wissenschaften (insbesondere nie mit der Geschichte der Geographie und/oder der Geschichte der Religion/Umwelt-Forschung, die ja in den unterschiedlichsten Disziplinen betrieben wurde und wird) befaßt hat, zu einem "richtigeren" Ergebnis und zu einer "richtigeren" Darstellung der Entwicklung kommen wird. (Dies unter Hinweis auf das Buch von Martin SCHWIND: "Religionsgeographie", in der Reihe "Wege der Forschung", Wissenschaftliche Buchgesellschaft.)

Zum Aufeinander-Zugehen

Wie im vorliegenden Aufsatz dargelegt, beginnt die neuere Religionsgeographie (heute verwenden wir zunehmend den Begriff Religion/Umwelt-Forschung) mit KANT und KASCHE. (KASCHE, der als erster den Terminus Religionsgeographie verwendet, war Theologe und kein Geograph, wie man immer wieder lesen kann. Und KASCHE behandelt das, was er als Religionsgeographie bezeichnet, nicht nach geographischen, sondern theologischen, allenfalls religionswissenschaftlichen Methoden. Hier <u>kann</u> man <u>objektiv</u> von "richtig" oder "falsch" sprechen. Was bisher zu diesem Thema von TROLL, ZIMPEL oder SCHWIND gesagt wurde, <u>ist</u> objektiv falsch.)

Also: Die Religionsgeographie wird zunächst von Nicht-Geographen betrieben. Erst im 19. Jahrhundert "bemächtigen" sich die Geographen dieser "Disziplin" (offenbar ohne sich der theologischen Wurzeln bewußt zu sein) und gehen schließlich so weit, einen gewissen Alleinvertretungsanspruch zu stellen (insbesondere SCHWIND).

Anders ausgedrückt: Geographen (KANT ist zu den Geographen zu rechnen), Theologen, Religionswissenschaftler bzw. Religionshistoriker usw., die zunächst Religionsgeographie gemeinsam in engem Kontakt (zum Teil sozusagen in "Personalunion") betrieben haben (KASCHE kennt und verwertet auch die Literatur von "reinen" Geographen), trennen sich und scheinen gegen Ende des 19. Jahrhunderts (und dann insbesondere im 20. Jahrhundert) völlig "vergessen" zu haben, daß sie einmal gewissermaßen "zusammengehörten" und zusammen (miteinander) gearbeitet haben. Erst wissenschaftshistorische Forschungen haben diesen Tatbestand zu Tage gefördert.

Ähnlich verhält es sich mit der gesamten Geographie unter Einschluß von Geologie usw. Auch hier haben neuere Forschungen ergeben, daß ursprünglich (zum großen Teil bis in die Zeit von Carl RITTER hinein, also bis in die Mitte des 19. Jahrhunderts) ein enges Miteinander bestand. KECKERMANN, Begründer der Geographia Generalis (Allgemeine Geographie), war Theologe (das Haupt der Reformierten in Deutschland), Philosoph und Geograph in einer Person. Universalwissenschaftler wie er sorgten sozusagen dafür, daß es in einer Art von Personalunion zu einem wirklichen und intensiven Miteinander kam. (Aus dem Grunde wurden entsprechende Aufsätze in diesen Band hereingenommen, um dieses Miteinander in früheren Jahrhunderten sozusagen dokumentarisch zu belegen und dem heutigen Wissenschaftler deutlich werden zu las- sen.)

Im Zuge der immer stärkeren Aufsplitterung der Wissenschaft in Einzeldisziplinen ging (meiner Meinung nach notwendigerweise und sozusagen "von selbst") das alte Miteinander verloren. Im Idealfall kam es zu einem Nebeneinander, wenn sich Forscher verschiedener Disziplinen an das machten, was man gemeinhin als "eine gemeinsame Aufgabe" bezeichnet. Im allgemeinen muß man jedoch von einem gegenseitigen Ignorieren sprechen (zumindest auf weite Strecken), das auch durch das (mißlungene) Studium generale nicht grundsätzlich behoben werden konnte.

Vor diesem Hintergrund ist das seit den sechziger und siebziger Jahren immer stärker inganggekommene Zueinander bzw. Miteinander von Geowissenschaften, Theologie, Religionswissenschaft(en), Wissenschaftsgeschichte usw. zu sehen, das (so sehe ich es jedenfalls) mit dem Eichstätt-Symposium und dem nunmehr vorliegenden Band II der "Abhandlungen und Quellen zur Geschichte der Geowissenschaften und Religion/Umwelt-Forschung" einen gewissen Durchbruch (Aufbruch, Aufschwung) erlebt (hat), auch wenn es in Eichstätt (noch?) nicht zu einem echten Miteinander zwischen Pilgerforschern auf der einen Seite und den anderen an der Religion/Umwelt-Forschung beteiligten Wissenschaftlern aus den verschiedenen Disziplinen auf der anderen Seite gekommen ist. (Aus dem Grunde kein Gesamt-Kongreßband, vgl. Anm. 18).

Zum Aufeinander-Zugehen im einzelnen

Soweit ich sehe, kam es (nach einem Jahrhundert der Trennung, verbunden mit starken Berührungsängsten vorwiegend von seiten der Geographen) zu einem ersten zaghaften Aufeinanderzugehen auf dem Bochumer Geographentag 1965. Nicht von ungefähr war SCHÖLLER derjenige (als Hauptverantwortlicher für diesen Kongreß), der diese Bewegung nicht nur ermöglicht, sondern bis zu einem gewissen Grade auch ingangesetzt hat. (Mein entsprechender Aufsatz mit den Diskussionsbeiträgen wurde daher ganz bewußt in diesen Band hereingenommen.)

Wichtige weitere Stationen des "Zusammenwachsens" waren dann (um es kurz zu machen) folgende:

1971 Geographentag Erlangen/Nürnberg

1972 Religionswissenschaftler-Kongress Berchtesgaden

1972 Internationaler Geographen-Kongress in Montreal (IGU)

1973 Internationale Studientagung der Religionswissenschaftler in Turku/Finnland

1973 Internationaler Wissenschaftshistoriker-Kongreß Tokyo

1976 Geographentag New York. Gründung der International Working Group on the Geography of Belief Systems/Geographie der Geisteshaltung (IWG-GBS/IA-GG)

1977 Internationaler Wissenschaftshistoriker-Kongreß Edinburgh

1978 Internationaler Religionswissenschaftler-Kongreß Lancaster

1979 Geographentag Göttingen. Ritter-Symposium am Rande

1983 Geographentag Münster. Tagung des Bundesdeutschen Zweiges der o.g. IWG-GBS/IA-GG

1985 Geographentag Berlin. Vorstellen von Band I der interdisziplinären Schriftenreihe "Geographia Religionum". Herausgegeben in Zusammenarbeit von Vertretern aus den Fächern Geographie, Theologie und Religionswissenschaft.

1985 Wissenschaftshistoriker-Tagung Bochum. Vortrag über KASCHE. Gründung der Bundesdeutschen Arbeitsgruppe zur Geschichte der Geowissenschaften.

1986 Religionswissenschaftler-Tagung Marburg. Hinweis auf (und Einladung nach) Eichstätt.

1987 Geographentag München. Sitzung des Arbeitskreises "Religionsgeographie". Letzte gemeinsame Vorbereitungen für Eichstätt. Allgemeine Zustimmung, den sehr fachorientiert klingenden Terminus "Religionsgeographie" mehr und mehr durch die Be- zeichnung "Religion/Umwelt-Forschung" zu ersetzen und auch den Terminus "Geographie der Geistes- haltung" als Erweiterung für "Religionsgeographie" stärker anzuwenden. (SCHÖLLER bezeichnet in seinem letzten größeren Aufsatz die Religionsgeographie "nur noch" als einen Bereich der weiter gefaßten Geographie der Geisteshaltung.)

1987 Internationaler Theologentag Wien. Hinweis auf Eichstätt und den sich immer mehr intensivierenden Kontakt zwischen Geographen und Theologen.

1988 Symposium Eichstätt. Im "Rundbrief" (Oktober 1988) heißt es unter anderem: Es handelt(e) sich um das erste interdisziplinäre Symposium dieser Art. Es hatten sich Wissenschaftler aus mehreren Konti- nenten (Europa, Asien, Amerika) und folgenden Dis- ziplinen eingefunden: Geographie, Religionswissenschaft, Theologie, Ethnologie, Geschichte, Sozio- logie, Philosophie, Archäologie, Musikwissen-schaft, Missionswissenschaft und Wissenschaftsgeschichte. In den verschiedenen Sektionen wurden insgesamt 41 Vorträge gehalten.

1988 Religionswissenschaftler-Tagung Hannover

1988 Tagung der Theologischen Gesellschaft Basel. Kontaktaufnahme bzw. Intensivierung der Kontakte zur Missionswissenschaft.

1989 Interdisziplinäres Wochenendseminar in Aachen. Vertreter aus den Bereichen Geographie, Theologie, Missionswissenschaft, Religionswissenschaft, Wis- senschaftsgeschichte und Vertreter aus dem Umweltministerium sowie Ministerium für Wirtschaftliche Zusammenarbeit.

1989 Gründung der Gesellschaft zur Förderung der Religion/Umwelt-Forschung e.V. Entgültiger Entscheid der verantwortlichen Organisatoren des Eichstätt-Symposiums (Bü./Ri./Ru.), keinen Gesamt-Kongreßband herauszugeben. Auflösung der lediglich für die Ausrichtung des Eichstätt-Symposiums gegründeten interdisziplinären Arbeitsgruppe zur Religion/Umwelt-Forschung. Vgl. Anm. 17.

2. Zum Terminus <u>Umwelt</u> siehe die Ausführungen SEIWERTs in Band I dieser Reihe. SEIWERT hat bereits wichtige Anregungen aus den Eichstätt-Diskussionen aufgegriffen (und seinerseits wichtige Anregungen gegeben). In Übereinstimmung mit ihm neige ich in jüngster Zeit zu folgender Definition, die auch bereits in früheren Publikationen "der Sache nach" anklangen: Umwelt ist die Umgebung, in die man hineingeboren wird, und die man (im Laufe des Erwachsenwerdens und Profilgewinnens) in ähnlicher Weise mitgestaltet, wie man selbst von dieser geprägt wurde und wird. Vgl. Anm. 7.

Seit wir insbesondere auch nach Ansicht der Religionswissenschaftler (vgl. wiederum SEIWERT) in einer postreligiösen Epoche leben (zumindest in der westlichen Welt) und uns damit immer schwerer tun zu definieren, was <u>Religion</u> genau ist, ob es sie überhaupt (noch) gibt (zumindest in der Weise, wie man sie früher empfunden hat), verwenden wir zunehmend den Begriff <u>Geisteshaltung</u> und sprechen dann von einer religiös geprägten Geisteshaltung (sofern alte religiöse Elemente noch oder wieder "durchschimmern" bzw. prägend sind), einer areligiösen, kapitalistischen, leistungsorientierten Geisteshaltung usw. Man kann den Begriff Geisteshaltung mit Ideologie gleichsetzen. Da der Ideologie-Begriff jedoch "belastet" ist, scheint es ratsam, davon abzusehen. Aus dem Grunde neige ich dazu, den Begriff "Ideologiegeographie", den ich früher einmal (angeregt von SOPHER) verwandt habe, völlig aufzugeben und einzig und allein von Geographie der Geisteshaltung zu sprechen.

GERLITZ hat die Rückkehr zur vorchristlichen Geisteshaltung (Religion) treffend herausgestellt. Sie scheint weltweit dort immer mehr ingangzukommen, wo man sich vom europazentrischen bzw. europäisch-westlichen Denken zu distanzieren beginnt und sich auf die alte Geisteshaltung besinnt, die zwar zur "alten" einheimischen Kultur "paßt(e)", nicht jedoch zu der inzwischen übernommenen Technologie. Hier scheint sich weltweit ein ähnlicher Prozeß abzuspielen wie der, den wir Europäer im Zuge der Aufklärung durchgemacht haben: Ausgleich zwischen Religion (religiös geprägter Geisteshaltung) und Technik bzw. Naturwissenschaft.

Siehe dazu auch die grundsätzlichen Ausführungen von KREISEL in Band I dieser Reihe.

3. Vgl. dazu die Ausführungen in Anm. 1 hinsichtlich der Frage, inwieweit wir inzwischen "zueinandergewachsen" sind.

4. Erst in jüngster Zeit ist uns eigentlich bewußt geworden, welche große Bedeutung die Geschichte der <u>Physikotheologie</u> in diesem Zusammenhang hat, daß sie gewissermaßen die Probleme der modernen <u>Umwelttheologie</u> (die schon in früheren Jahrhunderten in gewisser Weise dieselben waren wie heute) bis in ihre Anfänge zurückverfolgt und so Anregungen für eine Lösung bzw. ein Angehen der entsprechenden Probleme bietet. Es werden nicht fertige Lösungen angeboten, aber ein Blick in die Geschichte vermag deutlich zu machen, daß ganz bestimmte Probleme sozusagen ein für allemal "ausdiskutiert" worden sind, so daß es nicht "lohnt", diese Diskussion wieder "von vorn" zu beginnen. Andere Aspekte (wie z.B. der, ob der Mensch in seiner Gottgleichheit bzw. Gottähnlichkeit nicht nur gottähnliche Macht über die Natur, sondern auch entsprechende Verantwortung hat) können und müssen angesichts der neuen Technologie neu durchdacht werden. Vgl. dazu meine Aufsätze über KECKERMANN in diesem Band und vor allem den Aufsatz "Gott, Mensch, Natur und Umwelt".

5. Siehe Geographia Religionum, a.a.O., Bd. II, S. 11ff.

6. Vgl. Anm. 2. Möglicherweise habe ich mich (unbewußt) von KANT anregen lassen, wenn ich seit 1976 immer stärker vom Religions-Begriff abrücke und an dessen Stelle den Terminus Geisteshaltung verwende.

7. Auch hier dürfte eine Anregung durch KANT vorliegen, wenn wir uns neuerdings immer stärker diesem Umwelt-Begriff zuwenden. Wie bereits in dem in Anm. 5 genannten Aufsatz ausgeführt, gehen im Grunde genommen alle wichtigen Anregungen des modernen Religionsgeographen bzw. Religion/Umwelt-Forschers auf KANT zurück bzw. können auf ihn zurückgeführt werden. Sicherlich spielt es eine Rolle, daß KANT im Grunde genommen sowohl Geograph, Religionswissenschaftler (bzw. Religionsphilosoph) und (im Rahmen seiner natürlichen Theologie bzw. Physikotheologie) auch Theologe war.

8. Vgl. dazu meinen auf diesem Kongreß gehaltenen Vortrag: Zur modernen Wahrnehmungsgeographie und ihrer Bedeutung für die Erforschung der Umwelt/Religion-Beziehung. Englische Version in diesem Band.

9. Vgl. dazu meinen Vortrag auf dem Wissssenschaftshistoriker-Kongreß Bochum. Englische Version in: SINGH, R.L., und RANA P.B. SINGH (Hrsg.): Trends in the Geography of Belief Systems. Festschrift to Angelika SIEVERS. The National Geographical Society of India, Banaras Hindu University. Varanasi 1987. KASCHE and KANT. On the Physicotheological Approach to the Geography of Religion.

10. Der Aufsatz lautet: Grundsätzliches zu den Schöpfungsmythen aus religionsgeographischer Sicht. In:H.H. SCHMID (Hrsg.): Mythos und Rationalität. Gütersloh 1988, S. 382ff. In diesem Aufsatz wird versucht, die beiden Positionen von HEIDEGGER einerseits und PRIGOGINE andererseits gegenüberzustellen und als zwei (gleichwertige) Denkansätze zu betrachten, die sich gegenseitig ergänzen. Einerseits: Das Sein des Seienden, andererseits: Das Werden des Werdenden. Eine gewisse Symbiose versucht PRIGOGINE selbst herzustellen, wenn er schreibt: Vom Sein zum Werden. In Anm. 7 meines o.g. Aufsatzes bin ich auf die Problematik der Raum/Zeit eingegangen. Außerdem wird dort versucht, die Gleichwertigkeit von Religionsgeographie und Religions-geschichte (in Ergänzung zu dem, was KASCHE sagt) auf der Grundlage modernen Denkens herauszustellen.

11. Siehe dazu: Abhandlungen und Quellen zur Geschichte der Geographie und Kosmologie. Band II, a.a.O.

12. Im Grunde genommen ist es erst seit dieser Schwerpunktverlagerung möglich (zumindest erleichtert sie es), daß sich Geographen und Religionswissenschaftler (wieder) näherkommen. Siehe RUDOLPH, K.: Religionswissenschaftliche Überlegungen zur Religionsgeographie, in Bd. I dieser Reihe.

13. Siehe dazu die Zusammenfassung bzw. das Summary zu diesem Vortrag. Wie in Anm. 1 bereits ausgeführt, ist es inzwischen zur Gründung einer neuen Gesellschaft gekommen, die in gewisser Weise als Nachfolgerin der nur für die Ausrichtung des Eichstätt-Symposiums gegründeten Arbeitsgruppe fungiert. Sie umfaßt zur Zeit folgende Sektionen:

    - Geographie (insbes. Geschichte der Geographie und Religionsgeographie)
    - Religionswissenschaft
    - Theologie (insbes. Umwelttheologie einschließlich Physikotheologie)
    - Missionswissenschaft
    - Wissenschaftsgeschichte
    - Wirtschafts- und Sozialwissenschaften
    - Kunst (Musikwissenschaft, Architektur usw.)

14. Vgl. Anm. 1. Bei einigen Gruppen ist dieses "Mit-Leben-Füllen" bereits recht weit fortgeschritten, insbesondere im Zusammenhang der Vorbereitungen für den kommenden internationalen Wissenschaftshistoriker-Kongreß in Hamburg/München (August 1989). Dort werden sich allein sechs Symposien mit der Geschichte der Geowissenschaft und Religion/Umwelt-Forschung befassen.

    Unter den Musikwissenschaftlern ist es ebenfalls inzwischen zu einer engen Zusammenarbeit (z.T. auch mit den Theologen) gekommen, obwohl diese Gruppe (in Eichstätt nur durch Herrn AHRENS vertreten) sich bislang offiziell noch nicht zu einem Arbeitskreis zusammengeschlossen hat. Ihre Devise lautet: Zunächst Ergebnisse einer Zusammenarbeit vorlegen, erst dann offizieller Zusammenschluß. Vgl. dazu die Arbeit über die Trompete im Alten Israel in diesem Band.

15. Als weitere Ergänzung ist nun die vorliegende Reihe hinzugekommen. Herr SINGH (full member der IWG-GBS) plant zusätzlich zu seiner in Anm. 9 genannten Zeitschrift bzw. Reihe eine neue Reihe zur Pilgerforschung. Ich bezeichne dieses "Wachsen" von Publikationsmöglichkeiten zur Religion/Umwelt-Forschung als <u>Zellteilung</u>. Jede Reihe wird sich spezialisieren und mit den anderen auf höherer Ebene zusammenarbeiten, um die wachsende Zahl der angelieferten Aufsätze optimal auf den Markt zu bringen.

16. Vgl. Anm. 12.

17. Vgl. Anm. 1. Rückschauend läßt sich sagen, daß es in den meisten Fällen den Eichstätt-Referenten gelungen ist, sich (für die Teilnehmer aus den Nachbarfächern) verständlich auszudrücken. In einigen Fällen konnte in der Diskussion dann zumindest eine Allgemeinverständlichkeit erreicht werden. Referenten, die allerdings <u>nicht</u> bereit sind, sich dem "Nachbarn" gegenüber zu "öffnen", mit ihm in Kontakt zu treten, Anregungen aufzugreifen und ihrerseits Anregungen zu geben (wie bei einem großen Teil der Redner der Pil-

ger-Sektion der Fall), halte ich für ungeeignet (und offenbar auch für unwillig) zur Mitarbeit in unseren Arbeitskreisen. Eine Publikation wird daher von mir in diesen Fällen abgelehnt. Vgl. dazu auch Anm. 18.

18. Erstaunlicherweise (jedenfalls für mich) war es gar nicht nötig, die in den einzelnen Sektionen (sie liefen zum Teil parallel) erzielten Ergebnisse dem Plenum durch die jeweiligen Sektionsleiter in einer Art gekürzter "Übersetzung" vorzutragen. Erstens hielt man sich im allgemeinen an unsere Regel (vgl. Anm. 17) und zweitens waren (aus meiner Sicht leider!) kaum Teilnehmer der Pilgersektion an dem interessiert, was zur gleichen Zeit in den theologischen/religionswissenwissenschaftlichen Sektionen vorgetragen und diskutiert bzw. erarbeitet wurde. Umgekehrt war es ähnlich.

Aus meiner Sicht (andere mögen es anders sehen) hat das Eichstätt-Symposium gezeigt, wo die Grenzen einer Zusammenarbeit liegen. Wer sich mit der Religion/Umwelt-Forschung befaßt und den **wechselseitigen Beziehungen zwischen Religion und Umwelt** nachzuspüren versucht, hat im allgemeinen wenig (oder kein) Interesse für die Pilgerforschung, jedenfalls für die Art Pilgerforschung, wie sie von den meisten Referenten dieser Sektion betrieben wird und in Band IV von Geographia Religionum inzwischen ihren Niederschlag gefunden hat. Das Umgekehrte scheint (bzw. schien) ebenfalls der Fall zu sein.

Es scheint daher realistisch, aus den Erfahrungen von Eichstätt die Konsequenzen zu ziehen und zukünftig so vorzugehen, wie es z.B. bei den amerikanischen Geographen seit längerem der Fall ist, wo es jeweils eine eigene Pilgersektion gibt, die unabhängig (isoliert) von anderen religionsgeographischen Sektionen tagt.

Eine entsprechende Konsequenz sehe ich darin (und sie wird bereits mit der Publikation dieses Bandes vollzogen), keinen geschlossenen Eichstätt-Kongreßband herauszugeben. Der hier vorliegende Band enthält keine (geographischen) Pilgeraufsätze. Das Referat von HAHN wurde zwar in der Pilgersektion gehalten, gehört jedoch inhaltlich nicht dorthin. HÜTTL befaßt sich zwar mit dem Pilgerwesen (genauer mit den Wallfahrten), jedoch hauptsächlich aus kirchenhistorischer Sicht, so daß sein Referat gut hierher "paßt". Eine weitere Kon- sequenz wäre die, auch auf Geographentagen in Zukunft nicht (mehr) gemeinsame Arbeitskreissitzungen abzu- halten.

Eichstätt hat meiner Meinung nach gezeigt, daß zumindest zur Zeit nicht sehr viel Interesse für eine Zusammenarbeit zwischen den Vertretern dieser beiden Gruppen besteht.

In diesem Zusammenhang ist noch ein Wort zum sogenannten <u>Ausufern</u> zu sagen. Gelegentlich wird (und wurde) uns vorgehalten, es könne leicht ausufern, wenn sich die Religionsgeographie zu einer Geographie der Geisteshaltung verbreitere. Hierzu kann man aufgrund der in Eichstätt gewonnenen Erfahrungen sagen: Es liegt einzig und allein an den Wissenschaftlern, die sich mit einer Materie befassen, ob irgendwo etwas "ausufert" (sozusagen außer Kontrolle gerät, nicht mehr in den Griff zu bekommen ist) oder nicht. Qualifizierte Wissenschaftler werden in jedem Fall Herr über eine wie auch immer geartete Fülle von Material. Darüber hinaus hat SEIWERT trefflich herausgestellt, wie gerade durch die Erweiterung der Religionsgeographie diese "Nischenwissenschaft" zu einer auch für anspruchsvolle Forscher hochinteressante "Disziplin" werden kann, durch die man die Dinge (Zusammenhänge, Prozesse usw.) verstehen lernt, die man sonst lediglich zur Kenntnis nehmen, nicht aber in ihren (dialektischen) Zusammenhängen zu durchschauen vermag.

Zur Geschichte und zum gegenwärtigen Stand der Religion/Umwelt-Forschung

Versuch einer Standortbestimmung aus religionswissenschaftlicher Sicht

von Kurt Rudolph, Marburg

Vortrag gehalten auf dem Eichstätt-Symposium 1988

1. Religionswissenschaft – Aufgabe und Struktur

Die moderne Religionswissenschaft hat wie viele ihrer geisteswissenschaftlichen Schwestern ihre Wurzeln in der Aufklärungszeit und der anschließenden historischen Romantik, falls man nicht noch weiter in die Antike zurückgehen will, wo HERODOT ja schon aufmerksamer Beobachter der nicht-griechischen Religionswelt gewesen ist. Ohne näher in die Wissenschaftsgeschichte einzusteigen, möchte ich folgende Tatsachen ins Gedächtnis rufen, die nach meinen eigenen Forschungen wesentlich zur Etablierung der Religionswissenschaft als eigenständiger Disziplin beigetragen haben[1]:

1. Der <u>Toleranzgedanke</u>, der es ermöglichte, fremde Konfessionen und Religionen in ihrer Eigenart erstmalig ohne Polemik oder Apologetik in den Blick zu bekommen;

2. die zunehmende Ausweitung des europäischen Horizonts, einsetzend mit den <u>Entdeckungsreisen</u> des 15./16. Jahrhunderts, die zur unerwarteten Begegnung mit fremdreligiösen Überlieferungen und Glaubensweisen führten;

3. die dadurch geförderte <u>vergleichende und historische</u> Betrachtung, zuerst in der Philologie (Vergleichende Sprachwissenschaft), dann übergreifend auf fast alle kulturwissenschaftlichen Fächer;

4. die kritische Untersuchung der Quellen zum Christentum führte auch zu gleichem Vorgehen in den nicht-christlichen Religionsbereichen, was zwar einen erweiterten, aber oft auch noch zu eurozentrischen Religionsbegriff einschloß.

Ich schenke mir weitere Indizien für die aufgehende Blüte der religionshistorischen Forschung des 19. Jahrhunderts, die sich um die Namen FRIEDRICH MAX MÜLLER, CORNELIUS PETER THIELE, CHANTEPIE DE LA SAUSSAYE, JEAN REVILLE, NATHAN SÖDERBLOM rankte, wobei nur die Religionshistoriker im engeren Sinne angeführt seien, die bekanntlich umgeben sind von den großen Philologen der klassischen und neu entstandenen Disziplinen (wie Assyrologie und Ägyptologie), oder den einflußreichen Theoretikern der jungen Ethnologie (TYLOR, MARETT). Die Verbindung von Geschichte, Philologie und Komparatistik bestimmte die junge Religionswissenschaft in dieser Zeit entscheidend und gab ihr ein festes Gerüst, das es ihr zunehmend ermöglichte, sich von theologischen und philosophischen Ambitionen zu befreien und ein eigenes Profil zu gewinnen.

Die verschiedenen Entwürfe wissenschaftstheoretischer Grundlegung der jungen Disziplin gipfelten in der 1924 veröffentlichten Leipziger Habilitationsschrift von JOACHIM WACH über "Religionswissenschaft"[2]. Damit war erstmalig einleuchtend und klar Aufbau und Aufgabe der Religionswissenschaft umrissen worden, wie sie bis heute weithin verstanden wird. Erst 1988 erfolgte eine englische Übersetzung dieses Buches in den USA[3], nachdem WACH ja selbst 1935 aus rassischen Gründen Leipzig verlassen mußte und in den USA eine neue Wirksamkeit entfaltete. Für ihn - und ich bin nach wie vor seiner Meinung - hat die Religionswissenschaft zwei Säulen, auf denen sie ruht: Die <u>Religionsgeschichte</u> und die <u>Vergleichende</u> oder <u>Systematische Religionswissenschaft</u>; erstere ist an den einzelnen Religionen quasi in Längsschnitten durch die Religionswelten orientiert, letztere legt Querschnitte durch diese Welt zum Zwecke der Vergleichung, Typologie und Klassifizierung religiöser Tatbestände. Für ihre Arbeit bedarf die Religionswissenschaft noch weiterer Methoden und Arbeitsbereiche, die ihren traditionellen Schwerpunkt nicht in ihr haben, aber die sie unabdingbar für Verstehen und Erklärung - beides ist der Religionswissenschaft eigen - ihres Gegenstandes, d.h. der religiösen Tatbestände bzw. Sachverhalte in Vergangenheit und Gegenwart, benötigt. Dazu gehören, wie schon WACH feststellte, in erster Linie Religionssoziologie und Religionspsychologie. Ich würde sagen, daß eine Religionsgeschichte ohne Religionssoziologie blind, aber eine Religionssoziologie ohne Religionsgeschichte leer bliebe. Die Religionsphilosophie hat WACH mit Recht aus der Religionswissenschaft ausgeschlossen; sie wird von einzelnen Religionswissenschaftlern wohl noch hinzugerechnet (z.B. von FRIEDRICH HEILER), aber sie führt streng genommen über die Religionswissenschaft als historisch-philologisch und komparative Fachrichtung hinaus.[4]

2. Stellung und Rolle der Religionsgeographie in der Religionswissenschaft

Noch nicht angeführt hatte WACH die Religionsgeographie als Teil der Religionswissenschaft. Der Grund dafür lag wohl darin, daß diese Betrachtung von Religion/Religionen nur in der Geographie gepflegt wurde und auch da nur ein Randdasein führte (die Zeit CARL RITTERs ist längst vergangen). Was von solchen Bemühungen bekannt war, versammelte sich entweder in Handbüchern (RATZEL, PASSARGE, BANSE, HETTNER), Monographien oder Spezialarbeiten, von denen manche über das Ziel hinausschossen (wie z.B. E. FRIEDRICH, W. GEBEL). Weiteres war aus der Ethnologie/Ethnographie bekannt und galt mehr als völkerkundliches Problem als ein spezifisch geographisches (A. BASTIAN, O. PESCHEL, RATZEL, BUSCHAN, H. SCHURTZ) oder ein wirtschaftswissenschaftliches (E. HAHN). Natürlich bedeutete das in keiner Weise, daß Religionshistoriker sich des Einflusses von Religionen auf die geographische Umwelt und umgekehrt nicht bewußt waren: Bei Behandlung von Kult- und Tempelanlagen, den Ausbreitungsbewegungen (Missionstätigkeit oder Wanderungen) oder dem historischen Wechsel von Land zu Stadt und umgekehrt, kam man auch darauf zu sprechen, wie viele ältere religionswissenschaftliche Darstellungen zeigen. Es wurde aber kaum über diese Zusammenhänge näher reflektiert oder gar wissenschaftstheoretisch daraus Konsequenzen gezogen. So ist der Beitrag der Religionswissenschaft zur "Religionsgeographie" sehr gering gewesen.[5]

Es ist daher durchaus korrekt, wenn MANFRED BÜTTNER in seinen Publikationen wiederholt den Entwicklungsgang der Religionsgeographie als eine Emanzipation aus der Theologie beschreibt, die mit B. KECKERMANN (1616 Systema geographicum) einsetzt und bei KANT einen bahnbrechenden Durchbruch erreichte.[6] Das, was KANT als "theologische Geographie" beschreibt, ist das, was man heute als Religionsgeographie verstehen würde (abzüglich der auch von KANT noch auf die biblische Schöpfung bezogenen Bewertungen). Bekanntlich wird G.H. KASCHE mit seinen "Ideen über religiöse Geographie" (1795) als Beginn der deterministisch vorgehenden Religionsgeographie verstanden[7], die sich in dieser Form mit mehreren Unterbrechungen bis in die Anfänge unseres Jahrhunderts fortsetzte, das heißt, Religion und ihre Erscheinungsformen wurden in erster Linie als abhängig von er geographisch-klimatologischen Umwelt gesehen. Ein Wandel trat erst ein, als - nach mehreren vorangehenden Spezialarbeiten über einzelne Religionsprovinzen - eine stärkere Reflexion über das Beziehungsgeflecht von "Religion" und "Umwelt" einsetzte, zunächst aber noch vorwiegend bei den Geographen (P. FICKELER, P. DEFFONTAINES, W. TROLL, O. MAULL, D. SOPHER, H.-G. ZIMPEL, E. WIRTH, A. SIEVERS).[8] Ausnahmen von religionswissenschaftlicher Seite aus der Vorkriegs- und Kriegszeit sind H. RUST (1933) und H. FRICK (1943). Letzterer allerdings im Trend der damaligen nazistischen Geopolitik und Bodenmystik, die nicht zum Ansehen derartiger Arbeiten geführt hat. Erst der Indologe H.J. SPROCKHOFF hat nach dem Kriege eine zusammenfassende Reaktion auf die von der Geographie lange Zeit allein betriebene Religionsgeographie geliefert (1963, 1964).[9] Kurze Artikel in religionswissenschaftlichen Fachlexika schlossen sich an, wie im "Religionswissenschaftlichen Wörterbuch" (1956) von F. KÖNIG[10] oder in "Die Religion in Geschichte und Gegenwart",

3. Aufl. (1957/65) von W. HOLSTEN. Nicht vergessen sind die beiden französischen Forscher: GUY LE BRAS, Religions- und Kirchensoziologe[11] und XAVIER DE PLANHOL, Geograph und Islamwissenschaftler.[12]

DE PLANHOL ist sich bereits sehr klar über die Wechselwirkung zwischen Religion und Landschaft, die er regelrecht gesetzmäßig nennt:

> "Eine Religion, entstanden aus bestimmten auslösenden Anpassungen, determiniert durch heute oft noch unbekannte Faktoren, die jedoch durch eine vertiefte Analyse sich fast immer aufdecken lassen, geht auf Eroberung aus und trägt ihre besondere Konzeption vom Verhältnis zwischen Mensch und Natur weithin in Gegenden, die oft von ihrem Ursprungsgebiet völlig verschieden sind. Ein materielles Substrat geht den religiösen Schöpfungen voraus, die jedoch ihrerseits wieder auf jenes zurückwirken."[13]

Der Aufbruch in eine neue Form der Religionsgeographie beginnt erst mit D. SOPHER (1967) und M. BÜTTNER (1972), d.h. also von Seiten der Geographie. Dahinter steht ein Wandel der Geographie als solcher, der auffälligerweise auf einen schon länger einsetzenden Wandel in der Religionswissenschaft (wenigstens in Deutschland) trifft. Kern des Wandels in beiden Disziplinen ist die verstärkte Öffnung zur Soziologie und zur sozial-kulturellen Umwelt als dominierender Faktor.[14] In der Religionswissenschaft geht dies einher mit dem Verlassen individualistisch-psychologischer Ansätze bei der Frage nach der Entstehung und dem Wesen von "Religion", in der Geographie mit der Aufgabe der bloßen Zweidimensionalität des Raumes als Objekt der Forschung zugunsten der Dreidimensionalität, wie ihn die Sozialgeographie verlangt. Erfolgte die Betrachtung der Wirkung von religiösen Tatbeständen im Raum in der klassischen Geographie entweder in der Kultur- oder Anthropo-Geographie, so wurde jetzt, eben wie bei SOPHER und BÜTTNER, die soziale Einheit, seien es Gruppen, Gemeinschaften oder "Kirchen" als Vermittler und "Schaltstelle" für die Wandlungen in den Veränderungen der Religion/(Ideologie)/Umwelt-Beziehung in den Blick genommen (quasi als Objekt und Subjekt von Religion). Ja, man erkannte anhand von Feld- forschungen, wie sie BÜTTNER bei überschaubaren Religions- gruppen vornahm, rasch, daß der Ablauf solcher Vorgänge natürlich nur als Prozeß verstanden werden kann, d.h. mit Einbeziehung des zeitlichen Verlaufs sozusagen vierdimensional. Damit war das statische Modell der klassischen Geographie endgültig aufgegeben und durch ein dynamisches abgelöst worden, das es den Humanwissenschaften leichter machte, geographisches Denken in ihre Arbeit aufzunehmen. Auf diesem Wege gelang es der modernen Religionsgeographie zunehmend, die Religionswissenschaft für sich zu interessieren, und zu einer Zusammenarbeit zu gewinnen. Konsequenzen daraus sehen wir auf diesem Symposion, wo erstmalig die verschiedenen Disziplinen zusammengekommen sind, die sonst jeweils auf ihren Spezialtagungen nur unter sich sind.

Inwieweit daraus überhaupt ein endgültiges Aufbrechen der herkömmlichen Fachgebietsgrenzen möglich sein wird, ist noch abzuwarten. M. BÜTTNER möchte weite Teile der Humanwissenschaften im Anschluß an KANT nach ihrem Schwerpunkt in Raum oder Zeit einteilen und von daher die Arbeitsteilung von Geschichte und Geographie in eine enge fachliche Verbindung bringen.[15] Religionswissenschaft müßte dann ihre klassische, in einem langen Prozeß gewonnene Struktur aufgeben und die religionsgeographische Betrachtung als gleichberechtigt neben die religionshistorische stellen. Dies ist ohne Zweifel für die letztere Arbeitsweise, d.h. die religionssoziologische berechtigt, da Religionsgeographie als vorwiegend sozialgeographisch arbeitende Disziplin ohne weiteres mit der Religionssoziologie verknüpfbar ist (und praktisch oft schon ist). Schwieriger ist es, die Religionsgeschichte als philologisch-historische Säule der Religionswissenschaft durch eine Synthese mit der Religionsgeographie abzulösen. Ich halte das für unmöglich, da in der Geschichte Zeit und Raum eng zusammengehören und nicht auseinanderdividiert werden können. Anstrebenswert und realisierbar ist aber ohne weiteres der verstärkte Einsatz religionsgeographischen Denkens oder eines entsprechenden Problembewußtseins in die religionshistorische Forschung als solche. Einen Alleinanspruch kann keine Betrachtensweise für sich in Anspruch nehmen. Aus wissenschaftstheoretischen und praktisch-institutionellen Voraussetzungen werden wohl auch in Zukunft Religionswissenschaft und Religionsgeographie in ihre Bereiche eingeteilt bleiben, aber mit einem zunehmenden Trend der Zusammenarbeit, sei es auf eigenen Tagungen oder gemeinsamen Forschungs- projekten. Damit bin ich zum dritten und letzten Punkt meiner Ausführungen gelangt.

3. Aufgabe der dialektischen Religion/Umwelt-Forschung

Nach dem jetzt erreichten Stand der religionsgeographischen Arbeitsweise kann es sich dabei nur um eine Analyse der wechselseitigen Beziehungen zwischen dem "Umfeld", dem religiösen Ideengehalt und dem Religionskörper (Gesellschaft, Gemeinschaft, "Kirche") handeln, und zwar möglichst unter Beteiligung von Religionsgeschichte, Religionssoziologie und auch Religionspsychologie (als Teil der Sozialpsychologie gehört sie weithin dazu). Dabei sind mehrere Vorgaben näher zu bestimmen: Was ist Umwelt oder Umfeld (environment), was ist Religion oder religiöser Tatbestand bzw. Sachverhalt und wie verläuft die Beziehung zwischen diesen sowohl räumlich als auch zeitlich. Da wir hier entscheidende Grundprobleme unserer Arbeit berühren, die noch nicht restlos geklärt sind - weshalb wir ja hier zusammengekommen sind, möchte ich mir erlauben, dazu meine Auffassung kurz zu umreißen; alles weitere bleibt der Tagung, ihrer Arbeit und ihren Diskussionen überlassen.[16]

Unter "Umwelt" ist der natürliche, soziale und kulturelle "Sitz im Leben" einer Religionsgemeinschaft und ihrer Überlieferungen zu verstehen, der von vornherein Leben, Verhalten und Denken mitbestimmt, aber im Laufe der Geschichte und Entwicklung dem Wandel ausgesetzt ist.

Unter "Religion" ist eigentlich vom historischen Standpunkt nur ein Ausschnitt der Religionsgeschichte zu verstehen, da der Historiker nur "Religionen" und die von ihnen jeweils bestimmten oder getragenen "Sachverhalte" (Tatbestände, früher oft "Erscheinungen" oder "Phänomene" genannt) kennt.

Der eurozentrische, d.h. antik-christlich geprägte Begriff Religion ist nur als gewisser erkenntnisleitender "umbrella term" zu verwenden, um die objektsprachlichen Gegebenheiten mit der metasprachlichen Terminologie der Religionswissenschaft verbinden zu können.[17] Ich muß diese Probleme hier auf sich beruhen lassen; sie werden auf dem nächsten Kongreß der International Association of the History of Religions in Rom 1990 Hauptthema der internationalen Fachwelt sein. Für uns genügt es hier, unter "Religionen" verschiedene Tatbestände in Geschichte und Gegenwart zu verstehen, die durch bestimmte gesellschaftliche (soziale), geistig-ideelle und praktisch-ethische Sachverhalte repräsentiert sind und entsprechend studiert werden können: <u>Glaubensweisen</u> (Belief-systems), <u>Gemeinschaftsformen</u> und <u>Verhaltensweisen</u> im Leben stellen die tragenden Komponenten von "Religion" dar.

Die Beziehungen zwischen den beiden genannten Größen, Religion und Umwelt, sind bekanntlich nicht statisch, sondern dynamisch, sei es in langen oder kürzeren Zeiträumen. Im Grunde genommen greifen wir hier in die Fülle der gesamten Religionsgeschichte ein, denn diese ist in ihren einzelnen Kultur- und Lebensräumen eben ein dichtes Beziehungsgeflecht von Geist, Raum und Zeit. Wir können daher nur die uns in diesem Zusammenhang einer religionsgeographischen Tagung in erster Linie angehenden Zusammenhänge thematisieren.

3.1

Die klassische Aufgabenstellung der Religionsgeographie war und ist m. E. immer noch die <u>Relation von "Religion" oder "Belief-systems" in ihrer prägenden Kraft auf die Umwelt</u>. Die Abhängigkeit bestimmter Kulturlandschaften von religiösen Verhaltensweisen ist der unumstößliche Beweis für die raumverändernde Kraft von Religionsgemeinschaft. Darüber gibt es die meiste Literatur, die sich entweder mit Tempel- und Kultanlagen, Pilgerzentren, Friedhöfen, Siedlungen, Tätigkeiten aus religiösen Motiven, die den Anbau von Genußmitteln betreiben usw., beschäftigt.[18] Auch die Wirkung religiöser Überzeugungen, versammelt in der Kraft sozialer Gruppen, auf Wirtschaft und Gesellschaft sind zu bekannt, als daß ich sie hier näher belegen müßte. Dabei denke ich einerseits an MAX WEBERs bekannte These von der Wirkung protestantischer Ethik auf kapitalistisches Wirtschaftsverhalten, andererseits an die Schwierigkeit, die z.B. in der Mongolei die Einführung des Ackerbaus immer noch hat: Die traditionelle Viehzucht-Wirtschaft vertrug sich mit dem buddhistisch-lamaistischen Gebot des Schutzes der Erde, letztere aber nicht mit der neuen Arbeitsweise.

3.2

Schwieriger und daher umstritten ist die prägende Kraft der Umwelt auf den religiösen Ideengehalt dergestalt, daß dafür keine anderen Ursachen nachweisbar sind. Dazu gehören alle aus Natur und Kultur in die Glaubenswelt eingegangenen Vorstellungen, die oft nicht wieder verschwinden, obwohl sich die "Umwelt" inzwischen längst verändert hat. In den alten Volksreligionen werden die Gottheiten auf Bergen, an Quellen und in Wäldern anwesend gedacht, oder bei Seevölkern vornehmlich im Wasser, bei Nomaden im Himmel oder in der endlosen Steppe, bei den Jägern unter den Tieren.[19] Die Religionsgeschichte akkumulierte alle diese Vorstellungen zu einer Symbiose, die allerdings die verschiedenen Herkunftsbereiche nicht überdeckt hat. Der Kult von Nahrungsmitteln (Reis, Jams, Banane) bei den Stammesreligionen ist bekannt, auch in Form religiös-personaler Manifestation (Reisgott usw.). Sonne, Mond und Sterne (als atmosphärische Teile der Umwelt) sind der religiösen Apperzeption offen. Kultische Begehungen aller Art, wie Waschungen, Taufen, Pilgerreisen, Andachtsübungen, sind an Plätze gebunden, die in die Glaubenswelt – auch in die sogenannten Dogmen – eingegangen sind (z.B. Jerusalem, Mekka, Rom, Lhasa). Die Landschaften der Religionsgründungen sind überall Teil der religiösen Überlieferungen geblieben (in unseren christlichen Glaubensbekenntnissen ist die historische Gestalt des Pilatus nicht nur eine Erinnerung an die Zeit, sondern auch an den Raum: Palästina). Bemerkenswert und oft wenig reflektiert, sind die Jenseits- lehren und Bilder der Endzeit, die vom einstigen Ausgangs- punkt religiöser Tradition bestimmt sind: Das Paradies zehrt von den ersehnten Oasen der Ruhe, die Hölle von den Strafen der zeitgenössischen Strafjustiz. Natürlich sind derartige, letztlich geographisch bedingte Ideengehalte im Laufe der Geschichte durch die Arbeit der Theologen sublimiert oder interpretiert worden, aber der tatsächliche Hintergrund bleibt bestehen und verbindet jede Religion mit ihrer irdischen Herkunft.

Es gibt immer wieder Versuche, Kernaussagen religiöser Glaubenswelten mit geogaphisch-klimatischen Gegebenheiten zu verbinden. So hat HIDEO SUZUKI 1981 den Monotheismus der biblischen Religionen auf derartige Ursachen zurückgeführt, wie seine eigene Tradition der "Intuition" (lemma) auf die schwer überschreitbare Waldlandschaft Japans.[20] Nun, solche Überlegungen sind immer wieder bemerkenswert, aber sie können nur cum grano salis zur Kenntnis genommen werden, da der historische Prozeß komplizierter und geographisch-klimatische Bedingungen nur vermittelt durch viele Zwischenglieder eine Rolle spielen können. So wissen wir heute längst, daß die islamische Bewegung nach Mohammed nicht durch Klimaschwankungen verursacht worden ist, obwohl in einem längeren Zeitraum vor Mohammed derartiges nachweisbar ist.[21] Auch die früheren Wanderbewegungen semitischer Völker (angefangen von den Akkadern über die Aramäer bis eben zu den Arabern) sind mehr historisch-kulturelle Vorgänge als direkt klimatisch verursacht; dies betrifft auch die germanische Völkerwanderung. Richtig ist allein, daß die geographische Voraussetzung des Unterschiedes von Kulturland und Steppe ein wichtiger Bedingungsfaktor für die jahrtausendealten Bewegungen dieser Art gewesen sind. Vom "Wüstencharakter" des Islams hat man längst Abschied genommen, wie auch vom Nomadenzug des jüdischen Volkes (was die Anfänge des Jahweglaubens in einer solchen Welt nicht ausschließt, aber der "vektorische" Charakter dieses Glaubens ist durchbrochen vom "sedimentären" des Kulturlandes).[22]

3.3

Die bisherigen Ausführungen könnten wieder an die veraltete, statisch vorgehende religionsgeographische Arbeit erinnern, aber dies wäre abwegig. Abgesehen davon, daß man in der mündlichen oder schriftlichen Wiedergabe nur ein Neben- oder Nacheinander, nicht das ineinander eines Verlaufs wiedergeben kann, möchte ich zum Abschluß das eigentlich Neue der religionsgeographischen Bemühungen, die auch unser Symposion kennzeichnen sollen, zur Sprache bringen. Gemeint ist der obengenannte "vierdimensionale" Prozeß der Religion/Umwelt-Relation, vor allem in unserer Zeit. Bekannt ist die von M. BÜTTNER wiederholt publizierte graphische Zeichnung der Religion-Umwelt-Spirale, die dialektische Bewegung vom Anfangsstadium über Konflikt- und Einpendelungsstadium darzustellen sucht.[23] Als modellhafte Wiedergabe ist dies sehr anschaulich. Natürlich ist eine solche Entwicklung nur in Umrissen und meist nur in kleineren Religionsgemeinschaften exakt festzustellen und zu beschreiben.[24] In den großen, überregionalen Religionsgebilden lassen sich solche Prozesse nur teilweise in begrenzten Räumen näher untersuchen (z.B. in der bekannten Pilgergeographie).

Es ist nun interessant zu beobachten, daß in den letzten Jahren auch von theologischer Seite geographisches Denken um sich greift. Ich meine hier in erster Linie die historischen und exegetischen Disziplinen. So wird von führenden Neutestamentlern (H. KÖSTER, J.M. ROBINSON, D. LÜHRMANN, H.D. BETZ) nicht nur eine stärkere Rückbesinnung auf das Erbe der Religionsgeschichtlichen Schule gefordert, sondern das Abrücken von chronologischem Nacheinander der verschiedenen frühen "Christentümer" des Ostens.[25] Hier empfiehlt sich eine räumlich-geographische Einteilung des Nebeneinanders: der Jerusalemer-Palästina-Kreis, der neben dem zum dominanten Zentrum werdenden ältesten Kirchenraum der östlichen Mittelmeerküste in Kleinasien mit dem syrischen Antiochien steht, dem sich zeitlich wahrscheinlich der ostsyrisch-mesopotamische Lebensraum anschloß. Die Vorgänge oder Prozesse, die sich hier im frühen Christentum zwischen "Geisteshaltung" (Glaubenssystem bzw. Tradition), Umwelt und Gemeinden abspielen, sind noch wenig erforscht: Wir wissen nur, daß der semitische Kultur- und Sprachkreis eben ein anderes Christentum erzeugte als dann der griechische oder gar der lateinische Westen. Der Übergang von der Landgemeinde zur Stadtgemeinde, der sehr bald nach Jesus einsetzte[26], ist im Christentum wiederholt erfolgt, auch in umgekehrter Richtung, wenn es sich um das Überleben sogenannter häretischer Gruppen handelte; fast regelmäßig ist eine Einpendelung auf die neue Situation erfolgt. Der soziale und geistige Anpassungsmechanismus des Menschen hat immer wieder seine Triumphe gefeiert.[27] Daher steht die Forderung nach einer "historischen Geographie des Christentums" auf der Tagesordnung moderner Kirchengeschichtsschreibung (U. KÖPF).[27] AUGUSTIN ist der große Vertreter des Stadtchristentums am Ende der Antike; er ist der Verteidiger der Civitas im Angesicht der Zerstörung Roms.[28] Seitdem ist für die Christen in erster Linie die Stadt ein religiöses Zentrum, wo Kathedralen und Kirchen stehen. Der Prozeß der Änderung, daß nicht mehr Kirchen das geistige Zentrum der Städte sind, sondern die neuen Hochhäuser, ist ein weltweiter Vorgang, den man "Manhattanization" genannt hat. Die Reaktion darauf von Seiten der Religionen (dies betrifft auch z.B. den Islam und den Buddhismus) ist noch im Gange. Die religiöse Geisteshaltung ist herausge- fordert, sich damit auseinanderzusetzen: Es wird argumentiert, daß auch in der Frühzeit des Christentums Kirchen keine dominanten Symbole einer Stadt gewesen sind. Daß sich hinter den Hochhäusern unserer Städte die Säkularisierung manifestiert, ist nicht zu leugnen. Auffällig ist, daß solche Zentren quasi-religiöse oder pseudoreligiöse Züge erhalten können (wie z.B. New York).[29]

Eine viel wichtigere Seite ist die Gefahr der Zerstörung unserer natürlichen und kulturellen Umwelt durch Technik und Zivilisation. Hier ist für den Religionswissenschaftler, Religionsgeographen und Theologen ein neues Feld der Analyse und aktiven Mitarbeit. Religiöses Verhalten, geboren aus einer jahrtausendealten Geistestradition, die letztlich auf übernatürliche Herkunft rekurriert, ist aufgerufen, einen Prozeß mit verändern zu helfen, der durch dieses Verhalten selbst direkt oder indirekt verschuldet oder unverschuldet - darüber wird noch diskutiert - mit in Gang gesetzt worden ist. Dieses sogenannte "neue" Umweltbewußtsein ist offenbar zuerst in den westlichen Ländern (zuerst meines Wissens in Californien!)[30] entstanden. Der zunehmend in Zerstörung begriffene Lebensraum des modernen Menschen verlangt eine Änderung der Geisteshaltung, und dafür bietet sich auch eine andere, neue Rückbesinnung auf die religiöse Überlieferung und ihre traditionelle Auslegung an, worüber auch auf unserem Symposion diskutiert worden ist.[31] Inwieweit diese vor allem im christlichen Raum thematisierte Sachlage auch bereits in anderen großen Religionen (Islam, Buddhismus, Hinduismus) eine Rolle spielt, ist mir unbekannt. Der Religionswissenschaftler hat hier eine neue Aufgabe vor sich, vor allem gegenüber manchen konservativ-christlichen Auffassungen, nämlich die unterschiedliche Stellung von Natur und Umwelt in anderen religiösen Überlieferungen zur Sprache zu bringen (z.B. im Buddhismus). Wir kennen solche Vorgänge bereits aus der Zerstörung der Umwelt von kolonialisierten und christianisierten Stammeskulturen. Als fatales Objekt unserer Untersuchung sind uns Indianer, Australier oder Afrikaner durchaus bekannt, die um ihr Überleben in einer nicht von ihnen veränderten Welt ringen. Was können wir daraus lernen? Werden wir nicht selbst das Opfer unserer eigenen Verhaltensweisen? Wurde jahrhundertelang - mit christlicher Duldung oder gar Förderung - westlich-europäische Zivilisation und Technik ungehemmt exportiert und damit die Zerstörung auch außerhalb unseres Lebensraumes eingeleitet, so trifft es uns nun doppelt hart, weil wir meinten, wir hätten uns angepaßt und die Umwelt im Griff: Diesem Irrglauben sollte Religion, die an die Verantwortung des Menschen im Angesicht des Schöpfers und Erhalters glaubt, entschieden absagen. So sind die Bemühungen unserer Tagung hoffentlich auch ein Beitrag zum notwendigen "Innovationsschub", der Theorie und Praxis einschließt.

Zusammenfassung

1. Aufgabe und Struktur der Religionswissenschaft (Rw) ist geboren aus ihren Anfängen im Zeitalter der Aufklärung und Toleranz zu einer möglichst objektiven, vergleichenden, historischen, soziologischen und psychologischen Betrachtung religiöser Sachverhalte und Gemeinschaften mit ihren Überlieferungen in Vergangenheit und Gegenwart. Grundlegend dafür ist immer noch die wissenschaftstheoretische Grundlegung von Joachim WACH (1924, Engl. Übersetzung 1987).

2. Die von J. WACH nicht eigens aufgenommene Religionsgeographie (Relgeogr.) in die ergänzenden Arbeitsfelder der Rw ist zwar von seiten der Rw nie völlig übersehen worden, hat aber weithin außerhalb ihres Forschungsbereiches, nämlich der Kultur- und Anthropogeographie, oder auch der Ethnographie ihre Vertreter und Interessenten gehabt.

3. Ein Wandel trat erst in den 60er und 70er Jahren unseres Jahrhunderts ein, als auch in der Geographie ein Wandel durch Aufnahme soziologischer Betrachtung (Sozialgeographie) einsetzte, der das klassische zweidimensionale Schema durch ein drei- oder (als Prozeß dynamische) vierdimensionales Modell verdrängte.

4. Die neu begründete Relgeogr. durch D. SOPHER und M. BÜTTNER mit ihrer Konzeption einer dialektischen, dynamischen Religion/Umwelt-Beziehung übte zunehmend auch auf die ebenfalls im Wandel begriffene Rw Einfluß aus, so daß es zu einer Zusammenarbeit auf verschiedenen Ebenen kam. Arbeitsgruppen entstanden im Bereich der Rw und ihrer regionalen und überregionalen Organisation.

5. Das Aufgabengebiet der modernen Relgeogr. ist der Raumaspekt von Religionen und die Wechselwirkung von natürlicher, sozialer und kultureller "Umwelt", religiös bestimmter Geisteshaltung (Belief systems) und des

"Religionskörpers" (Gemeinschaft, "Kirche"). Dem klassischen Untersuchungsfeld der Auswirkung von Religionen (über ihre soziale Manifestation) auf die Umwelt tritt die stärker problembewußte Einwirkung von "Umwelt" auf Ideologie und soziale Praxis einer Religion zur Seite. Beide Arbeitsbereiche werden gekrönt von der eigentlichen neuen Orientierung der Relgeogr.: der Untersuchung des Prozesses von religiöser Geisteshaltung (Belief systems), Gesellschaft und sich im Wandel befindlicher "Umwelt". Das progressive, kritische Umweltbewußtsein der euro-amerikanischen Zivilisation, geboren aus der in Zerstörung begriffenen natürlichen und kulturellen Umwelt des Menschen, gewinnt auch im christlichen Glaubensbereich zunehmend einen offenen Partner, so daß "Religion" als Teil eines neuen "Innovationsschubes" bei der Bewältigung dieser weltweiten Aufgabe nicht nur eine Herausforderung an die christliche Tradition, sondern Objekt und Subjekt der Zusammenarbeit von Rw, Theologie und Relgeogr. geworden ist.

Summary

On the History and the Present State of the Religion/Environment-Research (Geography of Belief-systems) seen from the point of view of History of Religions (Religionswissenschaft).

1. From its beginnings in the Age of the Enlightenment and tolerance the task and structure of <u>Religionswissenschaft</u> (also called History of Religions, Study of Religions, Religious Studies) is related to an impartial study of the world of religions, from a historical, sociological, psychological or comparative point of view. The basic treatment of the scientific fundamentals of Rw as a scholarly discipline was written by Joachim WACH in 1924, and is now available in English (Introduction to the History of Religions, New York: Macmillan 1987).

2. Since the Geography of Religion or Belief systems (<u>Religionsgeographie</u>) was mainly part of classical Cultural Geography (<u>Kulturgeographie</u>), Human Geography or Anthropology (Ethnography) J. WACH did not mention this field of study in his list of the branches of Rw the so called "auxiliary disciplines" like Sociology of Religion or Psychology of Religion. Nevertheless it has not been totally neglected by Historians of Religions.

3. Not until the sixties and seventies of our century was the situation entirely changed as a consequence of the influence of Sociology on Geography, resulting in the foundation of the Geography of Social Behaviour (Social Geography, <u>Sozialgeographie</u>). The classical model of two dimensions (space and human beings) in Geography was transformed into a pattern of three or even four dimensions (i.e. space, human beings, cummunities, process or time).

4. The new Geography of Religion (Belief systems) was mainly promoted by D. SOPHER and M. BÜTTNER based on a modern research into religious communities. Their work offers significant insights into the relation between religions and environment as a dynamical and dialectical process. On the basis of this new view the Geography of Religion attracted more and more the discipline of Rw which was also in the process of changing to more sociologically oriented research. Working groups and centres in the two fields have been founded on different levels and organizations in order to strengthen the connections between religious and geographical studies in this area.

5. The task of the modern Geography of Religion (Belief systems) is the study of the aspect of space (<u>Raumaspekt</u>) in religions and the interrelationship (interplay) between the natural, social and cultural "environment", the religious belief-systems and its social organizations (communities, churches, orders etc.). Apart from the earlier classical investigations of the

effects of religions or belief-systems on the environment, the most discussed field is the examination of the influence of milieu on ideologies and social behaviour of religions. Beyond these two fields of study stands the current new kind of Geography of Religion (Belief systems), i.e. the investigation of the process of religious belief systems (ideologies) and their dialectical relations to society and the changing environment. At present progressive critical thinking on the natural and cultural environment and its destruction through modern technology and civilisation (pollution) is having more and more impact on Christian thought in Europe and America. In this case we not only have an example of religious belief as a part of and a driving force in a new kind of "innovation" in the context of a worldwide trend for the overcoming of these difficulties of living, which involves at the same time a challenge within the Christian tradition, but we are also realizing that this process could itself be the subject-matter for teamwork of Rw, Geography of Religion and Theology.

Anmerkungen

1. Vgl. meine (ergänzungsbefürftige) Arbeit: Die Religionsgeschichte an der Leipziger Universität und die Entwicklung der Religionswissenschaft. Ein Beitrag zur Wissenschaftsgeschichte und zum Problem der Religionswissenschaft. Berlin (DDR) 1962. (SB Sächs.-Akad. d. Wiss. zu Leipzig. Philol.-hist. Kl. 107: Heft 1).

2. Religionswissenschaftl. Prolegomena zu ihrer wissenschaftstheoretischen Grundlegung. Leipzig 1924 (Veröffentl. d. Forschungsinstituts für vergleichende Religionsgeschichte an der Universität Leipzig. Nr. 10.

3. Introduction of the History of Religions. Ed. by J.M. KITAGAWA und G.D. ALLES, New York (Macmillan) 1988.

4. Vgl. WACH, Religionswissenschaft, S. 129ff; RUDOLPH, Historical Fundamentals and the Study of Religions. Haskell-Lectures delivered at the University of Chicago. New York (Macmillan) 1985, S. 33ff.

5. Vgl. K. HOHEISEL, Geographische Umwelt und Religion in der Religionswissenschaft. In: Geographia Religionum I, 1985, S. 123-164.

6. M. BÜTTNER, Die Geographia Generalis vor Varenius. Geographisches Weltbild und Providentialehre, Wiesbaden 1973 (Erdwissenschaftliche Forschung VII), S. 172ff; BARTHOLOMÄUS KECKERMANN (1572-1609), in : M. BÜTTNER (Hrsg.): Wandlungen im geographischen Denken von Aristoteles bis Kant, Paderborn 1979 (Abhandlungen u. Quellen zur Geschichte der Geographie und Kosmologie Bd. I), S. 153-172; Zur Geschichte und Systematik der Religionsgeographie. In: Geographia Religionum I, 1985, S. 211.

7. Vgl. M. SCHWIND (Hrsg.): Religionsgeographie. Darmstadt 1975 (Wege der Forschung 397), S. 3ff; M. BÜTTNER: Zur Geschichte..., S. 24f. Zur Bedeutung KASCHEs als früher Religionshistoriker s. F.R. MERKEL: Zur Religionsforschung der Aufklärungszeit. In: Festschrift A. Bertholet, Tübingen 1950, S. 359f.

8. Vgl. die von M. SCHWIND besorgte Auswahl (op, cit.) und Bibliographie (S. 381-388); umfassend BÜTTNER, Zur Geschichte..., S. 82-121.

9. Zur Problematik einer Religionsgeographie, in: Mitt. der Geograph. Gesellschaft in München 48, 1963, S. 107-121; Religiöse Lebensformen und Gestalt der Lebensräume. Über das Verhältnis von Religionsgeographie und Religionswissenschaft, in: Numen 11, 1964, S. 85-146.

10. In der Neuauflage, hrsg. von H. WALDENFELS, Freiburg/B. 1987, von K. HOHEISEL verfaßt (S. 539-543). Vgl. auch Ders. Religionsgeographie und Religionsgeschichte, in: H. ZINSER, ed., Religionswissenschaft, Berlin 1988, S. 114-130.

11. Géographie et religions, Paris 1948; DEFFONTAINES, P.: Valeur et limites de l'explication religieuse en géographie humaine, in: Diogène No. 2, 1953, S. 64-79.

12. Le monde islamique. Essai de géographie religieuse. Paris 1957; verbesserte englische Übersetzung: The World of Islam. Ithaca 1959; Les fondements géographiques de l'histoire de l'Islam. Paris 1968; deutsche Übersetzung von H. HALM mit verändertem Titel (!): Kulturgeographische Grundlagen der islamischen Geschichte, Zürich 1975.

13. Vorwort S. 9 (deutsche Übersetzung).

14. Vgl. dazu meinen Beitrag "Religionswissenschaftliche Überlegungen zur Religionsgeographie" in der FS BÜTTNER "Geisteshaltung und Umwelt", hrsg. von W. KREISEL, Aachen 1988 (Abhandlungen zur Geschichte der Geo- wissenschaften und Religion/Umwelt-Forschung Bd. I).

15. Brieflich. Vgl. seinen Beitrag zu diesem Band.

16. Ich verweise auf die weiterführenden Beiträge von H. KIPPENBERG, D. PAHNKE, H. SEIWERT und B. ZELLER.

17. Zur Geschichte des Begriffs liegt jetzt eine vorzügliche, allerdings nur bis ins 16. Jahrhundert reichende Arbeit vor: E. FEIL, Religio. Die Geschichte eines neuzeitlichen Grundbegriffs vom Frühchristentum bis zur Reformation. Göttingen 1986 (Forsch. z. Kirchen- und Dogmengeschichte 36). Meine eigene Ansicht dazu findet sich kurz in Historical Fundamentals (s. Anm. 4), S. 45ff und 65ff.

18. Vgl. die allbekannten Beispiele bei P. FICKELER (SCHWIND, op. cit., S. 48-96) und D. SOPHER (ib. S. 333-372), ferner die relevanten Beiträge in diesen und den folgenden Bänden, bes. zum "Pilgerphänomen" und "Religion in Siedlung". Es ist schon anachronistisch, daß in dem Studienbuch "Die Formung der Erdoberfläche unter dem Einfluß des Menschen" von C. RATHJENS (Stuttgart 1979) diesem Aspekt menschlichen Handelns keinerlei Aufmerksamkeit geschenkt wird (obwohl der Verf. ein Zitat von MAX WEBER seinem Buch vorangestellt hat).

19. Vgl. die Beiträge von E. OTTO, R. WENNING, R. FEINBERG, W. KREISEL, P. GERLITZ, H. JANSSEN. Ferner HONG-KEY YOON: Maori Mind, Maori Land. Frankfurt/M. 1986.

20. The Transcendent and Environments. Yokohama 1981; World Distribution of Basic Words 1.2 in: Bulletin of the Dpt. of Geography University of Tokyo 14 (1982), S. 29-63; 15 (1983), S. 33-46.

21. Vgl. K.W. BUTZER, Der Umweltfaktor in der großen arabischen Expansion. In: Saeculum 8 (1957), S. 359-371; G.H. BOUSQUET: Observations sur la nature et les causes de la conquète arabe. In: Studia Islamica 6 (1956), S. 37-52 (macht die Schwäche umliegenden Großmächte, Mohammeds Lehre und die Genialität der militantischen Führer der Araber dafür verantwortlich).

22. Vgl. auch den Beitrag von E. OTTO: Geographische Faktoren in der Kulturgeschichte des frühen Israels.

23. Zuletzt in Geogr. Religionum I (1985), S. 36, 38, 45.

24. Beispielsweise bei der südirakischen Gemeinde der Mandäer, wozu ich in der FS BÜTTNER (s. Anm. 14) einiges bemerkt habe.

25. H. KÖSTER und J.M. ROBINSON: Entwicklungslinien durch die Welt des frühen Christentums. Tübingen 1971; D. LÜHRMANN: Erwägungen zur Geschichte des Urchristentums. In: Evang. Theologie 32 (1972), S. 452-467.

26. Mein neutestamentlicher Leipziger Lehrer JOH. LEIPOLDT gründete darauf den Unterschied zwischen Jesus (dörfliche Umwelt) und Paulus (Stadt); s. Jesus und Paulus - Jesus oder Paulus? Leipzig 1936, S. 29ff. u. pass.

27. Vgl. seine bahnbrechenden Studien: Kirchengeschichte und Geographie, in: ZThK 77 (1980) S. 42-68; Die geschichtl. Dimension in der Religionsgeographie. Überlegungen am Beispiel der Geschichte des Christentums. In: Geogr. Relig. I (1985), S. 165-181.

28. Vgl. P.S. HAWKINS, ed., Civitas. Religious Interpretation of the City. Atlanta (Scholars Puss) 1986, XIII, s. 105-122; J. DOUGHERTY: Exiles in the Earthly City: The Heritage of St. Augustin.

29. Vgl. ib. XVIIIf; S. 123-133 (B. PIKE, The City as Cultural Hieroglyph). Zur Rolle der Stadt als sakrales Zentrum in nichteuro-amerikanischen Kulturen cf. den Sammelband "The City as a Sacred Center", ed. by B. SMITH and H.B. REYNOLDS, Leiden (Brill) 1987 (erörtert werden sechs asiatische Städte: Madurai, Anuradhapura, Polounaruva, Burma, Lamphun, Chiang Mai, Peking). Das Buch ist ein bemerkenswerter Beitrag zur "Dialektik" von Geisteshaltung (Religion) und Raum.

30. Vgl. J.B. COBB, Is It Too Late, New York 1972.

31. Vgl. die Beiträge zum Thema "Umwelttheologie".

Zur Beziehung Religion/Umwelt unter besonderer Berücksichtigung einiger Aspekte des Islams

von Dieter Zeller, Basel/CH

Vortrag gehalten auf dem Eichstätt-Symposium 1988

> "Ein amerikanischer Kollege, John Waterbury, der in Marokko Feldforschung betrieben hat, hat im Verlaufe seines Aufenthaltes gelernt, seine Beobachtungen darauf zu konzentrieren, was Marokkaner <u>wirklich</u> tun, und nicht darauf, was sie denken bzw. behaupten zu tun."
> BASSAM TIBI[1]

MAX WEBERs "Protestantische Ethik" und die Folgen

Seitdem MAX WEBER (1863-1920) die Wirkung religiöser Ideen auf das wirtschaftliche Handeln und auf die Beziehungen der sozialen Schichten am Beispiel des Einflusses der protestantischen Ethik auf den Wirtschaftsgeist, der dem modernen Kapitalismus zugrundeliegt, untersucht hatte, war es naheliegend, ähnliche Untersuchungen, begleitet von entsprechenden Fragestellungen, auch in Bezug auf andere Hochreligionen durchzuführen und die Ergebnisse miteinander zu vergleichen. Schon WEBER selbst hatte diese Forschung in seinen religionssoziologischen Schriften und insbesondere im sog. 2. Teil seines Hauptwerkes "Wirtschaft und Gesellschaft" ansatzweise unternommen. In einer Reihe von interdisziplinären wissenschaftlichen Tagungen über WEBERs Sicht des antiken Judentums, des antiken Christentums, des Konfuzianismus und Taoismus, des Hinduismus und Buddhismus und schließlich des Islams[2], die in den letzten Jahren unter der Leitung des Soziologen WOLFGANG SCHLUCHTER durchgeführt worden sind, haben Religionswissenschaftler, Ethnologen, Historiker, Politologen und Soziologen die Erkenntnisse WEBERs kritisch durchleuchtet. Auffallend ist dabei, daß an diesen Tagungen Vertreter der Geographie, insbesondere der

Kultur- und Religionsgeographie, fehlten. Dies obwohl auch diese Disziplin in ihrer Entwicklungsgeschichte nicht an WEBER vorbeikeommen konnte.³ Insbesondere deshalb nicht, weil WEBERs theoretische Konzepte in einer Zeit bekannt wurden, in welcher religionsgeographisches Denken in Deutschland einen gewissen Tiefpunkt erreichte, von dem es sich erst in der Zeit nach dem Zweiten Weltkrieg wieder zu erholen vermochte. Die Frage stellt sich, wo der Grund für die fehlende Brücke zwischen Religionsgeographen und Religionssoziologen, die sich beide auf WEBER berufen, liegt.

In diesem Beitrag wird nicht versucht, dieser Frage nachzugehen. Er beschränkt sich auf die Diskussion von Beispielen einiger manifest gewordener Verhaltensweisen aus der Welt des Islams. Eine Welt, die heute aus verschiedenen Gründen in wachsendem Ausmaß Anreize sowohl für Forschungen von Sozialwissenschaftlern als auch von Kultur- und Religionsgeographen bietet. Zuvor wird indes einiges über WEBERs eigenes Islam-Verständnis anzumerken sein.

Der Islam - eine "vorindustrielle Kultur"?

Im zweiten Teil des Beitrags soll geprüft werden, ob der im Zusammenhang mit gesellschaftlichen Phänomena bei Geisteshaltungen, die nicht primär im abendländischen Kulturkreis verwurzelt sind, von Sozialwissenschaftlern oft angewandte, eher durch die Dimension "Zeit" und damit durch die Geschichte geprägte Begriff der "vorindustriellen Kultur- und Wirtschaftsordnung", der unseres Wissens erstmals vom Sozialökonomen K. WILLIAM KAPP formuliert wurde⁴, überhaupt tauglich ist, die Dynamik an sich und den dialektischen Prozess der Religion/Umwelt-Beziehung vom Erkenntnisstandpunkt her optimal zu erfassen, oder ob die neueren theoretischen Ansätze zu einer Geographie der Geisteshaltung, die naturgemäß das Schwergewicht vor allem auf die Dimension "Raum" legen, auch wenn sie den Zeitfaktor einbeziehen, geeigneter sind, eine interdisziplinäre Brücke zu den Sozialwissenschaften zu schlagen. Im Bereich des kulturellen Systems des Islams dürfte dies umso wichtiger sein, als der Ende der siebziger Jahre vom Arabisten EDWARD W. SAID ausgelöste Orientalismusstreit[5] und seine Folgen eine verstärkte Tuchfühlung unter den sich mit dem Islam befassenden Sozialwissenschaftlern und Geographen als wünschenswert erscheinen lassen.

WEBERs Islam-Verständnis – kritisch beleuchtet

In Bezug auf WEBER ist zunächst einmal grundsätzlich festzustellen, daß allein die Tatsache, daß sein Ansatz einer entwicklungsgeschichtlich und typologisch ausgerichteten Religions- resp. Kultursoziologie in breitem Ausmaß immer wieder aufgenommen und weitergeführt wird, die anhaltende Bedeutung dieses Forschers bestätigt. Diese Bedeutung wird nicht geschmälert, wenn – wie SCHLUCHTER feststellt – WEBER über den Islam, der uns hier interessiert, keine Monographie geschrieben hat (er hatte zwar die Absicht, kam aber nicht mehr dazu)[6]. Ebensowenig ist es von methodologischer Relevanz, daß sich WEBERs Islam-Verständnis weitgehend auf sekundäre Quellen, insbesondere auf die deutschsprachige Islamwissenschaft seiner Zeit stützte.[7] Um jedoch Kritiken vorzubeugen, seien hier ein paar Einwände neuerer Wissenschaftler gegen WEBERs Sicht des Islams bewußt gemacht. So bezeichnet NEHEMIA LEVTZION die Behauptung von WEBER, "daß der ideale Persönlichkeitstyp in der Religion des Islams nicht der gelehrte Schreiber (Literat), sondern der Krieger war, gewiß für Afrika, aber auch für andere Teile der muslimischen Welt" als unhaltbar.[8] Der gleiche Autor stellt zudem fest, daß WEBER eine äußerst beschränkte Sicht von der "Derwisch-Religiosität"[9] hatte.[10] RUDOLF PETERS fügte diesem Urteil noch bei: "WEBER teilte offenbar die im 19. Jahrhundert übliche falsche Auffassung, daß der Islam eine Religion ist, die Sinnlichkeit und Hedonismus anregt."[11]

Bereits in den sechziger Jahren kritisierte der französische Soziologe und Islamforscher MAXIME RODINSON in seinem bahnbrechenden Werk "Islam et capitalisme" die von WEBER aufgrund der ihm zugänglichen Interpretationen islamischer

Quellen (Koran, Sunna, Schari'a) angenommene mangelnde Rationalität des Islams, aus der sich angeblich dessen Unfähigkeit zur Anpassung an wirtschaftlichen und sozialen Wandel ableite. RODINSON selbst erbrachte nicht nur den Nachweis, daß die religiöse Doktrin des Islams, wie er sich in Koran und Sunna manifestiert, eine kapitalistische Wirtschaft weder im Prinzip noch in der Praxis verhindert[12], sondern auch,

> "daß der Koran der Vernunft einen weit größeren Raum einräumt als die heiligen Bücher des Judaismus und des Christentums."[13]

Damit wurde RODINSON zu einem Vorläufer jener bereits erwähnten, schließlich von SAID ausgelösten Orientalismusdebatte, die aufräumt mit dem "homo islamicus", einem künstlichen Gebilde, welches von den Orientalisten der europäischen Schule zur Aufrechterhaltung kolonialistischer Ziele geschaffen worden ist. Zudem führt, wie TIBI in seinem Vorwort zur deutschen Ausgabe von RODINSONS erwähntem Hauptwerk bemerkt - die Debatte das "Ende einer wissenschaftlichen Tradition" herbei, "in der die Philologie dominiert."[14] Wenn dabei TIBI gleich noch "das Ende der Tradition der nur scheinbar deskriptiven Orient-Geographie" propagiert, die nach seiner Auffassung "massiv mit einem klischeehaften Menschenbild, d.h. einer anthropogeographischen Auffassung vom 'Orientalen' vorbelastet ist"[15], schüttet er damit u.E. das Kind mit dem Bade aus.[16]

Ein anderer Wissenschaftler, der sich mit WEBERs Islam-Konzept befaßt hat, der britische Soziologe BRYAN S. TURNER, kommt zwar ebenfalls - wie RODINSON - zum Schluß, daß die Erklärung für die Tatsache, daß in der islamischen Welt der moderne Kapitalismus nicht Fuß fassen konnte, anderswo als in der religiösen Doktrin des Islams gesucht werden müsse, doch behauptet er überzeugend, "dies stimme mit WEBERs Sicht überein."[17] TURNER begründet dies wie folgt:

> "In studying the contemporary literature on the history of Islamic Middle East, I can find nothing which radically and substantially falsifies WEBER's

description of Islam as a patrimonial order. If
WEBER did hold to this interpretation that Islamic
industrialization was impeded by the instabilities
created by its politico-military structure, then
his achievement was truly remarkable."[18]

In der Tat hat WEBER selbst in "Wirtschaft und Gesellschaft" jene Aussage gemacht, die SCHLUCHTER zum Leitmotiv seiner Einleitung des Bandes "MAX WEBERs Sicht des Islams" gewählt hat.

"Nicht der Islam als Konfession der Individuen hinderte die Industrialisierung ... Sondern die religiös bedingte Struktur der islamischen Staatengebilde, ihres Beamtentums und ihrer Rechtsfindung."[19]

Beispiel einer Religion/Umwelt-Beziehung: Seßhafte Bauern im Islam

Damit deutet WEBER eine Beziehung Religion/Umwelt an, die primär von bestimmten Herrschaftsformen bzw. Machtstrukturen bestimmt wird. Obwohl gerade die Rechtsfindung in einer Religion wie dem Islam, in welcher die Rechtsgelehrten - und nicht etwa die Theologen - das höchste Ansehen genießen[20], von besonderem Interesse wäre, werden hier die Ausführungen auf das Beispiel einer Schicht (Kategorie) aus der islamischen Welt beschränkt, deren Denken nach wie vor weitgehend vorindustriell geprägt ist, nämlich auf die seßhaften Bauern (fallahin* - Fellachen). Dabei soll ihr Einfluß auf den ökonomischen und sozialen Wandel ihrer Umwelt und umgekehrt kurz analysiert werden. Es ist allerdings stets im Auge zu behalten, daß es - entgegen den Darstellungen der älteren Islamwissenschaftler einerseits, aber auch entgegen dem Anspruch islamischer Neo-Fundamentalisten und Integristen in der gegenwärtigen Periode der Re-Politisierung des Islams[21] andererseits - <u>keinen monolithischen Islam</u> gibt, der für sämtliche, zur Zeit etwa 40 Staaten, die sich islamisch nennen, gilt. Daher muß das nachfolgende Beispiel, auch wenn einzelne Elemente empirisch belegbar sind, als Idealtypus, nicht als Institution im Sinne WEBERs, sondern als Typus einer durch die Religion, wenn auch in diesem Beispiel durch sie negativ, geprägten Geisteshaltung bezeichnet werden. Dies obwohl, wie wir noch sehen werden, zumindest das Beispiel einer wesentlichen Abweichung existiert.

Noch immer hängt in den meisten islamischen Ländern die Mehrheit der Bevölkerung von der Landwirtschaft als Arbeitgeberin ab. Denn die Mehrzahl derjenigen, welche in der Landwirtschaft beschäftigt sind, sind es nicht, weil ihre Arbeit benötigt wird, sondern weil sie selbst Arbeit benötigen.[22] Zudem ist der Zuwachs von bebautem Land in den meisten islamischen Ländern geringer als das Bevölkerungswachstum[23], was zu einem ständig anschwellenden Migrationsstrom in die Städte führt, wo der Anteil der Beschäftigungslosen an der städtischen Bevölkerung entsprechend zunimmt.[24]

Zwar ist die Landflucht in den wirtschaftlich benachteiligten Ländern der Dritten Welt allgemein festzustellen. In den meisten islamischen Gebieten werden die seßhaften Bauern jedoch durch die Religion in keiner Weise motiviert, unter schweren Bedingungen und Risiken auf dem Land zu arbeiten, im Gegenteil: Der orthodoxe Islam ist eine städtische Religion mit einer städtischen Lebensart. Kaum je hat ein Muslim, sei es in der Literatur oder in der Musik, in Wort und Tat, den Lebensstil des seßhaften Bauern bewundert; nicht einmal der Bauer selbst tut es - eine Feststellung des amerikanischen Forschers MANFRED HALPERN.[25]

Der französische Geograph XAVIER DE PLANHOL, der die Entstehung des Islams als Folge einer Allianz von Städtern und Nomaden bezeichnet[26], geht noch einen Schritt weiter und hebt hervor, "daß diese Verbindung von Städtern und Nomaden unter Führung der ersteren die bäuerliche Tätigkeit auf den letzten Platz des sozialen Ideals der entstehenden Religion verwies."[27] Unter Berufung auf den mittelalterlichen islamischen Sozialhistoriker IBN CHALDUN zitiert DE PLANHOL ein Hadít, d.h. eine nicht im Koran festgehaltene Äußerung, die dem Religionsstifter Mohammed zugeschrieben wurde. "Beim Anblick einer

Pflugschar soll der Prophet gesagt haben: 'So etwas kommt nie in das Haus eines Frommen, ohne daß gleichzeitig Verrohung einträte."[28]

Der seßhafte muslimische Bauer ist sich dessen bewußt, daß es einen sich ständig wiederholenden "Lebenstanz" gibt, der von überirdischen Kräften bestimmt wird, welche zu mächtig sind, als daß es sich lohnt, das Leben zu erhalten und zu verteidigen. Er möchte mit diesen Mächten durch Versöhnung, Vermittlung oder durch ihr sorgfältiges Meiden in ein persönliches Verhältnis gelangen. Dieses Verhältnis zwischen den Bauern und den überirdischen Mächten bestand allerdings bereits längst vor der Entstehung des Islams; der Islam reduzierte und konzentrierte lediglich diese Beziehungen auf einen einzigen Gott.[29] Sehr gut illustriert dies auch der bekannte Journalist und Nahostkenner ARNOLD HOTTINGER am Beispiel des von der Antike bis zur Gegenwart fast unveränderten Verhaltens der ägyptischen Fellachen des Niltales.[30]

Patrimoniale Herrschaftsmuster

Einen nicht unbedeutenden Einfluß auf das Verhalten der seßhaften Bauern dürfte deren Abhängigkeit von den im Rahmen der islamischen Rechtsordnung ausgebildeten patrimonialen Herrschaftsmustern haben. Denn in den wenigsten Fällen sind diese Bauern Eigentümer des Bodens, den sie kultivieren. Entweder gehört der Boden frommen Stiftungen (waqf)[31] oder aber privaten Großgrundbesitzern, die zumeist in Städten oder im Ausland von den Erträgen dieser Bauern leben. Zwischen Besitzern und Bauern steht eine Verwaltungsbürokratie. So hat man – laut DE PLANHOL, der sich hier auf WEULERSSE stützt – die Agrarordnung der ländlichen Gebiete des Vorderen Orients auf die Kurzformel gebracht: "Wer anbaut, besitzt nicht, und wer besitzt, baut nicht an."[32] Sowohl die Großgrundbesitzer als auch ausländische Beobachter haben indes aus dem Konservatismus und der Passivität der seßhaften Bauern geschlossen, daß sich diese längst mit ihrem harten Los abgefunden haben, weshalb niemand von ihnen erwartet, daß sie sich dagegen auflehnen.³³ Was angesichts der noch immer anschwellenden Migrationsströme in die großen Städte gewiß ein Wunschdenken ist.

Wie tief der Graben zwischen den traditionellen, von der Religion direkt oder indirekt mitbeeinflußten Wertvorstellungen der seßhaften Bauern und den Erfordernissen des industriellen Zeitalters sein kann, hat schon vor längerer Zeit der ägyptische Ökonom GHASSAN ZAKI BADR am Beispiel von Aussagen ägyptischer Arbeitgeber des Industriesektors aufgezeigt, welche die Ansicht vertraten, Industriearbeiter, die aus der Landbevölkerung stammten, könnten "erst nach 10 bis 15 Jahren ein zufriedenstellendes Leistungsniveau erreichen."³⁴

Religionen und Gesellschaften verändern sich

An dieser Stelle ist allerdings einmal mehr in Erinnerung zu rufen, daß der Islam weder im Bereich seiner geographischen Ausbreitung eine normative Einheit bildet noch zeitlich gesehen unwandelbar ist. Dies obwohl - wie der amerikanische Ethnologe CLIFFORD GEERTZ etwas ironisch bemerkt - die Auffassung, daß Religionen sich verändern, "an sich bereits fast eine Häresie" ist, weil es ja bisher keine Religion gegeben habe, "die ihre Anliegen als vorübergehende, ihre Wahrheiten als vergängliche" und "ihre Forderungen als bedingte" angesehen habe.³⁵ Tatsache ist jedoch, wie TIBI, GEERTZ interpretierend, ausführt, daß es einzelne Gesellschaften sind, "die sich wandeln, und Religionen sind jeweils in sie inkorporiert. Universelle Religionen, von denen der Islam eine ist, existieren konkret in solchen Gesellschaften und wandeln sich zusammen mit ihnen."³⁶ Eine Auffassung, der - wenn der Begriff "Gesellschaft" z.B. durch "Landschaft" ersetzt und die Dialektik, d.h. die Wechselwirkung von Religion und Landschaft noch stärker betont wird, wohl auch die Geographen zustimmen können.³⁷ Warum hier zur Vorsicht gegenüber doktrinär verkündeten Wahrheiten gemahnt wird, sei an einem Beispiel seßhafter muslimischer Bauern erläutert, das ein ganz anderes Verhältnis zwischen Religion und Umwelt sichtbar werden läßt und aufzeigt, daß der Islam auch zu einer <u>mobilisierenden Kraft</u> werden kann (und es oft - vor allem im Anfangsstadium, aber unter bestimmten Bedingungen ebenso in jüngster Zeit - auch gewesen ist). So stellt der amerikanische Islamhistoriker RICHARD EATON fest, daß der "Islam in Bengalen ganz überwiegend eine <u>Religion der bäuerlichen Landbewohner</u> ist."[38] Dies widerspricht eindeutig den bisher erörterten Fakten. Wie ist dies zu erklären?

Seit dem 12. Jahrhundert begann - wie EATON berichtet - der Ganges nach Versandung seiner älteren Arme sich weiter östlich neue Kanäle zu suchen, bis er sich schließlich im 16. Jahrhundert mit dem Padma vereinigte und nunmehr durch das Zentrum Ostbengalens floß und weit östlich von seinen bisherigen Armen in den Golf von Bengalen mündete.[39] Folge dieser ökologischen Veränderung war, daß weite Gebiete des ursprünglich wilden Dschungels zum Reisanbau geeignet wurden. Diese Entwicklung vollzog sich in ihrer Endphase parallel zur politischen Integration Bengalens ins islamisch gewordene Mogulreich. Im Zuge dieser Integration gelangten islamische Eliten auch in die ostbengalischen Gebiete, wo sie sich als Kolonisten niederließen.[40]

Diese muslimischen Kolonisten, die "gewöhnlich eine hochrangige Abstammung von außerhalb Bengalens geltend machten, hielten sich selber für <u>ashráf</u> oder 'ehrenwert`, und ein Aspekt ihrer <u>ashráf</u>-Identität zeigte sich in der Weigerung, den Pflug anzufassen."[41] Auf der anderen Seite übernahm die große Masse der muslimischen Ackerbauern, die den Hauptteil der eben zum Islam bekehrten Bevölkerung ausmachten, bereitwillig die Bodenbestellung.[42] Und jetzt kommt die in diesem Zusammenhang interessante Feststellung EATONS: "Aus ihrer Sicht konnten sie dadurch ihre Identität als Muslime am wirksamsten zum Ausdruck bringen."[43]

Der zitierte Forscher erklärt dies damit, daß einige der ursprünglich landfremden Kolonisten als eine Art von Entwicklungshelfer aufgetreten sind, indem sie - als "Heilige" umherziehend - für den Islam missionierten. Sie interpretierten die islamische Doktrin so[44], daß sich die Ortsbevölkerung jeweils zugleich zum Islam bekehren und zum Reisanbau motivieren ließ.[45]

Religiöse Doktrin und Volksreligion

Dieses Beispiel zeigt aber noch ein weiteres Element, das bei der Erforschung der Religion/Umwelt-Beziehung stets im Auge zu behalten ist, nämlich das <u>Verhältnis der religiösen Doktrin zur Volksreligion</u>. Zwar nimmt gerade der Islam für sich in Anspruch, in hohem Maße eine Buch- und Gesetzesreligion zu sein, deren schriftlich fixierte Inhalte und Vorschriften für jeden Muslim als verbindlich zu gelten haben. Um aber den Einfluß der Religion auf die Umwelt und damit auch auf den wirtschaftlichen und sozialen Wandel und umgekehrt analysieren zu können, gilt es - wie der Berliner Forscher ALFRED RUEHL bereits in den zwanziger Jahren dieses Jahrhunderts richtig erkannt hat - zu fragen, "wie weit die religiösen Vorschriften tatsächlich im Leben sich durchsetzen und eingehalten werden."[46] Speziell mit Blick auf den Islam stellte man außerdem RUEHL fest:

> "Die Zahl der religiösen Gebote ist ja auch so groß, daß vieles gar nicht allgemein bekannt sein kann, und sie selbst oft so kompliziert, daß schon die Rechtsgelehrten Auswege angegeben haben, um besonders schwierig einzuhaltende oder unangenehm empfundene in irgendeiner Weise zu umgehen, was nicht wenig zur Hebung ihrer Macht und ihrer Achtung beigetragen haben mag."[47]

Zu den traditionellen Institutionen des Volksislam, die versuchen, die Kluft zwischen dem Anspruch der religiösen Doktrin und den Bedürfnissen des Einzelnen oder auch ganzer Gruppen, den Anforderungen der Religion zu entsprechen, zu überbrücken, gehört die <u>Tarika</u>, von westlichen Islamforschern meist als Gilde oder Bruderschaft bezeichnet. Sie entstand vor allem im Laufe des 13. Jahrhunderts, als die Mystik, das Sufitum, begann, die islamische Kultur zu durchdringen.[48] Sie nahm - wenn auch immer eng verbunden mit der durch die Religion geprägten Geisteshaltung - in der Praxis ganz verschiedene Formen an. So existierten

Handwerks- und Handelsgilden, die sich der Aufgabe widmeten, neben dem geistigen auch das wirtschaftliche und, wo dies möglich war, das politische Wohlbefinden ihrer Mitglieder zu regeln. Daneben gab es religiöse Bruderschaften, die durch Betrachtung, ekstatische Exerzitien, aber auch durch gegenseitige materielle Hilfeleistungen versuchten, ihren Mitgliedern die Probleme eines harten Existenzkampfes etwas erträglicher zu gestalten.[49] In den Städten organisierten diese Gilden und Bruderschaften u.a. auch Zeremonien und Festivitäten. Die Mitglieder einiger Bruderschaften lebten, zum Teil temporär, in einer Art von Klostergemeinschaften. Die Führer anderer zogen mit ihren Anhängern - als lebende "Heilige" verehrt - umher und "wurden von den Bauern zu Rate gezogen und bewirtet."[50] Wenn auch der sog. Tarika-Islam heute noch nicht ganz verschwunden ist und vor allem in Afrika als Marabutismus noch eine gewisse Rolle spielt, wird er doch in letzter Zeit stark bedrängt durch den Schari'at-Islam, d.h. den ausschließlich das geschriebene Gesetz als verbindlich betrachtenden orthodoxen Islam. Dazu trägt nicht zuletzt eine bewußte Politik der Erdöl produzierenden islamischen Länder bei, die versuchen, mit Hilfe von Stipendien - etwa zum Studium an der Medina-Universität - Afrikaner für die orthodoxe Glaubensform zu gewinnen.[51] Daß es aber heute, besonders in den großen islamischen Metropolen, fundamentalistische Kreise gibt, die - allerdings nur in Bezug auf ihre Organisationsform und nicht auf ihre Glaubensinhalte - an die alte Tarika anknüpfen, dürfte ebenso unbestritten sein.

Zunehmender Einfluß des "skripturalistischen" Islams

Während es vor dem 19. Jahrhundert in der islamischen Welt beispielsweise durch die Tarika oder deren Führer möglich war, den Boden für die für einen allgemeinen wirtschaftlichen und sozialen Wandel notwendige Geisteshaltung - wie das erwähnte Beispiel aus Bengalen gezeigt hat - vorzubereiten, ergeben sich seit der Konfrontation der islamischen mit der westlichen Zivilisation, die ja einher ging mit der Etablierung der westlichen kolonialistischen Herrschaft über die Mehrheit der islamischen Territorien, wachsende Schwierigkeiten. Denn die u.a. als Reaktion auf die westliche Herrschaft und auf die damit verbundene Penetration westlicher Lebensformen erfolgte Revitalisierung des Islams, auf die sich in jüngster Zeit eine Re-Politisierung[52] anschloß, vollzog sich vor allem in der Form eines zunehmenden Einflusses "des scholastischen, legalistischen und doktrinären, d.h. skripturalistischen Islams", wie GEERTS feststellt[53], wobei er unter <u>Skripturalismus</u> "die Hinwendung zum Koran, Hadít und zur Schari'a wie auch zu den verschiedenen Standardkommentaren als den einzig gültigen Grundlagen religiöser Autorität" versteht.[54] "In diesem Jahrhundert" - so stellt GEERTZ überdies fest - "entwickelte sich die skripturalistische Bewegung in eine Richtung, die sie nach der Lage der Dinge logisch einschlagen mußte: sie wurde zu einem radikalen und kompromißlosen Purismus."[55]

Nun bieten, wie bereits oben, bei der Erwähnung von RODINSONS Kritik an WEBERs Sicht des Islams, aufgezeigt wurde[56], die islamischen schriftlichen Grundquellen als solche kaum direkte Hindernisse für einen wirtschaftlichen und sozialen Wandel. Im Gegenteil: auch in jüngster Zeit bestreiten muslimische Autoren, wie z.B. der ägyptische Diplomat HAMDY MAHMOUD AZZAM, die oft von Vertretern des westlichen Kulturkreises aufgestellte Behauptung, wonach der Islam "mit dem modernen technisch orientierten Leben und den gewaltigen Fortschritten der Naturwissenschaften" nicht zurechtkomme.[57] Sie tun dies mit dem Hinweis auf Koranstellen, die das Erwerben von Wissen positiv bewerten, aber auch mit dem Hinweis auf die Tatsache, "daß die islamischen Völker fast zehn Jahrhunderte auf der Weltbühne der Wissenschaft dominierten und gleichsam die Grundlagen für die heutige naturwissenschaftliche und technische Revolution legten."[58] Wir haben hier die bei orthodoxen Muslimen oft zu beobachtende Neigung vor uns, die moderne Wissenschaft - wie GEERTZ bemerkt - "als den expliziten Ausdruck dessen zu interpretieren, was in der Religion bereits implizit enthalten ist, nicht als eine autonome Denkweise, sondern als eine Erweiterung und Spezifizierung der religiösen Perspektive."[59] Eine andere Möglichkeit von Vertretern der islamischen Welt, den technischen, wirtschaftlichen und sozialen Wandel kulturell zu bewältigen, findet sich in einer Geisteshaltung, die auf einer absoluten Trennung zwischen religiösen und naturwissenschaftlichen Angelegenheiten besteht.[60] Beide Denk- und Handlungsansätze führen jedoch dazu, moderne Entwicklungen religiös zu rechtfertigen, "ohne selbst" - als Religion bzw. als kulturelles System - "tatsächlich modern zu werden."[61]

Umgehung religiöser Vorschriften

Allerdings ist hier anzumerken, daß es nicht nur in der Vergangenheit Methoden gab, religiöse Vorschriften zu umgehen, sondern daß es auch in der Gegenwart immer mehr islamische Institutionen gibt (sie werden von weltweit tätigen islamischen Organisationen gefördert), die aufgrund neuer Interpretationen der schriftlichen Grundlagen der Religion Richtlinien und Rechtsgutachten ausarbeiten. Diese Richtlinien können beispielsweise die allgemeine Wirtschaftsethik betreffen, aber auch in Empfehlungen im Bereich der Wirtschaftspolitik bestehen, wie der in islamischer Ökonomik spezialisierte Wirtschaftswissenschaftler VOLKER NIENHAUS belegt.[62] Trotzdem hat man gesamthaft den Eindruck, daß die meisten, wenn auch sicher ernstgemeinten Versuche, die Erkenntnisse moderner Wirtschaftswissenschaft mit den ethischen und rechtlichen Grundlagen des Islams in Übereinstimmung zu bringen, im Ergebnis nichts anderes sind, als sinnreiche Tricks, um religiöse Vorschriften zu umgehen. Ähnlich wie dies bereits im Mittelalter der Fall war, als eine ganze Fachliteratur existierte, die aufzeigte, wie zum Beispiel das im Koran formulierte Zinsverbot bei Darlehen zu umgehen sei.[63]

Begriff "vorindustrielle Kultur" unbefriedigend

Angesichts der zwar von den Muslims selbst meist bestrittenen, aber in der Praxis doch laufend Probleme verursachenden mangelnden Vereinbarkeit religiöser Vorschriften und Verhaltensweisen einerseits und den Erfordernissen des modernen Lebens andererseits, scheint es auf den ersten Blick für Sozialwissenschaftler naheliegend zu sein, den bereits erwähnten Begriff "vorindustrielle Kultur- und Wirtschaftsordnung" (KAPP) bzw. "vorindustrielle Kultur" (TIBI) auf die islamische Welt anzuwenden. Denn mit ihm soll ja vor allem auch das "behavioral lag", d.h. die Kluft, die zwischen Denken und Verhalten aufgrund der nicht möglichen Anpassung der religiösen Doktrin an veränderte Umweltverhältnisse besteht, erklärt werden.[64] Denn ohne Zweifel sind die grundlegenden Glaubensvorstellungen, seien sie nun schriftlich niedergelegt oder im Bewußtsein islamischer Bruderschaften fixiert, in dem Sinne vorindustriell, als alles politische, wirtschaftliche und gesellschaftliche Handeln sakralen Charakter hat oder zumindest zu haben beansprucht. Und gewiß besteht ein Merkmal der vorindustriellen Kultur darin, daß ihr die gesellschaftliche Differenzierung und die mit ihr verbundene Funktionsteilung fehlt, die als solche ein Ergebnis der Entwicklung zur modernen Industriegesellschaft ist, wie sie in Europa stattgefunden hat.[65]

Trotzdem wird der Begriff "vorindustrielle Kultur" umso fragwürdiger, je länger man ihn zur Analyse der Beziehung zwischen Religion und Umwelt im Bereich des Islams heranzieht. Wenn man - in Anlehnung an GEERTZ - diesen Begriff in die in den Sozialwissenschaften üblichen theoretischen Erklärungsmuster wie Indikatorenanalyse, typologische Analyse, Stellung im Rahmen einer weltweiten Akkulturation und Evolutionsanalyse einzuordnen versucht[66], so paßt er vielleicht noch am ehesten in den typologischen Ansatz und in die Evolutionsanalyse. Bis zu einem gewissen Grad kann er auch vom Modell der weltweiten Akkulturation angegangen werden, während er - als zu unbestimmt - bei der Indikatorenanalyse wenig zu suchen hat.

Bei der Evolutionsanalyse ist "vorindustriell" schlicht mit "unterentwickelt" gleichzusetzen. Automatisch wird damit dem Begriff als Gesetzmäßigkeit unterstellt, was in der Praxis nur als Tendenz erkennbar ist, nämlich zur industriellen Kultur zu werden, sich zu entwickeln. Noch weniger eignet sich der Begriff für das Modell der weltweiten Akkulturation. Denn in dessen Rahmen haftet einer "vorindustriellen Kultur" der Mangel an, nicht genügend mit kulturellen Werten des Westens, als der Weltkultur, in Berührung gewesen zu sein. In diesen Kontext paßt aber gerade das kulturelle System des Islams überhaupt nicht hinein, denn historisch gesehen ist der Islam fast während der gesamten Zeit seiner bisherigen Existenz, wenn auch - je nach geographischer Lage - in unterschiedlicher Zeitdauer und Intensität, mit dem Abendland in Berührung gestanden. Auch der typologische Ansatz ist sehr problematisch. Nicht nur, daß er, wenn er gar mit dem evolutionistischen Ansatz verbunden wird, in eine Stufentheorie ausmündet und es "fast so viele Stufentheorien wie Stufentheoretiker gibt"[67], sondern viel schwerer wiegt, daß damit ein Zustand beschrieben wird, wo ein Prozeß aufgezeigt und analysiert werden sollte. Den Forscher interessiert ja nicht in erster Linie das Ergebnis des kulturellen Wandels, sondern der kulturelle Wandel selbst und seine Mechanismen. Aus diesem Grund sollte hinfort auf eine pauschale Bezeichnung des Islams als vorindustrielle Kultur verzichtet werden. Dies hat auch TIBI erkannt, der sich seinerseits GEERTZ anschließt, auch wenn im Detail Einwände gegen TIBIs Islam-Verständnis anzubringen sind. Um dennoch einen abgrenzenden begrifflichen Gesamtrahmen für die Untersuchung der einzelnen Prozesse der Beziehungen zwischen Religion und Umwelt zu haben, ist es angebracht, sich für den neutraleren GEERTZ'schen Begriff "kulturelles System" einzusetzen. Damit wird anerkannt, daß Religionen als kulturelle Systeme primär Symbolsysteme sind, d.h. "sie können jeweils als ein Modell für etwas nicht wie naturwissenschaftliche Gegenstände experimentell, sondern nur interpretativ untersucht werden."[68]

Zwar wird diese Erkenntnis von GEERTZ und TIBI, wonach Religionen als Symbolsysteme nur interpretativ untersucht werden können, die Sozialwissenschaftler, wenn sie sich durchsetzt, den Religionswissenschaftlern sicher näherbringen; sie allerdings im speziellen Fall des Islams möglicherweise erneut dem Vorwurf der "Gegen-Orientalisten" um SAID[69] aussetzen. Denn Interpretation kommt bei einer heute besonders stark vom Skripturalismus beherrschten Religion wie dem Islam recht nahe an die Exegese seiner kanonischen Schriften.

Die Chancen einer "Geographie der Geisteshaltung"

Genau an dieser Stelle können Kultur- und Religionsgeographen, bzw. eine noch zu entwickelnde Geographie der Geisteshaltung, wie sie, angeregt durch das Schrifttum von BÜTTNER, vor allem WERNER GALLUSSER in Ansätzen zur Diskussion stellt[70], ein wichtiges Gegengewicht bilden. Es wäre ja gerade im Bereich des Islams nicht das erste Mal, daß Geographen entscheidende Antworten auf Fragen der Religion/Umwelt-Beziehung finden. In diesem spezifischen Kontext sei weniger an das bereits zitierte Standardwerk von DE PLANHOL zu den kulturgeographischen Grundlagen der islamischen Geschichte[71] oder an die an sich sehr interessante und in Bezug auf das wissenschaftliche Instrumentarium schon weit fortgeschrittene Analyse der geographischen und wirtschaftlichen Aspekte des Pilgertourismus[72] gedacht, wie sie unter anderen RUSSEL KING für Mekka betrieben hat.[73] Hervorgehoben seien hier vielmehr die bahnbrechenden Studien des Geographen und Kenners des Nahen und Mittleren Ostens, EUGEN WIRTH, über den Bazar.[74] Bahnbrechend deshalb, weil es zuvor weder einem Islamwissenschaftler philologischer Richtung noch einem Sozial- oder Wirtschaftswissenschaftler eingefallen war, sich dieser zentralen Stätte gegenseitiger Durchdringung von Religion und Geschäftswelt und ihrer Fragenkomplexe[75] näher anzunehmen.[76] Dies ist umso erstaunlicher, als der Bazar - nach WIRTHs eigenen Worten - "wohl das einzige gegenwärtig noch empirisch zu fassende Beispiel eines tradtitionellen nicht abendländisch-westlichen Geschäftszentrums" ist. Als "das grundlegende Handels-, Gewerbe-, Organisations- und Finanzzentrum städtischer Privatwirtschaft" ist der Bazar, nach WIRTH, "der wohl wichtigste Teilkomplex großer orientalisch-islamischer Städte."[77] Da hier beabsichtigt ist, die Arbeit von WIRTH vor allem als Beispiel für die Bedeutung der Geographen für die Religion/Umwelt-Forschung im Bereich des Islams anzuführen, kann nicht im Detail auf sie eingetreten werden. Immerhin, und das sei TIBI engegengehalten, der offenbar keine sehr hohe Meinung von den Geographen hat, die den Nahen Osten erforschen, war es WIRTH, der - zeitlich noch vor SAID - an einem konkreten Beispiel die "Orientalisten" in Frage gestellt hat. Er berichtet von verschiedenen Autoren, welche die Auffassung vertreten, daß die Wertschätzung der Standorte innerhalb des Bazars durch die Nähe bzw. Ferne zur Freitagsmoschee bestimmt werde.[78] WIRTH weist nach, daß sich diese These empirisch kaum belegen lasse und fragt dann ganz direkt:

> "Beruht es z.B. auf der Vornehmheit des Standorts oder ist es einfach praktisch und zweckmäßig, wenn neben dem Moschee-Eingang Kerzen, Weihrauch und Korane verkauft werden? Würden also nicht rein wirtschaftliche Überlegungen vollauf genügen, Standorte der genannten Art zu erklären?"[79]

Ein Wink vielleicht nicht nur an die Philologen unter den Islamwissenschaftlern, sondern auch an die Wirtschafts- und Sozialwissenschaftler, etwas mehr empirischer Forschungstätigkeit von Geographen zu vertrauen als den Interpreten islamischer Texte, in denen oft orthodoxer Anspruch und Wirklichkeit miteinander verwechselt werden.

Überhaupt scheint - und damit soll hier geschlossen werden - von Seiten der Religionsgeographie - vielleicht einer, die in naher Zukunft eine Erweiterung zu einer Geographie der Geisteshaltung erfährt - Hilfe zuteil zu werden zu einer besseren interdisziplinären Erforschung der Beziehung Religion/Umwelt. Das Bochumer Modell BÜTTNERs, das die strukturellen Grundlagen zu einer <u>sozialgeographisch ausgerichteten Prozess-Religionsgeographie</u>[79] anbietet, erfüllt, vor allem im theoretischen Umfeld, viele Wünsche von Sozialwissenschaftlern. Es ist dynamisch und dialektisch angelegt und bezieht auch den durch die religiös geprägte Geisteshaltung geschaffenen Religionskörper (d.h. den Bereich der Institutionen) mit ein. Es wird sich erweisen müssen, inwieweit die Ansätze zu einem erweiterten Paradigma der Religionsgeographie, etwa zu einer Geographie der Geisteshaltung, die beispielsweise aus einer verfeinerten Symbol-Klassifikation im erfaßten geographischen Raum hervorgehen könnte[80], in das theoretische Modell einbezogen werden kann.

Wer sich als Forscher im Bereich des Islams bewegt, wird - wo immer er steht - für ein besseres wissenschaftliches Instrumentarium - wo immer es herkommt - dankbar sein. Denn er erkennt täglich, daß die Unterschiede zwischen Anspruch und Wirklichkeit so groß sind, daß jedem doktrinären Anspruch zunächst einmal größte Skepsis engegenzubringen ist.

Zusammenfassung

Seitdem MAX WEBER die Wirkung religiöser Ideen auf das wirtschaftliche Handlen und auf die Beziehung der sozialen Schichten untereinander am Beispiel des Einflusses der protestantischen Ethik auf den Wirtschaftsgeist, der dem Kapitalismus zugrundeliegt, untersucht hat, sind ähnliche Analysen auch in Bezug auf die Nachbarreligion des Christentums, den Islam, unternommen worden. Während gegenüber WEBERs eigenem Islam-Verständnis ernsthafte Vorbehalte anzubringen sind, sollen unter Anwendung des von K. WILLIAM KAPP formulierten Begriffs der "vorindustriellen Kultur- und Wirtschaftsordnung" einige die Umwelt prägende Merkmale der islamischen Kultur vorgestellt werden. Die Frage der Relevanz des vorindustriellen Denkens und Handelns in der islamischen Vergangenheit und Gegenwart leitet über zu einer kurzen Darstellung und Analyse einer kleineren Auswahl vontraditionellen und modernen Institutionen sowie gesellschaftlicher Organisationsformen in der islamischen Welt, mit besonderer Berücksichtigung ihres Einflusses auf die ökonomischen und sozialen Entwicklungsmöglichkeiten.

Abschließend ist zu prüfen, ob der sozialwissenschaftliche Begriff der "vorindustriellen Kultur- und Wirtschaftsordnung" überhaupt tauglich ist, den dialektischen Prozess der Religion/Umwelt-Beziehung vom Erkenntnisstandpunkt her optimal zu erfassen oder ob die theoretischen Ansätze zu einer Geographie der Geisteshaltung (z.B. auf der Grundalge des Bochumer Modells) eher geeignet sind, eine interdisziplinäre Brücke zu den Sozialwissenschaften zu schlagen. Auch diese Frage ist mit Beispielen aus dem islamischen Kulturbereich angegangen worden.

Summary

Since MAX WEBER's studies of the effect of religious ideas on economic behaviour and on the relationship of social strata amongst themselves, taking as example the influence of Protestant ethics on the economic spirit upon which capitalism is based, similar analyses have also been conducted regarding Christianity's neighbouring religion: Islam. Whereas serious reservations are appropriate regarding WEBER's own understanding of Islam, some of those features of Islamic culture that shape the environment are presented with reference to the definition of the "pre-industrial cultural and economic system" as formulated by K. WILLIAM KAPP. The question of the relevance of pre-industrial thought and action in the Islam of past and present introduces a brief outline and analysis of a small selection of traditional and modern institutions as well as social organizational forms in the Islamic world with special reference to its influence on potential economic and social development.

Finally, it should be examined whether the sociological definition of "pre-industrial cultural and economic system" is at all capable of optimally covering the dialectic process of the relationship between religion and environment from the current state of knowledge or whether the theoretical apprach to a geography of belief systems (e.g. on the basis of the Bochum model) are more appropriate to establish an interdisciplinary bridge to the social sciences. This question, too, has been tackled using examples from the Islamic cultural sphere.

Anmerkungen

*   Aus drucktechnischen Gründen wurde eine vereinfachte Umschrift der arabischen Begriffe vorgenommen.

1. BASSAM TIBI: Der Islam und das Problem der kulturellen Bewältigung sozialen Wandels, Frankfurt a.M. 1985 (weiter als TIBI (1985) zitiert), S. 38. Hervorhebung im Original.

2. vgl. die von WOLFGANG SCHLUCHTER aufgrund dieser Tagungen herausgegebene Reihe mit den Bänden: Max Webers Studie des antiken Judentums, Frankfurt a.M. 1980; Max Webers Studie über Konfuzianismus und Taoismus, Frankfurt a.M. 1983; Max Webers Studie über Hinduismus und Buddhismus, Frankfurt a.M. 1984; Max Webers Sicht des antiken Christentums, Frankfurt a.M. 1985 und Max Webers Sicht des Islams, Frankfurt a.M. 1987 (letzter Band weiter als SCHLUCHTER (1987) zitiert).

3. M. BÜTTNER: Zur Geschichte und Systematik der Religionsgeographie, in: Geographia Religionum, Bd. 1, Berlin 1985, S. 26

4. Der Verfasser erhielt 1969 vom inzwischen verstorbenen Sozialökonomen K. WILLIAM KAPP, der zuletzt an der Universität Basel lehrte, das folgende Thema für seine Lizentiatenarbeit gestellt: "Über den Begriff der vorindustriellen Kultur- und Wirtschaftsordnung unter besonderer Berücksichtigung des Islams im Nahen Osten." KAPP definierte den Begriff "pre-industrial societies" wie folgt: "Pre-industrial societies are characterized by distinctive socio-cultural arrangements which are rooted in the past and bear the stamp of pre-technological cultures" in K. WILLIAM KAPP: Hindu Culture, Economic Development and Economic Planning in India, London 1963, S. 3. In Verbindung mit dem Islam wurde der Begriff "vorindustrielle Kultur" vor allem vom Politologen, Soziologen und Islamspezialisten BASSAM TIBI in seinen zahlreichen Arbeiten angewandt, insbesondere in BASSAM TIBI: Die Krise des modernen Islams. Eine vorindustrielle Kultur im wissenschaftlich-technischen Zeitalter. München 1981 (weiter als TIBI (1981) zitiert). Hier wird "vorindustriell" mit "einem sehr niedrigen Grad der Naturbeherrschung" gleichgesetzt (S. 12), wobei "vor-

industrielle Gesellschaften, die nur eine geringe Naturbeherrschung vorweisen können, auf der Entsprechung des Sakralen und des Politischen beruhen" (S. 44). "Der Islam ist in seiner gegenwärtigen historischen Beschaffenheit noch eine vorindustrielle Kultur" (S. 16). In seinen neueren Arbeiten ersetzt TIBI in Anlehnung an den Ethnologen CLIFFORD GEERTZ den Begriff "vorindustrielle Kultur" durch "kulturelles System". Er begründet dies wie folgt: "Ich meide hier den inhaltlich richtigen Begriff 'vorindustriell`, um meine Argumentation vor dem Vorwurf des Evolutionismus zu schützen, dem ich nicht anhänge", vgl. TIBI (1985), S. 15.

5. EDWARD W. SAID: Orientalism, London 1978, dt. Frankfurt a.M. 1981.

6. SCHLUCHTER (1987), Vorrede, S. 7

7. Ibid., Einleitung. Zwischen Welteroberung und Weltanpassung. Überlegungen zu MAX WEBERs Sicht des frühen Islams, S. 18.

8. Ibid., NEHEMIA LEVTZION: Aspekte der Islamisierung: Eine kritische Würdigung der Beobachtungen MAX WEBERs, S. 151.

9. heute auch als Tarika-Islam bezeichnet, s. unten (S. 9f).

10. SCHLUCHTER (1987), S. 148.

11. Ibid., RUDOLF PETERS: Islamischer Fundamentalismus: Glaube, Handeln, Führung, S. 228f; vgl. auch PETERS' Zusammenfassung von WEBERs Sicht des Islams auf S. 218f.

12. MAXIME RODINSON: Islam et capitalisme, Paris 1966, dt. Islam und Kapitalismus. Mit einer Einleitung von BASSAM TIBI, (diese weiter als TIBI (1986) zitiert), Frankfurt a.M. 1986^2, Kapitel IV, S. 113ff.

13. Ibid. S. 131.

14. Ibid., TIBI (1986), S. XII.

15. Ibid.

16. s. weiter unten, Abschnitt "Die Chancen einer Geographie der Geisteshaltung".

17. SCHLUCHTER (1987): RUDOLF PETERS op. cit., S. 218.

18. BRYAN S. TURNER: WEBER and Islam. A critical Study, London 1974, S. 21.

19. SCHLUCHTER (1987), Einleitung, S. 11. Hervorhebung im Original.

20. TIBI (1985), S. 58.

21. Ibid. S. 19.

22. MANFRED HALPERN: The Politics of Social Change in the Middle East and North Africa, Princeton 1963, S. 80.

23. Ägypten erweiterte seine landwirtschaftlich bebaute Gesamtfläche von 1897 bis 1947 um 14%, während sich die Bevölkerung im gleichen Zeitabschnitt verdoppelte, s. HALPERN, op. cit. S. 79.

24. Wie stark - neben dem wachsenden Geburtenüberschuß - die Abwanderung in die Städte erfolgt, zeigt ein Vergleich der Bevölkerungszahlen der beiden größten Städte Ägyptens in einem Zeitraum von knapp 120 Jahren.

Die Einwohnerzahl betrug in:	1870	1987
Kairo	313'000	7'105'000
Alexandrien	239'000	3'550'000

    Quellen: 1870 (aufgerundet): ANOUAR ABDEL-MALEK, Idéologie et renaissance nationale. L'Égypte moderne, Paris 1969, S. 93; 1987: vom Verfasser errechnete aufgerundete Schätzwerte aufgrund der Angaben im Fischer-Weltalmanach 1988, Frankfurt a.M. 1987, S. 55. Die Zahlen dürften aber insbesondere für Kairo mit seiner riesigen Agglomeration bedeutend höher sein. Bereits für 1984 wird z.B. eine Schätzung mit Vororten von 13,2 Mio. Bewohnern angegeben.

25. HALPERN, op. cit. S. 89.

26. XAVIER DE PLANHOL: Kulturgeographische Grundlagen der islamischen Geschichte, Zürich/München 1975, S. 31.

27. Ibid. S. 39.

28. Ibid.

29. HALPERN, op. cit. S. 89.

30. "Sie leben in ihren Tausenden von Dörfern in ihrem eigenen Brauchtum, beaufsichtigt und gelenkt von Regierungsbeamten, nahe am Boden und vom Boden des Niltals. Sie arbeiten mit den gleichen Geräten, die man in den pharaonischen Gräbern abgebildet findet; viele ihrer Sitten und Gebräuche sind schon im alten Ägypten nachgewiesen. Die verschiedenen Zivilisationen, die auf die ägyptische folgten - die hellenistische, die christliche von Byzanz und die islamische - haben das Leben in ihrer Tiefe nicht berührt. Der jahrtausendealte Gleichklang in ihrer Existenz ist durch den Nil und die Erde seines Tales gegeben." ARNOLD HOTTINGER: 10mal Nahost, München 1970, ‹weiter als HOTTINGER (1970) zitiert›. S. 146.

31. PLANHOL, op. cit. S. 63 und passim.

32. Ibid. S. 66.

33. HALPERN, op. cit. S. 89.

34. GHASSAN ZAKI BADR: Probleme der Industrialisierung Ägyptens, Winterthur 1965, S. 50.

35. CLIFFORD GEERTZ: Religiöse Entwicklungen im Islam. Beobachtet in Marokko und Indonesien. Aus d. Englischen von BRIGITTE LUCHESI. Mit einem Essay von BASSAM TIBI ‹weiter als TIBI (1988) zitiert›, Frankfurt a.M. 1988, S. 88.

36. Ibid. TIBI (1988) S. 187f. Hervorhebung im Original.

37. PLANHOL, op. cit. S. 9.

38. RICHARD M. EATON: Islamisierung im spätmittelalterlichen Bengalen. In: SCHLUCHTER (1987), S. 157.

39. Ibid. S. 159.

40. Ibid. S. 160.

41. Ibid. S. 161.

42. Ibid.

43. Ibid.

44. "Der Anthropologe JOHN THORP hat festgestellt, daß es unter den heute lebenden bengalischen Muslimen auf dem Land den Glauben gibt, daß Gott Adam aus Erde geschaffen hat, damit dieser die Erde besitzen und ihr Herr, málik, sein möge. Deshalb übte Adam seine Herrschaft über der Erde dadurch aus, daß er sie bestellte, und alle Menschen, die von Adam abstammten, sollen das Land bestellt haben. Daher ist der Akt der Bodenbestellung nicht lediglich ein Beruf, sondern soviel wie ein Sakrament, insofern er symbolisch den Bauern mit Adam, und dadurch mit Gott, verbindet." Ibid., zitiert aus Anm. 21, S. 176.

45. Ibid. S. 164.

46. ALFRED RÜHL: Vom Wirtschaftsgeist im Orient, Leipzig 1925, S. 14.

47. Ibid. S. 16.

48. ARNOLD HOTTINGER: Die Araber, Zürich 1960, ‹weiter als HOTTINGER (1960) zitiert› S. 119.

49. HALPERN, op. cit. S. 14f.

50. HOTTINGER (1960) S. 119.

51. TIBI (1985) S. 142.

52. Wir vermeiden hier in Anlehnung an TIBI bewußt den heute oft (noch) gebräuchlichen Ausdruck "Re-Islamisierung", weil auch in der kolonialen und unmittelbar nachkolonialen Zeit (z.B. in Nassers Ägypten) der Islam als Volksreligion dominierend blieb und das öffentliche Leben prägte, cf. TIBI (1985), S. 179f.

53. GEERTZ, op. cit. S. 152.

54. Ibid. S. 100.

55. Ibid. S. 105.

56. s. oben, S.   und Anm. 12.

57. HAMDY MAHMOUD AZZAM: Der Islam. Plädoyer eines Moslem, Stuttgart 1981, S. 121.

58. Ibid. S. 121f.

59. GEERTZ, op. cit. S. 152.

60. Ibid.

61. Ibid. S. 106.

62. VOLKER NIENHAUS: Islam und moderne Wirtschaft. Einführung in Positionen, Probleme und Perspektiven, Graz/Wien/Köln 1982, S. 62ff. und passim. Weitere Beispiele neuerer, durch den Islam beeinflußter Ökonomik: M. UMER CHAPRA: Towards a Just Monetary System. Leicester 1985. SYED NAWAB HAIDER NAQVI: Ethics and Economics. Leicester 1981 und MUHAMMED NEJATULLAH SIDDIQI: Banking without Interest. Leicester 1983.

63. NIENHAUS, op. cit. S. 204ff.; zur "Umgehungsliteratur" vgl. auch RODINSON, op. cit. S. 76 oder TIBI (1985) S. 26. Bemerkenswert ist in Bezug auf das Zinsverbot überdies, daß unter den islamischen Rechtsgelehrten (ulamá) durchaus verschiedene Ansichten darüber bestehen, ob der arabische Begriff ribá sämtliche Formen von Darlehenszinsen umfaßt oder ob damit lediglich Wucher gemeint ist. So hat beispielsweise anfangs 1987 ein ägyptisches Gericht entschieden, daß die Berechnung von Zinsen legal sei und nicht gegen islamisches Recht verstoße (DPA-Meldung in: NEUE ZÜRICHER ZEITUNG vom 14.1.87).

64. TIBI (1985) S. 87.

65. TIBI (1981) S. 38.

66. GEERTZ, op. cit. S. 89ff.

67. Ibid. S. 91.

68. TIBI (1985) S. 20.

69. s. oben, S.   ff. und Anm. 5.

70. WERNER GALLUSSER und VERENA MEIER: Unterwegs zu einer "Geographie der Geisteshaltung"? In: Geographia Religionum, Band 2, Berlin 1986, S. 31-53.

71. s. oben, S. f. und Anm. 25.

72. vgl. u.a. die Arbeiten von GISBERT RINSCHEDE und ANGELIKA SIEVERS.

73. RUSSELL KING: The Pilgrimage to Mecca: Some Geographical and Historical Aspects. In: ERDKUNDE, Bd. XXVI, Heft 1, 1972, S. 61-73.

74. EUGEN WIRTH: Zum Problem des Bazars (súq, carsi). In: DER ISLAM, Bd. LI, Heft 2, 1974, S. 203-260 und Band LII, Heft 1, S. 6-46.

75. Ibid. S. 204.

76. Inzwischen sind zwei umfassende Arbeiten arabischer Städteplaner zum Thema Bazar publiziert worden, nämlich: MOHAMED SCHARABI: Der Bazar. Das traditionelle Stadtzentrum im Nahen Osten und seine Handelseinrichtungen, Tübingen 1985. Vor allem auf den S. 30-34 werden die sozio-ökonomischen, politischen und religiösen Hintergründe - und dabei insbesondere die islamische Durchdringung der Geschäftswelt - aufgezeigt. Ferner: BESIM SELIM HAKIM: Arabic-Islamic Cities. Building and Planning Principles, London 1986. Hier werden im Anhang in "skripturalistischem" Bezug u.a. ausgewählte Koranverse und Aussprüche des Propheten (Hadít) zitiert, die den städtebaulichen Prinzipien der Bazare zugrundeliegen, S. 14FF.

77. WIRTH, op. cit. S. 205.

78. Ibid. S. 242.

79. Ibid. S. 243.

80. BÜTTNER, op. cit. S. 44.

81. GALLUSSER/MEIER, op. cit. S. 35.

Literatur

ABDEL-MALEK, A.: Idéologie et renaissance nationale. L'Égypte moderne. Paris 1969.

AZZAM, H.M.: Der Islam. Plädoyer eines Moslem. Stuttgart 1981.

BADR, G.Z.: Probleme der Industrialisierung Ägyptens. Winterthur 1965.

BÜTTNER, M.: Zur Geschichte und Systematik der Religionsgeographie. In: Geographia Religionum, Bd. 1, S. 13-121, Berlin 1985.

CHAPRA, M.U.: Towards a Just Monetary System. Leicester 1985.

EATON, R.M.: Islamisierung im spätmittelalterlichen Bengalen. In: SCHLUCHTER (1987) S. 156-179. Frankfurt a.M. 1987.

GALLUSSER, W.D und MEIER, V.: Unterwegs zu einer "Geographie der Geisteshaltung"? In: Geographia Religionum, Bd. 2, S. 31-53, Berlin 1986.

GEERTZ, C.: Religiöse Entwicklungen im Islam. Beobachtet in Marokko und Indonesien. Mit einem Essay von B. TIBI. Frankfurt a.M. 1988.

HAKIM, B.S.: Arabic-Islamic Cities. Building and Planning Principles. London 1986.

HALPERN, M.: The Politics of Social Change in the Middle East and North Africa. Princeton 1963.

HOTTINGER, A.: Die Araber. Zürich 1960.

HOTTINGER, A.: 10mal Nahost. München 1970.

KAPP, K.W.: Hindu Culture, Economic Development and Economic Planning in India. London 1963.

KING, R.: The Pilgrimage to Mecca. Some Geographical and Historical Aspects. In: Erdkunde, Bd. 26, 1972, S. 61-73.

LEVTZION, N.: Aspekte der Islamisierung. Eine kritische Würdigung der Beobachtungen Max Webers. In: SCHLUCHTER (1987) S. 142-155. Frankfurt a.M. 1987.

NAQVI, S.N.H.: Ethics and Economics. An Islamic Synthesis. Leicester 1981.

NEINHAUS, V.: Islam und moderne Wirtschaft. Einführung in Positionen, Probleme und Perspektiven. Graz/Wien/Köln 1982.

PETERS, R.: Islamischer Fundamentalismus: Glaube, Handeln, Führung. In: SCHLUCHTER (1987) S. 217-241, Frankfurt a.M. 1987.

PLANHOL, X. DE: Kulturgeographische Grundlagen der islamischen Geschichte. Zürich/München 1975.

RODINSON, M.: Islam et capitalisme. Paris 1966.

RODINSON, M.: Islam und Kapitalismus. Mit einer Einleitung von B. TIBI. Frankfurt a.M. 1986^2.

RÜHL, A.: Vom Wirtschaftsgeist im Orient. Leipzig 1925.

SAID, E.W.: Orientalismus. Frankfurt a.M. 1981.

SCHARABI, M.: Der Bazar. Das traditionelle Stadtzentrum im Nahen Osten und seine Handelseinrichtungen. Tübingen 1985.

SCHLUCHTER, W. (Hrsg.): Max Webers Studie des antiken Judentums. Frankfurt a.M. 1980.

SCHLUCHTER, W. (Hrsg.): Max Webers Studie über Konfuzianismus und Taoismus. Frankfurt a.M. 1983.

SCHLUCHTER, W. (Hrsg.): Max Webers Studie über Hinduismus und Buddhismus. Frankfurt a.M. 1984.

SCHLUCHTER, W. (Hrsg.): Max Webers Sicht des antiken Christentums. Frankfurt a.M. 1985.

SCHLUCHTER, W. (Hrsg.): Max Webers Sicht des Islams. Frankfurt a.M. 1987.

SIDDIQI, M.N.: Banking Without Interest. Leicester 1983.

TIBI, B.: Die Krise des modernen Islams. Eine vorindustrielle Kultur im wissenschaftlich-technischen Zeitalter. München 1981.

TIBI, B.: Der Islam und das Problem der kulturellen Bewältigung sozialen Wandels. Frankfurt a.M. 1985.

TIBI, B.: Maxime Rodinson, der Islam und die westlichen Islam-Studien. Vom philologischen und anthropogeographischen Orientalismus zur interdisziplinären und dekolonisierten Islam-Forschung. In: RODINSON (1986²) S. IX-LI. Frankfurt a.M. 1986.

TIBI, B.: Religio-kulturelle Entwicklung und sozialer Wandel. Gespräche mit Clifford Geertz in Princeton. In: GEERTZ (1988) S. 185-200. Frankfurt a.M. 1988.

TURNER, B.S.: Weber and Islam. A critical Study. London 1974.

WIRTH, E.: Zum Problem des Bazars (súq, carsi). Versuch einer Begriffsbestimmung und Theorie des traditionellen Wirtschaftszentrums der orientalisch-islamischen Stadt. In: Der Islam bd. LI, Heft 2, S. 203-260 und Bd. LII, Heft 1, S. 6-46.

B. Geographie

Der dialektische Prozeß der Religion/Umwelt-Beziehung in seiner Bedeutung für den Religions- bzw. Sozialgeographen

von Manfred Büttner, Bochum

Vortrag gehalten auf dem Deutschen Geographentag
in Erlangen 1971*

Verglichen mit dem, was meine Vorredner an ausgereiften Theorien und Methoden vorgetragen haben, ist das, was ich zu bieten habe, relativ bescheiden; denn wir stehen in der Religionsgeographie, zumindest soweit es das Methodische angeht, eigentlich erst noch am Anfang.

Wir sind im Gegensatz zu den meisten anderen Teildisziplinen unseres Gesamtfaches Geographie gewissermaßen unterentwickelt, und zwar in doppelter Hinsicht. Einmal fehlt uns bislang immer noch ein klares Konzept darüber, wie eigentlich religionsgeographische Forschung grundsätzlich auszusehen habe. Hier gehen die Meinungen z.T. sehr weit auseinander, weiter jedenfalls, als in den anderen Teildisziplinen unseres Faches.[1]

Zum anderen beschäftigen sich so wenig Wissenschaftler mit Religionsgeographie, daß wir auch einfach von der Quantität der auf diesem Sektor Arbeitenden als unterentwickelt bzw. als Zwergdisziplin gelten müssen.

Meine Damen und Herren, ich bitte Sie daher, meine folgenden Ausführungen vor diesem Hintergrund zu sehen. Ich kann nicht wie meine Vorredner über Theorien und Methoden sprechen, die sich in gemeinsamen Diskussionen unter Fachkollegen herauskristallisiert hätten, sondern ich muß anders ansetzen, indem ich Ihnen Theorien, Arbeitshypothesen und Methoden vortrage, die sich aus der Diskussion mit vorwiegend fachfremden Kollegen ergeben haben; allerdings unter Berücksichtigung der bei unseren Feldstudien (**Herrnhuter** und **Waldenser**) gemachten Erfahrungen. Vielleicht kommt es dann im Anschluß an diesen Vortrag zu einem weiterführenden und klärenden Gespräch. Sollte die Zeit heute nicht reichen, so bin ich gern bereit, ein solches "Gespräch" auch schriftlich zu führen.[2] Nun kann ich allerdings bezüglich des fehlenden Grundkonzeptes eine positive Einschränkung machen. Wenn die Meinungen der einzelnen Religionsgeographen auch z.T. sehr weit auseinandergehen, so arbeiten wir doch indirekt alle zumindest insofern zusammen, als wir nicht mehr wie noch in der Zeit vor MAX WEBER die Religion von der Umwelt her zu erklären versuchen, sondern im Gegensatz zu dieser alten materialistischen Arbeitsweise den umweltprägenden Charakter der Religion herausstellen.[3] Doch damit hört dann auch die Gemeinsamkeit bereits auf. Wie hier methodisch vorzugehen ist, welche Arbeitsthesen man zugrundelegen soll, darüber herrscht keine einhellige Meinung.

Um nicht mißverstanden zu werden: Ich beklage diesen Mangel an Gemeinsamkeit, der ja alle Disziplinen durchzieht, keineswegs; denn je breiter die methodische Fächerung ist, umso größer dürfte die wissenschaftliche Gesamtausbeute sein. Hingewiesen sei lediglich auf folgendes, sich für uns daraus ergebendes Problem: Da der Religionsgeograph genötigt ist, besonders eng mit den Soziologen, Religionswissenschaftlern, Wirtschaftswissenschaftlern usw. zusammenzuarbeiten, hat er oft engeren Kontakt zu diesen als zu den Kollegen des eigenen Faches.

Dieser starke Kontakt "nach außen", der an sich durchaus positiv zu sehen ist, kann leicht dazu führen, daß der Religionsgeograph zum Außenseiter unter den Geographen wird.[4] Die Gefahr dazu ist hier jedenfalls größer als in den anderen Teildisziplinen unseres Faches Geographie, wo der Kontakt "nach innen" mehr gepflegt wird. Hier auf die Dauer den angemessenen Standort zu finden, dürfte eines der vorrangigen Probleme sein, die in nächster Zeit zu lösen sind, und zwar im Zusammenhang der gesamten Umstrukturierung nicht nur des Faches Geographie, sondern der Wissenschaften überhaupt.

Soviel zur Einführung. Nun zu meinen Theorien und Methoden.

A. *Die Theorien*
   (Der Geograph und die wechselseitigen Beziehungen zwischen Religion und Raum)

Ich betone: Es soll gemäß der Rahmenthematik unseres Problemkreises II (Theorien und Methoden zur Sozialgeographie) nicht um die Auswertung der wissenschaftlichen Ergebnisse meiner augenblicklich laufenden Forschungen gehen, sondern um die bei diesen Feldstudien angewandten Methoden und vor allem um die zugrundegelegten Arbeitstheorien und Arbeitsthesen, die sich im Wechselspiel von Beobachtung und geistiger Verarbeitung des Beobachteten herauskristallisiert haben.[5] (Auf einige Forschungsergebnisse komme ich aus Gründen der Veranschaulichung im 2. Teil zu sprechen.)

Ich sage nichts Neues, wenn ich davon ausgehe, daß jede Theorie ja eine doppelte Aufgabe hat: Einmal soll mit ihrer Hilfe das bis dato bekannte und gesammelte Einzelmaterial, das in den Forschungen angeliefert wurde, ordnend überschaubar gemacht werden, zum anderen soll eine Theorie demjenigen, der neue Feldforschungen betreibt, Gesichtspunkte für seine Arbeit liefern, soll ihm den Weg vorzeichnen, den er in der Praxis zu gehen hat.

Nun zur Erörterung und näheren Erläuterung meiner <u>Grundthese</u> vom dialektischen Prozeß der Religion/Umwelt-Beziehung. Alle anderen Theorien und Thesen ergeben sich daraus mit logischer Folgerichtigkeit. Ich verwende bei der Entfaltung dieser meiner Grundthese Begriffe, die ebensowenig neu sind wie die Probleme, um die es geht. Neu ist vielleicht lediglich, daß ich **nicht aus der Fachperspektive** an die Dinge herangehe. Zunächst interessiert mich das Gesamtproblem der Religion/Umwelt-Beziehung. Erst dann frage ich: Welchen Teil kann der Religionsgeograph zur Erforschung dieses Komplexes beitragen? Und welcher spezieller Methoden sollte er sich dabei bedienen?[6] Alles folgende ergibt sich aus diesem Ansatz beinahe von selbst.

1. Die Rückkoppelung[7]

Wer sich mit den **Herrnhutern** und **Waldensern** beschäftigt und dabei nicht fachorientiert, sondern problemorientiert denkt, wird beinahe zwangsläufig auf den Rückkoppelungsprozeß aufmerksam, der von der modernen Umwelt ausgeht und in die Religion hineinwirkt. Ja, er würde möglicherweise den Begriff "Rückkoppelung" neu bilden, wenn es ihn nicht schon längst in den Nachbardisziplinen gäbe.[8]

Ich greife zur Veranschaulichung als Beispiel für die von mir gemeinte Rückkoppelung die religiöse Gruppe der **Herrnhuter** heraus. Bei ihr ist im 18. Jahrhundert ein ganz bestimmter dialektischer Prozeß festzustellen. Von der geistigen Haltung der Anhänger dieser Religionsgemeinschaft gehen Impulse auf die Umwelt aus (Wirkung). Von dort erfolgt eine Rückkoppelung (Rückwirkung), die modifizierend auf die Geisteshaltung wirkt. Am Ende dieser 1. Phase des Wechselwirkungs-Prozesses steht ein <u>Gleichgewicht</u> zwischen Religion und geographischer Umwelt, das über die Zwischenglieder Geisteshaltung, Berufs-Wirtschafts-Sozialstruktur usw. bis in die Siedlungsstruktur hinein zu verfolgen ist und sich so in der Landschaft als sichtbarer Indikator der Grunddaseinsfunktionen manifestiert.[9] Analog liegen die Dinge bei den **Waldensern**.[10]

```
„oben"        {            Religion
                              ↕
                         Geisteshaltung
                          ↗    ↕    ↘
„unten"       {  Berufsstruktur  Wirtschaftsstr.  Sozialstr. usw.
(Umwelt)                  ↘    ↕    ↙
                         Siedlungsstr.
```

Es handelt sich dabei um ein relativ stabiles Gleichgewicht, das sich gewissermaßen eingependelt hat. Die von der Religion ausgehende Geisteshaltung (obere Etage) stützt die Berufsstruktur usw. (bis in die Siedlungsweise hinein), während diese ihrerseits wieder die Religion (bzw. die damit zusammenhängende Geisteshaltung der Religionsträger) absichern.

Eine Störung dieses Gleichgewichtes tritt erst ein, wenn Umgestaltungsfaktoren so stark werden, daß sie von dem Stützgeflecht nicht mehr abgefangen werden können. Ein neuer Rückkoppelungsprozeß, der im Extremfall zum "Säkularisationsprozeß" wird, setzt ein. Gleichzeitig ändert sich auch das Siedlungsbild (der Indikator), wodurch die Dinge sichtbar werden. Die Gemeinschaftshäuser, die als steinerne Manifestation des alten Gleichgewichtes zu gelten haben, werden heute abgerissen, weil sie nur zu der damaligen (religiös geprägten) Sozialstruktur usw. paßten.

Wer die Rückkoppelung bewußt in seine Forschungen methodisch miteinbezieht, der setzt an die Stelle der statischen Betrachtungsweise die dynamische. Auch das ist grundsätzlich nichts Neues, nur arbeitet man in der Religionsgeographie zur Zeit noch vorwiegend nach dem einseitigen statischen Prinzip. Ich frage: Warum sollen wir nicht auch hier von der Erforschung einseitiger Beziehungen abgehen und das Wechselseitige bzw. **Prozeßhafte** des Beziehungsgeflechtes herausarbeiten, wie das nicht nur in den Nachbardisziplinen, sondern auch in der Geographie selbst seit längerer Zeit beinahe selbstverständlich geworden ist? Den Einwand, wir würden dabei den Boden der Geographie verlassen, halte ich nicht für stichhaltig.[11]

Ein ganz anderes Problem ist dagegen folgendes: Wenn der Religionsgeograph eine weitgehende Säkularisierung in einer bestimmten Gegend festgestellt und keine religiös bedingte Umweltprägung (mehr) nachweisen kann, hat sich dann nicht die Religionsgeographie selbst ad absurdum geführt?

Meine Damen und Herren: Auch hier frage ich wieder zurück: Worum geht es eigentlich? Geht es um das Fach "Religionsgeographie" oder geht es darum, bestimmte Dinge angemessen zu erforschen? Wenn es keine religiös geprägte Landschaft mehr geben sollte, dann hat sich eben unser Fach genauso den Gegebenheiten anzupassen, wie das immer wieder in der Wissenschaftsgeschichte der Fall gewesen ist. Dann entwickelt sich eben die Religionsgeographie ganz selbstverständlich zu einer <u>Ideologiegeographie</u> oder - in allgemeinster Form - zu einer "**Geographie der Bewußtseinslagen**"[12] (zum Begriff "Geisteshaltung" vgl. das in Anm. 12 Gesagte).

2. Die dialektische Spirale

Wir sind bei diesen Erörterungen um die Rückkoppelung nun bereits mitten in den zweiten Problemkreis hineingeraten, den ich hier im Zusammenhang der Entfaltung meiner Grundthese behandeln möchte, und der sich aus dem ersten folgerichtig ergibt. Hier handelt es sich um die dialektische Spirale bzw. um den dialektischen Entwicklungsprozeß, der die Religion/Umwelt-Beziehung kennzeichnet. Es geht nun vor allem darum, welche Stelle der Religionsgeograph im System der Wissenschaften einzunehmen hat, wenn in interdisziplinärer, problemorientierter Forschung das Wechselseitige des genannten Prozesses untersucht und dargestellt werden soll.

Hier sehen Sie die Spirale, und zwar zunächst vereinfacht bzw. generalisiert, um das Grundsätzliche herauszuheben. Einmal gehen von der Religion Impulse auf die Umwelt[13] aus (Prägung), dann wieder wirkt die Umwelt modifizierend in die Religion hinein (Rückkoppelung). Für denjenigen, der in diesem Beziehungsgeflecht eine Zielrichtung des Ablaufs erkennt (indem er die zeitliche Dimension in seine Beobachtung miteinbezieht), stellt sich das Ganze als dialektischer Prozeß dar.

Es wird beim Erforschen und Beschreiben einer solchen "Spirale" <u>von der Fragestellung</u> abhängen, ob man "von oben", also von der Religion her, oder "von unten", d.h. von der Umwelt her, mit den Forschungen beginnt.[14] Der Geograph, zuständig für die Umwelt[15], wird weder für die eine noch für die andere Verfahrensrichtung <u>allein kompetent</u> sein können. Er wird aber ebensowohl und ganz notwendig für <u>beide</u> Richtungen mitkompetent bleiben.

Dabei ist völlig gleich, um welchen Abschnitt der Spirale, d.h. um welche historische Entwicklungsphase es sich handelt, bzw. um welche künftigen Entwürfe (Planungs- und Entwicklungskonzeptionen). Ebenso unentscheidend ist es, um welche Religion, Religionsform, Theologie usw. es dabei geht. Auch ist weder entscheidend noch praktisch realisierbar, daß man die ganze Spirale auf einmal überblickt. Wichtig ist allein, daß man sie überhaupt sieht!

Betrachten wir nun die Einzelabschnitte der Spirale näher, und versuchen wir, sie im Gesamtzusammenhang zu sehen.

Da ist zunächst die Zeit der Entwicklung. Alles ist in statu nascendi und gewissermaßen "offen". Die werdende Religion (bzw. Magie)[16] ist offen für die Aufnahme von Umwelteinflüssen[17], und die Umwelt, besonders die soziale, ist offen für die Prägung durch die Religion. Am Ende dieser Aufbauphase steht ein gewisses Gleichgewicht zwischen Religion und Umwelt, eine unter Umständen "Jahrtausende währende Harmonie zwischen Landschaft, Mensch und Kultur" (KOLB), die sich im Rahmen eines dialektischen Synthetisierungsprozesses eingestellt hat: Umwelt und Religion haben einander "ausgeprägt".[18] (In Wirklichkeit geht der Prozeß, wenn auch langsam, immer weiter. Es <u>scheint</u> lediglich so - besonders im Vergleich zu dem durch einen Konflikt ausgelösten <u>beschleunigten</u> Prozeß, der weiter unten besprochen wird - als handle es sich hier um einen ruhenden Gleichgewichtszustand.)

Dieses Gleichgewicht bzw. diese Harmonie bleibt nun so lange erhalten, wie sich weder in der Religion noch in der Umwelt größere Änderungen vollziehen. Man kann einen solchen Zustand operationell als "Anfang" definieren, von dem aus ein neu einsetzender dialektischer Prozeß analytisch faßbar und relativierbar wird.[19]

Eine Störung des Gleichgewichtes kann, wie die Graphik zeigt, sowohl "von oben" wie "von unten" ihren Ausgangspunkt nehmen.[20] Es entsteht eine Konfliktsituation, die einen Prozeß auslöst, der einem veränderten Gleichgewicht zwischen neukonzipierter Religion und dementsprechend anderer Prägung der Umwelt entgegenstrebt.[21]

Wie sieht nun dieser Teil-Ausschnitt der Gesamtspriale noch genauer aus, und nach welchen Methoden geht man vor allem bei der Erforschung des Konfliktes grundsätzlich vor? Wie sieht dabei die Arbeitsteilung zwischen Geographen, Soziologen, Religionswissenschaftlern, Theologen usw. aus?

Das "Anfangsstadium" einer Religion, so wie es sich nach dem Einpendeln zu einer bestimmten Zeit in einem ganz bestimmten Untersuchungsraum[22] darstellt, ist vom Religionswissenschaftler (Religionssoziologen, Theologen usw.) zu erforschen und zu beschreiben.[23] Jedoch kann der Geograph hier wichtige Gesichtspunkte liefern; denn er verfolgt ja die Umweltvorgänge und kann so dem Religionswissenschaftler helfen, das Neue der religiösen Konzeption (die sich möglicherweise im Laufe der Zeit zum Dogma verfestigt) deutlich von den aus der Umwelt stammenden "Akzidentien" zu trennen und abzuheben.[24]

Der Religionswissenschaftler muß weiterhin eruieren, inwieweit Umweltfaktoren für die religiöse Weltsicht, also die "Haltung" zur Welt (und möglicherweise sogar die "Haltung" zu Gott) bestimmend wurden und werden.[25] In diesen speziellen Fragen wird sich der Geograph zurückhalten müssen. Seine Aufgabe ist es vielmehr, die Verbindung zwischen Religion und Umwelt systematisch methodisch zu untersuchen und die in der Landschaft (einschließlich der "Soziallandschaft") faßbaren Indikatoren zu erforschen und zu beschreiben; jedoch darf er dabei deren Stellenwert innerhalb des Gesamtprozesses der menschlichen Seinsverwirklichung nicht aus dem Auge verlieren.[26]

Nun zur Konfliktsituation und zu der Frage, welche spezielle Aufgabe der Geograph bei der Erforschung des Konfliktes zu leisten hat. Die physiogeographischen Gegebenheiten bleiben, da wir uns ja jeweils auf einen bestimmten Untersuchungsraum beschränken (vgl. Anm. 22), grundsätzlich dieselben; aber das dreidimensionale anthropogeographische Raumgefüge wird erschüttert bzw. umstrukturiert.[27] Hier muß der Religionsgeograph dann vorwiegend als Sozialgeograph, Wirtschaftsgeograph, Politgeograph usw. die Veränderungen der Umwelt untersuchen.[28] Zugleich muß er den Einfluß der veränderten Umwelt auf die Religion (bzw. die geistige Haltung der Religionsträger) vom Religionswissenschaftler verfolgen lassen und ihn darum bitten zu untersuchen, welche Folgen diese Dinge für die ihm nicht mehr zugänglichen Bereiche[29] des religiös geprägten Welt- bzw. Gottesbildes usw. haben.

Erst dann hätte sich der Geograph wiederum der von dieser modifizierten Religion ausgehenden neuen Umweltprägung (die man als Indikator für die veränderte Geisteshaltung bezeichnen kann) zuzuwenden, wobei das Ganze im Falle der Säkularisierung auf die genannte Ideologiegeographie hinausliefe.

Damit wäre die ganze, den Religionsgeographen interessierende Dialektik behandelt, und zwar in Teamarbeit zwischen Geographen, Soziologen, Religionswissenschaftlern, Theologen usw.

Soweit zu meiner Grundthese vom dialektischen Prozeß der Religion/Umwelt-Beziehung, den daraus folgenden Theorien, Arbeitsthesen und grundsätzlichen methodischen Einsichten für eine interdisziplinäre Arbeitsteilung bzw. Einordnung und Fortentwicklung des Faches Religionsgeographie.

Nun zu den speziellen Methoden, die ich bei meinen augenblicklich laufenden Forschungen in der Praxis anwende.

B. Die Anwendung spezieller Methoden in der Feldforschung

Aus dem bisher Gesagten ergibt sich: Teamarbeit, insbesondere auch mit Kollegen aus anderen Fakultäten, ist für den Religionsgeographen die Forderung der Stunde. Ja, sie ist hier noch wichtiger als in allen anderen Bereichen der Geographie; denn in keinem Teilbereich unseres Faches sind präzise Kenntnisse aus so vielen Nachbardisziplinen erforderlich wie hier. Die Fächerung reicht in unserem Fall von den naturwissenschaftlichen Disziplinen[30] über die Wirtschafts-, Sozial- und Religionswissenschaften bis hin zur Theologie, Philosophie und Orientalistik.[31]

Da man nicht alles allein übersehen kann, habe ich ein kleines Arbeitsteam zusammengestellt, in dem zwar die Geographen überwiegen, wo aber auch Soziologen, Sprachwissenschaftler, Wirtschaftswissenschaftler, Religionswissenschaftler, Theologen usw. vertreten sind. In Zusammenarbeit mit Fachleuten aus der empirischen Sozialforschung haben wir dann Fragebögen entwickelt, um den Rückkoppelungseffekt (bzw. das Säkularisationsgefälle) in den Griff zu bekommen.[32] Inzwischen wurde eine Reihe von Testbefragungen durchgeführt, in denen die einzelnen Fragebogentypen auf ihre Brauchbarkeit überprüft wurden.[33]

Ein Mathematiker und Computerspezialist ist dabei zu untersuchen, inwieweit die Dinge rationalisiert und technisiert werden können.

Wir haben deswegen mit den **Herrnhutern** und **Waldensern** angefangen, weil es sich hier um kleine überschaubare Religionsgemeinschaften handelt, die obendrein in den verschiedensten Klima-, Kultur- und Wirtschaftsgebieten unserer Erde leben.[34]

Hier lassen sich Totalbefragungen durchführen. Man kann zunächst von Hand auswerten und erhält im Zuge dieser Auswertung Kriterien für spätere Repräsentativ-Befragungen.[35]

Später sollen dann Datenbänke angelegt werden, die eine computergerechte Auswertung vor allem für die großen Religionen in den **Entwicklungsländern** ermöglichen; denn gerade hier, wo die von der Religion ausgehenden Kräfte noch viel stärker sind als in der säkularisierten Industriewelt, ist es besonders wichtig, das Wechselspiel der Kräfte zu erforschen. Erst wenn man den dialektischen Prozeß der Religion/Umwelt-Beziehung auch hier erfaßt hat, ist es möglich, Prognosen zu stellen, den "richtigen" Standort für Industriebetriebe, ja überhaupt die "richtige" Industrie auszuwählen, usw.[36]

Ich möchte nun noch etwas näher auf die bereits angedeutete wechselseitige Beziehung zwischen Religion und Umwelt bei den **Herrnhutern** eingehen, um Ihnen dabei die von mir in der Praxis der Feldforschung angewandten Methoden zu erläutern.

Die Entwicklung der Herrnhuter "Religion" zu einem gefestigten Religionskörper, in dem sich Religion, Sozialstruktur, Siedlungsstruktur usw. gegeneinander abstützen (vgl. die Skizze im Kartenband), erfolgt zu Beginn des 18. Jahrhunderts in der Oberlausitz. Hier pendelt sich gegen die Mitte des Jahrhunderts (namentlich seit der Gründung Herrnhaags) ein Gleichgewicht zwischen Religion und Umwelt ein.

Man wollte "Streiter Christi" sein, um seinen Teil an der Verbreitung des Evangeliums beizutragen. Aus dem Grunde wurde die ganze "Streitmacht" straff organisiert und in einzelne Gruppen (Chöre) eingeteilt.[37] Jedes Chor hatte seine eigene Behausung, seinen eigenen (vor allem seelsorgerlichen) Führer usw.[38] Dieser Religionskörper manifestierte sich dann als "Herrnhuter Siedlungstyp" auch in der Landschaft.

Bei der Erforschung dieser Zusammenhänge muß man sich vorwiegend historischer Methoden bedienen, also derjenigen, die der Theologiehistoriker, Wirtschaftshistoriker usw. anwendet, bzw. man ist auf die <u>Mithilfe der Kollegen</u> aus diesen Fachbereichen angewiesen.[39]

Dieses verfestigte Gleichgewicht wird durch den genannten Konflikt gestört, und zwar einmal durch das Hereinwirken der Umwelt und zum anderen durch das Auswandern der Herrnhuter in fremde Gegenden.[40]

Greifen wir den uns allein interessierenden Fall des Hereinwirkens der äußeren Umwelt in die an Ort und Stelle gefestigte Religionsgemeinschaft auf. Dieser Prozeß wird insbesondere seit dem 2. Weltkrieg deutlich. Hier ist der Geograph im allgemeinen <u>weniger auf die Mithilfe von Kollegen</u> aus anderen Fachbereichen angewiesen; denn diese Veränderungen lassen sich mit den in der <u>Geographie</u> üblichen Methoden gut fassen.[41]

Ich wähle das Beispiel **Neuwied**. Dort ist man dabei, die nur zu der alten Sozialstruktur passenden Chorhäuser entweder innen umzubauen und aus Schlafsälen Familienwohnungen zu machen, oder ganz abzureißen und solche zu errichten, die zu der jetzigen Sozial- und Wirtschaftsstruktur passen.[42]

Noch interessanter ist in diesem Zusammenhang der nach dem 2. Weltkrieg neugegründete Herrnhuter Ort **Neugnadenfeld** im Emsland, besonders, wenn man ihn einerseits mit den anderen alten Herrnhuter Siedlungen, andererseits mit dem benachbarten Füchtenfeld, das ebenfalls eine Flüchtlingssiedlung ist, vergleicht. Zu einem typischen Herrnhuter Ort ist Neugnadenfeld nicht (mehr) geworden. Er ist zu vergleichen mit den Orten in Übersee, wo die äußere Umwelt in den sich entwickelnden örtlichen Religionskörper so stark hineinwirkte, daß eine gewisse Kompromiß-Gestalt dabei zustande kam.[43]

Dieser durch Überlagerung verschiedener Kräfte entstandene Kompromiß ist schon beim oberflächlichen Besuch des Dorfes deutlich spürbar. Man hat zwar (wie bei allen Herrnhuter Siedlungen auf dem Kontinent üblich) in der Dorfmitte den

Gemeinplatz, Zinzendorfplatz genannt, und statt der Kirche steht an diesem Platz der Betsaal; aber es fehlen die Chorhäuser, die sonst überall den Herrnhuter Siedlungen ihr besonderes Gepräge geben. Man sagt auch nicht grundsätzlich Bruder und Schwester zueinander, trägt auch keine weißen Häubchen beim Kirchgang[44], wie das bei den alten Brüdergemeinen auch heute noch großenteils üblich ist.[45]

Wenn **Neugnadenfeld** also auch kein typischer Herrnhuter Ort geworden ist, so hebt er sich doch deutlich von seiner Umgebung ab, vor allem auch von der in der Nähe gelegenen Siedlung **Füchtenfeld**, obwohl man eigentlich erwarten sollte, daß diese beiden Gemeinden, die hauptsächlich von Ostflüchtlingen bewohnt werden, viele Gemeinsamkeiten aufweisen würden. Es ist nun die Aufgabe des Religionsgeographen, die Unterschiede herauszuarbeiten, die zwischen **Neugnadenfeld** einerseits und dem lutherischen **Füchtenfeld**, der reformierten Umwelt sowie der Gesamt-Unität andererseits bestehen.[46]

Man kann in diesem Zusammenhang vielleicht grundsätzlich fragen: Ist zur Erforschung des dialektischen Prozesses der Religion/Umwelt-Beziehung wirklich eine so aufwendige Fragebogen-Aktion erforderlich? Meiner Meinung nach ja! Es gibt zur Zeit keinen einfacheren Weg. Zwar kann man hier und da statistisches Material bekommen[47]; aber über die vordergründig greifbaren Dinge hinaus (Mitgliederzahlen, Altersaufbau, Berufsstruktur usw.) wollen wir ja vor allem auch die <u>hintergründigen</u> Kräfte (bis hinein in die sich im Rückkoppelungsprozeß verändernde geistige Haltung der Anhänger dieser Glaubensgemeinschaften) zu ermitteln versuchen und in Beziehung zum Geographischen setzen.[48]

Ich muß an dieser Stelle abbrechen. Wir stehen mitten in der Forschung. Täglich stellen sich neue überraschende Ergebnisse ein, täglich muß ich meine speziellen Methoden den jeweils neu auftauchenden Problemen anpassen und modifizieren.

Mir ging es um folgendes: Ich wollte Ihnen keine Ergebnisse meiner Untersuchungen vorlegen, sondern Ihnen exemplarisch zeigen, daß in unserem recht unterentwickelten, wenig beachteten und scheinbar wenig attraktiven Fach Religionsgeographie mit äußerst interessanten Forschungsergebnissen zu rechnen ist, wenn wir uns, dem Zuge der Zeit folgend, von der einseitigen Betrachtungsweise lösen, nicht nur die von der Religion (bzw. Geisteshaltung) ausgehende Landschaftsprägung zu untersuchen, sondern neue Methoden entwickeln, problemorientiert forschen und den <u>Gesamtkomplex</u> des dialektischen Prozesses der Religion/Umwelt-Beziehung in Teamarbeit mit Kollegen anderer Fachbereiche zu erfassen versuchen. Möglicherweise bleibt unser Fach dabei nicht in seiner alten Form erhalten, sondern orientiert sich innerlich um, *lehnt sich möglicherweise stärker als bisher an nichtgeographische Disziplinen an*, ja wandelt sich vielleicht zu einer, die gesamte Kulturgeographie aus einer bestimmten Perspektive betrachtenden Ideologiegeographie[49] (vgl. Anm. 26).

Anmerkungen

* Veröffentlicht in: RUPPERT, K., SCHAFFER, , F., und THIEL, E. (Hrsg.): Münchner Studien zur Sozial- und Wirtschaftsgeographie. Regensburg 1977, S. 89-107.

1. Ein guter Überblick über die teilweise sogar gegensätzlichen Meinungen ergibt sich bei der Gegenüberstellung folgender Lexikonartikel:
   - Religionsgeographie. (Verf.: ZIMPEL) In: Westermann-Lexikon.
   - Religionsgeographie. (Verf.: SCHNEEFUβ) In: König, Religionswissenschaftliches Wörterbuch.
   - Religionsgeographie. (Verf.: HOLSTEN) In: Religion in Geschichte und Gegenwart.
   - Religionsgeographie. (Verf.: LENDL) In: Theologie und Kirche.
   - Religionsgeographie. (Verf.: MAULL) In: Naturforschung und Medizin.
   - Sozialgeographie. (Verf.: HOTTES) In: Westermann-Lexikon.

   Auch die Gegenüberstellung der Arbeiten von DEFFONTAINES, FICKELER, FRICK, FRIEDRICH, GEBEL, HAHN, IMBRIGHI, SIEVERS, SOPHER, MAX WEBER, SPROCKHOFF, WIRTH und ZIMPEL (um nur einige der bekanntesten zu nennen) ist in dieser Hinsicht sehr aufschlußreich.

Zur <u>Geschichte der Religionsgeographie</u> (und zwar aus geographischer und religionswissenschaftlicher bzw. theologischer Sicht) verweise ich auf meine für die "Erdkunde" vorgesehene Studie: "Ein neuer Wendepunkt in der Religionsgeographie?" (Inzwischen erschienen unter dem Titel: Von der Religionsgeographie zur Geographie der Geisteshaltung in: Die Erde, Bd. VI, 1976, S. 300-329. Siehe dazu auch ders.: Neue Strömungen der Religionsgeographie. Und ders.: Die Geographie generalis ... Providentialehre und geographisches Weltbild. (Darin Abschnitte über die Geschichte der Religionsgeographie.)

2. Dieses Gespräch ist inzwischen außerordentlich intensiv in Gang gekommen. Es handelt sich daher im folgenden um eine bereits überarbeitete Fassung meines seinerzeit gehaltenen Vortrages. Vieles, was damals nur erst anklang, konnte in der (großenteils schriftlich geführten) Diskussion weiter erarbeitet, genauer formuliert und präzisiert werden. Auch hier zeichnet sich ein dialektischer Prozeß ab.

Insbesondere danke ich folgenden Damen und Herren für ihre antreibende und ermunternde Kritik, die sie z.T. schon vor dem Geographentag an meinen Entwürfen geübt haben: Den Theologen (bzw. Religionswissenschaftlern) BENZ (Marburg), KLIMKEIT (Bonn), RATSCHOW (Marburg), SPROCKHOFF (Kiel); dem Sozialpsychologen ROESSLER (Bochum) und den Geographen FINKE (Bochum), GORMSEN (Heidelberg), HOTTES (Bochum), KÜHNE (Münster), PLEWE (Mannheim), SCHÖLLER (Bochum), SCHWIND (Hannover), SIEVERS (Vechta) und TIETZE (Wolfsburg).

Weiter gilt mein Dank den Studenten des Bonner religionswissenschaftlichen Seminars und des Bochumer Geographischen Instituts, hier vor allem Frau SCHOLTEN, Herrn MASCHKE und Herrn STEEN (Vgl. Anm. 5).

Ausgangspunkt für die Entwicklung meiner Konzeption, in der ich schließlich auf die vierdimensionale Betrachtungsweise gekommen bin (vgl. Anm. 26), bildete eine Seminarsitzung in Bonn, zu der Herr KLIMKEIT eingeladen hatte und an der Herr TROLL und ich teilnahmen. (Daß es zu einem Kontakt zwischen Bonn und Bochum kam, geht auf die Initiative Herrn MENSCHINGs zurück.)

Weitere Anregungen erhielt ich in einem religionsgeographischen Hauptseminar in Bochum, das von Herrn HOTTES, Herrn KRUSE und mir gemeinsam geleitet wurde, sowie in einem weiteren Hauptseminar, das Herr ROESSLER und ich zusammen abhielten, und zwar mit dem Thema "Empirische Sozialforschung und Sozialgeographie".

Wer diesen Aufsatz einschließlich der vielen Anmerkungen durchliest, wird deutlich feststellen, daß hier (immer noch) kein fertiger und bis ins letzte Detail durchgefeilter Entwurf vorliegt, sondern daß die Dinge in statu nascendi sind.

Ich halte es bei der Drucklegung eines Geographentags-Vortrages, der ja <u>anregen</u> und nicht unbedingt schon fertige Rezepte vorlegen soll, durchaus für legitim, daß dieses In-statu-nascendi-Sein erkennbar bleibt.

Vor kurzem bin ich nun auch mit Herrn BOBEK und Herrn SCHAFFER ins Gespräch gekommen (vgl. weiter unten). Ich erhoffe mir insbesondere von diesem Gespräch einen weiteren entscheidenden Schritt zu einer endgültigen Konzeption der Religionsgeographie, die dem heutigen Stand in der Geographie <u>und</u> den Nachbardisziplinen (vor allem der Soziologie und Religionswissenschaft) entspricht.

3. Wir meinen also (bzw. der größte Teil der Geographen, die sich mit Religionsgeographie befassen, meint), es gehöre zur eigentlichen Aufgabe des heutigen Religionsgeographen zu erforschen, in welcher Weise die Sozial-Wirtschafts-Berufsstruktur usw. von der Religion (bzw. Konfession) her auf spezifische Weise organisiert wurde und wird, wobei die Religion bzw. die Religionsträger als <u>Agenzien</u> der einschlägigen sozial-wirtschafts-siedlungsräumlichen Organisationsformen usw. interessieren.

Auf die Religion selbst, also ihren Dogmenbestand usw. kommt es uns also weniger an, vielmehr auf die "Außenseite der Religion", nämlich den <u>Religionskörper</u>. Ich verstehe darunter die Religionsgemeinschaft mit ihrer Sozial-Wirtschafts-Siedlungsstruktur usw. Es scheint daher sinnvoll, die Religionsgeographie heute nahe an die Sozialgeographie heranzurücken; denn die Religion wirkt eben vorwiegend über die Gemeinschaft in die Landschaft hinein. Zu Zeiten FICKELERs dachte man da noch anders. Vgl. Anm. 29. Zu meinem Schritt über die Sozialgeographie <u>hinaus</u> vgl. jedoch das Folgende, vor allem auch Anm. 18 und 26.

4. Ein Blick in die Geschichte unseres Faches zeigt, daß das nicht erst heute so ist. Jahrhundertelang wurde Religionsgeographie sogar vorwiegend von Theologen betrieben, die höchstens Geographen "im Nebenfach" waren. Vgl. dazu meine Habil.-Arbeit über das Werden der Geographia generalis.

Auch KASCHE, der nach dem augenblicklichen Stand der Forschung erstmals den Begriff "Religionsgeographie" verwendet, war mehr Theologe als Geograph.

5. Ich darf hier ausdrücklich betonen, daß viele meiner jetzt vorliegenden Arbeitsthesen und Theorien sich erst im Gespräch mit den Studenten unseres Arbeitsteams entwickelt haben. Diese meine Mitarbeiter

haben immer wieder in der Praxis nachgeprüft, ob sich die Grundthesen und methodischen Ansätze halten lassen oder ob sie zu modifizieren sind.

6. Ich versuche also analog vorzugehen, wie das z.B. in der Regionalforschung, Landesplanung usw. bereits seit längerer Zeit eigentlich selbstverständlich ist. Nur in der Religionsgeographie ist man da bislang noch sehr zurückhaltend. Es scheint eine Besonderheit unseres Faches zu sein, immer hinter der Entwicklung "hinterherzuhinken". Vgl. Anm. 1, 3 und 29.

7. Wenn SPROCKHOFF von "Interdependenz" spricht, so ist damit nicht dieselbe Sache, sondern Wechselwirkung gemeint. Auch FICKELER weist in der Einleitung seines Aufsatzes darauf hin, daß es eine Wechselwirkung zwischen Religion und Landschaft gibt, untersucht dann aber doch nur <u>die eine Seite</u> dieser wechselseitigen Beziehungen. Ebenso sagt ZIMPEL, daß die Beziehungen hin und her gehen, klammert aber expressis verbis (darin geht er noch weiter als FICKELER) die eine Seite der Beziehungen aus, weil dafür der Religionsgeograph nicht zuständig sei. Ich bin hier anderer Ansicht (vgl. dazu das Folgende).

Wenn ich statt Interdependenz zunächst nur von Rückkoppelung spreche (auf die Wechselwirkung komme ich weiter unten), dann geschieht das deswegen, weil ich meine, mit dem Rückkoppelungsbegriff besonders deutlich machen zu können, daß es sich bei der später zu besprechenden Beziehung nicht um eine Wechselwirkung schlechthin handelt, sondern um einen Teilausschnitt eines fortlaufenden dialektischen (eben zielgerichteten) Prozesses. Der Physiker, insbesondere der Elektrotechniker, würde hier vielleicht sagen: Im Zusammenhang von Wirkung und Rückwirkung (Rückkoppelung) findet ein Aufschaukelungsprozeß statt.

SCHAFFER (1969) spricht auf S. 210 seines Aufsatzes ebenfalls von Rückkoppelung. Er sagt: "Die Rückkoppelung zum Funktionsträger, letztlich zur Gesellschaft ... darf nicht außer acht bleiben." Streng zu unterscheiden von dieser Rückkoppelung ist jedoch das, was VIDAL DE LA BLACHE unter <u>Rückwirkung</u> versteht (vgl. SCHAFFER S. 207). Ihm kam es bekanntlich auf den Hinweis an (womit er die deterministische Betrachtungsweise in der Geographie zu überwinden suchte), daß es außer der von der Umwelt auf den Menschen ausgehenden Wirkung (die wir heute als Rückkoppelung bezeichnen, weil sich unser Denken grundlegend gewandelt hat) auch eine solche gibt, die vom Menschen auf die Umwelt ausgeht (von uns heute als Prägung bezeichnet). Er sagte, man müsse auch die Rückwirkung sozialer Verhältnisse auf die Raumstruktur eines Landes berücksichtigen und untersuchen.

Es wird deutlich: In beiden Fällen geht es darum, die einseitige Betrachtungsweise zu überwinden, ganz gleich, ob man sich nun (wie VIDAL DE LA BLACHE) gegen die einseitige Untersuchung der Determination des

Menschen durch die geographische Umwelt wendet oder (wie SCHAFFER) versucht, die einseitige Erforschung der vom Menschen ausgehenden Landschaftsprägung, in Gang gesetzt durch die Grunddaseinsfunktionen, zu überwinden. (Zum Thema "Grunddaseinsfunktionen" vgl. Anm. 9 unten.)

Daß Rückwirkung und Rückkoppelung nur Teilausschnitte eines unendlich ablaufenden dialektischen Prozesses sind, und daß sich in diesem Wechselspiel letztlich die Seinsverwirklichung des Menschen vollzieht (vgl. Anm. 18), klingt in der neueren sozialgeographischen Literatur (SCHAFFER, BOBEK, WIRTH usw.) zwar an; jedoch sehe ich mich veranlaßt, gerade das <u>Zielstrebige</u> in diesem Prozeß besonders zu betonen. (Zum dialektischen Wechselwirkungsprozeß und zur vierdimensionalen Betrachtungsweise vgl. im übrigen Anm. 26 und Skizze 2.)

8. Vgl. dazu z.B. das einschlägige Schrifttum in der Physik, der Soziologie und Kulturanthropologie (GEHLEN) usw.

9. Hier möge folgender Hinweis genügen: Wenn die Herrnhuter nicht von vornherein vorwiegend Handwerker gewesen wären (mit der dazu passenden Siedlungsstruktur usw.), hätte sich gewiß ein anderes Gleichgewicht eingependelt. Hier läßt sich ein gewisser circulus vitiosus feststellen: Zu bestimmten Berufen gehört eine bestimmte Geisteshaltung, die ihrerseits die Berufsethik, Siedlungsweise usw. prägt. Weil der Handwerker "beweglicher" ist als der Bauer, bestand für den Herrnhuter überhaupt erst die Möglichkeit, ortsungebundener "Streiter Christi" zu werden. Die Folge: Also war für die Jugendlichen, die in die Mission wollten, von vornherein die Berufswahl entschieden.

Die Bauerngemeine Berlin-Rixdorf bildet daher eine grundsätzliche Ausnahme im Gesamtgefüge des Herrnhuter Religionskörpers bis in die Geisteshaltung und die Siedlungsform hinein. Vgl. dazu meinen Kolloquiums-Vortrag: Herrnhut als Typ religiös geprägter Gruppensiedlung.

Hier ist noch eine Anmerkung zum Begriff <u>Grunddaseinsfunktion</u> zu machen. (Die folgenden Ausführungen sind das Ergebnis eines zwischen Herrn BOBEK und mir geführten Briefwechsels, wobei ich einige seiner Anregungen übernehmen konnte. Ich danke Herrn BOBEK an dieser Stelle ausdrücklich für seine Diskussionsbereitschaft.)

Bekanntlich stammt der Begriff von PARTZSCH. Er wurde von den Sozialgeographen übernommen, um zu einem Kanon der geographisch belangreichen menschlichen Funktionen für die gegenwärtige Industriegesellschaft zu kommen. BOBEK stellte einen Kanon auf, der mehr grundsätzlich gehalten war, um auch einer entwicklungsgeschichtlichen Sicht Raum zu lassen. SCHAFFER (1969) führt beide an, legt aber seiner Konzeption im wesentlichen den Partzschen Kanon zugrunde (S. 209).

Zum <u>Funktionsbegriff</u>: BOBEK, PARTZSCH und SCHAFFER verstehen unter Funktionen so viel wie menschliche Aktivität, Daseinsäußerung usw. SCHAFFER deutet zwar an, daß eine Funktion auch ein wechselseitiges Abhängigkeitsverhältnis bezeichnen könne (hier taucht bei ihm sogar der Begriff Rückwirkung auf, S. 208, nicht zu verwechseln mit der auf S. 207 genannten Rückwirkung die VIDAL DE LA BLACHE meint), geht jedoch im Verlaufe seiner Darlegungen darauf nicht näher ein, sondern verwendet den Begriff ausschließlich im Sinne von BOBEK und PARTZSCH.

An dieser Stelle möchte ich ansetzen und den Funktionsbegriff erweitern. Wenn Funktion "nur" so viel wie Daseinsäußerung usw. (also vom Menschen auf die Umwelt ausgehende Aktivität) bedeuten soll, dann ist das zwar philologisch nicht anfechtbar (fungor bedeutet tatsächlich so viel wie tun, wirken usw.), entspricht aber meiner Meinung nach nicht (mehr!) dem heutigen allgemein gültigen Sprachgebrauch. Außerdem erschweren wir uns in der Geographie mit diesem alten und "engen" Funktionsbegriff die Möglichkeit, Wechselwirkungsprozesse zwischen Mensch und Umwelt zu beschreiben.

Seit wir erkannt haben, daß alle Beziehungen in dieser Welt wechselseitig sind, verstehen wir unter Funktion die gegenseitige Abhängigkeit von Sachverhalten. Während man (um ein Beispiel aus der Medizin zu gebrauchen) früher noch sagen konnte, die Funktion der Nieren sei die Harnbildung, ist man heute der Meinung, daß jedes Organ, indem es seine Aktivität entfaltet (also funktioniert) einen Prozeß in Gang setzt, der auf dieses Organ wieder zurückwirkt. (Kranke Nieren machen den Gesamtorganismus krank, einschließlich der Nieren selbst, für gesunde Nieren gilt analog das Umgekehrte.)

Auch in der Mathematik, von der Philosophie ganz zu schweigen, verwendet man den Funktionsbegriff heute vorwiegend im Sinne von wechselseitiger (bzw. umkehrbarer) Abhängigkeit. Und diese in der Mathematik und Philosophie übliche Verwendung des Begriffes dürfte für den allgemeinen Sprachgebrauch ausschlaggebend geworden sein. Ich sehe nicht ein, warum wir als Geographen hier am alten Begriff festhalten sollten.

Das von SCHAFFER gewählte Beispiel $y = f(x)$ besagt: Ändert sich x, dann ändert sich auch y in der durch die Funktion definierten Weise. Dasselbe gilt aber auch umgekehrt. Wenn y bekannt ist, dann läßt sich x (jedenfalls in den meisten Fällen) eindeutig bestimmen.

Kennt man z.B. den pro-Kopf-Bierkonsum in einer Werkssiedlung, so kann man von der Variablen (Zahl der Bewohner) auf die Variable (Gesamtbierkonsum) schließen und umgekehrt. Problematisch (und damit eigentlich erst interessant) werden die Dinge jedoch, wenn sich das Verhalten der Bevölkerung (also die Funktion) ändert. Eine solche Änderung kann z.B. infolge von Verdienstausfall eintreten, durch Heilsarmee-Mission, oder einfach dadurch, daß auf einmal Bier nicht mehr "in" ist, sondern stattdessen Wein, möglicherweise aber auch Coca Cola oder Apfelsaft.

Ein anderes Beispiel: In den Brüdergemeinen war ursprünglich die Wohnfunktion (bzw. das, was wir heute darunter verstehen) klar definiert. Es stand so ziemlich fest (auch wenn man sich dessen nicht so bewußt war, wie das im nachhinein scheint), wieviel Raum einem Mitglied der Gemeine in den Gemeinschaftshäusern zustand. Man konnte also von der Zimmerzahl auf die Bewohnerzahl und umgekehrt von der Bewohnerzahl auf die Zimmerzahl schließen. Heute hat sich im Zuge des von der modernen Industriewelt ausgehenden Rückkoppelungsprozesses (vgl. Anm. 7 und 42) eine neue Geisteshaltung und damit ein neuer Raumanspruch entwickelt. Die "Wohnfunktion" hat sich geändert. Statt $y = 30x$ (30 Personen pro Schlafsaal) wird man heute vielleicht die Funktion $y = 3x$ zugrundelegen müssen.

Ich denke, die Beispiele machen deutlich, warum ich für meine Konzeption (vgl. Anm. 26) nicht den einseitigen "engen" Funktionsbegriff verwenden möchte, sondern statt von menschlicher Aktivität, Daseinsäußerung usw. lieber von <u>Daseinsentfaltung</u>, <u>Seinsverwirklichung</u> usw. spreche. Mir kommt es darauf an, gerade die gegenseitige Abhängigkeit von Sachverhalten zu betonen und die Änderung dieses Abhängigkeitsverhältnisses (eben den Prozeß) herauszustellen (vgl. dazu HAHN in Erdkunde Bd. XI und WHITTLESEY s. Anm. 26).

Zum Begriff <u>Grunddaseinsfunktion</u>: Unter der Voraussetzung, daß der Funktionsbegriff klar definiert ist, bedeutet Grunddaseinsfunktion doch wohl soviel wie: Die durch die menschlichen Grundbedürfnisse in Gang gesetzte Funktion zwischen Mensch und geographischer Umwelt. (Bei Zugrundelegung meines Funktionsbegriffes würde es sich dabei dann um eine sich dauernd wechselseitige Beeinflussung zwischen Mensch und Umwelt handeln. Ich würde sagen: Indem die Grundbedürfnisse "funktionieren", ändert sich die Umwelt, ändert sich der Mensch im Rückkoppelungseffekt und ändern sich ihrerseits die Grundbedürfnisse wieder. Der die Stadt bauende Mensch verändert die Umwelt, wird von der Stadt verändert, seine Grundbedürfnisse verändern sich usw.)

Hier taucht nun das Problem auf: Welches sind die menschlichen Grundbedürfnisse? Für die gegenwärtige Industriegesellschaft ist das Wohnbedürfnis sicherlich dazuzurechnen, der Nomade dagegen hat einen anderen Kanon an Grundbedürfnissen. Aber auch unser Kanon ist nicht beständig. Früher galten Erholung und Urlaub als Luxus, heute rechnet man derartigen "Luxus" zu den Grundbedürfnissen.

An dieser Stelle wird besonders deutlich; wie hinderlich der Partzsche Kanon für eine entwicklungsgeschichtliche Sicht ist. Noch hinderlicher ist er für die Planung, besonders dann, wenn Angehörige einer höheren Zivilisations- oder Bildungsstufe für Angehörige einer niederen Zivilisations- bzw. Bildungsstufe planen. Es genügt z.B. nicht, Indianer in ein Reservat einzuweisen und sie dort mit den <u>unserer Meinung nach</u> wichtigen Grundbedürfnissen auszustatten. Sie brauchen nicht so sehr feste Wohnhäuser, wichtiger ist für sie Raum zum Wandern, Jagen usw. Spielen, Tanzen und Singen sind für sie existenznotwendig (für uns nicht unbedingt!). Nur wenn man sie so ausstattet, daß sie diesen <u>ihren</u> Grundbedürfnissen nachkommen können, ist ihre Existenz nicht gefährdet. Dasselbe gilt analog für Süditaliener, die man in Turin mit den dort (angeblich) erforderlichen Grundbedürfnissen ausstattet! Ja, dasselbe gilt analog für alle von Europäern ausgehende Planung in <u>Entwicklungsländern</u>. Es wäre erforderlich, für jede Kulturstufe und eigentlich für jedes Land einen eigenen Kanon der Grundbedürfnisse aufzustellen, bevor man an die Planung geht.

Die Wechselseitigkeit der Beziehungen möge noch von einer anderen Seite aus beleuchtet werden. Der Nomade hat, weil bei ihm z.B. das Wohnen weniger wichtig ist als das Wandern, eine entsprechend andere Wertskala und eine damit zusammenhängende andere religiös geprägte <u>Geisteshaltung</u> als der ortsgebundene Pflanzer. Für ihn gelten z.B. Dinge wie Landarbeit und Seßhaftigkeit als minderwertig. Dazu passen seine religiösen Vorstellungen. Für ihn sind die Götter ortsungebunden, das Leben im Jenseits wird ein Wanderleben sein usw. Der Pflanzer dagegen verehrt Erdgottheiten (Erdgöttinnen), für ihn hat jeder Ort seinen bestimmten Gott usw. (vgl. dazu die im Literaturverzeichnis angegebenen Werke, insbesondere die von RATSCHOW, JENSEN usw.).

<u>Das</u> Musterbeispiel für die Änderung der Wertskala (der Gottesvorstellung usw., eben der Gesamt-Geisteshaltung) beim Übergang vom Nomadentum zur Seßhaftigkeit bietet Israel. Die Propheten versuchten zwar, den alten, zum Nomadentum gehörigen Jahwe-Gott (und die entsprechende Ethik) auch nach der Seßhaftwerdung zu verkündigen; das Volk jedoch hatte sich in seiner Mehrheit bereits den Ackerbaugöttern und der entsprechenden Ackerbau-Geisteshaltung zugewandt (vgl. Anm. 25).

Man kann an jeder "Grunddaseinsfunktion" (ganz gleich, wie man sie nun im einzelnen definiert) den von mir in Skizze 2 dargestellten dialektischen Prozeß verdeutlichen bzw. demonstrieren. Aus dem Wohnbedürfnis beispielsweise ergibt sich, daß der Mensch

Siedlungen anlegt und damit seine Umwelt verändert. Aber er selbst ändert sich dabei ebenfalls. Neue Bedürfnisse entstehen, die sich erneut in der Umwelt physiognomisch sichtbar niederschlagen ... und erneut ändert sich der Mensch, der diese erneute Umweltveränderung durchgeführt hat.

Oder: Beim Nomaden z.B. hat sich ein Gleichgewicht zwischen Wandertrieb, Wirtschafts- und Gesellschaftsordnung sowie religiös geprägter Geisteshaltung eingependelt (vgl. die Skizze im Anhang). Verändert man (oder verändert sich) an irgendeiner Stelle diesen in sich "funktionierenden" Gesamtkomplex, dann strebt das Ganze entweder einem neuen Gleichgewicht (also einer neuen Funktion) zu, oder der Sozialkörper gerät aus dem Gleichgewicht und degeneriert bzw. gerät in Abhängigkeit zu einem anderen. Das letztgenannte ist besonders häufig als Folge **christlicher Missionstätigkeit** zu beobachten.

Ich betone: Es handelt sich hier um einen Diskussionsbeitrag, mehr nicht. Ich stelle Dinge in Frage oder weise auf Probleme hin, die vielleicht in dieser Form bislang so nicht gesehen wurden, ohne daß ich in jedem Fall schon eine Lösung parat hätte. Ich hoffe aber, daß auch hier eine weitere Diskussion in Gang kommt, aus der sich dann im Laufe der Zeit Wege zu einer Lösung abzeichnen.

10. Bei den **Waldensern** äußert sich die Rückkoppelung vor allem in einer neuen Geisteshaltung der Pendler, die (als ehemalige Landwirte) heute zu Industriearbeitern geworden sind. (Vgl. dazu Anm. 21.)

11. Als Geomorphologe z.B. muß der Geograph auch oft die Grenzen seines Faches überschreiten. Es ist nicht einzusehen, warum in einen Fall Forscher aus verschiedenen Disziplinen zusammenarbeiten, im anderen Fall aber nicht. Das Buch von LAUTENSACH über das Mormonenland zeigt z.B. besonders deutlich, welch interessante Aspekte man unberücksichtigt lassen muß, wenn man einen zusammengehörigen Komplex aus Gründen der Fachabgrenzung einseitig behandelt.

12. Dabei bliebe die Untersuchungsmethode in diesem neuen Fach Ideologiegeographie, also insbesondere die Einbeziehung der Rückkoppelung in die Betrachtungsweise, dieselbe.

Mit SCHAFFER bin ich allerdings der Meinung, daß es sich in solchen Fällen der Anpassung an die Gegebenheiten wie z.B. bei der Sozialgeographie nicht um Emanzipation aus der Kulturgeographie handelt, sondern um eine neue Blickrichtung. Die Sozialgeographie ist nicht ein Teil der Kultur- oder Anthropogeographie, sondern sie ist "die gesamte Anthropogeographie unter einem besonderen Aspekt". Und dieser besondere Aspekt heißt meiner Meinung nach: Überwindung der zweidimensionalen funktionalstatischen Betrachtungsweise zugunsten der dreidimensionalen. Für den Sozialgeographen sind die im zweidimensionalen "funktionalen Raumgefüge" sich vollziehenden Prozesse "nur" Indikatoren dessen, was sich im sozialen Raum, also in der Ebene darüber, abspielt. Ich erweiterte als Ideologiegeograph den dreidimensionalen Raum über die Sozialebene hinaus "nach oben" zu einem größeren dreidimensionalen Raum bis in den geistigen Bereich hinein. Vgl. die Skizze im Anhang und dazu auch Anm. 20.

Zur Erweiterung dieses dreidimensionalen Raumes zum vierdimensionalen durch Einbeziehung der Zeitkomponente vgl. Anm. 26.

Hier wäre nun genauer zu definieren, was unter Geisteshaltung zu verstehen ist. Für eine Glaubensgemeinschaft, in der man sich streng an die "Dogmen" (im weitesten Sinne) hält und deren Angehörige ihr Leben entsprechend gestalten, ist die Definition nicht schwierig. In dem Fall könnte man sagen: So wie der Physiker Kraft als Ursache einer Bewegung definiert, so kann der Religionsgeograph die Geisteshaltung einer Religionsgemeinschaft als Ursache für alles Handeln (gemäß der Glaubensnorm) bezeichnen.

Je stärker die Säkularisierung und damit der Dogmenschwund bzw. der Schwund an verbindlichen ethischen Normen einsetzt (und je mehr bei der Erforschung dieser Problematik der Religionsgeograph zum Ideologiegeographen wird), um so schwieriger ist die Begriffsdefinition.

Ich gestehe ein, daß mir im Augenblick eine präzise Definition noch nicht möglich ist, stehe aber gerade darüber in besonders intensivem Gedankenaustausch, besonders mit den Kollegen von der Religionswissenschaft, Philosophie und Sozialpsychologie. (Auf dem Religionswissenschaftler-Kongreß im April 1972 wird u.a. auch dieses Thema diskutiert werden.)

Fest steht jedenfalls, daß Dinge dazugehören, die wir seit längerer Zeit bereits in der Sozialgeographie nennen, wie z.B. Wertskala, Arbeitsethos, Fleiß, leistungsorientiertes Denken usw. Nur haben wir diese Begriffe meiner Meinung nach bisher zu nahe an die Sozialebene (vgl. Skizze 2) herangebracht. Vgl. dazu insbesondere WIRTH (1969). Ich schlage vor, die Geist-Ebene deutlich von der Sozialebene zu trennen. Wenn wir in der Sozialebene die sozialen Gruppen und deren Geisteshaltung behandeln, lassen sich die Probleme nicht so gut fassen (und vor allem die Beziehung zwischen Geisteshaltung und Sozialverhalten usw. nicht so leicht überschauen) als wenn wir für die Geisteshaltung eine eigene (Begriffs-)Ebene einführen.

Ich schlage im übrigen vor, als Ideologiegeograph zunächst einmal pragmatisch vorzugehen und (in Analogie zur Sozialgeographie und den dort entworfenen Sozialräumen) einfach einmal mit dem Kartieren derjenigen <u>Logienräume</u> (vgl. Anm. 32) zu beginnen, die man (mehr oder weniger zufällig durch die Wahl des jeweiligen Arbeitsgebietes) gerade erfassen kann. Vgl. dazu Anm. 22 und 32. Ein solches pragmatisches Vorgehen mag für den Sozialgeographen bedeuten, mit der kartographischen Erfassung bestimmter Parteizugehörigkeiten zu beginnen. Für den Religionsgeographen, der auf dem Wege zum Ideologiegeographen ist, wird sich die kartographische Erfassung der in Anm. 22 angegebenen Logienräume anbieten. Nach und nach werden wir dann vielleicht in Zusammenarbeit mit den Kollegen der oben genannten Nachbardisziplinen zur endgültigen Definition des Begriffes Geisteshaltung kommen.

13. Umwelt ist für mich 1. die physiognomisch greifbare und sichtbare Landschaft mit ihren Siedlungen, Verkehrswesen usw.; aber 2. auch die soziale Umwelt mit ihrer Berufsstruktur usw. (vgl. die Skizze im Anhang).

14. Wer z.B. über **Königsfeld** (eine Herrnhuter Gründung) religionsgeographisch arbeiten will, wird "von oben" ansetzen müssen; denn dort stand am "Anfang" die Religion bzw. der Herrnhuter Religionskörper. Es waren vom Herrnhuter Geist erfüllte Brüder, die in einer unbesiedelten Gegend eine neue Siedlung gründeten und die Umwelt prägten. (Noch heute hebt sich Königsfeld von der Schwarzwald-Umgebung deutlich ab. Man meint, in die Oberlausitz versetzt zu sein, wenn man - besonders von Schiltach kommend - diesen Ort betritt.) Die Rückkoppelung tritt dann erst später ein (eigentlich erst, seitdem Königsfeld Fremdenverkehrsort geworden ist).

In anderen Fällen wird man mit der Umwelt beginnen müssen, besonders bei den ethnischen Religionen. Hier ist zu untersuchen, wie sich im Zuge der geistigen Auseinandersetzung des Menschen mit seiner Umwelt erst so etwas wie Religion (bzw. Magie) und entsprechend religiös geprägte Sozial-, Berufsstrukturen usw. herausbilden.

15. Vgl. Anm. 13. Der Geograph ist nicht nur für die physiognomisch sichtbare Indikator-Umwelt zuständig, sondern auch für die "soziologische Etage", von der großenteils die Prägung dieser sichtbaren Umwelt ausgeht.

16. Vgl. dazu insbesondere das Buch von RATSCHOW "Magie und Religion". Siehe Literaturliste.

17. Das ganze Ritual der Institutionalisierung und Kanalisierung von Verhaltensweisen, ebenso die Gebote, Verbote usw., ja der ganze Moralkodex als geistiges Mittel der Umweltbewältigung ist in dieser frühen Phase großenteils umweltbedingt (vgl. dazu meine theologische Dr.-Arbeit, siehe Literaturverzeichnis).

18. *Oder anders ausgedrückt: Der Mensch als geistiges Wesen ist in schöpferischer Anpassung an die Umwelt, rückgeprägt von dieser, zur Seinsverwirklichung gekommen (die als Daseinsentfaltung immer weiter geht). Man kann auch sagen: Da Sein nur als Dasein (und das impliziert immer Sosein) in die Wirklichkeit treten kann, verwirklicht sich der Mensch (bzw. die Menschheit) durch Aufnahme von Umwelt bzw. Eingehen in die Umwelt. Diese ist also einerseits Ermöglichung des Verwirklichungsprozesses des Menschen, andererseits aber als geprägte Umwelt (vgl. Anm. 26) Indikator für den augenblicklich erreichten Verwirklichungsgrad.*

    Dasselbe hieße mit den Worten des Sozialgeographen: Da der Mensch (vorwiegend) nur als Gemeinschaftswesen umweltprägend wirksam werden kann, zeigen die physiognomisch sichtbaren und kartierbaren Indikatoren der Grunddaseinsfunktion (vgl. Anm. 7 und 9) den im Augenblick erreichten Grad der Daseinsentfaltung des Menschen an.

    Und der Religions- bzw. Ideologiegeograph könnte hinzusetzen: Da auch die sozialen Gebilde (einschließlich der Sozialräume) wieder nur Indikatoren für das sind, was sich in der Geistesebene abspielt (vgl. die Beziehung zwischen Sozialraum und Logienraum in Anm. 22) und da die Beziehungen zwischen den Ebenen wechselseitig verlaufen, handelt es sich bei dem zu beobachtenden Prozeß letztlich um die Seinsverwirklichung des Geistes.

    Vgl. dazu die im Literaturverzeichnis angegebenen Werke von HEIDEGGER, KLAGES, SCHWIND usw.

19. Vgl. Anm. 14. Auch hier hängt es von der Fragestellung ab, was man als Anfang bezeichnet. Für die Brüdergemeine gilt als Anfang etwa die Zeit um 1730. "Ort der Handlung" ist Herrnhut in der Oberlausitz.

    Für den Kirchenhistoriker z.B. kann je nach Fragestellung die Zeit unmittelbar nach Christi Tod, die Zeit des PAULUS oder die Zeit LUTHERs usw. als "Anfangszeit" gelten, und dementsprechend ist "Ort der Handlung" Palästina, Griechenland oder Wittenberg usw. Das Analoge gilt für alle anderen Religionen.

20. "Von oben", d.h.: Ausgangspunkt ist die Geisteshaltung bzw. die Religion. "Von unten", d.h.: Ausgangspunkt ist die unterste (Siedlungsstruktur usw.) oder untere Ebene (Sozialstruktur usw.). Vgl. die Skizze im Anhang.

    Außerdem kann die Störung "von innen" oder "von außen" kommen. Es können sich im Religionskörper selbst neue Kräfte regen (man denke an die Reformatoren usw.), oder neues Gedankengut kann auf friedlichem Wege hereingetragen werden.

Auch diese Störungen "von innen" oder "von außen" können wiederum auf den verschiedenen Ebenen einsetzen und sich dann "nach unten" oder "nach oben" auswirken. Die von LUTHER ausgehende "Störung" setzte in der oberen Etage, also im geistigen Bereich, ein. Die heute vorwiegend festzustellende "Störung" geht von der modernen Industriewelt aus und beginnt meist in der Etage der Sozial-Berufsstruktur usw. Vgl. Anm. 21 und 25.

Ich verweise bezüglich des Konfliktes insbesondere auf das soeben erschienene Buch von DAHRENDORF (s. Literaturverzeichnis). Der Verfasser spricht vom endogenen und exogenen Konflikt. Meine Bezeichnung "von innen" bzw. "von außen" deckt sich ziemlich genau mit den dort verwandten Begriffen endogen und exogen. Da bei den Herrnhutern und Waldensern die Störung praktisch nur "von außen" kommt und vorwiegend "von unten" ansetzt, beschäftige ich mir zur Zeit hauptsächlich nur damit. Vgl. Anm. 21 und 25. Zu diesem Pragmatismus vgl. Anm. 12 unten.

21. Ein gutes Beispiel für einen "von außen" kommenden Konflikt, der "von unten" "nach oben" einwirkt, bietet die **Sonntagsarbeit**. Reformierte Protestanten (dazu gehören auch die **Waldenser**) nehmen aufgrund ihrer strengen Orientierung am Alten Testament seit eh und je das Gebot der Feiertagsheiligung (2. Gebot) sehr ernst.

   Nun geht aber neuerdings der **Waldenser** großenteils hauptberuflich als Pendler in die Fabrik; für die Bestellung des Ackers bleibt ihm daher vorwiegend nur der Sonntag. Zunächst schlich man sich sonntags auf das Feld und versteckte sich, wenn zufällig einmal der Pfarrer vorbeikam. Inzwischen hat die Kirche aber offiziell diese "von unten" kommende Änderung der Geisteshaltung sanktioniert und legt das Gebot der Feiertagsheiligung großzügiger aus als früher. Auch physiognomisch (als Indikator) für den Geographen faßbar wird diese Störung des alten Gleichgewichtes im veränderten Siedlungsbild. Diejenigen, die als Pendler mehr verdienen als die "armen Landwirte", renovieren ihre Häuser oder bauen gar neue außerhalb des alten Siedlungskernes. Man kann die veränderte Geisteshaltung (in diesem Falle den Dogmenschwund) direkt in Beziehung zum Indikator setzen und kartographisch erfassen. Vgl. Anm. 22.

22. Ich betone ausdrücklich, daß ich mich zunächst mit meinen Untersuchungen jeweils nur auf ganz bestimmte Orte beschränken will. Ich betreibe also zunächst <u>spezielle Religionsgeographie</u>. Erst wenn eine Menge von Orten nach der hier aufgezeigten Methode religionsgeographisch erforscht sind, kann man in Analogie etwa zur Klimatologie Isolinien, Ausbreitungsareale, Stoßrichtungen usw. zeichnen, um so zu einer <u>allgemeinen Religionsgeographie</u> zu kommen.

Das Fach "Religionsgeographie" krankt zur Zeit noch daran, daß wir zu wenig "Beobachtungsstationen" haben.

Ich bin dabei, für die einzelnen **Herrnhuter-** und **Waldenserorte** so viele "Beobachtungsstationen" zu errichten, daß es demnächst möglich sein wird, für diese kleinen, überschaubaren Religionsgruppen Isolinien (z.B. gleichen Dogmenschwundes) zu zeichnen und diesen abgegrenzten **Logienraum** (vgl. Anm. 32) mit einer Karte der Sozialräume zu vergleichen. Man könnte z.B. den **Logienraum**, in dem das Gebot der Feiertagsheiligung nicht mehr befolgt wird, mit dem Sozialraum "Pendler" vergleichen (oder auch mit den Räumen katholisch/evangelisch) usw. (Der Pendler muß einfach als Nebenerwerbler sonntags seinen Acker bestellen; denn werktags bleibt ihm dazu nicht genügend Zeit.)

Ist z.B. der **Logienraum** "Nichteinhalten des 2. Gebotes" mit dem Pendlerraum nicht deckungsgleich, sondern größer, so wäre es naheliegend anzunehmen (und diese Annahme müßte durch empirische Forschungen entweder widerlegt oder bestätigt werden), daß die neue Geisteshaltung "von unten" (also von der Umwelt) ausgeht und "nach oben" möglicherweise bis in die Geisteshaltung der Kirchenleitung hinein, wirkt. Schließlich wird die Sonntagsarbeit auch theologisch gebilligt.

Wäre der Pendlerraum größer als der Logienraum "Nichteinhalten des 2. Gebotes", dann würde sich die umgekehrte Arbeitsthese nahelegen. Dann wäre anzunehmen (was wiederum durch empirische Forschungen bewiesen oder widerlegt werden müßte), daß "von oben" (also von der Kirchenleitung bzw. der Geisteshaltung der emanzipierten Bewohner dieses Gebietes) eine Änderung ausging, die den Aufbau eines Pendlerraumes erst in Gang setzte bzw. ermöglichte.

Befragungen über Jahre hinweg (wie das für die Waldenser und Herrnhuter vorgesehen ist), entsprechendes Kartieren und Übereinanderlegen der einzelnen Logien-, Sozial- und Indikatorkarten (die das Wachsen oder Schrumpfen bestimmter Räume anzeigen) werden hier eindeutige Auskunft geben. (Vgl. dazu den Aufsatz von JUILLARD in der Hartke-Festschrift. Mit ihm bin ich der Meinung, daß die Untersuchung der Korrelation, also das Inbeziehungsetzen dessen, was in den einzelnen Ebenen passiert, die eigentliche Aufgabe des Sozialgeographen sei.)

JUILLARD sagt: "... denn es ist nicht die Aufgabe des Soziologen, räumliche Beziehungen aufzudecken. Sie befassen sich damit nur nebenbei. ... Sie stellen eine Vielzahl von Gegebenheiten kartographisch dar, anstatt sie durch Methode der multiplen Korrelation zu erörtern. Für den Geographen aber stehen die räumlichen Beziehungen im Mittelpunkt seiner Synthese." (S. 40/41).

Dieses Vergleichen der einzelnen Logien- und Sozialräume von Jahr zu Jahr würde zugleich die Richtung erkennen lassen, in der sich die **Innovationen** (das bedeutet für den Ideologiegeographen: Aufgreifen neuer Denkungsarten) ausbreiten. Schon jetzt läßt sich im Falle der **Waldenser** sagen, daß entgegen jeder Erwartung manche Innovationen nicht von der Stadt ausgehen, sondern ihren Ursprung in entlegenen Gebieten haben. Warum das so ist, muß im einzelnen noch untersucht werden.

23. Vgl. die Darstellung des Anfangs der **Herrnhuter** "Religion" (bzw. des Religionskörpers) in meinem Habilitationskolloquiums-Vortrag (siehe Literaturverzeichnis).

24. Bei der Frage, ob es das Unaufgebbare in der Religion, also so etwas wie eine von allen geographischen Gegebenheiten unabhängige Ursubstanz oder Grundsubstanz gibt, wird der Geograph also ein wichtiges Wort mitzureden haben. Siehe dazu meine theologische Dr.-Arbeit. Vgl. auch Anm. 25.

25. Hierher gehören z.B. solche Dinge wie die Aussage des PAULUS, daß die Frau in der Gemeinde zu schweigen habe. Erst in jüngster Zeit hat man erkannt, daß es sich da keinesfalls um ein zentrales, unaufgebbares "Dogma" handelt, sondern nur um eine **umweltbedingte** Aussage, die beliebig auswechselbar ist. Analog liegt es bei der Priesterehe und anderen erst in jüngster Zeit akut werdenden Problemen (Geburtenregelung usw.).

    Theologisch gesehen handelt es sich dabei ja um folgendes: Wie setzt der glaubende Mensch die Dinge seiner Umwelt in Beziehung zur Mitte seines Denkens? (Wobei diese Mitte - wie im Falle der vorreligiösen Magie - durchaus bereits umweltgeprägt ist.) Was nimmt er wirklich jeweils neu bis in die Mitte herein und was nicht? Die Israeliten nahmen, als sie zum Wandervolk wurden, die Vorstellung von dem mitwandernden Gott bis in die Mitte ihres Denkens herein. Oder anders formuliert: Ihre Gottesvorstellung wurde durch Äußerlichkeiten ihrer Daseinsweise (modern gesprochen: ihrer Grunddaseinsfunktionen) geprägt. Als sie seßhaft wurden, nahm auch ihre Gottesvorstellung andere Züge an. (Vgl. dazu Anm. 9).

    Oft gingen die Meinungen der einzelnen Führer der Religionsgemeinschaften aber auch sehr weit auseinander! Man denke an das "Dogma" der Beschneidung, das PETRUS für unaufgebbar, PAULUS aber für unwichtig hielt. Hätte sich PETRUS durchgesetzt, wäre das Christentum vielleicht zu einer innerjüdischen Sekte geworden!

26. Hierbei komme ich zu gewissen Grundzügen einer neuen Konzeption der Religions- bzw. Ideologiegeographie. Man vergleiche dazu SCHAFFERs Konzeption der Sozialgeographie.

Wenn die Sozialgeographie nicht ein Teil der Kulturgeographie ist, sonder "die gesamte Kulturgeographie unter einem bestimmten Aspekt" umschließt (nämlich unter dem Aspekt, die in der Kulturgeographie zu behandelnden Fakten wie Siedlung, Arbeitsstätte usw. und deren funktionales Gefüge in Beziehung zu den sozialen Gegebenheiten zu setzen), dann bildet die Ideologiegeographie ihrerseits wiederum nicht nur einen Teilbereich der Sozialgeographie, sondern ist analog "die gesamte Sozialgeographie aus einer bestimmten Perspektive" (vgl. Anm. 12). Und diese bestimmte Perspektive heißt: Da die Kulturlandschaft vom Menschen, einem sozialen Wesen, letztlich aber vom "Geist", der in der betreffenden Gemeinschaft herrscht, gestaltet wurde und wird, und da der Mensch dabei zur Entfaltung seiner selbst kommt, gilt es, die in der Sozialgeographie zu behandelnden Fakten und Beziehungen ihrerseits in Beziehung zur Geisteshaltung und zur Seinsverwirklichung bzw. Daseinsentfaltung des Menschen zu setzen.

Ich sehe die Dinge so: In der funktionalistischen Phase der Kulturgeographie untersuchte man vorwiegend die Beziehungen im zweidimensionalen Raum. Man sprach zwar von Raum, meinte aber "nur" die Ebene und die sich in ihre abspielenden funktionalen Prozesse. Die Sozialgeographie erschloß die 3. Dimension, indem sie das, was in der unteren Ebene zu sehen war, als Indikatoren für das betrachtete, was sich in der höheren Ebene (der Sozialebene) abspielt. Als Sozialgeograph interessiert man sich beispielsweise nicht mehr "nur" für die Siedlung an sich, sondern für die sich in dieser Siedlung äußernde Grunddaseinsfunktion (ich würde lieber sagen Daseinsentfaltung) des Menschen (vgl. Anm. 9). Ich gehe noch einen Schritt weiter und frage über die Grunddaseinsfunktion hinaus nach der geistigen Haltung, die die Voraussetzung für jede Daseinsweise bildet. Auch der Sozialkörper, für den Phänomene wie Siedlung usw. nur Indikatoren seines gegenwärtigen Zustandes sind, ist seinerseits wiederum nur ein Indikator für den Seinsverwirklichungsgrad des Menschen.

So wie Thermometer und Barometer Indikatoren für die in der Atmosphäre sich vollziehenden Prozesse sind (und wie wir über die in bestimmten Zeitabständen erfolgende Beschreibung dieser Indikatoren Aufschlüsse über den "dahinter" sich abspielenden Prozeß gewinnen), so sind Siedlung, Verkehr, Wirtschaft usw. "nur" Indikatoren für die Seinsverwirklichung bzw. den augenblicklich erreichten Seinsverwirklichungsgrad des Menschen.

Damit kommen wir zum Prozeßhaften und zur 4. Dimension. Bereits in der funktionalistischen Phase sprach man vom Prozeßhaften des Funktionierens, sah aber doch vorwiegend nur die Indikatoren dieses Prozesses bzw. die Manifestationen. Auch in der Sozialgeographie betont man das Prozeßhafte, und zwar viel stärker als in der funktionalen Phase unseres Faches; aber man beachtete bisher noch nicht die <u>Dialektik des Prozesses</u>. In dieser Beziehung (und nur darin) gehe ich über die bisher in der Sozialgeographie gängige Betrachtung des Prozesses hinaus. Es ist nicht eine einfache Wechselwirkung, sondern das Wechselspiel der Beziehungen von Wirkung und Rückwirkung ist dialektisch zielgerichtet und auf Seinsverwirklichung des Menschen hin angelegt. (Zur vierdimensionalen Betrachtungsweise in der Sozialgeographie vgl. vor allem HAHN, WITTLESEY und KÜHNE.)

27. Vgl. Anm. 26. Durch Hereinnahme der Zeitkomponente wird das dreidimensionale Untersuchungsobjekt zum vierdimensionalen, prozeßhaften, <u>zielgerichteten</u> Raum-Zeit-Gebilde, dessen dialektischer Seinsverwirklichungsablauf das eigentlich Interessante bei der ganzen Untersuchung ist.

28. Hier zeigt sich besonders deutlich, daß die Religions- bzw. Ideologiegeographie eben nicht "nur" ein Teil der Kultur- bzw. Anthropogeographie sein kann, sondern daß sie "die gesamte Kulturgeographie unter einem besonderen Aspekt" ist.

29. Daß sich diese Bereiche der Kompetenz des Geographen entziehen, muß ja nicht bedeuten, daß sie geographisch unrelevant wären.

    Der Kult und das Heilige spielen allerdings für den modernen Religionsgeographen nur eine untergeordnete Rolle. Das war noch zu Zeiten FICKELERs, der die Religionsgeographie zu einer Art Kultgeographie abstempeln wollte, grundsätzlich anders. (FICKELER war der Meinung, daß vorwiegend nur die Kultkomponente der Religion landschaftsprägend sein könne.)

    Heute untersuchen wir weniger die vom Kult ausgehenden direkten, sondern mehr die indirekten Spuren, die eine Religion in die Landschaft, mehr noch in die Gesellschaft zeichnet. (Da es FICKELER nur auf die direkten Spuren ankam, war sein Ansatz - aus seiner Sicht gesehen - selbstverständlich angemessen.)

    HAHN und SIEVERS waren wohl die ersten, die auf diese Weise die Religionsgeographie von der Kultgeographie abrückten und sich der Sozialgeographie näherten. Doch vergleiche man dazu das in Anm. 26 Gesagte. Meiner Meinung nach ist Religionsgeographie mehr als nur ein Teil der Kultur- und Sozialgeographie.

30. Man denke z.B. an die Beziehungen zwischen Klima und Religion. Vgl. dazu meine Arbeiten. Siehe Literaturverzeichnis.

31. Wer z.B. über den Islam religionsgeographisch arbeiten will, kommt ohne Kenntnisse des Arabischen nicht aus. Dasselbe gilt analog für alle Religionen, mit denen sich der Geograph beschäftigt. Auch hier ist ein allgemeiner Trend festzustellen. Während es früher noch möglich war eine Landeskunde zu schreiben, ohne die Sprache des betreffenden Landes zu beherrschen, setzt sich heute immer mehr die Erkenntnis durch, daß ein Geograph (auch wenn es sich um so "fernliegende" Länder wie China, Japan usw. handelt) ohne spezielle Sprachkenntnisse auf die Dauer nicht auskommt.

32. Dieses Säkularisationsgefälle läßt sich zeichnerisch genau so gut darstellen wie beispielsweise das Luftdruckgefälle. Man kann Linien zeichnen, die Orte mit gleich großem Dogmenschwund miteinander verbinden. Analog zu den Isobaren sollten wir diese Isolinien vielleicht <u>Isodogmen</u> nennen. Vgl. Anm. 22.

33. <u>Den</u> allgemeingültigen Fragebogen gibt es ja bekanntlich nicht, er muß auf die jeweilige Problematik und die besonderen Verhältnisse abgestimmt sein. Vgl. Anm. 35.

34. Eigentlich nebenbei und zunächst gar nicht beabsichtigt sind wir beim Vergleich des **Herrnhuter** Ortes **Neugnadenfeld** (im Emsland) und des **Waldenserortes Bobbio Pellice** (westlich von Turin) auf folgende Problematik gestoßen: Wie werden unterentwickelte Gebiete wirtschaftlich saniert? Wieweit reicht die Raumwirkung eines Industriebetriebes? Welche Änderungen in der Sozial-Berufsstruktur usw. werden durch die Ansiedlung dieser Betriebe hervorgerufen? Welche Rolle spielt hierbei die Religionszugehörigkeit der potentiellen Arbeitskräfte und wie ändert sich deren Geisteshaltung, wenn sie längere Zeit im Industriegebiet tätig sind? Welche Entfernungen nimmt ein Landwirt in Kauf, um täglich als Nebenerwerbler zum Industriestandort auszupendeln? usw. Hier ergeben sich interessante Aspekte. Im Emsland z.B. beträgt die Raumwirkung eines Industriebetriebes meist nicht mehr als 15-20 km. Die "armen" Waldenser sind jedoch bereit, täglich bis zu 40 km und mehr auszupendeln. Vgl. dazu meine demnächst erscheinende Studie "Zur Zukunftssicherung unterentwickelter Regionen. Ein Vergleich **Emsland/Waldensertäler**". (Lediglich zum internen Gebrauch von der Emsland-GmbH gedruckt.)

35. Zwar haben die Religionssoziologen und Meinungsforscher schon eine Reihe solcher Kriterien herausgefiltert; aber bei ihnen sind geographische Aspekte bisher praktisch unberücksichtigt geblieben, wie z.B. das Klima, der Boden, die Höhenlage, die Siedlungsstruktur, die Lage des Einzelgehöftes oder Siedlungssplitters im Gesamtgefüge der Infrastruktur der Umgebung usw. Arbeiter ist nicht gleich Arbeiter, selbst

wenn beide Personen am gleichen Arbeitsplatz sitzen und täglich dieselbe Entfernung von ihrem Wohnort zur Fabrik zu überwinden haben.

Die geistige Haltung des Einpendlers, der entlegen in einem Bergdorf wohnt, ist oft grundverschieden von der Haltung desjenigen, der täglich dieselbe Entfernung zum Arbeitsplatz zurücklegt, aber unten im Tal wohnt. All diese geographischen Dinge sind bei der Auswahl eines repräsentativen Querschnittes zu berücksichtigen.

36. Wo aus religiösen Gründen z.B. einfach keine Feiertagsarbeit durchzuführen ist, wird man mit der Anlage von Großbetrieben, die keine Sonntagsunterbrechung zulassen, zunächst vorsichtig sein müssen. Doch auch hier erfolgt eine Rückkoppelung. Man kann beobachten, wie gerade das Vorhandensein solcher Betriebe bis in das dogmatische Gefüge der Glaubenslehre zurückwirkt, und Sonntagsarbeit dann nach und nach sanktioniert wird. Vgl. Anm. 21. Auch hier zeigt sich wieder, wie die einseitige religionsgeographische Betrachtung (indem man nur den von der Religion ausgehenden Einfluß untersucht) leicht zu Fehlschlüssen führen kann.

37. Die Herkunft des Wortes "Chor" ist umstritten. Da man heute noch <u>das</u> Chor sagt, legt sich die Ableitung von Korps nahe. Dazu paßt auch die tägliche Ausgabe der Parole. (Daraus sind die heute weltbekannten **Herrnhuter Losungen** hervorgegangen. Mit Auslosen hat das nichts zu tun, sonder damit, den jeweiligen Tag weltweit unter ein und dieselbe Parole zu stellen.)

Von vielen Herrnhutern selbst wurde mir allerdings gesagt, man führe den Chor-Begriff auf die griechische Bedeutung von Chor, nämlich Reigen zurück. Möglicherweise liegt aber hier eine Uminterpretierung vor, ähnlich wie im Falle der weißen Farbe. Man deutet heute das Weiß, in dem die Herrnhuter Bauten sich von ihrer Umwelt deutlich abheben, als Farbe der Freude.

Ich habe dagegen auch oft die Meinung gehört, weiß sei eben damals die für solche Bauten übliche Farbe gewesen und aus Tradition von den Herrnhutern bis heute "mitgeschleppt" worden und habe dann erst heute im Nachhinein eine theologische Deutung bzw. Begründung erfahren. Auch für die Särge wählen die Herrnhuter weiß als Farbe der Freude! Der Tod ist für den Herrnhuter Bruder - wie für viele andere Christen ja auch - keine traurige Angelegenheit, sondern mit ihm beginnt ja das ewige Leben! Nur hat keine mir bekannte christliche Religionsgemeinschaft aus dieser christlichen Grundeinstellung die entsprechende Konsequenz für die Farbe des Sarges gezogen.

38. Die Einteilung in Chöre geht sogar so weit, daß man auf dem Friedhof nicht neben seinem Ehepartner begraben wird, sondern neben seinem Chorbruder bzw. seiner Chorschwester. Bezeichnenderweise bildet Neugnaden-

feld hier - wie viele Missionssiedlungen - eine Ausnahme und weicht so in entscheidender Weise vom alten Herrnhuter Typ ab.

Auch im Gottesdienst saß und sitzt man nach Chören getrennt. Als in Königsfeld eine Organistin den Orgeldienst übernahm, mußte die Orgel von der "Brüderseite" zur Schwesternseite" hin verlegt werden. Wie mir gesagt wurde, hält man in jüngster Zeit derartige Dinge nicht mehr so streng. Besonders in Neugnadenfeld sieht man denn auch häufig Eheleute im Gottesdienst zusammensitzen.

39. Für die Brüder-Unität sind mir von der Direktion Fachleute zwecks Zusammenarbeit genannt worden. Über die örtlichen Gemeindepfarrer und Gemeindevorstände hinaus, mit denen sich von Ort zu Ort eine gute Zusammenarbeit ergab, haben sich Pfarrer HAHN als Gesprächspartner für die Geschichte der Gesamt-Unität und Pfarrer BAYER als Gesprächspartner für die Gesamt-Fragebogen-Aktion zur Verfügung gestellt. Für die Zusammenarbeit mit den Waldensern wurde eine Art Kommission gebildet. Pfarrer KIEFNER ist hier der Spezialist für die Geschichte der deutschen Waldenser, Professor ARMAND-HUGON derjenige für die Gesamt-Geschichte der Waldenser. Die Pfarrer BELLION und ROSTAGNO haben an der für die Waldenser zugeschnittenen, besonderen Formulierungen der Fragebögen entschiedenen Anteil.

40. Diesen zweiten Fall brauchen wir nicht gesondert zu behandeln. Er löst sich von selbst, wenn man die verschiedenen Beobachtungs-Stationen vergleicht. Siehe Anm. 22. Ein Beispiel: Die Herrnhuter in den USA unterscheiden sich heute doch sehr von den Herrnhutern in Europa, insbesondere denen in Deutschland. Auf der einen Seite ist ihre Geisteshaltung irgendwie "kapitalistischer". (Die Bethlehem Steel-Company ist ein ursprünglich rein brüderisches Unternehmen.) Andererseits sind sie "puritanischer". Sie legten es z.B. nach Kriegsende den Neuwieder Brüdern nahe, doch die Brauerei stillzulegen. Während man in Neuwied der Meinung war, durch gutes Bier denjenigen zu helfen, die sich bis dahin mit selbstgebrautem Schnaps gesundheitlichen Schaden zugefügt hatten, waren die Amerikanischen Brüder der Ansicht, es gehöre sich für einen Herrnhuter nicht, Alkohol zu produzieren und damit Geschäfte zu machen.

41. Was nicht besagen soll, daß man als Geograph in dem Fall ohne irgendwelche Hilfe und Zusammenarbeit auskommen könnte. Auch hier ist Teamarbeit von großem Nutzen. Unsere Forschungen im Emsland wären bei gleichem Energieaufwand sicherlich noch nicht halb so weit gediehen, wenn nicht der Direktor der Emsland-GmbH, Herr HUGENBERG, uns immer wieder hilfreich entgegengekommen wäre. Bezüglich der Dorfgemeinschaftshäuser und ihrer Funktion im sozialgeographischen Gefüge des Emslandes verdanken wir Herrn Oberbaurat PABST eine Menge an Informationen.

Neuerdings ist es auch zu einer Zusammenarbeit mit der Universität Amsterdam gekommen; denn ein dort zusammengestelltes Arbeitsteam untersucht ebenfalls die sozialgeographischen Probleme im deutsch-niederländischen Grenzgebiet. Wir sind dabei, die bei den Fragebogenaktionen bisher gemachten Erfahrungen gegenseitig auszutauschen, um zu einem optimalen Ergebnis zu kommen.

Ähnlich positiv verläuft die Teamarbeit in Italien. Angefangen von den örtlichen Bürgermeistern bis hin zum Präsidenten des Valle Chisone gewährt man uns jegliche Unterstützung, stellt uns die erforderlichen Karten, das statistische Material zur Verfügung usw. Im letzten Halbjahr haben wir ebenfalls zu einem soziologischen Arbeitsteam aus Turin Kontakt bekommen, das sich mit den Waldensern befaßt. Hier bahnt sich eine ähnliche Zusammenarbeit wie mit den Amsterdamer Kollegen an. Die italienischen Fragebögen wurden bereits in Zusammenarbeit mit den Turiner Kollegen erstellt und getestet.

42. Wie sich auch die Geisteshaltung der in diesen neuen Wohnungen lebenden Herrnhuter wandelt bzw. gewandelt hat und möglicherweise auf ein neues Gleichgewicht hin einpendelt, werden wir durch unsere Fragebogenaktion im einzelnen ermitteln. Auch hier muß selbstverständlich immer das Wechselseitige der Beziehungen berücksichtigt werden: einmal wünschen die Brüder, die einen "neuen" Beruf haben (und die obendrein verheiratet sind) eine andere Unterkunft als die Brüder der vorigen Generation. Zum anderen schaukelt sich dieses ihr "Anderssein" durch die neuen Wohnungen weiter auf. In getrennten Familienwohnungen bildet sich eben eine andere Geisteshaltung und vor allem Gemeinschaftshaltung heraus als in Gemeinschaftswohnungen. Zur kartographischen Erfassung dieser Phänomene vgl. Anm. 22.

43. Es kam zu einem Kompromiß zwischen herrnhutisch denkender Gemeindeleitung und hinzugezogenen Gemeindegliedern, die in ihren alten Heimatgemeinden des Ostens weniger typisch herrnhutisch als vorwiegend "nur" kirchlich-pietistisch geprägt waren.

Und in diesen sich entwickelnden Kompromiß wirkte dann noch die moderne Industrie-Umwelt von außen ein. Der überwiegende Teil der Einwohner war gezwungen, zum Arbeiten in die Nachbarschaft auszupendeln.

44. Diese "Kirchentracht" wurde seinerzeit eingeführt, um den Unterschied zwischen Arm und Reich zu überbrücken. Im Gottesdienst sollte der (bzw. die) Arme genauso gekleidet sein wie der (bzw. die) Reiche. Auch hier handelt es sich um das Eingehen eines Umweltfaktors in die Religion. ZINZENDORF wählte die Tracht, die "zufällig" zur Zeit gerade in der Oberlausitz üblich war. Diese verbreitete sich dann mit den Herrnhutern beinahe über die ganze Welt.

45. Alle Versuche, derartiges in Neugnadenfeld einzuführen, mißlangen größtenteils.

46. Dieser Vergleich in drei Ebenen ist äußerst aufschlußreich. Er ist nur wegen der besonderen Situation Neugnadenfelds möglich. Normalerweise muß man sich mit einem Vergleich in höchstens zwei Ebenen zufrieden geben.

    Bezüglich des Bevölkerungswachstums, der Alterspyramide, der Mobilität, vieler Bräuche, besonders aber auch bezüglich der Arbeitsmoral konnten wir schon eine Menge herausfiltern, wobei dann allerdings von Fall zu Fall zu klären ist, ob wirklich direkt religiös begründete Besonderheiten vorliegen oder nicht.

    Die Alterspyramide ist jedenfalls in Neugnadenfeld (genau wie bei den Berliner Herrnhutern) nicht so kopflastig wie in der Nachbarschaft. Das läßt die Prognose zu: Je höher der Prozentsatz an Brüderischen Fabrikarbeitern in einem Betrieb ist, um so weniger kann von einer Gefährdung durch Überalterung bzw. Abwanderung der Jugendlichen gesprochen werden. Der Herrnhuter ist (aus welchem Grunde sei dahingestellt) nicht so leicht zum Abwandern bereit wie seine Nachbarn.

    Auch bei den Waldensern sind solche wirtschaftlich in Erscheinung tretenden (religiös geprägten) Besonderheiten deutlich festzustellen. Man streikt dort z.B. weniger als in der katholischen Nachbarschaft und ist im allgemeinen äußerst arbeitsam, zuverlässig und fleißig. (Auch hier lasse ich es dahingestellt, ob das religiös oder anderweitig bedingt ist.) Die Folge: Die Fiat-Werke haben vor, ein Zweigwerk in die Waldensertäler zu verlegen ... was seinerseits zu einem beachtlichen Rückkoppelungsprozeß führen dürfte. Vielleicht übernehmen die Waldenser dann bald die "Streikgesinnung" ihrer Umwelt.

47. Insgesamt ist es um statistisches Material schlecht bestellt. Die Waldenser z.B. führen in ihren Gemeinden keine Karteien. In den staatlichen Unterlagen wird die Religionszugehörigkeit nicht vermerkt, deswegen kann man nur durch eine Befragung Klarheit erhalten.

    Auch bei den Herrnhuter Orten sind die uns interessierenden Einzelheiten in der Regel aufgrund fehlender Unterlagen anders kaum herauszubringen.

48. Wir wollen z.B. auch Dinge wie diese herausbringen:

    1. Woran mag es liegen, daß im reformierten Emsland und im waldensischen Piemont die Geschäftswelt katholisch ist?

2. Wo wirkt die Rückkoppelung stärker und schneller, beim Städter oder Dorfbewohner, beim Akademiker oder Bauern, beim Handwerker oder Händler? usw. Und umgekehrt: Sind bestimmte Berufsgruppen stärker religiös geprägt oder spielt die Wohnlage (eventuell sogar das Physiogeographische) eine bedeutende Rolle? (Vielleicht ist diese Rolle wichtiger als alles andere?)

49. Vgl. dazu die Vorstellung von Sozialgeographie bei den Niederländern. Dort hat man zur Soziologie bereits stärkeren Kontakt als zur Physiogeographie. (Siehe die Aufsätze von KEUNING usw. in der HARTKE-Festschrift, Bd. 4 der Münchner Studien zur Sozial- und Wirtschaftsgeographie, Kallmünz/Regensburg 1968).

Literatur

1. *Sozial- und Wirtschaftsgeographie*

BARTELS, D. (Hrsg.): Wirtschafts- und Sozialgeographie. Köln/Berlin 1970.

BOBEK, H.: Stellung und Bedeutung der Sozialgeographie. In: Erdkunde, Bd. II, Lfg. 1/3, Bonn 1948, S. 118-125.

HAHN, H.: Sozialgruppen als Forschungsgegenstand der Sozialgeographie. In: Erdkunde, Bd. 11, Bonn 1957, S. 35ff.

KÜHNE, D.: Malaysia. Paderborn 1970.

RÜHL, A.: Vom Wirtschaftsgeist im Orient. Leipzig 1925.

RUPPERT, K. (Hrsg.): Zum Standort der Sozialgeographie. Hartke-Festschrift, in: Münchener Studien zur Sozial- und Wirtschaftsgeographie, Bd. 4, Kallmünz/Regensburg 1968.

RUPPERT, K., SCHAFFER, F.: Zur Konzeption der Sozialgeographie. In: Geographische Rundschau, Bd. 21, 1969, S. 205-214.

WIRTH, E.: Zum Problem einer allgemeinen Kulturgeographie. In: Die Erde, 100. Jg., Heft 2-4, Berlin 1969.

WHITTLESEY, D.: The Horizon of Geography. In: Annals of the Association of American Geographers, Washington 1945.

2. *Religionsgeographie*

BÜTTNER, M.: Neue Strömungen der Religionsgeographie. Vortrag gehalten auf der Religionswissenschaftlertagung 1972 in Berchtesgaden, abgedruckt in: Zeitschrift für Missions- und Religionswissenschaft 57, 1973, S. 39-59.

BÜTTNER, M.: Die Geographia generalis... Providentialehre und geographisches Weltbild. Habil.-Schrift, Wiesbaden 1973 (bis zum Druck als Manuskript versandt an Kollegen und interessierte Studenten).

BÜTTNER, M.: Von der Religionsgeographie zur Geographie der Geisteshaltung. In: Die Erde, Bd. VI, 1976, S. 300-329 (Nachdruck in diesem Band).

DEFFONTAINES, P.: Géographie et religions. Paris 1948.

FICKELER, P.: Grundfragen der Religionsgeographie. In: Erdkunde, Bd. 1, S. 121-144.

FRICK, H.: Regionale Religionskunde. In: Zeitschrift für Geopolitik, Jg. 1943.

GEBEL, W.: Der Islam - die Religion der Wüste. Breslau 1922.

HAHN, H.: Geographie und Konfession. In: Berichte zur deutschen Landeskunde, 1952.

KASCHE, H.: Ideen über religiöse Geographie. Lübeck 1795.

LAUTENSACH, H.: Das Mormonenland. In: Bd. 11 der Bonner Geographischen Arbeiten, Bonn 1953.

SCHEMPP, H.: Gemeinschaftssiedlungen auf religiöser und weltanschaulicher Grundlage. Tübingen 1969.

SIEVERS, A.: Christentum und Landschaft. In: Erdkunde, Bd. 12, 1958, S. 107ff.

SOPHER, D.E.: Geography and Religions. Engelwood Cliffs 1967.

WIRTH, E.: Zur Sozialgeographie der Religionsgemeinschaften. In: Erdkunde, Bd. 19, 1965, S. 265ff.

ZIMPEL, H.G.: Vom Religionseinfluß in den Kulturlandschaften zwischen Taurus und Sinai. In: Mitteilungen der Geographischen Gesellschaft München 1963.

3. *Soziologie, insbesondere Religionssoziologie*

ACQUAVIVA, S.S.: Der Untergang des Heiligen Landes ... Essen 1964.

ADORNO, TH. W.: Soziologie und empirische Forschung. In: Soziologica, H. II, 1962.

BECKER, R.W.: Religion in Zahlen. In: Pädagogische Forschung, Heidelberg 1968.

BROCKMÖLLER, K.: Industriekultur und Religion. Frankfurt 1966.

BURGER, A.: Religionszugehörigkeit und soziales Verhalten. Göttingen 1964.

DAHRENDORF, R.: Konflikt und Freiheit. München 1970.

MATHES, J.: Religionssoziologie. Bd. I und II, Hamburg 1968.

MENSCHING, G.: Soziologie der Religion. Bonn 1968.

MYDRAL, G.: Das Weltproblem in der Sozialwissenschaft. Hannover 1965.

MÜLLER-ARMACK, A.: Zur Religionssoziologie. Weltwirtschaftliches Archiv, 1945.

NEULOH, O.: Vom Kirchdorf zur Industriegemeinde. Köln 1967.

Pastoralinstitut Essen: Zum Begriff und den sozialwissenschaftlichen Meßmethoden der Religiosität. Essen 1966.

PFEIL, E.: Raum und Gesellschaft. Bremen 1950.

SCHÖFFLER, H.: Wirkungen der Reformation, Religionssoziologische Folgerungen für England und Deutschland. Frankfurt/M. 1960.

TAWNEY, R.H.: Religion und Frühkapitalismus. Bern 1946.

VAUX, R. DE: Das alte Testament und seine Lebensordnung. Freiburg 1962.

VONTOBEL, K.: Das Arbeitsethos des deutschen Protestantismus. Bern 1946.

WACH, J.: Religionssoziologie. Tübingen 1951.

4. *Verschiedene Fachbereiche*

BOLLHAGEN, P.: Soziologie und Geschichte. Berlin 1966.

BÜTTNER, M.: Die Stellung der Frau in der menschlichen Gesellschaft. Eine historisch-geographische Untersuchungsarbeit für die geographische Kommission, Münster 1959 (unveröffentlicht).

BÜTTNER, M.: Theologie und Naturwissenschaft, insbesondere Geographie. Theologische Dissertation, Münster 1963.

BÜTTNER, M.: Theologie und Klimatologie. In: Neue Zeitschrift für systematische Theologie und Religionsphilosophie. Berlin 1964.

BÜTTNER, M.: Geographie und Theologie im 18. Jahrhundert. Wiesbaden 1966.

BÜTTNER, M.: Kant und die Beziehungen zwischen Geographie, Theologie und Philosophie im 18. Jahrhundert. In: Erdkunde, Bd. 29, Lfg. 3, 1975, S. 53-60..

HERTLING, v.: Das Prinzip des Katholizismus und die Wissenschaft. Freiburg 1899.

SCHLETTE, H.R.: Philosophie - Theologie - Ideologie. Köln 1968.

TUAN, YI-FU: The Hydrological Cycle and the Wisdom of God. Toronto 1968.

ZÖCKLER, O.: Geschichte der Beziehungen zwischen Theologie und Naturwissenschaft. Gütersloh 1877.

Die Neuausrichtung der Geographie im 17. Jahrhundert durch Bartholomäus Keckermann

Ein Beitrag zur Geschichte der Geographie in Ihren Beziehungen zur Theologie und Philosophie

von Manfred Büttner, Bochum*

Seit der Reformation stand die Geographie[1] im Dienste der Theologie, zumindest im protestantischen Europa. Sie hatte die Aufgabe, Gottes Providentia (die göttliche Lenkung der Welt) aufzuzeigen bzw. zu beweisen.[2] Gegen Ende des 16. Jahrhunderts machen sich erste Anzeichen einer Emanzipation bemerkbar. GERHARD MERCATOR z.B., der führende Geograph jener Zeit, stellte zwar noch fest, daß es die Aufgabe des Geographen sei, Gottes Providentia aufzuzeigen, und daß man sich dabei auf die Bibel stützen müsse.[3] Anders als seinen Vorgängern[4] gelang es ihm aber bereits nicht mehr, die Geographie nach den geforderten Prinzipien aufzubauen. In seinem Hauptwerk, das er gegen Ende des Jahrhunderts schrieb, deutet sich die Emanzipation aus der Theologie an.[5]

Eine solche Emanzipation mußte für den gläubigen Christen gravierende Folgen haben, und MERCATOR hat sie vorausgeahnt. Wenn nämlich die Geographie nicht mehr die Aufgabe der Providentia-Erläuterung bzw. sogar des Providentia-Beweises erfüllen kann, dann ist eine "Schrumpfung" des Lehrstücks von Gottes Weltregierung die unabwendbare Folge.

War es bislang möglich, dem Menschen mit Hilfe der geographischen Fakten (bzw. mit Hilfe der für diese Fakten zuständigen Wissenschaft) wie Regen und Schnee, Sommer und Winter, Tag und Nacht, Ebbe und Flut usw. die göttliche Lenkung der Welt sinnfällig vor Augen zu führen[6], so mußte für den gläubigen Christen in dem Augenblick eine Welt zusammenbrechen, als die Geographie diese Aufgabe nicht mehr erfüllte bzw. erfüllen konnte.[7]

Diese Konsequenzen, die einen "frommen Geographen" nicht zur Ruhe kommen ließen, hat MERCATOR schmerzhaft durchlitten.[8] Erst durch BARTHOLOMÄUS KECKERMANN (1572-1609) wurde dieser Zwiespalt gelöst. Er entfaltete selbst eine emanzipierte Geographie und entkräftete die theologischen Argumente, die gegen eine solche Emanzipation sprechen. Doch nicht nur das, er stellte sogar fest, daß gerade die neutrale, nicht vordergründig im Dienste der Theologie stehende Geographie eine noch viel bessere theologische Aufgabe übernehmen kann.

Zu KECKERMANNs Theologie

Hier sei nur das aus seiner Theologie, was für den angesprochenen Zusammenhang von Wichtigkeit ist, herausgegriffen.

Die theologische Begründung der Naturwissenschaft, insbesondere der Geographie

KECKERMANN begründete die Trennung von Naturwissenschaft und Theologie im Lehrstück von der Sünde.[9] Thesenartig zusammengestellt ergibt sich folgendes:

1. KECKERMANNs Ausgangspunkt ist die Unterteilung des Gesamtwissens in Theorie und Praxis. In jeder Disziplin kommt es hauptsächlich auf die praktische Seite des Faches an, die theoretischen Erörterungen haben für sich selbst keinen Sinn und Wert. Das bedeutete für die Theologie: Da die Praxis der Erlösung die Hauptsache ist, muß die ganze Theologie auf dieses Ziel hin ausgerichtet werden.

2. Aus diesem "praktischen" Ansatz ergibt sich die sogenannte analytische Methode, die KECKERMANN dann nicht nur in der Theologie, sondern in allen Disziplinen anwandte. Bei dieser Methode geht man prinzipiell vom

Ziel aus, im Falle der Theologie vom Heil der Menschen. Diesem Ziel entsprechend ist dann eine facheigene Systematik zu entfalten.

3. Um zu dem Hauptziel, dem Heil des Menschen zu gelangen, baute KECKERMANN in sein System der Beziehungen zwischen Theologie und Naturwissenschaft eine neue Lehre von der Gottebenbildlichkeit des Menschen ein. Er geht davon aus, daß es das Ziel des Menschen sei, die Gottebenbildlichkeit, die sein Heil ausmacht, zu erlangen. Sie ist zwar durch den Sündenfall verloren gegangen, kann aber auf zweierlei Weise zurückgewonnen werden: Mit Hilfe der Theologie durch Offenbarung, mit Hilfe der Philosophie (was bei KECKERMANN heißt, durch die Naturwissenschaft, insbesondere die Geographie) durch Naturbeherrschung.

Dieser Gedanke ist zu erläutern. KECKERMANN geht davon aus, daß Gott alles in allem ist. Ein echtes Ebenbild Gottes muß daher ebenfalls alles in allem sein, das heißt, es muß alles begreifen und dieses Begriffene beherrschen. Daraus folgt: Je mehr Kenntnis der Mensch von der Erde hat, und je mehr er sie demzufolge beherrscht, um so mehr hat er seine alte verlorengegangene Gottebenbildlichkeit wieder erlangt.

Wie KECKERMANN konstatierte, wußte der Mensch im Paradies mehr von der Natur als alle heutigen Wissenschaftler zusammen. Nach dem Sündenfall ging unter anderem auch diese Naturerkenntnis verloren; denn von nun ab war der Mensch in seiner ganzen Person von der Sünde erfüllt. Doch vermag die Naturwissenschaft, insbesondere die Geographie, durch immer neue Erkenntnisanreicherung die alte Vollerkenntnis der Natur wiederherzustellen und dadurch dem Menschen diesen Teil der Ebenbildlichkeit zurückzugeben.

4. Die Frage, wie das im einzelnen geschehen kann, beantwortete er mit dem Hinweis auf den grundsätzlichen Unterschied zwischen subjektbezogener und objektbezogener

Erkenntnis. Da alle auf das Subjekt bezogene Erkenntnis dem Menschen seit dem Sündenfall verbaut ist und wesentliche Dinge, wie z.B. die Heilserkenntnis, von ihm nicht mehr zurückgewonnen werden können (es sei denn durch Offenbarung), folgerte KECKERMANN, daß in diesem Bereich die Gottebenbildlichkeit nicht wieder erlangt werden kann.

Im objektiven Bereich der Naturerkenntnis ist jedoch ein Rest von Gottebenbildlichkeit, von Imago Dei, erhalten geblieben, der wieder angereichert werden kann. Je weniger sich also eine Wissenschaft mit dem Menschen selbst und seiner subjektiven Beziehung zu Gott befaßt, und je mehr sie sich nur auf die Erkenntnis der Naturobjekte richtet, um so eher kann sie echte, wahre Erkenntnis liefern und den Menschen in diesem Bereich wieder gottebenbildlich machen, indem sie ihm gottähnliche Vollmacht über die Natur verleiht.

Soll allerdings die ganze Gottebenbildlichkeit wiedererlangt werden, dann hat der nach dieser strebende Mensch gleichzeitig sowohl den theologischen als auch den philosophischen (naturwissenschaftlichen) Weg zu beschreiten.

5. Eine natürliche Theologie lehnte KECKERMANN grundsätzlich ab. Für ihn gab es nicht den Weg, der mit Hilfe geographischer Fakten "von unten" zu Gott führt. Die Geographie kann aus dem vorher Gesagten heraus gar nicht im Dienste der Providentia-Erhellung stehen. Daraus folgt: Sie ist theologisch neutral, emanzipiert zu betreiben.

Im Gegensatz zu MELANCHTHON, bei dem die Naturwissenschaft, insbesondere die Geographie, im Rahmen der sogenannten natürlichen Theologie den Menschen zur Erkenntnis Gottes und seiner Providentia führte, erfüllt die Geographie bei KECKERMANN eine andere, viel wichtigere Aufgabe: Sie macht ihn gottgleich.

Wie diese emanzipierte Geographie, Physik usw. jeweils ihre Systematik und Forschungsmethodik entfaltet, welche Ziele sie sich setzt usw., das ist für KECKERMANN Sache der Fachvertreter, nicht Sache der Theologen bzw. theologischen Ausrichtung oder Indienstnahme des Faches. Einen Ausgleich zwischen Doctrina Evangelica und Naturwissenschaft bzw. eine Unterordnung der Naturwissenschaft unter die vom Theologen anzugebenden Ziele (wie es noch MELANCHTHON anstrebte), oder einen Ausgleich zwischen biblischen und klassisch-geographischen Vorstellungen (wie ihn MERCATOR zu erreichen versuchte) braucht man, ja soll man nicht zu erzwingen suchen.

KECKERMANN schuf also anstelle der alten Beziehung, die über die Providentia hergestellt wurde und auf die Unterordnung der Geographie unter die Theologie hinauslief, eine neue, die theologisch im Grunde genommen viel bedeutsamer ist (die Gottebenbildlichkeit)[10], obwohl er sich theologisch mit der Tatsache der Emanzipation abfand und sich nicht wie die Theologen des 18. oder gar 19. Jahrhunderts in Rückzugsgefechte einließ.[11]

Die Providentiaschrumpfung,
Ursache oder Folge der Emanzipation?

In seinem theologischen Hauptwerk[12] trägt KECKERMANN "nur" noch eine auf den Menschen hin ausgesagte, eine geschrumpfte Providentialehre vor, die genau zu der Anerkennung der Emanzipation der Naturwissenschaften "paßt". Wie in allen seinen Werken, besonders auch der Geographie, bedient er sich der analytisch-distinktiven Methode. Dabei geht er folgendermaßen vor:

Er beginnt mit Gott und sagt, daß es eine innere und eine äußere Seite Gottes gebe. Die äußere Seite ist zu untergliedern in das, was Gott mit den Dingen "außer sich" plant, und in das, was er dem Geplanten entsprechend ausführt. Die Ausführung kann dann entweder ordentlich oder außerordentlich erfolgen.

In dieser Art vorgehend gelangt er in immer weiteren Distinktionen schließlich zur Volitio Gottes. Diese untergliedert er weiter in Volitio conditionalis und Volitio generalis. Über die Providentia[13], die einen Teil der von Gott ausgehenden aktiven Wirkseite der Volitio bildet, gelangt er schließlich zur Directio specialis, d.h. zur Lenkung des Menschen zum Heil. Um diese Lenkung des Menschen zum Heil geht es ihm einzig und allein, und zwar nicht nur in der Providentialehre, sondern in der ganzen Theologie.[14]

Die Providentiaschrumpfung auf den Menschen hin ist damit perfekt. Sie paßt zur Emanzipation der Geographie aus der Theologie, wobei lediglich noch die Frage zu beantworten wäre, was hier Ursache und was Wirkung ist.

KECKERMANNs Geographie

Das geographische Hauptwerk KECKERMANNs, um das es hier vorwiegend gehen soll, erschien kurz nach 1600 in vielen Auflagen und mehreren Sprachen.[15] Nach welcher Methode geht er vor?

Seine Vorgänger, vor allem MÜNSTER und MERCATOR, hatten sich von der in der Genesis vorliegenden Reihenfolge leiten lassen. Sie entfalteten das ihnen von ARISTOTELES, PTOLEMAEUS usw. bekannte geographische Faktenmaterial nach dem Duktus des 1. Schöpfungsberichtes.

Für KECKERMANN ergab sich nun die Frage, nach welchen Gesichtspunkten dieses Material zu ordnen ist, wenn nicht mehr die durch die Bibel vorgegebene Reihenfolge zugrundegelegt werden soll; denn eine solche Ordnung würde ja einer Emanzipation der Geographie widersprechen. Die aristotelische Elementenlehre als "roten Faden" zu benutzen und (wie ARISTOTELES selbst) das geographische Material in der Reihenfolge "von außen nach innen" (also in der Reihenfolge: Feuer, Luft, Wasser, Erde)[16] abzuhandeln, lehnt er ebenfalls ab; denn dann würde dabei ja eine Physik, nicht aber eine Geographie herauskommen, da der Geograph sich mit der aus Erde und Wasser gemischten einheitlichen Erdkugel bzw. Erdoberfläche zu beschäftigen hat.[17]

KECKERMANN beschritt einen neuen Weg, indem er die einzelnen geographischen Fakten weder in der physischen noch in der biblischen Reihenfolge abhandelte und, wie bis dahin üblich, nach Gesichtspunkten ordnete, die wir heute als "außergeographisch" bezeichnen; sondern er schuf eine Art hierarchischer Begriffssystematik, wodurch die Geographie zum erstenmal in ihrer Geschichte eine Art facheigener Methodik erhielt.

Damit hat KECKERMANN die Geographie zwar aus der Theologie emanzipiert, aber eine rein äußerliche Beziehung blieb insofern erhalten, als die Methode, nach der er das Material ordnete, die in der Theologie (aber auch in den anderen Disziplinen) bereits erprobte analytisch-distinktive ist.

Er unterteilte unser Fach zunächst in die Geographia generalis und die Geographie specialis. Mit der Geographia specialis befaßte er sich nur am Rande.[18] Die allgemeine Geographie gliederte er dann weiter auf in Geographia generalis absoluta und Geographia generalis comparata, also in theoretische und praktische (bzw. vergleichende) Geographie. Im theoretischen Teil werden die Grundregeln erarbeitet und im praktischen Teil werden diese angewandt.[19]

Die Geographia generalis absoluta gliederte er weiter in die Geographia generalis absoluta realis (der Name wird entsprechend des distinktiven Vorgehens immer länger) und in die Geographia generalis absoluta picturalis. Während in der Piktural-Geographie über das Kartenzeichnen gehandelt wird, geht es in der Real-Geographie um das, was wir heute der Morphologie zurechnen würden. Hier entfaltete KECKERMANN erstmals eine Art morphologisches Begriffssystem, das von den Partes Terrae ausgeht, die zunächst in Land und Wasser gegliedert werden. Das Land unterteilte er dann weiter in Terra principalis und Terra minus principalis, also in die kleineren (Collis, Saltus usw.) und die größeren Teile (Continens, Insula usw.) der Erdoberfläche bzw. des Landes.

Das bisher Gesagte mag genügen, um KECKERMANNs Vorgehen zu verdeutlichen. Er emanzipiert die Geographie aus der Theologie, zieht die theologischen Konsequenzen aus dieser Emanzipation, indem er die Providentia auf den Menschen hin "einschrumpft", entfaltet eine dazu passende Sünden- und Imagolehre und verhilft schließlich der emanzipierten Geographie zu einer Methode, mit deren Hilfe es möglich ist, erstmals das Faktenmaterial nicht nach fachfremden (aus heutiger Sicht gesehen), sondern nach fachinternen Prinzipien zu ordnen, überschaubar und damit leichter lehrbar und geistig verfügbar zu machen. Daß er rein äußerlich dabei in der Theologie und Geographie gleich (nämlich analytisch - distinktiv) vorgeht, möge die Skizze veranschaulichen.

Die chronologischen Beziehungen zwischen Theologie und Geographie bei KECKERMANN

Nachdem die systematischen und prinzipiellen Beziehungen zwischen diesen beiden Fächern geklärt sind, möchte ich auf die Chronologie eingehen. Zunächst einige biographische Angaben.

KECKERMANN wurde als Sohn einer reformierten Kaufmannsfamilie in Danzig geboren. Seine Studien führten ihn über Wittenberg nach Heidelberg. Dort wurde er Theologieprofessor, folgte aber später einem Ruf in seine Heimatstadt, um als Lehrer am Gymnasium den Widerstand gegen das Luthertum (noch mehr wohl auch gegen die Gegenreformation) zu stärken. In Heidelberg veröffentlichte er seine theologischen Schriften, die naturwissenschaftlichen folgten später, vor allem die Geographie.

Diese Daten legen den Schluß nahe, daß KECKERMANN, da die Dogmatik aus dem Jahre 1602 stammt, die Geographie dagegen erst später erschien, zunächst theologisch-wissenschaftsmethodisch gearbeitet haben dürfte und erst später eine Geographie entfaltete, die zu dieser seiner Theologie paßte. Das würde bedeuten, daß er sich in seiner Heidelberger Zeit als Hochschullehrer mit den grundsätzlichen Dingen (wie dem Verhältnis der einzelnen Disziplinen zueinander usw.) befaßte und erst später in Danzig eine Geographie schrieb, weil ihm die für den Schulunterricht vorhandenen Bücher möglicherweise unzureichend erschienen.

Doch ist Konzipieren und Veröffentlichen nicht dasselbe. Ich halte es nicht nur für möglich, sondern sogar für wahrscheinlich, daß KECKERMANNs theologisch-philosophische Gesamtvorstellung, die sich bereits um 1600 greifen läßt[20], durch früheren Umgang mit naturwissenschaftlichen Werken geprägt wurde. Er dürfte schon in seiner Schülerzeit unter FABRICIUS, dem Rektor in Danzig, mit naturwissenschaftlichen, vor allem geographischen Gedankengängen bekannt gemacht worden sein. Die Physik MELANCHTHONs hatte er vermutlich als junger Mann kennengelernt, ebenso wie die geographischen Werke MÜNSTERs und MERCATORs. Sein Interesse war sicher nicht von Anfang an allein auf die Theologie gerichtet. Ihm ging es mehr um die Gesamtheit aller Wissenschaften und um die Beziehungen ihrer Teilbereiche zueinander als um die Theologie allein.[21]

Schon 1598 - also noch vor der Veröffentlichung seiner theologischen Systematik - erschien seine kleine Schrift über Topographie.[22] Hier rang der junge Wissenschaftler noch um das Problem der Beziehungen zwischen Theologie und Naturwissenschaft. Er scheint noch der Meinung zu sein, daß die Naturwissenschaft (Naturphilosophie) im Dienste der Theologie zu stehen habe. Doch kurz danach erschien seine Arbeit über Erdbeben[23], in der sich eine Umkehr ankündigt. Sein Versuch, die Erdbeben auf Gottes Providentia hinzuordnen, mißlingt. Er beginnt damit, die Providentia einzuschrumpfen. Offenbar wird er sich bereits jetzt klar darüber, daß es keinen zweck hat, die Geographie oder andere

Naturwissenschaften theologisch auszurichten. Er geht schließlich nach ARISTOTELES vor, legt dessen Erdbebentheorie zugrunde und flüchtet sich nur noch in die Aussage: Erdbeben, die sich nicht nach ARISTOTELES erklären lassen, müssen wohl andere Ursachen haben.[24]

Aus dem Gesagten könnte folgen, daß KECKERMANN schon vor 1602 auf dem Wege war, die Emanzipation der Naturwissenschaften (gegen seinen Lehrer MELANCHTHON und vielleicht angeregt durch seinen anderen Lehrer MERCATOR) theologisch zu begründen, bzw. die theologischen Konsequenzen daraus zu ziehen. Seine Dogmatik von 1602 wäre dann das Ergebnis seiner Auseinandersetzung mit diesem Problem.

Doch bleibt die Frage, ob seine Geographie, die in so besonderer Weise zu seiner Theologie und zu seiner Vorstellung von den Beziehungen der einzelnen Disziplinen untereinander paßt, vor oder nach der Dogmatik konzipiert wurde, immer noch offen. Die naheliegende Vermutung, daß er erst in seiner Danziger Zeit die Geographie konzipierte mit dem Ziel, sich und seinen Schülern ein neues Lehrbuch zu schaffen, ist offenbar nicht zutreffend; ihr widerspricht die Tatsache, daß er schreibt, Amerika sei seit 110 Jahren entdeckt.[25] Daraus könnte folgen, daß er seine Geographie wohl doch schon in Heidelberg konzipierte, möglicherweise für den Unterricht im Internat, das er nebenher leitete, und sie dann (vielleicht nur geringfügig oder überhaupt nicht verändert) in Danzig im Gymnasialunterricht verwandte.

Das würde bedeuten: KECKERMANN gelangte in den Jahren um 1600 in intensivem Selbstgespräch (zwischen dem Geographen und dem Theologen in ihm) als Reaktion auf die in Gang befindliche Veränderung der Geisteshaltung zu der genannten Emanzipation der Geographie mit allen sich daraus für die Theologie und Geographie ergebenden Folgen.[26]

Wenn man die Größe eines Gelehrten daran mißt, ob es ihm gelingt, sein Fach (bzw. seine Fächer) im Einklang zu der zeitgenössischen Gesamt-Geisteshaltung zu betreiben, bzw. einen Einklang wiederherzustellen, wenn dieser infolge einer Änderung der Geisteshaltung verloren gegangen war, dann muß man KECKERMANN zu den ganz großen rechnen (wie es sein Schüler ALSTED ja auch expressis verbis tut). Er gehört zu denjenigen, die "Schule" machten, die also für eine gewisse Zeit (ähnlich wie MELANCHTHON für die Zeit nach der Reformation) ein Gleichgewicht zwischen Geisteshaltung und methodischer Ausrichtung der von ihnen betriebenen Wissenschaften (bei KECKERMANN vorwiegend Theologie, Philosophie, Geographie, Physik, Astronomie usw.) herstellten.

Die Anhänger bzw. Schüler folgen so lange der von ihrem Lehrer entwickelten Methode, bis eine Änderung in der Geisteshaltung eine erneute Neuausrichtung erfordert, die dann zu einem neuen Gleichgewicht führt.[27]

Der Frage, warum KECKERMANN schließlich in Vergessenheit geriet und VARENIUS später als Begründer der Geographia generalis galt, bin ich in meinen in Anm. 15 genannten Arbeiten nachgegangen.

Summary

Within Geography, which served theology since the Reformation as a way of explaining Providentia (divine providence), an emancipatory trend arose toward the end of the 16th century.

BARTHOLOMEW KECKERMANN (theologist and geographer) consciously draws the consequences of this trend toward emancipation, saying that the geographer's task is not to demonstrate God's Providentia but to supply knowledge of the universe using theologically neutral (i.e. purely geographical) methods. He thus fulfills a much more important task, rendering man godlike in his knowledge and command of the universe. KECKERMANN himself develops an emancipated, theologically neutral geography with its own systematics by transposing to geography the analytic-distinctive method applied successfully in theology. In this way he arrives at his classification into Geographia generalis and Geographia specialis, still valid today. Thus it was not VARENIUS (as has commonly been supposed hitherto) but KECKERMANN who was the founder of Geographia generalis.

Anmerkungen

*   Veröffentlicht in: Geographische Zeitschrift, Jg. 63, Heft 1, Wiesbaden 1975, S. 1-12.

1. "Geographie" wird hier selbstverständlich nicht im heutigen Sinne verstanden. In der IGU (Internationale Geographische Union), die demnächst ein Standardwerk zur Entwicklungsgeschichte des geographischen Denkens herausgibt, hat man sich folgendermaßen geeinigt: Zur Geographie und ihrer Geschichte gehören alle Werke, in denen man sich irgendwie mit dem beschäftigt, was wir heute unter dem Sammelbegriff "geographische Fakten" im weitesten Sinne verstehen, ganz gleich, ob man dieses "Faktenmaterial", aus heutiger Sicht gesehen, unter philosophischen, theologischen oder rein geographischen Gesichtspunkten ordnete, durchsystematisierte und lehrte. Eigene Forschung betrieb man praktisch nicht.

    Daher sollen in diesem Werk alle Gelehrten genannt werden, die einen Einfluß auf die Auswahl und Verarbeitung des geographischen Materials gehabt haben.

    Bis zu KANT hin haben vorwiegend "Nebenfach-Geographen" bzw. Nicht-Geographen, wie z. B. Philosophen, Theologen usw., dem Fach die Richtung gewiesen. Die Bedeutung der Entdecker bzw. Forschungsreisenden für die Entwicklung des geographischen Denkens beginnt praktisch erst mit den beiden FORSTER, also im 18. Jahrhundert.

    Da diese Nebenfach- bzw. Nicht-Geographen ihr Faktenmaterial vorwiegend nach theologischen oder philosophischen Gesichtspunkten behandelten, waren ihre entsprechenden Werke, in heutiger Sicht, meist mehr Theologie, Philosophie usw. als Geographie. Trotzdem muß der Geographiehistoriker sie berücksichtigen. Von der Providentiaschrift ZWINGLIs z.B. gingen stärkere Impulse auf die Entwicklung des geographischen Denkens aus als von vielen der zeitgenössischen "Hauptfachgeographen". Noch KANT dürfte mit seinen philosophischen und physikotheologischen Schriften mehr Einfluß auf die Entwicklung des geographischen Denkens ausgeübt haben als mit seiner Geographie-Vorlesung.

    Vgl. dazu folgende Schriften: BÜTTNER, M.: Die Geographia generalis vor Varenius. Geographisches Weltbild und Providentialehre. (Habil.-Schrift) Erdwissenschaftliche Forschungen, Hrsg. C. TROLL, Bd. VII, Wiesbaden 1973; ders.: Kopernikus und die deutsche Geographie im 16. Jahrhundert. In: Philosophia naturalis, Bd. 14, Meisenheim/Glan 1973, S. 353-364; ders.: Kant und die Überwindung der physikotheologischen Betrachtung der geographisch-kosmologischen Fakten. In: Erdkunde Bd. 29, 1975, S. 162-166; Ders.: IGU-Kommission "History of Geographical Thought". Ein Kurzbericht über die Ziele und den Stand der Arbeiten. In: Geographische Zeitschrift, 1974, S. 233-235.

2. Seit der Reformation war man im protestantischen Europa bemüht, die Geographie radikal der Theologie unterzuordnen, also das geographische Faktenmaterial unter theologischen Gesichtspunkten zu behandeln und in den Dienst der Providentialehre zu stellen. MELANCHTHON, der Begründer des deutschen Schul- und Hochschulwesens, hatte diese Entwicklung, die mit der Geisteshaltung jener Zeit im Einklang stand, eingeleitet. Vgl. dazu meine in Anm. 1 genannte Habil.-Schrift. Siehe auch: BÜTTNER, M.: Die Bedeutung der Reformation für die Entwicklung der deutschen Geographie. In: Archiv zur Reformationsgeschichte, Jg. 68 (1977), S. 209-225.

3. Vgl. dazu die in Anm. 1 genannten Schriften. Ich gehe dort auch der Frage nach, welche Folgen es für die Geographie hatte, ob man die lutherische oder die reformierte Providentialehre zugrundelegte. Theologische Gründe führten dazu, daß sich im 16. Jahrhundert zwei verschiedene Geographenschulen herausbildeten, die MELANCHTHON-Schule, die vorwiegend am jetzigen "Funktionieren" der geographischen Fakten wie Regen und Schnee, Sommer und Winter usw. interessiert war, und die MÜNSTER-Schule, die sich stärker der Vergangenheit zuwandte, also das betrieb, was man aus heutiger Sicht etwa als Geologie bezeichnen kann. Jedenfalls waren wegen ihrer besonderen Providentialehre die calvinistischen und reformierten Gebiete Europas für die spätere Entwicklung der Geologie aufgeschlossener als die lutherischen.

4. Die wichtigsten Vorgänger sind MÜNSTER, MELANCHTHON, PEUCER und NEANDER. Vgl. Anm. 1.

5. Man hat den Eindruck, daß MERCATOR unter dem Druck der neuen Geisteshaltung (die langsam dazu führte, die geographischen Fakten mit anderen Augen zu sehen) beinahe gegen seinen Willen, mehr unbewußt als bewußt, zu diesem ersten Schritt in die Emanzipation gedrängt wird. Es scheint, als mache sich im Zuge der neuen Betrachtungsweise das geographische Material "unter der Hand" selbständig und sperre sich gegen die bisher übliche theologische Ausrichtung auf die Providentia, die ja nur auf der Grundlage der teleologischen Betrachtung der geographischen Fakten (sie war von ARISTOTELES eingeführt worden) möglich war. Vgl. dazu außer meinen in Anm. 1 genannten Schriften auch: BÜTTNER, M.: Die Emanzipation der Geographie im frühen 17. Jahrhundert. In: Sudhoffs Archiv 26, 1975, S. 1-16.

6. Das geschieht mit folgender "physikotheologischer" Argumentation, die dann im 18. Jahrhundert erneut aufkommt: Daran, daß immer zur rechten Zeit Regen und Schnee, Hitze und Trockenheit usw. kommen, und zwar gerade an den Orten, wo Pflanzen und Tiere darauf angewiesen sind, sieht man, daß Gott die Welt in Weisheit und Güte lenkt. Dort z.B., wo keine Pflanzen wachsen, wie in den Wüsten, schickt Gott auch keinen Regen. Vgl. dazu außer den genannten Schriften auch: BÜTTNER, M.: Theologie und Naturwissenschaft, insbesondere Geographie. Theologische Dr.-Arbeit, Münster 1963 (unveröffentlicht); ders.: Theologie und Klimatologie. In: Neue Zeitschrift für systematische Theologie und Religionsphilosophie Bd. 6, Heft 2, Berlin 1964, S. 154-191; ders.: Zum Gegenüber von Naturwissenschaft (insbesondere Geographie) und Theologie im 18. Jahrhundert. Der Kampf um die Providentialehre innerhalb des Wolffschen Streites. In: Philosophia naturalis Bd. 14, Meisenheim/Glan 1973, S. 95-122; ders.: Zum Übergang von der teleologischen zur kausal-mechanischen Betrachtung der geographisch-kosmologischen Fakten. In: Studia Leibnitiana Bd. V, Heft 2, Wiesbaden 1973, S. 177-195.

7. Vgl. dazu außer den bereits genannten Schriften insbesondere: BÜTTNER, M.: Geographie und Theologie im 18. Jahrhundert. In: Verhandlungen des deutschen Geographentages 1965 in Bochum. Wiesbaden 1966, S. 552-559; ders.: Das "physikotheologische" System Karl Heims. Einordnung und Kritik. In: Kerygma und Dogma, Jahrg. 19, Bd. 4, Göttingen 1973, S. 267-286; SUZUKI, H. (Hrsg.): MANFRED BÜTTNERs Arbeiten über die Beziehungen zwischen Geographie und Theologie. Übersetzt, zusammengestellt und herausgegeben von HIDEO SUZUKI. In: Geographical Review of Japan, Tokyo 1974, S. 653-657; BÜTTNER, M.: Regiert Gott die Welt? Vorsehung Gottes und Geographie. Studien zur Providentialehre bei Zwingli und Melanchthon. Calwer Theologische Monographien, Stuttgart 1975.

8. Vgl. dazu meine Habil.-Arbeit (vgl. Anm. 1) S. 156ff.

9. Ich verzichte hier und im folgenden auf Einzelzitate und Quellenhinweise. Sie sind in meiner Habil.-Schrift zusammengestellt.

10. Diese positive "Theologie der Naturwissenschaft" steht in krassem Gegensatz zu der Ansicht CALVINs, nach welcher der Umgang mit den Naturwissenschaften den Menschen zur Erkenntnis seiner Sünde und Ohnmacht und damit gerade von Gott weg führe.

    Das Verhältnis zwischen CALVIN und KECKERMANN ist von der Theologie noch nicht genau untersucht. Man weiß nur so viel, daß KECKERMANN das Haupt der Deutschreformierten war, und daß sich CALVIN mit seiner Lehre in Deutschland nicht so durchzusetzen vermochte wie in den angelsächsischen Ländern. Erstaunlich ist aber, daß KECKERMANNs Gesamtausgabe, die doch für einen echten Calvinisten ketzerisches Gedankengut enthielt, bereits Anfang des 17. Jahrhunderts in Genf erschien. Siehe Opera omnia, Genf 1614.

11. Mit diesen Rückzugsgefechten habe ich mich näher in meiner theologischen Dr.-Arbeit (vgl. Anm. 6) und im Aufsatz über KARL HEIM (vgl. Anm. 7) beschäftigt.

12. Systema S. S. Theologiae. Hanoviae 1602. Vgl. dazu: BÜTTNER, M.: Die Neuausrichtung der Providentialehre durch Bartholomäus Keckermann im Zusammenhang der Emanzipation der Geographie aus der Theologie. Ursachen und Folgen. In: Zeitschrift für Religions- und Geistesgeschichte, Bd. 28, 1976.

13. Weder hier noch an anderer Stelle seiner Theologie werden die geographischen Fakten zur Erläuterung (wie bei ZWINGLI) oder zum Beweis (wie bei MELANCHTHON) herangezogen.

14. Aus diesem Grunde ist KECKERMANN in die Theologiegeschichte als Heilsanalytiker eingegangen.

15. Am leichtesten zugänglich ist es in seiner Gesamtausgabe: KECKERMANN, B.: Opera omnia. Genf 1614, Spalte 1929-1991. In diesem Werk (er nennt es Systema Geographicum) taucht erstmals der Terminus "Geographia generalis" auf. Nicht VARENIUS, wie man bislang weithin annahm, sondern KECKERMANN ist also der Begründer der allgemeinen Geographie. Ich habe mich in meiner Habil.-Schrift (a.a.O.), in der Plewe-Festschrift und auf dem internationalen Geographentag in Montreal näher mit den Beziehungen zwischen KECKERMANN und VARENIUS befaßt. Wie auch KASTROP nachweisen konnte, fußt VARENIUS im wesentlichen auf KECKERMANN. Ganze Passagen schreibt er aus dessen Buch ab, ohne die Quellen zu nennen. Man kann VARENIUS auch nicht damit entschuldigen, es sei damals nicht üblich gewesen, die Quellen zu nennen. ALSTED, KECKERMANN usw. (um nur einige Vorläufer des VARENIUS zu nennen) geben ihre Quellen sehr genau an. Siehe dazu: KASTROP, R.: Ideen über die Geographie und Ansatzpunkte für die moderne Geographie bei Varenius unter Berücksichtigung der Abhängigkeit des Varenius von den Vorstellungen seiner Zeit. Diss. Saarbrücken 1972; BÜTTNER, M.: A Geographia generalis before Varenius. In: International Geography 1972, Bd. 2, University of Toronto Press 1972, S. 1229ff; ders.: Keckermann und die Begründung der allgemeinen Geographie. Das Werden der Geographia generalis im Zusammenhang der wechselseitigen Beziehungen zwischen Geographie und Theologie. In: Plewe-Festschrift, Wiesbaden 1973, S. 63-69.

16. Zur Geographie des ARISTOTELES vgl. Anm. 5 und meine Habil.-Schrift (a.a.O.). Über die Bedeutung des ARISTOTELES für die Entwicklung der europäischen Geographie liegt bislang noch keine umfassende Untersuchung vor. Da dieses Thema für die IGU-Kommission (vgl. Anm. 1) wichtig ist (bis zu KANT hin wurde das geographische Denken wesentlich von ARISTOTELES be-

einflußt), habe ich darüber einen größeren Aufsatz für den internationalen Geographentag 1976 eingereicht.

17. KECKERMANN hat als einer der ersten die Geographie von der Physik abgegrenzt, ob als erster überhaupt, ist noch offen.

18. Aus seiner Gesamtdarstellung ergibt sich, daß für ihn doch wohl nur die Geographia generalis Bildungswert besitzt, da man nur in ihr denken lerne, nicht jedoch in der Länderkunde, der er nur Informationswert zubilligt.

19. KECKERMANN leitete seine Schüler im Gelände an, das im Unterricht theoretisch Gelernte zu beobachten. Sein Einfluß auf CLÜVER und dessen vergleichende Geographie ist eine noch offene Frage.

20. Systema S. S. Theologiae. Hanoviae 1602.

21. Siehe HEPPE/BIZER: Die Dogmatik der evangelisch-reformierten Kirche. Neukirchen 1958. S.L.

22. KECKERMANN, B.: Contemplatio gemina prior ... Heidelberg 1598.

23. Heute relativ leicht zugänglich in der Gesamtausgabe. Vgl. Anm. 15 (Sp. 1810-1836).

24. Dabei überläßt er es dem Leser, ob unter die anderen Ursachen auch die Providentia oder lediglich andere natürliche Ursachen zu rechnen sind.

25. Herr Dr. KASTROP verwies mich auf diese Stelle, die nicht im Abschnitt über Amerika, sondern in dem über Europa steht. (In der in Anm. 15 genannten Gesamtausgabe Spalte 1980).

26. Vgl. dazu: BÜTTNER, M.: Die Beziehungen zwischen Theologie und Geographie bei Bartholomäus Keckermann. Seine Sünden- und Providentialehre eine Folge der Emanzipation der Geographie aus der Theologie? In: Neue Zeitschrift für systematische Theologie und Religionsphilosophie 26, 1976, S. 209-225; und HÜBNER, J.: Die Theologie Johannes Keplers zwischen Orthodoxie und Naturwissenschaft. Tübingen 1975. -In meiner Rezension in: Theologische Literaturzeitung bin ich entgegen HÜBNER der Meinung, daß KEPLERs theologisches Denken _nicht_ die Voraussetzung für sein naturwissenschaftliches Denken bildet.

27. In der Geographie hat erst wieder KANT ein neues Gleichgewicht zur inzwischen veränderten Geisteshaltung hergestellt. Doch vgl. dazu Anm. 1. Er hat sicherlich durch seine nichtgeographischen Schriften einen größeren Einfluß auf das geographische Denken ausgeübt als durch seine geographische Vorlesung. Schon vor Jahren hat ERNST PLEWE darauf hingewiesen. Und auf dem Geographentag der USA (April 1975) kamen

wir nach eingehenden Gesprächen erneut zu der Meinung, daß man KANTs Bedeutung für die Geschichte der Geographie nicht nur daran messen kann, welche Bedeutung seine Geographievorlesung oder seine sonstigen naturwissenschaftlichen Schriften hatten.

HARTSHORNE hat durch seine Gespräche und seinen Vortrag Wesentliches gerade zur Klärung dieser Problematik vor einem <u>internationalen</u> Forum beigetragen; denn die von PLEWE, BECK und BÜTTNER (in chronologischer Reihenfolge) zu diesem Themenkreis vorgelegten Forschungsergebnisse waren bislang doch vorwiegend nur im deutschen Sprachraum bekannt.

Von der Religionsgeographie zur Geographie der Geisteshaltung?

Erörterung zur historischen Entwicklung der Religionsgeographie im protestantischen Europa und ihrem gegenwärtigen Stand in der Bundesrepublik Deutschland. Ein Beitrag zur Geschichte des geographischen Denkens

von Manfred Büttner, Bochum

als Vortrag gehalten auf dem Internationalen Wissenschaftshistorikerkongreß in Edinburgh 1977 und auf dem Internationalen Religionswissenschaftler-Kongreß in Lancaster 1978*

Der Geographiehistoriker[1] hat eine doppelte Aufgabe zu erfüllen. Er muß zunächst einmal untersuchen, wie man früher Geographie betrieben hat, also nach welchen Prinzipien das damals bekannte Material geordnet wurde, welche Konzeptionen man zugrunde legte bzw. entwickelte, welche Fragen im Mittelpunkt des Interesses standen, welchen Forschungszielen man sich also in besonderer Weise zuwandte, was nur am Rande behandelt wurde, wie sich das Fach wandelte, wie neue Forschungsziele in den Blick kamen, welche leitenden Tendenzen die einzelnen Epochen charakterisieren, usw.

Doch dann kommt das zweite, ungleich Wichtigere hinzu, nämlich die Beantwortung der Warum-Frage. Das bedeutet auf die Religionsgeographie bezogen: Warum vollziehen sich hier zu bestimmten Zeiten immer wieder Wandlungen, die weitaus größer sind als die Wandlungen in den anderen Teilbereichen des Gesamtfaches Geographie? Woher kommt es, daß zwar in der Regel Geographen in der Religionsgeographie den Ton angaben, daß diese sich aber (aus heutiger Sicht gesehen) mehr mit religionswissenschaftlichen als mit geographischen Fragestellungen befaßten? Und woher kommt es, daß gelegentlich genau das Umgekehrte der Fall ist, daß sich Religionswissenschaftler bzw. Theologen, Philosophen, Historiker usw. der Religionsgeographie zuwandten, und zwar der Seite des Faches, die wir heute als ausgesprochen geographisch bezeichnen können?

Die Frage nach dem Wie läßt sich im allgemeinen relativ leicht erforschen; denn in dem Fall kann man sich auf die rein religionsgeographischen Schriften beschränken.² Die Untersuchung der Warum-Frage bereitet meist größere Schwierigkeiten. In ihren religionsgeographischen Schriften gehen die Verfasser ja darauf nur selten ein. Es ist daher meist erforderlich, hierzu auch ihre nichtreligionsgeographischen Werke heranzuziehen. Das bedeutet: Bei Nichtgeographen (Historikern, Theologen, Philosophen usw.), die sich religionsgeographisch betätigt haben, wird man auch ihre theologischen, philosophischen Werke usw. heranziehen müssen, also "außergeographisch" (bzw. metageographisch) vorzugehen haben.

Und eine weitere Schwierigkeit kommt hinzu: Oft sind sich die Religionsgeographen (besonders in der Zeit vor 1800) selbst nicht einmal dessen bewußt, warum sie so und nicht anders vorgehen. In diesen Fällen wird man auch in ihren nicht-religionsgeographischen Schriften vergebens nach Hinweisen auf die Beantwortung der Warum-Frage suchen. Hier muß man "indirekt" vorgehen und von der allgemein herrschenden Geisteshaltung und deren Wandlungen ausgehen.³ Dabei ist dann auch noch folgendes zu berücksichtigen: Oft herrschen zur gleichen Zeit sehr unterschiedliche Auffassungen über Wesen und Aufgaben der Religionsgeographie, wie z.B. insbesondere zum gegenwärtigen Zeitpunkt, da sich wieder einmal starke Wandlungen vollziehen. Und zwar sind augenblicklich nicht nur Geographen und Religionswissenschaftler (Theologen, Philosophen usw.) unterschiedlicher Meinung, sondern auch die Geographen selbst haben durchaus verschiedene Vorstellungen darüber, nach welcher Methode man vorgehen solle, welches das Wesen der Religionsgeographie ist, ob sie unter kulturgeographischen, sozialgeographischen oder interdisziplinären Zielsetzungen (eben problemorientiert) zu betreiben sei usw.

Es ist dabei wenig hilfreich, wenn man seine eigene Position für die einzig "richtige" hält und alle anderen daran mißt.[4] Meiner Meinung nach gibt es hier nicht "richtig" oder "falsch". Es gibt nicht die Religionsgeographie und das Wesen der Religionsgeographie, sondern Religionsgeographie ist eine wissenschaftliche Disziplin, die (genau wie alle anderen) in ständigem Wandel begriffen ist, deren Wesen, Ziele und Aufgaben in jeder Epoche anders gesehen wurden, und die dementsprechend auch von Forschern unterschiedlichster Herkunft betrieben wurde bzw. wird.

Man sollte daher auch nicht die für eine bestimmte Zeit oder eine bestimmte Schule gültige Definition des Begriffes (bzw. der Vorstellung von) Religionsgeographie zugrunde legen und andere entsprechend kritisieren oder gar abqualifizieren, indem man von Verirrungen spricht.[5] Nein, man wird historisch-neutral vorgehen müssen, gerade die unterschiedlichen Meinungen aufzeigen und vor allem die Wandlungen darstellen müssen, die das Fach Religionsgeographie bis heute durchgemacht hat. Vor diesem Hintergrund ist dann ein besseres Verständnis für die Wandlungen möglich, die sich augenblicklich vollziehen.

Da diese jedem Historiker (vor allem auch den Historikern der Naturwissenschaft), Philosophen, Theologen, Religionswissenschaftler usw. selbstverständliche Betrachtungsweise unter den Geographen (insbesondere in Deutschland) immer noch nicht allgemein gebilligt wird, scheint es mir wichtig, in diesem Aufsatz betont darauf hinzuweisen.

Manche Geographen sind noch heute der Meinung, es sei die einzige Aufgabe des Geographiehistorikers, herauszustellen, auf welchen Umwegen, Irrwegen usw. man endlich zu der heutigen Konzeption gekommen sei. Hier wirkt offenbar die Vorstellung nach, wie sie in der GÜNTHER-Nachfolge (S. GÜNTHER 1904)[6] entwickelt wurde, daß der Geographiehistoriker vor allem diejenigen herauszustellen habe, die auf irgendeinem Gebiet als erste das "Richtige" erkannten, also in etwa Geographie schon so betrieben, wie wir heute. GÜNTHERs Buch über die Geographiegeschichte stand ja unter dem Leitgedanken: Die Entwicklung des Faches von der Kindheit zum Mannesalter ist nachzuzeichnen.

Langsam bahnt sich jedoch ein Umdenken an (vgl. Anm. 1). Die Internationale Geographische Union (IGU) gibt demnächst ein Lexikon zur Geschichte des geographischen Denkens heraus, in dem vor allem auch dargestellt werden soll, inwieweit frühere Geographen im Zusammenhang der Geisteshaltung ihrer Zeit zu ihren jeweiligen Konzeptionen kamen, warum also die Mitte ihres geographischen Denkens früher ganz woanders lag als heute. Die Artikel, die sich auf die deutschen Geographen beziehen, werden von einem Mitarbeiterstab erstellt, dessen Federführung dem Verfasser dieses Aufsatzes übertragen wurde. Ein ähnliches Werk mit analoger Zielsetzung und entsprechender Federführung wird von den Wissenschaftshistorikern in Angriff genommen.

Wir gehen von folgenden Überlegungen aus: Bis zu KANT hin haben vorwiegend "Nebenfach-Geographen" bzw. Nicht-Geographen, wie z.B. Philosophen, Theologen usw. dem Fach Geographie die Richtung gewiesen, also das geographische Denken wesentlich beeinflußt. Da diese Nebenfach- bzw. Nichtgeographen ihr Faktenmaterial vorwiegend nach theologischen oder philosophischen Gesichtspunkten angingen, waren ihre entsprechenden Werke, aus heutiger Sicht gesehen, meist mehr Theologie, Philosophie usw. als Geographie. Trotzdem muß sie der Geographiehistoriker berücksichtigen.

Von einigen nichtgeographischen Schriften des ARISTOTELES (Neudrucke 1955 und 1958), von der Providentialschrift ZWINGELs (1530) oder der theologisch ausgerichteten Geographie MELANCHTHONs 1549, gingen stärkere Impulse auf die Entwicklung des geographischen Denkens, insbesondere auf die Religionsgeographie aus als von vielen zeitgenössischen "Hauptfachgeographen".[7] Noch KANT dürfte mit seinen philosophischen und physikotheologischen Schriften mehr Einfluß auf die Entwicklung des geographischen Denkens ausgeübt haben als mit seiner Geographievorlesung. Bis Ende des 18. Jahrhunderts waren es nicht etwa vorwiegend Entdeckungsreisen, die durch Anhäufung neu bekannt gewordenes Faktenmaterials das geographische Denken bestimmten, sondern es waren vor allem zeitgenössische philosophisch-theologische Strömungen, die wesentlichen Einfluß auf das geographische Denken und damit auf das Fach Geographie ausübten und ihm seine Ausrichtung gaben (M. BÜTTNER 1973, 1974, 1975 a und 1975 b).

Die Geschichte der Geographie ist, wenn man sie unter diesem Aspekt betreibt, im Grunde genommen noch gar nicht im einzelnen zu übersehen und darzustellen, insbesondere, soweit es sich um die Zeit vor 1800 handelt (H. BECK 1973, S. 12). Die weiter oben genannte Lexikon-Arbeit wird daher auf weite Strecken mehr stimulierend wirken als fertige Ergebnisse vorlegen können. Dasselbe gilt für den Teilbereich der Religionsgeographie in verstärktem Maße. Aus dem Grunde soll auch der hier vorgelegte Aufsatz mehr zur Diskussion anregen als einen bis ins letzte Detail abgerundeten fertigen Überblick über die Geschichte der Religonsgeographie liefern. Es handelt sich um einen ersten Versuch, zu einer Epochengliederung in dem von der Reformation beeinflußten Europa zu kommen (vgl. Anm. 18).

Wenn hier ein solcher erster Versuch gewagt wird, dann vor allem deswegen, weil aufgrund jüngster Forschungen eine derartige partielle Geschichte der Religionsgeographie zumindest in ihren ersten großen Umrissen langsam erkennbar zu werden scheint. Vor allem scheinen sich die einzelnen Epochen immer deutlicher voneinander abheben zu lassen: und es sieht so aus, als ob auch die Warum-Frage (vor allem die Frage, warum sich wann immer wieder ganz bestimmte grundlegende Wandlungen vollziehen) allmählich einer endgültigen Beantwortung entgegengeführt werden könne. Oder anders ausgedrückt: Zumindest _eine_ von mehreren Entwicklungslinien, die zu der heutigen Religionsgeographie in Deutschland geführt haben, scheint erkennbar zu werden. Es dürfte sich dabei nach dem gegenwärtigen Stand der Forschung allerdings um die Hauptlinie handeln.

Manches von dem, was hier vorgetragen wird, dürfte sicherlich ergänzungsbedürftig sein und vielleicht sogar zum Widerspruch herausfordern. Aber ich halte es für besser, in dieser Weise vorzugehen, mich möglicherweise hier und da eines Besseren belehren zu lassen, aber damit das Interesse an der bislang doch sehr vernachlässigten Religionsgeographie zu fördern und die Diskussion weiter anzuregen, als mit einer Publikation über die Geschichte der Religionsgeographie so lange zu warten, bis die Dinge im einzelnen restlos geklärt sind. Es ist einfach an der Zeit, von der "unterentwickelten" Religionsgeographie sowohl durch Diskussion über die gegenwärtigen Aufgaben, Ziele und die sich daraus ergebenden Methoden als auch durch die Erforschung ihrer Geschichte Klarheit über den ihr zukommenden Platz innerhalb des Gesamtfaches Geographie sowie ihre Beziehungen zu den Nachbardisziplinen zu gewinnen.[8]

I.

Der Terminus "Religionsgeographie" taucht in Deutschland erstmals im 18. Jahrhundert auf, jedenfalls nach dem augenblicklich Stand der Forschung, die Sache, um die es geht, ist jedoch älter. Wenn man von gewissen Anklängen an Religionsgeographie bei den Griechen absieht (M. BÜTTNER 1973, S. 50 und S. 66), dann fällt der <u>Beginn der Religionsgeographie</u> in das Reformationsjahrhundert, also in jene Zeit, da die Gesamtgeographie (so wie alle anderen Wissenschaften) jene Wendung von der im griechischen Geist betriebenen Philosphie zu einer theologisch gesteuerten Disziplin macht, jedenfalls im protestantischen Europa.[9]

MELANCHTHON (1549), <u>der</u> Freund Luthers und Begründer des Schul- und Hochschulwesens im lutherischen Deutschland, geht unter dem Eindruck der neuen Geisteshaltung von folgendem Grundgedanken aus: Es sollen nur solche Fächer gelehrt werden, die in den Dienst der evangelischen Lehre (der Doctrina Evangelica) gestellt werden können. Fächer, die diese Forderung nicht erfüllen, sind entweder aus dem Fächerkanon zu streichen oder umzugestalten.

Diese Forderung muß vor folgendem Hintergrund gesehen werden: Vor der Reformation galt das Hauptinteresse der Theologen Gott dem Schöpfer. Das Lehrstück von der <u>Creatio</u> stand im Zentrum des Denkens. Nach der Reformation nahm diesen Platz das Lehrstück von der <u>Providentia</u> ein, oder anders ausgedrückt: Die im Zusammenhang mit der Reformation veränderte Geisteshaltung führte zur Entfaltung eines eigenen Providentia-Lehrstückes, das sich aus dem Creatio-Lehrstück emanzipierte.

Der Schöpfer-Gott, also derjenige, der die Welt damals geschaffen hat, ist zwar der allgewaltige, aber auch der "ferne" Gott. Es war einer der Hauptgründe, der die Reformation überhaupt in Gang gebracht hat, daß man statt des "fernen" Gottes den "nahen" Gott suchte, denjenigen, der sich dem Menschen jetzt und hier in Gnade zuwendet. Man sehnte sich nach diesem "nahen" Gott, den man ohne Vermittlung durch die Priester zu erreichen hoffte. Man denke an den Ausspruch Luthers: Wie kriege ich einen gnädigen Gott? Und man denke weiter an Luthers Forderung nach dem allgemeinen Priestertum, wodurch jedem Christen der direkte Zugang zu diesem "nahen" Gott ermöglicht werden sollte. Der "nahe" Gott ist derjenige, der in seiner Vorsehung (Providentia) auch nach der Schöpfung am Werk ist und sich dem Menschen zuwendet. Alle Wissenschaften haben für die in dieser Geisteshaltung lebenden Gelehrten dann nur das eine Ziel, einen primum iter (einen ersten Weg) zu diesem "nahen" Gott zu weisen (vgl. M. BÜTTNER 1973 und 1975 c).

Für die Geographie bedeutet die Forderung MELANCHTHONs folgendes: Da die an PTOLEMAEUS (1482) orientierte Geographie als Kartographie sich nicht dem lutherischen "Zentraldogma" vom jetzt tätigen "nahen" Gott unterordnen läßt, muß sie erweitert werden. Geographische Karten können zwar veranschaulichen, wie die von Gott geschaffene Welt bzw. Erdoberfläche aussieht, sie lassen aber keinen Schluß auf die Providentia zu. Also hat sich der Geograph auch dem Menschen zuzuwenden; denn hier läßt sich in besonders eindrucksvoller Weise die göttliche Weltregierung veranschaulichen.[10]

Es ist dann CASPAR PEUCER (1556), der - gemäß dem von MELANCHTHON geforderten Programm - das näher ausführt, was man heute als Religionsgeographie (speziell: Beschreibung der Ausbreitung einer bestimmten Religion) bezeichnen kann.[11] In seinem Werk von 1556 legt PEUCER (vgl M. BÜTTNER 1973, S. 139ff)[12] folgende Gedanken zugrunde: Es ist selbstverständlich, daß wir diese Welt erforschen, in die uns Gott gesetzt hat; denn wir sind Kinder der Kirche Jesu Christi. Diese Welt ist eine Serie von göttlichen Offenbarungen, die wir insbesondere durch Betrachtung der geographischen Fakten erkennen. Geographie ist eine Wissenschaft über die sichtbare Seite der Offenbarung.

Da Gott seine Offenbarung in jenem kleinen Flecken des östlichen Mittelmeeres begann, gehört die Geographie Palästinas an den Anfang jeder Geographie. Vor allem aber hat man die Ausbreitung des Christentums zu untersuchen; denn hier zeigt sich der Fortgang der Offenbarung, die Providentia.[13] TERTULLIAN hat völlig recht, wenn er sagt, daß Gott die Menschen im Hinblick auf die Gründung der Kirche Christi geschaffen hat.[14] Wir haben also als Geographen zu untersuchen, in welcher Weise sich Gottes Offenbarung über die Welt ausbreitete.

Um den Überblick in etwa abzurunden, sei noch kurz auf das Geographie-Lehrbuch NEANDERs (1583) eingegangen. Mann kann hier gut sehen, wie eine religionsgeographisch ausgerichtete Gesamtgeographie im einzelnen angelegt ist. Es seien dazu Beispiele aus dem länderkundlichen Teil gewählt (vgl. M. BÜTTNER 1973, S. 142ff; M. I. G. HAGER, 1764).[15]

NEANDER beginnt mit Spanien[16], doch erfährt man praktisch nichts über die physisch-morphologischen oder mathematisch-kartographischen Fakten dieses Gebietes. Es werden keine Berge, Flüsse usw. genannt (wie das bis dahin doch eigentlich üblich war), auch fehlen Karten. Für NEANDER ist Spanien das Land des ISIDOR (Erzbischof von Sevilla, gest. 636) und der Polyglottenbibel (mehrsprachige Bibel, gedruckt 1514-1517).

Auf seinem Gang nach Osten weist NEANDER zwar kurz auf die Pyrenäen hin, wendet sich jedoch sofort PETRUS LOMBARDUS und der scholastischen Theologie zu, die von Frankreich ihren Ausgang nahm. (Der Versuch, in seinem Werk die Ausbreitung des Christentums bzw. die Ausbreitung christlichen Gedankengutes zum zentralen Thema zu machen, ist nicht zu übersehen). Er berichtet über die Kämpfe zwischen den Anhängern OCKAMs und denen des SCOTUS und THOMAS. Den Schluß bildet ein Hinweis darauf, welche Lehre sich durchsetzte und ausbreitete.

Von Germanien bringt er zwar einige neutrale geographische Fakten, doch Städte wie Basel, Ingolstadt, Heidelberg oder gar Wittenberg dienen ihm nur als "Aufhänger" für eine regionale Kirchengeschichte mit dem Scopus: Hier entwickelten sich die und die Ideen, die sich dann dort und dorthin ausbreiteten. Wittenberg ist selbstverständlich die Stadt LUTHERs und MELANCHTHONs. Von dort nahm die Reformation ihren Ausgang. In den Loci "Griechenland", "Ägypten" usw. wird vorwiegend die frühe Dogmengeschichte behandelt, hier unter dem Gesichtspunkt: So wandelte sich das Christentum bei seiner Wanderung nach Westen unter dem Einfluß der göttlichen Providentia.

Palästina weitet er, entsprechend der Forderung PEUCERs zu einer <u>Geographia sacra</u> aus. Von den restlichen Gebieten Asiens und Afrikas werden einige neutrale physiogeographische und historische Fakten genannt, vorwiegend berichtet er jedoch über die Christianisierung dieser Erdteile. Der Scopus ist klar zu erkennen: Das Christentum breitete sich unter göttlicher Lenkung auch in diese uns so fernen Gebiete aus, die eines Tages völlig christianisiert sein werden.

Typisch ist die Behandlung Ägyptens. Zunächst wird mitgeteilt, was die alten Geographen über dieses Land berichtet haben. Dann folgt, welche kirchengeschichtlichen Ereignisse sich dort abgespielt haben. NEANDER beginnt mit der <u>Scola Alexandrina</u>, berichtet dann über ATHANASIUS und dessen Bedeutung für die weitere Entwicklung des Christentums sowie über ORIGENES und EUSEBIUS. Die Darstellung endet mit GREGOR VON NYSSA. Ganz am Rande, in nur sieben Zeilen, wird darauf hingewiesen, daß in Alexandria PTOLEMAEUS gelebt habe. Von der für einen Geographen alter Schule naheliegenden Möglichkeit, bei dieser Gelegenheit das Fach Geographie zu behandeln, macht er keinen Gebrauch.

Soviel zur Entstehung der Religionsgeographie. Man sieht, wie sich im Zusammenhang der Reformation die Geographie ändert und eine Erweiterung um den Aspekt erfährt, den wir mit Religionsgeographie, speziell: Verbreitungslehre der christlichen Religion, bezeichnen können.[17]

II.

Die <u>zweite Epoche</u> der Religionsgeographie beginnt zu der Zeit, da KECKERMANN (1616) die Geographie aus der Theologie emanzipiert.[18] Jetzt wird auch die Religionsgeographie so etwas wie eine theologisch neutrale Disziplin. Man versucht erstmals, die verschiedenen Religionen systematisch zu unterteilen und beschreibt ihre Verbreitungsgebiete, liefert also Anfänge dessen, was man heute vielleicht "Beschreibung der Religionsareale" nennen könnte. Ja, es tauchen sogar erste Arbeiten über außerchristliche Religionen auf, jedoch läßt sich die ursprünglich theologische bzw. kirchliche Ausrichtung der Religionsgeographie noch erkennen. Das eigentliche Ziel der Arbeiten aus dieser Zeit war es, herauszustellen, welche Religionen die christlichen Missionare jeweils in welchen Gegenden vorfanden und wie die Mission dort voranschritt.

Hier kann VARENIUS (1649) beispielhaft angeführt werden. Da sich SCHWIND (1975) mit Nachdruck dagegen wehrt, VARENIUS auch nur zu den Vorläufern der Religionsgeographie zu rechnen, sind dazu einige nähere Ausführungen zu machen.

SCHWIND kommt nach längeren Erörterungen zu der Feststellung, daß VARENIUS nicht in den Bereich der Religionsgeographie, sondern in die Religionswissenschaft gehört (M. SCHWIND 1975, S. 2ff). Ich halte derartige Überlegungen für müßig; denn es zeigt sich hier wie unangemessen es ist, von der heutigen Fächeraufteilung und von heutigen Begriffen auszugehen, wenn es darum gehen soll, frühere Werke einzuordnen. Das Fach Religionswissenschaft gab es ja damals noch nicht. Schon von daher ist es mißlich, ein Werk des Geographen VARENIUS dem Bereich der Religionswissenschaft zuzuordnen.

Aber dazu kommt das Zweite, viel Wichtigere: Geographie und Theologie waren bis ins 17. Jahrhundert hinein so eng miteinander verbunden, daß man ohne weiteres in einem (nach heutiger Vorstellung) geographischen Werk, das auch einen entsprechenden Titel trug, das theologische Lehrstück von der Providentia entfalten konnte (MELANCHTHON ging so vor; vgl. M. BÜTTNER 1973, S. 114ff). Und umgekehrt betrieb man in manchen theologischen Werken (wiederum aus heutiger Sicht gesehen) mehr Geographie als Theologie (vgl. ZWINGELs Providentia-Schrift 1530, die dann wesentlichen Einfluß auf das geographische Denken MERCATORs ausgeübt hat).

Man wird also derartige Werke sowohl in der Theologiegeschichte als auch in der Geographiegeschichte behandeln müssen und dürfen. Dasselbe gilt für Schriften, die sowohl religionswissenschaftliche als auch geographische Aspekte (aus heutiger Sicht gesehen) behandeln.

Meiner Meinung nach gehört VARENIUS jedenfalls genauso in die Geschichte der Religionsgeographie hinein wie MELANCHTHON, KANT oder KASCHE. Das schließt nicht aus, daß VARENIUS mit seinem hier zur Diskussion stehenden Werk über die Religion der Japaner und die dortige Mission zugleich auch in die Geschichte der Religionswissenschaft, Missionswissenschaft oder Missionsgeographie gehören könnte. Zumindest könnte man ihn in die Reihe der Vorläufer all dieser Disziplinen einreihen.

III

Mit dem Aufkommen der Aufklärung setzt dann jene Wendung in der Religionsgeographie ein, die den allgemeinen Trend in der Wissenschaft des 18. Jahrhunderts kennzeichnet. Die dritte Epoche beginnt und mit ihr die endgültige Trennung zwischen Theologie und Geographie.[19] Hier sind es vor allem Gedanken MONTESQUIEUs und VOLTAIREs (KANT greift sie in seiner "theologischen Geographie" auf)[20], die dann bis weit ins 19. Jahrhundert für die Religionsgeographie richtungsgebend waren. Es geht jetzt immer mehr darum, herauszuarbeiten, inwieweit die Religion durch die Umwelt, vor allem das Klima, determiniert ist. Ja, man versucht sogar, das eigentliche Wesen der verschiedenen Religionen, gerade auch des Christentums, aus der jeweiligen geographischen Umwelt heraus zu erklären. Die Werke von E. FRIEDRICH (1917) und W. GEBEL (1922) sind die letzten aus dieser Epoche der Religionsgeographie.[21]

Da zwischen SCHWIND und mir erhebliche Meinungsverschiedenheiten gerade über den Anfang der dritten Epoche und insbesondere über KASCHE bestehen, sind auch hier einige nähere Ausführungen erforderlich.

KASCHE (1795), der nach dem augenblicklichen Stand der Forschung als erster den Begriff "Religionsgeographie" verwendet, verweist unter anderem auch auf den Einfluß, den das Klima auf die Religion haben kann. SCHWIND bestreitet das ausdrücklich. Er sagt (M. SCHWIND 1975, S. 3, Anm. 8).:

> "Es ist überraschend, wenn M. BÜTTNER davon spricht
> ... Kein Wort dieser Art ist bei KASCHE zu finden;
> kein Satz ist in diesem Sinne deutbar."

Hier einige Hinweise KASCHEs: Auf Seite 35 seines Werkes sagt er:

> "Ein rauheres oder milderes Klima hat hier einen oft verkannten aber nichts desto weniger merklichen Einfluß. Unter dem sanften Himmelsstriche Italiens reifen nicht die fürchterlichen Phantome von Gespenstern und Geistererscheinungen, die den abergläubischen Bewohner des kälteren Nordens ängstigen."

Und S. 60:

> ..."und eben derselbe Glaube gewinnt unter einem anderen Himmeslsstriche auch eine andere Gestalt."[22]

SCHWIND irrt sich jedoch nicht nur in diesem einen Punkt, sondern sein Gesamtbild, das er von KASCHE und dessen religionsgeographischer Konzeption entwirft, ist in wesentlichen Zügen revisionsbedürftig. Auch seine Einordnung in die Geschichte der Religionsgeographie entspricht nicht dem neuesten Stand der Forschung.[23] Er bezeichnet ihn als den <u>Begründer der Verbreitungslehre</u> und scheint ihn für einen Geographen zu halten, KASCHE war jedoch Pastor in Lübeck. Er dürfte zur Gruppe der sogenannten Physikotheologen[24] gehören, die mit Hilfe geographischen Faktenmaterials beweisen wollten, daß Gott am Werk ist. Wenn man seine Schrift mit den entsprechenden MELANCHTHONs, PEUCERs, WOLFFs, KANTs usw. vergleicht, entdeckt man eine große Übereinstimmung in der Zielrichtung, die auf gemeinsame lutherische Tradition verweist. Er verfolgt einen (aus heutiger Sicht gesehen) <u>nicht-geographischen</u> Scopus, der folgendermaßen umrissen werden kann:

Wenn man sich die Verbreitung der Religionen ansieht, dann muß man einfach zu der Überzeugung kommen, daß die christliche, vor allem die protestantische Religion die beste von allen ist; denn dort, wo diese Religion herrscht, gibt es den größten Wohlstand, die beste Ordnung usw.

KASCHE setzt nur scheinbar rein geographisch (aus heutiger Sicht gesehen) an. Ich greife einige Leitgedanken seines Ansatzes heraus:

1. Wenn man sich als Geograph dem Menschen zuwendet, dann ist es eigentlich ganz selbstverständlich, insbesondere auch die Religion zu berücksichtigen (man vergleiche dazu den Ansatz MELANCHTHONs, PEUCERs, NEANDERs usw).

2. Man muß dabei jedoch theologisch neutral vorgehen und darf nicht von vornherein das Christentum als die einzig richtige und wahre Religion betrachten (hier klingen Gedanken KECKERMANNs an).

3. Bei der Untersuchung der Religion sind auch die inzwischen von den Philosophen erkannten und herausgearbeiteten Einflüsse zu untersuchen, die von der jeweiligen Umwelt, insbesondere vom Klima ausgehen und in die Religion hineinwirken (vgl. dazu das weiter oben über KANT usw. Gesagte).

Doch nach diesem Ansatz folgt die physikotheologische Indienstnahme des geographischen Faktenmaterials, wie sie sich unter den Theologen als Reaktion auf die Geisteshaltung der Aufklärung im allgemeinen durchgesetzt hatte. KASCHE sagt, man müsse sich des hellen Lichtes freuen, welches das Christentum in die Welt gebracht habe. Das herauszustellen sei die eigentliche Aufgabe des Religionsgeographen (vgl. weiter oben: in den protestantischen Ländern floriert die Wirtschaft am besten!)

Ich fasse zusammen: KASCHE beschreibt nicht etwa Areale oder zeichnet Karten über die Verbreitung der einzelnen Religionen, wie man es von dem "Begründer der Verbreitungslehre" erwarten sollte, sondern er knüpft an das an, was andere erforscht und dargestellt haben. Für ihn ergibt sich dann die theologische Aufgabe, mit Hilfe dieses von der Nachbardisziplin, der Geographie angelieferten Materials eine Aussage über Gottes Weltregierung zu machen.[25]

Wichtig ist in diesem Zusammenhang noch folgendes: KASCHE lebt in einer Übergangszeit, ähnlich wie später MAX WEBER und FICKELER (vgl. weiter unten). In diesen Übergangszeiten findet sich immer altes und neues Gedankengut nebeneinander. Der Geographiehistoriker kann sich nicht damit zufrieden geben, einzig und allein nur die jeweils neuen "richtigen" Gedanken (die noch heute für uns gelten) herauszustellen, sondern es ist auch seine Aufgabe, die Schwerpunktverlagerung im Gesamtdenken des jeweiligen Gelehrten herauszuarbeiten und in Beziehung zur Schwerpunktverlagerung der gesamten zeitgenössischen Geisteshaltung zu setzen, also den Hintergründen und der Warum-Frage nachzugehen (vgl. dazu Anm. 1 und 3). Dabei ergäbe sich stichwortartig zusammengefaßt für KASCHE und seine Zeit folgendes.

Das Alte bei ihm: Physikotheologische Indienstnahme des geographischen Faktenmaterials. Das Neue: Behutsames Aufgreifen aufklärerischen Gedankengutes, erste Versuche auch den Einfluß der Umwelt auf die Religion zu berücksichtigen. Dieses Neue (im allgemeinen mit Materialismus bezeichnet) bestimmt dann geographisches, vor allem aber religionsgeographisches Denken in der dritten Epoche.

IV.

In den zwanziger Jahren unseres Jahrhunderts setzt eine erneute große Wende ein, die vierte Epoche beginnt. Der Materialismus und mit ihm die "natürliche" Erklärung aller geistigen Erscheinungen hatte sich totgelaufen. Die Zeit war für eine grundsätzliche Umkehr reif. MAX WEBER (1920-1921) war dann wohl der erste, der nun in einem großangelegten Wurf die Gegenposition bezog und den Einfluß der Religion auf die Sozial- und Wirtschaftsstruktur herausstellte.[26] Doch im nationalsozialistischen Deutschland wurde diese Entwicklung von den auf dem Gebiet der Religionsgeographie arbeitenden Wissenschaftlern für kurze Zeit noch einmal aufgehalten.[27]

Erst nach dem zweiten Weltkrieg versuchte dann der Bonner Geograph CARL TROLL, in Kontakt mit seinem Freund DEFFONTAINES stehend und an MAX WEBER anknüpfend, die Religionsgeographie auf eine neue Grundlage zu stellen. Seiner Meinung nach, und mit dieser Meinung stand er nicht allein, war die materialistische Ausrichtung der Religionsgeographie ganz besonders insofern eine Fehlentwicklung, als sie die Geographen, die sich hier forschend betätigten, auf ein Gebiet geführt hatte, für das sie nicht zuständig sind. Ihnen fehlt die erforderliche religionswissenschaftliche bzw. theologische Schulung, um in wissenschaftlich auch nur einigermaßen akzeptabler Form das Eingehen der Umwelt in das Ideengut der Religion zu untersuchen (vgl. Anm. 21).

Also schlug er vor, der Religionsgeograph möge sich als Geograph fortan nur der rein geographischen Seite dieses Faches zuwenden und untersuchen, inwieweit von der Religion umweltprägende Kräfte ausgehen. Die Erforschung des Eingehens der Umwelt in das Ideengut der Religion sollte er dem Religionswissenschaftler überlassen.[28] Er drängte den Privatgelehrten FICKELER (1947) dazu, in der "Erdkunde" in einem grundlegenden Aufsatz auszuführen, wie eine nach rein geographischen Prinzipien aufgebaute Religionsgeographie auszusehen habe.[29]

Von nun an haben wir es grundsätzlich mit zwei Sparten von Religionsgeographie zu tun, der geographischen und der religionswissenschaftlichen.[30] FICKELER sagt zwar ausdrücklich, daß die Beziehungen zwischen Religion und Umwelt wechselseitig sind, als Geograph beschränkt er sich dann jedoch auf die Untersuchung der oben genannten *einen* Beziehung, nämlich auf die von der Religion ausgehende Umweltprägung.[31]

TROLLs Schüler HAHN (1950, 1952), SIEVERS (1958) u.a. griffen FICKELERs Ansatz (wenn auch in stark abgewandelter Form) auf. Die neue "rein geographische Religionsgeographie" der Nachkriegsjahre, ausgehend von der Bonner Schule, gewann Profil.³² Es sei im folgenden nur auf diese Seite der Religionsgeographie eingegangen und kurz ihre weitere Entwicklung dargestellt.³³

Während FICKELER (1947) noch stark vom Kult ausging und die Religionsgeographie praktisch zu einer Kultgeographie ausbaute, richteten die jüngeren Fachvertreter immer stärker – dem Zuge der Zeit folgend – die Religionsgeographie sozialgeographisch aus.³⁴ Man hielt es nun für wichtig, die an sich selbstverständliche, aber bis dahin nicht expressis verbis betonte Tatsache herauszustellen, daß nicht von der Religion an sich landschaftsprägende Kräfte ausgehen, sondern daß jegliche Religion/Umwelt-Beziehung immer über die religiöse Gruppe, die Gemeinschaft (ich nenne sie "Religionskörper") läuft.

Dazu kam ein Zweites: FICKELER war ja Vertreter einer kulturgeographischen Schule, für die einzig und allein nur die Landschaft als Forschungsobjekt gilt. Für alles, was sich nicht in der Landschaft physiognomisch greifen läßt, fühlte er sich daher auch nicht als Religionsgeograph zuständig. Oder anders ausgedrückt: Er mußte aufgrund seines Ansatzes fordern, daß der Religionsgeograph alle von der Religion (vorwiegend vom Kult) ausgehenden Aktivitäten, die sich zwar im Raume abspielen bzw. raumwirksam sind, nicht jedoch die Landschaft prägen, auszuklammern haben.

Was bei diesem Ansatz und der entsprechenden Forderung herauskam, war dann eine sehr spezielle Religionsgeographie. Strenggenommen hätte man sich nämlich auf die Beschreibung von Kultstätten und die von diesen ausgehende Landschaftsprägung beschränken müssen.³⁵

Zusammenfassend läßt sich sagen: Seit FICKELER ist wiederum eine Schwerpunktverlagerung in der Religionsgeographie erfolgt, die (wie im Falle früherer Wandlungen) im Zusammenhang mit der Änderung der Geisteshaltung stand. Stand zunächst die vom Kult geprägte Landschaft im Vordergrund des Interesses, so wendet man sich in den letzten Jahren immer stärker der religiösen Gruppe, also dem Religionskörper, zu. Zwar untersucht man auch heute noch, in welcher Weise von der Religion (über die Gruppe) prägende Kräfte ausgehen und die Landschaft gestalten; aber das macht man eigentlich nur noch an zweiter Stelle. An erster Stelle interessiert die Gruppe, die Gemeinschaft selbst, ihre Struktur im Raum (Siedlungsweise, Vermischung mit anderen Gruppen usw.), die von ihr ausgehenden Aktivitäten, die als gruppentypische Verhaltensweisen bestimmte Verortungserscheinungen bewirken (Schulen, Krankenhäuser, Altersheime usw.), ihre Geisteshaltung, ihre durch diese Geisteshaltung geprägte Wirtschaftsgesinnung und die damit zusammenhängende Berufs-, Sozialstruktur usw. Neuerdings interessiert sogar das religiös geprägte Freizeitverhalten und die religiös geprägte sogenannte Daseinsgrundfunktion "Sich-Bilden". Diese Aktivitäten sind nicht mehr an bestimmte Verortungserscheinungen gebunden und mit diesen in Beziehung zu setzen.[36] Und schließlich interessiert die Wandlung dieses Religionskörpers, der ja ein Sozialkörper ist, selbst wenn sich diese Wandlung (beispielsweise im Zusammenhang der Säkularisation) zur Auflösung hinbewegt.[37]

V.

Der <u>gegenwärtige Stand</u>[38] der Religionsgeographie ist vor allem dadurch gekennzeichnet, daß man eine neue Zusammenarbeit zwischen Geographen und Religionswissenschaftlern anstrebt.

SOPHER, der in den sechziger Jahren führende amerikanische Religionsgeograph, geht breit auf die Frage nach der Abhängigkeit der Religion von der Umwelt ein. Sinngemäß sagt er: Es mag schon berechtigt sein, wenn ZIMPEL behauptet, derartige Dinge gehörten in den Kompetenzbereich des Religionswissenschaftlers; aber der Geograph sollte das in dieser Nachbarwissenschaft Erforschte nicht völlig unberücksichtigt lassen.[39] Die Beziehungen zwischen Religion und Umwelt bzw. Land oder Landschaft sind nun einmal wechselseitig, und es ist unbefriedigend, sich nur auf die eine von diesen beiden Seiten zu beschränken. Ja, er geht sogar soweit zu behaupten, daß der Religionsgeograph unter anderem auch untersuchen sollte, inwieweit die Religion durch die Umwelt geprägt ist, und welche Bereiche des Religiösen diesem Einfluß nicht unterliegen.[40] Da SCHWIND diese Seite der Religionsgeographie SOPHERs übergeht, scheint es geboten, mit besonderem Nachdruck darauf hinzuweisen.[41]

Mit SOPHER beginnt der vorerst letzte Wendepunkt in der Religionsgeographie in Deutschland.[42] Sein Konzept stellt nicht nur eine Synthese zwischen der rein geographischen und der religionswissenschaftlichen Seite der Religionsgeographie dar, sondern er führt die Religionsgeographie - den Zeichen der Zeit folgend - zur <u>Ideologiegeographie</u> bzw. <u>Geographie der Geisteshaltung</u> weiter, indem er betont herausstellt, daß man auch die quasi-religiösen bzw. postreligiösen Systeme, wie z. B. den Kommunismus, mit in die Untersuchungen einbeziehen müsse.

Unabhängig von ihm, dessen Buch erst Jahre nach seinem Erscheinen einen Einfluß auf die Entwicklung in Deutschland auszuüben begann (vgl. Anm. 42), bin ich in Bochum gegen Ende der sechziger Jahre zu ähnlichen Überlegungen und vor allem zu einer intensiven Zusammenarbeit mit den Religionswissenschaftlern gekommen. Die Zeit war offenbar reif dafür.

Es sei allerdings ausdrücklich vermerkt, daß man in Deutschland einer Annäherung der Religionsgeographie an die Religionswissenschaft und dem damit verbundenen Wiederaufgreifen der Umweltabhängigkeitslehre zunächst sehr skeptisch gegenüberstand und zum großen Teil noch heute gegenübersteht. Geopolitik, nationalsozialistisch ausgerichtete Religionsgeographie usw. hatten zu abschreckend gewirkt, als daß man ohne große Vorbehalte dieser Neuausrichtung hätte zustimmen können. In den USA, wo es ja keinen "nationalsozialistischen Rückschlag" in der Religionsgeographie gegeben hat, liegen die Dinge sicherlich anders.

Allerdings macht sich vor allem bei den jüngeren Fachvertretern und insbesondere seit Bekanntwerden des Buches von SOPHER ein zunehmendes Interesse an einer Neukonzeption der Religionsgeographie und vor allem einer interdisziplinären Zusammenarbeit bemerkbar. Dazu folgendes:

An der in Anm. 38 genannten religionsgeographischen Sektionssitzung der Geographen (Milwaukee 1975) nahm auch ein Religionswissenschaftler teil, den man ausdrücklich eingeladen hatte. In Zusammenarbeit zwischen Geographen und Relgigionswissenschaftlern ist man in den USA ja dabei, einen neuen religionsgeographischen Atlas herauszugeben.

Schon auf der Studientagung der Religionswissenschaftler in Turku/Abo (1973) kam es ebenfalls zu einem regen Gedankenaustausch zwischen Vertretern beider Seiten der Religionsgeographie.

Auf dem Religionswissenschaftler-Kongreß in Lancaster (1975) hielt ein Geograph (BÜTTNER) einen Vortrag über die Religionsgeographie. COLPE (Berlin) regte bei dieser Gelegenheit an, man möge doch einmal eine Systematik über die von der Umwelt in das Ideengut der Religion hineinwirkenden Beziehungen erarbeiten, also zusammenstellen, welche Einflüsse bisher vom Klima, vom Relief, von der Wirtschaftsform usw. in den Schriftzeugnissen der <u>unterschiedlichen</u> Religionen <u>nachgewiesenermaßen</u> zu finden seien.

Meiner Meinung nach müßte man bei einer solchen Systematik folgenden Leitgedanken zugrunde legen: Wie setzt bzw. setzte man in den verschiedenen Religionen die geographischen Fakten der Umwelt (Regen, Schnee, Berge, Flüsse, Seen, Städte, Wirtschaft, Verkehr usw.) in Beziehung zur Mitte des Denkens?

Gehen diese Fakten bis in die Mitte selbst ein, oder betreffen sie nur den Rand? Mit anderen Worten: Wird mit Hilfe dieser Fakten jeweils eine theologische Aussage nur erläutert (wie bei MELANCHTHON, ZWINGLI usw.) oder wird die

Aussage selbst durch die Fakten entscheidend geprägt? Wird sie eventuell durch das bewußte Wahrnehmen dieser Fakten erst in Gang gebracht?

Und was passiert, wenn diese Fakten sich ändern? Was passiert also, wenn die Religionsgemeinschaft einen Ortswechsel durchführt oder die Religion sich durch Mission in andere Gebiete ausbreitet? In beiden Fällen wird die Religion plötzlich mit anderem Faktenmaterial konfrontiert. Ändert sich dann die Mitte, oder sagt man nun dasselbe nur mit anderen "Vokabeln" aus? Wie hoch ist der Schwellenwert? Wie groß muß die Änderung der Umweltfaktoren sein, bis die Religion (bzw. die Gemeinschaft) darauf reagiert? Stimmt es (was zunächst einmal anzunehmen, dann aber nachzuprüfen wäre), daß der Schwellenwert bei alten gefestigten Religionen wesentlich höher liegt?

Und analog müßte für die rein geographische Seite der Systematik dann folgendes gefragt werden: Wie setzen die verschiedenen Religionen (Religionsgruppen) ihren Glauben in geographisch relevante Aktivitäten um? Wie wird durch die Religion die Geisteshaltung und von daher die Wirtschaftsgesinnung, die Sozialstruktur, die Siedlungsweise usw. geprägt? Und weiter: Wo liegt hier der Schwellenwert? Wieviel muß sich in der Geisteshaltung der Mitglieder einer Religionsgemeinschaft ändern, bis diese Gruppe auch ihre Umwelt verändert? Liegt auch hier bei alten gefestigten Religionen (bzw. Religionsgruppen) der Schwellenwert höher? Der Vergleich Waldenser/Herrnhuter scheint eher das Gegenteil zu bestätigen. Die <u>Waldenser</u> verändern sich bei gleicher Herausforderung so schnell, daß diese Veränderung zur Auflösung führt. Die <u>Herrnhuter</u> dagegen reißen heute einfach ihre Chorhäuser ab und bauen neue, die zu der veränderten Geisteshaltung, der veränderten Sozial- und Berufsstruktur usw. passen.

Diese Gedankengänge leiten schon zum nächsten Abschnitt über.

VI.

Ich gehe bei meiner Konzeption (wie aus den soeben gemachten Andeutungen schon ersichtlich wurde) in einigen Punkten noch über SOPHER hinaus und halte es für wichtig, auch den heute weltweit zu beobachtenden Prozeß der <u>Säkularisierung</u>, der sich oft im Gefolge von <u>Industrialisierung</u> und <u>Technisierung</u> einstellte, mit in die Untersuchungen einzubeziehen. Dieser Prozeß hat ja einerseits tiefgreifende Folgen für die Umstrukturierung der religiösen Gruppen selbst (im Extremfall führt er zur Auflösung), sowie andererseits für die von diesen sich ändernden Gruppen ausgehende neue Umweltprägung.

Eine meiner Hauptthesen lautet: Religionsgeographie sollte keine Reliktgeographie sein, in der man sich auf die Untersuchung der immer mehr zusammenschrumpfenden Bereiche beschränkt, in denen die Religion <u>noch</u> umweltprägend wirkt.[43] Die Religionsgeographie hat sich (wie alle anderen Disziplinen) entsprechend zu wandeln, wenn sich das Forschungsobjekt (in diesem Falle im übertragenden Sinne zu verstehen: Die Religion/Umwelt-Beziehung) wandelt. Früher, als die Religion noch auf weite Strecken praktisch das ganze Leben prägte, war es sinnvoll, daß sich der Religionsgeograph diesem "Objekt" zuwandte. Heute, wo die von der modernen Umwelt ausgehenden Kräfte weitgehend zu einer Modifizierung bzw. sogar Auflösung von Religionen (genauer gesagt von Religionsgemeinschaften) führen, was eine neue Umweltgestaltung nach sich zieht, gilt es, auch diesen Prozeß mit zu untersuchen.

Erstmals trug ich Gedanken meines Konzeptes auf dem Deutschen Geographentag in Erlangen/Nürnberg vor (M. BÜTTNER 1972 a). Inzwischen konnte, unterstützt durch die Deutsche Forschungsgemeinschaft (DFG), ein Team aus Geographen, Religionswissenschaftlern, Theologen, Soziologen, Mathematikern (insbesondere Computerspezialisten für die Fragebogenauswertung) zusammengestellt werden, mit dem zunächst die beiden relativ leicht zu überschauenden Religionsgemeinschaften der <u>Waldenser</u> und <u>Herrnhuter</u> untersucht wurden.

hier konnte man den von der modernen Industrie-Umwelt ausgelösten Wandlungsprozeß mit all seinen religionsgeographisch relevanten Folgen auf der Grundlage empirischer Forschung beispielhaft erkennen. Dabei wurden Erfahrungen über die Brauchbarkeit des Konzeptionsentwurfs gesammelt und dieser Entwurf weiter ausgebaut (vgl. dazu M. BÜTTNER 1974 b, 1976 f).

Zum Grundsätzlichen seien einige Kernsätze genant (vgl. Fig. 1).

In der funktionalistischen Phase der Kulturgeographie untersuchte man vorwiegend die Beziehungen im zweidimensionalen "Raum". Man sprach zwar von Raum, meinte aber (im übertragenen Sinne) nur die Ebene. Die Sozialgeographie erschloß eine neue Perspektive, indem sie das, was in der unteren Ebene zu sehen ist, als Indikator für das betrachtete, was sich in der höheren Ebene (der Sozialebene) abspielt. Als Sozialgeograph interessiert man sich beispielsweise nicht mehr nur für die Siedlung und ihr Aussehen an sich, sondern für die sich in dieser Siedlung äußernden Grunddaseinsfunktionen des Menschen. Neuerdings geht man noch einen Schritt weiter und fragt über die Grunddaseinsfunktionen hinaus nach der <u>geistigen Haltung</u>, die für den Kanon der Grunddaseinsfunktionen konstituierend ist und deren Zahl sowie deren Rangfolge bestimmt. Für den frommen Herrnhuter steht bzw. stand z.B. nicht Arbeiten oder Wohnen usw. an erster Stelle, sondern Missionieren. Demzufolge ist das Beziehungsgeflecht zwischen Geisteshaltung, Sozialverfassung und Siedlungsweise bei ihm ganz anders als in einer normalen nicht vom Missionsgedanken geprägten Siedlung.[44] Aus dem Grunde schlage ich vor, statt von "Religionsgeographie" von <u>"Geographie der Geisteshaltung"</u> zu sprechen.

<u>Zur Betrachtung des Prozeßhaften</u>: Bereits in der funktionalistischen Phase sprach man vom Prozeßhaften des Funktionierens, sah aber doch vorwiegend nur die Indikatoren dieses Prozesses bzw. die Endpunkte, weniger den Prozeß

selbst. In der heutigen Sozialgeographie ist das anders. Man untersucht den Prozeß selbst, jedenfalls soweit er geographisch relevant ist, sich also im Raum abspielt.

Man kann nun noch einen Schritt weitergehen und die einzelnen Prozesse als Teil eines insgesamt dialektisch ablaufenden Gesamtprozesses betrachten. Es ist nicht eine einfache Wechselwirkung, die zu untersuchen ist, sondern das Wechselspiel der Beziehungen zwischen Religion (bzw. Geisteshaltung) und Umwelt verläuft dialektisch zielgerichtet. **Der Mensch als geistiges Wesen ist in schöpferischer Anpassung an die Umwelt, rückgeprägt von dieser, zur Verwirklichung seiner selbst gekommen, die als Daseinsentfaltung immer weiter geht.**

Man kann auch sagen: Da Sein nur als Dasein (und das impliziert immer Sosein) in die Wirklichkeit treten kann, verwirklicht sich der Mensch (bzw. die Menschheit) durch Aufnahme von Umwelt bzw. Eingehen in die Umwelt. Diese ist also einerseits Ermöglichung des Verwirklichungsprozesses des Menschen, andererseits als geprägte Umwelt Indikator für den augenblicklich erreichten Verwirklichungsgrad des Menschen bzw. der Gruppe und damit des Geistes schlechthin.

<u>Zu den Einzelabschnitten des Gesamtprozesses</u> (vgl. Fig.): Da ist zunächst die Zeit der frühen Entwicklung, die man operationell als Aufbauphase bezeichnen kann. Alles ist in statu nascendi und gewissermaßen "offen". Die werdende Religion ist offen für die Aufnahme von Umwelteinflüssen, und die Umwelt, besonders die soziale, ist offen für die Prägung durch die Religion. Am Ende dieser Aufbauphase steht ein Gleichgewicht zwischen Religion und Umwelt, das meist sehr stabil ist. Die von der Religion ausgehende Geisteshaltung sichert durch ihre Bewertungsmaßstäbe die Berufsstruktur, Wirtschaftsweise, Sozialstruktur, Siedlungsweise usw. wie ein fest verankertes Stützgerüst. Alles paßt zueinander.

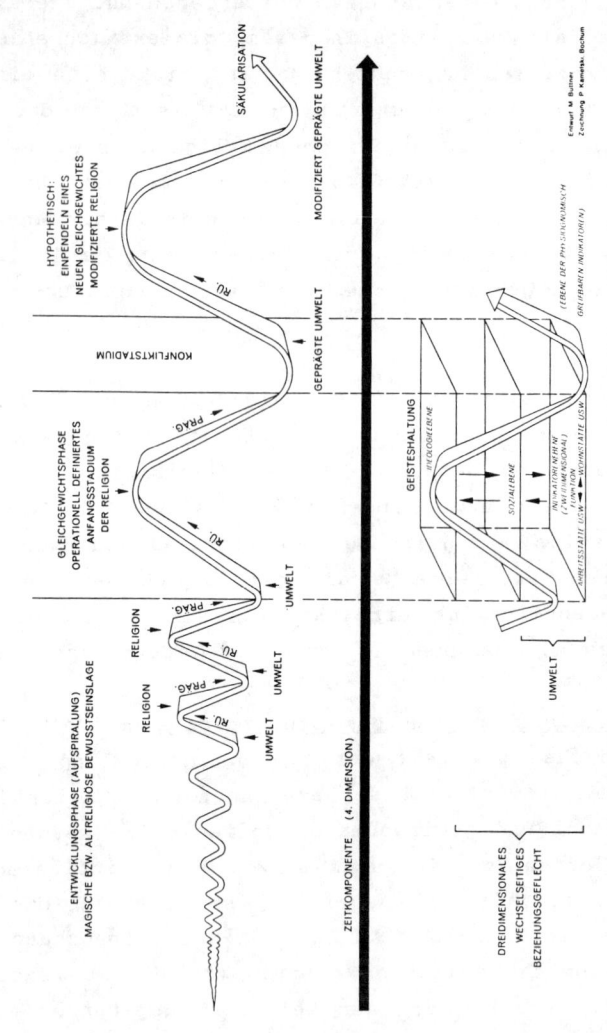

Fig. 1. Die Phasen des dialektischen Gesamtprozesses zwischen Religion und Umwelt.

Eine Störung dieses Gleichgewichtes tritt erst ein, wenn Kräfte am Werk sind, deren Stärke so groß ist, daß sie von dem Stützgeflecht nicht mehr abgefangen werden können. Es entsteht eine Konfliktsituation, die einen Prozeß auslöst, der einem veränderten Gleichgewicht zwischen modifizierter Religion (im Extremfall säkularisierter Geisteshaltung) und dementsprechend anderer Prägung der Umwelt entgegenstrebt.

Schon jetzt läßt sich an der Gegenüberstellung Waldenser/Herrnhuter erkennen, daß die gleiche Ursache durchaus verschiedene Wirkungen haben kann. Während die Religionsgemeinschaft der Waldenser sich im Zuge des modernen Umwelteinflusses immer mehr auflöst, reagieren die Herrnhuter positiv auf die von der Industrie-Umwelt ausgehende Herausforderung und entwickeln eine neue Geisteshaltung, die zu einem neuen Gleichgewicht zwischen Umwelt und Religion zu führen scheint. Ähnlich unterschiedlich dürften die verschiedenen religiösen Gruppen in aller Welt auf dieselbe Herausforderung reagieren.

Es drängt sich ein Vergleich aus der Medizin auf. Dieselbe Arznei (Herausforderung an den Kreislauf) kann bei dem einen Patienten eine Gesundung, beim anderen eine weitere Erkrankung bewirken. Das könnte bedeuten: "Kranke" Religionsgemeinschaften, die (wie die Waldensergemeinden in den Cottischen Alpen) in Konservativismus erstarrt sind, überleben eine Herausforderung durch die moderne Umwelt nicht, sondern lösen sich auf. "Gesunde" Gemeinschaften, die noch flexibel sind, erstarken möglicherweise durch die Herausforderung. Das Letztere scheint bei den Mormonen der Fall zu sein (vgl. P.W. MEINIG 1965, K.D. GURGEL 1976).[45]

Jedoch sollte man mit Prognosen vorsichtig sein. Man wird das Gesagte höchstens als Arbeitsthese verwenden dürfen und dann auf empirisch gesicherter Grundlage (Religionsgeographie ist keine spekulative Wissenschaft) von Fall zu Fall die These verifizieren oder falsifizieren müssen.

VII.

Nachdem der Überblick über die Geschichte unseres Faches nunmehr in die Frage nach den Aufgaben des modernen Religionsgeographen einmündet, die zur heutigen Situation passen und mit der heutigen Geisteshaltung in Einklang stehen sollten, sei noch kurz auf die Grenzen religionsgeographischer Forschung hingewiesen. Daß der Mensch Geist hat und daß dieser sich unter anderem als Gruppengeist in der Abfolge Magie, Religion, Ideologie (immer in Auseinandersetzung mit der Umwelt) jeweils weiterentwickelt, ist ein Phänomen, welches der Religionsgeograph wohl beschreiben, nicht jedoch bis zum letzten erklären kann, auch wenn er als Religionswissenschaftler oder gar Religionsphilosoph Religionsgeographie betreibt. Er kann lediglich herausstellen, welche Bereiche des Religiösen einem Einfluß durch die Umwelt unterliegen bzw. unterlagen und welche nicht. Und die andere Seite: Er kann darstellen, welche Bereiche der Umwelt (Siedlung, Wirtschaft, Sozialstruktur usw.) durch die Religion geprägt wurden bzw. werden und welche nicht.

Damit ist die eingangs gestellte Frage nach dem Wesen der Religionsgeographie erneut im Blick, und zwar in Verbindung mit der Frage, ob es sich um eine geographische oder religionswissenschaftliche Disziplin handelt. Die Antwort ergibt sich nun von selbst: Heute besteht die Religionsgeographie aus einem geographischen und einem religionswissenschaftlichen Zweig. Beide Zweige haben im Zuge der Spezialisierung facheigene Methoden entwickelt, die sich sehr gut ergänzen. Es sollte auf Zusammenarbeit ankommen. Und weiter: Es sollte nicht die eine Seite der anderen, oder die eine Generation der anderen vorwerfen, daß sie sich grundsätzlich auf einem Irrweg befand bzw. befindet.

Es gab und gibt allerdings Irrwege. Der Irrweg bestand (und besteht) z. B. darin, daß sich immer wieder Forscher derjenigen Seite der Religionsgeographie zuwenden, die sie nicht beherrschen bzw., daß sie die Forschungsergebnisse der Nachbardisziplin unberücksichtigt lassen und auch deren jeweils neu entwickelte fachspezifische Methoden ignorieren.

Dazu einige Beispiele: GEBEL, FRIEDRICH und andere Geographen, die den Einfluß der Umwelt auf die Religion untersuchten, wären sicherlich zu anderen Ergebnissen gekommen, wenn sie entweder selbst Relgionswissenschaft studiert hätten oder zumindest ihre Forschungen in Gemeinschaftsarbeit mit den dafür zuständigen Fachleuten durchgeführt hätten. Und die andere Seite: Auch die Religionswissenschaftler, Alttestamentler, Orientalisten usw. sind auf die Forschungsergebnisse der Nachbardisziplin (der Geographie) angewiesen. Hier muß allerdings auf ein Phänomen besonderer Art ausdrücklich hingewiesen werden: Während der Geograph als Religionsgeograph im allgemeinen die Gesamtheit der religionswissenschaftlichen Literatur wegen ihrer Fülle gar nicht mehr überblicken kann, ist die Lage für den Religionswissenschaftler bzw. Alttestamentler, Orientalisten usw. hier besser, da die für ihn wichtige geographische Literatur nicht sehr umfangreich ist. Um auch hier ein Beispiel zu nennen: Die Werke von D. BALY (1974), C.E.P. BROOKS (1970), H.H. LAMB (1968), DE MOOR (1971) usw. sind praktisch jedem Alttestamentler so bekannt, daß es hier nicht zu ähnlichen Irrwegen wie bei den genannten Geographen kommen kann.

Allerdings zeigte sich auf dem internationalen Religionswissenschaftler-Kongreß in Lancaster, daß man die moderne Literatur zur Sozialgeographie, soweit sie religionsgeographisch von Bedeutung sein kann, kaum kennt. Jedoch bahnt sich über die Religionssoziologie und vor allem die Metareligionswissenschaft eine Schließung dieser Informationslücke an. (Die Metareligionswissenschaftler um PONIATOWSKI sehen es unter anderem als ihre Aufgabe an, die verschiedenen Wissenschaften, die sich mit der Religion befassen, mit den Forschungsergebnissen der Nachbardisziplinen bekannt zu machen.)

Es war zwar seinerzeit sinnvoll, daß TROLL anregte, der Religionsgeograph möge sich als Geograph auf die rein geographische Seite der Religionsgeographie beschränken; denn nur auf diese Weise war es möglich, eine fachspezifische Methode zu entwickeln. Aber es ist nun an der Zeit, daß beide Seiten wieder zusammenfinden und sich gegenseitig als Hilfswissenschaften akzeptieren. Nur dann ist es möglich, das Ganze des Wechselwirkungsprozesses zu überblicken. Dazu ist selbstverständlich erforderlich, daß der Geograph, sofern er religionsgeographisch forschen will, Religionswissenschaft usw. zumindest im Nebenfach belegt (er ist sonst kaum in der Lage, das von der Hilfswissenschaft Erarbeitete zu verwerten), während umgekehrt der Religionswissenschaftler, Theologe usw. Geographie im Nebenfach studieren sollte.[46]

Schlußwort: Wer unter Berufung auf Zuständigkeiten fordert, der Geograph und der Religionswissenschaftler solle und könne sich als Religionsgeograph jeweils mit der Erforschung der einen Seite des Wechselwirkungsprozesses begnügen, für die er zuständig ist, und die er nach seinen fachspezifischen Methoden durchführt, dem ist entgegenzuhalten: Man muß in der Lage sein, seine Forschungen im größeren Rahmen zu sehen. Nur dann ergeben sich Einblicke in den Gesamtzusammenhang, im anderen Falle bleibt alles Stückwerk. Schon ARISTOTELES sagt in seinem Lehrbuch, das man als das erste Lehrbuch der Geographie bezeichnen kann: Denen, die uns das Wesen nur einer Stadt oder die Gestalt nur eines Ortes beschreiben, kann man nur Mitleid entgegenbringen wegen ihrer Kurzsichtigkeit; denn sie vermögen nicht das Größere, das Ganze zu sehen in seinen Zusammenhängen.

Summary

From the Geography of Religion to the Geography of Mentality?

A discussion on the historical development of the geography of religion in Protestant Europe and its present state in the Federal Republic of Germany. A contribution to the history of geographical thought.

The History of the geography of religion has not yet been researched in detail. On the basis of recent findings however, the outlines of the various eras and their guiding tendencies are gradually emerging, at least in Lutheran Europe. Above all, the roots or beginnings of the geography of religion, reaching back into the Reformation, are becoming increasingly clear.

This paper cannot, and therefore should not, provide a well-rounded presentation of the history of the geography of religion (i.e. its roots and individual eras), its present state and the new approaches being developed, but should only stimulate discussion and further research. This paper merely represents an attempt to arrive at a certain overall view on the basis of that which is known to me at this time.

The presentation is guided by the following thought: how was the geography of religion practised in the various eras in Protestant Europe and according to what criteria can a division into eras be undertaken? Where do the roots of this subject lie and from what constellation of human thought and ideas did it spring forth? Why did certain changes occur at certain times again and again, which finally led to the present situation?

The new changes that are preparing can, in their turn, be understood more easily if viewed against this background. According to the present state of research, it was the protestant theologian KASCHE who was the first in Germany to use the term "geography of religion". That which is referred to by this term is, however, older. KANT was familiar with it but used the term "theological geography". If one leaves aside certain beginnings among the Greeks, then the roots of geography of religion are to be found in the century of Reformation, in that period in which geography developed into a theologically guided discipline under the influence of the Protestant spiritual attitude in Lutheran Europe.

As a result of this individual eras can be presented in the form of short headings which point toward the individual guiding tendencies and at the same time provide a criterion for the division into eras:

<u>1st Era (16th century)</u> - The task of geography: in accordance with Protestant thinking and in the service of theology, to emphasize the Divine authority, thereby giving rise to the beginnings of what one can call the geography of religion or more specifically the geography of Christianity. The attempt is made to describe how, under Divine guidance, Christianity spread throughout the world.

<u>2nd Era (17th century)</u> - Geography frees itself from theology. The geographer accordingly turns his attention to other religions besides Christianity.

<u>3rd Era (18th century to the beginning of the 20th century)</u> - With the spread of materialistic thinking the dependency of religion, and especially that of Christianity upon the environment increasingly became the subject of investigations.

<u>4th Era (after the Second World War)</u> - The geography of religion branches in two directions, a strictly geogaphical direction and a religionswissenschaftliche (philosophical) direction. The geographer examines the influence of religion on the environment, while the Religionswissenschaftler (scientist of religion or philosopher) attempts to emphasize the penetration of the environment into the body of thought of the religion.

At present a growing cooperation between Religionswissenschaftler and geographers is becoming increasingly noticeable and seems to be overcoming the separation of the fourth era, especially since SOPHER's book has become known in Germany. (SOPHER expressly points out that the geographer of religion should not disregard the findings of Religionswissenschaftler).

Despite the fact that German geographers are sceptical about a rapprochement between the geography and the science of religion, and the reconsideration of the environmental dependency doctrine and given that national-socialist geopolitics and its attendant geography of religion brought the entire field into disrepute, new approaches are being developed.

I have come to similar conclusions independently of SOPHER and have cooperated closely with theologians, Religionswissenschaftlern etc., which in itself indicates a parallel development in the USA and in Germany. In certain questions I go beyond SOPHER and demand, among other things, the following:

1. The process of change in religions (or religious groups), which leads to dissolution in extreme cases, is to be included in investigations. Above all, the origins of those innovations which caused these changes and the resulting geographically relevant consequences must be traced.

2. The geography of religion should not be a geography of relics in which one restricts oneself to the examination of those continually shrinking areas where religion still exercises environmental influence.

If specific patterns of group behaviour, which earlier had their origins in religion, "only" reach back to a secularised spiritual attitude today, then the geography of religion should take account of this fact and by examining these things - regard itself increasingly as a geography of spiritual attitudes.

The first interdisciplinary enquiries of this type, going beyond the geography of religion, were carried out by me into the Moravians and Waldensians.

Anmerkungen

* Veröffentlicht in: Die Erde, Zeitschrift der Gesellschaft für Erdkunde zu Berlin, 107. Jg., Heft 4, 1976, S. 300-329.

1. Ich betrachte Geographiegeschichte nicht als Geschichte der Entdeckungen, sondern im Sinne der IGU-Commission "History of Geographcial Thought" als Geschichte des geographischen Denkens. Vgl. dazu H. BECK (1954, 1954 a, 1973), M. BÜTTNER (1974).

2. Was unter einer religionsgeographischen Schrift zu verstehen ist, und welche Probleme sich bei einer genauen Definition ergeben, wird weiter unten diskutiert. Vgl. dazu J. SPROCKHOFF (1963, 1964), H. ZIMPEL (1970), M. SCHWIND (1975) und M. BÜTTNER (1973 b, 1976 c).

3. In meiner Habil.-Schrift und in anderen Arbeiten habe ich diesen "indirekten außergeographischen" Weg beschreiten müssen, um eine Antwort auf die Frage zu finden, warum sich in der Zeit vom 15. Jahrhundert bis heute im geographischen Denken immer wieder entscheidende Wandlungen vollzogen haben. Vgl. dazu M. BÜTTNER (1963, 1964, 1966, 1972, 1973, 1975 a und 1975 b).

4. SCHWIND (1975, S. 14 und 25) geht so vor. Er definiert: "Religionsgeographie ist eine Teildisziplin der Kulturgeographie... Die Erforschung und Interpretation der unmittelbaren und mittelbaren Erscheinungs- und Funktionsformen der Religion im geographischen Raum; das ist der Inhalt der Religionsgeographie."

   Wer Religionsgeographie nicht nach dieser kulturgeographischen Konzeption betreibt, wird kritisiert bzw. sogar zurechtgewiesen oder ignoriert. Vgl. das Folgende.

5. Für SCHWIND (1975, S. 5ff) befanden sich die Religionsgeographen bis zu HASSINGER (1937) hin auf einem Irrweg; denn sie untersuchten die Abhängigkeit der Religion von der Umwelt. Wie ich in meiner kritischen Auseinandersetzung mit SCHWIND im einzelnen ausgeführt habe (M. BÜTTNER 1976 c, S. 54), halte ich es für mißlich, die Religionsgeographie einer ganzen Epoche als Irrweg zu bezeichnen.

6. Viele weitere Schriften GÜNTHERs sind in meiner Habil.-Schrift (M. BÜTTNER 1973, S. 232/233) aufgeführt. Mit der von ihm entwickelten Methode, ihren Vor- und Nachteilen usw. befasse ich mich dort auf S. 6, Anm. 14.

7. Zu den genannten Schriften von ARISTOTELES (1955, 1958), H. ZWINGLI (1530) und PH. MELANCHTHON (1549) vgl. M. BÜTTNER (1973, S. 10-25, 85-112, 122-135).

8. Es ist SCHWIND zu danken, daß neuerdings in breiten Kreisen das Interesse an der Religiongeographie zunimmt. Ich bin zwar in wesentlichen Punkten anderer Ansicht als er, vor allem, was die Geschichte der Religionsgeographie und ihre Stellung im Rahmen der Wissenschaften angeht (vgl. weiter unten); aber das ist bei einem noch so wenig erforschten Gebiet kaum anders zu erwarten. Die Geschichte der Religionsgeographie ist auf weite Strecken noch wenig bekannt, und ebenso fehlt es noch an einer wissenschaftstheoretischen oder methodologischen Grundlegung bzw. Aufbereitung der gegenwärtigen Religionsgeographie.

   Dieser Aufsatz stellt daher in gewisser Weise eine Ergänzung zu SCHWINDs Buch (1975) dar. Weitere Forschungen, die wiederum als Ergänzung zu dem hier von mir Vorgelegten erforderlich sind, müssen folgen. Vor allem wäre es von Wichtigkeit, auch die Entwicklung der Religionsgeographie in den nicht von der Reformation beeinflußten Ländern zu untersuchen (vgl. Anm. 18). Vielleicht regt dieser Aufsatz zu solchen Forschungen an.

   Zur "unterentwickelten" Religionsgeographie vgl. M. BÜTTNER (1973 b, S. 39).

9. Ich verzichte hier und im folgenden auf Einzelnachweise, da dadurch der Rahmen dieses Aufsatzes gesprengt würde (vgl. hierzu vor allem M. BÜTTNER 1973, sowie 1975 c).

   Zum Beginn der Religionsgeographie ist folgendes zu sagen: Wenn man den Beginn dort ansetzt, wo der entsprechende Begriff zum erstenmal auftaucht, dann beginnt die Religionsgeographie im 18. Jahrhundert mit KASCHE (1795): SCHWIND geht so vor. Meiner Meinung nach sollte man den Beginn dort sehen, wo die Sache, um die es geht, erstmals in den Blick kommt. Ich halte es z.B. für mißlich, KANT nur deswegen auszuklammern, weil er statt des Begriffes "Religionsgeographie" die Bezeichnung "theologische Geographie" verwendet, obwohl er der Sache nach genau dasselbe meint und auch grundsätzlich dieselbe Methode zugrundelegt wie die Religionsgeographen des 18. Jahrhunderts (vgl. dazu später). Wenn man so vorgeht wie SCHWIND, dann müßte man auch all die Geographen aus der Geschichte der Geographie streichen, die statt des Begriffes "Geographie" einen anderen verwenden.

10. Darüber hinaus erweitert MELANCHTHON die an PTOLEMAEUS orientierte Geographie auch um das, was wir heute "Physiogeographie" nennen; denn auch in der Natur läßt sich - bei Zugrundelegung der teleologischen Betrachtung der geographischen Fakten - die Providentia nicht nur verdeutlichen, sondern sogar beweisen. So wird MELANCHTHON unter dem Einfluß reformatorischen Denkens zum Begründer der modernen lutherischen Geographie, die aus den beiden großen Teilbereichen Humangeographie und Physiogeographie besteht. Die Kartographie spielt nur noch eine

untergeordnete Rolle. Hier liegt meiner Meinung nach der Grund, weswegen der in lutherischer Tradition stehende KANT ebenfalls die Kartographie vernachlässigt.

Ich gehe hier auf diese Dinge nicht näher ein, da sie die Geschichte der Religionsgeographie nur am Rande betreffen: jedoch wird dadurch deutlich, daß sich die Religionsgeographie nicht isoliert entwickelt, sondern im Zusammenhang des Übergangs von der reinen Kartographie zur aus Human- und Physiogeographie bestehenden Vollgeographie.

Auf die Vollgeographie der Reformierten (MÜNSTER, MERCATOR usw.), die wegen der besonderen Providentialehre der Reformierten im Detail anders aussieht, gehe ich hier nicht näher ein, ebenfalls nicht auf die in diesem Zusammenhang etwas anders ausgerichtete Religionsgeographie. Eine solche Darstellung würde den Rahmen dieses Aufsatzes sprengen (vgl. auch M. BÜTTNER 1973 und 1973 c).

11. CASPAR PEUCER, ein Schüler MELANCHTHONs, befaßt sich als Professor an der Universität Wittenberg vorwiegend mit der Universitätsgeographie. NEANDER (vgl. weiter unten), ein anderer Schüler MELANCHTHONs und ein Freund PEUCERs, legt dann das von PEUCER Ausgeführte für die Konzeption seines Schulbuchs zugrunde, das bis weit ins 18. Jahrhundert hinein als <u>das</u> Geographielehrbuch für die lutherischen Schulen gilt.

Der religionsgeographische Bezug ist bei diesen beiden Schülern MELANCHTHONs so stark, daß man beinahe sagen kann: Bei ihnen wird die gesamte Kulturgeographie aus religionsgeographischer Perspektive betrieben (vgl. weiter unten). Es scheint also (zumindest im lutherischen Europa vor 1800) nicht so zu sein, daß sich die Religionsgeographie aus der Kulturgeographie emanzipiert hätte, sondern die Entwicklung dürfte eher umgekehrt verlaufen sein. Vgl. dazu M. BÜTTNER (1973, S. 139ff).

12. Dort gehe ich auch auf den Kryptocalvinisten PEUCER ein und stelle heraus, daß seine Gesamtgeographie einige calvinistisch-reformierte Züge trägt, die zu seiner theologischen Grundposition passen. Hier wird (wie auch bei MELANCHTHON, MÜNSTER, MERCATOR usw.) deutlich, daß man in jener Zeit (zumindest an den protestantischen Schulen und Universitäten) sein geographisches Denken (bewußt oder unbewußt) an seinem jeweiligen theologischen Denken ausrichtete. Eine Geschichte des geographischen Denkens kann daher nur (zumindest im lutherischen Europa für die Zeit bis zu KANT hin) vor dem Hintergrund der Geschichte des theologischen (bzw. philosophischen) Denkens verständlich werden.

13. Zu den Beziehungen zwischen Geographie und Providentialehre im 16. Jahrhundert vgl. M. BÜTTNER (1973 und 1975 c).

14. Anklänge an reformiertes Denken sind hier nicht zu übersehen: Die Schöpfung als Zweck und Ermöglichung des Bundesschlusses. MELANCHTHON und NEANDER (vgl. weiter unten) haben eine etwas andere theologische Grundposition und eine entsprechend andere geographische, speziell religionsgeographische Konzeption.

15. HAGER bezeichnet NEANDER als den Geographielehrer Deutschlands.

16. NEANDER setzt die Geographie Palästinas nicht an den Anfang, sondern legt (wie PTOLEMAEUS) die Reihenfolge von West nach Ost zugrunde. Auf Palästina geht er dann aber entsprechend der Forderung PEUCERs genauer ein (vgl. dazu später). Es könnte sich in dieser Umstellung der Einfluß theologischen Denkens widerspiegeln. Die reformierten Geographen gehen wegen ihrer weiter "nach rückwärts" reichenden Providentia-Vorstellung auch geographisch weiter in die Vergangenheit zurück und beginnen meist (entgegen der klassischen Reihenfolge) mit dem Paradies, das ihrer Meinung nach in Palästina lag. Aber die Beziehungen sind im einzelnen noch zu wenig untersucht, als daß man hier mehr als nur Vermutungen aussprechen kann. In diesem Zusammenhang sei auf die bisher nicht beachtete Diskrepanz zwischen Text und Karteneil verwiesen. Reformierte Geographen (z. B. MÜNSTER und MERCATOR) beginnen zwar im Text mit Palästina (da sie im Text die Bibel zugrunde legen), im Karteneil gehen sie jedoch von West nach Ost vor. KECKERMANN beginnt – obwohl er Reformierter ist – dann auch im Text mit Europa, während KANT wieder Asien an den Anfang seiner Länderkunde stellt.

17. Man kann selbstverständlich darüber streiten, ob es sich hier um den Beginn der Religionsgeographie (vorwiegend als Ausbreitungslehre des Christentums betrieben) handelt, oder ob die hier genannten lutherischen Geographen lediglich als Vorläufer der Religionsgeographie zu betrachten sind (vgl. B. VARENIUS (1649)). Ebenfalls kann man darüber streiten, ob das Buch NEANDERs nicht eher ein Lehrbuch der Kirchengeschichte als ein Geographielehrbuch ist. An der Tatsache, daß dieses Buch bis weit ins 18. Jahrhundert hinein als das Geographielehrbuch für die lutherischen Schulen galt, ist allerdings nicht zu rütteln (vgl. dazu M. BÜTTNER, 1973, S. 142, Anm. 432).

Es ist nicht die Aufgabe des Geographiehistorikers festzustellen, daß sich die Gelehrten im 16. und 17. Jahrhundert eigentlich geirrt haben, wenn sie ein Buch, das (aus heutiger Sicht gesehen möglicherweise) eigentlich ein Lehrbuch der Kirchengeschichte ist, als Geographiebuch betrachteten. Nein, wir haben genau umgekehrt zu konstatieren: Aufgrund der damaligen Geisteshaltung betrieb man eben Geographie anders als heute und hatte eine andere Vorstellung von den Zielen und Aufgaben des Geographen.

18. Zu dieser Emanzipation und ihren Folgen für den inneren Aufbau der Geographie sowie die Neuausrichtung des Lehrstücks von der Providentia vgl. M. BÜTTNER (1973 sowie 1972, 1973 a, 1975 und 1976).

    Es sei an dieser Stelle ausdrücklich vermerkt, daß die Geographie im 16. und 17. Jahrhundert praktisch im gesamten protestantischen Europa von lutherischen bzw. reformierten Theologen betrieben wurde. Ich beziehe mich in meinen Ausführungen vorwiegend auf diese. Die Geographie in den katholischen Gebieten Europas lasse ich hier unberücksichtigt. Sie ist noch zu wenig erforscht (vgl. Anm. 8 und 19).

    In Frankreich ist die Religionsgeographie im 17. Jahrhundert nachweisbar. SANSON D'ABBEVILLE (1681) widmet ihr immerhin 12 Seiten (ich danke Herrn PLEWE für diesen Hinweis).

    Es wäre eine lohnende und wichtige Aufgabe, einmal herauszuarbeiten, wie die Beziehungen zwischen der in Frankreich betriebenen Religionsgeographie und derjenigen in Deutschland verliefen. Möglicherweise hat KECKERMANN, dessen Werke in ganz Europa gelesen wurden, einen Einfluß auf die Entwicklung in Frankreich ausgeübt. Umgekehrt dürften dann aber auch Einflüsse von Frankreich auf Deutschland ausgegangen sein. WOLFF, KANT und KASCHE sind sicherlich von dort angeregt worden, was dann zu einer Umorientierung der Religionsgeographie in Deutschland und zum Beginn der dritten Epoche führte (vgl. dazu weiter unten).

19. Nach KECKERMANN hatte im protestantischen Europa eine erneute Indienstnahme der Geographie durch die Theologie stattgefunden, und zwar im Rahmen der Physikotheologie, die als Reaktion auf die kausalmechanische Betrachtung der geographischen Fakten im ausgehenden 17. Jahrhundert einsetzte. Sie wird dann durch KANT endgültig überwunden. Vgl. dazu außer den genannten Schriften: M. BÜTTNER (1963, 1964, 1966, 1973 c und 1973 d); W. PHILIPP (1957); YI-FU TUAN (1968).

20. Es würde den Rahmen dieses Aufsatzes sprengen, näher auf KANT einzugehen und nicht nur herauszustellen, wie er als Geograph im einzelnen vorgeht, sondern warum er auf dieses Fach (wie auf alle empirischen Wissenschaften) einen so großen Einfluß ausübte, daß wir heute von den 2 Epochen in der Geographiegeschichte sprechen können, nämlich der Zeit vor und der Zeit nach KANT. Vgl. dazu vor allem M. BÜTTNER (1973 e).

21. Das dilettantisch geschriebene Werk GEBELs wurde von der Religionswissenschaft ignoriert. Im Handbuch für die Geographielehrer an höheren Schulen (J. WAGNER 1953) wurde es bis vor kurzem jedoch noch als eines der Standardwerke zur Religionsgeographie angegeben (in der Neuauflage von 1973 nicht mehr). Dieser Tatbestand wirft ein bezeichnendes Licht auf den "Irr-

weg" der Religionsgeographie. Vgl. dazu hier Kapitel VI sowie auch meine Ausführungen über das Niveau mancher religionsgeographischer Arbeiten (M. BÜTTNER 1973 b, S. 39).

22. Man vergleiche dazu die entsprechenden Hinweise zur theologischen Geographie in KANTs physischer Geographie. Ich kann hier darauf nicht näher eingehen, da das den Rahmen dieses Aufsatzes sprengen würde. Verwiesen sei lediglich darauf, daß demnächst von mir eine größere Arbeit über die Religionsgeographie im 18. Jahrhundert erscheint, in der neue Forschungsergebnisse vorgelegt werden, die über das bei M. BÜTTNER (1973) Gesagte hinausgehen. Vgl. dazu Anm. 18 Schluß.

23. Vgl. dazu meine kritische Auseinandersetzung mit SCHWIND (M. BÜTTNER 1976 c).

24. Zur Physikotheologie vgl. M. BÜTTNER (1963, 1964, 1966, 1973, 1973 c, 1973 d, 1975 a und 1975 b); W. PHILIPP (1957); YI-FU TUAN (1968).

25. Vgl. Anm. 8. Möglicherweise wird sich auch meine Einordnung KASCHEs in die Geschichte der Religionsgeographie (die in wesentlichen Punkten von der Einordnung SCHWINDs abweicht), eines Tages aufgrund neuer Untersuchungen als revisionsbedürftig erweisen.

26. MAX WEBER (1920-1921) entschließt sich übrigens nur langsam und zögernd zu dieser Wendung. Er versucht immer noch auffallend viele Vorstellungen (wie z.B. die christliche Demut) aus der Umwelt (unter Einfluß des Klimas) abzuleiten. Erst in den späten Aufsätzen tritt diese Betrachtung dann völlig hinter der neuen zurück.

27. Zur Zeit des Nationalsozialismus spielte man die deterministische Betrachtung (in anachronistischer Weise und in Verbindung mit der Blut- und Boden-Ideologie) bis ins Peinliche hoch. Vgl. dazu die in dieser Hinsicht typische Arbeit von H. FRICK (1943).

28. Diesen Gedanken griffen dann SPROCKHOFF und ZIMPEL auf. Ob sie dabei von TROLL angeregt wurden, sei dahingestellt. Vgl. dazu H. BECK (1954, 1954 a, 1973); M. BÜTTNER (1974 b) sowie H. ZIMPEL (1963).

ZIMPEL verweist auf die religionswissenschaftliche Seite der Religionsgeographie (S. 123). SOPHER (1957) bezieht sich dann darauf (vgl. später).

29. Dies und das vorher Gesagte äußerte TROLL in einem persönlichen Gespräch anläßlich eines Kolloquiums im Religionswissenschaftlichen Seminar der Universität Bonn. Dieses Kolloquium wurde von dem Bonner Religionswissenschaftler KLIMKEIT und mir zusammen durchgeführt. Auch bei FICKELER (1947) läßt sich - ähnlich wie im Fall KASCHE und WEBER - erkennen, daß er zwar

am Beginn einer neuen Epoche steht, jedoch noch Gedankengut aus der vorhergehenden Epoche mit sich trägt. Von daher ist die Diskrepanz zwischen der Einleitung und dem Haupttext zu verstehen.

30. In der Religionssoziologie liegen die Dinge analog. Dort gibt es eine rein soziologische Religionssoziologie und eine religionswissenschaftlich ausgerichtete Religionssoziologie. Ich danke Herrn PONIATOWSKI (Warschau) für diesen Hinweis, den er mir im Anschluß an seinen Vortrag über Metareligionswissenschaft auf dem Internationalen Religionswissenschaftler-Kongreß in Lancaster (1978) gab.

31. Es ist auch an dieser Stelle noch einmal ein Wort zu SCHWIND, und zwar zu seiner grundsätzlichen Abqualifikation der Umwelt-Abhängigkeitslehre zu sagen. Ihm scheint nicht deutlich geworden zu sein, daß die ursprünglich beide Seiten umfassende Religionsgeographie sich nach dem zweiten Weltkrieg aufgespalten hat, und daß man daher die Umweltabhängigkeitslehre nicht grundsätzlich als Irrweg bezeichnen kann.

    Aus der Menge derjenigen Forscher, die heute Religionsgeographie aus religionswissenschaftlicher Sicht betreiben und in durchaus legitimer Weise den Einfluß der Umwelt auf die Religion untersuchen, seien folgende mit ihren entsprechenden Schriften stellvertretend für diese Seite der Religionsgeographie genannt: A. HULTKRANTZ (1966) und H. KLIMKEIT(1975).

    Auf SOPHER und BÜTTNER, die als Geographen beide Seiten der Religionsgeographie berücksichtigen, gehe ich weiter unten ein.

32. SPROCKHOFF, der für das Westermann Lexikon der Geographie einige Artikel schrieb, legte dann, obwohl er von Hause aus kein Geograph ist, diese rein geographische Konzeption zugrunde. Dadurch trug er Wesentliches zur Verbreitung dieser geographischen Seite der Religionsgeographie bei. Es ist bedauerlich, daß in dem Sammelband von SCHWIND (1975), der doch einen repräsentativen Überblick über den Weg der Religionsgeographie geben will, kein Aufsatz von SPROCKHOFF enthalten ist.

33. Ein Aufsatz über die Entwicklung der religionswissenschaftlichen Seite der Religionsgeographie wird von Herrn Dr. HOHEISEL demnächst veröffentlicht. Herr HOHEISEL ist Dozent für Religionswissenschaft an der Universität Bonn und arbeitet gleichzeitig im Bochumer Mitarbeiterstab mit (vgl. dazu später).

34. Man kann also nicht ohne weiteres sagen, daß die Religionsgeographie grundsätzlich ein Teilbereich der Kulturgeographie sei, wie SCHWIND (1975) das behauptet. Für eine bestimmte Zeit mag das zutreffen, die Entwicklung der letzten Jahre (die SCHWIND nicht genau kennt, wie die Ignorierung vieler neuer Schrif-

ten zeigt) scheint jedenfalls einen anderen Weg zu gehen. HOTTES (1970, S. 343) rechnet sie bereits voll zur Sozialgeographie.

35. Irgendwie muß FICKELER selbst gefühlt haben, daß eine nur auf die Landschaft und den Kult ausgerichtete Religionsgeographie zu wenig ist. Er versuchte daher (meiner Meinung nach mehr unbewußt als bewußt), auch diejenigen Aktivitäten zumindest theoretisch mit einzubeziehen, die vom Kult ausgehen, raumwirksam sind, aber nicht die Landschaft prägen. Er sagt z.B., daß auch <u>Kultfarben</u> und <u>Kultmusik</u> in den Forschungsbereich des Religionsgeographen gehören. Sie hinterlassen zwar in der Landschaft keine bleibende Wirkung; aber die Farben leuchten immerhin in das Land und die Musik tönt in das Land. Das Gepreßte dieser Argumentation ist nicht zu übersehen.

36. Wenn z.B. religiöse Gruppen heute hier und morgen dort zusammenkommen, um sich zu bilden oder in diesem Jahr hierhin und im nächsten Jahr dorthinreisen, um "Pilgerfahrt", Freizeit und Erholung miteinander zu verbinden, so sind das Aktivitäten sozialer Gruppen, die geographisch relevant werden (Reichweiten, Innovationen), die aber nicht an bestimmte nur diesen Gruppen zuzuordnende Verortungserscheinungen gebunden sind. Ich verweise gerade auf diese Beziehung zwischen geographisch relevanter Gruppenaktivität und Verortungserscheinung, weil darüber auf dem letzten Religionswissenschaftler-Kongreß in Lancaster Unklarheiten aufkamen (vgl. Anm. 30).

37. Vgl. Anm. 36. Der Religionskörper kann sich äußerlich und innerlich wandeln. Beide Wandlungen sind geographisch relevant. Zur äußeren Wandlung gehören z.B. Zu- oder Abnahme der Mitgliederzahlen durch Geburt oder Tod, Zu- und Abwanderung von Einzelmitgliedern oder der ganzen Gruppe (Auswanderungen), Ein- und Austritte sowie Übertritte. Innere Wandlungen sind z.B. Änderung der Geisteshaltung und dadurch folgende Änderung der Wirtschaftsgesinnung, der Berufsstruktur usw. Auf dem Internationalen Geographentag in Moskau (1976) halte ich einen Vortrag über die innere Wandlung der <u>Waldenser</u>, die sich als Folge der Bevölkerungsbewegungen in den Cottischen Alpen einstellt.

38. Ich beziehe mich, um den Rahmen dieses Aufsatzes nicht zu sprengen, vorwiegend auf den gegenwärtigen Stand und die <u>gegenwärtigen Neuansätze</u> in der Bundesrepublik Deutschland. Auf die Entwicklung im Ausland gehe ich nur insoweit ein, als sie einen Einfluß auf die Entwicklung in Deutschland hat, bzw. gehabt hat. Hier kommt praktisch nur SOPHER in Frage (vgl. das Folgende).

Hingewiesen sei in diesem Zusammenhang darauf, daß beabsichtigt ist, im Rahmen der Internationalen Geographischen Union (IGU) eine religionsgeographische Kommission zu gründen, um einen weltweiten Kontakt in Gang zu bringen. Erste Gespräche wurden auf dem Geographentag in Milwaukee (1975) geführt. Weitere Koordinierungsgespräche sind für April 1976 in New York auf dem dortigen Geographentag vorgesehen. Obwohl die Entwicklung in den USA und in Deutschland lange Jahre hindurch unabhängig voneinander erfolgte, ist doch eine erstaunliche Übereinstimmung in den neuartigen Zielsetzungen zu konstatieren, die eine Zusammenarbeit sehr erleichtern dürfte.

Seit Fertigstellung des Manuskriptes im Februar 1976 ist es zur Gründung einer internationalen Arbeitsgruppe zur Geographie der Geisteshaltung gekommen. Zum Chairman wurde der Verfasser dieses Artikels in New York gewählt. Man entschied sich ausdrücklich nicht für den Terminus "Religionsgeographie", sondern wählte den genannten umfassenderen. <u>Traditionelle Religionsgeographie</u>, <u>Ideologiegeographie</u>, <u>Geographie des Atheismus</u> usw. werden als Teilbereiche bzw. Teilaspekte der Geographie der Geisteshaltung betrachtet. Vgl. dazu auch Geography of the Mind. Essays in Historical Geosophy (ED.D. LOWENTHAL & M.J. BOWDEN). New York 1976. Eine ausführliche Rezension erfolgt im nächsten Band dieser Zeitschrift.

39. "HEINZ GERHARD ZIMPEL ... is nevertheless justified in his opinion that the main task of ascertaining the effect of environment on religious forms devolves on the science of religion rather than on geography" (D. SOPHER 1957, S. 14, Anm. 1).

40. "Geography can help to determine to what extent religious systems or their component elements are an expression of ecological circumstances" (D. SOPHER 1957, S. 14).

41. SCHWIND (1975, S. 333ff) geht nur auf das dritte Kapitel SOPHERs ein, seine Gesamtkonzeption berücksichtigt SCHWIND nicht. So erweckt er (ob bewußt oder unbewußt, das sei dahingestellt) den Anschein, als betreibe SOPHER noch Religionsgeographie im herkömmlichen Stil.

42. Oder anders ausgedrückt: Ansätze zu einer Wende wurden durch das Bekanntwerden seines Buches in Deutschland verstärkt. Vgl. das Folgende sowie M. BÜTTNER (1974 b, 1976 a und 1976 e).

43. Hierüber ist es zwischen SCHWIND und mir zu einer heftigen Auseinandersetzung gekommen. Auf einer Kolloquiumssitzung in Bochum vertrat SCHWIND mit aller Entschiedenheit den Standpunkt, daß der Religionsgeograph nur für die Bereiche zuständig sei, in denen die Religion <u>noch</u> umweltprägend wirkt. Auch der Hinweis, daß die Religionswissenschaftler einen ganzen Kongreß unter das Leitthema der Säkularisierung gestellt haben, und daß der Religionsgeograph ebenso diesen Prozeß zu erforschen habe, konnte ihn nicht umstimmen.

Ich verweise gerade auf diese Dinge, um auch den Außenstehenden zu verdeutlichen, welche Meinungsverschiedenheiten gerade zum gegenwärtigen Zeitpunkt über die Standortbestimmung der Religionsgeographie bestehen.

44. Zum religiös geprägten Herrnhuter Siedlungstyp vgl. E. GORMSEN (1973). Eine Dissertation von KLAUS KÜNZEL über die Herrnhuter in der Bundesrepublik Deutschland und ihren Nachbarländern Dänemark und Holland steht vor ihrem Abschluß. Allgemein zum religiös geprägten Siedlungstyp vgl. H. SCHEMPP (1969).

45. Eine Dissertation von U. REHN über die Mormonen steht in Bochum vor ihrem Abschluß.

46. Ich danke den Herren HOTTES und SCHÖLLER (Bochum) und vor allem Herrn TROLL (Bonn) und seiner Schülerin Frau SIEVERS (Vechta) wie auch Herrn SCHAFFER (Augsburg) und Herrn GORMSEN (Mainz) für ihre Diskussionsbereitschaft gerade über die fachspezifische Arbeitsweise des rein geographisch (vor allem sozialgeographisch) arbeitenden und forschenden Religionsgeographen.

    Weiter danke ich den Herren KLIMKEIT und HOHEISEL (Bonn), COLPE (Berlin), SPROCKHOFF (Kiel), RUDOLPH (Leipzig), HULTKRANTZ (Oslo), BIEZAIS (Turku/Abo), PONIATOWSKI (Warschau), SUZUKI (Tokio), PUMMER (Ottawa), ISAAC, GURGEL, HANNEMANN, SOPHER und ZELINSKY (USA), die in mündlich und schriftlich geführtem Gedankenaustausch wesentlich dazu beitrugen, daß auch auf internationaler Ebene eine Klärung über die Gemeinsamkeiten und Unterschiede zwischen den beiden Seiten der Religionsgeographie sowie über die Notwendigkeit einer Zusammenarbeit in Gang kommen konnte.

Literatur

D'ABBEVILLE, S.: Introduction à la Géographie. Paris 1681.

ARISTOTELES: Über die Welt (deutsch von P. GOHLKE). Paderborn 1952.

ARISTOTELES: Meterologie (deutsch von P. GOHLKE). Paderborn 1955.

ARISTOTELES: Über den Himmel (deutsch von P. GOHLKE). Paderborn 1958.

BALY, D.: The Geography of the Bible. 2nd. ed. (1st ed. 1957). Guildford und London 1974.

BECK, H.: Entdeckungsgeschichte und geographische Disziplinhistorie. 1954. In: Erdkunde 9, 1955, S. 197-204.

BECK, H.: Methoden und Aufgaben der Geschichte der Geographie. 1954 a. In: Erdkunde 8, 1954, S. 51-57.

BECK, H.: Geographie. Europäische Entwicklungen in Texten und Erläuterungen. Freiburg/München 1973. Orbis Academicus. Bd. 2/16.

BJORKLUND, E.M.: Ideology and Culture Exemplified in Southwestern Michigan. Ann. Ass. Amer. Geogr. 54, 1964, S. 227-241.

BROOKS, C.E.P.: Climate through the Ages. (2nd rev. ed.) New York 1970.

BÜTTNER, M.: Theologie und Naturwissenschaft, insbesondere Geographie. Theolog. Diss., Münster 1963.

BÜTTNER, M.: Theologie und Klimatologie. Neue Ztschr. f. systemat. Theologie und Religionsphilosophie 6, 1964, S. 154-191.

BÜTTNER, M.: Geographie und Theologie im 18. Jahrhundert. Wiesbaden 1966, Tagungsber. u. wiss. Abh. Deutscher Geographentag Bochum 1965. S. 352-359.

BÜTTNER, M.: A Geographia generalis before VARENIUS. In: International Geograpie. Bd. 2, Toronto 1972.

BÜTTNER, M.: Der dialektische Prozeß der Religion/Umwelt-Beziehung in seiner Bedeutung für den Religions- bzw. Sozialgeographen. In: Bevölkerungs- und Sozialgeographie. Deutscher Geographentag in Erlangen 1971. Ergebnisse der Arbeitssitzung 3. Münchener Studien zur Sozial- und Wirtschaftsgeographie. 8. Kallmünz/Regensburg 1972 a. S. 89-107.

BÜTTNER, M. Die Geographia Generalis vor VARENIUS. Geographisches Weltbild und Providentialehre. Wiesbaden 1973. Erdwissenschaftl. Forschung. 7.

BÜTTNER, M.: KECKERMANN und die Begründung der allgemeinen Geographie. In: Plewi-Festschrift. Wiesbaden 1973 a, S. 63-69.

BÜTTNER, M.: Neue Strömungen in der Religionsgeographie. Ztschr. f. Missions u. Religionswissenschaft. 57. 1973 b. S. 39-59.

BÜTTNER, M.: Das "physikotheologische" System KARL HEIMs. Einordnung und Kritik. Kerygma und Dogma. 19, 1973 c, S. 267-286.

BÜTTNER, M.: Zum Gegenüber von Naturwissenschaft (insbesondere Geographie) und Theologie im 18. Jahrhundert. Der Kampf um die Providentialehre innerhalb des Wolffschen Streites. In: Philosophia naturalis. Bd. 14. Meisenheim am Glan 1973 d, S. 95-122.

BÜTTNER, M.: Zum Übergang von der teleologischen zur kausalmechanischen Betrachtung der geographisch-kosmologischen Fakten. Studia Leibnitiana. 5. 1973 e, S. 177-195.

BÜTTNER, M.: IGU-Kommission "History of Geographical Thought". Ein Kurzbericht über die Ziele und den Stand der Arbeiten. Geograph. Ztschr. 62. 1974a, S. 233-235.

BÜTTNER, M.: Religion and Geography. Inpulses for a new dialogue between Religionswissenschaftlern and geographers. Numen. 21, 1974b, S. 163-196.

BÜTTNER, M.: Die Emanzipation der Geographie im 17. Jahrhundert. Sudhoffs Archiv. 26. 1975, S. 1-16.

BÜTTNER, M.: KANT und die Überwindung der physikotheologischen Betrachtung der geographisch-kosmologischen Fakten. Ein Beitrag zur Geschichte der Geographie in ihren Beziehungen zur Theologie und Philosophie. Erdkunde. 29, 1975a, S. 53-60.

BÜTTNER, M.: Die Neuausrichtung der Geographie im 17. Jahrhundert durch BARTHOLOMÄUS KECKERMANN. Ein Beitrag zur Geschichte der Geographie in ihren Beziehungen zur Theologie und Philosophie. Gegraph. Zeitschr. 63, 1975b, S. 1-12.

BÜTTNER, M.: Regiert Gott die Welt? Vorsehung Gottes und Geographie. Stuttgart 1975 c.

BÜTTNER, M.: KANT and the Physico-Theological Consideration of the Geographical Facts. - A Contribution to the History of Geography in its Relation to Theology and Philosophy. The geographcial schools in Central Europe before 1800. Organon. 11, Warschau 1975.

BÜTTNER, M.: Beziehungen zwischen Theologie und Geographie bei BARTHOLOMÄUS KECKERMANN. Seine Sünden- und Providentialehre eine Folge der Emanzipation der Geographie aus der Theologie? Neue Ztschr. f. systemat. Theologie u. Religionsphilosophie. 18, 1976, S. 209-234.

BÜTTNER, M.: A Discussion of the Geography of Religion in Germany. On the historical roots of the Geography of Religion in Protestantism, its history in Lutheran Europe, present new approaches in the Federal Republic of Germany and relations to the Geography of Religion in the USA. Paper presented at the Annual Meeting of the Association of American Geographers 1976, New York. New York 1976 a.

BÜTTNER, M.: Neugnadenfeld und Füchtenfeld, zwei Flüchtlingssiedlungen im Emsland. Eine religionsgeographische Studie. In: Festschrift Müller-Wille. Münster 1976 b, Westf. geograph. Studien 33.

BÜTTNER, M.: Religionsgeographie. Eine kritische Auseinandersetzung mit MARTIN SCHWIND. Ztschr. f. Missions- und Religionswissenschaft. 60, 1976 c, S. 51-54.

BÜTTNER, M.: Religionsökologie und Religionsgeographie. Vortrag, gehalten auf der Internationalen Studientagung der Religionswissenschaftler (IAHR), Turku 1973. 1976 d.

BÜTTNER, M.: Ein neuer Wendepunkt in der Religionsgeographie. Zur Geschichte der Religionsgeographie aus geographischer und religionswissenschaftlicher Sicht. Temenos 1976 e.

BÜTTNER, M.: The Migration of Population and the Structure of Settlements in the Waldensian Valleys West of Turin. International Geography. 7, 1976 f, S. 15-19.

DEFFONTAINES, P.: Géographie et Religions. Deuxième éd. (première éd. 1947). Paris 1948. Collection "Géographie Humaine". 21.

DEFFONTAINES, P.: Valeur et limites de l'explication religieuse en géographie humaine. Diogène. 2, 1953, S. 64-79.

DE MOOR, The Seasonal Pattern in the Ugaritic Myth ... Kevelaer 1971.

DICELIUS, H.: Geographia. Leipzig 1696.

FICKELER, P.: Grundfragen der Religionsgeographie. Erdkunde 1, 1947, S. 121-144.

FRANCAVIGLIA, R.: The Mormon Landscape. Ph. D., Univ. of Oregon 1970.

FRICK, H.: Regionale Religionskunde. Georeligiöse Erwägungen zum Zusammenhang zwischen Boden und Religion. Ztschr. f. Geopolitik. 20, 1943, S. 281-291.

FRIEDRICH, E.: Religionsgeographie Chiles. Petermanns Geograph. Mitt. 63, 1917, S. 183-186.

GAY, JOHN D.: The Geography of Religion in England. London 1971.

GEBEL, W.: Der Islam - die Religion der Wüste. Breslau 1922. Beihefte z.d. Jahresberichten d. Schlesischen Gesellschaft f. vaterländische Kultur. S. 104-133.

GORMSEN, E.: Königsfeld im Schwarzwald. In: Plewe-Festschrift. Wiesbaden 1973. S. 177-222.

GÜNTHER, S.: Geschichte der Erdkunde. Leipzig 1904.

GURGEL, K.D.: God's Drumlin: Hill Cumorah in the Relgious Geography of Mormonism. Paper presented at the 70th Annual Meeting of the Association of American Geographers 1974. 1976.

HAGER, M.I.G.: Geographischer Büchersaal. 3 Bde. Chemnitz 1764.

HAHN, H.: Der Einfluß der Konfessionen auf die Bevölkerungs- und Sozialgeographie des Hunsrücks. Bonn 1950. Bonner Geograph. Abh. 4.

HAHN, H.: Geographie und Konfession. Ein Beitrag zur Sozialgeographie des Tecklenburger Landes. Ber. z. dt. Landeskunde. 11, 1952, S. 1-20.

HASSINGER, H.: Die Religionsgemeinschaften. In: Handbuch d. geograph. Wissenschaft. Hrsg. von F. KLUTE, Allgemeine Geographie. Bd. 1/2, Potsdam 1937, S. 501-509.

HAUBER, E.D.: Nützlicher Diskurs von dem gegenwärtigen Zustand der Geographie, besonders in Deutschland. Ulm 1727.

HOTTES, K.: Sozialgeographie. In: Westermann Lexikon d. Geographie. Bd. 4, Braunschweig 1970, S. 339-343.

HULTKRANTZ, A.: An Ecological Approach to Religion. Ethnos. 31, 1966, S. 131-150.

ISAAC, E.: The Citron in the Mediterranean: a Study in Religious Influences. Economic Geography. 35, 1959, S. 71-78.

ISAAC, E.: The Act and the Convenant. Landscape. 11, 1962, S. 12-17.

ISAAC, E.: Les Facteurs Religieux de la Géography de l'élevage. Diogène. 44, 1963, S. 63-78.

ISAAC, E.: Circumcision as a Convenant Rite. Anthropos. 59, 1964, S. 444-456.

ISAAC, E.: God's Acre. Landscape. 14, 1964/65, S. 28-32.

ISAAC, E.: Religious Geography and the Geography of Religion. Univ. of Colorado Studies. Series in Earth Sciences. 3, 1965, S. 1-14.

ISAAC, E.: Mythical Geography. The Geographical Review. 57, 1967, S. 123-165.

ISAAC, E.: On Judaism and Islam. Judaism. 17, 1968, S. 387-3390.

KANT, I.: Der einzig mögliche Beweisgrund zu einer Demonstration des Daseyns Gottes. Königsberg 1783.

KANT, I.: Immanuel Kants physische Geographie. Berlin 1968. Kants Werke. 9. (Akademie Textausgabe, Rinkscher Text).

KASCHE, G.: Ideen über religiöse Geographie. Lübeck 1795.

KASTROP, R.: Ideen über die Geographie und Ansatzpunkte für die moderne Geographie bei VARENIUS. Diss. Saarbrücken 1972.

KECKERMANN, B.: Systema geogaphicum. Hanau 1616.

KLIMKEIT, H.J.: Spatial orientation in mythical Thinking as exemplified in Ancient Egypt: Considerations toward a Geography of Religions. In: History of Religions. Bd. 14, 1975, S. 17-22.

KÜHN, A.: Die Neugestaltung der deutschen Geographie im 18. Jahrhundert. Leipzig 1939.

LAMB, H.H.: Changing Climate. London 1968.

MAY, J.A.: KANTs Concept of Geography. Toronto 1970.

MEINIG, D.W.: The Mormon Culture Region, Strategies and Pattern in the Geography of the American West, 1847-1964. Ann. Assoc. Amer. Geogr. 55, 1965, S. 191-220.

MELANCHTHON, Ph.:Initia doctrinae physicae. Wittenberg 1549.

MERCATOR, G.: Terrae sanctae descriptio. Löwen 1537.

MERCATOR, G.: Atlas sive Cosmographicae Meditationes. Duisburg 1595.

MONTESQUIEU, Ch: Vom Geist der Gesetze (deutsch von E. FORSTHOFF). Tübingen 1951.

MÜNSTER, S.: Cosmographia. Basel 1544.

NEANDER, M.: Orbis terrae partium succincta explicatio. Eisleben 1583.

PEUCER, C.: De Dimensione Terrae. Wittenberg 1556.

PHILIPP, W.: Das Werden der Aufklärung in theologiegeschichtlicher Sicht. Göttingen 1957.

PTOLEMAEUS, C.: Cosmographia. Ulm 1482. (Reprint Amsterdam 1963.

REICH, K.: KANTs einzig möglicher Beweisgrund zu einer Demonstration des Daseins Gottes. Leipzig 1937.

REYHER, S.: Mathesis mosaica. Kiel 1699.

REYHER, S.: Mathesis biblica. Lüneburg 1710.

ROSS, A.: Pansebeia, or: A view on all Religions of the World. London 1668. (Übersetzung von ALBERTO REIMARO: Der gantzen Welt Religionen. 2. Aufl. Amsterdam 1668).

SCHEMPP, H.: Gemeinschaftssiedlungen auf religiöser und weltanschaulicher Grundlage. Tübingen 1969.

SCHWIND, M. (Hrsg.): Religionsgeographie. Darmstadt 1975. Wege der Forschung 397.

SIEVERS, A.: Christentum und Landschaft in Südwest-Ceylon. Eine sozialgeographische Studie. Erdkunde. 12, 1958, S. 107-120.

SIEVERS, A.: Die Christengruppen in Kerala (Indien), ihr Lebensraum und das Problem der christlichen Einheit. Ein missionsgeographischer Beitrag. In: Zeitschrift für Missionswissenschaften und Religionswissenschaften, 1962, S. 161-187. Nachdruck in: Festschrift A. SIEVERS, Südasien ... Berlin 1982, S. 187-200 (= Kleine geogr. Schriften Bd. 4).

SIEVERS, A. (Hrsg.): Christi Wort in aller Welt. Eine geographische Darstellung der wichtigsten Missionsländer. (Hrsg. und Mitverfasser). (= Schriften zur katechetischen Unterweiseung, Bd. 13), Düsseldorf 1965.

SOPHER, D.E.: Geographie of Religions. Prentice Hall 1957. Foundations of Cultural Geography Series.

SPROCKHOFF, J.F.: Zur Problematik einer Religionsgeographie. München 1963. Mitt. d. Geogr. Ges. München 48.

SPROCKHOFF, J.F.: Religiöse Lebensformen und Gestalt der Lebensräume. Über das Verhältnis von Religionsgeographie und Religionswissenschaft. Numen. 11, 1964, S. 85-146.

TROLL, C.: Religionsgeographie als Teilaspekt der Kultur- und Sozialgeographie. Begrüßungsrede zur Religionswiss. Jahrestagung des deutschen Zweiges der IAHR in Bonn 1961. In: M. SCHWIND (Hrsg.): Religionsgeographie. Darmstadt 1975. Wege der Forschung. 397, S. 250-253.

TUAN, Y.-F.: The Hydrologic Cycle and the Wisdom of God. A Theme in Geoteleology. Toronto 1968.

VARENIUS, B.: Tractatus, in qua agitur: De Japoniorum religione. De Christianae religionis introductione in ea loca. De eiusdem exstirpatione. Amsterdam 1649.

WAGNER, J. (Bearb.): Kulturgeographie. München 1953. Harms Erdkunde Bd. 9.

WEBER, M.: Gesammelte Aufsätze zur Religionssoziologie. Tübingen 1920-21.

WIRTH, E.: Zur Sozialgeographie der Religionsgemeinschaften im Orient. Erdkunde 19, 1965, S. 265-284.

WISOTZKI, E.: Zeitströmungen in der Geographie. Leipzig 1897.

WOLFF, H.M.: Die Weltanschauung der deutschen Aufklärung. Bern 1951.

ZELINSKY, W.: An Approach to the Religious Geography of the United States: Patterns of church membership in 1952. Ann. Ass. Amer. Geogr. 51, 1961, S. 139-193.

ZIMPEL, H.-G.: Vom Religionseinfluß in den Kulturlandschaften zwischen Taurus und Sinai. München 1963. Mitt. d. Geogr. Ges. München. 48, S. 123-171. Nachdruck in: M. SCHWIND (Hrsg.): Religionsgeographie. Darmstadt 1975. Wege der Forschung. 397. S. 254-321.

ZIMPEL, H.-G.: Religionsgeographie. In: Westermann Lexikon d. Geographie. Bd. 3, Braunschweig 1970, S. 1000-1002.

ZÖCKLER, O.: Geschichte der Beziehungen zwischen Theologie und Naturwissenschaft. Gütersloh 1877.

ZWINGLI, H.: De Providentia. Tiguri 1530.

Neugnadenfeld und Füchtenfeld
zwei Flüchtlingssiedlungen im Emsland

Eine religionsgeographische Studie

von Manfred Büttner, Bochum*

I. Fragestellung und Untersuchungsmethode

Die hier zur Diskussion stehende Feldstudie ist ein Teil einer mit Hilfe der DFG durchgeführten religionsgeographischen Untersuchung über die Herrnhuter[1] und Waldenser. Hauptanliegen ist dabei, anhand dieser beiden relativ kleinen und daher leicht überschaubaren Religionsgemeinschaften, die über die ganze Erde verstreut sind und unter verschiedensten Umweltbedingungen leben, Prozesse zu verfolgen, deren Erforschung möglicherweise zu grundsätzlich neuen Erkenntnissen über die Religion/Umwelt-Beziehung führt und für weitere religionsgeographische Arbeiten (eventuell für das Fach Religionsgeographie insgesamt) stimulierend wirken kann.[2]

Die Religionsgeographie besteht seit dem zweiten Weltkrieg aus einem geographischen und einem religionswissenschaftlichen Zweig.[3] Beide Zweige haben fachspezifische Methoden entwickelt, mit deren Hilfe es möglich ist, in interdisziplinärer Zusammenarbeit Wechselwirkungsprozesse zwischen Religion und Umwelt zu untersuchen. Der Geograph interessiert sich, vorwiegend als Sozialgeograph, vor allem für die von der Religion ausgehende Umweltprägung und für gruppentypische Verhaltensweisen, die in der Regel an bestimmte Verortungserscheinungen gebunden sind. Der Religionswissenschaftler untersucht die andere Seite der wechselseitigen Beziehungen, stellt also heraus, welche Umweltfaktoren wie Klima, Relief, Wirtschaft usw. in das Ideengut der Religion eingehen und in den entsprechenden Schriften (Dogmatiken) ihren Niederschlag finden.[4]

In jüngster Zeit hat sich eine fächerübergreifende eigenständige Disziplin, die Religionsökologie, herausgebildet, die immer mehr eine Vermittlerrolle zwischen der geographischen und der religionswissenschaftlichen Sparte der Religionsgeographie ausübt.[5]

Angeregt durch das von den Religionsökologen Erarbeitete bin ich bei meinen Forschungen von folgender Fragestellung ausgegangen: Wie bildet sich zur Zeit der Entstehung einer Religion bzw. Religionsgemeinschaft am Entstehungsort ein Gleichgewicht zwischen religiös geprägter Geisteshaltung einerseits und Berufs-Wirtschafts-Sozialstruktur, Siedlungsweise usw. andererseits aus? Wodurch treten Störungen dieses Gleichgewichts[6] ein, und welche Prozesse werden dadurch ausgelöst?

Die Untersuchungsmethode, wie sie speziell für die beiden Siedlungen angewandt wurde, ergibt sich aus der Fragestellung. Prozessuale Abläufe der genannten Art lassen sich nicht mit rein geographischen Methoden allein erforschen. Zwar können wir als Geographen Siedlungskarten zeichnen und das sonstige erforderliche geographisch relevante Faktenmaterial über die Berufe, die Sozialstruktur, die Umlandverflechtung, das Wirtschaftsleben usw. zusammentragen, inwieweit diese mehr vordergründigen Dinge dann aber in Beziehung zur Geisteshaltung stehen, eventuell sogar als Indikator für die mit der Umwelt im Gleichgewicht oder im Konflikt stehende Geisteshaltung anzusehen sind, das zu untersuchen übersteigt den Kompetenzbereich des Geographen, wenngleich auch hier eine beginnende Wandlung nicht übersehen werden darf.

Mit SOPHER[7] bin ich der Meinung, daß wir uns als Geographen zwar zunächst vorwiegend der sogenannten rein geographischen Seite der wechselseitigen Beziehungen zwischen Religion und Umwelt zuwenden sollten, denn nur dazu bringen wir die fachlichen Qualifikationen mit, daß wir aber den Gesamtprozeß nicht aus dem Auge verlieren dürfen. Die Erforschung des Gesamtprozesses kann jedoch nur in Zusammenarbeit mit den Nachbardisziplinen, vor allem der Religionssoziologie und Religionsökologie, unter Berücksichtigung der in diesen Fächern entwickelten Methoden erfolgen.[8]

Da der Kontakt zwischen Geographen und den Vertretern der genannten Nachbardisziplinen bislang sehr schwach war, habe ich versucht, einen weltweiten Gedankenaustausch und eine entsprechende Zusammenarbeit in Gang zu bringen.[9] Es geht dabei vorwiegend um den Begriff "Geisteshaltung". Wie soll man Geisteshaltung definieren, wie kann man sie erforschen, und wie lassen sich schließlich unterschiedliche Geisteshaltungen miteinander vergleichen und in Beziehung zur jeweiligen Umwelt setzen?

Unter Geisteshaltung sollen vorwiegend die Bewertungsmaßstäbe verstanden werden, die für eine Gruppe typisch sind, ihre geographisch relevanten Aktivitäten bestimmen und dadurch diese Gruppe von anderen unterscheiden. Die Erforschung der Geisteshaltung kann direkt oder indirekt erfolgen. Unter einer indirekten Erforschung verstehe ich das Rückschließen vom vordergründig Sichtbaren. Ein solches Rückschließen ist jedoch nicht immer eindeutig. Ein und dieselbe Umweltprägung (Siedlungsweise usw.) kann durchaus von verschiedenen Geisteshaltungen ausgehen. Meine Forschungen bei den Waldensern haben gezeigt, daß z.B. das Leben in bescheidenen Vehältnissen ein Ausdruck des alten Waldenser Armutsideals sein kann, also einen Rückschluß auf eine konforme Geisteshaltung zuläßt. Es kann aber auch mit einer neuen Geisteshaltung, die sich als Folge der Industrialisierung gebildet hat, im Konflikt stehen und Ursache für die Auslösung eines Prozesses sein, der einem neuen Gleichgewicht, eventuell sogar der Auflösung dieser Gruppe entgegenstrebt.[10]

Die direkte Erforschung der Geisteshaltung erfolgt durch Befragung und ist aufgrund des Gesagten vorzuziehen. Da die Befragung in Neugnadenfeld und Füchtenfeld Teil der Gesamtbefragung der Herrnhuter und Waldenser ist, mußte ein Fragebogen entworfen werden, der sowohl von einem in den Abruzzen lebenden Waldenser als auch von einem Herrnhuter in den USA akzeptiert und beantwortet werden kann. Nach jahrelangen Diskussionen[11], Pretests in Deutschland[12], Italien[13] und den USA[14] wurde ein Standard-Fragebogen erarbeitet, der für die Befragung in allen Siedlungen gleich ist und eine unmittelbare Computer-Auswertung und einen Vergleich ermöglicht. Ein Zusatz-Bogen enthält Fragen, die auf die speziellen Verhältnisse jeder einzelnen Siedlung zugeschnitten sind.[15]

Da es sich bei Neugnadenfeld und Füchtenfeld um Siedlungen mit geringer Einwohnerzahl handelt, wurde eine Totalbefragung durchgeführt.[16] Die Voraussetzungen dafür waren besonders günstig. Zum einen feierte Neugnadenfeld zu der Zeit gerade sein 25jähriges Bestehen, so daß eine gewisse Offenheit für Umfragen in der ganzen Umgebung herrschte. Zum anderen hatte ich inzwischen aufgrund vieler Besuche, aufgrund meiner Mitwirkung im Posaunen- und Kirchenchor und vor allem aufgrund einer Exkursion mit Studenten, bei der wir auf das herzlichste in Privatquartieren aufgenommen worden waren, einen engen Kontakt zu den Bewohnern der beiden Orte, insbesondere zu denen Neugnadenfelds, gewonnen.[17]

Man kann von einer hundertprozentigen Rücklaufquote sprechen.[18] Die Geisteshaltung der Einwohner dieser beiden Orte liegt heute (in Verbindung zur Sozialstruktur, Berufsstruktur usw.) auf Lochkarten übertragen gespeichert vor. So ist es möglich, nicht nur diese beiden Orte hinsichtlich ihrer Geisteshaltung miteinander zu vergleichen und in Beziehung zur jeweiligen Umwelt zu setzen, sondern es ist auch ein Vergleich mit allen anderen Siedlungen möglich, die im Rahmen des Gesamtprojektes untersucht wurden.

Aus der Fülle des ausgewerteten Materials greife ich im folgenden einige Punkte heraus. Es soll dabei mehr um die Veranschaulichung der Methode gehen und darum anzudeuten, welche Einsichten sich bei Anwendung dieser Methode grundsätzlich für weitere religionsgeographisch Forschungen gewinnen lassen, als um einen erschöpfenden Überblick über Neugnadenfeld im Vergleich zu Füchtenfeld und im Vergleich zu den anderen Herrnhuter Siedlungen zu liefern.

II. Gemeinsamkeiten zwischen Neugnadenfeld und Füchtenfeld[19]

1. Lage, Siedlungsgeschichte und Siedlungsbild

Beide Siedlungen liegen am Rande des Bourtanger Moores im Nordosten des Landkreises Grafschaft Bentheim. Ihre Geschichte beginnt, als man in den 30er Jahren anfing, dieses Gebiet zu kultivieren, dazu vorwiegend Strafgefangene heranzog und für diese entsprechende Barackenlager errichtete. Zwei von den Barackenlagern waren diejenigen, aus denen dann später die beiden Siedlungen Neugnadenfeld und Füchtenfeld hervorgingen. Im Zweiten Weltkrieg wurden diese Lager zu Kriegsgefangenenlagern umfunktioniert. nach dem Ende des Krieges wies man dann Ostflüchtlinge in die inzwischen leer gewordenen Baracken ein. Im Rahmen des Barackenräumungsprogramms des Landkreises Grafschaft Bentheim wurden die Baracken 1950-1963 durch schmucke Steinhäuser ersetzt. So entstanden die heutigen Siedlungen. Der Name Neugnadenfeld wurde durch eine Abstimmung festgesetzt. In dem unkultivierten Moorgebiet sollte ein "neues Feld von Gottes Gnaden" entstehen. Füchtenfeld erhielt seinen Namen aufgrund einer alten Überlieferung, nach der das Gebiet "In den Voegten" (gesprochen Füchten") liegt, also im Moor.

Beide Siedlungen ähneln sich äußerlich sehr und heben sich als ausgesprochene Flüchtlings-<u>Neusiedlungen</u> deutlich von den alten Nachbarsiedlungen ab, wenn auch gewisse Detailunterschiede vorhanden sind. So ist z.B. in Füchtenfeld der quadratische Grundriß des ehemaligen Barackenlagers noch deutlich zu erkennen, während Neugnadenfeld weniger den Eindruck einer schematisch geplanten Siedlung macht. Gerade darin unterscheidet es sich von den "echten" Herrnhuter Siedlungen.[20]

Baudirektor PABST teilt dazu folgendes mit:

"In Neugnadenfeld hat ursprünglich das Kulturamt nach rein landschaftlichen Gesichtspunkten die Flächen aufgeteilt. Während die Nebenerwerbsstellen nach und nach das Barackenlager ablösten, wurden die Voll-Bauernstellen um den Ort herum auf ihre landwirtschaftlichen Flächen gelegt. Das Wegenetz war zum Teil vorhanden oder wurde nach den entsprechenden Bedürfnissen der Siedlerstellen angelegt. Da jede Nebenerwerbsstelle über ein gewisses Eigenland verfügen mußte, kam dabei so etwas wie eine Streusiedlung im Südteil von Neugnadenfeld heraus. Im Nordteil wurde dann mehr nach städtebaulichen Gesichtspunkten geplant und versucht, wenigstens so etwas wie einen Dorfkern zu schaffen. Hierbei wurde bewußt die Kirche nach Herrnhuter Gesichtspunkten gebaut. In Füchtenfeld war für das Barackenlager ein Teil der Erschließung, besonders die Straßen, im Laufe der Zeit ausgebaut worden, so daß es vernünftig war, diese Erschließung auszunutzen, insbesondere, da beidseitig der Straßen ein schöner Baumbestand vorhanden war.

Bei der Planung von Füchtenfeld haben die Bewohner relativ wenig Initiative entwickeln können, weil im Gegensatz zu Neugnadenfeld die vorhandene Siedlungsfläche beschränkt war und die einzelnen Häuser zum Teil erst nach Abbruch der Baracken errichtet werden konnten (also auch hier ein Zwang, auf das Barackensiedlungsschema einzugehen). Für Füchtenfeld war dieses engere Zusammenbauen von Vorteil. Es konnte so etwas wie eine Totalerschließung durchgeführt werden, u.a. auch die Kanalisation, die bis heute in Neugnadenfeld wegen der unwirtschaftlichen Entfernungen kaum durchführbar sein wird."

Die beiden Siedlungen sind <u>nicht selbständig</u>. Füchtenfeld bildet einen Ortsteil von Wietmarschen, und Neugnadenfeld gehört mit Alexisdorf zusammen zur Samtgemeinde Emlichheim. Es gibt daher kaum direkte amtliche Unterlagen, die sich auf Neugnadenfeld oder Füchtenfeld allein bezögen, zumindest nicht durchgehend von 1946 bis 1976. Genaue Zahlen über die Bevölkerungsentwicklung, die Berufsstruktur, das Pendlerwesen usw. kann man daher nur durch Eigenerhebung erhalten. Das war ein Grund mit, eine Totalbefragung durchzuführen.

2. Bevölkerung

Wie aus Abb. 1 hervorgeht, ist um 1950 der Hauptzuzug nach Neugnadenfeld und Füchtenfeld beendet. Von da ab findet in diesen beiden Siedlungen eine Bevölkerungs<u>abnahme</u> statt, während im Gesamtkreis eine kontinuierliche Zunahme zu konstatieren ist. Wichtig erscheint mir folgender Detailunterschied: In Neugnadenfeld bleibt die Einwohnerzahl seit etwa 1962 konstant, in Füchtenfeld dagegen steigt sie seit 1960. In Neugnadenfeld hat sich ein Gleichgewicht zwischen der Abwanderung Jugendlicher und der Zuwanderung bzw. Rückkehr Älterer eingependelt. Hier liegt also ein Umschichtungsprozeß vor. Nach Füchtenfeld ziehen dagegen immer mehr junge Menschen.

Abb. 1: Bevölkerungsentwicklung 1949-1975

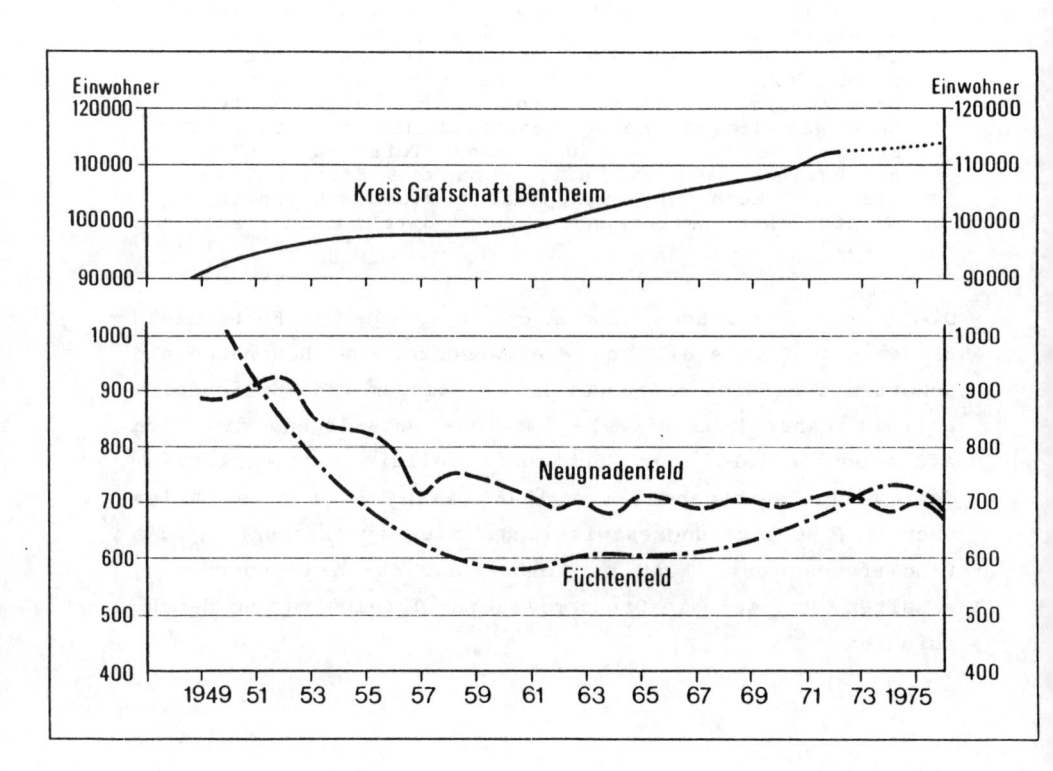

Die Bevölkerungspyramide ist aufgrund der neu hinzugezogenen jungen Menschen in Füchtenfeld beinahe als ideal anzusehen (Abb. 2). In Neugnadenfeld verlassen dagegen - wie das im gesamten Emsland, z.T. sogar in den größeren Städten der Fall ist - die Jugendlichen beim Eintritt in das Berufsleben in zahlreichen Fällen das Elternhaus, was zu einer Kopflastigkeit der Pyramide führt. Im Zuge der Umschichtung ist die Tendenz zur Kopflastigkeit in Neugnadenfeld besonders groß. Im Landkreis Bentheim kann man dagegen eher von einer Bauchlastigkeit sprechen. Es fehlen zwar die Jugendlichen; aber die mittleren Jahrgänge sind gegenüber den Älteren doch sehr stark vertreten.

In beiden Orten überwiegen heute die Arbeiter (Tab. 1). Die Flüchtlinge, die ursprünglich großenteils in der Landwirtschaft tätig waren, mußten sich nach den in ihrer neuen Umwelt herrschenden Gegebenheiten richten, den Beruf wechseln und vorwiegend in der Textil- und Erdölindustrie einen Arbeitsplatz suchen. Über 50% der befragten Haushaltsvorstände gaben an, ihren Beruf gewechselt zu haben. Im Bericht des Landkreises wird ausdrücklich darauf hingewiesen, daß ein Berufswechsel in den meisten Fällen für die Ostflüchtlinge unumgänglich war.[21]

Abb. 2: Der Altersaufbau der Bevölkerung

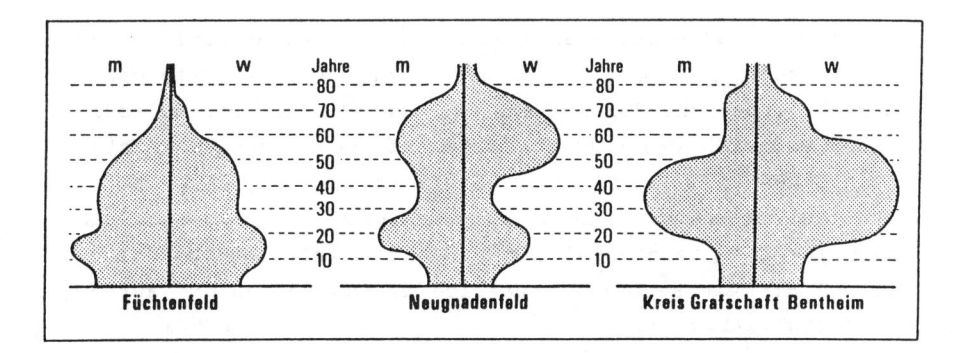

In Neugnadenfeld und Füchtenfeld ist also in beruflicher Hinsicht eine vergleichbare <u>Anpassung an die Umwelt</u> erfolgt. Während Neugnadenfelds Bevölkerungspyramide derjenigen vieler anderer Herrnhuter Siedlungen vergleichbar ist, kann man von einem grundsätzlichen Unterschied zwischen der Berufsstruktur Neugnadenfelds und derjenigen anderer Herrnhuter Siedlungen sprechen. Hier handelt es sich um einen der wenigen Punkte, in denen einerseits die beiden Flüchtlingssiedlungen sowohl untereinander als auch mit denen ihrer Umgebung übereinstimmen, andererseits jedoch ein großer Unterschied zwischen Neugnadenfeld und den anderen Herrnhuter Siedlungen besteht (Abb. 3, 4).

3. Umlandverflechtung (Tab. 1, 2, 3)

In <u>Neugnadenfeld</u> sind fast 50% der Berufstätigen am Ort beschäftigt. Es gibt zur Zeit nur zwei Industriebetriebe, die Maschinenfabrik Julius und die Kunststoffabrik Reinders, die zusammen 68 Arbeitsplätze anbieten. Über 50% der Berufstätigen pendeln aus, hauptsächlich nach Twist und Klausheide.

Ungünstiger liegen die Verhältnisse in <u>Füchtenfeld</u>. Hier finden nur etwa 20% der Einwohner einen Arbeitsplatz am Ort, hauptsächlich in der Darmfabrik. Die übrigen Berufstätigen pendeln vorwiegend nach Nordhorn aus.

Wie Abb. 5 und 6 erkennen lassen, sind in Neugnadenfeld und Füchtenfeld nur wenige Geschäfte und Dienstleistungsbetriebe vorhanden. Zur Deckung des periodischen und episodischen Bedarfs müssen andere Orte aufgesucht werden. Ärzte, Rechtsanwälte usw. gibt es ebenfalls nur in den größeren Städten der Nachbarschaft. Die Befragung hat ergeben, daß die Einwohner Neugnadenfelds und Füchtenfelds durchschnittlich fünf- bis sechsmal monatlich einen anderen Ort aufsuchen (vgl. Abb. 7).

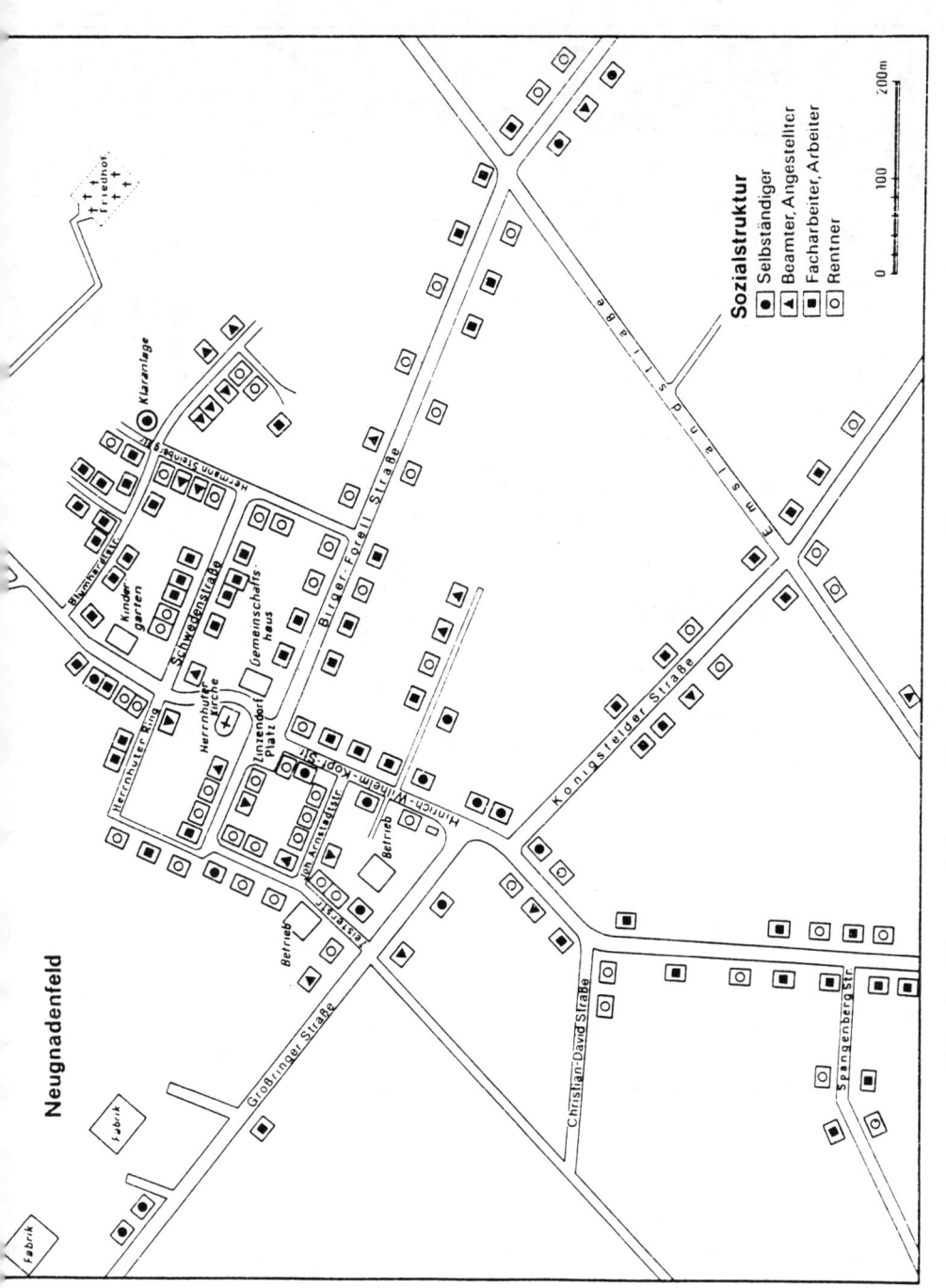

Abb. 3: Die soziale Stellung der Wohnbevölkerung 1975

Abb. 4: Die soziale Stellung der Wohnbevölkerung 1975

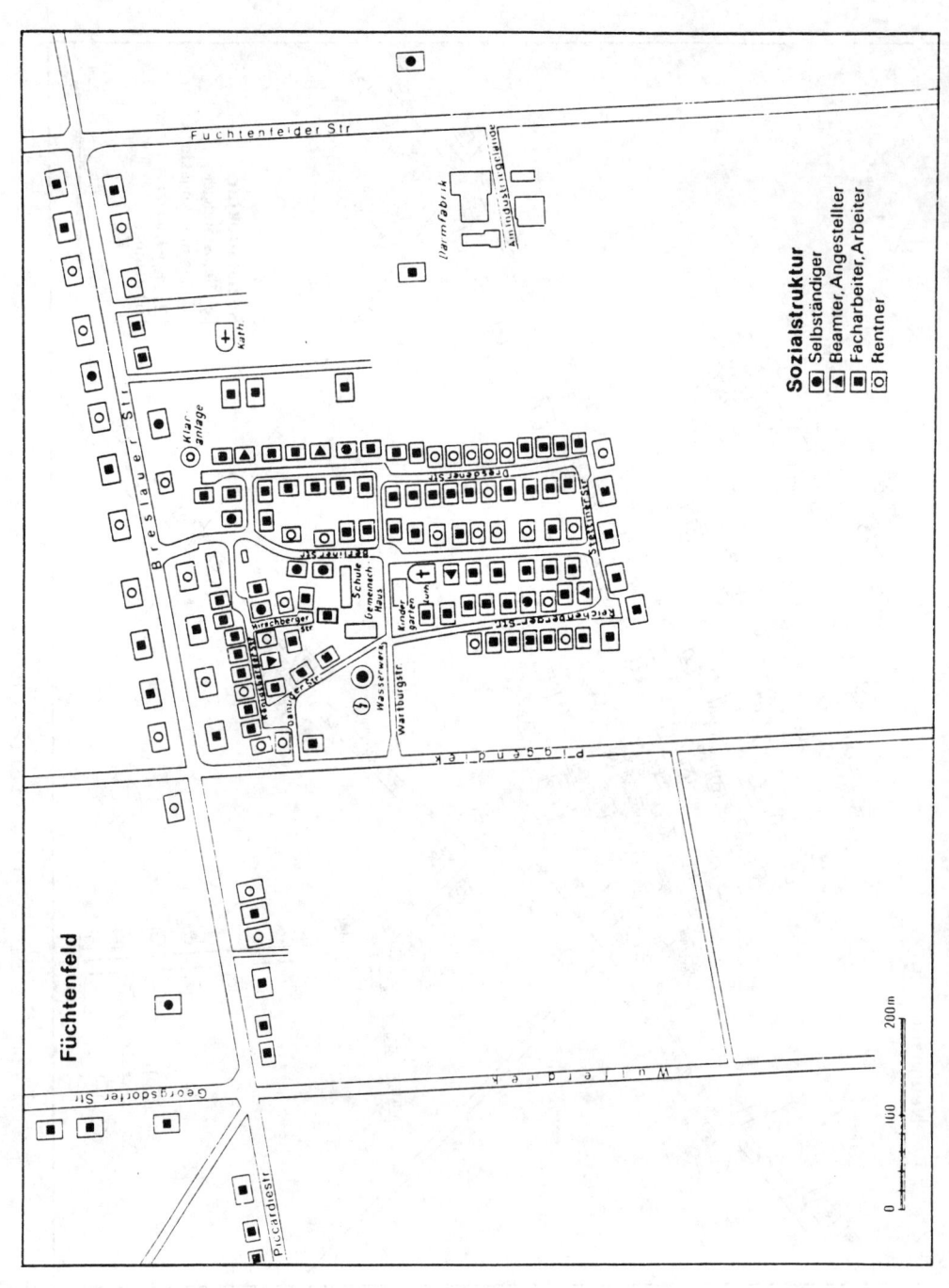

Tabelle 1　　　　　　　　　Berufsstruktur
　　　　　　　　　　　Stand: 1. August 1976

Siedlung	Arbeiter ges.	Arbeiter Pendler	Angestellte ges.	Angestellte Pendler	Selbst. u. sonst. ges.	Selbst. u. sonst. Pendler	Hausfrauen	Rentner	Insgesamt
Neugnadenfeld*)	82	63	31	17	46	—	153	116	428
Füchtenfeld	162	120	7	3	11	1	100	106	386

*) zuzüglich der außerhalb angesiedelten Bauern, da sie auch zur Herrnhuter Gemeinde gehören.

Tabelle 2　　　　　　　Berufspendler und ihre Zielorte
　　　　　　　　　　　Stand: 15. März 1976

Zielort	Neugnadenfeld Arbeiter	Neugnadenfeld Angest.	Füchtenfeld Arbeiter	Füchtenfeld Angest.	Füchtenfeld Selbst.
Bundeswehr (Klausheide)	15	—	1	—	—
Twist (Wawin)	14	—	—	—	—
Bentheim (Deilmann)	8	6	—	—	—
Emlichheim	7	—	2	—	—
Nordhorn (Nino)	2	—	45	2	1
andere Orte	17	11	34	—	—
Osterwald ÖV Elverat	—	—	13	—	—
Osterwald Preussag	—	—	9	—	—
Lingen	—	—	5	—	—
Wietmarschen	—	—	4	1	—
Twist Wawing	—	—	3	—	—
Veldhausen	—	—	1	—	—
Georgsdorf	—	—	1	—	—
Dalun	—	—	1	—	—
Meppen (Moorverw.)	—	—	1	—	—
Gesamt	63	17	120	3	1

Tabelle 3　　Beschäftigte in Landwirtschaft, Einzelhandel und Industrie am Ort
　　　　　　　Stand: 15. März 1976

Arbeitsstelle:	Neugnadenfeld Angest.	Neugnadenfeld Arbeiter	Neugnadenfeld Selbst.	Füchtenfeld Arbeiter	Füchtenfeld Angest.	Füchtenfeld Selbst.
Bauern u. Einzelhandel	7	8	46	5	4	10
Julius, Neugnadenfeld	11	3	—	—		
Reinders, Neugnadenfeld	1	3	—	—		
Organverwertung	—	—	—	31		
Torffabrik	—	—	—	6		
Gesamt	19	14	46	42	4	10

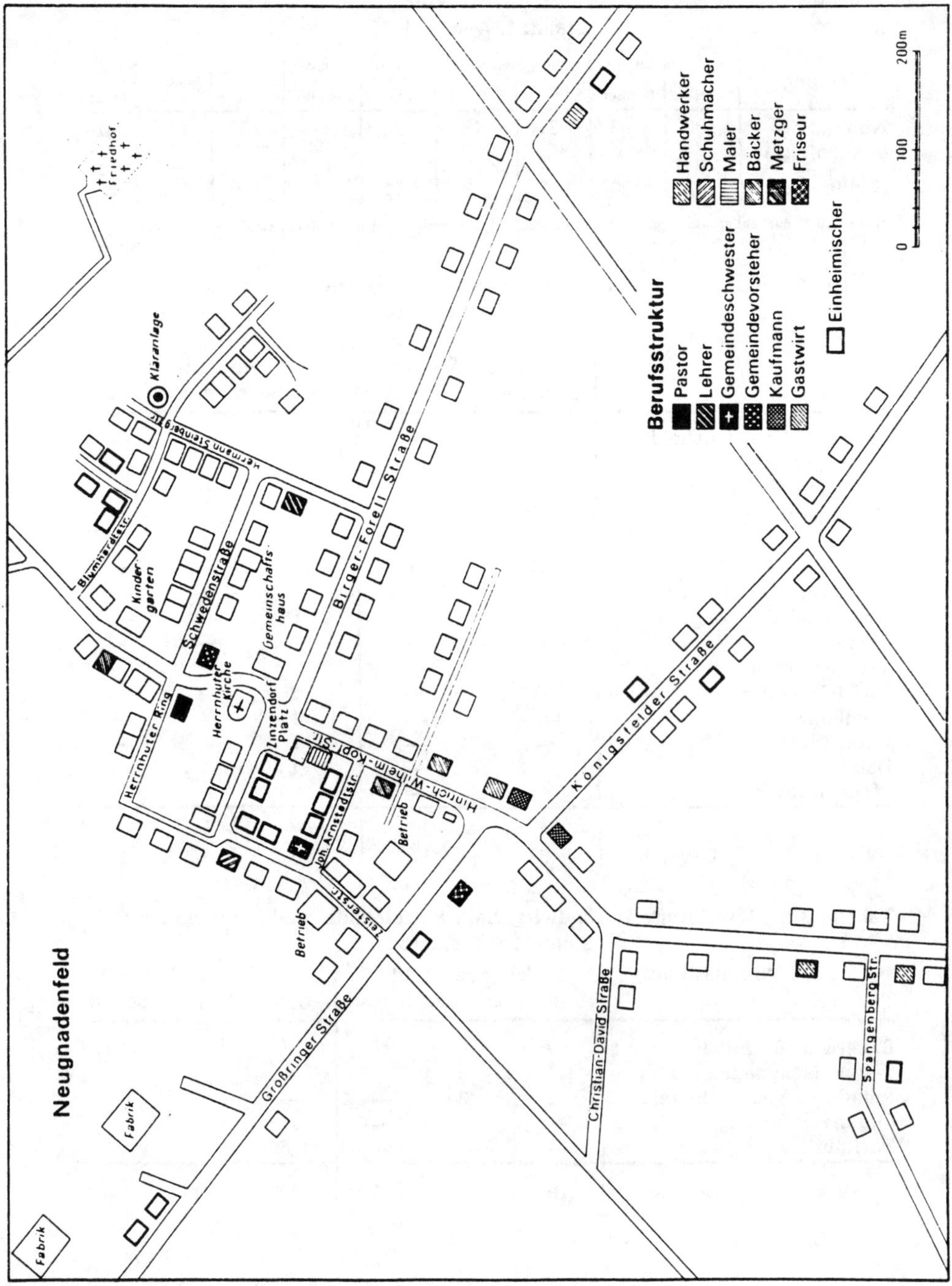
Neugnadenfeld
Berufsstruktur
Pastor
Lehrer
Gemeindeschwester
Gemeindevorsteher
Kaufmann
Gastwirt
Handwerker
Schuhmacher
Maler
Bäcker
Metzger
Friseur
Einheimischer
0
100
200m
Friedhof
Kläranlage
Hermann Steinberg Str.
Blumhardtstr.
Kindergarten
Schwedenstraße
Gemeinschaftshaus
Birger-Forell-Straße
Herrnhuter Ring
Herrnhuter Kirche
Zinzendorf Platz
Hinrich-Wilhelm-Kopf-Str.
Joh. Arnstedtstr.
Betrieb
Betrieb
Königsfelder Straße
Christian-David Straße
Spangenberg Str.
Großringer Straße
Fabrik
Fabrik

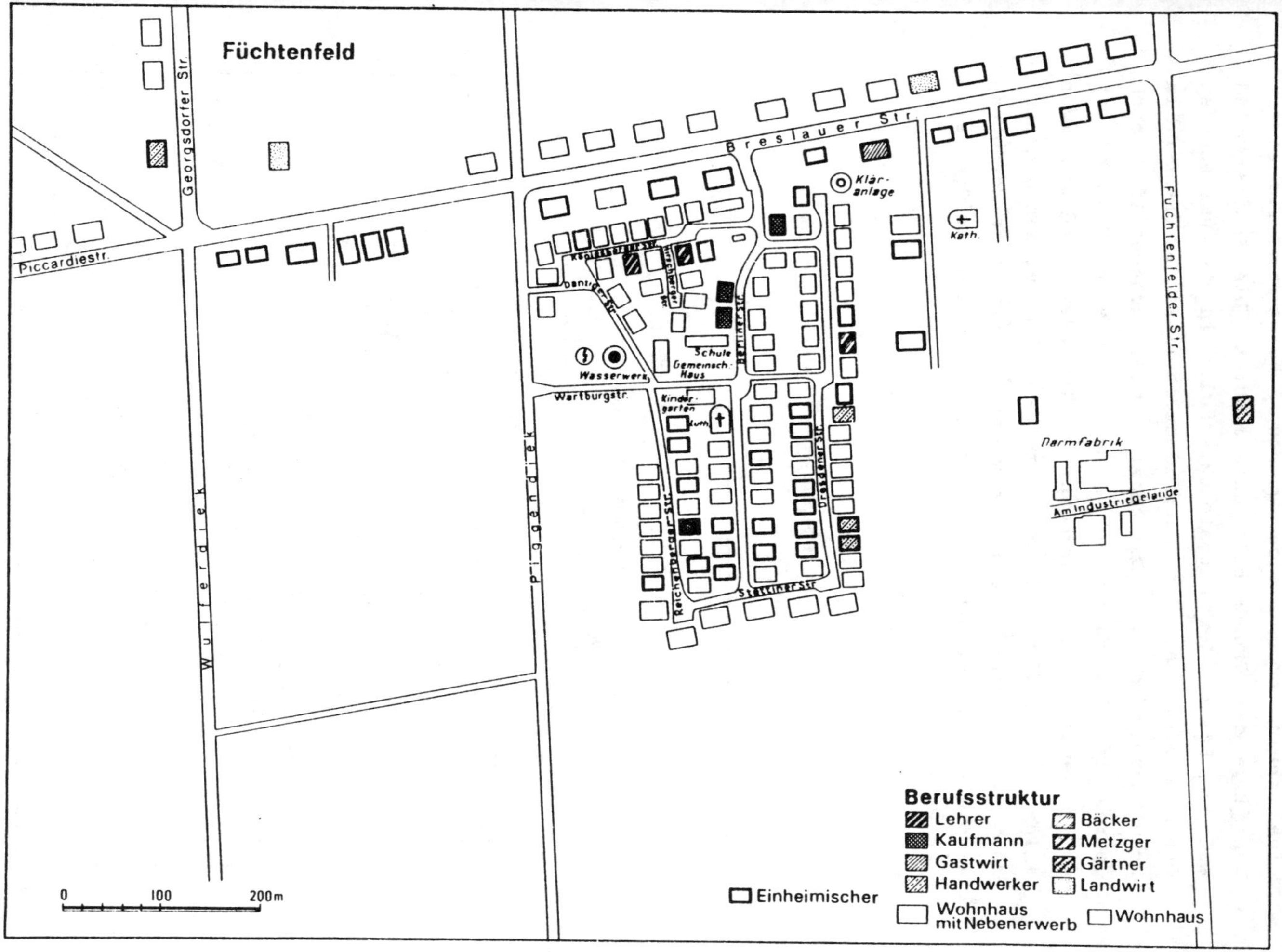

Abb. 6: Das Dienstleistungsangebot am Ort

In beiden Siedlungen existieren je ein Kindergarten und eine Schule, doch werden in den Schulen nur die ersten Jahrgänge der Grundschule unterrichtet. Die Schüler sind auf den Besuch der Mittelpunktschulen in den umliegenden Orten angewiesen. Die Neugnadenfelder Kinder fahren im Schulbusverkehr nach Emlichheim, die Füchtenfelder nach Georgsdorf oder Wietmarschen. Weiterführende Schulen gibt es in Neuenhaus und Nordhorn. Da die Busverbindung – vor allem für die Füchtenfelder – zu dem nähergelegenen Neuenhaus ungünstiger ist als zu dem weiter entfernten Nordhorn, wird Nordhorn für den Besuch von Mittelschule und Gymnasium bevorzugt.

Abb. 7: Außerberufliche Umlandverflechtung

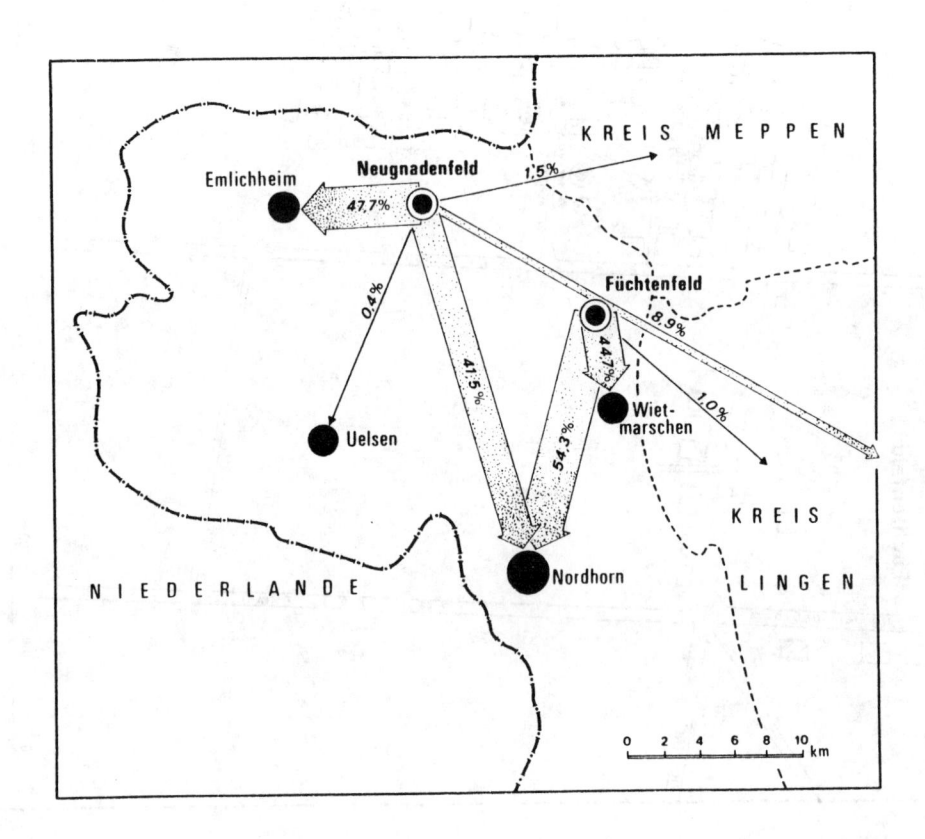

4. Zusammenfassung zu den Gemeinsamkeiten

Es waren in beiden Fällen lutherische Flüchtlinge aus dem Osten, die in eine nichtlutherische Umwelt hineingerieten und in Barackenlager eingewiesen wurden. Die Kreisverwaltung gestaltete diese Lager zu Siedlungen um, die sich in ihrer Anlage deutlich von den Siedlungen der Nachbarschaft abheben. Das äußere Bild kann jedoch keinesfalls als Ausdruck der Geisteshaltung der Bewohner angesehen werden. Von seiten der Kreisverwaltung richtete man sich zwar weitgehend nach den Bedürfnissen der Flüchtlinge, und es entstanden ansprechende schmucke Siedlungen; aber auf die Planung insgesamt, bei der man sich z.T. nach der vorgegebenen Straßenführung richten mußte, nahmen die Flüchtlinge keinen Einfluß.[22] Ich weise auf diesen Tatbestand ausdrücklich hin, weil alle "echten" Herrnhuter Siedlungen nach dem sogenannten Herrnhuter Typ angelegt worden sind, den ich als steinerne Manifestation der Herrnhuter Geisteshaltung bezeichne.[23]

Die Bevölkerungsstruktur weicht von derjenigen des Landkreises ab. Hinsichtlich der Berufsstruktur ist eine Anpassung erfolgt. Man kann von einer beruflichen Integration sprechen, die in Parallele zur außerberuflichen Umlandverflechtung zu sehen ist. Auch auf dem Gebiet der Eheschließungen zwischen Einheimischen und Flüchtlingen bzw. deren Kindern ist so etwas wie eine außerberufliche Umlandverflechtung bzw. Integration zu konstatieren (Tab. 4).

Tabelle 4   Eheschließungen zwischen Einheimischen und Flüchtlingen

Siedlung	1962	1963	1964	1965	1966	1967	1968	1969	1970	1971	1972	1973	1974	1975
Neugnadenf.	2	5	1	3	2	3	3	3	—	1	1	3	1	1
Füchtenfeld	—	—	1	1	4	—	2	1	2	1	2	—	—	1

III. Unterschiede zwischen Neugnadenfeld und Füchtenfeld

1. "Kirche" und Dorfgemeinschaftshaus

Im Landkreis Bentheim gibt es mehr religiöse Gruppen auf engem Raum nebeneinander als in irgendeinem anderen mir bekannten Gebiet Deutschlands.[24] Aus diesem Grunde findet man selbst in den kleineren Orten in der Regel mehrere Kirchen, die meist schon von der äußeren Form her einen Rückschluß darauf zulassen, welche Religionsgemeinschaft sich in ihr versammelt. Die in jüngster Zeit neu gebauten Kirchen lassen jedoch oft eher einen Schluß auf den Architekten als auf die Religionsgemeinschaft zu, der sie gehört.[25]

Aus diesem Grunde vermutet man auch zunächst hinter dem unterschiedlichen Aussehen der beiden Kirchen von Neugnadenfeld und Füchtenfeld nichts Besonderes. Aber die "Kirche"[26] in Neugnadenfeld ist etwas Besonderes im Emsland. Es handelt sich hier um die einzige Herrnhuter "Kirche" in Norddeutschland. Sie weicht in ihrer äußeren Form - kleiner Dachreiter, der als Glockenturm fungiert[27] - von allen Kirchbauten der Umgebung ab, ist den Herrnhuter "Kirchen" der alten klassischen Siedlungen nachempfunden und bildet insofern den einzigen, aber wichtigen im Siedlungsbild erkennbaren Indikator dafür, daß es sich hier um eine Herrnhuter Siedlung handelt.[28]

Zur Kirche in Füchtenfeld teilt mir Pfarrer WILLE folgendes mit:

> "Es war den Lutheranern Füchtenfelds nicht egal, wie ihre Kirche aussah, vielmehr schwebten ihnen für die Kirche Vorbilder aus der alten Heimat vor - außen mit Turm, innen mit Altar (die Innenvorstellung einer lutherischen Kirche hatten sie in der Barackenkirche verwirklichen können). Diese Wünsche der Füchtenfelder sind mir unzählige Male vorgebracht worden, als der Kirchbau in Sicht rückte, und ich habe auch versucht, sie zu vertreten."

Das Neugnadenfelder Dorfgemeinschaftshaus - das erste in Niedersachsen - hat zwar auch eine wesentlich andere Funktion als dasjenige von Füchtenfeld; da es sich aber rein äußerlich nicht sonderlich von allen anderen Dorfgemeinschaftshäusern unterscheidet, sei auf seine Bedeutung weiter unten eingegangen.[29]

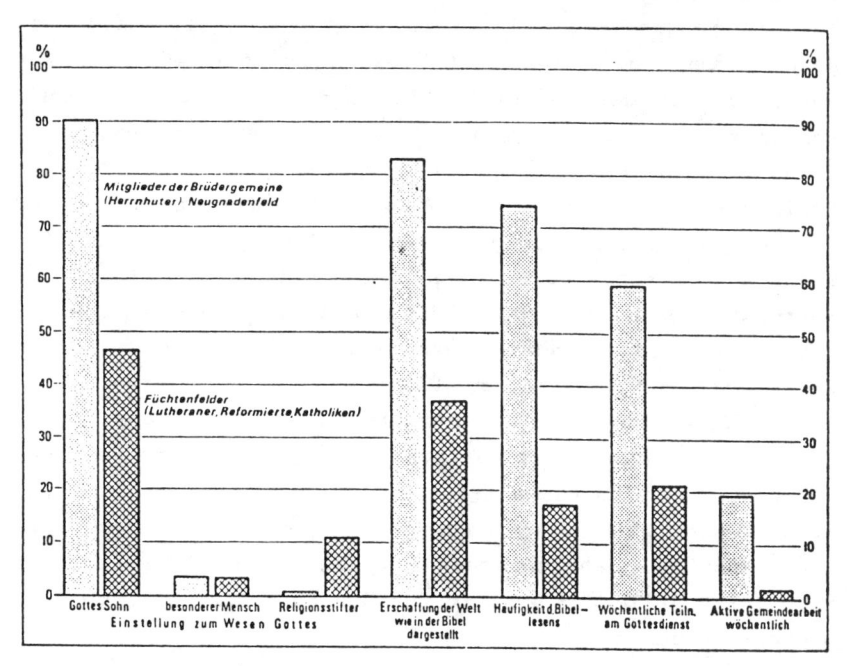

Abb. 8: Einstellung zur Glaubensfragen und religiöse Aktivität

2. Religiöse Aktivitäten

Wie Abb. 8 zeigt, ist der wöchentliche Gottesdienstbesuch in Neugnadenfeld wesentlich höher als in Füchtenfeld, ja sogar weit höher als in irgendeiner mir bekannten "normalen" Siedlung.[30] Er geht mit einer strengen Bibelgläubigkeit und einem regelmäßigen Bibellesen parallel. Man sieht hier einen deutlichen Unterschied zwischen den Einwohnern Füchtenfelds und Neugnadenfelds. Hingewiesen sei allerdings darauf, daß ein großer Teil der Jugendlichen beider Orte (auch derjenigen, die regelmäßig die Bibel lesen) nicht mehr daran glaubt, daß sich die Schöpfung wirklich genau so abgespielt hat (also in 6 Tagen), wie es im Schöpfungsbericht dargestellt ist. In Neugnadenfeld lesen rund 20% der Bewohner die Bibel täglich, 30% wöchentlich und 23% regelmäßig, also im allgemeinen mindestens einmal im Monat. Die entsprechenden Zahlen lauten für Füchtenfeld: 7%, 16%, 17%. In Füchtenfeld lesen nur noch die älteren Bewohner die Bibel, in Neugnadenfeld ist kein so großer Unterschied zwischen alten und jungen Bibellesern zu konstatieren. Ein Vergleich mit der Gesamt-Unität wird sicherlich sehr aufschlußreich sein. Ein großer Teil der Einwohner Neugnadenfelds besucht regelmäßig die <u>Singstunde</u> am Samstag, eine typisch herrnhutische Angelegenheit. <u>Posaunenchor</u> und <u>Kirchenchor</u> sind mit insgesamt etwa 50 Mitgliedern für eine Siedlung von rund 700 Einwohnern außergewöhnlich stark. Die Herrnhuter sind eine besonders musizierfreudige Gemeinschaft. Das Posaunenchorwesen in der evangelischen Kirche in Deutschland hat seinen Ursprung bei den Herrnhutern. Diese Innovation ging von Herrnhut in der Oberlausitz aus und hat inzwischen ganz Deutschland ergriffen. Die Herrnhuter trugen das Posaunenblasen sogar nach Übersee. In Bethlehem (USA) bläst man noch heute auf Instrumenten, die denen des 18. Jahrhunderts nachgebildet sind, verzichtet also auf Ventile und benutzt für den Sopran statt Trompeten Diskant-Posaunen.

Aus Raumgründen kann ich hier die Vielfalt der <u>sonstigen kirchlichen Aktivitäten</u> nur andeuten. Es möge der Hinweis genügen, daß fast jedes Mitglied dieser Gemeinde mehreren Kreisen angehört. Dabei ist die Feststellung wichtig, daß fast alle diese Aktivitäten in der "Kirche" oder im Dorfgemeinschaftshaus stattfinden, also an diese beiden Verortungserscheinungen gebunden sind.

3.   Innovationen und "Zentralität"

Schon TUCKERMANN[31] und GORMSEN[32] haben herausgestellt, daß von Herrnhuter Siedlungen im allgemeinen Innovationen besonderer Art ausgehen.[33] Das gilt auch für Neugnadenfeld. Ich greife hier beispielhaft nur diejenige heraus, die sich auf die <u>Kirchenmusik</u> bezieht, da diese wiederum eine Rückwirkung auf die "Zentralität" hat und weil sich an diesem Beispiel das Besondere Neugnadenfelds sehr klar verdeutlichen läßt.

Allein fünf Posaunenchöre der Nachbarschaft verdanken ihre Entstehung dem Chor in Neugnadenfeld.[34] Hierdurch hat sich eine ganz besondere Art von außerberuflicher Umlandverflechtung im Zusammenhang einer Innovation ergeben. Anfänglich fuhr man von Neugnadenfeld aus regelmäßig in die entsprechenden Nachbargemeinden, schulte die Bläser, versuchte, neue zu gewinnen usw. Heute, da diese Chöre "erwachsen" geworden sind, besuchen sie wiederum ihren "Mutterchor" oft, um sich anregen zu lassen, geographisch gesprochen: um Dienstleistungen in Neugnadenfeld in Anspruch zu nehmen. Diese Überlegungen führen bereits zum Thema Zentralität.

Wenn wir, wie üblich, unter <u>Zentralität</u> ein Dienstleistungsangebot verstehen, das über die Deckung des Eigenbedarfs hinausgeht, dann besitzt Neugnadenfeld eine besondere Art von Zentralität; denn es handelt sich hier um religiöse Dienstleistungen, also um eine religiöse "Zentralität", die obendrein nicht direkt durch bestimmte Verortungserscheinungen im Siedlungsbild deutlich wird und daher mit den üblichen geographischen Methoden schlecht faßbar ist, den Geographen im allgemeinen auch weniger interessiert.[35]

Ich habe es selbst wiederholt miterlebt, daß in Neugnadenfeld Hunderte von Auswärtigen - nicht nur aus der Nachbarschaft, sondern aus Dänemark, Holland, Süddeutschland, der DDR, der Schweiz und sogar aus Übersee - zusammenkamen, um die in dieser Siedlung angebotenen "Dienste" in Anspruch zu nehmen, so, stellvertretend für die Fülle der Angebote: <u>Missionsfeste, Evangelisation, Musikfeste, Bläserschulungen</u>[36]. Bei solchen Veranstaltungen, d.h. Dienstleistungen, ist nicht nur ein bestimmtes Gebäude, die "Kirche" oder das Dorfgemeinschaftshaus, der alleinige Funktionsträger, sondern der ganze Ort. Oft finden bei solchen Gelegenheiten fast in jedem Haus Teil-Aktivitäten - geographisch gesprochen: Teil-Dienstleistungen - statt, wie z.B. Musizieren in Verbindung mit Schulung oder Bibellesen in Verbindung mit Verkündigung.[37] Ich sehe in diesen besonderen "Dienstleistungsangeboten am Ort" einen wichtigen Faktor für die Wesensbestimmung des Ortes.

Religiöse Dienstleistungen können, wie alle anderen Dienstleistungen, grundsätzlich auf zweierlei Weise geschehen. Entweder bietet man seine Dienste am Ort an (und daran ist der Geograph besonders interessiert, weil das für die Planung von Wichtigkeit ist), oder man macht sich auf den Weg zu denjenigen, die den Dienst in Anspruch nehmen bzw. von denen man sich erhofft, daß sie den Dienst in Anspruch nehmen werden. Zur ersten Gruppe gehören diejenigen Dienstleistungsangebote, die in der Regel an Verortungserscheinungen gebunden sind, wie z.B. Gottesdienst in der Kirche, vergleichbar mit Behandlungen im Krankenhaus oder Beratung beim Rechtsanwalt in dessen Büro usw. Zur zweiten Gruppe wären die Dienste von Missionaren, Wanderpredigern, aber auch der Hausbesuch eines Pfarrers zu rechnen, vergleichbar mit dem Krankenbesuch eines Arztes. Obwohl man die zur ersten Gruppe gehörenden Dienstleistungen wegen ihrer Verortungserscheinungen leichter fassen kann, und obwohl sie den Geographen wegen der Planung und wegen der sichtbar in Erscheinung tretenden Prägung des Siedlungsbildes besonders interessieren, sollte man es doch nicht versäumen, auch die zweite Gruppe zu berücksichtigen.

4. Gründe für die unterschiedliche Entwicklung
(Abb. 9 und 10)

Hier sind einige historische Angaben zu machen. In <u>Füchtenfeld</u> handelt es sich um eine Siedlung von Flüchtlingen, die mehr oder weniger zufällig an diesem Ort zusammengekommen waren. Außer dem, daß man eben als lutherischer Flüchtling in eine nicht lutherische Umwelt hineingeraten war, bestand wenig Gemeinsames. Es war lediglich die gemeinsame Not, die ein gewisses Zusammengehörigkeitsgefühl aufkommen ließ. Man

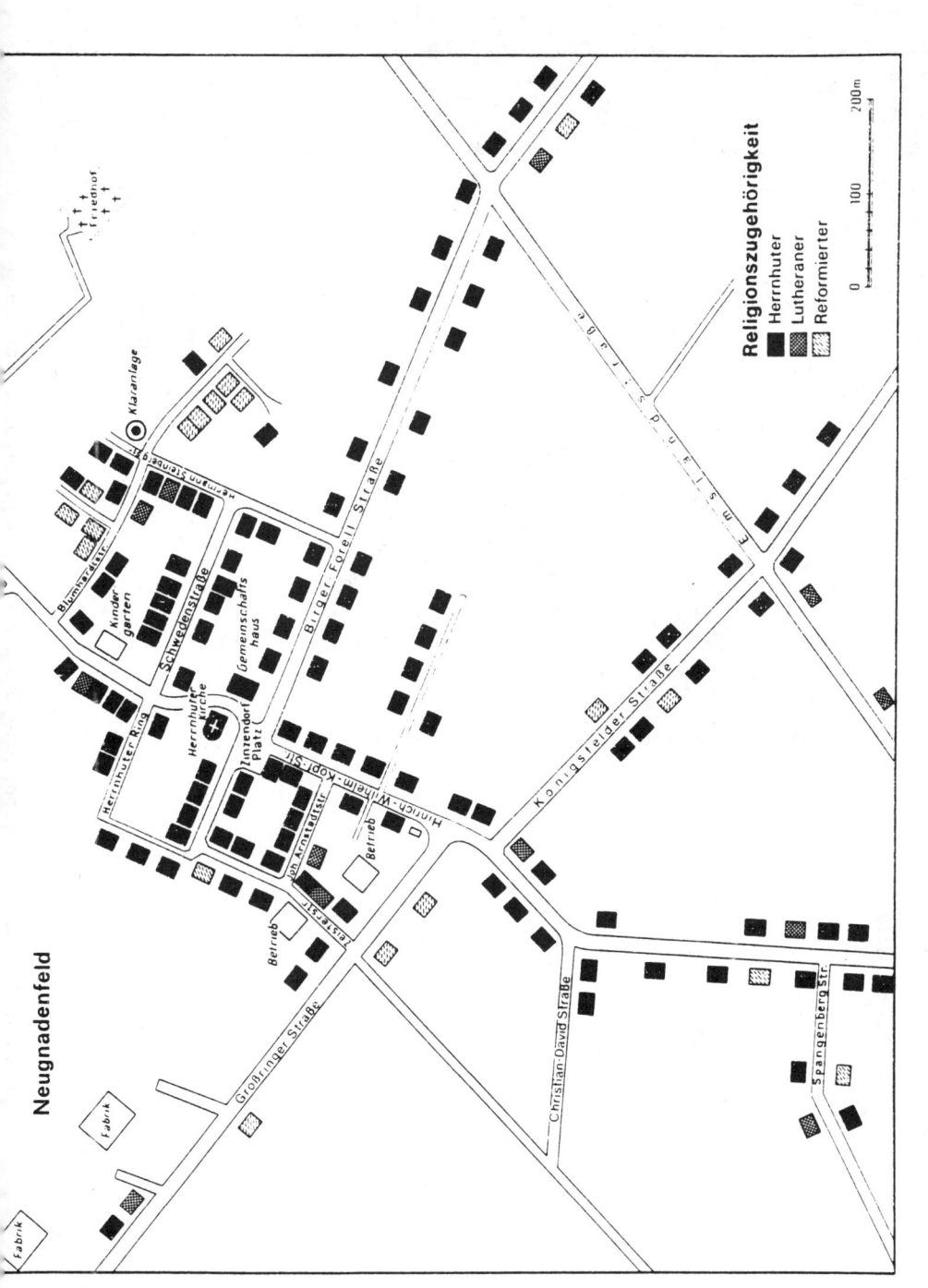

Abb. 9: Die Religionszugehörigkeit der Wohnbevölkerung 1975

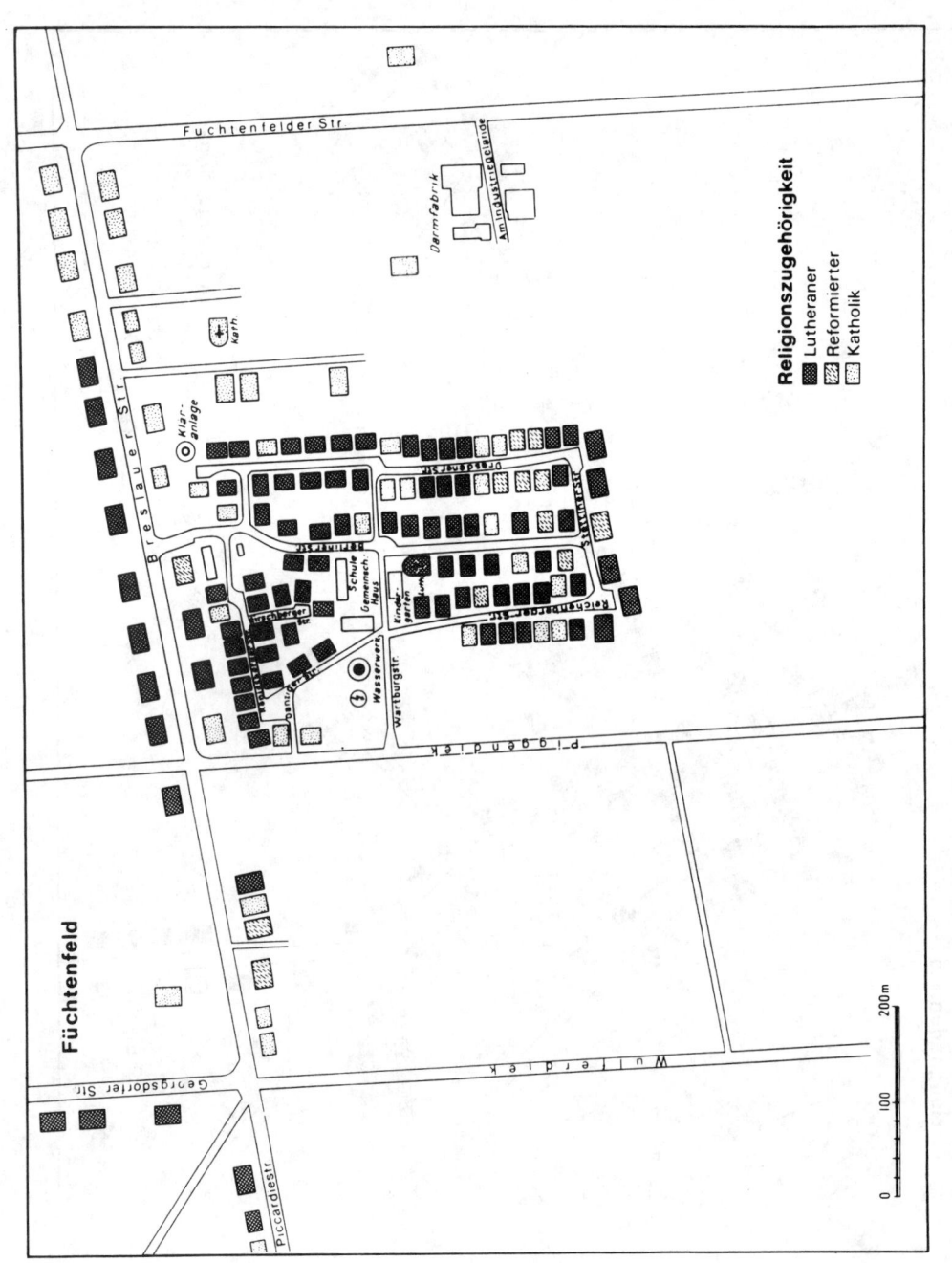

Abb. 10: Die Religionszugehörigkeit der Wohnbevölkerung 1975

entwickelte Eigeninitiative, die Pfarrer WILLE kanalisierte, und die von dem damaligen Oberkreisdirektor Dr. MAWIK entsprechend gewürdigt und honoriert wurde.

Ein Homogenisierungsprozeß, der die ganze Siedlung ergriffen hätte, ist jedoch nicht zu konstatieren. Etwas derartiges war auch nicht angestrebt; denn es bestand kein Grund dazu. Außerdem kamen nach und nach auch Katholiken und Reformierte nach Füchtenfeld. Bei dem Versuch, etwa einen Homogenisierungsprozeß unter lutherischen Prinzipien durchzuführen und die Minderheiten "einzuschmelzen", hätte Pfarrer WILLE seine Kompetenzen bei weitem überschritten. Im übrigen ging es nicht um eine Homogenisierung, sondern darum, den Flüchtlingen äußerlich und innerlich zu helfen, also den Integrationsprozeß zu unterstützen. Es konnte nicht darum gehen, ein gruppentypisches Bewußtsein, also so etwas wie eine sich von der Umwelt abhebende Geisteshaltung zu entwickeln, die eine Integration wohl mehr gehemmt als gefördert hätte.

Ganz anders liegen die Dinge in Neugnadenfeld. Dort sorgte Bischof STEINBERG dafür, daß all diejenigen Ostflüchtlinge, die schon in ihrer alten Heimat einen gewissen Kontakt und eine Affinität zu den Herrnhutern[38] hatten, hier zusammengeführt wurden. Man kann also sagen, daß hier von Anfang an eine homogene Gruppe zusammen war. Die meisten - etwa 60% - kamen aus Leonberg bei Kutno, 10% aus der Umgebung von Plozk, die restlichen aus Westpreußen, Ostpreußen, Posen, Pommern und Schlesien. Einheimische aus der Umgebung sind erst in letzter Zeit (und nur in sehr geringer Zahl) zugezogen. Daß sich diese Gruppe dann schließlich auch formal der Herrnhuter Freikirche anschloß, war folgerichtig und ergab sich eigentlich von selbst. Im Jahre 1946 erfolgte nach einer entsprechend ausgefallenen Abstimmung der Anschluß an die Brüdergemeine. Es leben heute zwar einige Nichtherrnhuter in Neugnadenfeld, ihr Anteil ist jedoch so gering, daß man praktisch von einer reinen Herrnhuter Siedlung sprechen kann. Dieser Fall ist einmalig. In allen Herrnhuter Siedlungen liegt der Prozentsatz der Nicht-Herrnhuter wesentlich höher. In den meisten Fällen bilden die Herrnhuter sogar heute in den von ihnen gegründeten Siedlungen bereits eine Minderheit. Die typischen Beispiele dürften wohl Bethlehem und Niesky sein, wo man heute nicht mehr Herr im ehemals eigenen Hause ist.

IV. Die Siedlung Neugnadenfeld im Vergleich zu anderen Herrnhuter Siedlungen

Die alten "echten" Herrnhuter Siedlungen sind ursprünglich durch ein ganz bestimmtes Gleichgewicht zwischen Geisteshaltung, Berufsstruktur, Siedlungsweise usw. gekennzeichnet.[39] Es erhebt sich die Frage, ob sich hier in Neugnadenfeld wegen der anderen Berufsstruktur - eben wegen des anderen Sozialkörpers - und vor allem wegen der vorgegebenen Siedlungsform nicht ein anderes Gleichgewicht einpendeln mußte.

Wer andere Herrnhuter Siedlungen kennt, dem kommt Neugnadenfeld allein schon deswegen völlig unherrnhutisch vor, weil die Gemeinschaftshäuser fehlen, die dem Herrnhuter Siedlungstyp das Gepräge geben. In diesen Gemeinschaftshäusern, die so etwas wie eine steinerne Manifestation der Herrnhuter Sozialstruktur waren, lebten die unverheirateten Mitglieder der Gemeinschaft, insbesondere diejenigen, die sich als "harter Kern" (im übertragenen Sinne verstanden) für den missionarischen "Streiterdienst" vorbereiteten, und denen eine Familie hinderlich gewesen wäre. In Neugnadenfeld gab es keine solche Gruppe von Unverheirateten, die das Bedürfnis gehabt hätten, in Gemeinschaftshäusern zu leben. Die Ostflüchtlinge kamen ja im allgemeinen familienweise. Man wollte daher auch nach wie vor mit seiner Familie zusammenleben, ganz so, wie das in den Ostgebieten der Fall gewesen war.

Es bestand zwar - entsprechend der Affinität zur Herrnhuter Geisteshaltung - großes Interesse an der Mission, und bis heute zeigt sich das in der großen Opferbereitschaft für alles, was mit Mission zusammenhängt; aber man dachte nicht daran, selbst in die Mission zu gehen und sich entsprechend ausbilden zu lassen, eventuell sogar deswegen unverheiratet zu bleiben und sich in Gemeinschaftshäusern für den Dienst als "Streiter Christi" ausbilden zu lassen. Mit anderen Worten: Man war zwar bereit, sich formal dieser Freikirche anzuschließen, man war aber nicht bereit, den Sozialkörper auch entsprechend umzugestalten, zumal ja auch bei den "echten" Herrnhuter Siedlungen eine Auflösung dieser alten Strukturen, die eigentlich nur zum früheren Gleichgewicht paßten, zu konstatieren ist.[40]

Im Nachhinein möchte ich aus meiner Sicht feststellen: Es war richtig, daß die Kreisverwaltung in Neugnadenfeld eine ganz "normale" Siedlung errichtete und lediglich in Bezug auf Kirche und Dorfgemeinschaftshaus bereit war, den besonderen Wünschen der Herrnhuter Rechnung zu tragen. Bei den Überlegungen, ob man hier eine "echte" Herrnhuter Siedlung nach dem traditionellen Schema anlegen sollte, unterlagen - aus welchen Gründen auch immer - die Traditionalisten. Inzwischen hat sich allgemein der Gedanke durchgesetzt, daß es mehr auf eine echte Herrnhuter Geisteshaltung in Verbindung mit entsprechender kirchlicher Aktivität ankommt, als darauf, gewisse Äußerlichkeiten von den alten "echten" Gemeinen zu übernehmen.

Meiner Meinung nach hat sich hier in <u>Neugnadenfeld</u> ein gesundes <u>Gleichgewicht</u> zwischen Geisteshaltung, Sozialkörper und Siedlungsweise eingependelt, wie es eigentlich kaum besser vorstellbar ist. In Neugnadenfeld ist in gewisser Weise die Entwicklung vorweggenommen, die zur Zeit von der ganzen Herrnhuter Brüdergemeine durchgemacht wird. Ich möchte sie folgendermaßen beschreiben. Die Tendenz geht dahin, daß nicht mehr unbedingt nur derjenige als "echter" Herrnhuter gilt, der außer der religiös geprägten Herrnhuter Geisteshaltung auch teilhat an bestimmten Äußerlichkeiten, die eigentlich Relikte aus früherer Zeit sind, wie z.B. die bestimmte Tracht, bestimmte Sitten, bestimmte Wirtschaftsform, bestimmte Sozialverfassung usw. Ausschlaggebend ist allein, daß man die "richtige" Geisteshaltung in Verbindung mit einer entsprechenden religiösen Aktivität hat. Entsprechend gilt für eine Siedlung: Wenn hier "Herrnhuter Geist" weht, dann handelt es sich um eine "echte" Herrnhuter Siedlung, ganz gleich, welche Berufs-Sozialstruktur, Wirtschafts- oder Siedlungsweise vorliegt.

KLAUS KÜNZEL charakterisiert in einem an mich gerichteten Brief die Situation folgendermaßen:

> "Gerade durch die Übernahme neuer, den Aufgaben einer heutigen Kirchengemeinde entsprechenden Funktionen bildet sich da, wo "Herrnhuter Geist" weht, eine neue Berufs- und Sozialstruktur heraus."

In den alten traditionellen Gemeinen ringt man zum Teil noch sehr darum, zu einem neuen Gleichgewicht zu kommen. Man erwägt bereits, die alten Gemeinschaftshäuser, die ja im Konflikt - und nicht im Gleichgewicht - zur heutigen Geisteshaltung, Sozialstruktur usw. stehen, abzureißen, und durch moderne Mehr- oder Einfamilienhäuser zu ersetzen. Sie stehen zumindest physiognomisch im Konflikt zur heutigen Situation, wenn auch durch eine Umfunktionierung eine gewisse Entschärfung des Konflikts erreicht werden konnte.

Auf all die vielen Probleme, die sich aus der Frage ergeben, wie die Glaubensgemeinschaft der Herrnhuter heute insgesamt zu einem neuen Gleichgewicht kommen kann, das eine positive Antwort auf die Herausforderung der modernen Welt darstellt, kann hier nicht näher eingegangen werden. Sie sind zum Teil auch nicht geographisch relevant und interessieren mehr den Religionssoziologen bzw. Religionsökologen. Auf eine geographisch relevante Entwicklung, wie sie sich in Bethlehem angebahnt hat, sei jedoch hingewiesen: dort wird der alte historische Kern der Siedlung denkmalartig erhalten, viele Häuser werden zu Museen umfunktioniert usw., während sich die Herrnhuter selbst großenteils außerhalb in komfortablen Eigenheimen angesiedelt haben.

Aus dem Gesagten ergibt sich eine grundsätzliche Einsicht. Zu einer bestimmten Glaubenshaltung bzw. Geisteshaltung muß offenbar nicht ein für allemal auch eine ganz bestimmte Berufs-Sozialstruktur, Wirtschaftsweise oder Siedlungsweise gehören. Gerade die religionsgeographische Betrachtung der die einen Prozeß auslöst, der einem neuen Gleichgewicht entgegenstrebt. Bei "gesunden" Religionsgemeinschaften, wie den Herrnhutern, sieht das neue Gleichgewicht dann so aus: Beibehaltung der alten Geisteshaltung in ihren Grundzügen (der Dienst am Evangelium steht nach wie vor in der Bewertungsskala an erster Stelle); aber Modifikation da, wo es durch die neue Form des Religionskörpers gegeben ist.

Die alte Sozialstruktur mit ihrer Chor-Einteilung, die alte Wirtschaftsweise usw. rücken in ihrer Bedeutsamkeit für den Herrnhuter, also in ihrer Bewertung, immer mehr zurück.

"Kranke" Religionsgemeinschaften, wie z.B. die <u>Waldenser</u>[41], lösen sich mehr und mehr auf, da sie es nur in den seltensten Fällen schaffen, unter Beibehaltung gewisser Grundzüge der alten Geisteshaltung und unter Anpassung an die von der neuen Sozialstruktur usw. ausgehende Forderung nach einer Modifikation der Bewertungsmaßstäbe zu einem neuen Gleichgewicht zu kommen. Wenn es auch nicht die Aufgabe des Geographen sein kann, dieses Einpendeln eines neuen Gleichgewichtes oder die Auflösung einer Gemeinschaft im einzelnen zu untersuchen (das ist mehr die Aufgabe des Religionswissenschaftlers, mit dem er in Kontakt stehen sollte), so ist er doch gehalten, zumindest herauszustellen, wo sich welcher Prozeß abspielt, von wo die Innovationen ausgehen, wo sich die Kernräume befinden, in denen sich noch das alte Gleichgewicht hält oder von wo aus sich ein neues Gleichgewicht auszubreiten beginnt usw.[42]

Während Neugnadenfeld sozusagen schon jetzt zu sich selbst gefunden hat und einen Gleichgewichtszustand erreicht hat, was in einer von der Tradition unbeschwerten Neusiedlung relativ schnell vor sich gehen kann, müssen die meisten anderen Herrnhuter Gemeinen zum großen Teil erst noch zu einem neuen Gleichgewicht finden.

Aber die Probleme der Gesamt-Brüdergemeine stehen in diesem Aufsatz nur am Rande zur Diskussion, ihre Andeutung macht jedoch im Zusammenhang des Vergleichs mit Neugnadenfeld deutlich, wie interessant und wichtig religionsgeographische Forschung auf diesem Gebiet sein kann. vor allem dann, wenn man sich nicht auf die äußere Form der Siedlungen dieser religiösen Minderheiten beschränkt, sondern die Aktivitäten untersucht, die von den in den jeweiligen Siedlungen Wohnenden ausgehen, und wenn man weiter – in Zusammenarbeit mit den Nachbardisziplinen – den Wechselwirkungsprozeß zwischen Religion und Umwelt mit in die Untersuchungen einbezieht, einen Prozeß, der im Extremfall zur Auflösung oder auch zur Neubildung von Religionsgemeinschaften führen kann.[43]

Anmerkungen

*   Veröffentlicht in: Westfälische Geographische Studien, Mensch und Erde 33, Festschrift für WILHELM MÜLLER-WILLE, Münster 1976, S. 85-111.

1. Der offizielle Name dieser als Körperschaft des öffentlichen Rechts anerkannten Freikirche lautet "Evangelische Brüder-Unität". Daneben ist im deutschen Sprachgebiet die Bezeichnung "(Herrnhuter) Brüdergemeine" üblich, wobei Brüdergemeine sowohl für die ganze Kirche, als auch für jede einzelne Siedlung angewandt wird. Die Mitglieder nennen sich auch "Herrnhuter". Im internationalen Rahmen gilt die lateinische Bezeichnung "Unitas Fratrum", in englischsprachigen Gebieten wegen ihres Ursprungs in Mähren "Moravian Church", im Französischen "Église des Frères Moraves". Vgl. dazu: GORMSEN, E.: Königsfeld im Schwarzwald. In: GZ 1973, Plewe-Festschrift, S. 179, Anm. 8.

2. Vgl. dazu: BÜTTNER, M.: Der dialektische Prozeß der Religion/Umwelt-Beziehung in seiner Bedeutung für den Religions- bzw. Sozialgeographen. In: Münchener Studien zur Sozial- und Wirtschaftsgeographie, Kallmünz/Regensburg 1972, S. 89-107; ders.: Religion and Geography. Impulses for a new Dialogue between Religionswissenschaftlern and Geographers. In: Numen, Vol. XXI, Fasc. 3, Leiden 1974, S. 163-196; ders.: 800 Years Waldensians. On the Present State of my Research in the

Geography of Religion on the Waldensians and Herrnhutern (Moravians). Research Report für den internationalen Religionswissenschaftler-Kongreß in Lancaster, August 1975 (als Manuskript verteilt); ders.: The Migration of Population and the Structure of Settlements in the Waldensian Valleys West of Turin. Paper für den internationalen Geographentag Moskau 1976. Veröffentlicht in: International Geography, 76, Volume VII.

3. Zur Geschichte der Religionsgeographie siehe: BÜTTNER, M.: Neue Strömungen in der Religionsgeographie. In: Zeitschrift für Missions- und Religionswissenschaft,Bd. 1, Münster 1973, S. 39-59; ders.: Zur Geschichte und zum gegenwärtigen Stand der Religionsgeographie. In: Neue Zeitschrift für systematische Theologie und Religionsphilosophie, Berlin 1976, Ratschow-Festschrift; ders.: A Discussion of the Geography of Religion in Germany. On the historical Roots of the Geography of Religion in Protestantism, its History in Lutheran Europe, present new Approaches in the Federal Republic of Germany and Relations to the Geography of Religion in the USA. Paper für den Geographentag in New York 1976 (als Manuskript verteilt); ders.: Ein neuer Wendepunkt in der Religionsgeographie. In: Temenos, Helsinki (als Manuskript verteilt); HOHEISEL, K.: Geographische Umwelt und Religion in der Religionswissenschaft. In: Geographia religionum, Bd. 1, Hrsg.: BÜTTNER, M., HOHEISEL, K.,KÖPF, U., RINSCHEDE, G.,und SIEVERS, A., bERLIN 1985, s. 123-164.

4. Es ist nicht so, wie man unter Geographen immer noch weitgehend annimmt (vgl. dazu den von ZIMPEL verfaßten Artikel "Religionsgeographie" im Westermann-Lexikon), daß sich das Eingehen der Umwelt in das Ideengut der Religion nur sehr vage über geopsychologische Spekulation (und damit wissenschaftlich kaum nachprüfbar) deuten ließe. Im Gegenteil, die Religionswissenschaftler haben seit langem wissenschaftlich sehr solide Methoden entwickelt, mit deren Hilfe es gut möglich ist, das Eingehen der Umweltfaktoren in das Ideengut der Religion zu untersuchen, oder anders ausgedrückt, zu untersuchen, wie der glaubende Mensch die Umwelt in Beziehung zur Mitte seines Denkens setzt. Dabei ist dann noch zu unterscheiden zwischen dem, was die offiziellen Schriften aussagen und was die einzelnen Mitglieder der Religionsgemeinschaft wirklich denken und glauben. Im einen Fall wendet man philologische Methoden an, im anderen Methoden der Semantik und der Meinungsforschung. Siehe dazu KLIMKEIT, H.: Spatial Orientation in mythical thinking as exemplified in Ancient Egypt: Considerations toward a Geography of Religions. In: History of Religions, 64-65, 1975, S. 172.

5. Sie hat ihren Ursprung in den skandinavischen Ländern. Ihr Begründer und Hauptvertreter ist HULTKRANTZ. Siehe HULTKRANTZ, H.: An Ecological Approach to Religion. In: Ethnos 31, 1966, S. 131-150.

6. Der zeitliche Abstand zwischen Einpendeln eines Anfangsgleichgewichtes, Entstehen einer Konfliktsituation, Einpendeln eines neuen Gleichgewichtes usw. ist in der schnellebigen westlichen Welt meist sehr kurz. Die einzelnen Phasen gehen oft so unmittelbar ineinander über, daß man von einem kontinuierlichen Prozeß sprechen kann. Ich neige daher immer mehr dazu, hier den in anderen Wissenschaften seit langem benutzen Begriff "Fließgleichgewicht" zu verwenden. Von einem jahrhunderte- oder gar jahrtausende-währenden Gleichgewicht zwischen Religion, Sozialstruktur, Landschaft usw. kann man eigentlich nur in Asien, insbesondere im alten China sprechen. Siehe dazu BÜTTNER, M.: Der dialektische Prozeß der Religion/Umwelt-Beziehung in seiner Bedeutung für den Religions- bzw. Sozialgeographen. S. 97, in: Münchener Studien zur Sozial- und Wirtschaftsgeographie, Bd. 8, Kallmünz/Regensburg 1982, S. 89-109.

7. SOPHER, D.E.: Geography of Religions. In: Foundations of Cultural Geography Series. Prentice-Hall, Engelwood Cliffs, 1967. Auf S. 14, Anm. 1, heißt es: HEINZ HERHARD ZIMPEL ... is nevertheless justified in his opinion that the main task of ascertaining the effect of environmental on religious forms devolves on the science of religion rather than on geography; und weiter: ... Geography can help to determine to what extent religious systems on their component elements are an expression of ecological circumstances. Vgl. BÜTTNER, M.: Von der Religionsgeographie zur Geographie der Geisteshaltung. In: Die Erde, 4, 1976, S. 300-329 (Nachdruck in diesem Band).

8. MARTIN SCHWIND muß diese Zusammenarbeit mißverstanden haben, wenn er abwertend davon spricht, daß hier ein interdisziplinärer Schwebezustand herrsche. Siehe SCHWIND, M.: Religionsgeographie. Wege der Forschung, Bd. CCCXVII. Wissenschaftliche Buchgesellschaft, Darmstadt 1975, S. 23. Vgl. dazu BÜTTNER, M.: Religionsgeographie. Eine kritische Auseinandersetzung mit Martin Schwind. In: Zeitschrift für Missions- und Religionswissenschaft, Jg. 1976, S. 51-54.

9. Nach mehrjährigen Bemühungen gelang es, auf dem Geographentag in New York (April 1976) eine internationale Arbeitsgruppe zur Religionsgeographie zu konstituieren, der außer Geographen auch Religionswissenschaftler angehören. Sie trägt den offiziellen Namen "International Working Group on the Geography of Belief Systems"/"Internationale Arbeitsgruppe zur Geographie der Geisteshaltung".

10. An der Gegenüberstellung Herrnhuter/Waldenser scheint sich hier ein grundsätzliche Einsicht abzuzeichnen. Eine großenteils in Konservatismus erstarrte Gruppe, wie die

Waldenser in den Cottischen Alpen, reagiert auf die Herausforderung der modernen Umwelt mit ihrem leistungsorientierten Denken im allgemeinen negativ. Sie löst sich weitgehend auf. Bei den Herrnhutern ist das grundsätzlich anders.

11. Zunächst hielt ich mich monatelang in einigen wichtigen Siedlungen auf, sammelte dort das vordergründig greifbare Faktenmaterial (Statistiken usw.), führte Kartierungen durch und versuchte, in der Diskussion mit der jeweiligen Gemeindeleitung und Einzelmitgliedern zu ermitteln, in welcher Richtung eine Befragung in etwa anzusetzen sei. Da ich mich in meiner theologischen Dr.-Arbeit u.a. auch mit ZINZENDORF, dem Gründer der Herrnhuter Brüdergemeine, befaßt habe und deswegen mehrmals die Archive in den "klassischen" Siedlungen, vor allem Herrnhut in der DDR, aufsuchen mußte, hat sich mir hier ein guter Anknüpfungspunkt geboten. In Niesky lernte ich noch Bruder ERBE kennen, dessen Buch über Bethlehem (USA) inzwischen zu einem Standardwerk geworden ist. Siehe ERBE, H.: Bethlehem, Pa. Eine kommunistische Herrnhuter Kolonie des 18. Jahrhunderts. Stuttgart 1929. - Zusammen mit den Damen und Herren SCHOLTEN, MASCHKE, STEEN und SCHÜTTLER - denen an dieser Stelle für ihre mit großem Idealismus durchgeführte Hilfe besonders gedankt sei - gingen wir daran, beraten durch Fachsoziologen, einen ersten Fragebogen zu entwerfen und diesen von Pretest zu Pretest immer weiter zu verbessern.

12. Erste Pretests, die noch mehr die Form einer Unterhaltung mit ausgesuchten Gemeindemitgliedern hatten, wurden in Herrnhut, Niesky, Berlin, Neuwied und Königsfeld durchgeführt. In Neuwied erhielt ich Kontakt zu Pfarrer BAYER, der die Wichtigkeit dieser Aktion für die Herrnhuter Brüdergemeine insgesamt erkannte und eine Unterstützung der ganzen Aktion von seiten der Direktion der Unität (Bad Boll) erwirkte. Von ihm und anderen soziologisch geschulten Herren der Leitung der Brüdergemeine gingen viele Anregungen aus, für die an dieser Stelle ebenfalls gedankt sei.

13. In ein entscheidendes Stadium geriet unsere Aktion durch die Pretests bei den Waldensern. Hier sei besonders Herrn R. MÜLLER für seine Hilfe gedankt. Die Waldenser, die ja ohnehin soziologisch stark engagiert sind, haben in Agape, westlich Turin, ein eigenes soziologisches Arbeitsteam unter der Leitung von Herrn GARDIOL (ursprünglich Universität Florenz). Hier erhielten wir wesentliche neue Anregungen, die für den Vergleich Herrnhuter/Waldenser wichtig waren. Da auch die Ortspfarrer im allgemeinen unsere Aktion sehr unterstützten, gelang es, bei Probebefragungen in den sog. Waldensertälern und vor allem in den Abruzzen weitere Erfahrungen zu sammeln. Hier sei stellvertretend den Pastoren BELLION, DEODATO, FRANCO und ROSTAGNO sowie vor allem Frau Pastora SCICLONE gedankt.

14. Letzte Anregungen erhielt ich bei meinem Besuch in Bethlehem, USA. Hier reifte dann auch der Gedanke, einen computergerechten Standardfragebogen zu entwickeln.

15. Wegen inzwischen angefallener anderweitiger Verpflichtungen konnte die Aktion nicht so zügig wie ursprünglich geplant durchgeführt werden. Die Aktion in den USA wird wohl erst in den nächsten Jahren abgeschlossen, ebenfalls die Untersuchung in Sizilien, wo Waldenser dabei sind, Entwicklungshilfe in einer ganz besonderen Weise zu leisten und dadurch weitgehende Veränderungen der Umwelt bewirken. Herr NIKOLEIZIG beabsichtigt, hierüber eine Dissertation anzufertigen. Die Auswertung wird ebenfalls noch auf sich warten lassen müssen. Wir sind zu einer gewissen Arbeitsteilung gekommen. KLAUS KÜNZEL, der unter der Betreuung von Herrn GORMSEN, Mainz, seine Dissertation über die Herrnhuter Siedlungen in Deutschland, Holland und Dänemark macht, hat von mir die gesamten Unterlagen über die Ergebnisse der Befragung der Herrnhuter in Deutschland bekommen und wertet sie aus.

16. Aus dieser Totalbefragung, bei der jeder Ortsansässige über 18 Jahren einen Fragebogen erhielt, ergaben sich - im Zusammenhang mit weiteren Probebefragungen - dann Kriterien für spätere Repräsentativbefragungen. Da es sich bei unserer Aktion zum Teil um Neuland handelt, konnten wir nicht ohne weiteres Kriterien übernehmen, die für die Meinungsforscher gelten - was sowohl von Frau NÖLLE-NEUMANN (Allensbach) und anderen in Deutschland tätigen Meinungsforschern, als auch von dem italienischen, in Anm. 13 genannten Team, bestätigt wurde. Amtliche Unterlagen über Bevölkerungsstruktur, Berufsstruktur usw. fehlen.

17. Mein besonderer Dank gilt Herrn Pfarrer MÜLLER, Herrn Gemeindevorsteher GERKE und den vielen hilfswilligen Einwohnern des Ortes.

18. In Füchtenfeld lag die Rücklaufquote zunächst niedrig, so daß eine Nachbefragung erforderlich wurde, die dann aber zu dem gewünschten Ergebnis führte.

19. Quellen für diesen und den folgenden Abschnitt: Amtl. Statistiken des Niedersächsischen Landesverwaltungsamtes - Statistik. Hannover 1946-73; SCHNIEDERS, H.: Neugnadenfeld - Kulturgeographische Wandlungen im Heimatraum und ihre Darstellungen in der Volksschule. Staatsarbeit, Vechta 1963; ders.: 25 Jahre Neugnadenfeld. Nordhorn 1971; SCHMIDT, G.: Füchtenfeld. Hoffnungslos und doch nicht verloren. Eine Chronik. In: Das Bentheimer Land, Bd. 88, Verlag Heimatverein der Grafschaft Bentheim e.V., Nordhorn 1975; SCHÄFER, K.: Die Brüdergemeinschaften in Polen - 1900-1945. Bad Boll; NASARSKI, P.: Von der Weichsel an den Rhein (Gostylin - Langenfeld). Troisdorf b. Bonn 1966; BÜTTNER, M.: Was suchen Studenten in Neugnadenfeld.

In: 25 Jahre Neugnadenfeld, Nordhorn 1971, S. 43-46; Neuester Stand durch STREIB, U., SCHÖTTLER, H., und NIKOLEIZIG, M., wofür ich auch hier Dank sage.

20. Vgl. GORMSEN, E.: Königsfeld ... (a.a.O.).

21. Siehe: Der Landkreis Grafschaft Bentheim. Kreisbeschreibung und Raumordnungsplan nebst Statistischem Anhang. In: Die Landkreise in Niedersachsen Reihe D, Bd. 9, Bremen-Horn 1953, S. 64.

22. Nach Angaben von Baudirektor PABST, Nordhorn.

23. Siehe: BÜTTNER, M.: Neue Strömungen ... (a.a.O.).

24. Es wäre dringend geboten, einmal eine entsprechende bevölkerungsgeographisch ausgerichtete religionsgeographische Studie über das Emsland anzufertigen, etwa in Analogie zu den Arbeiten von ZELINSKY und GAY: ZELINSKY, W.: An Approach to the Religious Geography ... In: Annals of the Assoc. of American Geographers Vol. 51, No. 2, June 1961, S. 139-193; GAY, J.D.: The Geography of Religion in England. London 1971.

25. Die neuen Kirchen der Altreformierten sind z.B. äußerlich kaum von den neuerbauten lutherischen Kirchen zu unterscheiden.

26. Ich verwende hier den Begriff Kirche, setze ihn aber in Anführungszeichen, da die Herrnhuter den Begriff Kirche nicht benutzen, sondern von Saal sprechen, was zu ihrer religiös geprägten Geisteshaltung und der daraus resultierenden Verhaltensweise paßt. Die "Kirche" ist für sie kein sakraler Raum, sondern ein Versammlungsraum, in dem man betet, sich zum Gottesdienst versammelt, aber auch andere nichtkirchliche Veranstaltungen durchführt.

27. Vgl. im einzelnen: GORMSEN, a.a.O., S. 182.

28. In dieser Beziehung kam es der Bevölkerung sehr dar-auf an, daß ihre Wünsche berücksichtigt würden. Die Kreisverwaltung trug dem Rechnung.

29. Baudirektor PABST (Nordhorn), der weitgehend die Errichtung der Dorfgemeinschaftshäuser im Landkreis Bentheim geplant hat, wird demnächst eine Publikation herausbringen. Ich danke an dieser Stelle Herrn PABST für seine Auskünfte und sonstige Hilfe. Zur Funktion der beiden Dorfgemeinschaftshäuser Neugnadenfeld und Füchtenfeld schreibt er mir folgendes: "Die Funktion der Dorfgemeinschaftshäuser sind in beiden Orten von Grund her unterschiedlich. Während in Neugnadenfeld das Dorfgemeinschaftshaus ursprünglich der Ersatz für die Gemeinschaftslagerbaracke sein sollte, ist in Füchtenfeld das Dorfgemeinschaftshaus mit seiner Bezeichnung "Mehrzweckhalle" ein Teil des Angebots an Gemeinschaftsbauten im Rahmen von Schule, Kirche, Sportplatz. Grob gesagt war das Dorfgemeinschaftshaus

Neugnadenfeld "die gute Stube" des Ortes, während in Füchtenfeld das Dorfgemeinschaftshaus eine Mehrzweckhalle mit weniger geistigem Inhalt darstellt."

30. Unter einer "normalen" Siedlung will ich hier eine solche verstehen, in der die Bewohner im wesentlichen "weltlichen" Berufen nachgehen, schließe also z.B. Klostersiedlungen, Missionssiedlungen, Konvikt-Siedlungen usw. aus.

31. TUCKERMANN, W.: Königsfeld im Schwarzwald. In: Erdkunde 3, 1949.

32. GORMSEN, E.: Königsfeld ... (a.a.O.).

33. Auf die von Bethlehem, Pennsylvanien, ausgehende Innovation hoffe ich in einer späteren Veröffentlichung eingehen zu können. Die dortigen Herrnhuter waren die Begründer der Bethlehem-Steel-Company, die heute zu den größten der Welt gehört. Aber von hier ging auch die Indianermission aus, eine besondere Art von Innovation. Zu einer Zeit, da man auch in kirchlichen Kreisen noch weitgehend Rassenvorurteile hatte, waren es die Herrnhuter, die die Indianer als gleichberechtigte "Kinder Gottes" ansahen.

34. Es gibt noch keine Musikgeographie, also Untersuchungen über die Ausbreitung von bestimmten Musizierformen, bestimmten Instrumenten usw., die methodologisch dem gegenwärtigen Stand in der Gesamtgeographie entsprächen. Es wäre eine lohnende Aufgabe, besonders für die Herrnhuter eine solche Arbeit durchzuführen, da sich hier auch interessante Aspekte hinsichtlich des Methodischen ergeben dürften. In meiner Dissertation: Studien zur Geschichte der Trompete. Münster 1954, habe ich seinerzeit die Verbreitung der Trompete in Verbindung mit ihrer Koppelung an bestimmte soziale Schichten untersucht. Ich weise gerade in dieser Festschrift darauf hin, weil MÜLLER-WILLE mich seinerzeit neben dem Musikwissenschaftler KORTE bei dieser Arbeit betreute. Vgl. dazu meinen Aufsatz über die Trompeten... in diesem Band.

35. Während man die Dienstleistungen, die wir als Geographen üblicherweise im Zusammenhang mit Zentralität im Blick haben, "orten" kann - ein Arzt hat seine Praxis an einer ganz bestimmten Stelle - lassen sich die in Neugnadenfeld angebotenen Dienstleistungen nicht in analoger Weise mit bestimmten Gebäuden in Beziehung setzen.

36. Man müßte einmal genaues Zahlenmaterial sammeln und die bei derartigen Gelegenheiten in Neugnadenfeld versammelten Gäste nach ihren Herkunftsorten und ihren Motiven befragen. In Kürze erscheint eine Arbeit von KLAUS GURGEL (USA), der die "Zentralität" bzw. den Einzugsbereich des Hügels Cumorah in dieser Weise untersucht hat.

37. Ich weise gerade auf diese Dinge hin, da sie an dem Beispiel dieses kleinen Ortes im Emsland deutlich machen, wie problematisch es ist, Zentralität zu messen (und eventuell sogar Zentralität gleich Bedeutung zu setzen), wenn die zentralen Funktionen nicht an bestimmte Gebäude oder sonstige "Verortungen" gebunden sind. Nach der üblichen Zentralitätsvorstellung (je größer die Ausstattung mit zentralen Einrichtungen, um so höher die Zentralität und um so bedeutender der Ort) haben Neugnadenfeld und Füchtenfeld gleichermaßen eine sehr geringe Zentralität und eine entsprechend geringe Bedeutung. Rechnet man jedoch alle (hier z.T. nur angedeuteten) religiösen Dienstleistungsangebote hinzu, dann ist Neugnadenfeld gegenüber Füchtenfeld ein "Riese". Und geht man einmal nicht von absoluten Zahlen aus, sondern relativiert und stellt heraus, wieviel Dienstleistungen pro Kopf der Einwohner über den Eigenbedarf hinaus angeboten werden, dann kommt man auf Werte, die kaum von Großstädten erreicht werden. Vielleicht wäre es methodisch sinnvoll, diese hier zur Diskussion stehende Zentralität (mit ihrem besonderen Dienstleistungsangebot) mit der Zentralität und dem Dienstleistungsangebot eines Kurortes zu vergleichen - wenngleich die Dienstleistungsangebote in einem Kurort wiederum weitgehend verortet sind, nämlich in Form von Hotels, Pensionen, Bädern usw. Unter diesem Aspekt könnte man einen Vergleich mit Königsfeld durchführen. Da es in dieser Festschrift ja nicht nur um Forschungsergebnisse, sondern auch um <u>methodische Besinnung und Anregung</u> gehen soll - was bei MÜLLER-WILLE ja immer auch im Vordergrund stand -, weise ich auf diese Dinge hin, die sich bei der religionsgeographischen Betrachtung Neugnadenfelds geradezu aufdrängen.

38. Man kann sie als Lutheraner bezeichnen. Zur Theologie ZINZENDORFs, des Gründers der Brüdergemeine, vgl. außer der bei GORMSEN (a.a.O.) genannten einschlägigen Literatur auch meine theologische Dissertation, in der ich insbesondere untersucht habe, welche Haltung man zur Naturwissenschaft einnimmt. ZINZENDORF wird durch den sogenannten kausalmechanischen Schock zur Christologie bzw. christologisch ausgerichteten Theologie getrieben, die in starkem Gegensatz zur zeitgenössischen Theologie der Aufklärung stand. - Die Herrnhuter unterschieden und unterscheiden sich von der lutherischen Landeskirche weniger durch ihren Glauben bzw. eine besondere Theologie - ihre Pfarrer sind gelegentlich zugleich im Dienste der Landeskirche tätig -, sondern vielmehr durch ihre organisatorische Sonderstellung als Freikirche, durch die Besonderheit ihres Sozialkörpers und ihre kirchliche bzw. religiöse Aktivität. Die Herrnhuter gehören zu den ersten Protestanten, die missionarisch tätig wurden. Noch heute zeichnen sie sich durch eine starke Missionstätigkeit und große Aufgeschlossenheit für die Mission aus, was sich z.B. in Neugnadenfeld in einem außergewöhnlich hohen Kollektenaufkommen für die Mission äußert. Siehe dazu: BÜTTNER, M.: Theologie und Naturwissenschaft, insbesondere Geographie. Theologische Dr.-Arbeit. Münster 1963 (unveröffentlicht); ders.: Theologie und Klimatologie. In: Neue Zeitschrift für systematische

Theologie und Religionsphilosophie Bd. 6, Heft 2, Berlin 1964, S. 154-191; ders.: Zum Gegenüber von Naturwissenschaft (insbesondere Geographie) und Theologie im 18. Jahrhundert. Der Kampf um die Providentialehre innerhalb des Wolffschen Streites. In: Philosophia naturalis Bd. 14, Meisenheim/Glan 1973, S. 95-122; ders.: Zum Übergang von der teleologischen zur kausalmechanischen Betrachtung der geographisch-kosmologischen Fakten. In: Studia Leibnitiana Bd. V, Heft 2, Wiesbaden 1973, S. 177-195; ders.: Geographie und Theologie im 18. Jahrhundert. In: Verhandlungen des deutschen Geographentages 1965 in Bochum. Wiesbaden 1966, S. 352-359 (Nachdruck in diesem Band).

39. Vgl. meinen Numen-Aufsatz (a.a.O.). Hier wird im einzelnen gezeigt, wie vor allem die Siedlungsform zur (alten) Sozial- und Wirtschaftsstruktur paßt und als äußerlich in der Landschaft sichtbare Manifestation der (alten) Herrnhuter Geisteshaltung angesehen werden kann. Heute ist ein Funktionswandel zu konstatieren. Diesen bezeichnet KLAUS KÜNZEL als Folge einer gezielten Selektion. In diesem Zusammenhang wäre auf BJORKLUND zu verweisen, die im Zusammenhang von kultureller Auswahl - Anpassung an die gegenwärtigen Umstände - auch von Selektion spricht. Siehe: BJORKLUND, E.M.: Ideology and Culture. Exemplified in Southwestern Michigan. In: Annals of the Assoc. of American Geographers Vol. 54, 1964, S. 227ff.

40. Vgl. dazu die Arbeit von GORMSEN (a.a.O.) und die dort angegebene weiterführende Literatur. Siehe auch meine in Anm. 2 angegebenen Schriften. - Pfarrer BAYER schreibt mir dazu: "Die Brüdergemeine hat sich sinnvoll an die Veränderung der Wirtschaftsstruktur der Umwelt angepaßt." - ERBE stellt 3 Entwicklungsstufen heraus und spricht davon, daß sich schon in der 2. Hälfte des 18. Jahrhunderts der Übergang von einer totalitären Streitergemeine zur bürgerlichen Ortsgemeine vollzogen hat. Siehe: ERBE, H.W.: Erziehung und Schulen der Brüdergemeine. In: Unitas Fratrum. Utrecht 1975, S. 315-349.

41. Vgl. dazu BÜTTNER, M.: On the new Concept of the Geography of Religion. Paper für den Internationalen Religionswissenschaftler-Kongreß in Lancaster, August 1975. Dort gehe ich breit auf den Auflösungsprozeß der Waldenser ein. In meinem Moskau-Paper behandele ich Bevölkerungsbewegungen in Norditalien und zeige auf, wie diese ihrerseits zum Auflösungsprozeß der Gemeinden beitragen, andererseits aber auch als Folge des inneren Auflösungsprozesses (also als Folge einer Änderung der Geisteshaltung) anzusehen sind. Siehe dazu: BÜTTNER, M.: The Migration of Population and the Structure of Settlements in the Waldensian Valleys West of Turin. In: International Geography, 76, Vol. VII.

42. Wenn der Auflösungsprozeß untersucht wird, also herausgestellt wird, wie sich durch Hereinwirken von Innovationen eine Änderung in der Geisteshaltung bemerkbar macht, die einerseits zur Abwanderung, andererseits zur

Säkularisierung führt, so daß zum Schluß Gruppen vorhanden sind, die sich nicht mehr durch eine bestimmte religiös geprägte Geisteshaltung auszeichnen, dann entwickelt sich die entsprechende Disziplin sozusagen "unter der Hand" von der Religionsgeographie weiter zur Geographie der Geisteshaltung. Vgl. dazu: BÜTTNER, M.: Von der Religionsgeographie zur Geographie der Geisteshaltung. In: Die Erde, Heft 4, 1976, S. 300-329, Nachdruck in diesem Band.

43. Mit aus diesem Grunde erhielt die in Anm. 9 genannte internationale Arbeitsgruppe die Bezeichnung: "Internationale Arbeitsgruppe zur Geographie der Geisteshaltung". Es herrscht Einigkeit darüber, daß man dem heute weltweit zu beobachtenden Prozeß der Auflösung von Religionen bzw. Religionsgemeinschaften Rechnung tragen und sich nicht mehr nur auf die Untersuchung der Religion/Umwelt-Beziehung beschränken solle. Traditionelle Religionsgeographie, Ideologiegeographie usw. bilden Teilbereiche bzw. Teilaspekte der umfassenderen Geographie der Geisteshaltung. Siehe dazu: BÜTTNER, M.: Von der Religionsgeographie zur Geographie der Geisteshaltung (a.a.O.); ders.: Geographies of the Mind. Ed. by D. LOWENTHAL and M.J. BOWDEN, New York 1976.

Die Verbreitung der Religionen und Konfessionen in Afrika südlich der Sahara und ihr Zusammenhang mit dem Entwicklungsstand der Staaten

Eine quantitative Analyse aufgrund neuerer religionsdemographischer Daten

von Reinhard Henkel

Aufsatz erstellt 1986

1. Die Veränderung der Religionsstruktur in Afrika in den letzten 100 Jahren

Eine der stärksten Veränderungen in der Verbreitung der Religionen im weltweiten Maßstab in diesem Jahrhundert ist die Christianisierung Schwarzafrikas.[1] Nach den von dem Missionswissenschaftler BARRETT (1982) in jahrelanger Arbeit zusammengetragenen religionsdemographischen Daten hat der Anteil der Christen an der Bevölkerung Afrikas von 9% im Jahr 1900 auf 44% in 1980 zugenommen (Tab. 1). Veränderungen ähnlichen Ausmaßes in der religiösen Zusammensetzung der Bevölkerung in den Kontinenten der Erde sind nur durch die kommunistischen Revolutionen in der Sowjetunion und in China bewirkt worden, durch die der Anteil der Atheisten und Nichtreligiösen auf Kosten des Christentums bzw. der chinesischen Volksreligionen stark anstieg.[2] Die Christianisierung Schwarzafrikas ist noch nicht überall bekannt: Wie in einer von FISCHER (1957, S. 419) zusammengestellten Karte wird auch in den neuesten Ausgaben der gängigen deutschen Schulatlanten (Diercke, Alexander u.a.) Afrika südlich der Sahara flächig als Gebiet dargestellt, in dem "Stammes-" oder "Naturreligionen" (auch Animismus oder traditionelle Religionen genannt) vorherrschen. Hier werden jedoch Verhältnisse angegeben, die 50 Jahre alt oder älter sind. Schwarzafrika muß heute als weithin christlicher Kontinent angesehen werden. Während im Jahre 1900 noch 74% der Bevölkerung Schwarzafrikas zur Kategorie der Traditiona-

Tab. 1: Prozentanteile der großen Religionen an der Bevölkerung der Kontinente 1900 und 1980
(- : weniger als 1%)
Quelle: BARRETT 1982, 6 und 780-783.
Die Kontinente sind nach der Klassifikation der Vereinten Nationen abgegrenzt.

1900	Christen	Moslems	Hindus	Buddhisten	Anhänger chinesischer Religionen	Atheisten u. Nicht-religiöse	Gesamtbe-völkerung (Mio)
Afrika	9.2	32.0	-	-	-	-	108
Ostasien	-	4.5	-	18.3	71.1	-	533
Europa	96.9	1.0	-	-	-	-	287
Lateinamerika	95.1	-	-	-	-	-	65
Nordamerika	96.6	-	-	-	-	1.2	82
Ozeanien	77.6	-	-	-	-	-	6
Südasien	4.1	30.2	49.0	7.1	-	-	413
UdSSR	83.6	11.2	-	-	-	-	126
Welt	34.4	12.4	12.5	7.8	23.5	0.2	1620

1980	Christen	Moslems	Hindus	Buddhisten	Anhänger chinesischer Religionen	Atheisten u. Nicht-religiöse	Gesamtbe-völkerung (Mio)
Afrika	44.2	41.2	-	-	-	-	461
Ostasien	1.8	2.0	-	12.7	17.5	60.9	1087
Europa	85.4	1.8	-	-	-	12.2	486
Lateinamerika	93.8	-	-	-	-	3.4	372
Nordamerika	88.3	-	-	-	-	6.8	249
Ozeanien	86.4	-	1.1	-	-	10.8	23
Südasien	7.6	32.9	40.6	9.4	-	1.3	1428
UdSSR	36.1	11.3	-	-	-	51.2	268
Welt	32.8	16.5	13.3	6.3	4.5	20.9	4374

listen (Anhänger traditioneller Religionen) gehörten und 17% Moslems sowie nur 9% Christen waren (davon 6% allein in Äthiopien und Südafrika), waren 1980 53% Christen und 29% Moslems und nur noch 18% Traditionalisten.[3] Hier ist also ein offenbar noch weit verbreitetes Bild zu korrigieren. Das Wachstum der christlichen Kirchen scheint weiterzugehen: Lebten im Jahr 1900 noch 94% aller Christen in Europa (einschließlich Sowjetunion) und Amerika und nur knapp 2% in Afrika, so waren es 1980 in Afrika schon 14%, und für das Jahr 2000 prognostiziert BARRETT einen Anteil von 20% (siehe Tab. 2). Sieht man das Christentum als eine abendländische Religion an (was es nicht ist, da es im Nahen Osten entstanden ist; jedoch hat es sich vorwiegend in Europa weiterentwickelt), dann ist Afrika, geht man nur von Zahlen aus, neben Lateinamerika der einzige Kontinent, in dem es im großen Maßstab bei der einheimischen Bevölkerung Fuß gefaßt hat. Andere Räume, in denen es sich ebenfalls etabliert hat, sind Ozeanien, die Philippinen, Indonesien, Südindien und jüngst auch Südkorea. Jedoch sind dies alles kleinere Gebiete. Die anderen heute weitgehend christlichen Kontinente, Nordamerika und Australien, sind durch die Ansiedlung von Christen christianisiert worden. Dies gilt auch zum großen Teil für Lateinamerika, dessen Bevölkerung mehrheitlich europäischer Abstammung ist.

Tab. 2: Prozentanteile der Kontinente an der Christenheit 1900, 1980 und 2000
(Quelle: BARRETT 1982, 778)

	1900	1980	2000
Afrika	1.8	14.2	19.5
Ostasien	0.4	1.3	1.6
Europa	49.9	29.0	21.4
Lateinamerika	11.1	24.3	38.3
Nordamerika	14.1	15.3	12.6
Ozeanien	0.9	1.4	1.4
Südasien	3.0	7.6	9.5
UdSSR	18.8	6.8	5.8
(Christen in Millionen)	(557)	(1433)	(2020)

Abb. 1:
Anteil der Anhänger christlicher
Gruppen an der Gesamtbevölkerung 1980
(Quelle: BARRETT 1982)

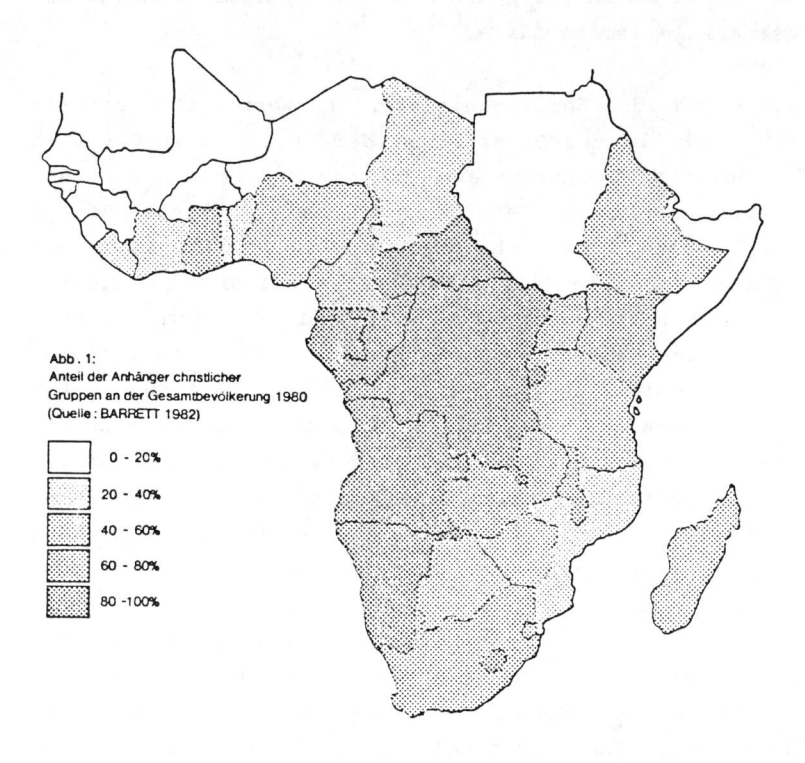

- 0 - 20%
- 20 - 40%
- 40 - 60%
- 60 - 80%
- 80 -100%

Tab. 3: Konfessionelle Gliederung der Anhänger christlicher
Kirchen in Afrika 1980 (in Tausend)
(Quelle: BARRETT 1982, 782)

		%
Römische Katholiken	76.789	38.9
Protestanten	54.403	27.5
Einheimische Kirchen	27.438	13.9
Orthodoxe	19.517	9.9
Anglikaner	16.982	8.6
Protestantische Randgruppen	1.529	0.8
Nichtrömische Katholiken	544	0.3
	197.613	100.0

2. Unterschiede in der Religions- und Konfessionsstruktur der afrikanischen Länder

Betrachtet man die Christianisierung Schwarzafrikas detaillierter, etwa in der Darstellung der Anteile der Christen an der Gesamtbevölkerung (Abb. 1), so stellt man zunächst fest, daß das zentrale, östliche und südliche Afrika weitaus stärker vom Christentum beeinflußt sind als Westafrika. Vor allem die Sahelstaaten weisen einen geringeren Prozentsatz an Christen auf, während er in den meisten sonstigen Ländern über 50% liegt. In den Sahelländern, aber auch in den Ländern der westafrikanischen Küste, hat der Islam einen starken Einfluß. Er kam im 11. Jahrhundert aus dem arabischen Raum hierher, und bereits im 15. und 16. Jahrhundert bestanden islamische Reiche in der Sahel- und Sudanzone Westafrikas. Der Islam ist weiterhin verbreitet entlang der ostafrikanischen Küste, wo Somalia und Djibouti fast ganz islamisiert sind und Äthiopien, Kenya, Tanzania, Moçambique und Malawi einen Anteil von mehr als 10% Moslems haben. In den anderen Ländern ist die traditionelle Religion die wichtigste Glaubensrichtung neben dem Christentum. In einer Darstellung der Bevölkerungszusammensetzung in den schwarzafrikanischen Ländern nach den drei großen Religionsgruppen im Dreiecksdiagramm (Abb. 2) und der entsprechenden kartographischen Darstellung (Abb. 3) kann man folgende sechs Gruppen von Ländern unterscheiden[4]: Eine erste Gruppe besteht aus den oben erwähnten überwiegend islamischen Ländern Westafrikas und am Horn von Afrika, in einer zweiten, kleineren liegen drei Länder Westafrikas (Guinea-Bissao, Sierra Leone und Burkina Faso, das ehemalige Obervolta), in denen sich Moslems und Traditionalisten etwa die Waage halten und Christen zahlenmäßig unbedeutend sind. Nigeria, der Tschad und Äthiopien bilden eine Gruppe, in der der Islam und das Christentum etwa gleich stark sind, und die Traditionalisten eine Minderheit bilden. In den beiden erstgenannten Ländern dieser Gruppe besteht ein deutlicher Nord-Süd-Gegensatz zwischen islamisch und christlich geprägten Landesteilen. Dies trifft auch auf Kamerun, Benin, Togo, Ghana und die Elfenbeinküste zu sowie auf den Sudan, wo der dort wie im Tschad schon

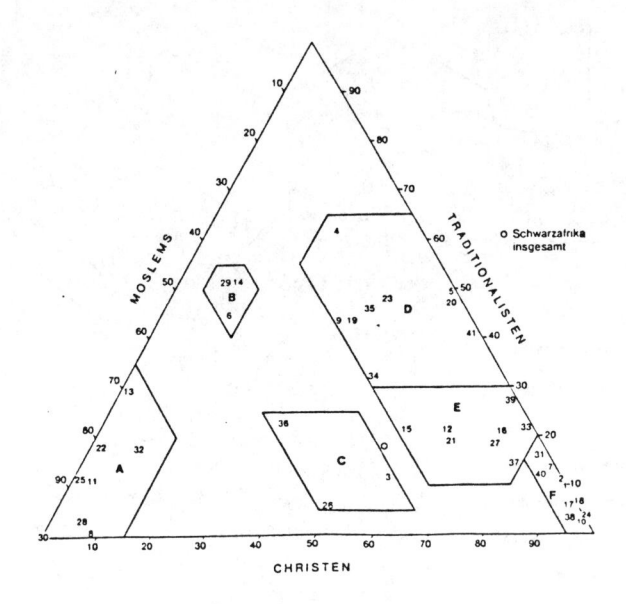

Abb. 2: Religiöse Zusammensetzung der Bevölkerung in den schwarzafrikanischen Staaten 1980

(Quelle: BARRETT 1982. Die Zahlen kennzeichnen die Länder entsprechend der beigefügten Liste)

Schlüssel zu Abb. 2 und 5:

1 Angola	11 Gambia	22 Mali	33 Swaziland
2 Äquatorial-Guinea	12 Ghana	23 Moçambique	34 Tanzania
	13 Guinea	24 Namibia	35 Togo
3 Äthiopien	14 Guinea-Bissao	25 Niger	36 Tschad
4 Benin		26 Nigeria	37 Uganda
5 Botswana	15 Kamerun	27 Rwanda	38 Zaire
6 Burkina Faso (Obervolta)	16 Kenya	28 Senegal	39 Zambia
	17 Kongo	29 Sierra Leone	40 Zentralafrikanische Republik
7 Burundi	18 Lesotho		
8 Djibouti	19 Liberia	30 Somalia	
9 Elfenbeinküste	20 Madagaskar	31 Südafrika	41 Zimbabwe
10 Gabun	21 Malawi	32 Sudan	

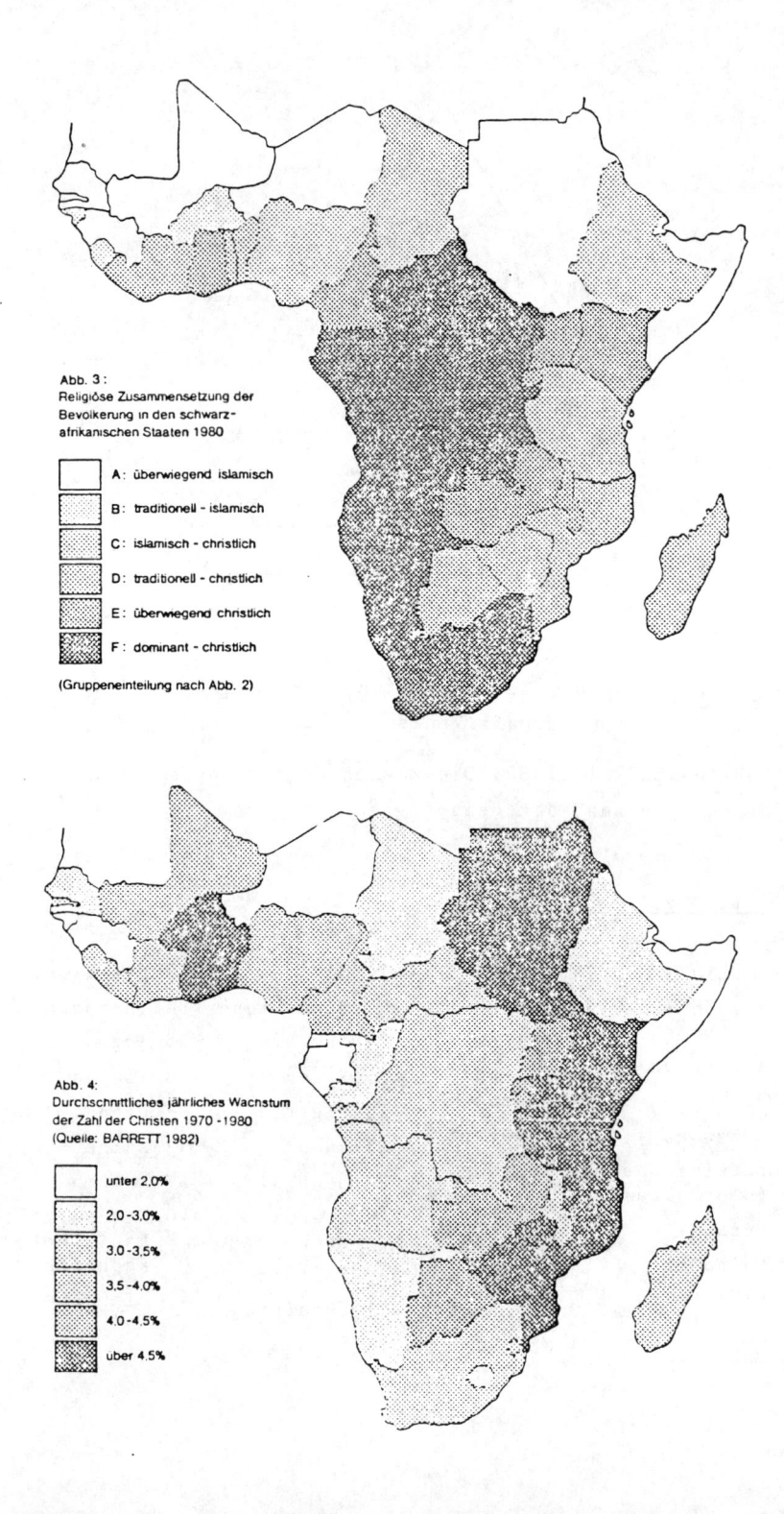

Abb. 3:
Religiöse Zusammensetzung der
Bevölkerung in den schwarz-
afrikanischen Staaten 1980

- A: überwiegend islamisch
- B: traditionell - islamisch
- C: islamisch - christlich
- D: traditionell - christlich
- E: überwiegend christlich
- F: dominant - christlich

(Gruppeneinteilung nach Abb. 2)

Abb. 4:
Durchschnittliches jährliches Wachstum
der Zahl der Christen 1970 -1980
(Quelle: BARRETT 1982)

- unter 2,0%
- 2,0 - 3,0%
- 3,0 - 3,5%
- 3,5 - 4,0%
- 4,0 - 4,5%
- über 4,5%

jahrelang herrschende Bürgerkrieg zum großen Teil auf eben diesen Gegensatz zurückzuführen ist. Eine vierte Gruppe wird von Ländern gebildet, in denen das Christentum und die traditionellen Religionen etwa gleichstark sind. Diese finden sich sowohl an der westafrikanischen Küste als auch im östlichen und südlichen Afrika. Da sie, wie auch diejenigen der Gruppe B, in der die Traditionalisten ebenfalls noch eine numerisch starke Stellung haben, in der Kontaktzone zwischen Islam und Christentum liegen, könnte man vermuten, daß in den "Kampfzonen" der beiden Weltreligionen die traditionellen Religionen eine stärkere Persistenz haben. Ob dies wirklich der Fall ist, und welche Gründe es hierfür gibt, müßte jedoch einer detaillierteren Untersuchung vorbehalten bleiben und kann hier nicht abgehandelt werden. Gruppe E besteht aus Ländern, in denen Christen überwiegen, jedoch noch ein beträchtlicher Anteil Traditionalisten und/oder Moslems vorhanden ist, während in der letzten Gruppe Länder mit einem Anteil von über 80% Christen zusammengefaßt sind. Die Länder der Gruppen E und F liegen, bis auf Ghana, alle südlich einer Linie Kamerun - Kenya, was diesen Teil des Kontinents als den deutlich stärker christianisierten ausweist.

Das numerische Wachstum der sich zum Christentum bekennenden Bevölkerung ist in Schwarzafrika sehr hoch. Ähnliche jährliche Wachstumsraten werden sonst nur noch in einigen Ländern Mittelamerikas sowie Süd- und Südostasiens erreicht (BARRETT 1982, S. 865). Nach BARRETTs Angaben wiesen im Zeitraum 1970-80 13 Länder Schwarzafrikas Raten von über 4% und weitere 15 solche von über 3% jährlichen Wachstums auf (Abb. 4). Einerseits ist das hohe natürliche Bevölkerungswachstum als Grund anzuführen, das alle Staaten Afrikas auszeichnet, zum anderen kommt auch ein großer Anteil Bekehrungen oder Konversionen hinzu. In allen Ländern, bis auf Niger, Somalia, Djibouti und Guinea-Bissao, wo Europäer die große Mehrzahl der Christen stellen und durch ihren Abzug nur geringe Zuwächse oder eine Abnahme zu verzeichnen waren, sowie Guinea, lag die Wachstumsrate der christlichen Bevölkerung im genannten Zeitraum über der der Gesamtbevölkerung. Dies gilt in ähnlicher Weise zwar auch für den Islam, der, wie das Christentum, seine neuen Anhänger vorwiegend von den traditionellen Religionen erhält, doch wächst nach BARRETTs Daten das Christentum schneller, vor allem auch in den Ländern der "Kampfzone" zwischen Islam und Christentum in West- und Ostafrika, also denen in Gruppe C sowie denjenigen in den Gruppen D und E der Abb. 2 und 3, deren Moslem-Anteil an der Bevölkerung größer als 10% ist. Dementsprechend erwartet BARRETT, daß es im Jahr 2000 elf Staaten mit über 90% und sieben weitere mit über 80% Christen geben wird.

Die konfessionelle Zusammensetzung der afrikanischen Christenheit ist recht gemischt (siehe Tab. 3). Alle Hauptströmungen des Christentums sind vertreten, neben dem Katholizismus, dem Protestantismus und dem Anglikanismus auch die unabhängigen, einheimischen Kirchen ("African indigenous"), die von BARRETT als eigener konfessioneller Block neben die älteren christlichen Traditionen gestellt werden, und die Orthodoxie, die allerdings auf Äthiopien und die koptische Kirche in Ägypten beschränkt ist und dadurch räumlich nur eng begrenzt vorkommt. Zählt man die protestantischen Randgruppen und die nichtrömischen Katholiken zu den einheimischen Kirchen, da sie sehr oft eng mit diesen verwandt sind, und ordnet man die anglikanische Kirche dem Protestantismus zu, so läßt sich in einem weiteren Dreiecksdiagramm (Abb. 5) die konfessionelle Zusammensetzung der Anhängerschaft christlicher Kirchen für die afrikanischen Staaten analysieren (siehe Abb. 6). Eine erste umfangreiche Gruppe (A) hat einen recht hohen Anteil von Anhängern einheimischer Kirchen und gleichzeitig einen dominierenden Anteil von Protestanten.[5] Alle diese Länder sind anglophon, die meisten waren britische Kolonien. Hier macht sich deutlich die Bevorzugung protestantischer und anglikanischer Missionen durch die britische Kolonialmacht bemerkbar. Gleichzeitig wird klar, daß sich die unabhängigen Kirchen vorwiegend in einem "protestantischen Missionsmilieu" entwickeln konnten. Die meisten von ihnen entstanden ja durch Abspaltung von protestantischen Missionen. Für die 44 in die Korrelationsanalyse einbezogenen schwarzafrikanischen Länder (siehe unten) beträgt die Spearman-Rangkorrelation

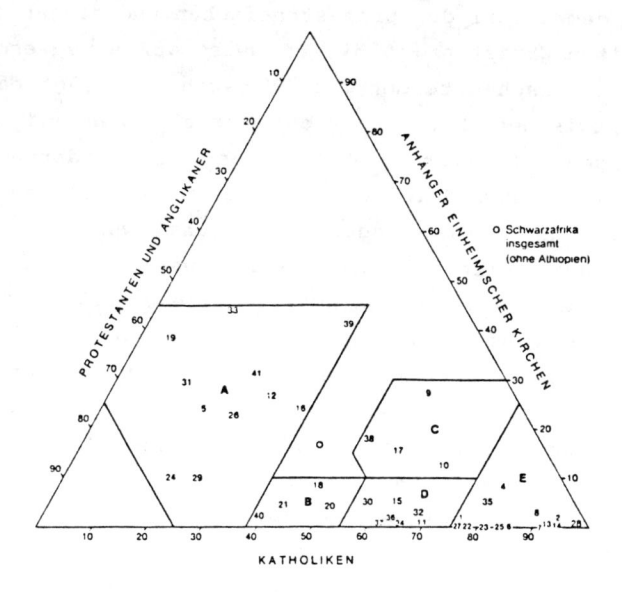

Abb. 5: Konfessionelle Zusammensetzung der Anhänger christlicher Kirchen in den schwarzafrikanischen Staaten 1980 (Schlüssel S. 7)

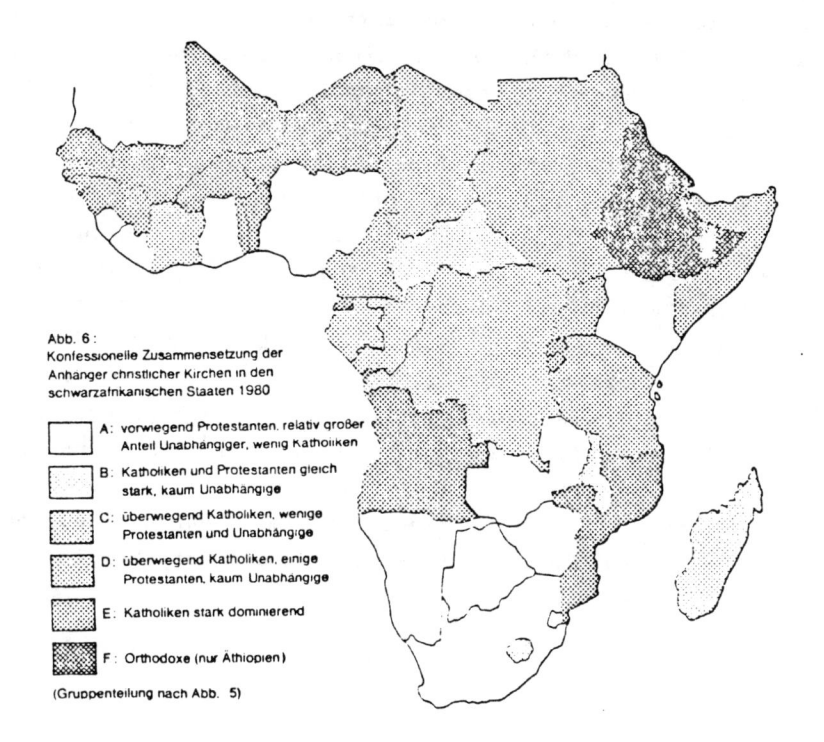

Abb. 6:
Konfessionelle Zusammensetzung der Anhänger christlicher Kirchen in den schwarzafrikanischen Staaten 1980

A: vorwiegend Protestanten, relativ großer Anteil Unabhängiger, wenig Katholiken

B: Katholiken und Protestanten gleich stark, kaum Unabhängige

C: überwiegend Katholiken, wenige Protestanten und Unabhängige

D: überwiegend Katholiken, einige Protestanten, kaum Unabhängige

E: Katholiken stark dominierend

F: Orthodoxe (nur Äthiopien)

(Gruppenteilung nach Abb. 5)

zwischen dem Anteil der protestantischen und denjenigen der unabhängigen Christen + 0.59 und weist auf einen engen Zusammenhang zwischen beiden hin. Umgekehrt beträgt die Korrelation zwischen dem Anteil der katholischen und dem der unabhängigen Christen - 0.72. Auf der anderen Seite (Gruppe E) stehen Länder, in denen Katholiken stark dominieren und keine oder nur sehr wenige Anhänger einheimischer Kirchen und auch wenige Protestanten vorhanden sind. Diese wiederum sind alle ehemalige Kolonien katholischer Länder: 8 französische, 3 portugiesische, 2 belgische und eine spanische. Die Bevorzugung der katholischen Missionen in diesen Ländern war viel deutlicher als die der nicht-katholischen in den britischen Gebieten. Zwischen den beiden Extremen liegen weitere Gruppen, von denen eine (C) sich durch einen noch relativ hohen Anteil einheimischer Kirchen auszeichnet, während die katholische Kirche dominiert. In den vier Ländern der Gruppe B ist der Anteil von Katholiken und Protestanten bei einem sehr geringen Anteil von Unabhängigen etwa gleich groß, und schließlich wird die Gruppe D von sieben Ländern gebildet, in denen das Verhältnis Katholiken zu Protestanten etwa 2:1 ist und ebenfalls kaum Unabhängige zu finden sind. In allen drei mittleren Gruppen sind sowohl ehemals britische als auch französische und belgische Kolonien vertreten. Hier müßte das konfessionelle Spektrum detaillierter auch historisch untersucht werden, wollte man zu weiteren Erklärungen vordringen. Die Grundlage für die konfessionelle Struktur der Länder scheint aber schon früh angelegt worden zu sein, denn in PARKERs (1938) Zusammenstellung von religionsstatistischen Daten, die sich auf die dreißiger Jahre dieses Jahrhunderts beziehen, ist die gleiche Beobachtung zu machen: Alle dort als überwiegend protestantisch angegebenen Territorien befinden sich in den Gruppen A und B unserer Abb. 5, während fast alle überwiegend katholischen Gebiete in den Gruppen C, D oder E liegen. Die meisten unabhängigen Kirchen sind erst in den letzten Jahrzehnten stärker in Erscheinung getreten.

3. Der Zusammenhang zwischen Entwicklungsindikatoren und der religiösen Struktur der schwarzafrikanischen Länder

Um eine Vorstellung über den Zusammenhang zwischen religiöser Struktur der schwarzafrikanischen Länder einerseits und sozio-ökonomischen Merkmalen andererseits zu bekommen, wurde eine statistische Analyse der 44 schwarzafrikanischen Länder[6] durchgeführt. Hierbei wurden 11 Variablen, die die religiöse Struktur der Länder beschreiben, und 9 Variablen als Entwicklungsindikatoren in einer einfachen Korrelationsanalyse einander gegenübergestellt. Die Daten zur Religionsstruktur wurden BARRETT (1982) entnommen, die anderen dem Weltentwicklungsbericht 1984 bzw, falls dort nicht vorhanden, MICHLER & PAESLER 1983. Sie beziehen sich alle auf den neuesten Stand. Für einige kleinere Länder (unter 1 Million Einwohner) waren verschiedene Daten (Variablen 15-19) nicht verfügbar. Die entsprechenden Korrelationen beziehen sich auf die übrigen Länder. Als geeignetes Korrelationsmaß wurde der Rang-Korrelationskoeffizient nach Spearman gewählt. Er ist nicht parametrisch und für seine Anwendung ist eine Normalverteilung der Variablen keine notwendige Voraussetzung. Eine ähnliche Untersuchung von HOPKINS (1966) ist vor allem aufgrund der Tatsache, daß nur zehn Länder (außer Zaire nur ehemals britische Kolonien) berücksichtigt wurden, von begrenzter Aussagekraft. Die Korrelationen, die in Tab. 4 angegeben sind[7], lassen im Einzelnen folgende Zusammenhänge erkennen:

Das Pro-Kopf-Einkommen, das trotz vieler Schwächen noch immer in vielen Untersuchungen als Indikator für die wirtschaftliche Entwicklung eines Landes benutzt wird, korreliert stark positiv mit den Variablen 3 sowie 7 bis 9. Während die Variable 3 sozusagen das Ergebnis oder den Erfolg der Missionierungstätigkeiten in der Vergangenheit repräsentiert, stehen die Variablen 7 bis 9 für die heutige Einflußnahme der christlichen Missionen in Form des von ihnen entsandten Personals.[8] Andererseits sind die Korrelationen mit den Anteilen der Moslems (Variable 1) und der Traditionalisten (Variable 2) negativ. Ein Zusammenhang

Tab. 4: Rang-Korrelationen zwischen Variablen der Religionsstruktur und sozioökonomischen Variablen für 44 schwarzafrikanische Länder

Variable	12	13	14	15	16	17	18	19	20
1	[-0.38]	0.02	0.18	[-0.36]	-0.05	-0.03	[-0.41]	-0.06	[-0.57]
2	-0.35	-0.30	0.03	[-0.41]	-0.05	-0.22	-0.04	-0.08	-0.31
3	0.34	0.10	-0.05	[0.39]	0.13	0.03	[0.40]	0.07	[0.58]
4	0.09	-0.18	0.05	-0.03	-0.03	0.02	0.21	0.02	0.15
5	[0.48]	0.27	-0.34	[0.42]	[0.42]	0.24	[0.50]	[0.46]	[0.39]
6	-0.19	0.04	0.19	-0.14	-0.20	-0.09	-0.26	-0.25	-0.25
7	[0.41]	0.17	0.03	0.35	-0.07	0.20	[0.45]	0.02	[0.56]
8	0.33	-0.01	-0.07	0.17	0.17	0.05	[0.38]	0.24	0.31
9	[0.51]	0.16	-0.04	[0.39]	0.05	0.23	[0.45]	0.13	[0.54]
10	-0.08	0.11	0.07	-0.02	-0.15	-0.13	0.02	-0.01	-0.03
11	[-0.51]	-0.19	0.34	[-0.48]	-0.16	-0.26	-0.17	-0.31	[-0.40]

Starke positive bzw. negative Korrelationen ($|r_s| > 0,35$) sind umrahmt, mäßige ($0,25 \leq |r_s| \leq 0,35$) unterstrichen

Bedeutung der Variablen:

1 - Prozentanteil der Moslems an der Gesamtbevölkerung
2 - Prozentanteil der Anhänger traditioneller Religionen an der Gesamtbevölkerung
3 - Prozentanteil der Christen an der Gesamtbevölkerung
4 - Prozentanteil der Protestanten und Anglikaner an den Christen
5 - Prozentanteil der Anhänger einheimischer Kirchen (einschl. "Marginal Protestants" und "Non-Roman Catholics") an den Christen
6 - Prozentanteil der Katholiken an den Christen
7 - Katholische Missionare pro Million Einwohner
8 - Protestantische und anglikanische Missionare pro Million Einwohner
9 - Missionare insgesamt pro Million Einwohner
10 - Prozentzahl der Einheimischen an der Zahl der hauptamtlichen kirchlichen Mitarbeiter
11 - Jahr des Beginns christlicher Mission
12 - Bruttosozialprodukt je Einwohner
13 - Prozentanteil der Stadtbevölkerung an der Gesamtbevölkerung
14 - Prozentanteil der Erwerbspersonen in der Landwirtschaft an allen Erwerbspersonen
15 - Ärzte pro Million Einwohner
16 - Medizinisches Personal insgesamt pro Million Einwohner
17 - Tägliche Kalorienversorgung pro Kopf
18 - Prozentanteil der Primarschüler an der Primarschulaltersgruppe
19 - Prozentanteil der Sekundarschüler an der Sekundarschulaltersgruppe
20 - Prozentanteil der Alphabeten an der Gesamtbevölkerung

zwischen dem Pro-Kopf-Einkommen und dem Überwiegen protestantischer oder katholischer Christen ist nicht festzustellen, dagegen ein überraschend starker mit dem Anteil der Anhänger einheimischer Kirchen. Die entsprechende Variable 5 wird sich auch bei einigen anderen entwicklungsbezogenen Indikatoren als stark wirksam herausstellen. Stark korreliert auch der frühe Beginn christlicher Missionierung mit dem Pro-Kopf-Einkommen. Bei dieser Variablen 11 kommen jedoch auch generell die frühen Kontakte der jeweiligen Länder mit der westlichen Welt zum Ausdruck: während die meisten Küstenländer vor 1850 von europäischen Kontakten und vom Christentum erreicht wurden, geschah dies für fast alle Binnenländer erst nach 1850. Zwischen dem Ausmaß der Urbanisierung der Länder (Variable 13) und den Indikatoren der Religionsstruktur bestehen keine starken Korrelationen. Lediglich der stärkere Anteil von Anhängern einheimischer Kirchen weist auf eine leicht höhere Urbanisierung hin, der der Traditionalisten auf eine leicht niedrigere. Daß die anderen Variablen keine stärkeren Korrelationen mit der Urbanisierung aufweisen, kann man wohl darauf zurückführen, daß die Tätigkeit der christlichen Missionen ambivalent auf die Urbanisierung gewirkt hat:

Bei den Missionen bestand generell eine Stadtfeindlichkeit, und man versuchte mit vielen Mitteln, die Anhänger der Mission von der Abwanderung in die Städte abzuhalten. Andererseits förderten insbesondere die Missionsschulen die Abwanderung aus dem ländlichen Raum, da die dort gelernten Fähigkeiten in den Städten gut gebraucht werden konnten. Auch in Bezug auf die wirtschaftliche Struktur der Länder, für die die Variable 14 als ein Aspekt steht, gibt es wenig statistische Zusammenhänge mit den Religionsvariablen. Da die Variablen 13 und 14 stark negativ miteinander korrelieren, kann man hierfür die gleichen Gründe angeben wie oben.

Die Versorgung mit Ärzten (Variable 15) weist fast die gleichen Korrelationen mit den Merkmalen der Religionsstruktur auf wie das Pro-Kopf-Einkommen. Hier kommt die große Bedeutung zum Ausdruck, die die Missionen für die medizinische Versorgung der Länder haben. Die beiden anderen die Gesundheitsversorgung (Variable 16) bzw. die Ernährungssituation (Variable 17) betreffenden Indikatoren weisen weniger deutliche Zusammenhänge auf. Die Variable 16 wurde mit in die Analyse hineingenommen, da sie die Krankenversorgung der großen Masse der Bevölkerung meistens besser zum Ausdruck bringt als die Verfügbarkeit von Ärzten, die sehr oft in den großen Städten konzentriert sind. Obwohl die Korrelationen nicht hoch sind, so sei doch darauf hingewiesen, daß sie vor allem bei Variable 17 mit denjenigen Variablen, die eine starke Durchdringung der Länder mit christlichen Missionen beinhalten, durchweg positiv sind.

Bei den das Erziehungswesen betreffenden Indikatoren weisen die Variablen 18 und 20 wieder ähnliche Korrelationen mit den Merkmalen der Religionsstruktur auf wie das Pro-Kopf-Einkommen und die Versorgung mit Ärzten. Die Missionen hatten beim Aufbau des Erziehungswesens in Schwarzafrika eine noch größere Bedeutung als für das Gesundheitswesen. Dies gilt vor allem für die frühen Jahre, in denen die Kolonialregierungen fast nichts auf dem Erziehungssektor unternahmen. Nach dem Zweiten Weltkrieg beteiligten sich viele Kolonialverwaltungen etwas stärker, und dies äußerte sich unter anderem darin, daß die Missionen beim Aufbau des Sekundarschulwesens, der in verstärktem Maß erst seit dieser Zeit in Angriff genommen wurde, obwohl es auch vorher schon vereinzelte Sekundarschulen gegeben hatte, nicht so führend waren, wie dies im Primarschulbereich der Fall ist. Demzufolge korreliert die Variable 19 auch kaum mit den entsprechenden Merkmalen der Religionsstruktur.

Liest man die Korrelationsmatrix in Tab. 4 "von links", d.h. geht man mit der Fragestellung heran, welche Variablen der religiösen Struktur mit den Entwicklungsindikatoren am häufigsten hoch korrelieren, so fallen die Variablen 3 (Anteil der Christen), 7 bis 9 (Präsenz von Missionaren) und 10 (Beginn der Missionierung) auf, die alle einen intensiven und frühen Einfluß christlicher Missionen zum Ausdruck bringen. Auf der anderen Seite sind negative Korrelationen der Entwicklungsindikatoren mit dem Anteil der Moslems sowie mit dem der Traditionalisten festzustellen, d.h. ein hoher Anteil dieser Religionsgruppen an der Bevölkerung eines Landes weist eher auf einen niedrigeren Entwicklungsstand hin, eine Beobachtung, die zu der vorangehenden komplementär ist. Die Frage, ob die relative Stärke der katholischen oder der protestantischen Missionen einen deutlicheren Einfluß auf die Entwicklung der Länder gehabt hat, ist aus der hier durchgeführten Analyse nicht zu beantworten. Die Variable 4 (Anteil der Protestanten) weist mit keiner der Entwicklungsindikatoren hohe Korrelationen auf, obwohl diese überwiegend positiv sind, die Variable 6 (Anteil der Katholiken) weist nur schwach negative Korrelationen auf. Eher in die andere Richtung, daß sich nämlich die Präsenz katholischer Missionare "segensreicher" auswirkt als die protestantischer, weist die Beobachtung, daß die Variable 7 (katholische Missionare) durchweg höhere Korrelationen mit den entscheidenden Entwicklungsindikatoren hat als Variable 6 (protestantische Missionare). Aufgrund der Daten läßt sich also kein Schluß im Sinne der stärkeren Wirksamkeit der protestantischen Ethik auf den sozio-ökonomischen Wandel ziehen, wie dies HOPKINS (1966, S. 561) für die zehn Länder in seiner Analyse meinte tun zu können. Dagegen ist der Anteil der Anhänger einheimischer Kirchen (Variable 5), wie oben erwähnt, herausragend in seiner Korrelation mit den Entwicklungsindikatoren. Diese Beobachtung ist, will man sie nicht als Ergebnis von Zufälligkeiten abtun, schwer zu erklären, vor allem wenn man berücksichtigt, daß die meisten einheimischen Kirchen sich aufgrund ihrer begrenzten finanziellen Ressourcen nur in kaum nennenswertem Umfang etwa an der Bereitstellung von Erziehungs- und Gesundheitseinrichtungen beteiligten. Man könnte vermuten, daß der stärkere Einfluß weißer Siedler auf beides eingewirkt hat: Einerseits auf den allgemeinen Entwicklungsstand der Länder, andererseits aber auch auf die Entstehung einheimischer und unabhängiger Kirchen, die ja auch Ausdruck eines Autonomiebestrebens der Afrikaner ist und für die die direkte Konfrontation mit einer dominierenden Gruppe von Weißen ein besserer Nährboden ist. Immerhin haben sich die einheimischen Kirchen am frühesten und stärksten im südlichen Afrika entwickelt, wo der europäische Einfluß stärker war und ist als in anderen Teilen des Kontinents.[9] Jedoch ist dies nur eine Vermutung, die zu weiteren detaillierten Untersuchungen Anlaß geben könnte. Das Ausmaß der Afrikanisierung der Missionskirchen (Variable 10) weist keine hohen Korrelationen mit den Entwicklungsindikatoren auf und scheint damit eine andere Dimension des kirchlichen Lebens zu messen als die Stärke der Unabhängigen.

4. Zusammenfassung

Afrika südlich der Sahara war noch um die Jahrhundertwende nur in Randgebieten christianisiert. Heute muß es als überwiegend christlicher Kontinent angesehen werden, da sich die Mehrzahl der Einwohner als Anhänger des Christentums betrachtet. Zu den traditionellen afrikanischen Religionen gehören heute weniger als 20% der Bevölkerung, und der Islam ist regional auf die Sudan- und Sahelzone Westafrikas sowie auf die ostafrikanische Küste beschränkt. Die christliche Missionsbewegung, die von Europa und Nordamerika ausging, brachte alle verschiedenen christlichen Konfessionen auch nach Afrika. Welche Konfession heute in einem Land vorherrscht, ist vor allem davon abhängig, ob dieses Land Kolonie einer katholischen oder einer protestantischen europäischen Macht war. Die unabhängigen afrikanischen Kirchen, die sich von den Missionskirchen abgespalten haben, konnten sich besonders in den stärker protestantisch ausgerichteten Staaten entwickeln.

Zwischen den Merkmalen der Religions- und Konfessionsstruktur einerseits und denjenigen des Entwicklungsstandes andererseits bestehen in den Staaten Schwarzafrikas mannigfaltige Zusammenhänge, die hier mit Hilfe einer Korrelationsanalyse untersucht werden. Insgesamt weisen die Länder mit einem stärkeren christlichen Einfluß einen höheren Entwicklungsstand auf als diejenigen, in denen der Islam oder die traditionellen Religionen dominieren. Zwischen den protestantischen und den katholischen Ländern ist kein signifikanter Unterschied festzustellen, doch werden durchgehend überraschenderweise hohe positive Korrelationen zwischen den Entwicklungsmerkmalen und dem Anteil der unabhängigen Kirchen beobachtet.

Diese kurze Untersuchung ist rein statistischer Art gewesen. Die aufgezeigten Zusammenhänge beinhalten noch keine Erklärung, obwohl an einigen Stellen Verweise auf mögliche Gründe gegeben werden. Eine zwingende Ableitung des Entwicklungsstandes der Länder aus deren Religions- und Konfessionsstruktur ist auf dieser Makroebene nicht möglich, will man nicht unzulässigen Verallgemeinerungen zum Opfer fallen. Jedoch ist aus der kurzen statistischen Analyse heraus wahrscheinlich gemacht worden, daß Beziehungen zwischen den beiden Merkmalsbereichen bestehen. Diese müssen in der historischen Perspektive und vor allem auch auf kleinerem, überschaubarem Raum untersucht werden: Am Beispiel Zambias hat der Autor die Veränderungen untersucht, die durch die christliche Missionstätigkeit seit dem Ende des 19. Jahrhunderts in der Siedlungs- und Wirtschaftsstruktur, aber auch im Bereich der religiösen Zusammensetzung der Bevölkerung und der Bereitstellung sozialer Dienste (vor allem schulische und medizinische Versorgung) geschehen sind (HENKEL 1985).

Anmerkungen

1. Als Darstellungen der Geschichte des Christentums in Afrika seien genannt: GROVES (1948-58), DAMMANN (1968) und HASTINGS (1979).

2. BARRETTs Daten beziehen sich auf Anhänger der Religionen, also auf die Menschen, die sich auf eine entsprechende Frage als solche bezeichnen oder bezeichnen würden, und ihre Kinder. Diese Definition umschließt in der Regel mehr als diejenigen Menschen, die von den jeweiligen religiösen Organisationen als zu ihnen gehörig angesehen werden. Zur Definition von "Christen" siehe BARRETT 1982, S. 47-53.

3. Unter Schwarzafrika wird hier Afrika ohne Marokko, Algerien, Tunesien, Libyen und Ägypten verstanden. Rechnet man auch noch die bereits 1900 stark islamisierten Staaten Mauretanien, Senegal, Gambia, Guinea, Mali, Niger, Tschad, Sudan, Djibouti und Somalia ab,

die auch heute noch deutlich überwiegend islamisch geprägt sind, so sind die Zahlen für 1980: 61% Christen, 21% Moslems und 18% Traditionalisten.

4. Die angegebene Gruppierung ist durchaus subjektiv und stellt eine grobe Einteilung dar.

5. Zambia (39) macht hier eine Ausnahme, indem der Katholikenanteil dort größer als der der Protestanten ist. Es wurde jedoch zur Gruppe A gerechnet, da es mehr Ähnlichkeiten mit den Ländern dieser Gruppe aufweist als etwa mit denen der Gruppe C. Der hohe Anteil von Anhängern einheimischer Kirchen in Zambia ist vor allem durch die Stärke der Zeugen Jehovas bedingt, die nach BARRETT zu den protestantischen Randgruppen gerechnet werden. Auch Namibia (24) und Sierra Leone (29) bilden in gewisser Weise eine eigene Gruppe, da sie nur einen geringen Anteil (10%) von Unabhängigen aufweisen.

6. Hierbei wurden von den in den obigen Abbildungen dargestellten Ländern Somalia und Djibouti wegen ihrer sehr kleinen Zahl von Christen (je unter 10.000) nicht einbezogen, hinzugefügt wurden jedoch die Inseln Mauritius, Réunion, Sao Tomé e Principe und Seychellen sowie Ägypten.

7. Die Schwellenwerte ± 0.25 und ± 0.35 sind etwa die kritischen Werte für den Spearman-Koeffizienten bei 44 Fällen und 5% - bzw. 1% Signifikanzniveau (einseitige Fragestellung). Da die untersuchten Länder jedoch keine Stichprobe darstellen, ist es nicht sinnvoll, Signifikanztests durchzuführen. Die berechneten Koeffizienten geben daher lediglich die Stärke des statistischen Zusammenhangs an.

8. In den 44 Ländern, die in die Analyse einbezogen wurden, sind nach BARRETTs Angaben insgesamt etwa 54.000 Missionare (im weitesten Sinne, also unter Einschluß von Laien) tätig. Zwei Drittel davon sind Katholiken, der Rest Protestanten, Anglikaner und andere. In Schwarzafrika leben damit 23% der weltweit etwa 233.000 christlichen Missionare.

9. Die "klassische" Arbeit über die unabhängigen Kirchen in Südafrika stammt von SUNDKLER (1948, deutsch 1961), eine andere wichtige Untersuchung in Kenya ist die von WELBOURN & OGOT (1966), eine neuere Zusammenfassung ist BECKEN (1985).

Literatur

BARRETT, D.B.: The World Christian Encyclopedia. A comparative study of churches and religions in the modern world AD 1900-2000. Nairobi 1982.

BECKEN, H.-J.: Wo der Glaube noch jung ist: Afrikanische unabhängige Kirchen im südlichen Afrika. Erlangen 1985.

DAMMANN, E.: Das Christentum in Afrika. München/Hamburg 1968.

FISCHER, E.: Religions: their distribution and role in political geography. In: WEIGERT, H.W. (Hrsg.): Principles of political geography. New York 1957, S. 405-439.

GROVES, C.P.: The planting of christianity in Africa. Vol. I-IV, London 1948-1958.

HASTINGS, A.: A history of African christianity, 1950-1975. London 1979.

HENKEL, R.: Die raumwirksame Tätigkeit christlicher Missionen, dargestellt am Beispiel Zambias. Habil.-Schrift, Fakultät für Geowissenschaften, Universität Heidelberg, 1985 (demnächst veröffentlicht im Reimer-Verlag, Berlin).

HOPKINS, R.F.: Christianity and socio-political change in Sub-Saharan Africa. Social Forces, 44, 1966, S. 555-562.

MICHLER, G., PAESLER, R. (Hrsg.): Der Fischer Weltalmanach 1984. Frankfurt a.M. 1983.

PARKER, J.I.: Interpretative statistical survey of the world mission of the Christian church. New York 1938.

SUNDKLER, B.G: Bantupropheten in Südafrika. Stuttgart 1961.

WELBOURNE, F.B., OGOT, B.A.: A place to feel at home. Oxford/London 1966.

Internationale Bank für Wiederaufbau und Entwicklung/Weltbank: Weltentwicklungsbericht. Washington D.C. 1984.

Stadtgeographische Probleme
aus religionsgeographischer Sicht

von Wilhelm Leitner, Graz/A

Vortrag gehalten beim Symposium in Eichstätt 1988

In einer Kurzdarstellung, die sich mit den Schwierigkeiten religionsgeographischer Forschung im urbanen Raum befaßt, sei zunächst auf den Pluralismus der (in der) Stadtforschung verwiesen.

ELISABETH LICHTENBERGER legte in den letzten Jahren mehrere Publikationen vor, in denen Standort und Aufgaben der Stadtgeographie dargelegt werden, so u.a. in "Stadtgeographie - Perspektiven" (1986) und in "Theorien und Konzepte zur Stadtentwicklung" (1987). Sie verweist mit Recht darauf, daß der äußerst komplizierte Organisationsverbund von Gesellschaft und Stadtraum immer weniger überschaubar und immer schwerer durchschaubar geworden ist.

Vornehmlich die Großstadt - eines der komplexesten geographischen Forschungsobjekte - fordert die unterschiedlichsten Untersuchungsmethoden geradezu heraus.

Sieht man in der Stadtforschung mit besonderer Akzentuierung auf die Menschen in ihren raum-zeitlichen Verhaltensweisen, und zwar auch zur physischen/stadtkörperlichen Umwelt, kommt nach wie vor der klassischen Stadtgeographie besondere Bedeutung zu.

Die historische Sichtweise deckt das menschliche Reagieren im gebauten Stadtkörper als zeitadäquate Geisteshaltung auf.

Geht man ferner von der Tatsache aus, daß neben den ökonomischen, sozialen und urban-politischen Determinanten eine Vielzahl raumwirksamer ideologisch/religiöser Prägekräfte existieren, drängt sich unwillkürlich die Frage auf, warum das Agieren (Verhalten/Handeln) der "Religionskörper" (LEITNER, W., 1986) im urbanen Bereich bislang so geringe Berücksichtigung gefunden hat?

Immerhin, der Vorwurf K. RUDOLPHs (1987,3), Religion sei als kulturgeographische "Kraft" (im Sinne der von Menschen produzierten urbanen Umwelt) kaum beachtet worden, trifft nicht zu, wenngleich die religiöse "Objektivierung" zumeist als entsprechender (baulicher) Ausdruck der städtischen Kultur interpretiert wurde.

Die Einbindung des religionsgeographischen Denkens in die urbanorientierte (Forschungs-)Methoden-Koalition führt u.a. zum Wiedererinnern und Wiederbesinnen an die deskriptiven Wurzeln der Stadtgeographie.

Mit ihrem (unaufhörlichen) Wandel der inneren räumlichen Organisation, den Änderungen im Steuerungsmechanismus und den diversen Planungsstrategien zur Teilraumgestaltung (LEITNER, W., 1986) unterliegt die Stadt nicht nur den (häufig zyklisch ablaufenden) baukörperlichen Korrekturen, sondern auch (durch die herrschende Wirtschaftsordnung) – den sozialen Strukturänderungen, womit Forschungsschwerpunkte und -methoden der Sozialgeographie angesprochen werden.

Daß z.Z. bei der Untersuchung des regional äußerst vielschichtigen Städtewesens eine Hinwendung zur analytischen Stadtgeographie-Methodik festgestellt werden kann, sei nicht geleugnet (H. SCHROEDER-LANZ, 1982/86).

Der Paradigmenwechsel zu mathematisch-statistischen Verfahren ist im gegenständlichen Falle auch nicht von der Hand zu weisen. Die EDV-gestützte (analytische) Forschungstechnologie – im Rahmen der religionsgeographischen Untersuchung – kann jedoch nur auf der Makroebene der "Stadtlandschaft" (d.h. der Gesamtstadt) bzw. des "zwischenstädtischen Systems" (unter Einbeziehung der suburbs und exurbs) oder auf der Ebene der Stadtregion - authentische Ergebnisse zeitigen.

Statistiken tragen zur wissenschaftlichen Problembewältigung bei. Erklärungsgrundlagen über Ursachen religiöser Konfliktsituationen oder Mensch-Umwelt-Interaktionen liefern sie jedoch nicht.[1]

Auf der <u>Makroebene</u> der Stadt kann den im "Raum" verwirklichten Objektivationen religiöser Aspekte (M. SCHWIND, 1975, 25) nachgegangen werden, weiters der Frage, wie die diversen <u>Religionskörper</u> ihren Glauben (ihre Geisteshaltung) unterschiedlich in geographisch relevante Aktivitäten umsetzen (BÜTTNER, M., 1983, 1985, 1987; LEITNER, W., 1986, 192).

Selbst auf der <u>Mesoebene</u> (bei der Untersuchung von Stadtteilen, Stadtvierteln) ist der schwerfälligen Größe "Raum" nur unzulänglich beizukommen.

Erst auf der <u>Mikroebene</u>, den Häusern bzw. Hausstätten (bis zur Dimension der Baublöcke) mit der Möglichkeit Haushalte zu durchleuchten, wird das Aufzeigen der Religionskörper in ihrer Umwelt-/Umfeld-Einbindung und -Abhängigkeit möglich. Die Mikroebene erlaubt den Einsatz des gesamten soziologisch-wissenschaftlich fundierten Primärforschungsinstrumentariums.

Allerdings kollidiert die "vor-Ort-Befragung" und die "vor-Ort-Kartierung" mit der moralischen Auflage, die Privatsphäre zu schützen.

Solange sich dabei das Interesse auf die Kenntnis von sozialen Raumstrukturen und auf die Verteilung von Sozialgruppen (einschließlich deren Mobilität, Segregation, etc.) beschränkt - unter Benutzung der Variablen Ausbildung, Beruf und Einkommen - wird die Forschungsberechtigung anerkannt. Die Forschungsberechtigung bzw. Forschungsverpflichtung gilt anerkanntermaßen und insbesondere für die Forschungsobjekte der "Ausschnitte und Aspekte der Realität" (P. WEICHART, 1986, 12).

Tritt jedoch die Variable <u>Religion</u> hinzu, wird die "Hinterfragung" schwierig, besonders in Urbansiedlungen, in denen mehrere Religionskörper ko-existieren.

Die Stadt ist (zu) diversifiziert. Wägbares steht neben Unwägbarem.

So erfuhr auch die Betrachtung der "städtischen Gesellschaft" im Laufe des letzten Dezenniums vielfache Differenzierungen, nicht nur des Pluralismus wegen, sondern dadurch, daß dieses komplexe Gebilde mit den unterschiedlichsten Interessen und Interessensvorstellungen angereichert ist.

Befaßt sich z.B. der Koexistenzforscher mit einem Religionskörper, ist der Verantwortungsbereich der Rechtfertigung (im Sinne der Ethik der Wissenschaft) äußerst diffizil.

In der Regel handelt es sich bei den <u>Religionskörpern</u>[2] um historische Strukturen, deren Genesis auf einen "Staats-Darwinismus" oder "Sozial-Darwinismus" zurückgeht, d.h. auf Prozesse (auch gesellschaftliche), die - ähnlich den biologischen - durch das "Recht des Stärkeren" bestimmt wurden (werden). Daraus resultiert(e) u.a. das Abdrängen einzelner (vornehmlich kleinerer) <u>Religionskörper</u> (aber auch gesellschaftlicher Unterschichten) in marginale Bereiche (und Positionen) mit eigenen Verhaltensstrategien und Verhaltensmustern der Umfeldwahrnehmung und Umfeldbewertung.

"Religiöse" Segregation kann eben nicht durch ökonomische oder Prestigeparameter erklärt werden, wenngleich der gegenwärtige Säkularismus die religiösen Traditionen aufweicht.

Bei den "historischen" <u>Religionskörpern</u> erweckt die Untersuchung der Prozesse Immigration, Integration, Assimilation, Absorption, Akkulturation und Emigration (z.B. die "Israel-Wanderung") das Hauptinteresse, unter Beachtung der Wirtschaftsgesinnung und der daraus resultierenden stets heterogener und multifunktionaler werdenden Gesellschafts- bzw. Sozialstruktur.

In dieser gewissenskonfliktschwangeren Forschungssituation kann sicher nicht die Forderung MITCHELLs und D. DRAPERs[3] - nach fachlicher Abstinenz in bezug auf die ethische Problematik - der rechte Weg sein.

Da bei den <u>Religionskörpern</u> die erfahrene bisherige Welt (persönliche "Erlebnisse", auch die durch Tradierung im Generationsgefüge weitergegebenen Engramme) einen höheren Stellenwert besitzt als etwa bei der Interaktionsgruppe - dies gilt für das Denken und Handeln, ferner für die Einstellung zur Arbeitswelt etc. - sieht sich der "Hinterfragende" sofort mit dem Anliegen konfrontiert, nichts "anrühren", nichts "aufrühren" zu wollen. Geht es doch um Minderheiten, in der Regel abgestufter Diskriminierung[4], um (Mit)Bürger zweiter und dritter Kategorie.

Bedenkt man die zunehmenden Repressalien gegen christliche Kirchen, bedenkt man die Auseinandersetzungen um die Ansprüche der Vertreter eines fundamentalistschen <u>Islam</u>, allerdings bei nachdrücklich vorgebrachter Absage an die Religionsgemeinschaft als Nation (des "umma"-Prinzips), versteht man auch die Verantwortungsstrategie der Religionskörper.

Es war im Osmanischen Imperium Juden wie Christen als "geschütztes Volk" (ahl al-dhimma) gestattet, gesonderte Gemeinschaften (millet) zu bilden. Das Millet-System prägte jene Verhaltensnormen, die in der Gegenwart noch deutlicher zu Tage treten: Überleben/Anpassen bei gleichzeitiger Bewahrung der Identität.

Die geistige und ökonomische "Eingliederung" in das Gastland führte zur (zahlenmäßigen) Reduktion der Religionskörper. Schätzungen der Provinzialoberen sprechen bei den christlichen "Gemeinschaften" der Türkei von 45-50 % (im letzten Dezennium).

In der Türkei rückten zuletzt die staatstragenden Kräfte stark vom Laizismus KEMAL ATATÜRKs[5] ab. Diese gestatten nicht nur die stufenweise Installierung des sunnitischen Religionsunterrichts, sondern forcierten die Errichtung von Moscheen. Das rasche stadtkörperliche Wachstum führte zum Neubau hunderter (Bezirks-)Moscheen (mahalle camiler), alle staatlich finanziert, bei gleichzeitiger Aufrechterhaltung des Verbotes, Kirchen bzw. Synagogen (neu) zu bauen oder bestehende zu renovieren.

Besondere (in diesem Zusammenhang vorzuführende) "Geschehnisse" wurden von der Weltpresse kommentiert: etwa das Konfiszieren und Abreißen einer armenischen Kirche im Konnex mit dem Bosporus-Brückenbau - ohne allerdings als Äquivalent die Genehmigung zum Neubau an anderer Stelle zu gewähren, oder die "Liquidation" eines griechisch-orthodoxen Gotteshauses im Istanbuler Stadtteil Bakírköy, etc.

Im übrigen verweist der Staat darauf, Synagogen bzw. Kirchen bei fehlender Frequenz schließen zu können, was die Religionskörper zur Zahlung von "Animierungsbeiträgen" für den Gotteshausbesuch veranlaßt (LEITNER, W., 1986, 207).

Geht man den Problemkreisen Kontinuität, Tradition, Säkularisation bzw. den Interaktionen der diversen Religionskörper (die auch als Sozialkörper zu sehen sind) nach, hat man sich mit einem langsamen Erkenntnisfortschreiten abzufinden. Ein veni, vidi, scripsi ist nicht angebracht.

Da in der Regel differenzierte Auflistungen der Wohnbevölkerung auf Wohn- oder Zählbezirksbasis nicht vorliegen, muß mit Begehungsprotokollen gearbeitet werden. Das Befragungs-

Anliegen ist mit der Behörde bzw. den Oberen der Religionskörper abzusprechen, kommt doch dem persönlichen Kontaktfeld (E. WIRTHs) größte Bedeutung zu.

Bei den Stadtuntersuchungen im Masrik oder Maghreb stellt sich eine große Kohärenz zwischen Sozialgruppen und Gebäudetypen ein. Die bei der Untersuchung Istanbuls verwendete Korrelationsmethode (LEITNER, W., 1986, 196) führte z.B. im Konnex mit der Kartierung des Bauzustandes der Gebäude und die der Funktionen zur Ermittlung der komplexen Sozialstruktur, wobei ein besonderer Akzent auf dem Gedankengang der von der "sozial area analysis" inspirierten "factorial ecology" lag.

Städtische Räume (bzw. deren Ausschnitte) gelten als Bereiche sozialer Kommunikation (KLÜTHER, H., 1986, 168). In ihnen handeln (oft jahrhundertelang eingeübt) die Religionskörper vielfach nach eigenen Vorstellungen, nach eigenen Strategien, was die Eingliederung der Handlungsgeographie verlangt (unter Neubelebung des soziologischen Handlungsbegriffes).

Wichtig erscheint auch E. LICHTENBERGERs Hinweis (1986, 389) auf die Veränderung der Zeitkonzepte beim Recycling des stadtphysischen Gehäuses im Hinblick auf die Verkürzung der Neubeschaffungsfrist nahezu alles vom Menschen Produzierten.

Vielfache Blight-Phänomene (Residental Blight, ferner innerurbane Verfallserscheinungen) - ausgelöst durch die Instabilität der (urbanen) Gesellschaft - führen zu Stadterneuerungsprozessen. Diese sollten allerdings nicht über Boden- und Bauspekulationen die "öffentliche Ermordung von Stadt und Gesellschaft" nach sich ziehen.

Den von B.J.C. BERRY (1963) beschriebenen ökonomischen Blight-Vorgängen tritt ein religiöser zur Seite, denn viele Verfallserscheinungen stehen mit Marginalisierungs-Abläufen in Verbindung.

Das Verharren der Religionskörper in bestimmten Quartieren hängt allerdings auch von der Lebensdauer der Bauobjekte ab, also von der Bauqualität bzw. der Rotationsfrist des Revitalisierungsanspruchs, aber eben nicht ausschließlich.

So konnte für den mosaischen <u>Religionskörper Istanbuls</u> eruiert werden, wie die Gleichheit der Sozialstrukturen und die vorhandene Organisation der aufnehmenden "Primärgesellschaft" die Integration erleichterte. Sie band die Zuwanderergruppen (Sefardim, Askenasim) an das Synagogen-Umfeld und hält sie auch heute noch fest.

"Baugesicht", funktionale Ausstattung, Versorgung mit Gütern des täglichen und periodischen Bedarfs machen nicht (ausschließlich) die "Lebensqualität" der Religionskörper aus, denn sinnlichen Wahrnehmungen und gefühlsmäßigen Bedingungen (an den "Raum") kommt desgleichen große Bedeutung zu.

Ergebnis(se):

- Gravierende Schwierigkeiten religionsgeographischen Forschens liegen auf der religionspolitischen Ebene. "Staatsreligionen" errichten fast unübersteigbare Forschungsbarrieren. Ein völlig freies "Hinterfragen" ist eben nur dort möglich, wo auch die Religionskörper frei im (urbanen) Raum konkurrieren können.

- Besondere Schwierigkeiten stellen ferner die stadträumlichen Dimensionen und die damit gekoppelten religionsgeographischen Grundlagenforschungen dar.

- Das größte Problem bereitet aber das Fehlen eines auf sozial-geographischen Fundamenten fußenden religionsgeographischen Forschungsansatzes. Vereinzelt ist zwar ein "Anlehnen" an die "Verhaltensgeographie" oder an die "Wahrnehmungsgeographie" festzustellen. Doch nach wie vor versperrt - wie es B. WERLEN in seiner Polemik gegen eine "raumorientierte" Handlungswissenschaft

(1987, 249) bezeichnete - die "Hypostasierung des Raumes" - eine Theoriefindung für eine die soziale Aspekte nicht ausschließende Humangeographie.

- M.M.n. bietet dem religionsgeographischen Forschen im urbanen Gefüge die neuerdings stärker in den Mittelpunkt gerückte Gesellschaftsforschung ein Bezugsschema an, das "Raumprobleme" als Handlungsprobleme aufgreift.

- Macht man das Agieren der Religionskörper (die Tätigkeit der Anhänger, der Familien, die der "Raum"-Gesellschaft) zum eigentlichen Anliegen, kann ein Konnex zur Sozialgeographischen Gesellschaftsforschung bzw. zur Handlungstheoretischen Sozialgeographie B. WERLENS (1987) hergestellt werden.

Zusammenfassung

Bei der Darstellung der <u>Schwierigkeiten religionsgeographischer Forschung im urbanen Raum</u> wurde eingangs auf den Pluralismus der Stadtforschung verwiesen.

Mit ihrem (unaufhörlichen) Wandel der inneren räumlichen Organisation, den Änderungen im Steuerungsmechanismus und den diversen Planungsstrategien zur Teilraumgestaltung unterliegt die Stadt nicht nur den (häufig zyklisch ablaufenden) baukörperlichen Korrekturen, sondern auch (durch die herrschende Wirtschaftsordnung) - den sozialen Strukturänderungen, womit Forschungsschwerpunkte und -methoden der Sozialgeographie angesprochen werden.

- Gravierende Schwierigkeiten religionsgeographischen Forschens liegen auf der religionspolitischen Ebene. "Staatsreligionen" errichten fast unübersteigbare Forschungsbarrieren. Ein völlig freies "Hinterfragen" ist eben nur dort möglich, wo auch die Religionskörper frei im (urbanen) Raum konkurrieren können.

- Besondere Schwierigkeiten stellen ferner die stadträumlichen Dimensionen dar bzw. die damit gekoppelten religionsgeographischen Grundlagenforschungen, denn nur die <u>Mikroebene</u> der Stadt, mit der Möglichkeit Haushalte zu durchleuchten, gestattet das Aufzeigen der Religionskörper in ihrer Umwelt-/Umfeld-Einbindung und -Abhängigkeit.

- Das größte Problem bereitet aber das Fehlen eines auf sozialgeographischen Fundamenten fußenden religionsgeographischen Forschungsansatzes.

- Macht man aber das Agieren der Religionskörper (die Tätigkeit der Anhänger, der Familien, der "Raum"-Gesellschaft) zum eigentlichen Anliegen, kann ein Konnex zur sozialgeographischen Gesellschaftsforschung und zur handlungstheoretischen Sozialgeographie hergestellt werden.

Conclusion

On representing the difficulties in concerning religion-geographic research in urban areas we have referred to the pluralism of town-research in the beginning of this paper.

The town with its (never-ending) change of its inner spacial organization, with the changes of the control mechanisms and the various planning strategies for partial space designing, is subject not only to the (often cyclically proceeding) corrections of the main building body, but also to the social structure changes (caused by the present economic order), so that research priorities and methods of social geography are touched.

- Serious difficulties (concerning religion-geographic research) have been found on the religious political level. "State religions" erect almost insurmountable barriers. Completely free interviews are only possible where the religious bodies are allowed to compete freely in the (urban) area.

- The urban dimensions, and/or the religion-geographic basic research included, represent further serious difficulties, for only the micro-level of the town with its possibility to investigate households makes it possible to show the religious bodies in their tie up and dependence from environments.

- The lack of a religion-geographic research approach resting upon social geographic bases is the most serious problem.

- If we make the activities of the religious bodies (the activity of their flowers, the families, the "spacial" society) an actual topic, we will be able to make a connection to the social-geographic order of society and to action-theoretical social geography.

Anmerkungen

1. Verfeinerte Ergebnisse versprechen die vom Autorenteam E. LICHTENBERGER, H. FASSMANN und D. MÜHLGASSNER stammenden Beiträge unter dem Titel: Stadtentwicklung und dynamische Faktorialökologie. Wien 1987.

2. Unter "Religionskörper" versteht man eine Gruppe(n) von Menschen, deren Hauptmerkmal die gemeinsame (überkommene) Religion charakterisiert - mit Einhalten der Religions-, Gesinnungs- und Verhaltensnormen, besonders ihrer hochwertigen Sitten (LEITNER, W., 1986, 208). Zudem werden Religionssysteme nur über die sie tragenden Gemeinschaften, den sog. "Religionskörpern", raumwirksam, und sind auf demselben Wege über die Anhängerschaft an den Raum gebunden. HOHEISEL, K., in: Lexikon der Religionen, 1987, 541).

3. Zitiert bei P. WEICHART, 1986, 28.

4. Die Diskriminierungs-Abstufung kann in der Türkei auf drei Gruppen eingeengt werden, und zwar 1. auf die "Ausländerkirchen" (die im Schutze ihrer diplomatischen Vertretungen stehen), 2. auf die im Vertrag von Lausanne (1923) genannten "nicht-muslimischen Minder-

heiten" (Juden, Griechen, Armenier) und 3. auf Kirchen, die nicht zu den beiden erstgenannten Kategorien rechnen.

Das sind:

Zu 1: Die Römisch-katholische (Lateinische) Kirche; die Evangelischen Kirche(n), u.a. "Die Deutsche Evangelische Gemeinde in der Türkei"; die Russisch-orthodoxe Kirche (Patriarchat Moskau); die Serbische Kirche; die Bulgarische Kirche; das Katholikat von Georgien; ferner eine Vielzahl von Sekten; dazu Adventisten, Baptisten, Alt- und Neuapostolische Gemeinden, Pfingstchristen, etc.; weitere dissidierende Minderheiten.

Zu 2: Mosaische Gemeinschaften, ohne Gliederung nach Herkunft (Askenasim, Sefardim) oder nach religiöser Richtung (Chassidim, Konservative, Reformisten bzw. Säkularisierte); z. Zt. spielen die Karaime und die Dönne-Geemeinschaft der Krypto-Juden nur eine untergeordnete Rolle ; die Armenische Kirche; die Armenisch-katholische Kirche; die Armenisch-orthodoxe Kirche; die Gregorianische (Armenisch-apostolische) Kirche; die Griechisch-orthodoxe Kirche (Ökumenisches Patriarchat Istanbul/Fener); die Griechisch-evangelische Kirche; die unierte (Griechisch-) Melkitisch-katholische Kirche; das Ordinariat der griechischen Katholiken des byzantinischen Ritus.

Zu 3: die Jakobitische (Syrisch-orthodoxe) Kirche; die Nestorianische (Assyrisch-orthodoxe) Kirche; die Chaldäische Kirche, die Syrisch-katholische Kirche; die Syrisch-protestantische Kirche; die Arabisch-evangelische Kirche; die Griechisch-orthodoxe Kriche von Antiochia (melkitisch-orthodoxes Patriarchat von Damaskus).

Zudem existieren neben den sunnitischen Muslimen vorwiegend Hanefi; Kurden gehören z.T. islamischen Sekten an, im besonderen aberder Gruppe der Safi; auch diverse Gruppen Shi'a, so Zaiditen, Imamiten und Ismâiliten. Für Ostanatolien sind Anhänger der radikalen Nusairi- und Ala-Witen-Sekten zu nennen, ferner Yezidi im Taurusvorland in und um Diyarbakir, Urfa, Siirt. Die Bezeichnung "Teufelsanbeter" sollte unterbleiben. Der Babismus hat sich nicht entwickelt. Maroniten oder Drusen trifft man nicht (mehr). Dafür gibt es neuerdings Verehrer des Bahâi-Synkretismus (Istanbul, Mirza Hussain Gemeinde).

5. Der Laizismus wurde bereits kurz nach dem Tode KEMAL ATATÜRKs abgelehnt. Die Anhänger der "Ticaniye"-Bewegung machten durch die Zerstörung diverser Denkmäler auf sich aufmerksam. Gegenwärtig bekämpfen in der Türkei radikale orthodoxe Kreise, ferner die Angehörigen der Nurcu- und Süleymanci-Bewegungen die absolute Trennung von Kirche und Staat bzw. die garantierte Religionsfreiheit.

Literatur

ABADAN-UNAT, N.: Die Familie in der Türkei. Aspekte aus struktureller und juristischer Sicht. In: Orient, Zeitschrift des Deutschen Orientinstituts, Opladen 1987, S. 66-82.

ABELE, G.: Methoden zur Abgrenzung von Stadtstrukturen. In: Karlsruher Studien zur Regionalwissenschaft, H. 2, Karlsruhe 1964.

BÄHR, J. und MERTINS, G.: Idealschema der sozialräumlichen Differenzierung lateinamerikanischer Großstädte. In: Geogr. Zeitschr. 69, 1981, S. 1-33.

BÄHR, J.: Die südafrikanische Großstadt. In: Geographische Rundschau 34, 1982, S. 489-579.

BELLAH, R.N.: Religion and Progress in Modern Asia. New York 1965.

BERRY, B.H.L.: Commerical Structure and Commercial Blight. University of Chicago. Dept. of Geography, Resarch Paper 85, 1963.

BIRKENHAUER, J.: Hermeneutik: Ein legetimer wissenschaftlicher Ansatz in der Geographie? In: GZ, 75, Heft 2, Stuttgart 1987.

BÜTTNER, M.: Von der Religionsgeographie zur Geographie der Geisteshaltung. In: Die Erde, 107, 1976, S. 300-329.

BÜTTNER, M.: Einführung in die Religionsgeographie. In: Christliches ABC. Heute und Morgen. Heft 5, Bad Homburg 1983, S. 49-84.

BÜTTNER, M.: Geschichte und Systematik der Religionsgeographie. In: Geographia Religionum. Interdisziplinäre Schriftenreihe zur Religionsgeographie, Bd. 1, Berlin 1985, S. 13-121.

BÜTTNER, M.: Zur modernen Wahrnehmungsgeographie und ihrer Bedeutung für die Erforschung der Umwelt-Religion-Beziehung. In: Mitt. d. Interdisziplinären Arbeitsgruppe zur Religion/Umwelt-Forschung, Eichstätt 1987, 1, S. 11-20.

BÜTTNER, M.: Religionsgeographie in Geschichte und Gegenwart. Zur Religion/Umwelt-Forschung aus wissenschaftshistorischer und wissenschaftssystematischer Sicht. (Referat 28.11.87) Aachen 1987, Man.

DETTMANN, K.: Islamische und westliche Elemente im heutigen Damaskus. In: Geographische Rundschau 1969.

DICKEN, P., und LLOYD, P.E.: Modern Western Society: A Geographical Perspective on Work, Home, and Well-Being. New York 1981.

EHLERS, E.: Zur baulichen Entwicklung und Differenzierung der marokkanischen Stadt: Rabat-Marrakesch-Meknes. In: Die Erde, 115, 1984, S. 183-208.

FRIEDRICHS, J. (Hrsg.): Stadtentwicklungen in kapitalistischen und sozialistischen Ländern. Reinbek 1978.

GALLUSSER, W. und MEIER, V.: Unterwegs zu einer "Geographie der Geisteshaltung"? Ergebnisse und Perspektiven einer Basler Arbeitsgemeinschaft. In: Geographia Religionum, Interdisziplinäre Schriftenreihe zur Religionsgeographie, Berlin 1986, S. 31-53.

HARD, G.: Die Alltagsperspektiven in der Geographie. In: Analyse und Interpretation der Alltagswelt. Osnabrücker Studien zur Geographie, 7, Osnabrück 1985.

HARD, G.: "Bewußtseinsräume" - Interpretationen zu geographischen Versuchen, regionales Bewußtsein zu erforschen. In: Geographische Zeitschrift, 75. Jg., Heft 3, 3. Quartal, Stuttgart 1987, S. 127-148.

HEINRITZ, G., und E. LICHTENBERGER: The Take-off of Suburbua and the Crisis of the Central City. Proceedings of the International Symposium in Munich and Vienna 1984. Erdkundliches Wissen 76 (darin: G. HEINRITZ und E. LICHTENBERGER: Munich and Vienna, a cross-national comparison: 1-29; E. LICHTENBERGER: The Crisis of the Central City: 157-172).

HOFMEISTER, B.: Stadtgeographie. Westermann - Das Geographische Seminar, Braunschweig 1976.

HOFMEISTER, B.: Die Stadtstruktur. Ihre Ausprägung in den verschiedenen Kulturräumen der Erde. Wiss. Buchges. Darmstadt 1980.

HOFMEISTER, B.: Die Stadtstruktur im interkulturellen Vergleich. In: Geographische Rundschau 34, Heft 11, 1982, S. 482-488.

HOFMEISTER, B.: Das Gefüge der Stadt im raum-zeitlichen Wandel. Humanismus und Technik 1982.

HOHEISEL, K.: Geographische Umwelt und Religion in der Religionswissenschaft. In: Geographia Religionum, Interdiszipinäre Schriftenreihe zur Religionsgeographie, Bd. 1, Berlin 1985, S. 123-164.

JONSTON, R.J.: City and Society. An Outline for Urban Geography. Harmondsworth 1980.

KANNEBERG, E.G.: Zur Frage der inneren Gliederung der Stadt, insbesondere der Abgrenzung des Stadtkerns mit Hilfe der bevölkerungskartographischen Methoden. In: Symposium in Urban Geography. Land Studies in Geography, Ser. B., Bd. 24, 1962.

KLÜTER, H.: Raum als Element sozialer Kommunikation. Gießener Geographische Schriften, H. 60, Gießen 1986.

KÖNIG, F. (Hrsg.): Religionswissenschaftliches Wörterbuch. Wien 1965. Neuveröffentlichung: KÖNIG, F., WALDENFELS, H.: Lexikon der Religionen. Freiburg/Basel/Wien 1987.

KÖPF, V.: Die geschichtliche Dimension in der Religionsgeographie. Überlegungen am Beispiel der Geschichte des Christentums. In: Geographia Religionum, Interdisziplinäre Schriftenreihe zur Religionsgeographie. Bd. 1, Berlin 1985, S. 165-181.

LEITNER, W.: Byzantion - Constantinopel - Istanbul. Ein Beitrag zur Genesis der "Stadt am Goldenen Horn und Bosporus" unter besonderer Berücksichtigung der Raum- und Funktionsordnung. In: Jahrbuch d. B.-Handelsakademie, Graz 1970, 3 Skizzen, S. 1-24.

LEITNER, W.: Die Bosporus-Landschaft - als Beispiel für den Strukturwandel der Istanbuler Außenbezirke. In: Mitt. d. Natw. Ver. f. Steiermark, Bd. 101 (Herbert-Paschinger-Festschrift), 1 Skizze, 5 Tabellen, S. 55-72, Graz 1971.

LEITNER, W.: Der Wandel der urbanen Raumorganisation der "Stadt am Goldenen Horn - Marmarameer und Bosporus". Homogene Raumeinheiten Istanbuls, das Modell der kosmopolitisch überformten "orientalischen Stadt". In: Arbeiten aus dem Institut für Geographie der Karl-Franzens-Universität Graz (Morawetz-Festschrift), Bd. 24, Graz 1981, S. 51-97.

LEITNER, W.: Zur Religionsgeographie bzw. Geographie der Geisteshaltung am Beispiel Galatas, eines Istanbuler Stadtteiles. In: Geographia Religionum, Interdisziplinäre Schriftenreihe zur Religionsgeographie, Bd. 2, Berlin 1986, S. 179-223.

LEITNER, W.: Zur Problematik der Koexistenzforschung in der Religionsgeographie bzw. Geographie der Geisteshaltung. 1988.

LICHTENBERGER, E.: Die europäische Stadt. Wesen, Modelle, Probleme. Ber. z. Raumpl. u. Raumforschung 16, 1972.

LICHTENBERGER, E.: Perspektiven der Stadtgeographie. In: Tag. Ber. und Wiss. Abh., 42, Deutscher Geographen-Tag, 1980, S. 103-128. Ins Englische übersetzt in: Trierer Geogr. Studien 415, Trier 1982, S. 57-77.

LICHTENBERGER, E.: Stadtgeographie 1 - Begriffe, Konzepte, Modelle, Prozesse. Stuttgart 1986.

LICHTENBERGER, E.: Theorien und Konzepte zur Stadtentwicklung. In. Jahrbuch aus Österreich, XLIV. Bd., Wien 1985, S. 7-16.

LICHTENBERGER, E., FASSMANN, H., und G. MÜHLGASSNER: Stadtentwicklung und dynamische Faktorialökonomie. Beiträge zur Stadt- und Regionalforschung 8 (Österreichische Akademie der Wissenschaften, Kommisssion für Raumforschung), 1987.

ÖHRING, O.: Christliche Minderheiten in der laizistischen Türkei. CIBEDO-Texte 41, Christl.-islam. Begegnung, Frankfurt/M. 1986, S. 1-16.

POPPER, K.R.: Objektive Erkenntnis. Ein evolutionärer Entwurf. Hamburg 1973.

RUDOLPH, K.: Religionswissenschaftliche Überlegungen zur Religionsgeographie. In: Mitt. d. Interdisziplinären Arbeitsgruppe zur Religion/Umweltforschung, Eichstätt 1987, 1, S. 21-28.

SCHOLZ, F.: Verstädterung in der Dritten Welt - Der Fall Pakistan. In: KREISEL, W., SICK, W.S., und STADELBAUER, J. (Hrsg.): Siedlungsgeographische Studien, Trier 1982/86.

SCHRÖDER-LANZ, H. (Hrsg.): Stadtgestalt - Forschung. Trier Geographische Studien, Trier 1982/86.

SCHWIND, M. (Hrsg.): Religionsgeographie. Wege der Forschung 397. Darmstadt 1975.

SEDLACEK, P.: Sinnrationalität als empirische Disposition oder methodisches Prinzip? Bemerkungen im Anschluß an E. WIRTHs "Kritische Anmerkungen zu den wahrnehmungszentrierten Forschungsansätzen in der Geographie". In: GZ 70, 1982, S. 158-160.

SOPHER, D.E.: Geography of Relgions. Foundations of Cultural Geography Series. Prentice Hall 1967.

STEWIG, R.: Die Stadt in Industrie- und Entwicklungsländern. Uni-Taschenbücher 1247. Stuttgart 1983.

TZSCHASCHEL, S.: Geographische Forschung auf der Individualebene. Darstellung und Kritik der Mikrogeographie. Münchener Geogr. Hefte 53, München 1986.

WEICHART, P.: Ethische Probleme und Fragen der Verantwortung in der Geographie. In: Mitteilungen der Österreichischen Geographischen Gesellschaft, 128. Jg. (Jahresband), Wien 1986, S. 5-33.

WERLEN, B.: Gesellschaft, Handlung und Raum. Grundlagen handlungstheoretischer Sozialgeographie. Wiesbaden/Stuttgart 1987.

WIRTH, E.: Strukturwandlungen und Entwicklungstendenzen der orientalischen Stadt. In: Erdkunde 22, 1968, S. 101-128.

WIRTH, E.: Die orientalische Stadt in der Eigengesetzlichkeit ihrer jungen Wandlungen. In: Deutscher Geographentag - Bad Godesberg, Tagungsberichte und wiss. Abhandlungen, Wiesbaden 1969, S. 166-181.

WIRTH, E.: Die Beziehung der orientalisch-islamischen Stadt zum umgebenden Lande. Ein Beitrag zur Theorie des Rentenkapitalismus. In: E. MEYNEN (Hrsg.): Geographie heute, Einheit und Vielfalt. Wiesbaden 1973, Beihefte zur Geographie. Zeitschr. 33, S. 323-333.

WIRTH, E.: Zum Problem des Bazars. In: Der Islam 51, 1974, S. 203-260, und Der Islam 52, 1975, S. 6-46.

WIRTH, E.: Die orientalische Stadt. Ein Überblick aufgrund jüngerer Forschungen zur materiellen Kultur. In: Saeculum 26, 1975, S. 45-94.

WIRTH, E.: Kritische Anmerkungen zu den wahrnehmungszentrierten Forschungsansätzen in der Geographie. In: GZ 69, 1981, S. 161-198.

WIRTH, E.: Die orientalische Stadt. In: Forschung in Erlangen. Vortragsreihe des Collegium Alexandrinum der Universität Nürnberg-Erlangen, 1982, S. 73-79.

WIRTH, E.: Geographie als moderne theorieorientierte Sozialwissenschaft? In: Erdkunde, 38, 1984, S. 73-79.

ZIMPEL, H.G.: Bevölkerungsgeographie und Ökumene. In: Harms Handbuch der Geographie, Sozial- und Wirtschaftsgeographie, Bd. 1, München 1980, S. 13-120.

ZIMPEL, H.G.: Vom Religionseinfluß in den Kulturlandschaften zwischen Taurus und Sinai. In: Mitteilungen der Geographischen Gesellschaft in München, 48, München 1963, S. 123-171.

ZIMPEL, H.G.: Aktuelle Bedeutung der Religionsgeographie. In: Praxis Geographie, 12, 8, 1982, S. 4-9.

C. Theologie

Die Trompete(n) als Kultinstrument(e) im alten Israel

Ein Beitrag zur Musik/Umwelt-Forschung[1]

von Manfred Büttner, Bochum

stark gekürzter und leicht überarbeiteter Teil der musikwissensschaftlichen Dr.-Arbeit des Autors von 1954[*]

Einleitendes

Nach dem gegenwärtigen Stand der Forschung[2] hat es im Alten Israel, also zur Zeit des Alten Testamentes[3], folgende Trompeteninstrumente[4] gegeben, die in Bezug auf ihre Heiligkeit gewissermaßen hierarchisch geordnet waren:

    Chazozera bzw. Chazozerot[5]
    Qeren[6]
    Schofar.

Die Chazozera ist aus Metall (meist Silber) und wurde aus Ägypten übernommen bzw. eingeführt, wobei ihr Gebrauch und ihre Stellung im Kult eine entscheidende Wandlung erfuhr. Qeren bzw. Schofar dürften bereits im Zuge der aus dem Osten "hereingetragenen" Kleintierzucht (und später Großtierzucht) nach Palästina eingedrungen sein, sind also älter. Sie wurden dann durch die jüngere Chazozera gewissermaßen "degradiert" und "nur" noch im niederen Kultdienst verwandt.[7] Die Israeliten schaffen bzw. bauen keine neuen Instrumente sondern übernehmen die in ihrer Umwelt vorhandenen. Neu ist das, was sie mit diesen "Umweltmaterialien" machen. Entsprechend ihrer religiös geprägten Geisteshaltung "heiligen" sie die Trompeteninstrumente und passen sie in ihre Kultordnung ein.

Etymologie, Form und Gebrauch der Chazozera

Es handelt sich um ein mit Wiederholung der zweiten Stammsilbe von "chsr" gebildetes Nomen, mit Ausstoß der Liquida, unter Ersatzdehnung des Vokals bei der Dissimilation der Reduplikation. Die Nominalform qataltat hat eine intensiv-iterative Bedeutung mit der Grundtendenz "eng" (KOLARI). Damit wäre Chazozera das "enge" (engmensurierte im Gegensatz zum weitmensurierten Horn?) und darum hell und scharf klingende Instrument. In neuerer Literatur findet man auch die Ableitung von "chasar" (versammeln). Dann wäre die Chazozera die Versammlerin (die zur Versammlung ruft).

Zur Form: Die ägyptische Trompete jener Zeit ist uns bekannt. JOSEPHUS beschreibt eine Trompete, die im jüdischen Tempeldienst Verwendung findet. Die Beschreibung der jüdischen und die Kenntnis der ägyptischen Trompete deuten auf ein und dasselbe Instrument. Zudem passen die beiden Trompeten auf dem Titusbogen in Rom ebenfalls zu dieser Beschreibung.[8] Es spricht also alles dafür, daß es sich hier um die "heilige" Chazozera (bzw. Chazozerot im Dual) handelt. Wie KOLARI im einzelnen nachweist, gehörte die Chazozera (ähnlich wie der Priesterrock) sozusagen zum "Erkennungszeichen" (Statussymbol) eines Priesters. Es heißt dort: "Er wäre kein Priester gewesen, hätte er nicht die Chazozera gehabt."

Der Gebrauch im einzelnen

Wie aus 4. Mose, Kapitel 10, Vers 8 hervorgeht (KOLARI hat sich u.a. auch auf diese Stelle berufen), ist es einzig und allein nur dem Priester vorbehalten, auf diesem Instrument zu blasen.[9] Grundsätzlich hat die Chazozera bei folgenden drei Gelegenheiten zu erklingen:

1. Als Symbolisierung (Versinnbildlichung) der göttlichen Gegenwart.[10] Im o.g. Kapitel heißt es in Vers 9 (Luther-Übersetzung) "...daß Euer gedacht werde vor dem

Herrn." GREßMANN weist darauf hin, daß es sich hier um die Vorstellung handelt, man könne (dürfe, müsse) Gott durch das Blasen der heiligen Trompete auf sich aufmerksam machen. Gott habe nach Ansicht der Völker des klassischen Altertums (aber wohl auch nach Ansicht vieler heute noch lebender sogenannter "Primitiver") viel zu tun, und je lauter man ihn "anbläst" (je durchdringender und "schneidender" der Ton des betreffenden Instrumentes ist), umso eher wird er aufmerksam.[11]

2. Im Vers 10 heißt es: "Wenn Ihr fröhlich seid ... daß es Euch sei zum Gedächtnis." Hier handelt es sich sozusagen um die Umkehrung des unter Punkt 1 Gesagten. Wurde dort Gott durch den Schall der Trompete sozusagen an sein Volk "erinnert", so soll in diesem Falle das Volk an (seinen) Gott erinnert werden beim Erklingen des "akustischen Symbols". Ich sehe hier eine gewissen "Ermahnung", bei aller Fröhlichkeit und bei allen Festen nicht zu vergessen, daß Israel das Volk Gottes ist. Meiner Meinung nach wird es sich hier <u>nicht</u> um eine Art festlicher oder fröhlicher Trompetenmusik gehandelt haben, wie man bei oberflächlicher Betrachtung vielleicht annehmen könnte.[12]

3. In den Versen 2ff. heißt es, die Trompete (bzw. zwei Trompeten)[13] solle jeweils das Zeichen zum Sammeln der Gemeinde und/oder zum Aufbruch geben. Man mag sich fragen, warum zu diesem Zwecke nicht das "normale" Signalinstrument, das Qeren (Horn) benutzt wurde. Mir scheint, daß der Verfasser (bzw. die Verfasser) des Buches Numeri hier auf eine besondere Weise deutlich machen wollen: Alles, was das Volk Gottes unternimmt (und dazu gehört insbesondere das Umherwandern vor der Seßhaftwerdung in Palästina), geschieht bzw. geschah immer auf Gottes Geheiß.[14] Im Vers 18, Kapitel 9 heißt es in Mose 4: "Nach dem Worte des Herrn zogen die Kinder Israel und nach seinem Worte lagerten sie sich." Ein weiteres Beispiel von vielen: Im 4. Buch Mose, Kapitel 31 gibt Gott den Befehl, gegen die Midianiter zu

ziehen. Der Aufbruch wird mit der heiligen Chazozera verkündet; denn es handelt sich (um mit modernen Begriffen zu operieren) um einen "heiligen" Krieg.

Musikwissenschaftliches

Grundsätzlich ist zu unterscheiden zwischen
   1. Drommeten und
   2. Schlicht-Blasen, wie es Luther übersetzt.

Genauer heißt es wohl: Gebrochen-Blasen und Ungebrochen-Blasen. Rosh-ha-shana IV (ein dem Fachmann bekannter Traktat) erläutert, was sozusagen "musikwissenschaftlich" unter diesen Termini zu verstehen ist. Ein Sevarim (Drommeten) bedeutet so viel wie das schnelle Hin- und Herspringen zwischen Grundton und Quinte. Man könnte dabei an den bei Altenburg erwähnten "gebrochenen" Schall denken oder an das bekannte Angriffssignal der Militärtrompeter.

Beim Teqia handelt es sich um einen lang ausgehaltenen Ton, das von Luther im Gegensatz zum Drommeten sogenannte Schlicht-Blasen (gelegentlich verwendet man auch den Begriff Schlecht-Blasen).[15]

Dann gibt es noch (einmalig zu dieser Zeit im Orient) Hinweise auf Zweistimmigkeit. 4. Mose 10, Vers 4 heißt es: Wenn mit einer Drommete schlicht geblasen wird, sollen sich die Fürsten versammeln, wird mit beiden (Drommeten) geblasen, hat sich die ganze Gemeinde zu versammeln. Hier muß meiner Meinung nach eine wie auch immer geartete Zweistimmigkeit gemeint sein; denn es ist nicht anzunehmen, daß man aus größerer Entfernung eindeutig entnehmen kann, ob eine Trompete oder zwei blasen, wenn sie "unisono" intonieren. Entweder wird man das längere Aushalten eines Intervalls (Terz oder Quint) unterstellen dürfen (können, müssen) oder das Nacheinander-Intonieren derselben (vielleicht auch unterschiedlicher) Töne, möglicherweise von verschiedenen Orten in Echo-Weise, wie es auch heute bei uns gelegentlich praktiziert wird.[16]

Etymologie, Form und Gebrauch des Qeren

In seiner Urbedeutung heißt Qeren soviel wie Widderhorn. Es handelt sich um das semitische Primärnomen der Form "qatl", akkad. qarnu, aram. qarna, arab. qarn, lat. cornu, griech. keras, kymr. born, bretag. karn, got. haurn, unser Horn usw. Die Sprachwissenschaftler gehen von einem gemeinsamen Ursprung aus, der den semitischen und indoeuropäischen Termini zugrundeliegt und im Zuge der sogenannten "Viehzucht-Kulturwelle" übertragen wurde gemäß der Vorstellung: Die Begriffe wandern mit den Sachen, die sie bezeichnen.[17]

Als Synonym zu Qeren kommt gelegentlich noch Jobel (Jobal) vor. Der Terminus scheint einen Bedeutungswandel durchgemacht zu haben derart, daß er von der Kraft des Widders auf die akustische Symbolisierung dieser Kraft verweist. Hier handelt es sich aber, im Gegensatz zu Chazozera, nicht um die Symbolisierung der göttlichen, sondern einer weltlichen Kraft. Demgemäß wird es allgemein auch als Signalhorn in "weltlichen" Angelegenheiten verwandt.

Ob Qeren als Oberbegriff für alle Horn-Trompeten (also auch den Schofar und das Rinder-Horn) anzusetzen ist, kann zur Zeit noch nicht eindeutig entschieden werden.[18] Die Bibelstellen aus Josua Kap. 6 sprechen dafür. In den Versen 4, 8, 13, 16 und 20 erscheint der Terminus Schofar, im Vers 5 steht Qeren. Aus dem Zusammenhang ergibt sich ohne jeden Zweifel, daß ein und dasselbe Instrument gemeint ist. KOLARI kommt anhand rabbinischer Quellen zu der Überzeugung, daß "Qeren" sowohl das Widder- als auch das Rinder-Horn (Kuh-Horn) bezeichnen kann, während der Terminus "Schofar" (vgl. weiter unten) einzig und allein nur für das Widder-Horn verwandt wird. Denkbar (und meiner Meinung nach wahrscheinlich) ist es jedoch, daß man zu verschiedenen Zeiten und/oder an verschiedenen Orten die Termini unterschiedlich benutzt hat.

Aus dem Gesagten ergibt sich die Form des Qeren. Es kann sich um ein Kuh-Horn, ein Widder-Horn oder auch um die sogenannte Hakentrompete (Schofar, siehe weiter unten) handeln.

Zum Gebrauch: Während die Chazozera in der Regel als heiliges Instrument nur vom Priester geblasen werden darf, gibt es für den Gebrauch des Qeren keine Einschränkung. Möglicherweise (wahrscheinlich) wird man von derselben Blastechnik ausgehen können, wie sie weiter unten für den Schofar beschrieben wird. Gelegentlich wird erwähnt, daß es zusammen mit anderen Instrumenten erklingt.[19]

Etymologie, Form und Gebrauch des Schofar

Das sumerische "zag-bar" (wilder Ziegenbock) geht über das akkadische "saparu" zum hebräischen "sofar", wobei eine Bedeutungsverschiebung stattgefunden hat von "wilder Ziegenbock" zu "Horn des Ziegenbockes". Im Aramäischen findet sich der Terminus "sawfara" und im Arabischen "sawafir".[20]

Der Schofar ist noch heute im jüdischen Tempeldienst gebräuchlich. Aus dem Traktat Rosh-ha-shana geht hervor, daß sich dieses Instrument durch die Jahrtausende hindurch in Bezug auf Form, Material und Blastechnik unverändert erhalten hat. Es handelt sich um ein endgeblasenes Horn ohne Mundstück. Der Schallbecher ist hakenartig umgebogen (daher der Name Hakentrompete wie beim römischen Lituus und der frühantiken Karnyx).

Ursprünglich scheint der Schofar auch (bzw. vorwiegend) im Kampf verwandt worden zu sein (siehe z.B. Richter 7, Vers 16). Da aber für die Israeliten praktisch jeder Kampf, jeder Krieg gewissermaßen ein heiliger Krieg und kein "weltlicher" in unserem heutigen Sinne war (zumindest nach den allgemeinen Darstellungen im Alten Testament), ist es müßig, darüber zu spekulieren, ob der Schofar ein kultisches oder "weltliches" Instrument ist bzw. war.

Allgemein bekannt ist, daß beim Schall des Schofar die Mauern von Jericho einstürzten (Josua, Kapitel 6). Hierzu bemerkt schon GREßMANN im Jahre 1905, daß diese Bibelstelle meist falsch verstanden wird. Man verwechselt meist Ursache und Wirkung. Nicht etwa weil der Schofar ertönte, fielen die Mauern ein, sondern weil die Mauern einstürzten (infolge eines Erdbebens), ertönte der Schofar.[21]

Der Schofar wird nicht von Priestern oder einer bestimmten "privilegierten Kaste" benutzt. Alle Soldaten dürfen ihn blasen (z.B. Richter 7, Vers 16). Hingewiesen sei auch auf das Zerschlagen von Krügen beim Blasen (Lärmen) (z.B. Josua, Kapitel 6). Man wird hier nicht vom Musikmachen in unserem heutigen Sinne sprechen können, allenfalls von einer bestimmten Form von kultischer Lärm-Musik. Doch diese Art des Gebrauchs scheint nur selten vorgekommen zu sein, meist dürfte der Schofar in einer Weise benutzt worden sein, die man auch nach heutigen Maßstäben als kultische Musik bezeichnen kann, wenn man alle hierher gehörigen Bibelstellen zusammen nimmt (vgl. Anm. 19). Der Schofar ist im übrigen bis heut im jüdischen Kult im Gebrauch. (Dank an Herrn SCHNABEL für diesen Hinweis.)

Musikwissenschaftliches (zur Blastechnik)

Der bereits erwähnte Traktat Rosh-ha-shana gibt über die Blastechnik genaue Auskunft.[22] Danach lassen sich folgende "Modi" unterscheiden:

1. teqia   langes Aushalten eines Tones

2. sevarim   3 Stöße, die einem langen entsprechen

3. terua   viele kurze Stöße, der Quantität nach einem langen entsprechend

4. teqia   auch als klagendes teqia bezeichnet, wird bis zum Versagen des Atems ausgehalten.

Hingewiesen sei darauf, daß ein teqia gleich drei sevarim ist, und daß ein sevarim wiederum aus drei terua besteht. Man kann hier "spekulieren" und eine Parallele zur mittelalterlichen Moduslehre feststellen, wobei es sich dann um den Modus Perfectus handeln müßte. Ich halte derartige Spekulationen zur Zeit noch für müßig, analog zu den Spekulationen, ob zwischen dem paarweisen Auftreten der nordischen Luren und dem paarweisen Gebrauch der Chazozera ein Zusammenhang besteht.[23]

Schlußbetrachtung

Im Vorderen Orient, also in der Umwelt des Volkes Israel, gab es seit alters her die Naturhorntrompeten (oder wie immer man diese Instrumente nennen will). Sie wurden, soweit es sinnvoll ist, diese Unterscheidung überhaupt vorzunehmen, im kultischen und außerkultischen ("weltlichen" bzw. profanen) Bereich benutzt. Gegen Ende des vorchristlichen zweiten Jahrtausends (zur Zeit des Auszugs aus Ägypten und der Volkwerdung und Seßhaftwerdung Israels) gelangt die Metalltrompete nach Palästina (ob Mose sie in Ägypten kennengelernt hat und von dort als Kulturgut mitbrachte, sei dahingestellt). Dieses aus dem Westen (aus der westlichen Umwelt) stammende Instrument wird dann in Beziehung zur Mitte des (religiös geprägten) Denkens bzw. der Geisteshaltung gesetzt und in die hierarchische, speziell israelitische Kultordnung eingefügt.

Das Beispiel Altisrael zeigt meiner Meinung nach sehr anschaulich, welchen Beitrag die Musikwissenschaft zur Erforschung der Religion/Umwelt-Beziehung leisten kann. Es entkräftet den Einwand derjenigen, die auf dem Symposium in Eichstätt die Meinung äußerten, daß es eigentlich "gesucht" sei, die Musikwissenschaft in die Religion/Umwelt-Forschung mit einzubeziehen.[24]

Anmerkungen

* Bei dem vorliegenden Aufsatz handelt es sich um einen lediglich stilistisch leicht überarbeiteten und stark gekürzten Teil meiner bislang unveröffentlichten Dr.-Arbeit von 1954 mit dem Titel: Studien zur Geschichte der Trompete (später meist mit dem Titel zitiert: Ursprung und Ausbreitung der Trompete). Die Arbeit wurde zunächst als musikwissenschaftliche Dissertation erstellt, wegen ihres betont geographischen Ansatzes ist sie dann später (unter dem geänderten Titel) als geographische Staatsarbeit anerkannt worden.

1. Bewußt soll der damalige Forschungsstand dargelegt werden. Wer die neuere Literatur durcharbeitet (siehe weiter unten), wird feststellen, daß sich auf diesem Gebiet praktisch seit den fünfziger Jahren nichts wesentlich Neues ergeben hat. Weder die Forschungsmethoden noch die Forschungsergebnisse sind überholt. Das hier Vorgelegte ist immer noch aktuell und insbesondere für die neu inganggekommene Religion/Umwelt-Forschung höchst anregend.

    Zu neuerer Literatur (Hinweise darauf verdanke ich Herrn SCHNABEL) siehe WOHLENBERG, D.: Kultmusik in Israel. Diss. Hamburg 1967; SENDREY, A.: Musik in Alt-Israel. Leipzig 1970; HABICHT, G.: Versuch einer Darstellung der Blasmusik in Vergangenheit und Gegenwart. Leipzig 1982.

2. Vgl. Anm. 1: Es ist der (heute immer noch großenteils aktuelle) Forschungsstand der fünfziger Jahre gemeint.

3. Ohne hier näher auf die Entstehungsgeschichte des Alten Testamentes einzugehen (dies wäre eine theologische Arbeit für sich), soll der Zeitraum von etwa 1200 v. Chr. (Mose) bis in das 1. Jahrhundert n. Chr. (Zerstörung des Tempels im Jahre 70 und Überführung der Tempelgeräte nach Rom) zusammenfassend und überblicksartig behandelt werden.

    Es wäre wiederum eine Arbeit für sich (und würde den Rahmen dieses Aufsatzes sprengen), wenn man die geschichtliche Entwicklung aufzeigen wollte, um darzulegen, wie sich die Trompete, ihr Gebrauch und ihre "Heiligkeit" (Einpassung in die jeweilige Gesamt-Geisteshaltung) im Laufe dieser langen Zeit geändert hat.

4. Der Begriff Trompete bzw. Trompetenblasen wurde im Vorwort der in Anm. 1 genannten Arbeit folgendermaßen definiert:

    "Unter Trompetenblasen sei folgendes verstanden: Die durch die zusammengepreßten Lippen strömende Luft wird in Schwingung versetzt, wobei die Lippen als Membrane und somit als Ton-

erzeuger dienen. Ein an den Mund des Bläsers
gepreßtes Trompeteninstrument dient als Resonator derart, daß die in diesem Instrument befindliche Luftsäule mit in Schwingung gerät und
den "Lippenton" um ein Vielfaches verstärkt
(wobei der "Lippenton" den jeweils "nächstliegenden" Naturton "anspricht").

Material und Form eines solchen Trompeteninstrumentes sind unterschiedlich. Allein die Anblastechnik, wobei die Lippen der Tongeber
sind, soll die Zugehörigkeit zu dieser Instrumentengruppe bestimmen.

Sinngemäß ist daher unter "Trompete" nicht
(nur) der heute so eng begrenzte Begriff für
ein ganz bestimmtes Orchesterinstrument zu verstehen, sondern jedes Gerät, auf dem das oben
genannte "Trompetenblasen" möglich ist und
praktiziert wird bzw. wurde. Das kann, wie sich
im Verlauf der Arbeit zeigen wird, durchaus ein
Bambusrohr, ein Kürbis, eine Muschel, oder auch
ein Instrument sein, das wir heute als Zugposaune (bzw. Posaune allgemein), Waldhorn (bzw.
Horn allgemein), Tenorhorn, Flügelhorn, Althorn, Zugtrompete, Piston (Ventilhorn), Ventilposaune, ja sogar Zink- oder Klappenhorn bzw.
Klappentrompete bezeichnen."

Ich gebe zu, daß man meine Definition (mit der Favorisierung der Trompete) durchaus als willkürlich
bezeichnen kann. Mit (ungefähr) demselben Recht hätte
ich meine Arbeit auch nennen können: Ursprung und
Ausbreitung des Hornes, zumal das Horn ja älter ist
als die Trompete. Es waren zwei Gründe, die mich veranlaßten, die Trompete als Bezugsbegriff zu wählen:
Zum einen ging es mir in besonderer Weise um die
Kultmusik. Hier steht nun einmal (und das zeigt sich
ganz besonders am Beispiel Altisrael) die Trompete
sozusagen an erster Stelle. Zum anderen ist es für
die Frühzeit (bis hin in das Mittelalter) recht
schwierig, zwischen dem Trinkhorn und dem Blashorn zu
unterscheiden. Die dritte Möglichkeit (wie sie von
Luther gewählt wurde), die Posaune als Grundinstrument für alle hier zu behandelnden Trompeteninstrumente zu favorisieren, schied für mich aus philologischen Gründen aus.

5. Aus drucktechnischen Gründen wurde eine vereinfachte
Umschrift der hebräischen Begriffe vorgenommen.

Chazozera ist die Singular-Form. Da dieses Instrument
sehr oft (fast immer) paarweise verwandt wurde, findet sich im Alten Testament vorwiegend die Dual-Form
Chazozerot. (Das Hebräische hat ja neben der Singular- und Pluralform auch die Dual-Form.) Auf dem Titusbogen in Rom (vgl. dazu weiter unten) sind zwei
Trompeten überkreuz dargestellt.

Da dieser Aufsatz für Nicht-Theologen geschrieben und verfaßt worden ist, wurde auf die Wiedergabe hebräischer, griechischer, arabischer Termini (usw.) verzichtet, sondern von vornherein die im Deutschen gebräuchliche Umschrift verwandt.

Neben der meiner Meinung nach angemessenen Umschreibung Chazozera (das hebräische Chet übertrage ich mit Ch) sind auch folgende Versionen in deutscher Umschrift in Gebrauch: Hazozera, Hazozzera, Hazozzerah, Hasosera usw. Ähnlich verhält es sich mit dem weiter unten zu besprechenden Qeren (Widerhorn). Man findet dort auch gelegentlich folgende Umschriften: Queren, Qären, Kären, Kärän usw. Welches die "richtige" Umschrift ist, läßt sich nicht so ohne weiteres sagen. In diesem Zusammenhang mag vielleicht daran erinnert werden, daß man sogar noch zu Luthers Zeiten lateinische Termini oft in einer Weise wiedergab, daß sie kaum noch wiederzuerkennen waren. So ist z.B. in der Literatur des 16. Jahrhunderts Coelum (Himmel) gelegentlich folgendermaßen wiedergegeben: Caelum, Zälum, Zölum, ja sogar Tsölum und Tsälumm.

In der griechischen Übersetzung des AT (Septuaginta) findet sich der Terminus Salpinx (Salpigx), in der lateinischen steht Tuba. (Hier ist selbstverständlich nicht die heutige Bass-Tuba gemeint, sondern die römische Trompete, die der ägyptischen, israelitischen und griechischen sehr, sehr ähnlich war bzw. ist.)

LUTHER verwendet im allgemeinen den Begriff Posaune. (Daher spricht man heute oft u.a. von den Posaunen des jüngsten Gerichtes. Philologisch korrekt müßte man von den Trompeten des jüngsten Gerichts reden.) Oft findet sich bei ihm allerdings auch der Terminus Drommete. In den jüngsten Übersetzungen ist immer häufiger der (philologisch "richtige") Begriff Trompete zu lesen.

6. Zur Umschrift vgl. das in Anm. 5 Gesagte. Es scheint sich hierbei um den umfassenderen Begriff für alle Horn-Instrumente zu handeln, einschließlich des Schofar. Vgl. dazu weiter unten.

7. Hier und auch im folgenden soll (wie bereits in den Anm. 3-4 praktiziert) auf Einzelnachweise, Einzelzitate usw. (also auf den ganzen "wissenschaftlichen Apparat") verzichtet werden. Insgesamt sei auf die in Anm. 1 genannte Schrift verwiesen und auf die am Ende dieses Aufsatzes angegebene Literatur sowie die neuere Literatur, insbesondere auf die in Anm. 1 genannte.

8. Auf dem Titusbogen sind außer den heiligen Trompeten auch andere Tempelgeräte bzw. Tempelheiligtümer dargestellt.

9. Ob es sich dabei um ein Musizieren im heutigen Sinne handelt bzw. gehandelt hat, sei dahin gestellt. Vgl. das Folgende. In diesem Zusammenhang sei auf das Blasen der tibetischen Mönche hingewiesen, die jeweils nur einen einzigen Ton gewissermaßen "hinausdröhnen".

10. Bei vielen außerchristlichen Religionen ist dies noch heute der Hauptanlaß. Die in Anm. 9 genannten Tempeltrompeten (man bezeichnet sie meist als Tempelposaunen) erklingen, um die Gegenwart Gottes (bzw. die Verbundenheit mit der Transzendenz) sozusagen akustisch zu dokumentieren.

    Die Herrnhuter in Bethlehem (Pennsylvanien, südlich von New York) berichten (bzw. berichteten), daß die Indianer die Stimme des Gottes (oder der Götter) der Herrnhuter zu vernehmen meinten, wenn deren Posaunen (hier handelte es sich in der Tat um Zugposaunen) geblasen wurden. Man berichtet, daß die Indianer einmal vor einem Überfall auf das kleine Bethlehem zuückschreckten und in panischer Furcht Reißaus nahmen, als sie die Posaunen der Herrnhuter hörten, die zur Versammlung zum Gottesdienst "aufforderten". (Vgl. dazu das entsprechende "Signal" zum Sammeln der Gemeinde im folgenden.)

11. Ob die Chazozera wirklich lauter und durchdringender klingt als das später zu besprechende Horn, sei dahingestellt. Es hat jedenfalls den Anschein, daß die Israeliten dieser Meinung waren. Möglicherweise spielte auch die Vorstellung eine Rolle, daß der Ton eines heiligen Instrumentes auf jeden Fall einen besseren Zugang zu Gott findet (eine größere Wirkung erzielt), als der eines weniger heiligen (nicht vom Priester geblasenen) Hornes. Es könnte allerdings auch sein, daß wir es hier mit dem in anderen Bereichen vorzufindenden von mir sogenannten "Aufschaukelungsproze?" (dialektischer Prozeß der Religion/Umwelt-Beziehung) zu tun haben: Weil die neu eingeführte Metalltrompete heller, strahlender, "durchdringender" klingt, verdrängt sie das Horn als möglicherweise ehemals heiliges Instrument. Und weil die Trompete dann einmal sozusagen die oberste Stufe im Kult eingenommen hatte, behielt sie diese Stellung bei, selbst wenn neu geformte oder aus Metall nachgebildete Hörner dann objektiv lauter, durchdringender und kräftiger klingen sollten.

    Eine Art Anpassung an die objektiven Gegebenheiten würde wohl erst in dem Augenblick einsetzen, da in einer Art "Konzilsbeschluß" von nun ab der Priester das Horn zu blasen hätte und die Trompete sozusagen für den allgemeinen Gebrauch freigegeben würde, wie es dann ja in analoger Weise später in Europa (insbesondere seit Auflösung der Zünfte) der Fall war. Dies lediglich als Hinweis darauf, daß ein Blick in die Vergangenheit (insbesondere in den Vorderen Orient) manches, was wir heute oder in den letzten Jahrhunderten bei uns erleben, verständlicher werden läßt.

12. Zum wirklichen Musizieren siehe weiter unten.

13. Auf das "zweistimmige Musizieren" wird weiter unten eingegangen.

14. Daß es sich bei den Aussagen in Num. 10, 2ff. um theologische Glaubensaussagen (und nicht um Darlegung von Fakten) handelt, braucht wohl nicht besonders betont zu werden. Man vergleiche dazu die theologische Glaubensaussage über die Weltschöpfung, die irrtümlicherweise lange Zeit als naturwissenschaftliches "Faktum" verstanden und interpretiert wurde.

15. Meiner Meinung nach kann man sich sehr gut vorstellen, wie ein Teqia geklungen haben mag, wenn man sich die tibetischen Tempelposaunen anhört. (In unserem Fernsehzeitalter sind Dokumentarfilme über Tibet ja jedermann sozusagen jederzeit zugänglich.) Zu berücksichtigen ist lediglich, daß die tibetischen Tempeltrompeten (aufgrund moderner Fertigungstechnik?) wesentlich länger sind als die israelitische Chazozera bzw. Chazozerot. Demzufolge haben sie einen tieferen Grundton und klingen feierlicher. Allerdings spielt hier auch das Klima eine Rolle. Hierzu sei verwiesen auf meine geographische Dissertation: Klima und Musik. Über einen Zusammenhang zwischen Tonraumamplituden und Thermosiopleten. Münster 1958. Bisher unveröffentlicht, vor allem wegen des großen Umfanges von über 2000 Seiten.

16. Es drängt sich ein Vergleich zu den nordischen Luren auf. Während aber bei diesen Instrumenten der Bronzezeit nur Funde (paarweises Auftreten, ein Instrument nach links, das andere nach rechts gebogen) auf eine paarige Verwendung (Zweistimmigkeit?) deuten könnten, liegen für die israelitischen Trompeten sowohl Funde als auch schriftliche Zeugnisse vor, die eine entsprechende Interpretation nahelegen.

17. Es drängt sich geradezu auf, diese Zusammenhänge hier wenigstens kurz anzureißen. Praktisch überall auf der ganzen Welt, wo es Tierzucht gibt (wohin die entsprechende Kulturwelle gelangt ist), läßt sich der Begriff (und der entsprechende Gebrauch des mit diesem Begriff belegten Gerätes) nachweisen, sogar über den indogermanisch/semitischen Sprachbereich hinaus, wie z.B. im Sanskrit, im Chinesischen und sogar Japanischen. (Dieser Nachweis war eines der Hauptanliegen meiner weiter oben genannten stark geographisch ausgerichteten Dissertation.)

18. Man denke an unseren Terminus "Posaune". Der Fachmann (Musikwissenschaftler, Orchestermusiker usw.) bezeichnet mit diesem Terminus die Zugposaune. In Laienkreisen (auch LUTHER muß in dieser Hinsicht als Laie bezeichnet werden) gilt die Posaune oft als Oberbegriff für alle Blechblasinstrumente, besonders in kirchlichen Laienkreisen. Dort bezeichnet man meist alle Instrumente, die im "Posaunenchor" verwendet werden, entsprechend. Seit KUHLO, dem "Posaunen-

general" (für ihn war das Flügelhorn im übertragenen Sinne "heiliger" als die Trompete), ist auch hier und da die Bezeichnung Horn für alle im Posaunenchor verwendeten Instrumente üblich geworden.

19. In der in Anm. 1 genannten Arbeit sind alle Bibelstellen im einzelnen aufgeführt, an denen der Terminus Qeren vorkommt, systematisch gegliedert nach dem Verwendungszweck, ob als Signalinstrument, als nichtmusikalisches Symbol für weltliche Kraft (z.B. vier Hörner als Symbol der Weltmacht), Hörner an den Ecken des Altars, mit Opferblut gefüllte Trinkhörner usw.

    In diesem Zusammenhang sollte vielleicht auf den "gehörnten Mose" hingewiesen werden. Hier ist Michelangelo einem Lese- bzw. Schreibfehler erlegen. Im Lateinischen sind sich die beiden Begriffe "glänzend" (bzw. verklärt) und "gehörnt" sehr ähnlich. In der Bibel ist selbstverständlich gemeint, daß Mose verklärt vom Berge Sinai herabstieg, nachdem er die Gebote Gottes empfangen hatte. Er war weder "gehörnt" noch von Gott (in übertragenem Sinne) mit einem hornähnlichen Ton angesprochen worden. (Möglicherweise hat diese Vorstellung bei Michelangelo mitgespielt. Man müßte dem einmal nachgehen.)

20. Hier scheint das "Schlagwort", daß die Begriffe mit den Sachen, die sie bezeichnen (sozusagen von einem Kulturraum zum anderen), wandern (und sich dabei jeweils den unterschiedlichen Sprachen anpassen bzw. einpassen), besonders deutlich. (Ein Grund, weswegen ein Kulturforscher ohne hinreichende Sprachkenntnisse nicht auskommt.)

21. Man kann dazu Beispiele von heute noch lebenden sogenannten "Primitiven" anführen, die während oder nach einem Erdbeben (oder einem anderen besonderen Ereignis) kultische Handlungen unter Einbeziehung von Musik durchführen. Bittprozessionen oder Bittgottesdienste (z.B. bei großer Dürre oder nach bzw. sogar während eines Unwetters) sind vor diesem Hintergrund zu sehen.

22. Es kann und soll hier nicht der Frage nachgegangen werden, für welche Zeit, für welchen Ort (welche Orte) und für welches Instrument (nur für den Schofar und/oder auch für die Chazozera) diese Blastechnik im einzelnen gilt (bzw. galt), und ob sich im Laufe der Geschichte Entwicklungen vollzogen haben.

23. Im sogenannten "Dritten Reich" gab es Musikwissenschaftler, die ernsthaft die Meinung vertraten, daß es sich bei den israelitischen Tempeltrompeten um aus dem Norden überkommene (gewissermaßen verkleinerte) Luren handle. (Man konnte damals sogar lesen, daß Jesus über Ruth doch wohl ein in den Orient ausgewanderter "nordischer Mensch" gewesen sein müsse!) Der paarweise Gebrauch (und damit die Erfindung der Mehrstimmigkeit) sei also eine Erfindung des "nordischen Menschen". Das Schlagwort "ex oriente lux" (Licht aus

dem Orient) wurde weitgehend von Vertretern dieser Geisteshaltung als typisch jüdische Fälschung der Geschichte abgetan.

Ich selbst habe zu Beginn meiner Studien noch unter dem Eindruck dieser unsinnigen Geschichtsdeutung gestanden, da man uns Gymnasiasten Anfang der vierziger Jahre regelrecht "eingebläut" hatte (uns entsprechend indoktriniert hatte), daß "jeglicher kulturelle Fortschritt und alle Entwicklung immer nur vom Norden ausgegangen sei und weiter ausgehe." (Es hat einige Zeit gedauert, und es hat mich persönlich viel "Umdenkungsmühe" gekostet, herauszufinden, wie es "wirklich" war.)

24. Vgl. dazu den Aufsatz von AHRENS in meiner Festschrift. (Geistshaltung und Umwelt. Band I der "Abhandlungen zur Geschichte der Geowissenschaften und Religion/Umwelt-Forschung". Aachen 1988).

Literatur

Bibelstellen, an denen der Terminus "Qeren" vorkommt:

1. In der Bedeutung als Widderhorn:

    1. Mos. 22, V. 13
    5. Mos. 33, V. 17
    Ps. 92, V. 11
    Dan. 8, V. 3, 6, 8, 20
    Ps. 22, V. 22
    Ez.   34, V.21

2. Symbol der Kraft, eiserne Hörner:

    1. Kön. 22, V. 11
    Mi. 4, V. 13
    2. Chr. 18, V.10

3. 4 Hörner als Symbol der Weltmacht:

    Jer. 48, V. 25
    Sach. 2, V. 1 f.
    Sir. 47, V. 7
    Ps. 89, V. 18, 25
    Ps. 92, V. 11
    Ps. 148, V. 14
    Sir. 47, V. 5
    Sach. 2, V. 4
    Ps. 132, V. 17
    Hi. 16, V. 11
    Ps. 75, V. 11
    Klag. J. 2, V. 3
    1. Sam. 2, V. 1

1. Sam. 2, V. 10
Klag. J. 2, V. 17
Makk. 2, V. 48
Ez. 29, V. 21
Am. 6, V. 13
Sir. 49, V. 6

4. Als Signalhorn:

Jos. 6, V. 5
1. Chr. 25, V. 5

5. Hörner an den Ecken des Altars:

Ex. 27, V. 2
Ex. 30, V. 2 f.
Ex. 37, V. 25 f.
Ex. 38, V. 2 f.
Jer. 17, V. 1
Ps. 118, V. 27
Ez. 43, V. 15

Mit Opferblut gefüllte Hörner
(vgl. nord. Trinkhörner):

Ex. 29, V. 12
Ex. 30, V. 10
Lo. 4, V. 7, 18, 25, 30, 34
Lo. 8, V. 15
Lo. 9, V. 9
Lo. 16, V. 18
Ez. 43, V. 20

Als Zufluchtsstätte:

1. Kön. 1, V. 50 f.
1. Kön. 2, V. 28
Am. 3, V. 14
2. Sam. 22, V. 3
Ps. 18, V. 3

6. Berggipfel (sowohl Horn des Berges als auch sichere Stätte):

Jes. 5, V. 1

7. Strahl, (Machtstrahl):

Hab. 3, V. 4

Bibelstellen, an denen der Terminus Schofar vorkommt:

Ri. 3, V. 27
Ri. 6, V. 34
2. Sam. 6, V. 15 f.
Jes. 58, V. 1
2. Chr. 15, V. 14
Ri. 3, V. 27

R. 6, V. 34
Ri. 7, V. 16-20
2. Sam. 2, V. 28
2. Sam. 18, V. 16
2. Sam. 20, V. 1, 22
2. Kön. 9, V. 13
Sach. 9, V. 14
Jos. 6, V. 9
Jes. 18, V. 13
Hos. 5, V. 8
Am. 3, V. 6
2. Sam. 2, V. 28
2. Sam. 18, V. 16
Ri. 7, V. 8, 16, 20
Hos. 9, V. 1
Jos. 6, V. 4, 8, 13, 16, 20
1. Sam. 13, V. 3
1. Kön. 1, V. 34, 39
Hes. 33, V. 3, 6
Neh. 4, V. 12
Ri. 7, V. 22
Jer. 4, V. 5
Jer. 6, V. 1
Jer. 51, V. 27
Josel. 2, V. 1, 15
Ps. 150, V. 3
Jos. 6, V. 9
Jos. 6, V. 5, 20
1. Kön. 1, V. 41
Hes. 33, V. 4, 5
Ps. 47, V. 6
Ps. 98, V. 8
Neh. 12, V. 14
Hiob 39, V. 15
Ps. 81, V. 4
Jes. 27, V. 13
2. Mos. 19, V. 16, 19
2. Mos. 20, V. 18
2. Sam. 6, V. 15
2. Sam. 15, V. 10
Jer. 4, V. 19, 21
Jer. 6, V. 17
Jer. 42, V. 14
Am. 2, V. 2
Hiob 39, V. 24
1. Chr. 15, V. 28
3. Mos. 25, V. 9 (Nach Luther Halljahrdr.)
Zeph. 1, V. 16

Bibelstellen, an denen der Terminus Chazozera bzw. Chazozerot vorkommt:

4. Mos. 10, V. 1 ff.
4. Mos 31, V. 6
Hos. 5, V. 8
2. Kön. 11, V. 14
3. Kön. 12, V. 14
Neh. 12, V. 35 f.

2. Chron. 23, V. 13
Esra 3, V. 10
2. Chr. 5, V. 14
Hos. 5, V. 8
4. Mos. 31, V. 6
Ps. 98, V. 6
1. Chr. 13, V. 18
1. Chr. 15, V. 28
1. Chr. 16, V. 6, 42
2. Chr. 15, V. 14
2. Chr. 20, V. 28
2. Chr. 29, V. 26 f.
1. Chr. 15, V. 24
2. Chr. 5, V. 12
2. Chr. 13, V. 12

Traktat: Rosh-ha-shana IV: 9, III: 2-6. Veröffentlicht in: PAUL FIEBIG, II. Seder. Moed. 8. Traktat. Rosch-ha-schana (Neujahr), Gießen 1914.

JOSEPHUS, F.: Antiquitates, Lib. III, c. 12,6.

BÜSING, J.CHR.: Dissertatio de tubis Hebraeorum argenteis. Bremae 1745.

UGOLINI, B.: Thesaurus antiquitatum sacrarum. (Bartolocci, De Mus. Instr. Hebr.) XXXII, Venetiis, 1767.

LAGARDE, P.: Gesammelte Abhandlungen. Leipzig 1866.

LEVY, J.: Chaldäisches Wörterbuch über Targumim I-II. Leipzig 1867-1868.

LEVY, J.: Neuhebräisches und Chaldäisches Wörterbuch über die Talmudim und Midraschim, 1876-1869.

KÖNIG, FR.: Historisch-kritisches Lehrgebäude der hebr. Sprache. I-III, Leipzig 1881-1897.

DELITZSCH, FR.: Prolegomena eines neuen hebr.-aram. Wörterbuchs zum A.T.. Leipzig 1886.

FRAENKEL, S.: Die aramäischen Fremdwörter im Arabischen. Leiden, 1886.

LAGARDE, P.: Übersicht über die Bildung der Nomina im Aramäischen. Göttingen 1889.

NOWACK, W.: Lehrbuch der hebräischen Archäologie. I-II, Freiburg/Leipzig 1894.

RIEM, E.C.A.: Handwörterbuch des biblischen Altertums. 2. Aufl., Bielefeld 1894.

WEISS, J.: Die musikalischen Instrumente des alten Testamentes. Graz 1895.

LIDZHARSKI, M.: Handbuch der nordsemitischen Epigraphik. Weimar 1898.

LEVIAS, C.: A Grammar of the Aramic idiom contained in the Babylonian Talmud. Cincinnati 1900.

GUNKEL, H.: Genesis. Göttingen 1901.

GRESSMANN, H.: Musik und Musikinstrumente im Alten Testament. Gießen 1903.

DALMANN, G.: Grammatik des jüdisch-palestinischen Aramäisch. Leipzig 1905.

GESENIUS, W.: Handwörterbuch über das Alte Testament. Leipzig 1905.

KLOSTERMANN, A.: Der Pentateuch. 2. Aufl., Leipzig 1907.

BROCKELMANN, C.: Grundriß der vergleichenden Grammatik der semitischen Sprachen. I-II, Berlin 1908-1913.

MÖLLER, H.: Indoeuropaeisk-Semitisk Sammenlignende Glossarium. Kjobenhaven 1909.

NÖLDEKE, TH.: Neue Beiträge zur semitischen Sprachwissenschaft. Straßburg 1910.

KRAUSS, S.: Talmudische Archäologie. I-III, Leipzig 1910-1912.

KITTEL, R.: Geschichte des Volkes Israel. Gotha 1912.

STAINER, S.J.: Music of the Bible. (Neu durch W. GALPIN), London 1914.

GESENIUS, W.: Hebräisches und aramäisches Handwörterbuch über das Alte Testament. 16. Auflage, Leipzig 1916.

KOHLBACH, B.: Das Widderhorn. In: Zeitschrift des Vereins für Volkskunde XVI, 1916.

LANGDON, ST.: Babylonian and Hebrew Musical Terms. (IRAS), London 1912.

Jerusalemischer Talmud. Vilna 1922.

DHORME, P.: L'Emploi métaphorique des noms de parties du corps en hébreu et en akkadien. Paris 1923.

LÖW, I.: Die Flora der Juden. I-III, Wien/Leipzig 1924-1928.

LODS, A.: Les idées des anciens Israélites sur la musique. In: Journal de Psychologie, 1926.

BENZINGER, I.: Hebräische Archäologie. 3. Aufl., Leipzig 1927.

WALDE, A.: Vergleichendes Wörterbuch der indogermanischen Sprachen. I-II, Berlin/Leipzig 1927-1930.

DALMANN, G.: Arbeit und Sitte in Palästina. I-VII, Gütersloh 1928-1942.

REIK, TH.: Ritual. In: The international Psycho-analytical Library, Vol. 19. Ins Englische übersetzt von DOUGLAS BRYAN, London 1931.

BRODY: Der Misna Traktat Tamid, von A.B. Upsala 1936.

KITTEL, R.: Biblia hebraica. 3. Aufl., Stuttgart 1937.

KOLARI, E.: Musikinstrumente ... im alten Testament. Helsinki 1947.

The Significance of the Reformation for the Reorientation of Geography in Lutheran Germany

by Manfred Büttner, Bochum[*]

A. Introduction: The Tasks of the Historian of Geography as a Historian of Science

The tasks of the historian of geography are twofold. First he has to investigate <u>how</u> geographical research has functioned. This entails asking the following:

a) By which principles were the facts known at any time organized?
b) Wich systems of thought were used as a basis of those which were developed?
c) Which questions were the focus of interest and which were of lesser concern?
d) What motives underlay the work?
e) What was the central conception serving as a starting point?
f) What changes took place and what was the impluse behind them?
g) In which direction did such changes lead the discipline?

To sum up, with reference to the theme of our discussion, one might ask: What did geography look like in the fifteenth and sixteenth centuries, and what changes took place during this period? Where did the impluses come from?

Having answered the obvious question of <u>how</u>, a second question, more interesting to the historian of science, arises: the question of <u>why</u>, which I personally consider the more important. Why was the orientation of geographical studies in the sixteenth century so fundamentally different from that of the fifteenth century? Why was that time in particular the era of great change within geographical thought, the consequences of which are to be felt up to this very day (in other words, the period which saw the expansion of mathematical geography to include physio- and cultural geography, so that from the sixteenth century on one can talk about "complete geography" according to today's usage). In the following I will stress the question of why. But of course the question of how is not to be left out of consideration.

In my opinion any attempt to find an answer to these questions must be based on the fact that at that time practically all geographers were really theologians. Their thoughts were focused on theological aspects. Thus any change in their theological thinking necessarily resulted in changes in geographical thought. In other words: since contemporary geographers were concerned with a geography which was theologically oriented, different theological philosophies had to lead to different geographical conceptions. Furthermore, sixteenth century German schools and universities were to a large extent confessionally oriented. At a Lutheran university such as Wittenberg, it was self-evident that the geographical thought was Lutheran. Today it seems unimaginable to us how any confessional thought (Catholic, Lutheran or Reformed) could be of any importance to geography. Above all, it seems strange that one had to change one's geographical orientation when converting from Catholic to Lutheran or Reformed (Calvinistic) beliefs. If this might appear to be a simplification, I shall try to point out these facts in my paper.

To do so I shall first present some fundamental considerations. Then VINCENTIUS and MELANCHTHON will serve as examples to demonstrate how geographical thought was influenced by theology, and the consequences the changes brought about in theological thought by the Reformation had for the reorientation of geographical thought. As the title implies, I limit myself to geography in Lutheran Germany. The geographical thought of the Reformed scientists can be only touched upon.

Basic considerations about the relationship between theology and geography

Nowadays ideology or material circumstances determine the tasks of geography, which methods are to be applied and which themes are to be focused on in different states. Formerly it was theological thought which determined the directions of research in geography. I name the three most prominent:

1. It was the task of the Catholic geographer to describe God`s Creation. The relationship between theology and geography, especially the role of geography where determined by theology, was as follows: the geographer`s job was to describe what the world created by God looked like.

2. The Lutheran geographer, on the other hand, was very little interested in Creation. Rather, he has concerned with demonstrating how the world created by God functioned.

3. The Reformed geographer was to be found between the two positions mentioned above. The Calvinist was mainly interested in describing the continuous process taking place between Divine decree, Creation, the foll of man and the present course of the world determined by Providence. Therefore the Reformed geographer (e.g., SEBASTIAN MÜNSTER) was concerned with the original Creation as well as with the current functioning of the world.

B. Vencentius and the Catholic Geographers of the Late Middle Ages

There can be no doubt that the <u>Speculum naturae</u> by VINCENTIUS was the chief model of Christian geography for geographers in Europe from the thirteenth to the sixteenth centuries. Contemporary opinion believed that an ideal balance had been struck in this work between 'geographical' pronouncements or ideas expressed in the Bible and those of Greek Antiquity.

VINCENTIUS presents his geographical material in line with the framework of events recorded in the first Book of Genesis. He does not always base his work directly on the Scriptures, but often adopts the interpretation of the Early Fathers, interpretations which were themselves determined by the Bible. Only where the Scriptures are vague does he borrow the theories of the classical writers, ARISTOTLE in particular, for his more precise elucidation of individual phenomena.

The structure of the work

VENCENTIUS begins with theological discussion concerning the Creator to whom owes its existence. He proceeds with ideas from the Bible about primoridal matter (Book 1). In his second book he deals with the first day of Creation, attempting to explain the notion of primeval chaos, which is mentioned in the Bible with only one word. In order to do this, he reproduces in thwentyseven chapters the ancient theory of the elements. The second day of Creation follows in the third book. This marks the beginning of his true geography, or cosmography. The reader learns in detail about the structure, shape, division and motion of the heavens but nothing about the stars, planets etc. These are described subsequently in Genesis, and VINCENTIUS follows this plan.

The description of the second day of Creation is continued in the fourth book. VINCENTIUS adheres to the classical progression from 'outer to inner' spheres (fire, air, water, earth) by first dealing with the sphere of fire and then of air, since the Bible is vague on this point. He adopts the Aristotelian doctrine of the two exhalations on which he bases his theory of wind and `impressions'(clouds, rain, snow etc.).

It is written in the Scriptures that on the third day God divided water and land. This biblical pronouncement, too, allows VINCENTIUS scope for adhering to the classical order and for discussing the aerial shpere and thereafter the aquatic spere (Book V). Like ARISTOTLE he maintains hat the element of water has condensed to form the oceans. This is a good opportunity for him to include classical hydrology (the theory of springs and rivers, oceanography etc.).

In the sixth book he turns to the earth itself, first explaining the element of earth, then its shape, dimensions, zones etc. Finally, the inhabited part of the earth`s surface is described, which he divides into continents, islands etc. I cannot give further details in this paper, but it may be added that what we understand by regional geography is dealt with by VINCENTIUS right at the end of his work, in the discussion of the Creation on the sixth day, under the title `On the habitations of Man'.

It has been demonstrated so far that only the broad framework of VINCENTIUS`s geography is based on the concepts expressed in the Bible; for the essential details, however, he borrows classical theories and the classical order (firstly general geography following the classical progression `from outer to inner` spheres, then regional geography). The following examples may illustrate more precisely his technique of forcing classical thought wherever possible into the broad biblical framework.

Examples of VINCENTIUS`s technique

According to classical doctrine the world consists of several heavenly shperes, the outermost of which, the star-filled firmament, is rotated by the prime mover. This sphere sets the lower spheres in motion. The Bible (in the

Latin translation) also speaks of a firmament, but this is not the outermost sphere; since God to some extent drained water _via_ this firmament (Hebrew: Rakija) to an outer sphere so that from the second day of Creation the so-called upper-heavenly waters existed, which seem incompatible with classical geography. A further contradiction between the biblical and classical conception of the world is that in the Bible there is no mention of the rotation of the heavens.

How does VINCENTIUS solve these contradictions? I quote only a few striking examples in order to illustrate VINCENTIUS's technique. He says that on the second day of Creation God created the firmament in the midst of the waters. According to ARISTOTLE the firmament does not consist of one of the four elements but of a fifth. Furthermore, in the passage quoted by VINCENTIUS, ARISTOTLE is not speaking of the firmament but of the heavens. VINCENTIUS interprets the different ideas in such a way as to make them compatibe. Thus it seems as if he uses Aristotelian ideas to elucidate biblical pronouncements.

After going into more detail in the next chapter about the nature of the firmament, he continues in the fifth chapter under the title, "De figura eiusdem". He is apparently still alluding to the firmament. However, he discreetly fits in the _Coelo_-concept, so that he suddenly switches to talking about the configuration of the heavens and not of the firmament. There is no problem in explaining this configuration and other characteristics of the heavens with reference to classical doctrine. The reader hardly notices that in reality it is a classical concept which is now under discussion and not a biblical concept, i.e., the _Rakija_, which is identical neither with the Greek or Latin firmament nor any other heavenly sphere. VINCENTIUS then has a free hand in many subsequent chapters to give precise interpretations of vague Biblical allusions. A further example of this is the explanation of the movement of the heavens. It is easy to identify the Aristotelian prime mover with God; one can also argue that although in Genesis nor reference is made to rotation, neither is it expressly stated that the world does not revolve. Whenever the Bible is not in direct antithesis with the classical perception of the world, explication in Aristotelian terms seems permissible to VINCENTIUS.

The total number of the heavens presents more of a problem since this is an issue in which the Bible and classical doctrine stand diametrically opposed. However VINCENTIUS can resolve this contradiction too. He has established that at another point in the Bible mention is made of several heavens. Thus he feels justified in drawing the conclusion that even in the accout of the Creation it is not only one heaven which is meant. A final example: the term 'elements' is meant because in the Bible water and air etc. are referred to. In this way the doctrine of the elements can easily be fitted into the Creation, thus leaving the way open for the development of classical geography.

Summary

On the surface the work presents an interpretation of Creation. It seems at first sight as if the geographical material has been taken from the Bible and presented in line with the events recorded in Geneis. Closer examination, however, reveals that the biblical pronouncements serve only as a framework into which classical geography has been fitted. Classical geography can clearly be made compatible with the biblical account of the Creation, given certain techniques of interpretation.

C. The new orientation of geography brought about by MELANCHTHON

1. The change of mental attitude during the sixteenth century

This paper is not intended to outline all the changes brought about by the Reformation, i.e., how far the Reformation became the obvious realization of a completely new and altered attitude of mind. I will only point out the aspects which were to be important for geography as a subject. This is where I believe that the change of focus in theological thought is important. Before the Reformation theologians were mainly concerned with God the Creator. The doctrine of Creation was the focus of thought. After the Reformation the doctrine of Providence (<u>providentia</u>) took its place. God, the Creator, i.e., He who <u>did</u> create the world, is, although He is ever present, the "distant" God. One of the main reasons for the Reformation was the desire to find a "close" God mercifully concerned with mankind, instead of the "distant" God. People longed for a "close" God they were able to reach without the mediation of the priesthood. One only needs to think of LUTHER's question: How shall I attain a merciful God? Consider also LUTHER's demand for a lay priesthood through which every Christian should be abe to have direct access to this "close" God. The "close" God is He who in His providence (<u>providentia</u>) is at work after the Creation and takes care that for mankind's sake everything in this world functions properly. The consequence of that is that anybody looking at this world and realizing how well it functions has direct access to the "close" God currently at work. According to the considerations mentioned above the Lutheran geographers did not only tend to, but they were forced to reshape their subject so that it would fit in with their new attitude of mind. Geography was to be reshaped in such a way as to be able to reach the Lutheran "close" God and not only the "distant" God of Catholic thought. Furhtermore, the following must also be taken into account. During the time of the Reformation a deep religiosity was undoubtedly present all over Europe, or at least a newly awakened religiosity which might be considered a reaction to secularization during the Renaissance. This was one of the main facts that gave the Reformation momentum.

2. Reconsideration of ARISTOTLE, and the alienation from the Bible

Like SEBASTIAN MÜNSTER, the founder of the Reformed school of geography, MELANCHTHON was a student of STÖFFLER`s in Tübingen. There he studied geography (and other sciences) as they were practised during the fifteenth century. In Wittenberg he came under LUTHER`s influence and developed to be the Praeceptor Germaniae. Here he developed a conception of the nature, task and aims, etc. of geography totally different not only from the conceptions of his predecessors but also from MÜNSTER`s. As founder of a school and university system in Lutheran Europe, and influenced as he was by Lutheran reformist thought, he based his requirements for a curriculum on the following principles. Only subjects which could be placed at the service of the evangelical doctrine (<u>doctrina evangelica</u>) should be taught at our schools and universities. Subjects which did not fulfil this requirement were either to be struck from the canon of subjects or to be recast in such a way as to correspond to the set standards.

This had important consequences for geography. Since the Catholic geography based on the doctrine of Creation could not be related to the Lutheran "central dogma" of a "close" God mercifully at work at the time, it must be altered. What this changed geography looked like, enabling people to reach God without the mediation of a priest, MELANCHTHON put forward in his lecture in 1549. The aspects important in our context on which he based his reform are:

1. A geography, which is intended to point out Providence (providentia), must be methodologically based mainly on ARISTOTLE and the work <u>De mundo</u> which he is supposed to have written.

2. Geographical material is not to be taken from the <u>Bible</u>, nor to be connected with the Creation (as in the case of VINCENTIUS). It is rather to be based on empirical research.

Since the work <u>De mundo</u> is little known I will touch upon it briefly to demonstrate how, under the influence of reformation thought, MELANCHTHON was forced outright to accept these directions and thus reorient geography.

3. ARISTOTLE: "De mundo" (about the world)

First I will briefly deal with factual material in this work and point out which procedures ARISTOTLE applied. Then we will be concerned with the question of <u>why</u>, and the position of the geographical material in this work.

In the second chapter ARISTOTLE starts his geographical subject. He begins with his definition of the term `world'. He says that the world is the sum of heaven and earth, or, to put it differently, the order and rule of the cosmos which is granted by and through God. The centre of the world, he continues, is the static earth. Above it are the heavens as a whole. It is limited from above. It includes the stars, those divine bodies, for it is eternally rotating. The substance of heaven and stars is called ether. It is an unchangeable divine element along with the four other elements.

The stars included in the heavens always rotate with them, while the planets have their own movement. Next to the sphere of the unchangeable divine ethers there is the changeable, transitory and mortal sphere, first the sphere of fire and then of air. adjoining the sphere of air is the realm of earth and oceans, with plants, animals, springs and rivers. The inhabited world is divided into islands and continents, not knowing that these make up an island, too, surrounded by water. It can be assumed that there are other islands somewhere across the ocean. It is the nature of the water to cover the surface and only a few mountains, the so-called inhabited worlds, can protrude. Thus water is directly adjacent to the sphere of air. These five elements are positioned in five interlocking spherical areas.

After this general survey of the world in terms of the theory of the elements, ARISTOTLE briefly touches upon the oceans and the land. First he describes the Mediterranean with its bays and promontories etc., then the outer ocean with its inlets and islands. About the land he says that the breadth of the inhabited world is 40,000 stadia, the length is 70,000. The inhabited world is divided into Europe, Asia and Lybia. This is followed by a brief description of the continents.

From Chapter 4 on he is concerned with the processes taking place on the earth and above. Here he presents a short meteorology (i.e., what we would call meteorology today). His starting point is a discussion of two qualities of evaporation. He talks about fog, dew, clouds and rain, etc. (the humid quality), wind, lightning and earthquakes (consequences of the dry quality). He concludes with optical phenomena in the air (e.g., rainbows). He adds at the end a discussion about the processes beneath the surface of the earth. So much about the geographical material in his writings.

I turn next to the purposes of this work and the consequent orientation of geographical facts. Information can be found in the introduction. There ARISTOTLE writes that he dedicates his work to KING ALEXANDER, his former student. Between the lines one can read that the purpose of this dedication was to tell the King indirectly by means of neutral geographical facts about hubris: "There is a superior being ruling the world to whom you too are subjected, and who will call you to account. Therefore be modest and do not overreach yourself."

Geographical facts alone cannot accomplish this; there is a need for philosophical refinement (namely the application of this material to prove divine providence, i.e., the government of the world). ARISTOTLE says the following:

> "Someone who describes to us only the essential nature of one town or the form of only one place is to be pitied for his shortsightedness, for he is not capable of seeing the larger context, the whole. He is only doing that because he cannot see the greater things, I mean the world and its wonders. If his mind were focused on it ... everything would appear small and of little value compared to its original force. So let us talk about it and seek out the divine wisdom in the cosmos as far as we can go."

ARISTOTLE is not concerned with straightforward separate facts. Rather it is important for him to explore the origin of things and whereby they are governed. He starts "at the bottom", i.e., with that which is obvious and open to empirical research. Then he inquires about the forces governing present processes. His conclusion falls within what we call today `theologia naturalis': that there is a ruling God. Then, after he has proved the existence of this God, he shows deductively how God rules the world. Thus ARISTOTLE's application of geographical material is twofold. He uses it to prove Divine providence (providentia) and thus God himself. At the same time it serves as a source of examples for God's activities in this world.

ARISTOTLE asks this question: How is it that the world, consisting of contrary elements, has not yet come to an end? His answer is that there must be a ruling force organizing the discordant elements to make up a unit. This force holding together the cosmos he investigates in Chapter 6. It would be a mistake he argues, to leave out the intellectual centre of this world in a discussion of the world. This centre cannot be arrived at via religion (i.e., not "from above") since this would lead to the conception of polytheism. Only a derivation from this world (i.e., inductively "from below") will lead to the one God.

> This God is the real Governor and Former of everything being brought about in this world. He does not commit Himself to manual labour as the creatures have to do, but He makes use of His unlimited power controlling seemingly most distant places.... The most extensive benefits of this omnipotence go to the substance closest to Him. Therefore the earth and everything mortal, so far away from God's help, seem so weak, so little in harmony, so completely in turmoil. Yet it follows, in so far as the divine omnipotence is ever present in the whole of Nature, that it is of influence on our affairs....

In these last sentences ARISTOTLE switches over imperceptibly to the derivation from above. Having established God as the ruler of the world, he can do so without losing his geographical point of view. He continues to give further examples of God's rule: God moves the sun, the moon, and the heavens. He causes rain, winds and dew at the proper time. He regulates streams and rivers, etc. ARISTOTLE concludes with a hymn to God "who is always the one God, although we know him as the God of lightning, thunder and the ether."

This clarifies the position of his geographical material, i.e., its relationship to the real aim of his writing. This aim is a theological-philosophical one. The work is to show that the geographical data refer to God the Ruler. MELANCHTHON picks up this impulse. Thus he does not take his geographical material from the Bible but from empirical research. I shall briefly touch upon MELANCHTHON's conception.

4. Some basic information about the structure of MELANCHTHON's work

From a variety of aspects and new points of view MELANCHTHON tries to make clear that the real objectives of the sciences, and of geography in particular, is to lead man towards God. It is striking that although MELANCHTHON frequently speaks of God, no reference is ever made to the Creator or the Creation, but to the <u>Opifex, Architectus, Conditor, Conservator</u>, etc. This observation illustrates MELANCHTHON's attempt to reach God by studying Nature. The God in question, however, is not the "distant" God, the Creator, but the God who governs everything here and now. The very first sentence of the preface states:

> "This magnificent theatre, i.e., the sky, lights, stars, earth, etc., are proof <testimonium> of God the Ruler and Former <Opifex> of the world. Whoever casts his eyes around will recognize in the order of things God the Architect who is permanently at work, preserving and protecting everything. In accordance with God's will we may trace His footprints in this world by studying the sciences."

This passage is reminiscent of Romans 1.20. MELANCHTHON hereby justifies the inclusion of empirical study of sciences like geography at Wittenberg. These then are the basic ideas of his lectures, as far as they are relevant to the present context.

5. The interpretation of geographical phenomena in theological terms

After the preamble in the first part, MELANCHTHON turns to geographical phenomena in the second part. He begins with the world as a whole, discussing thereafter the individual parts. His method is to follow an outward-inward progression beginning with the heavens and ending with the earth. He presents geography, or cosmography, in the classical sequence. MELANCHTHON's introductory question is, "What is the world?" The answer is that it is what the Greeks call `cosmos', i.e., the combination of heaven and earth. The individual parts of the world are: the heavens, the stars, the elements (fire, air, water, earth), plants and man. It is clear that he ignores the Bible completely, making no attempt, unlike VINCENTIUS, to balance in detail biblical and classical geographical concepts. Obviously MELANCHTHON is satisfied if there is a general concurrence; details do not concern him. The general idea is: the world is there for man to live in <u>and recognize God</u>.

Without going into further details, I shall deal briefly with MELANCHTHON's climatology as an example of how he uses geogaphical material (influenced by ARISTOTLE) to substantiate the <u>providentia</u> doctrine. In over 100 pages he explains how climate is directed "from above" for man's benefit. First of all he proceeds in an empirical (even a causal mechanistic) manner; then he presents proof of <u>providentia</u>, albeit by superimposing a teleological interpretation. Thus he can conclude that God presides over everything on earth, starting with the air, then the other elements and finally animate beings. A glance into Nature not only makes this clear: it proves it. God's government of the world (<u>providentia</u>) can be recognized independently of the Bible.

6. The new foundation of the geography of religion

Anyone who intends to focus geography on God's present rule of the world must inevitably enter the field of what is today known as the geography of religion. The spread of Christianity and its influence on civilization clearly exemplify God's rule of the world, although evidence of this is less conclusive than in physio-geography.

This re-orientation of geography, or developement of a new branch of geography (cultural geography), whereby the subject as a whole undergoes a shift in emphasis, must also be seen in connection with the change in mentality which brought about the Reformation. In other words, the new mentality which initiated the Reformation was also responsible for the reorientation of the sciences and geography in particular. The beginnings of our modern geography of religion must be ascribed to CASPAR PEUCER who developed the subject in accordance with MELANCHTHON's programme. In his work of 1556 he states that it is natural that we explore the world in which God has placed us, for we are the children of the Church of Jesus Christ. This world is nothing more than a series of divine revelations which we are able to comprehend mainly by means of the study of geographical phenomena. Geogrpahy is therefore a science which is concerned with the visible aspect of God's revelation.

Since God first revealed Himself in a small unimportant area on the eastern Mediterranean, the geography of Palestine should be placed at the beginning of all geography. The main task, however, is to examine the spread of Christianity because this shows the progress of God's revelation, i.e., <u>providentia</u>. TERTULLIAN is right to say that God created man with the intention of founding the Church of Christ. Our mission as geographers is to study how God's revelation spread throughout the world. In brief, PEUCER advocates a regional geography of Palestine and a geography of the expansion of Christendom.

In order to complete this outline, it is necessary for us to deal briefly with the geographical work of NEANDER. This book gives a clear insight into the detailed composition of a geographical work based on a religion. A few examples from the section on regional geography may be suitable to illustrate this point. NEANDER begins with Spain. However, he gives no information about either the geomorphological or the mathematical/cartographic features of this area. Mountains, rivers etc. are ignored (unlike in the previous geographical literature) and details about longitudes and latitudes are likewise omitted. For NEANDER, Spain is the country of ISIDORE and the polyglot Bible. Following the Bible chapter by chapter, NEANDER thus develops his concpet of the geography of religion (to a large extent identical with PEUCER's conception). He concludes his regional geography of Spain by mentioning that QUINTILIANUS and LUDOVICUS VIVES also lived there.

As he proceeds east in his description, NEANDER mentions the Pyrenees briefly, but then immediately turns to PETRUS LOMBARDUS and the scholastic theology which originated in France. (The attempt to make the spread of Christianity, or rather Christian thought, the central theme even in his regional geography is quite obvious.) He reports the disputes between the disciples of OCKHAM and the followers of SCOTUS and THOMAS. At the end he points out which school won the upper hand and disseminated its line of thought. He includes some neutral geographical information about Germany. However, places like Basle, Ingolstadt, Heidelberg or even Wittenberg serve as pegs upon which to hang the church history of various regions. According to NEANDER, these are the places where certain ideas developed and then spread elsewhere. Wittenberg, for example, is the city of LUTHER and MELANCHTHON and the birth-place of the Reformation. Greece and Egypt are the main locations (loci) for the early history of dogmatics. This history thus also depicts how Christianity, in expanding to the west, changed under the influence of divine providentia.

Palestine, in accordance with PEUCER's guidelines, becomes the site of his geographia sacra. As far as the remaining areas of Africa and Asia are concerned, he merely lists some neutral physico-geographical and historical facts which are a kind of preamble designed only to acquaint the reader with the nature of those areas into which Christianity advanced. NEANDER is of the belief that this is obviously how Christianity spread by divine guidance on those distant continents, and how it there transformed the entire culture.

The portrayal of Egypt is typical of NEANDER's style. First we learn what the ancient geographers had to say about this country. There then follows an account of the events of church history, which changed the whole culture. NEANDER begins with the <u>Scola Alexandria</u>, then discusses ATHANASIUS and his significance for the further development of Christianity, referring also to ORIGEN and EUSEBIUS. The portrayal ends with GREGORY OF NYSSA. Quite incidentally (i.e., in seven lines) he mentions that PTOLEMY had lived in Alexandria. He does not avail himself of the opportunity of discussing the subject of geography and its inception. This would have been surprizing for a geographer of the old school.

To summarize this section on the origins of the geography of religion: it has become evident how LUTHER's deliberate neglect of the doctrine of the Creation resulted in reorientation of all geography (including regional geography).

D. *The Special Position of the Reformed Geography*

SEBASTIAN MÜNSTER, STÖFFLER's other student, did not lean to ARISTOTLE as strongly as MELANCHTHON did. What are the reasons for this? Why did he and his students go back to PTOLEMY and refer once more to the <u>Bible</u>? Why did the Calvinists call upon STRABO in addition?

These questions are easily answered in light of the fact that the Reformed church made use of a different doctrine of providence from the Lutherans. Lutherans and Calvinists fundamentally agreed that geography was to exemplify the doctrine of providence (<u>providentia</u>). Since the Reformed conception of providence differs dogmatically from the Lutheran one, the application was decisively different. While Lutheran thought includes only God's present government in the doctrine of providence (providentia), the Reformed church includes his former government, even including God's plan before the time of Creation.

Thus a Reformed geographer, orienting the subject according to the doctrine of providence (<u>providentia</u>), is supposed to apply Aristotelian thought to deal with the present. Since his doctrine of providence demands a representation of the former times, he has to go back to the Creation. Consequently, he cannot emancipate himself completely from PTOLEMY and has to refer to the <u>Bible</u>, since only the <u>Bible</u> reveals God's plan. (Therefore, Reformed countries have always been more open for the development of geology than the Lutheran areas of Europe. There the main interest focused at first on the present functioning of the world.)

This caused the Reformed geographers, who were less conservative than the Lutherans in quite a few aspects, sometimes to bring forward a geography centred around a biblical explanation of the Creation, as late as the seventeenth centruy, as, for example, MERCATOR did. MERCATOR's main work, the well-known atlas, is a biblical explanation of the Creation. The maps partly based on PTOLEMY are only to illustrate the text.

Why did MÜNSTER and his students (in contrast to the Lutherans) refer to STRABO, thus extending geography to what we would call cultural geography? Simply because it is possible to demonstrate by means of the <u>Bible</u> and STRABO's geography, how God has ruled man since the expulsion from Paradise. Lutherans were not interested in how God ruled man in former times. For them it was important to show that God ruled man and Nature at the present time. By contrast, Calvinists had to show how God had previously ruled. For this purpose the Bible and STRABO supplemented each other.

E. *Closing Remarks: The Move to a "Complete Geography" in the Sixteenth Century*

The interest during the Reformation in the active presence of God who revealed himself with grace to mankind and who could be approached directly without ecclesiastical mediation resulted in an expansion of geography. The mathematical geography mainly oriented to PTOLEMY, and the geography of the Creation based on the Bible, were expanded to include what we would call cultural and physical geography.

In spite of the fact that cultural geography was oriented to a geography of religion and physical geography was conducted in an Aristotelian-teleological manner (today these subjects have a different orientation) it must be remembered that the division of present geography and the development into a "complete geography" (i.e., mathematical, physical and cultural geography) originated in the sixteenth century. Maybe it is more correct to say this: the present division of geography developed in the sixteenth century. Thus the roots of today's "complete geography" are to be found in the sixteenth century.

*   Published in: History of Science, 7, Norfolk/GB 1979, p. 151-169. Leicht geänderte (und ins Englische übersetzte) Fassung eines Aufsatzes mit dem Titel: Die Bedeutung der Reformation für die Neuausrichtung der Geographie im protestantischen Europa und ihre Folgen für die Entfaltung der Providentialehre. In: Archiv für Reformationsgeschichte, Jahrgang 68, 1977.

Bibliography

ADICKES, E.: Kants Ansichten über Geschichte und Bau der Erde. Tübingen 1911.

ADICKES, E.: Untersuchungen zu Kants physischer Geographie. Tübingen 1911.

ADICKES, E.: Ein neu aufgefundenes Kollegheft nach Kants Vorlesung über physische Geographie. Tübingen 1913.

ADICKES, E.: Kant als Naturforscher. Berlin 1925.

ARISTOTLE: Über die Welt. (trans. by P. GOHLKE), Paderborn 1952.

ARISTOTLE: Meteorologie. (trans. by P. GOHLKE), Paderborn 1955.

ARISTOTLE: Über den Himmel. (trans. P. GOHLKE), Paderborn 1958.

AVERDUNK, H. and MÜLLER-REINHARD, J.: Gerhard Mercator und die Geographen unter seinen Nachkommen. Petermanns Mitteilungen. Ergänzungsheft clxxxii. Gotha 1914.

BAGROW, L.: "A. Ortelii Catalogus Cartographorum", ii: Teil M-Z, Petermanns Mitteilungen. Ergänzungsheft ccx, Gotha 1930, pp. 3-17.

BAGROW, L. and SKELTON, R.A.: Meister der Kartographie. Berlin 1963.

BECK, H.: Methoden und Aufgaben der Geschichte der Geographie. Erdkunde, viii, 1954, pp. 51-57.

BECK, H.: Entdeckungsgeschichte und geographische Disziplinhistorie. Erdkunde, ix, 1955, pp. 197-204.

BECK, H.: Geographische. Europäische Entwicklungen in Texten und Erläuterungen. Freiburg/München 1973. Orbis Academicus, Bd. 2/16.

BENZ, E.: Theologie und Elektrizität. Zur Begegnung und Auseinandersetzung von Theologie und Naturwissenschaft im 18. Jahrhundert. Wiesbaden 1971.

BERNLEITHNER, E.: Gerhard Mercator. Die Großen der Weltgeschichte, Band v, Zürich 1974, pp. 82-97.

BÜTTNER, M.: Theologie und Naturwissenschaft, insbesondere Geographie. Theolog. Diss. Münster 1963.

BÜTTNER, M.: Theologie und Klimatologie. In: Neue Zeitschrift für systematische Theologie und Religionsphilosophie, vi, 1964, pp. 154-191.

BÜTTNER, M.: Geographie und Theologie im 18. Jahrhundert. Tagungsberichte und wissenschaftliche Abhandlungen Deutscher Geographentag Bochum 1965. Wiesbaden 1966, pp. 352-359.

BÜTTNER, M.: Rezension zu May, Kant's Concept of Geography... In: Erdkunde, xxv, 1971, p. 305.

BÜTTNER, M.: A Geographia generalis before Varenius. International geography, ii, Toronto 1972.

BÜTTNER, M.: Die Geographia generalis vor Varenius. Geographisches Weltbild und Providentialehre. Erdwissenschaftl. Forschung. 7, Habil.-Schrift, Wiesbaden 1973

BÜTTNER, M.: Keckermann und die Begründung der allgemeinen Geographie. Plewe-Festschrift, Wiesbaden 1973 a, pp. 63-69.

BÜTTNER, M.: Neue Strömungen in der Religionsgeographie. In: Zeitschrift für Missions- und Religionswissenschaft, lvii, 1973 b, pp. 39-59.

BÜTTNER, M.: Das "physikotheologische" System Karl Heims. Einordnung und Kritik. Kerygma und Dogma, xix, 1973 c, pp. 267-286.

BÜTTNER, M.: Zum Gegenüber von Naturwissenschaft (insbesondere Geographie) und Theologie im 18. Jahrhundert. Der Kampf um die Providentialehre innerhalb des Wolffschen Streites. Philosophia naturalis, xiv, Meisenheim am Glan 1953 d, pp. 95-122.

BÜTTNER, M.: Zum Übergang von der teleologischen zur kausalmechanischen Betrachtung der geographisch-kosmologischen Fakten. Studia Leibnitiana, v, 1973 e, pp. 177-195.

BÜTTNER, M.: Kopernikus und die deutsche Geographie im 16. Jahrhundert. Philosophia naturalis, 1973 f, pp. 353-364.

BÜTTNER, M.: IGU-Kommission "History of Geographical Thought". Ein Kurzbericht über die Ziele und den Stand der Arbeiten. In: Geographische Zeitschrift, lxii, 1974, pp. 233-235.

MANFRED BÜTTNERs Arbeiten über die Beziehungen zwischen Theologie und Geographie. (Herausgegeben von HIDEO SUZUKI) in: Geographical review of Japan, Tokyo, 1974, pp. 653-657.

BÜTTNER, M.: Die Emanzipation der Geographie im 17. Jahrhundert. Sudhoffs Archiv xxvi, 1975, pp. 1-16.

BÜTTNER, M.: Kant und die Überwindung der physikotheologischen Betrachtung der geographisch-kosmologischen Fakten. Ein Beitrag zur Geschichte der Geographie in ihren Beziehungen zur Theologie und Philosophie. In: Erdkunde, xxix, 1975 a, pp. 53-60.

BÜTTNER, M.: Die Neuausrichtung der Geographie im 17. Jahrhundert durch Bartholomäus Keckermann. Ein Beitrag zur Geschichte der Geographie in ihren Beziehungen zur Theologie und Philosophie. In: Geographische Zeitschrift, lxiii, 1975 b, pp. 1-12.

BÜTTNER, M.: Regiert Gott die Welt? Vorsehung Gottes und Geographie. Stuttgart 1975 c.

BÜTTNER, M.: Kant and the physico-theological consideration of the geographical facts: A contribution to the history of geography in its relation to theology and philosophy. The geographical schools in Central Europe before 1800. Organon, xi, Warsaw 1975 d.

BÜTTNER, M.: Beziehungen zwischen Theologie und Geographie bei Bartholomäus Keckermann. Seine Sünden- und Providentialehre eine Folge der Emanzipation der Geographie aus der Theologie? In: Neue Zeitschrift für systematische Theologie und Religionsphilosophie, xviii, 1976, pp. 209-234.

BÜTTNER, M.: Von der Religionsgeographie zur Geographie der Geisteshaltung? Erörterung zur historischen Entwicklung der Religionsgeographie im protestantischen Europa und ihrem gegenwärtigen Stand in der Bundesrepublik Deutschland. Ein Beitrag zur Geschichte des geographischen Denkens. In: die Erde, iv, 1976 a, pp. 300-329.

BÜTTNER, M.: The historical conditions affecting the development of geographia generalis. Vortrag gehalten auf dem Symposium der IGU-Kommission on the "History of Geographical Thought, August 1976, Leningrad 1976 b.

BÜTTNER, M.: Die Neuausrichtung der Providentialehre durch Bartholomäus Keckermann im Zusammenhang der Emanzipation der Geographie aus der Theologie. In: Zeitschrift für Religions- und Geistesgeschichte, Bd. XXVIII, Heft 2, Köln 1976e.

BÜTTNER, M.: Die geographischen Schriften des Aristoteles und ihre Bedeutung für die Entwicklung der Geographie in Deutschland: Ursachen und Folgen. Ein Beitrag zum Thema: Das Geographische Denken und seine Wandlungen in der Zeit vor 1800. (Paper für das Meeting des deutschen Zweiges der IGU-Kommission "History of Geographical Thought" am 31.5.1977 in Mainz.)

BÜTTNER, M.: On the history of the geography of religion in Germany, XVth International Congress of the History of Science, Proceedings, 1977 a.

BÜTTNER, M.: Johannes Stöffler und die Beziehungen zwischen Geographie und Theologie im 16. Jahrhundert. Vortrag, gehalten im Rahmen der Feiern anläßlich des 500-jährigen Bestehens der Universität Tübingen am 25.6.1977, 1977 b.

BÜTTNER, M.: Die Bedeutung von Globus und Karte innerhalb der Entwicklung des geographischen Denkens vom Zeitalter des Humanismus bis zur Aufklärung. (Paper für das V. internationale Symposium des Coronelli-Weltbundes), 1977 c.

BÜTTNER, M.: Geosophie, geographisches Denken und Entdeckungsgeschichte. In: Die Erde, 1977 d.

BÜTTNER, M.: Dig Bedeutung der Reformation für die Neuausrichtung der Geographie im protestantischen Europa. Archiv für Reformationsgeschichte, lxviii, 1977 e, pp. 209-225.

BREUSING, A.: Gerhard Kremer gen. Mercator, der deutsche Geograph. Vortrag, gehalten in Duisburg. Duisburg 1878.

BREUSING, A.: Mercator, Gerhard. In: Allgemeine Deutsche Biographie, xxi, 1885, pp. 385-397.

BURMEISTER, K.-H.: Sebastian Münster. Versuch eines biographischen Gesamtbildes. Basler Beiträge zur Geschichtswissenschaft, xci, Basel und Stuttgart 1963.

BURMEISTER, K.-H.: Sebastian Münster. Eine Bibliographie. Wiesbaden 1964.

BURMEISTER, K.-H. (Hrsg.): Briefe Sebastian Münsters. Frankfurt 1964.

BURNET, T.: Telluris theoria sacra. London 1681.

CLERCQ, C. DE: Mercator en de gosdienstige stromingen van zijn tijd. Vortrag, gehalten auf der 450 Jahrfeier der "oudheidkundige Kring van het Land van Waas", am 16. Sept. 1962 in St. Niklaas, 1962.

CLERCQ, C. DE: Le commentaire de Gérard Mercator sur l'épitre aux Romains de saint Paul, Festschrift zum 450. Geburtstag Gerhard Mercators, Duisburger Forschungen, vi, Duisburg 1962, pp. 233-243.

DE SMET, A.: Mercator à Louvain (1530-1552). Festschrift zum 450. Geburtstag Gerhard Mercators, Duisburger Forschungen, vi, Duisburg 1962, pp. 28-90.

DE SMET, A.: A chronicle of the Mercator Commemoration in 1962 and a selection from the Mercator literature on the occasion of the Mercator year 1962. Imago mundi, xvii, 1963, pp. 99-103.

DE SMET, A.: L'oeuvre cartographique de Gérard Mercator. In: Revue belge de géographie, lxxxvi, 1962, pp. 67-84.

DE SEMT, A.: Gerhard Mercator's wetenschappelijke, technische en kartografische activiteit. In: Tijdschrift van de Belgische Vereeniging voor Aardrijkskundige Studies, xxxii, 1963, pp. 31-49.

DINSE, P.: Zum Gedächtnis Gerhard Mercators (8. Dez. 1894). Verhandlungen der Gesellschaft für Erdkunde zu Berlin, xxi, 1894, pp. 368-384.

GALLOIS, L.: Les géographes allemands de la Renaissance. Paris 1890, pp. 190-236.

GESKE, H. H.: Die Vita Mercators des Walter Ghim, wiedergegeben und übersetzt. Festschrift zum 450. Geburtstag Gerhard Mercators, Duisburger Forschungen, vi, Duisburg 1962, pp. 244-276.

GLASENAPP, H. v.: Kant und die Religionen des Osten. Kitzingen 1954.

HAGER, M.J.G.: Geographischer Büchersaal. 3 Bde., Chemnitz 1764.

HALLER, J.: Die Anfänge der Universität Tübingen 1477-1537. Stuttgart 1929.

HANTZSCH, V.: Sebastian Münster. Leben, Werk, wissenschaftliche Bedeutung. Abhandlung der philologisch-historischen Klasse der königlich-sächsischen Gesellschaft Wissenschaftern, xviii, 3, Leipzig 1898.

HARTFELDER, K.: Philipp Melanchthon als Praeceptor Germaniae. Berlin 1889, reprint 1964.

HAUBER, E.D.: Nützlicher Diskurs von dem gegenwärtigen Zustand der Geographie, besonders in Deutschland. Ulm 1727.

HEERBRAND, I.: Compendium theologiae. Leipzig 1573.

HEPPE-BIZER: Die Dogmatik der evangelisch-reformierten Kirche. Neukirchen 1958.

HEYD, L.: Melanchthon und Tübingen. Tübingen 1889.

HINRICHS, C.: Preußentum und Pietismus. Göttingen 1971.

HOGDEN, M.T.: Sebastian Münster (1489-1522): Sixteenth-century ethnographer. Osiris, xi, 1954.

HOHEISEL, K.: Johannes Stöffler als Geograph. (Paper für das Meeting des deutschen Zweiges der IGU-Kommission "History of Geographical Thought" am 31.5.1977 in Mainz.

HORN, W.: Sebastian Münster's map of Prussia and the variants of it. Imago mundi, vii, Stockholm 1950, pp. 67-73.

HÜBNER, I.: Die Theologie Johannes Keplers zwischen Orthodoxie und Naturwissenschaft. Tübingen 1975.

KAMINSKI, W.: Über Immanuel kants Schriften zur physischen Geographie... Königsberg 1905.

KANT, I.: Der einzig mögliche Beweisgrund zu einer Demonstration des Daseyns Gottes. Königsberg 1783.

KANT, I.: Immanuel Kants physische Geographie. Berlin 1968, Kants Werke, ix; Akademie Textausgabe, Rinkscher-Text.

KASCHE, G.: Ideen über religiöse Geographie. Lübeck 1795.

KASTROP, R.: Ideen über die Geographie und Ansatzpunkte für die moderne Geographie bei Varenius. Diss. Saarbrücken 1972.

KASTROP, R.: Das Verhältnis von Geographia Generalis und Geographia Specialis von Keckermann bis Varenius. (Paper für das Meeting des deutschen Zweiges der IGU-Kommission "History of Geographical Thought" am 31.5.1977 in Mainz.

KECKERMANN, B.: Systema geographicum. Hanoviae 1616.

KIRMSE, R.: Neue Arbeiten über Gerhard Mercator, sein Sohn Arnold und Christian Sgroten. Eine Betrachtung der Veröffentlichungen von 1945-1960. Duisburger Forschungen, v, 1961, pp. 52-80.

KIRMSE, R.: Zu Mercators Tätigkeit als Landmesser in seiner Duisburger Zeit. Festschrift zum 450. Geburtstag Gerhard Mercators, Duisburger Forschungen, vi, Duisburg 1962, pp. 91-114.

KÜHN, A.: Die Neugestaltung der deutschen Geographie im 18. Jahrhundert. Leipzig 1939.

KYEWSKI, B.: Über die Mercatorprojektion. Festschrift zum 450. Geburtstag Gerhard Mercators, Duisburger Forschungen, vi, Duisburg 1962, pp. 115-130.

MAURER, W.: Melanchthon und die Naturwissenschaft seiner Zeit. Archiv für Kulturgeschichte. In Verbindung mit F. WAGNER und A. BORST, Hrsg. v. H. GRUNDMANN. Bd. xliv, H. 2, Köln und Graz 1962.

MAURER, W.: Melanchthon Studien. Gütersloh 1964.

MAURER, W.: Der junge Melanchthon. Göttingen 1967.

MAY, J.A.: Kant's concept of geography. Toronto 1970.

MELANCHTHON, P.: Initia doctrinae physicae. Wittenberg 1549.

MERCATOR, G.: Terrae sanctae descriptio. Löwen 1537.

MERCATOR, G.: Orbis imago. Löwen 1538.

MERCATOR, G.: Globi coelestis sculptura. Löwen 1551.

MERCATOR, G.: Chronologia. Hoc est temporum demonstratio exactissima, ab initio mundi, usque ad annum Domini MDLXVIII. Köln 1569, Haeredes Arnoldi Birckmanni.

MERCATOR, G.: Tabulae geographicae Cl. Ptolemaei. Köln 1578.

MERCATOR, G.: Evangeliae historiae. Duisburg 1592.

MERCATOR, G.: Atlas minor. Amsterdam 1631.

MOLL, A.: Joh. Stöffler von Junstingen. Lindau 1877.

MÜNSTER, S.: Germaniae atque aliarum regionum descriptio pro tabula Nic. Cusae. Basel 1530.

MÜNSTER, S.: Organum uranicum. Basel 1531.

MÜNSTER, S.: Cosmographia. Basel 1544.

MÜNSTER, S.: Sphaerae mundi. Basel 1546.

MÜNSTER, S.: Cosmographiae universalis libri. VI. Basel 1550.

NEANDER, M.: Orbis terrae partium succincta esplicatio. Eisleben 1583.

OEHME, R.: Eberhard David Hauber (1695-1765). Ein schwäbisches Gelehrtenleben. Stuttgart 1976.

OEHME, R.: Sebastian Münster und Heidelberg. In: Geographische Rundschau, xv, 1963.

OPLADEN, P.: Gerhard Mercators religiöse Haltung. Annalen des Historischen Vereins für den Niederrhein, insbesondere das alte Erzbistum Köln, cxxxiii, 1938, pp. 77-90.

PANZER, W.: Der deutsche Geograph Sebastian Münster. Beiträge zur Ingelheimer Geschichte, iv, Ingelheim 1953.

PEUCER, C.: De dimensione terrae. Wittenberg 1556.

PHILIPP, W.: Das Werden der Aufklärung in theologiegeschichtlicher Sicht. Göttingen 1957.

PTOLEMÄUS, C.: Cosmographia. Ulm 1482 (reprint Amsterdam 1963.

RAEMDONCK, J.v.: Gérard Mercator. Sa vie et ses oeuvres. St. Nicolas 1869.

RATSCHOW, C.H.: Lutherische Dogmatik zwischen Reformation und Aufklärung. Gütersloh 1964.

REICH, K.: Kants einzig möglicher Beweisgrund zu einer Demonstration des Daseins Gottes. Leipzig 1937.

RULAND, H.L.: A survey of the double-page maps in the editions of Münsters "Cosmographia" and his edition of Ptolemy's "Geographia". Imago mundi, xvi, Den Haag 1962, pp. 84-96.

RUPPERT, K., MAIER, J.: Zum Standort der Fremdenverkehrsgeographie - Versuch eines Konzepts. Münchener Studien zur Sozial- und Wirtschaftsgeographie, vi, Kallmünz/Regensburg 1970, pp. 9-36.

SCHRECKENFUCHS, E.O.: Trauerrede zum Gedächtnis seines Lehrers Sebastian Münster. Übersetzung aus dem Hebräischen ins Englische von ELVIN I. KOSE mit Anmerkungen von HAROLD L. RULAND, vom Englischen unter Hinzuziehung des hebräischen Originals ins Deutsche von ERNST EMMERLING, KARL BURMEISTER und GÜNTHER MAYER. Beiträge zur Ingelheimer Geschichte. 12, Ingelheim 190.

STÖFFLER, J.: Commentaria in geographicae Ptolemaei libros... Manuscript. 1512.

STUPPERICH, R. (Hrsg.): Melanchthons Werke in Auswahl. Gütersloh 1951 ff.

TUAN, Y.-F.: The hydrologic cycle and the wisdom of God. A theme in geoteleology. Toronto 1968.

VAN BEYLEN, J.: Schepen op kaarten ten tijde van Gerard Mercator. Festschrift zum 450. Geburtstag Gerhard Mercators, Duisburger Forschungen, vi, Duisburg 1962, pp. 131-157.

VAN DURME, M.: Correspondance mercatorienne. Anvers 1959.

VAN ORTROY, F.: L'oeuvre géographique de Mercator. Revue des questions scientifiques, publ. par la Société Scientifique de Bruxelles, 2e série Brussel 1892 u. 1893, pp. 523-528.

VARENIUS, B.: Geographia generalis. Amsterdam 1650.

VOET, L.: Les relations commerciales entre Gérard Mercator et la maison Plantinienne à Anvers. Festschrift zum 450. Geburtstag Gerhard Mercators, Duisburger Forschungen, vi, Duisburg 1962, pp. 171-232.

WAUWERMANN, H.E.: Notes sur les variations de l'Escaul au XVIe siècle à propos de l'exemplaire unique de la Carte de Flandre de Mercator acquise par la ville d'Anvers. Bulletin Société de la Géographie Anvers, i, 1877, pp. 155-188.

WAUWERMANN, H.E.: Mercator, Gerhard (de Kremer). Biographie Nationale de Belgique, xiv, 1896, pp. 372-421.

WEIGEL, E.: Mathematische Demonstration wider alle Atheisten... Nürnberg 1687.

WIGAND, I.: Syntagma seu corpus doctrinae Christi... Basel 1568.

WISOTZKI, E.: Zeitströmungen in der Geographie. Leipzig 1897.

WITTE, L.: Das geographische Denken E. D. Haubers. (Paper für das Meeting des deutschen Zweiges der IGU-Kommission "History of Geographical Thought" am 31.5.1977 in Mainz.

WOLFF, CHR.: Specimen physicae ad theologiam naturalem applicatae. Halle 1711.

WOLFF, CHR.: Vernünfftige Gedanken von Gott, der Welt ... Halle 1720.

WOLFF, CHR.: Vernünfftige Gedanken von den Würckungen der Natur. Halle 1723.

WOLFF, CHR.: Vernünfftige Gedanken von den Absichten der Dinge. halle 1724.

WOLFF, CHR.: Theologia naturalis. Marburg 1736/37.

WOLFF, H.M.: Die Weltanschauung der deutschen Aufklärung. Bern 1951.

ZINNER, E.: Geschichte und Bibliographie der astronomischen Literatur in Deutschland in der Zeit der Renaissance. Leipzig.

ZÖCKLER, O.: Geschichte der Beziehungen zwischen Theologie und Naturwissenschaft. Gütersloh 1877.

ZWINGLI, H.: De Providentia. Tiguri 1530.

Die Beziehungen zwischen Theologie und Geographie bei Bartholomäus Keckermann

Seine Sünden- und Providentialehre eine Folge der Emanzipation der Geographie aus der Theologie?

von Manfred Büttner, Bochum*

Seit der Reformation stand die Geographie[1] im Dienste der Theologie, zumindest im protestantischen Europa. Sie hatte die Aufgabe, Gottes Providentia (die göttliche Lenkung der Welt) aufzuzeigen bzw. zu beweisen.[2] Gegen Ende des 16. Jahrhunderts machen sich erste Anzeichen einer Emanzipation bemerkbar. GERHARD MERCATOR z.B., der führende Geograph jener Zeit, stellt zwar noch fest, daß es die Aufgabe des Geographen sei, Gottes Providentia aufzuzeigen, und daß man sich dabei auf die Bibel stützen müsse.[3] Anders als seinen Vorgängern[4] gelingt es ihm aber bereits nicht mehr, die Geographie nach den geforderten Prinzipien aufzubauen. In seinem Hauptwerk, das er gegen Ende des Jahrhunderts schreibt, deutet sich die Emanzipation aus der Theologie an.[5]

Eine solche Emanzipation mußte für den gläubigen Christen gravierende Folgen haben, und MERCATOR hat sie vorausgeahnt. Wenn nämlich die Geographie nicht mehr die Aufgabe der Providentia-Erläuterung bzw. sogar des Providentia-Beweises erfüllen kann, dann ist eine "Schrumpfung" des Lehrstücks von Gottes Weltregierung die unabwendbare Folge.

War es bislang möglich, dem Menschen mit Hilfe der geographischen Fakten (bzw. mit Hilfe der für diese Fakten zuständigen Wissenschaft) wie Regen und Schnee, Sommer und Winter, Tag und Nacht, Ebbe und Flut usw. die göttliche Lenkung der Welt sinnfällig vor Augen zu führen[6], so mußte für den gläubigen Christen in dem Augenblick eine Welt zusammenbrechen, als die Geographie diese Aufgabe nicht mehr erfüllte bzw. erfüllen konnte.[7]

Diese Konsequenzen, die einen "frommen Geographen" nicht zur Ruhe kommen ließen, hat MERCATOR schmerzhaft durchlitten.[8] Erst durch BARTHOLOMÄUS KECKERMANN (1572-1609) wurde dieser Zwiespalt gelöst. Er entfaltet selbst eine emanzipierte Geographie und entkräftet die theologischen Argumente, die gegen eine solche Emanzipation sprechen. Doch nicht nur das, er stellt sogar fest, daß gerade die neutrale, nicht vordergründig im Dienste der Theologie stehende Geographie eine noch viel bessere theologische Aufgabe übernehmen kann.

Zu Keckermanns Theologie

Hier sei nur das aus seiner Theologie, was für den angesprochenen Zusammenhang von Wichtigkeit ist, herausgegriffen.[9]

1. Sündenlehre

KECKERMANN begründet die Trennung von Naturwissenschaft und Theologie im Lehrstück von der Sünde. ZUYLEN (1934) hat diesen Teil seiner Wissenschaftstheorie gut dargestellt. Hier sind seine Forschungsergebnisse, soweit sie für uns von Belang sind:

1. Auszugehen ist bei KECKERMANN von der Unterteilung des Gesamtwissens nach Theorie und Praxis. In jeder Disziplin kommt es hauptsächlich auf die praktische Seite des Faches an, die theoretischen Belange haben nicht für sich selbst Sinn und Wert, sondern dienen mehr oder weniger nur als Mittel zum praktischen Zweck. Dieses Einteilungsprinzip gilt auch für die Theologie. Die Praxis der Erlösung ist die Hauptsache. Von daher ist anzusetzen. Die übrigen theologischen Erwägungen über das Wesen Gottes usw. gewinnen als theoretischer Vorbau, im Rahmen der sogenannten Theosophie lediglich von diesem praktischen Endziel her ihre Bedeutung.

2. Aus diesem praktischen Ansatz ergibt sich die sogenannte analytische Methode. KECKERMANN ist der erste Analytiker. Er sagt: Man hat prinzipiell vom Ziel (im Falle der Theologie von der Heilsvermittlung) auszugehen, dann erst sind die Mittel, die zu diesem Ziel führen, aufzuzeigen.

3. Wie kann man das Ziel, nämlich das Heil erlangen? An dieser Stelle baut KECKERMANN in sein System der Beziehungen zwischen Theologie und Naturwissenschaft eine neue Sündenlehre ein: Das Ziel des Menschen ist seine Gott-Ebenbildlichkeit. Diese Ebenbildlichkeit ist zwar durch den Sündenfall verlorengegangen, sie kann aber zurückgewonnen werden, und zwar auf zweierlei Weise. Einmal ist die ursprüngliche Gerechtigkeit und Heiligkeit mit Hilfe der Theologie durch die Offenbarung wiederzuerlangen. Zum anderen kann die Ebenbildlichkeit mittels der Philosophie, d.h. bei KECKERMANN Naturwissenschaft, insbesondere Geographie, erlangt werden.

Dieser neue Gedanke ist etwas näher zu erläutern: KECKERMANN geht davon aus, daß Gott alles in allem ist. Ein echtes Ebenbild Gottes muß daher ebenfalls alles in allem sein. Es muß daher alles begreifen, um schließlich das Begriffene zu beherrschen. Daraus folgt: **In der Beherrschung der Erde kann der Mensch seine verlorengegangene Gott-Ebenbildlichkeit zurückgewinnen.** KECKERMANN stellt fest, daß im Paradies noch jeder einzelne mehr von der Natur wußte, als alle heutigen Wissenschaftler zusammen. Dann kam der Sündenfall, mit dem die Naturkenntnis verlorenging, weil der Mensch nunmehr in seiner ganzen Person von der Sünde erfüllt war. Doch die Naturwissenschaft, insbesondere die Geographie, kann durch immer neue Erkenntnisanreicherung die alte Vollerkenntnis wiederherstellen und dadurch dem Menschen die alte Ebenbildlichkeit zurückgeben.

4. Wie das im einzelnen geschehen kann, beantwortet er mit dem Hinweis auf den grundsätzlichen Unterschied zwischen subjektiv und objektiv.

Alle subjkektive Erkenntnis ist dem Menschen seit dem Sündenfall verbaut. Wo es sich um die wesentlichen Dinge, z.B. die Heilserkenntnis, handelt, sind ihm die Wege abgeschnitten. Daraus folgt: Auch eine natürliche Gotteserkenntnis ist nicht mehr möglich.

Grundsätzlich anders liegen die Dinge jedoch im objektiven Bereich. Hier ist ein Rest von imago erhalten geblieben. Je weniger sich also eine Wissenschaft mit dem Menschen und seiner subjektiven Beziehung zu Gott befaßt und je mehr sie sich nur auf die Objekte der Natur richtet, um so mehr kann sie echte, wahre Erkenntnis liefern und den Menschen in dieser Beziehung, also zu einem Teil, wieder Gott ebenbildlich machen, indem sie ihm eine <u>gottähnliche Vollmacht über die Natur verleiht</u>. Der Mensch sollte gleichzeitig sowohl den theologischen als auch den naturwissenschaftlichen Weg gehen, um die ganze Ebenbildlichkeit wiederzuerlangen.

Auch das Denken kann – soweit es sich nicht auf Gott und das Heil richtet – zu wahren Schlüssen führen. Es ist lediglich darauf zu achten, daß die Logik objektiv betrieben wird. Wenn das geschieht, dann führt die Naturbetrachtung über die objektiv-logische Prüfinstanz zu wahren und praktischen Ergebnissen, mit deren Hilfe der Mensch die Natur beherrschen kann.

Grundsätzlich lehnt KECKERMANN eine natürliche Theologie ab. Für ihn gibt es nicht den Weg, der mit Hilfe geographischer Fakten "von unten" zu Gott führt. Die Geographie steht nicht im Dienste der Providentia-Erhellung. Sie ist theologisch neutral, emanzipiert, zu betreiben. Im Gegensatz etwa zur natürlichen Theologie MEALNCHTHONs leistet hier die <u>emanzipierte</u> Naturwissenschaft den Dienst, uns Menschen in die Nähe Gottes zu führen. Wie diese emanzipierte Physik, Geographie usw. dann jeweils ihre Systematik entfaltet, ist die Sache der Fachvertreter, nicht Sache des Theologen.

KECKERMANNs Einstellung zur Naturwissenschaft ist durch und durch positiv.[10] Er schafft anstelle der alten Beziehung, die über die Providentia hergestellt wurde, eine neue, findet sich also theologisch mit der Tatsache der Emanzipation ab und verliert sich nicht wie die Theologen in der ähnlichen Situation des 18./19. Jahrhunderts in Rückzugsgefechte.[11]

2. Die Providentiaschrumpfung

Die theologische Anerkennung der Emanzipation der Geographie bzw. der Naturwissenschaft bringt zwangsläufig eine Einengung des Providentia-Lehrstückes mit sich. KECKERMANN behandelt die Providentia nicht mehr für sich allein in einem eigenen Locus, sondern nur noch im Zusammenhang mit der Schöpfung. Die bei MERCATOR angedeutete Richtung zum Deismus verstärkt sich damit. Zum anderen klammert er das Naturgeschehen aus. Providentia gibt es für ihn nur noch im menschlichen Bereich. Dieser Schöpfungslocus wird in der **Dogmatik** KECKERMANNs von 1602 behandelt.[12]

Schon in der Einleitung wird deutlich, daß es nicht um die Schöpfung und die Welt an sich geht, sondern um Gott.[13] In den vorausgehenden Loci hatte KECKERMANN die innere Seite Gottes (De Dei Essentia usw.) untersucht. Nun wendet er sich der äußeren Seite zu (De Proprietatibus Dei ad Creaturas relatis). Diese äußere Seite - qua Schöpfung ist ein Akt des dreieinigen Gottes, und zwar die Durchführung des lange vorher Geplanten. Schon die damalige Planung war nichts rein Passives, sondern bereits der Anfang jener Aktionsreihe, die in der Schöpfung lediglich einen gewissen vorläufigen Abschluß fand. Aktive Planung und Ausführung des Geplanten gehören zusammen. Auf diese Feststellung legt KECKERMANN großen Wert.

Nun kann die Ausführung des Geplanten grundsätzlich ordentlich oder außerordentlich erfolgen. (Man bemerkt hier erstmals, daß KECKERMANN distinktiv vorgeht. Diese Methode verwendet er auch in der Geographie.) Was außerordentlich geschieht, das soll später gezeigt werden. Hier geht es um die Schöpfung; da diese ordentlich geschah, haben wir uns jetzt mit dem ordentlichen Teil der Ausführung des Geplanten zu befassen.

Damit ist er bei dem angelangt, worum es in diesem Locus eigentlich geht: Die Schöpfung aus dem Nichts ist das erste nach außen gerichtete Werk Gottes (vgl. MÜNSTER und MERCATOR, die in ihren geographischen Schöpfungserzählungen gerade nicht bis zur Schöpfung aus dem Nichts zurückgingen). Von diesem ersten Werk hängen alle anderen ab. Bevor man die späteren Aktionen Gottes, die er z.B. an den Geschöpfen vollzieht, verstehen kann, muß man daher zunächst über die Schöpfung Bescheid wissen.

Was ist nun Schöpfung? KECKERMANN beginnt onomatologisch, indem er vom hebräischen Begriff "bara" ausgeht und diesen mit dem lateinischen "creare" gleichsetzt (vgl. MELANCHTHON, der nur immer den Architekten vor Augen hatte und deswegen den conditor-Begriff verwandte). Damit gewinnt er jene Bezeichnung für die actio Dei externa, auf die es ihm ankommt.

Ausdrücklich weist er an dieser Stelle noch einmal auf den Unterschied zwischen einer theologischen und einer naturwissenschaftlichen Behandlung der Schöpfung hin. Den Physiker geht "nur" das Innerweltliche an, für den Theologen dagegen handelt es sich bei der Schöpfung um die nach außen gerichtete actio Dei.

Entsprechend seiner distinktiven Methode schreitet KECKERMANN in seiner Definition des Begriffes "Schöpfung" (Creatio) weiter und unterteilt in unmittelbare und mittelbare Schöpfung. Die unmittelbare Creatio ist die Produktion der Substanz aus dem Nichts. Bei der mittelbaren Schöpfung handelt es sich dagegen nur um das Bereitstellen von Material, das später erst zugerichtet und gestaltet werden muß.

Die Schöpfung des Menschen z.B. ist eine mittelbare; denn Gott schuf zunächst aus Erde das Material, das durchaus noch nicht auf den Menschen hin disponiert war, sondern erst durch die freie Tat Gottes in einem zweiten Akt so umgestaltet bzw. hergerichtet wurde, daß daraus der Mensch entstehen konnte. (In diesem zweiten Akt ist dann der aristotelisch-melanchthonische Architekt am Werk, der das einmal vorhandene Material umformt.)

Nach diesen grundsätzlichen Erwägungen über die Schöpfung geht KECKERMANN im folgenden ins Detail und umreißt in 14 Thesen, was es mit der unmittelbaren und der mittelbaren Schöpfung im einzelnen auf sich hat. Ich stelle den jeweiligen Scopus der einzelnen Thesen vor, um zu zeigen, wieweit die geographische Determination reicht. Es wird dabei deutlich, daß alle Thesen genau zu einer emanzipierten Geographie passen.

1. Die Schöpfung ist das Werk einer unbegrenzten Macht, daher gibt es keine Notwendigkeit der Materie.

2. Gegen ARISTOTELES und mit AUGUSTIN ist zu sagen: Erst mit der Welt begann auch die Zeit.

3. Wenn auch der MOSE-Text von mehreren Tagen spricht, so geschah die Schöpfung doch in einem einzigen Augenblick. MOSE will nur das auf den Menschen gerichtete Schöpfungsziel vor Augen führen, nicht aber zeigen, ob oder wie dieses Ziel nun im einzelnen in der Zeit verwirklicht worden ist.

4. Der Satz: "Am Anfang schuf Gott Himmel und Erde" ist nur eine Zusammenfassung dessen, was später erläutert wird, nicht aber ein Teil der Darstellung des wirklichen zeitlichen Ablaufs der Schöpfung.

5. Zunächst schuf Gott die vereinigte Erd- und Wassersphäre, dann erst kam das Licht. Hier wirkt wohl am stärksten neutral-geographisches Denken determinierend herein. In der Bibel ist weder etwas von Sphären ge-

sagt, noch davon, daß Erde und Wasser eine Einheit bilden (vgl. seine Geographie, dort steht das, was er hier in die Bibel hineinliest).

6. Dieses Licht aber war außerordentlich; denn es kam nicht - wie unser heutiges ordentliches - von der Sonne. Auch hier liegt eine geographische Determination vor.

7. Das Werk des zweiten Tages ist die Trennung der Wasser in oberhimmlische und unterhimmlische. Auf die biblischen Himmelsfeste und ihr Verhältnis zum klassischen Fixsternhimmel geht er nicht ein.

8. Die unterhimmlischen oder irdischen Wasser wurden dann so getrennt, daß der eine Teil nach wie vor mit der Erde verbunden blieb, während der andere Teil in die Höhe gehoben wurde und seither die Grundlage für die wäßrigen Meteora bildet. Wieder schlägt neutral-geographisches Denken durch; denn in der Bibel steht von der zweiten Wassertrennung nichts.

9. Das Werk des dritten Tages ist dreifach: Bildung der Meere, Austrocknung des Landes und Produktion der Pflanzen.

10. Am vierten Tage wurden Sonne, Mond und Sterne geschaffen.

11. Am fünften Tage schuf Gott Fische und Vögel.

12. Das Werk des sechsten Tages ist die Schöpfung der übrigen Lebewesen einschließlich des Menschen.

13. Gott schreitet also in seinem Schöpfungswerk vom Imperfekten (Land, Wasser usw.) über das Halb-Perfekte (Luft, Feuer) zum Perfekten (Pflanzen, Tiere) und schließlich zum Voll-Perfekten (Mensch) fort; denn er hatte von Anfang an beschlossen, <u>den Menschen zum Herrn über die Natur</u> zu machen. KECKERMANN legt, wie üblich,

nur den ersten Schöpfungsbericht zugrunde. Diesen preßt er in das klassische Schema der Einteilung der Natur nach Perfektionsgraden hinein.

14. Den Menschen stattete Gott nicht nur mit den natürlichen Gaben, sondern mit der übernatürlichen Gabe der imago Dei aus. Hier wirkt als Reaktion auf die Emanzipation der Geographie die neue imago-Lehre hinein.

Die weiteren Werke Gottes
Cognitio und Volitio als vorgezogene Providentia

Mit dem bisher Gesagten ist das erste und entscheidende Werk Gottes abgehandelt. Nun wendet sich KECKERMANN den weiteren Werken zu. Da hier nichts Geographisches vorkommt, verweise ich nur auf die zum Verständnis seiner Reaktion auf die Emanzipation der Geographie wichtigen Hauptgedanken.

Zu diesen weiteren Werken gehören:

   Cognitio
   Volitio
   Providentia.

Cognitio bedeutet genaue Kenntnis der Geschöpfe. Diese Cognitio ist in Gott distinctissima, daher weiß er nicht nur das Allgemeine, sondern auch das Individuelle.

Volitio ist die Aktualisierung oder das In-Die-Wirklichkeit-Überführen dessen, was Gott infolge seiner Cognitio weiß. Auf diese in der Volitio-Lehre sich andeutende Generalschrumpfung der Providentia ist etwas näher einzugehen. KECKERMANN fährt fort: Die Volitio ist entweder generalis oder specialis. Die erstgenannte bezieht sich auf die ganze Welt, die andere nur auf den Menschen. Hier benutzt er erstmals das Begriffspaar generalis/specialis. Die Volitio generalis interessiert ihn nicht näher. Er hat sie wohl nur der Vollständigkeit halber gebracht. Ich sehe in dieser

Übernahme eines nicht mehr benötigten theologischen Begriffes ein Relikt aus einer Zeit, in der an dieser Stelle noch die ganze Geographie gebracht wurde.

Er schreitet sofort zur Volitio specialis fort. Hierzu wird bemerkt: Gott pflegt uns nicht seinen Plan mitzuteilen, wir müssen daher unterscheiden zwischen der verborgenen und der geoffenbarten Volitio. (Man beachte, wie streng distinktiv er voranschreitet.) Da der Theologe nur die geoffenbarte Volitio behandeln kann, wendet er sich sofort dieser zu und unterteilt sie ihrerseits wieder in die absolute und bedingte. Zur bedingten Volitio gehört besonders die Erlangung des Heils. Nun hat KECKERMANN mit Hilfe des umständlichen, aber gut funktionierenden Distinktionsverfahrens den Hauptpunkt seines Systems erreicht. Hier erkennt man in extenso seine analytische Methode, die er später auch in der Geographie anwendet. Auf diese Volitio conditionalis kommt es an; denn Gott aktualisiert nicht absolut, sondern vorwiegend nach der Handlung der Menschen. Von calvinisch-strenger Prädestinationslehre ist hier nicht viel zu spüren.

Diese Volitio-Lehre, die zum Teil schon eine Providentia-Lehre ist, faßt KECKERMANN abschließend noch einmal in fünf Punkten zusammen:

1. Gott will einiges per se, anderes per accidens.

2. Per se will er, daß wir das Gute tun und das Böse meiden.

3. Das Böse will er per accidens, soweit es zum Guten oder zur Strafe dient. Grundsätzlich ist nämlich der Wille Gottes nur auf das Gute gerichtet.

4. Die Volitio Dei ist manifestiert. Zwar ist uns einiges verborgen; das aber, was Gott von uns will, hat er uns durch Natur und Schrift geoffenbart, damit wir keine Entschuldigung haben.

5. Die Volitio Dei erstreckt sich auf alle Menschen.

Ich gehe auf die rein theologische Gesamtproblematik dieses 5-Punkte-Programms nicht näher ein. Hingewiesen sei lediglich auf die Generalschrumpfung, die im 5. Punkt wieder zu bemerken ist. Seitenlang kommentiert KECKERMANN, daß die Volitio Gottes sich einzig und allein nur auf den Menschen erstreckt. *Gottes Wille in der Natur steht nicht zur Diskussion*; denn die Volitio ist nicht streng deterministisch. Sie stellt nur den Raum bereit, in dem sich der Mensch zum Guten entscheiden soll. Die geographischen Fakten können sich nicht entscheiden, daher gehört das natürliche Geschehen nicht in den hier zu behandelnden Abschnitt von Volitio conditionalis, ja, es gehört praktisch überhaupt nicht in die Theologie.

Die eigentliche Providentia

Nun folgt die eigentliche Providentia. Es geht dabei um das letzte nach außen gerichtete Werk Gottes. Hatte KECKERMANN Cognitio und Volitio wie Potenz und Akt einander gegenübergestellt, so versucht er nun, mit dem Begriff Providentia die aktive Seite der Volitio näher zu umreißen.

Die Volitio conditionalis war noch stark passiv definiert. Bei der Providentia handelt es sich nun um die von Gott ausgehende aktive Wirk-Seite der Volitio. Diese äußert sich in Conservatio, Ordinatio und Directio.

Es ist zu fragen: Bezieht KECKERMANN nun wenigstens hier, wo nicht durch die Betonung der menschlichen Freiheit ein Verzicht auf die Natur nahegelegt wird, diejenigen geographischen Fakten mit ein, die seit MELANCHTHON dem theologischen Providentia-Lehrstück das Gepräge gaben?

KECKERMANN behandelt auch den Providentia-Komplex onomatologisch und weist darauf hin, daß der Begriff Providentia für die Bezeichnung der menschlichen Prudentia verwandt wird. Doch in göttlichen Dingen sagt dieser Begriff mehr aus. Er darf aber nicht - wie es bisweilen geschieht - lediglich für das Dekret des Erhaltens und Regierens verwandt werden. Nein, bei der Providentia handelt es sich nicht nur um einen Plan, sondern auch um den Akt der Verwirklichung dieses Planes.

Der Providentia-Akt erstreckt sich auch auf die kleinen Dinge. Aus dem Kontext ergibt sich, daß lediglich die den Menschen betreffenden kleinen Dinge gemeint sind und daß es hier um die Abwehr des Zufalls geht. Bezüglich der Providentia geschieht alles mit Notwendigkeit; denn alle Vorgänge hängen von der prima Causa ab. - Nach diesen Vorbemerkungen kehrt KECKERMANN wieder zu seinen Distinktionen zurück, mit denen er die Definitionen vorantreibt, und unterteilt die Providentia in Conservatio und Rectio. Die Conservatio wird dann ihrerseits in Conservatio existentiae und Conservatio virtutis untergliedert. Die Conservatio existentiae ist die ‹Kontinuität der Substanz aller durch die Schöpfung existierenden Dinge. Sie bezieht sich sowohl auf die Species wie auch auf die Individuen. Wieder ist von der Natur, ihrer Materie usw. nicht die Rede. Demzufolge erhält Gott im Zusammenhang seiner Conservatio totius speciei nicht nur das ganze Menschengeschlecht, sondern auch die Tier- und Pflanzenarten. Die einzelnen Individuen erhält er vermittels seiner Conservatio individiui. Die <u>Conservatio virtutis</u>, das zweite Glied der Conservatio, ist die Bereitstellung und Erhaltung derjenigen Kraft, die die Geschöpfe für ihre Tätigkeiten benötigen. KECKERMANN rekurriert hier auf die Schrift, betont aber ausdrücklich, daß diese Bewegung, von der in der Bibel die Rede ist, nicht physikalisch zu verstehen sei. Die physische Bewegung gehört nicht in die Theologie. Damit ist das, was bisher nur der Sache nach anklang, nun auch expressis verbis gesagt: *Die Dinge des Naturbereichs gehören nicht in die Theologie*, also auch nicht in die Erläuterung dessen, was man unter Conservatio bzw. Providentia zu verstehen hat.

Nun könnte immerhin noch bei der Behandlung des Rectio-Begriffs, der mit dem Gubernatio-Begriff identisch ist, von einer göttlichen Steuerung der physischen Dinge die Rede sein. Doch KECKERMANN spart auch hier den Bereich der Natur aus. Schon seine Eingangsthese zum Rectio-Gubernatio-Komplex macht das deutlich. Er sagt: Die Rectio oder Gubernatio ist die göttliche Lenkung der Geschöpfe zum Ziel. Diese Lenkung kann man auch mit Monarchica bezeichnen; denn Gott kann alles so regieren, wie er es will, er hat das Ius absolutum. Diese absolute Monarchie gilt wiederum allgemein und speziell. Zur Monarchica communis gehört die Lenkung aller Kreaturen, während die rationalen Geschöpfe im Rahmen der Monarchica specialis dirigiert werden. Analog zum Creatio-Komplex geht KECKERMANN nur auf die spezielle Lenkung des Menschen ein. Weder die Lenkung der physischen Natur noch die Regierung der Pflanzen- und Tierwelt wird einbezogen. Die Generalschrumpfung ist perfekt.

Diese spezielle Gubernatio unterteilt er in Determinatio, Praescriptio legum und legis Executio.

Die Determination definiert er folgendermaßen: Es ist die Directio, wodurch Gott die menschlichen Aktionen so bewegt, daß sie zum Ziel führen. Hierzu gehört zweierlei: 1. Gott hat für die Aktionen ein festes Ziel konstituiert und zugleich die Mittel zur Erreichung dieses Zieles bereitgestellt. 2. Die guten Aktionen will Gott nicht nur, sondern er <u>bewirkt</u> sie auch.

Nun kann aber die Determination sowohl auf das Gute als auch auf das Böse gerichtet sein. Die Linie zum Bösen verfolgt KECKERMANN nicht weiter, er wendet sich sofort der Determination zum Guten zu, indem er sie durch weitere Unterteilung und Ausklammerung näher zu erklären sucht: Es gibt eine solche, die auf das Bonum intermedium gerichtet ist, und eine, die das Bonum summum zum Ziel hat. Da die Erlangung des Bonum intermedium unwichtig ist, läßt er diese Determination unberücksichtigt und wendet sich sofort der entscheidenden Ordinatio ad bonum summum, der Heilsdetermination zu.

Damit ist sein Gedankenkreis, soweit er für unseren Zusammenhang relevant ist, geschlossen.

Das geographisch Relevante der Providentiaschrumpfung

KECKERMANN ist in der Theologiegeschichte als "Heilsanalytiker" bekannt. Wer die Providentia einzig und allein auf das Heil des Menschen hin aussagt (analysiert), also auf die <u>Darstellung des göttlichen Handelns in der Natur weitgehend verzichtet</u> (von daher komme ich zu dem Begriff "Providentiaschrumpfung"), für den muß die Geographie theologisch neutral sein. Das wäre die eine Seite des geographisch Relevanten der Providentiaschrumpfung.

Aber es gibt noch eine andere Seite: KECKERMANN führt seine Providentia-Analyse mit Hilfe der distinktiven Methode durch. Ich werde zeigen, daß er in seiner Geographie nach derselben Methode vorgeht und auf diese Weise erstmals in der Geschichte der Geographie zur begrifflichen Gliederung in Geographia generalis und Geographia specialis kommt.

Es drängt sich folgende Annahme auf: Weil die Geographie auf dem Wege zur Emanzipation war, entschloß sich KECKERMANN, diesem Trend wissenschaftstheoretisch (und das heißt in jener Zeit: theologisch) Rechnung zu tragen. Weiter entschloß er sich, seine Geographie nach der modernsten, soeben erst in der Theologie und Philosophie mit Erfolg angewandten Methode vorzutragen.

KECKERMANNs Geographie

Das geographische Hauptwerk KECKERMANNs, um das es hier vorwiegend gehen soll, erscheint kurz nach 1600 in vielen Auflagen und mehreren Sprachen.[14] Nach welcher Methode geht er vor?

Seine Vorgänger, vor allem MÜNSTER und MERCATOR, hatten sich von der in der Genesis vorliegenden Reihenfolge leiten lassen. Sie entfalteten das ihnen von ARISTOTELES, PTOLEMAEUS usw. bekannte geographische Faktenmaterial nach dem Duktus des 1. Schöpfungsberichtes.

Für KECKERMANN erhebt sich nun die Frage, nach welchen Gesichtspunkten dieses Material zu ordnen ist, wenn nicht mehr die durch die Bibel vorgegebene Reihenfolge zugrundegelegt werden soll; denn eine solche Ordnung würde ja einer Emanzipation der Geographie widersprechen. Die aristotelische Elementenlehre als "roten Faden" zu benutzen und (wie ARISTOTELES selbst) das geographische Material in der Reihenfolge "von außen nach innen" (also in der Reihenfolge: Feuer, Luft, Wasser, Erde) abzuhandeln[15], lehnt KECKERMANN ebenfalls ab; denn dann würde dabei ja eine Physik, nicht aber eine Geographie herauskommen, da der Geograph sich mit der aus Erde und Wasser gemischten einheitlichen Erdkugel bzw. Erdoberfläche zu beschäftigen hat.[16]

KECKERMANN beschreitet einen neuen Weg, indem er die einzelnen geographischen Fakten weder in der physischen noch in der biblischen Reihenfolge abhandelt und, wie bis dahin üblich, nach Gesichtspunkten ordnet, die wir heute als außergeographisch bezeichnen; sondern er schafft eine Art hierarchischer Begriffssystematik, wodurch die Geographie zum ersten Mal in ihrer Geschichte eine Art facheigener Methodik erhält.

Damit hat KECKERMANN die Geographie zwar aus der Theologie emanzipiert, aber eine rein äußerliche Beziehung bleibt insofern erhalten, als die Methode, nach der er das Material ordnet, die in der Theologie (aber auch in den anderen Disziplinen) bereits erprobte analytisch-distinktive ist.

Er unterteilt unser Fach zunächst in die Geographia generalis und die Geographia specialis. Mit der Geographia specialis befaßt er sich nur am Rande.[17] Die allgemeine Geographie gliedert er dann weiter auf in Geographia generalis absoluta und Geographia generalis comparata, also in theoretische und praktische (bzw. vergleichende) Geographie. Im theoretischen Teil werden die Grundregeln erarbeitet und im praktischen werden diese angewandt.[18]

Die Geographia generalis absoluta gliedert er weiter in die Geographia generalis absoluta realis (der Name wird entsprechend des distinktiven Vorgehens immer länger) und in eine Geographia generalis absoluta picturalis. Während in der Piktural-Geographie über das Kartenzeichnen gehandelt wird, geht es in der Real-Geographie um das, was wir heute der Morphologie zurechnen würden. Hier entfaltet KECKERMANN erstmals eine Art morphologisches Begriffssystem, das von den Partes Terrae ausgeht, die zunächst in Land und Wasser gegliedert werden. Das Land unterteilt er dann weiter in Terra principalis und Terra minus principalis, also in die kleineren (Collis, Saltus usw.) und die größeren Teile (Continens, Insula usw.) der Erdoberfläche bzw. des Landes.

Das bisher Gesagte mag genügen, um KECKERMANNs Vorgehen zu verdeutlichen. Er emanzipiert die Geographie aus der Theologie, zieht die theologischen Konsequenzen aus dieser Emanzipation, indem er die Providentia auf den Menschen hin "einschrumpft", entfaltet eine dazu passende Sünden- und Imagolehre und verhilft schließlich der emanzipierten Geographie zu einer Methode, mit deren Hilfe es möglich ist, erstmals das Faktenmaterial nicht nach fachfremden (aus heutiger Sicht gesehen), sondern nach fachinternen Prinzipien zu ordnen, überschaubar und damit leichter lehrbar und geistig verfügbar zu machen.

Die Chronologischen Beziehungen zwischen Theologie und Geographie bei KECKERMANN

Nachdem die systematischen und prinzipiellen Beziehungen zwischen diesen beiden Fächern geklärt sind, möchte ich auf die Chronologie eingehen. Zunächst einige biographische Angaben.

KECKERMANN wurde als Sohn einer reformierten Kaufmannsfamilie in Danzig geboren. Seine Studien führten über Wittenberg nach Heidelberg. Dort wird er Theologieprofessor, folgt aber später einem Ruf in seine Heimatstadt, um als Lehrer am dortigen Gymnasium den Widerstand gegen das Luthertum (noch mehr wohl auch gegen die Gegenreformation) zu stärken. In Heidelberg veröffentlichte er seine theologischen Schriften, die naturwissenschaftlichen folgen später, vor allem die Geographie.

Diese Daten legen den Schluß nahe, daß KECKERMANN, da die Dogmatik aus dem Jahre 1602 stammt, die Geographie dagegen erst später erscheint, zunächst theologisch-wissenschaftsmethodisch gearbeitet haben dürfte und erst später eine Geographie entfaltete, die zu dieser seiner Theologie paßte. Das würde bedeuten, daß sich KECKERMANN in seiner Heidelberger Zeit als Hochschullehrer mit den grundsätzlichen Dingen (wie dem Verhältnis der einzelnen Disziplinen zueinander usw.) befaßte und erst später in Danzig eine Geographie schrieb, weil ihm die für den Schulunterricht vorhandenen Bücher möglicherweise unzureichend erschienen.

Doch ist Konzipieren und Veröffentlichen nicht dasselbe. Ich halte es nicht nur für möglich, sondern sogar für wahrscheinlich, daß KECKERMANNs theologisch-philosophische Gesamtvorstellung, die sich bereits um 1600 greifen läßt[19], durch früheren Umgang mit naturwissenschaftlichen Schriften geprägt wurde. Er dürfte schon in seiner Schülerzeit unter FABRICIUS, dem Rektor in Danzig, mit naturwissenschaftlichen, vor allem geographischen Gedankengängen, bekannt gemacht worden sein. Die Physik MELANCHTHONs hatte er vermutlich als junger Mann bereits kennengelernt, ebenso wie die geographischen Werke MÜNSTERs und MERCATORs. Sein Interesse war sicher nicht von Anfang an allein auf die Theologie gerichtet. Ihm ging es mehr um die Gesamtheit aller Wissenschaften und um die Beziehungen ihrer Teilbereiche zueinander als um die Theologie allein.[20]

Schon 1598 - also noch vor der Veröffentlichung seiner theologischen Systematik - erscheint eine kleine Schrift über Topographie.[21] Hier ringt der junge Wissenschaftler KECKERMANN noch um das Problem der Beziehungen zwischen Theologie und Naturwissenschaft. Er scheint noch der Meinung zu sein, daß die Naturwissenschaft (Naturphilosophie) im Dienst der Theologie zu stehen habe. Doch kurz danach erscheint seine Arbeit über Erdbeben[22], in der sich eine Umkehr ankündigt. Sein Versuch, die Erdbeben auf Gottes Providentia hinzuordnen, mißlingt. Er beginnt damit, die Providentia einzuschrumpfen. Offenbar wird er sich bereits jetzt klar darüber, daß es keinen Zweck hat, die Geographie oder andere Naturwissenschaften theologisch auszurichten. Er geht schließlich nach ARISTOTELES vor, legt dessen Erdbebentheorie zugrunde und flüchtet sich nur noch in die Aussage: Erdbeben, die sich nicht nach ARISTOTELES erklären lassen, müssen wohl andere Ursachen haben.[23]

Aus dem Gesagten könnte folgen, daß KECKERMANN schon vor 1602 auf dem Wege war, die Emanzipation der Naturwissenschaften (gegen seinen Lehrer MELANCHTHON und vielleicht angeregt durch seinen anderen Lehrer MERCATOR) theologisch zu begründen bzw. die theologischen Konsequenzen daraus zu ziehen. Seine Dogmatik von 1602 wäre dann das Ergebnis seiner Auseinandersetzung mit diesem Problem.

Doch bleibt die Frage, ob seine Geographie, die in so besonderer Weise zu seiner Theologie und zu seiner Vorstellung von den Beziehungen der einzelnen Disziplinen untereinander paßt, vor oder nach der Dogmatik konzipiert wurde, immer noch offen. Die naheliegende Vermutung, daß KECKERMANN erst in seiner Danziger Zeit die Geographie konzipierte, mit dem Ziel, sich und seinen Schülern ein neues Lehrbuch zu schaffen, ist offenbar nicht zutreffend; ihr widerspricht die Tatsache, daß KECKERMANN schreibt, Amerika sei seit 110 Jahren entdeckt.[24] Daraus könnte folgen, daß KECKERMANN seine Geographie wohl doch schon in Heidelberg konzipierte, möglicherweise für den Unterricht im Internat, das er nebenher leitete, und sie dann (vielleicht nur geringfügig oder überhaupt nicht verändert) in Danzig im Gymnasialunterricht verwandte.

Das würde bedeuten: KECKERMANN gelangte in den Jahren um 1600 in intensivem Selbstgespräch (zwischen dem Geographen und dem Theologen in ihm) als Reaktion auf die ingang befindliche Veränderung der Geisteshaltung zu der genannten Emanzipation der Geographie mit allen sich daraus für die Theologie und Geographie ergebenden Folgen.[25]

Wenn man die Größe eines Gelehrten daran mißt, ob es ihm gelingt, sein Fach (bzw. seine Fächer) im Einklang zu der zeitgenössischen Gesamt-Geisteshaltung zu betreiben bzw. einen Einklang wiederherzustellen, wenn dieser infolge einer Änderung der Geisteshaltung verloren gegangen war, dann muß man KECKERMANN zu den ganz großen rechnen (wie es sein Schüler ALSTEDT ja auch expressis verbis tut). Er gehört zu denjenigen, die "Schule" machten, die also für eine gewisse Zeit (ähnlich wie MELANCHTHON für die Zeit nach der Reformation) ein Gleichgewicht zwischen Geisteshaltung und methodischer Ausrichtung der von ihnen betriebenen Wissenschaften (bei KECKERMANN vorwiegend Theologie, Philosophie, Geographie, Physik, Astronomie usw.) herstellten.

Die Anhänger bzw. Schüler gehen dann so lange nach der von ihrem Lehrer entwickelten Methode vor, bis eine Änderung in der Geisteshaltung eine erneute Neuausrichtung erforderlich macht, die dann zu einem neuen Gleichgewicht führt.[26]

Der Frage, warum KECKERMANN schließlich in Vergessenheit geriet und VARENIUS dann später als Begründer der Geographia generalis galt, bin ich in meinen in Anm. 14 genannten Arbeiten nachgegangen.

Anmerkungen

* Veröffentlicht in: Neue Zeitschrift für Systematische Theologie und Religionsphilosophie, 18. Bd., 1976, Heft 2, S. 209-224.

1. Wenn ich hier von "Geographie" spreche, dann ist selbstverständlich nicht das gemeint, was wir heute unter Geographie verstehen. In der IGU (Internationale Geographische Union), die demnächst ein internationales Standardwerk zur Entwicklungsgeschichte des geographischen Denkens herausgibt, haben wir uns folgendermaßen geeinigt: Zur Geographie und ihrer Geschichte gehören alle Werke, in denen man sich irgendwie mit dem beschäftigt, was wir heute unter dem Sammelbegriff "geographische Fakten" im weitesten Sinne verstehen, ganz gleich, ob man dieses "Faktenmaterial", aus heutiger Sicht gesehen, unter philosophischen, theologischen oder rein geographischen Gesichtspunkten ordnete, durchsystematisierte und lehrte.

2. Seit der Reformation war man im protestantischen Europa darangegangen, die Geographie radikal der Theologie unterzuordnen, also das geographische Faktenmaterial unter theologischen Gesichtspunkten zu behandeln und in den Dienst der Providentialehre zu stellen. MELANCHTHON, der Begründer des deutschen Schul- und Hochschulwesens, hatte diese Entwicklung, die mit der Geisteshaltung jener Zeit in Einklang stand, eingeleitet.

3. Es waren theologische Gründe, die dazu führten, daß sich im 16. Jahrhundert zwei verschiedene Geographenschulen herausbildeten, nämlich die MELANCHTHON-Schule, in der man vorwiegend am jetzigen "Funktionieren" der geographischen Fakten wie Regen und Schnee, Sommer und Winter usw. interessiert war, und die MÜNSTER-Schule, in der man sich stärker der Vergangenheit zuwandte, also das betrieb, was man (wiederum aus heutiger Sicht gesehen) als so etwas wie Geologie bezeichnen kann. Jedenfalls war wegen der besonderen Providentialehre der Reformierten für die Entwicklung der Geologie in den calvinistischen und reformierten Gebieten Europas die Aufgeschlossenheit größer als in den lutherischen.

4. Die wichtigsten Vorgänger sind MÜNSTER, MELANCHTHON, PEUCER und NEANDER.

5. Man hat den Eindruck, daß MERCATOR gewissermaßen unter dem Druck der neuen Geisteshaltung (die langsam dazu führte, die geographischen Fakten mit anderen Augen zu sehen) beinahe gegen seinen Willen, auf jeden Fall aber mehr unbewußt als bewußt zu diesem ersten Schritt in die Emanzipation gedrängt wird.

Es sieht so aus, als mache sich infolge des Aufkommens einer neuen Betrachtungsweise das geographische Material "unter der Hand" selbständig und sperre sich gegen die bis dahin übliche theologische Ausrichtung auf die Providentia, die ja nur auf der Grundlage der teleologischen Betrachtung der geographischen Fakten (sie war von ARISTOTELES eingeführt worden) möglich war.

6. Das geschieht mit folgender "physikotheologischer Argumentation, die dann im 18. Jahrhundert erneut aufkommt: Daran, daß immer zur rechten Zeit Regen und Schnee, Hitze und Trockenheit usw. kommen, und zwar gerade an den Orten, wo Pflanzen und Tiere darauf angewiesen sind, sieht man, daß Gott die Welt in Weisheit und Güte lenkt. Dort z.B., wo keine Pflanzen wachsen, wie in den Wüsten, schickt Gott auch keinen Regen.

7. Vgl. dazu meine bisher nur teilweise veröffentlichte theologische Dr.-Arbeit mit dem Titel: Theologie und Naturwissenschaft, insbesondere Geographie. Münster 1973; und BÜTTNER, M.: Geographie und Theologie im 18. Jahrhundert. In: Verhandlungen des deutschen Geographentages 1965 Bochum. Wiesbaden 1966, S. 352-359.

8. Vgl. dazu meine Habil-Schrift: Die Geographia generalis vor Varenius. In: Erdwissenschaftliche Forschungen. Hrsg. C. TROLL. Bd. VII, Wiesbaden 1973.

9. Ich verzichte hier und im folgenden auf Einzelzitate und Quellenhinweise. Genannt sei lediglich: ZUYLEN, W.H.: B. Keckermann. Sein Leben und Wirken. Diss. Tübingen 1934. Im übrigen siehe meine in Anm. 8 genannte Arbeit, die den Untertitel trägt: Geographisches Weltbild und Providentialehre.

10. Diese positive "Theologie der Naturwissenschaft" steht in krassem Gegensatz zu der Ansicht CALVINs, der behauptet, daß der Umgang mit den Naturwissenschaften den Menschen zur Erkenntnis seiner Sünde und Ohnmacht und damit gerade von Gott weg führe.

    Das Verhältnis zwischen CALVIN und KECKERMANN ist von der Theologie noch nicht genau untersucht worden. Man weiß nur so viel, daß KECKERMANN das Haupt der Deutschreformierten war und daß CALVIN sich mit seiner Lehre in Deutschland nicht so durchzusetzen vermochte wie in den angelsächsischen Ländern. Erstaunlich ist in diesem Zusammenhang, daß KECKERMANNs Gesamtausgabe, die doch für einen echten Calvinists ketzerisches Gedankengut enthielt, bereits Anfang des 17. Jahrhunderts ausgerechnet in Genf erschien. Siehe: Opera onmia, Genf 1614.

11. Mit diesen Rückzugsgefechten habe ich mich näher in meiner theologischen Dr.-Arbeit (vgl. Anm. 7) beschäftigt.

12. Systema S.S. Theologiae. Hanoviae 1602. Vgl. dazu meinen Aufsatz in diesem Band: Gott, Mensch, Natur und Umwelt.

13. Weder hier noch an anderer Stelle seiner Theologie werden die geographischen Fakten zur Erläuterung (wie bei ZWINGLI) oder zum Beweis (wie bei MELANCHTHON) der Providentia herangezogen. Vgl. dazu meine Habil.-Schrift. Siehe Anm. 8.

14. Am leichtesten zugänglich ist es in seiner Gesamtausgabe, die in mehreren deutschen Bibliotheken vorhanden ist. Siehe: KECKERMANN, B.: Opera omnia. Genf 1614. Spalte 1929-1991. In diesem Werk (er nennt es Systema Geographicum) taucht erstmals der Terminus "Gographia generalis" auf. Nicht VARENIUS, wie man bislang weithin annahm, sondern KECKERMANN ist also der Begründer der allgemeinen Geographie. Ich habe mich in meiner Habil.-Schrift (a.a.O.) und in meinem Aufsatz in der Plewe-Festschrift, sowie auf dem internationalen Geographentag in Montreal näher mit den Beziehungen zwischen KECKERMANN und VARENIUS befaßt. Wie inzwischen auch KASTROP nachweisen konnte, fußt VARENIUS im wesentlichen auf KECKERMANN. Ganze Passagen schreibt er aus dessen Buch ab, ohne die Quellen zu nenne. Man kann VARENIUS nicht damit entschuldigen, daß es damals nicht üblich gewesen, die Quellen zu nennen. ALSTED, KECKERMANN usw. (um nur einige "Vorläufer" des VARENIUS zu nennen) geben ihre Quellen sehr genau an. Siehe dazu: KASTROP, R.: Ideen über die Geographie und Ansatzpunkte für die moderne Geographie bei VARENIUS unter Berücksichtigung der Abhängigkeit des VARENIUS von den Vorstellungen seiner Zeit. Diss. Saarbrücken 1972.

15. Zur Geographie des ARISTOTELES vgl. Anm. 5 und meine Habil.-Schrift (a.a.O.). Über die Bedeutung des ARISTOTELES für die Entwicklung der europäischen Geographie liegt bislang noch keine zusammenfassende Untersuchung vor. Da dieses Thema für die IGU-Kommission (vgl. Anm. 1) von großer Wichtigkeit ist (bis zu KANT hin wurde das geographische Denken wesentlich von ARISTOTELES beeinflußt), habe ich darüber einen größeren Aufsatz für den internationalen Geographentag 1976 verfaßt.

16. KECKERMANN ist einer der ersten Gelehrten, der in dieser Weise die Geographie von der Physik abgrenzt. Ob er der erste überhaupt ist, müßte noch untersucht werden.

17. Von Länderkunde scheint er nicht viel zu halten. Expressis verbis sagt er zwar nicht, daß sie eigentlich keine Wissenschaft ist; aber aus seiner Gesamtdarstellung ergibt sich, daß für ihn doch wohl nur die Geographia generalis Bildungswert besitzt, da man nur in ihr Denken lernen kann, nicht jedoch in der Länderkunde, die "nur" Informationen bringt.

18. KECKERMANN ging mit seinen Schülern ins Gelände und leitete sie an, das in der Unterrichtsstunde theoretisch Gelernte, praktisch (an verschiedenen Beispielen im Vergleich) anzuwenden. Man müßte einmal untersuchen, welchen Einfluß er auf CLÜVER und seine vergleichende Geographie gehabt hat.

19. Systema S. S. Theologiae. Hanoviae 1602.

20. Siehe HEPPE/BIZER: Die Dogmatik der evangelisch-reformierten Kirche. Neukirchen 1958, S. L.

21. KECKERMANN, B.: Contemplatio gemina prior ... Heidelberg 1598.

22. Heute relativ leicht zugänglich in der Gesamtausgabe. Vgl. Anm. 14 (Spalte 1810-1836).

23. Dabei überläßt er es dem Leser, ob unter die anderen Ursachen auch die Providentia oder lediglich andere natürliche Ursachen zu rechnen sind.

24. Dr. KASTROP verwies mich auf diese Stelle. Ich hatte sie übersehen; denn sie steht nicht im Abschnitt über Amerika, sondern in dem über Europa (in der in Anm. 14 genannten Gesamtausgabe Spalte 1980).

25. Hinzuweisen ist in diesem Zusammenhang auf das vor kurzem erschienene Buch von HÜBNER über KEPLER. HÜBNER zeigt im einzelnen auf, daß auch bei KEPLER, dem Zeitgenossen KECKERMANNs, Beziehungen zwischen Theologie und Naturwissenschaft vorliegen. HÜBNER, JÜRGEN: Die Theologie Johannes Keplers zwischen Orthodoxie und Naturwissenschaft. Tübingen 1975.

26. In der Geographie ist es dann erst wieder KANT, der ein neues Gleichgewicht zur inzwischen veränderten Geisteshaltung herstellt. Er hat sicherlich durch seine nicht-geographischen Schriften einen größeren Einfluß auf das geographische Denken ausgeübt als durch seine geographische Vorlesung. Schon vor Jahren hat ERNST PLEWE darauf hingewiesen. Und auf dem Geographentag der USA (April 1975) kamen wir nach eingehenden Gesprächen zu der Meinung, daß man KANTs Bedeutung für die Geschichte der Geographie nicht nur daran messen kann, welche Bedeutung seine Geographievorlesung oder seine sonstigen naturwissenschaftlichen Schriften hatten.

Es ist Herrn HARTSHORNE zu danken, daß er durch seinen Vortrag und seine Fragen Wesentliches gerade zur Klärung dieser Problematik vor einem <u>internationalen</u> Forum Beigetragen hat; denn die von PLEWE, BECK und BÜTTNER (in chronologischer Reihenfolge) zu diesem Themenkreis vorgelegten Forschungsergebnisse waren bislang doch vorwiegend nur im deutschen Sprachraum bekannt.

Grundsätzliches zu den Schöpfungsmythen aus religionsgeographischer Sicht

von Manfred Büttner, Bochum

Vortrag gehalten auf dem internationalen Theologenkongreß in Wien September 1987*

Im folgenden Beitrag sollen einige Problemkreise angesprochen werden, die aus religionsgeographischer Sicht eng mit dem Thema Schöpfungsgeschichten bzw. Schöpfungsmythen oder auch Schöpfungsmythologie zu tun haben. Ob es sich dabei um Grundsätzliches handelt, sei dahingestellt und möge der Entscheidung des Lesers überlassen bleiben. Zum einen könnte das Gesagte dem Mythenforscher vielleicht die Anregung bieten, auch einmal den religionsgeographischen Aspekt stärker zu berücksichtigen. Zum anderen möchte ich bei dieser Gelegenheit dazu beitragen, den sich anbahnenden Kontakt zwischen Geographen einerseits und Theologen, Religionswissenschaftlern, Missionswissenschaftlern usw. andererseits zu verstärken und darüber informieren, welche Wandlungen sich in den letzten Jahren auf dem Gebiete der Religionsgeographie vollzogen haben. Als Untertitel könnte vielleicht hinzugefügt werden: <u>Zu den wechselseitigen Beziehungen zwischen Schöpfungsgeschichten und Umwelt. Von der Entmythologisierung bzw. Kerygmatisierung.</u>[1]

Einleitendes

Noch vor einigen Jahren hätte das Thema dieses Beitrages wahrscheinlich gelautet (lauten müssen): Grundsätzliches zu den Schöpfungsmythen aus der Sicht des Religionsgeographen bzw. aus der Sicht der Religionsgeographie. Es ist nämlich noch gar nicht so lange her, da herrschte die Meinung vor, daß es das Fach Religionsgeographie gäbe, und zwar vorwiegend oder sogar ausschließlich als geographisches Fach. Demzufolge beanspruchten die Vertreter dieses Faches ein

Mitspracherecht in allen Fragen, für die sie sich zuständig fühlten. Ja, es gab sogar Geographen, die den sogenannten <u>Alleinvertretungsanspruch</u> stellten. Sie begnügten sich nicht mit einem Mitspracherecht, sie waren auch nicht für ein Gespräch mit Vertretern anderer Disziplinen offen, sondern ihnen kam es mehr auf Abgrenzung an. Sie konstatierten: Religionsgeographie ist ein geographisches Fach! Welche Ziele zu verfolgen sind, nach welchen Methoden man vorzugehen hat usw., das bestimmt einzig und allein der Geograph. Vorsichtige Versuche, eine Zusammenarbeit mit der Religionswissenschaft in Gang zu bringen, meinte man, abblocken zu müssen u.a. mit dem Hinweis, daß sich ein Religionsgeograph, der in dieser Weise vorginge, der wissenschaftlichen Heimat begäbe, in der er verwurzelt sein sollte.[2]

Nun, in den letzten Jahren hat sich einiges getan. Wir Geographen haben uns "geöffnet", oder anders ausgedrückt: Diejenigen, die für eine Öffnung waren, haben inzwischen die Initiative ergriffen und sind zu Wortführern geworden. Es wurde nämlich immer deutlicher, daß sich die "Abgrenzung" sehr hemmend auswirkte.[3] Die Religionsgeographie kümmerte dahin. Eine Belebung kam erst in Gang, als ein grundsätzliches Umdenken eingesetzt hatte, das mit der Gründung einer internationalen Arbeitsgruppe zur Religionsgeographie im Jahre 1976 auch dem Außenstehenden sichtbar wurde. Im Gründungsprotokoll dieser Arbeitsgruppe heißt es ausdrücklich, daß man eine Zusammenarbeit zwischen Geographen, Religionswissenschaftlern, Theologen, Historikern usw. anstrebe.[4]

Es soll hier nicht näher ausgeführt werden, wie es zu der Wende kam. Diese wissenschaftshistorisch sehr interessante Entwicklung wird auf unserem Symposium in Eichstätt behandelt, wenn es darum geht, die gegenwärtige Religionsgeographie zu "orten" und zu "zeiten".[5]

Hier möchte ich lediglich auf einige Folgen hinweisen, die sich aufgrund der neuen Entwicklung ergeben haben. Wir sind uns mehr und mehr der Tatsache bewußt geworden, daß es die Religionsgeographie als eigenständiges Fach mit spezifischen Zielen, Methoden, einem besonderen Forschungsobjekt usw. eigentlich gar nicht gibt und nie gegeben hat. Aus dem Grunde war bzw. ist es naheliegend, den Begriff "Religionsgeographie", der nun einmal Assoziationen zu einem bestimmten Fach weckt, mehr und mehr aufzugeben. Statt dessen (oder in Ergänzung dazu) soll verstärkt von **religionsgeographischem Denken** (in verschiedenen Fächern!) gesprochen werden oder auch von der Religion/Umwelt-Forschung.

Was ist nun mit diesem religionsgeographischen Denken gemeint? Im Grunde genommen nichts weiter als die Berücksichtigung eines bestimmten Aspektes. Man könnte vielleicht sagen: So wie der historisch denkende und entsprechend forschende Wissenschaftler in besonderer Weise das zeitliche Nacheinander im Blick hat, so interessiert sich der für geographisches Denken Aufgeschlossene betont für das räumliche Nebeneinander.[6]

Wir scheinen aufgrund neuester naturwissenschaftlicher Erkenntnisse ja zu wissen, was Forscher wie z.B. KANT früher lediglich mehr oder weniger erahnten bzw. postulierten: Der Raum ist eine Funktion der Zeit und umgekehrt.[7] Beides gehört zusammen, das eine ist ohne das andere nicht existent. Jede dieser zwei Grunddimensionen ist zwar für sich allein denkbar, jedoch nur als Abstraktion, nur als eine von mehreren Seiten eines wirklich existierenden Da-Seienden.

Daraus scheint zu folgen: Die Welt, so wie sie existiert, als das, was zur Jetzt-Zeit im Hier-Raum "da" ist, kann vollperspektivisch[8] nur erkannt und beschrieben werden, wenn man sowohl die Verknüpfung nach "vorwärts und rückwärts" in der Zeit als auch jene "zu den Seiten" im Raum (also zur Umwelt) berücksichtigt.

Wenn man dieser Überlegung zustimmt, kann weiter geschlossen werden: Die Verknüpfung in der Zeit bezeichnen wir als Veränderung oder Werden. Wer einzig und allein nur diesen Aspekt berücksichtigt, wird die Wirklichkeit nur von einer Seite denkerisch in den Griff bzw. in den Blick bekommen. In diesem Fall geht es um das zwar nicht real existierende, aber im gedanklichen Abstraktionsvorgang durchaus denkmögliche (auf eine einzige Dimension reduzierte) reine, raumlose Werden.

Die Verknüpfung im Raum ist bei diesem Ansatz als Sein zu bezeichnen. Wer einzig und allein nur den räumlichen Aspekt berücksichtigt, wird ein ebenfalls nicht real existierendes, aber ebenfalls im gedanklichen Abstraktionsvorgang durchaus denkmögliches (auf die Raum-Dimension[en] reduziertes) reines, zeitloses, in sich ruhendes Sein erreichen.

Erst wenn beide Seiten, beide Aspekte zusammengenommen, zusammengedacht werden, kommt die ganze Wirklichkeit vollperspektivisch in den Blick, jedenfalls, sofern wir uns auf die mit Hilfe der gegenwärtigen Naturwissenschaft erreichbare Wirklichkeit beschränken.[9]

Um nicht mißverstanden zu werden: Es soll keinesfalls unterstellt werden, daß der Historiker an der Wirklichkeit vorbeiforscht. De facto bezieht er das Räumliche, das Geographische, immer mit ein. Welcher Mythenforscher, Religionswissenschaftler, Missionswissenschaftler usw. würde die Umwelt völlig außer acht lassen? Welcher Kirchenhistoriker hätte jemals den Raum völlig vernachlässigt? Aber wie ULRICH KÖPF bereits in Geographia Religionum deutlich herausgestellt hat, sollte man den geographischen bzw. räumlichen Aspekt nicht "nur" mehr oder weniger mitberücksichtigen.[10]

Mit diesen Hinweisen kommen wir zur Eingangsfrage bzw. Eingangsanregung zurück. Welche Gesichtspunkte ergeben sich, kommen in besonderer Weise (gegebenenfalls "nur" zusätzlich) für den Religionswissenschaftler, Theologen usw. in den Blick, wenn er die Schöpfungsmythen auch unter religionsgeographischen Aspekten angeht?

Die Antwort könnte lauten: Grundsätzlich geht es in dem Fall um die Verknüpfung mit der Umwelt, um die Seinsverbindung, die Seinsstruktur mit dieser. Doch dabei erhebt sich sofort die weitergehende Frage: Ist es die ganze Umwelt, das ganze "Um-Herum-Dasein", das eine strukturelle Verbindung mit den Schöpfungsmythen eingeht? "Andersherum" gefragt: Ist es die ganze Umwelt, mit der sich der Homo religiosus im Rahmen seiner Schöpfungsmythen auseinandersetzt, oder nur ein bestimmter Teil von ihr, und wenn ja, welcher? Werden bestimmte Bereiche einfach ignoriert, nicht wahrgenommen? Gibt es Wahrnehmungsfilter oder gar Wahrnehmungsblockaden?[11]

Und wie ist es mit der sogenannten Wahrnehmungsscopierung? Setzt man sich in den Schöpfungsmythen gar nicht mit der wirklichen Umwelt, der wirklich wahrgenommenen auseinander, sondern mit vermeintlich wahrgenommener oder gar erwünschter? Ist es nicht die real existierende Umwelt, die in die Mythen hineinwirkt, eine Verbindung mit ihnen eingeht, sondern eine erdachte, möglicherweise erwünschte, die nur in der Vorstellung der Anhänger einer Glaubensgemeinschaft existiert[12], wobei es dahingestellt sein mag, ob es sich dabei um eine Wunschvorstellung handelt, die jeglicher Anlehnung an die Wirklichkeit entbehrt, oder um eine Vorstellung, die durch eine Sinnestäuschung, also eine Fehlwahrnehmung, angeregt wurde bzw. durch eine Wahrnehmung, die man nicht wahrhaben möchte, gegen die man sich sperrt, die aber dann nicht (wie im Falle der Wahrnehmungsblockierung) verdrängt, sondern umgeformt, "umgedacht", euphorisiert wird? Glaubt man gelegentlich bewußt gegen den Augenschein (also gegen die wirklich wahrgenommene Umwelt) an, aus welchen Gründen auch immer?[13]

Und wie ist es mit der anderen Richtung der Beziehung bzw. Verknüpfung? Wirken die einmal konzipierten, ausformulierten Schöpfungsmythen ihrerseits auf die Umwelt ein? Sicherlich nicht auf die natürliche (physiogeographische) Umwelt. Das Klima, das Relief, der Boden usw. werden durch die Schöpfungsmythen (durch Anhänger von Religionsgemeinschaften, die an diese Mythen glauben) nicht umgestaltet.[14]

Aber wie ist es mit der im weiteren Sinne verstandenen Umwelt, mit der <u>Kultur</u> im allgemeinen, der <u>Wirtschaftsweise</u>, <u>Naturwissenschaft</u>, <u>Technik</u> usw.? Lassen sich hier Beziehungen, Verknüpfungen, Beeinflussungen feststellen, die auch der wissenschaftlichen Nachprüfung standhalten?[15]

Mit dieser rhetorischen Fragestellung will ich meine einleitenden Ausführungen (Anregungen) abschließen. Es sei nun, damit das Ganze nicht zu sehr im Theoretischen bleibt, an einigen Beispielen aufgezeigt, wie man die Verknüpfung der Schöpfungsgeschichten mit ihrer Umwelt im einzelnen untersuchen könnte, und vor allem, mit welchen Fragen dabei anzusetzen wäre. Bekanntlich kann das Aufwerfen bestimmter Fragen ja manchmal interessanter und anregender sein als deren Beantwortung.

Zum Eingehen der Umwelt in die Schöpfungsmythen

Hier wäre vielleicht zunächst einmal auf die <u>Marind-anim</u> zu verweisen, jenen Volksstamm im südostasiatischen Archipel, den die Religionswissenschaftler bzw. Religionsethnologen sicherlich besser kennen als ich. In seinen Schöpfungsmythen befaßt sich dieses Volk in besonderer Weise mit der <u>Banane</u>. Es wäre, angeregt, durch das zur Umweltwahrnehmung Gesagte, zu fragen: Warum ausgerechnet die Banane? Warum, so drängt sich dem religionsgeographisch angeregten Forscher die Frage auf, spiegeln sich nicht das Relief (Berge, Täler usw), das Meer bzw. das Wasser oder andere Bereiche der physiogeographischen Umwelt mit ähnlicher Intensität in den Schöpfungsmythen wider wie diese Frucht? Haben die Marind-anim für das Physiogeographische wenig oder überhaupt keinen Sinn, und wenn ja, warum?

Mir drängt sich in diesem Zusammenhang die Frage auf, ob es legitim sein könnte, in Analogie zu den Biologen festzustellen: Eine Religion hat offenbar, wie jeder Organismus, im Zuge ihrer Entwicklung nur "Sinne" entwickelt, die zur

Lebenserhaltung wichtig sind. Spiegeln diese "Sinne" den in einer bestimmten Umwelt erreichten Entwicklungsstand wider?[16]

Gehen wir zu einem Gegenbeispiel über. Der <u>Shintoismus</u> setzt sich in seiner Schöpfungsgeschichte besonders intensiv mit dem Thema <u>Insel</u> auseinander. Man kann ohne Übertreibung sagen: Die Entstehung der japanischen Inseln ist das eigentliche Thema dieser Schöpfungsgeschichte.

Auf dem Hintergrund des bei den Marind-anim Gefragten legen sich folgende Fragen nahe, besonders deswegen, weil es sich ja in beiden Fällen um Inselvölker handelt:

1. Warum wird bei den Japanern das Physiogeographische bzw. sogar Kosmographische so stark betont?

2. Warum scheint man im Shintoismus - zumindest was die Schöpfungsgeschichte angeht - wenig oder gar keinen "Sinn" für Früchte, Speisen, überhaupt die vordergründigen Dinge des alltäglichen Lebens zu haben? Ist das alles für die geistige Bewältigung des Daseins nicht (mehr) wichtig?

Könnte man antworten: Je höher entwickelt eine Religion ist bzw. die Kultur, in der sie entsteht, um so mehr kommt das Ganze in den Blick, "braucht" der Homo religiosus die geistig-religiöse Auseinandersetzung mit diesem Ganzen, entwickelt er demzufolge entsprechende "Sinne"?

Ganz gleich, wie die Antwort ausfallen mag, mir kommt es lediglich darauf an, beispielhaft aufzuzeigen, welche Anregungen von religionsgeographischem Denken ausgehen könnten. Wer grundsätzlich für diese Dinge aufgeschlossen ist, dem werden spontan möglicherweise bessere Beispiele einfallen. Und es sei wiederholt: Ich versuche nicht, als Geograph Forschungsergebnisse aus dem Fach Religionsgeographie vorzulegen, mein Anliegen ist es vielmehr, zu ermuntern, in anderen Fächern neben dem geschichtlichen auch geographisches Denken zum Zuge kommen zu lassen.

Zum Einfluß der Schöpfungsmythen auf die Umwelt

Hierzu möchte ich das Beispiel der biblischen Schöpfungsgeschichte(n) aufgreifen und daran erinnern, ein wie großer Einfluß von diesen z.B. auf die Naturwissenschaften ausging. Erinnert sei an das eingangs Gesagte: Der Begriff "Umwelt" soll sehr weit gefaßt werden und auch die soziale Umwelt sowie die Wirtschaft, Naturwissenschaft, Technik usw. mit einbeziehen.

Eigentlich müßte hier etwas weiter ausgeholt und zunächst einmal ausgeführt werden, inwieweit sich in der Genesis das Weltbild der Babylonier niedergeschlagen hat (inwieweit also die Umwelt im Entstehungsgebiet in die Schöpfungsgeschichte eingegangen ist) und wie dann im Zuge der Transformation nach Palästina gewisse Modifikationen erfolgten. Und es wäre weiter herauszustellen, wie dann dieses alte Weltbild aus dem Ursprungsgebiet der Schöpfungsgeschichte, gekoppelt an die christliche Botschaft, im Zuge der Ausbreitung des Christentums sozusagen irrtümlich als die vermeintliche Wahrheit mit verkündet wurde, genauso wie man andere Vorstellungen (z.B. die von der "Höherwertigkeit" des Mannes gegenüber der Frau) ganz selbstverständlich zusammen mit der Heilsbotschaft weitertrug.

Das Angedeutete mag jedoch genügen. Deshalb gehen wir sofort zum Einfluß der Schöpfungsgeschichte auf die **Entwicklung der Naturwissenschaften** über. Auch hier will ich mit Ausführungen über den Streit um das heliozentrische Weltbild oder die Evolutionslehre nicht hinlänglich Bekanntes wiederholen. Es sei vielmehr das Grundsätzliche dieser Beziehungen bzw. Verknüpfung der Schöpfungsgeschichte mit der Umwelt (bzw. einem bestimmten Bereich dieser Umwelt) an einem Beispiel aus meinem eigenen Fach- und Forschungsbereich zu verdeutlichen versucht, nämlich an dem Beispiel der Geowissenschaften, speziell der Geographie.[17]

Das Fach Geographie, das in der Antike im wesentlichen von aristotelischem Denken geprägt war, erlebte im Zuge der Christianisierung eine grundlegende Umgestaltung. Während man früher das sogenannte geographische Faktenmaterial in der aristotelischen Reihenfolge (also "von außen nach innen" entsprechend der Vorstellung von den sieben Sphären) abhandelte, legte man seit der Christianisierung die Reihenfolge zugrunde, wie sie in Genesis 1 (also der ersten Schöpfungsgeschichte) vorgegeben ist. Rein formal kann man diese Geographie als Genesis-Exegese bezeichnen. Die Geographen des europäischen Mittelalters waren durchweg Alttestamentler und hatten mehr Ahnung von Sprachen als von geographischer Feldforschung. Noch der Begründer der modernen Geographie, SEBASTIAN MÜNSTER, muß in erster Linie als Alttestamentler und Hebraist bezeichnet werden, auch wenn er das Triangulierungsverfahren gewissermaßen allgemeinverständlich in die Geographie einführte und damit diesem Fach den entscheidenden Schritt in die Empirie ermöglichte. Selbst MERCATOR, den man doch gemeinhin als Kartographen kennt und weniger als Theologen, verfaßte sein geographisches Hauptwerk als Sechstagewerk-Exegese.

Noch KECKERMANN, der unserem Fach dann im 17. Jahrhundert eine gewisse Eigenständigkeit verleiht, indem er es methodisch von der Theologie löst, hält doch die gedankliche Verbindung zur Genesis aufrecht, wenn er betont, daß die Geographie trotz ihrer Herauslösung aus der Theologie nach wie vor eine theologische Aufgabe habe: Mit ihrer Hilfe kann durch Wissensanreicherung die im Paradies noch vorhanden gewesene ursprüngliche Gottebenbildlichkeit (hier wird erstmals Gedankengut aus dem zweiten Schöpfungsbericht mit der Geographie in Verbindung gebracht) wiedererlangt werden. Seine Aussage: Je mehr der Mensch lernt, die Natur zu beherrschen, um so mehr wird er Gott gleich.[18]

Selbst KANT, der größte Methodiker der Geographie (er hat diesem Fach die entscheidende Ausrichtung für die Zeit nach der Aufklärung bis hin in das 19. und 20. Jahrhundert gegeben) verwendet einen großen Teil seiner Erörterungen dem Problem, inwieweit es der Geograph mit der Schöpfung zu tun hat. Er zeigt zwar auf, daß der sogenannte physikotheologische Beweis mit Hilfe des geographischen Faktenmaterials (Gebirge, Wasserkreislauf usw.) nicht stringent zum Schöpfergott führt; aber die Thematik ist immer noch dieselbe, immer noch gehen von der Schöpfungsgeschichte wichtige, ja entscheidende Impulse auf die Geographie aus, oder anders formuliert. Immer noch läßt man sich bei methodischen Erörterungen über die Aufgaben, Ziele, Methoden usw. des Faches Geographie von der Genesis anregen. Auch in der Geologie ist es z.B. nicht anders.

Bei diesen kurzen Hinweisen muß ich es leider bewenden lassen. Hier z.B. auf die sehr interessante Frage einzugehen, inwieweit die lutherischen Geowissenschaftler mehr auf die Providentia, die reformierten stärker auf die Creatio abzielen, inwieweit also theologisch "gefiltertes" Denken (basierend auf der Genesis) die Ausrichtung der Geowissenschaften sogar im Detail beeinflußt, würde zu weit führen.[19]

Serviceleistungen der Religionsgeographie

Zum Schluß sei noch ein wichtiger Aspekt angesprochen. Vor Jahren wurde ich von einer missionswisssenschaftlichen Zeitschrift ermuntert, einen Aufsatz über mögliche Serviceleistungen der Religionsgeographen für die Missionswissenschaft zu verfassen. Es ist naheliegend, sich bei einem derartigen Vorhaben von folgenden Beispielen anregen zu lassen:

1. Die missionierten Eskimos sprechen nicht vom Lamm Gottes, sondern vom Seehund Gottes.

2. Im Heliand ist in der Weihnachtsgeschichte statt von Hirten auf dem Felde von Roßknechten bei der Burg die Rede.

3. Die europäischen Maler der Renaissance verlegten die biblischen Geschichten sehr oft in Landschaften ihrer Heimat. Man könnte sagen, daß sie auf ihre Art und mit ihren Mitteln diese Geschichten in ihre Umwelt, in die vom Christentum überprägte Umwelt, "hineinpaßten".

4. In Bildern afrikanischer Maler wird das Kind in der Krippe meist als schwarzes Kind dargestellt.

Diese Beispiele ließen sich beliebig vermehren. Sie könnten einen Religionsgeographen dazu anregen, Maximen zu entwickeln, nach denen man die Glaubensaussage von der Schöpfung so umzuformulieren hätte, daß sie in die jeweilige Umwelt, in die sie im Zuge der Missionierung hineingetragen wird, optimal "paßt". (Mit "opportunistischer" Anpassung hat das selbstverständlich überhaupt nichts zu tun.) Die Schöpfungsgeschichte wäre von ihrer Koppelung an das babylonische Weltbild zu lösen, so wie es in den genannten Beispielen gewissermaßen ganz naiv und selbstverständlich vollzogen wird.

Doch die Beispiele machen auch deutlich, daß es mit einem "naiven" vordergründigen "Umkoppeln" heute nicht (mehr?) getan ist. Ebenso ist es nicht damit getan, lediglich darauf hinzuweisen, man möge die Bibel nicht wörtlich nehmen.

Ich breche hier ab. Hingewiesen sei noch einmal darauf, daß es das **Fach Religionsgeographie ja gar nicht (mehr) gibt**, daß demzufolge auch keine Serviceleistungen "von Fach zu Fach" zu erwarten sind, zumindest nicht in vordergründiger Weise. Die Serviceleistung kann eigentlich "nur" in folgendem bestehen: Religionsgeographisches Denken, das bereits (möglicherweise dem Theologen unbewußt) für die Entmythologisierung manche wertvolle Anregung gegeben hat (und weiter gibt), dürfte auch viele Denkhilfen geben, um die Ergebnisse der Entmythologisierung für eine "neue" Verkündigung auf dem Felde der Mission (und auch zu Hause) optimal aufzubereiten. Anders ausgedrückt:

Religionsgeographisches Denken kann helfen, einsichtig zu machen, daß Entmythologisierung sein muß. Ein "Verbot" der Entmythologisierung, um (angeblich) die Gläubigen nicht zu verunsichern, ist "unsinnig". Nur, es sollte mit der Entmythologisierung nicht sein Bewenden haben. Ummythologisieren bzw. Kerygmatisieren (unter Einfluß religionsgeographischem Denkens) sollte das Endziel sein.[20]

Anmerkungen

*   Veröffentlicht in: Mythos und Ratonalität, Hrsg. H.H. SCHMID, Gütersloh 1988, S. 382-393.

1. Der Begriff <u>Kerygmatisierung</u> tauchte im Referat meines Vorredners (BÜRKLE) und in der anschließenden Diskussion auf. In dieser Diskussion, die übrigens als Überleitung zu meinem Referat empfunden werden konnte, verwies GRESCHAT darauf, daß Mythen sehr oft eng mit einem bestimmten Raum bzw. Ort "verknüpft" seien. Diese Verknüpfung geht gelegentlich so weit, daß sie (die Mythen) an einem fremden Ort nicht einmal erzählt werden dürfen.

2. Siehe dazu die "Maßregelung" SCHWINDs in M. SCHWIND (Hrsg.): Religionsgeographie. (Wege der Forschung 397), Darmstadt 1975, S. 23.

3. Besonders hemmend hatte sich auch ausgewirkt, daß im Standardwerk für Geographen, dem Westermann-Lexikon der Geographie, zu lesen steht, die Religionswissenschaftler seien angeblich selbst der Meinung, zur Erforschung der Umwelt/Religion-Beziehung kaum einen seriösen Beitrag leisten zu können. Betont wird darauf hingewiesen, daß ein derartiger Beitrag "nur sehr indirekt und auf wissenschaftlich noch ungesichertem Wege" erbracht werden könnte. Müßig, darauf hinzuweisen, daß in wissenschaftlich unredlicher Weise für diese die Religionswissenschaft abwertende Behauptung eine fahrlässig oder gar bewußt falsch interpretierte Aussage des Religionswissenschaftlers und Indologen SPROCKHOFF herangezogen wurde. Aber die konservativen Geographen der 60er und 70er Jahre konnten diese falsche Darstellung aufgreifen. Sie kam ihnen sehr gelegen. Im übertragenen Sinne könnte man sagen: Man "erglaubte" diese Darstellung, weil man sie glauben wollte. Siehe dazu M. BÜTTNER: Zur Geschichte und Systematik der Religionsgeographie. In: Geographia Religionum. Interdisziplinäre Schriftenreihe zur Religionsgeographie, Hrsg.: M. BÜTTNER/K. HOHEISEL/U. KÖPF/G. RINSCHEDE und A. SIEVERS, Bd. 1, Berlin 1985, S. 29.

4. Siehe dazu: Geographia Religionum, a.a.O., Bd. 1, S. 5, 6 und 60. Die Belebung der "Religionsgeographie" ist insbesondere auch daran zu erkennen, daß seit Gründung der Arbeitsgruppe mehr "religionsgeographische" Arbeiten (mit z.T. sehr anspruchsvollem Niveau) erschienen sind, als insgesamt, seit es so etwas wie Religionsgeographie gibt, also seit dem 18. Jahrhundert. Vgl. dazu das umfangreiche Literaturverzeichnis in Geographia Religionum, a.a.O., Bd. 1, S. 83-121. Eine moderne __Datenbank__ zur Erfassung aller weltweit __in Arbeit befindlichen__ Publikationen mit religionsgeographischer Ausrichtung ist (organisiert von der genannten Arbeitsgruppe) im Aufbau.

5. Dieses Symposium findet vom 5.-8. Mai 1988 in Eichstätt statt. Es gliedert sich in folgende Sektionen: I. Allgemeines (Grundsätzlich-Methodisches, Historisches); II. Umwelttheologie; III. Religionswandel; IV. Pilgerwesen; V. Religiöse Minderheiten. Organisiert wird es von der speziell für die Ausrichtung dieses Symposiums gegründete interdisziplinären Arbeitsgruppe zur Religion/Umwelt-Forschung; Leitung: BÜTTNER, RINSCHEDE, RUDOLPH.

6. Man kann sich hierzu trefflich von den Ausführungen KANTs anregen lassen, die er in seiner physischen Geographie macht, Akademie-Ausgabe, S. 160. Dort heißt es: "Die Geschichte betrifft die Begebenheiten, die, in Ansehunng der Zeit, sich nacheinander zugetragen haben. Die Geographie betrifft Erscheinungen, die sich, in Ansehung des Raumes, zu gleicher Zeit ereignen."

7. Von seiten der Theologie sind die hierhergehörenden Publikationen der Physiker bislang praktisch unbeachtet geblieben. Ich nenne stellvertretend für die Fülle der in Frage kommenden Schriften lediglich: I. PRIGOGINE: Vom Sein zum Werden. München 1979; E. SCHRÖDINGER: Die Struktur der Raum-Zeit. Darmstadt 1987 (engl. Original 1950, 1954, 1960 und 1985); P. DAVIES: Die Urkraft. Hamburg 1987.

   Soweit ich sehe, ist ALTNER der einzige Theologe, der sich (zusammen mit einigen Mitarbeitern) mit dem Werk PRIGOGINEs auseinandergesetzt hat, jedoch vorwiegend mit dessen Systemtheorie. PRIGOGINEs Äußerungen zu den __dissipativen Strukturen__ können auch für religionsgeographisches Denken von Wichtigkeit sein. Sie sind in etwa mit dem in Verbindung zu bringen, was wir bislang als __Fließgleichgewicht__ bezeichnet haben (G. ALTNER: Die Welt als offenes System. Frankfurt/M. 1984; und Geographia Religionum, a.a.O., Bd. 1, S. 37 und 43).

   Man möge dazu beachten, daß die offizielle Bezeichnung der in Anm. 4 genannten Arbeitsgruppe lautet: International Working Group on the Geography of __Belief Systems__ (deutsch: Internationale Arbeitsgruppe zur Geographie der Geisteshaltung).

8. Vollperspektivisch soll hier soviel heißen wie "zufriedenstellend" beschrieben. Vgl. dazu DAVIES, a.a.O. Wie DAVIES anschaulich herausstellt, galt z.B. zur Zeit des ARISTOTELES das "Ereignis" eines zu Boden fallenden Steines "zufriedenstellend" beschrieben bzw. "erklärt", wenn darauf hingewiesen wurde, daß ein Stein nun einmal zur Erde gehöre und immer wieder dorthin zurückstrebe.

   Heute, gegen Ende des 20. Jahrhunderts gibt man sich im allgemeinen erst "zufrieden", wenn ein ähnliches Ereignis in bezug auf Raum und Zeit "geortet" und "gezeitet" ist. Probleme ergeben sich lediglich, wenn Zeit und/oder Ort nicht eindeutig zu klären sind (es ist "unbefriedigend" zu wissen, daß _ein_ Elementarteilchen gleichzeitig durch zwei Löcher bewegt werden kann) oder wenn die Frage nach der Form unklar bleibt (vgl. dazu die folgende Anmerkung). Ebenso unbefriedigend (für unser heutiges Denken nicht zufriedenstellend) bleibt bislang die Frage beantwortet, ob das Licht eine Welle oder eine Materiestrahlung ist. Neuere Überlegungen scheinen zu ergeben, daß diese Frage falsch gestellt sein könnte. Dies lediglich als kurzer Exkurs zu dem Thema, was unter vollperspektivisch, "zufriedenstellend erklärt", zu verstehen ist.

9. Ob es außer der uns momentan zugänglichen vierdimensionalen Welt auch noch weitere andersdimensionierte oder höherdimensionierte Welten gibt, soll hier außer acht bleiben. Ebenso soll der Aspekt außer acht bleiben, ob alles in Raum und Zeit Existierende auch noch eine jeweils ganz bestimmte klar definierbare Form haben müsse. Hingewiesen sei lediglich auf die Frage, ob es noch sinnvoll ist, von einer bestimmten Form zu sprechen, wenn es sich lediglich um Übergangsformen oder Fließformen handelt. Die moderne Mikrophysik führt uns vor Augen, daß es durchaus unsinnig sein kann, von einer bestimmten Form zu sprechen, wenn diese vielleicht nur für eine Millionstel Sekunde existiert. In diesem Zusammenhang in Anlehnung an DAVIES von _virtueller_ Existenz, Form usw. zu sprechen, dürfte keineswegs "unsinnig" sein, sondern eine anregende Denkhilfe bilden.

10. Es wäre zu erwägen, ob die Religionswissenschaft nicht in die zwei (gleichberechtigten?) Bereiche bzw. Aspekte zu untergliedern wäre: Religionsgeschichte und Religionsgeographie. Man vergleiche dazu KÖNIG, der ausführt, daß Religionswissenschaft in dem Augenblick entstand, wo es darum ging (bzw. geht), Klarheit über sich selber (die Religion) und ihre Umwelt zu schaffen (FRANZ KÖNIG: Religionswissenschaftliches Wörterbuch. Freiburg 1965, S. 761). Schon KASCHE, der nach dem augenblicklichen Stand der Forschung als erster den Begriff Religionsgeographie verwendet, behandelt Religionsgeschichte und Religionsgeographie "gleichberechtigt" als zwei Betrachtungsweisen, die sich gegenseitig ergänzen. Siehe dazu: M. BÜTTNER: Kasche and Kant. On the Physicotheological Approach

to the Geography of Religion. In: Trends in the Geography of Belief Systems, Festschrift to Angelika Sievers, Hrsg.: R.P.B. SINGH, Banaras Hindu University, Varanasi 1987.

Und sollte nicht auch die Theologie das Räumliche bzw. Geographische wieder stärker aufgreifen, wie es bis in die Zeit der Aufklärung hinein der Fall war, insbesondere von MELANCHTHON bis KECKERMANN? Ich sehe in der im 18. Jahrhundert einsetzenden "Beschränkung" auf das Zeitliche bzw. Historische einen "Rückzug" in die "Nischen", die von der modernen Naturwissenschaft nicht "streitig gemacht" werden können bzw. konnten. Speziell beim Lehrstück der Providentia führte dieser "Rückzug" bzw. diese "Beschränkung" zu einer Verarmung und zu einem Dogmenschwund. Im Falle der Providentia verwende ich daher den Begriff Providentiaschrumpfung (M. BÜTTNER: Die Geographia generalis vor Varenius. Geographisches Weltbild und Providentialehre. Habil.-Schrift,Wiesbaden 1973, und weitere Aufsätze in geographischen und theologischen Zeitschriften).

Gott "nur noch" als Herrn der Geschichte auszusagen oder Christus "nur" als die Mitte der Zeit zu betrachten, halte ich für "zu wenig". Meiner Meinung nach ist eine derartige Betrachtungsweise nicht "zufriedenstellend", jedenfalls nicht für den auch räumlich denkenden Menschen der Gegenwart (vgl. Anm. 8). Es wäre zu fragen, ob man nicht expressis verbis Gott wieder ganz betont als den Herrn über Raum und Zeit und Christus als die Mitte der Zeit und des Raumes bezeichnen sollte, wie es z.B. für die mittelalterlichen Kartographen ganz selbstverständlich war, die Jerusalem als die Mitte der Welt zeichneten.

11. Zur Bedeutung des Wahrnehmungsaspektes für die Religionswissenschaft siehe: Geographia Religionum, a.a.O., S. 33, und M. BÜTTNER: Zur modernen Wahrnehmungsgeographie und ihrer Bedeutung für die Erforschung der Umwelt/Religion-Beziehung. In: Mitteilungen der interdisziplinären Arbeitsgruppe zur Religion/Umwelt-Forschung, Heft 1, 1987, S. 11-20.

12. Zur Vorstellungsgeographie bzw. Vorstellungsreligionsgeographie hat ZELINSKI einen bemerkenswerten Aufsatz geschrieben, der internationales Interesse geweckt hat: W. ZELINSKI: Unearthly Delights. Cemetery Names and the Map of the Changing American Afterworld. In: LOWENTHAL/BOWDEN (Hrsg.): Geographies of the Mind. Oxford University Press, New York 1976.

13. Dabei wäre zu berücksichtigen, daß Wahrnehmungsscopierungen durch Voreingenommenheit, Indoktrination oder auch Willkür ausgelöst werden können, von Erziehung, Streßsituationen usw. (Erregungszuständen) ganz zu schweigen. Vielleicht sollte in diesem Zusammenhang auf JOSEPH SMITH, den Begründer der Glaubensgemeinschaft der Mormonen, hingewiesen werden, der ge-

äußert haben soll, daß er die Umwelt so sehen könne, wie er wolle. Wenn er wolle, könne er einen Kreis sehen, wo ein Viereck sei und umgekehrt. Er brauche nur lange genug hinzusehen, dann stelle er fest, wie sich jedes Gebilde in die Form verwandle, die er sehen wolle.

Für diese Art der Auseinandersetzung mit der Umwelt verwendet man unter Religionsgeographen heute mehr und mehr Begriffe wie anglauben, erglauben, umglauben usw. Siehe: Geographia Religionum, a.a.O., S. 60.

14. Der Ausspruch, daß der Glaube Berge versetzen könne, kann sicherlich vor diesem Hintergrund gesehen werden. Und wenn die Israeliten glaubten bzw. glauben, daß Gott seinerzeit, als sie im Kampf standen, die Sonne angehalten habe, dann mag durchaus eine entsprechend (scopierte) Wahrnehmung den Anlaß dazu gegeben haben. Man mag wirklich damals der Meinung gewesen sein, einen Stillstand der Sonne wahrgenommen zu haben.

    Daß derartige "Wahrnehmungen" von uns heute entmythologisiert und dann ummythologisiert werden müssen, wenn sie ihre ursprüngliche Bedeutung als Glaubensaussage beibehalten sollen, versteht sich wohl von selbst. Man könnte, angeregt von in Anm. 10 dargelegten Überlegungen, konstatieren: Hier zeigt sich, daß für die Altisraeliten Gott ganz selbstverständlich Herr über Zeit und Raum war.

15. Daß auch unser heutiges Verhalten zur Umwelt (noch bzw. wieder) auf weite Strecken von Formulierungen geprägt ist, die sich in der Genesis befinden, sollte an dieser Stelle angemerkt werden (vgl. dazu das weiter unten Gesagte). Auf dem Symposium in Eichstätt (vgl. Anm. 5) wird mit Sicherheit intensiv darüber zu diskutieren sein, wie eine "zufriedenstellende" (vgl. Anm. 8) Umwelttheologie zu begründen ist.

16. Könnte man darüber nachdenken (ohne sich der Lächerlichkeit preiszugeben), ob die Religion der Marindanim mit den Lebewesen zu vergleichen ist, die (noch) keinen Sinn für die Wahrnehmung weit entfernter Dinge entwickelt haben?

17. Im folgenden verzichte ich auf Einzelnachweise, sondern nenne lediglich: M. BÜTTNER: Die Geographia Generalis vor Varenius. Geographisches Weltbild und Providentialehre. Wiesbaden 1973; ders.: Kant und die Beziehungen zwischen Geographie (Kosmologie), Philosophie und Theologie im 18. Jahrhundert. Der Kampf um die Providentialehre innerhalb des Wolffschen Streites. In: Philosophia naturalis 1973; ders.: Regiert Gott die Welt? Stuttgart 1975; ders. (Hrsg.): Abhandlungen und Quellen zur Geschichte der Geographie und Kosmologie. Paderborn 1979 ff. Hier insbesondere Bd. 1: Wandlungen im geographischen Denken von Aristoteles bis Kant. Paderborn 1979.

18. Auf den "Sprengstoff", der in dieser Theologie enthalten ist, kann hier leider nicht näher eingegangen werden. Wie bereits in Anm. 15 angedeutet, werden derartige Gedankengänge auf dem Symposium in Eichstätt eine große Rolle spielen. Grundsätzlich stehen sich ja, wie zur Zeit zu sehen ist, zwei Positionen gegenüber, die schon in der Auseinandersetzung KECKERMANNs mit CALVIN deutlich werden. Während für KECKERMANN die Naturwissenschaft und die Naturbeherrschung eine grundsätzlich positiv zu sehende Aufgabe haben, betrachtet CALVIN alles negativ. Für ihn wird lediglich die Sünde des Menschen immer deutlicher, je mehr er sich den Naturwissenschaften und damit der Naturbeherrschung zuwendet. In diesem Zusammenhang sollte wohl darauf hingewiesen werden, daß KECKERMANN von einem Theologen fordert, zunächst einmal Naturwissenschaften, insbesondere Geographie zu studieren.

19. Man kann die Geographie bis weit ins 18. Jahrhundert hinein als Ancilla Theologiae bezeichnen. MELANCHTHON z.B. entwickelt das Lehrstück von der Providentia zunächst in seiner geographischen Schrift. Daß hier ein wichtiger Ursprung (vielleicht der Ursprung) der lutherischen Providentialehre liegt (MELANCHTHON löst das Lehrstück von der Providentia aus dem Lehrstück von der Creatio heraus und verselbständigt es), hat RATSCHOW noch nicht berücksichtigt (C.H. RATSCHOW: Lutherische Dogmatik zwischen Reformation und Aufklärung, Teil I, Gütersloh 1964; Teil II, 1966).

    MELANCHTHON verweist in seinen Loci darauf, daß Einzelheiten über die Providentia in der Geographie behandelt werden. Und noch CARL RITTER, Begründer der modernen Universitätsgeographie (er lebte an der Wende vom 18. zum 19. Jahrhundert), benutzt das geographische Faktenmaterial (und damit das Fach Geographie) weithin dazu, in physikotheologischer Manier damit die Providentia entweder zu "beweisen" oder zumindest zu erläutern, obwohl KANT (als Geograph, mehr noch als Philosoph) bereits gegen Ende des 18. Jahrhunderts ein derartiges Verfahren ad absurdum geführt hat. Siehe dazu außer den in Anm. 17 genannten Schriften: M. BÜTTNER: Kant and the physicotheological consideration of the geographical facts. In: Organon 11, Warsaw 1975, Vortrag, gehalten auf dem internationalen Wissenschaftshistoriker-Kongreß in Tokio; ders.: Zu Beziehungen zwischen Geographie, Theologie und Philosophie im Denken Carl Ritters. In: Carl Ritter - Geltung und Deutung. Beiträge des Symposiums anläßlich der Wiederkehr des 200. Geburtstages von Carl Ritter, November 1979 in West-Berlin, hrsg. von KARL LENZ, Berlin 1981; ders.: Carl Ritter. Zur europäisch-amerikanischen Geographie an der Wende vom 18. zum 19. Jahrhundert. (Band 2 der Abhandlung und Quellen zur Geschichte der Geographie und Kosmologie, hrsg. von MANFRED BÜTTNER), Paderborn 1980.

20. Dabei würde dann sozusagen "von selbst" für den Theologen das Räumliche, das Geographische (wieder) stärker in den Blick kommen, wie bereits in Anm. 10 andeutend gefordert.

Maskierte Götter?

Anmerkungen zum Aufeinandertreffen von Ost und West am Beispiel der arabischen Nabatäer

von Robert Wenning, Münster

Vortrag gehalten beim Eichstätt-Symposium 1988

Die arabischen Nabatäer[1] bringen eine Beduinenkultur mit, als sie sich in den Kulturlandrandzonen Palästinas und Syriens festsetzen. Hier stoßen sie auf völlig andere urbane Kultursysteme hellenistischer Prägung. Die Auseinandersetzung mit dieser dominanten Umwelt nötigt die Nabatäer zur Anpassung bei gleichzeitigem Bestreben nach nationaler Selbstbehauptung. Die sich ergebenden Konflikte, religionsgeographische Aspekte, werden im folgenden Beitrag am Beispiel der Wechselbeziehung zwischen dem Umfeld und der Darstellung nabatäischer Götter aufgezeigt.

Da die Archäologie Palästinas noch nicht so stark bzw. schwerpunktmäßig in die Religion und Umwelt-Forschung eingetreten ist[2], wie dies wünschenswert scheint, um noch intensiver miteinander zu diskutieren, müssen einige Informationen zum geschichtlichen Kontext etwas ausführlicher gegeben werden, während die Schemata der religionsgeographischen Abläufe keiner speziellen terminologischen Deskription bedürfen.

Hinweise nach dem Referat in Eichstätt und die Motivation durch das Symposium haben mich dazu gebracht, der vorgestellten Thematik noch weiter nachzugehen und sie bei Vorträgen in Berlin und Nürnberg einzubeziehen.[3] Die mir entgegengebrachten Anregungen habe ich dankbar aufgegriffen.

Die Ausgangssituation

Im späten 5. Jahrhundert v. Chr. verliert die südarabische Großmacht Saba die Kontrolle über die Weihrauchstraße an Ma'in*. Von den Minäern übernehmen die arabischen Nabatäer seit etwa Mitte des 4. Jahrhunderts die Weiterleitung der Waren vom minäischen Dedan im Hegaz bis nach Gaza ans Mittelmeer. In dieser Funktion sind die Nabatäer den Griechen bekannt geworden.

Bei den Nabatäern handelt es sich um einen Zusammenschluß verschiedener Stämme und Sippen von Früh-Beduinen unter dem "führenden Stamm" der Nabatu. Als ihre Heimat wird das Wüstengebiet im Dreieck zwischen Duma, Taima' und El-Qureye in Nordwest-Arabien angesehen. Es läßt sich keine Bindung der Nabatäer an eine Stadt in diesem Raum erkennen, vielmehr zeichnet die Nabatäer zunächst durchweg eine nomadische Lebensweise mit Zügen der "dimorphic society" aus.[4] Neben dem wirtschaftlichen Potential gründet die Machtstellung der Nabatäer auf einer strikten Kontrolle ihrer Streif- und Herrschaftsgebiete, d.h. in erster Linie der Karawanenrouten mit den Wasserstellen etc., durch ihre Kamelreiter.

Die beduinische Lebensweise prägt die religiösen Vorstellungen und Bräuche der Nabatäer. Wir können das nur in Analogie zur Religion anderer altnordarabischer Stämme[5] und aus den tradierten Elementen der jüngeren Überlieferung der beiden Jahrhunderte vor und nach Christi Geburt rückschließen, da uns für die Frühzeit der Nabatäer keine nabatäischen Denkmäler und Quellen zur Verfügung stehen. Die Ausweitung religiösen Brauchtums nomadischer Gruppen zu einer Religion von Seßhaften erfolgt erst sukzessiv in der Phase der Besiedlung und wirtschaftlichen Dauernutzung zuvor nur durchzogener Herrschaftsgebiete. Der Name des nabatäischen Hauptgottes, Du Sara, "der vom Sa'ir-Gebirge", d.h. vom edomitischen Gebirge, bildet sich erst bei Inbesitznahme Edoms und somit relativ spät. Du Sara ist aber kein Berggott, sondern als ranghöchster Gott der Himmelsgott. Im Aufbau der Götterwelt stehen die Nabatäer in der

Tradition früh-arabischer religiöser Grundvorstellungen. In den Namen und den Wesensmerkmalen der Götter äußert sich bereits ein forgeschrittenes Stadium, da die Nabatäer ihre Götter relativ spät formalisierten. Das hängt mit der oben angezeigten Volkwerdung zusammen, die erst mit der Integration der Landbevölkerung in augusteischer Zeit einen Abschluß findet.

Bis zum Ende des 2. Jahrhunderts v. Chr. können wir nur Zeltplätze und einfache Stützpunkte an den Karawanenrouten, noch keine Siedlungen der Nabatäer mit Landbebauung nachweisen. Einer der Stützpunkte ist Petra, das als Talkessel und mit einem Fliehfelsen versehen, eine natürliche Festung im gebirgigen edomitischen Hochplateau auf halbem Weg zwischen Dedan und Gaza bildet. Diese geographischen Vorgegebenheiten führen zur Bedeutung von Petra, das schließlich Hauptstadt des im späten 2. Jahrhundert v. Chr. proklamierten Königreichs der Nabatäer wird.

Offenbar schon 332 v. Chr. auf dem Alexanderzug bei der Eroberung von Gaza, das von nabatäischen Verbündeten der Perser verteidigt wird, dringt die Kunde vom Reichtum der Nabatäer zu den Griechen. Sie veranlaßt 312 v. Chr. den Makedonen Antigonos MONOPHTALMOS zu dem Versuch, die Nabatäer zu unterwerfen und den Weihrauchhandel an sich zu bringen. Die in völliger Unkenntnis der Verhältnisse geführten Feldzüge scheitern vollständig. Einer der griechischen Generäle, HIERONYMOS von KARDIA, hinterläßt eine Beschreibung des Unternehmens, in die er eine Charakteristik der Nabatäer einfügt. Sein Bericht ist durch die Abschrift des DIODORUS SICULUS aus dem 1. Jahrhundert v. Chr. überliefert. Jene Charakteristik prägt nun die Vorstellungen der Griechen und Römer von den Nabatäern nachhaltiger, als es die direkten Handelskontakte vermögen, die für Petra seit dem späten 2. Jahrhundert v. Chr. mit dem griechischen und dem italischen Westen bezeugt sind.[6] Wesentlich trägt dazu bei, daß das im Bericht angezeigte kriegerische Wesen der Nabatäer durch die Kämpfe mit den Ptolemäern, den Hasmonäern und später HERODES um südsyrische und ostjordanische

Territorien scheinbar bestätigt wird. Erst die Römer beenden diese Auseinandersetzungen durch eine Neubestimmung der Staatsgebilde in diesem Raum.

Die Bedeutung jenes Berichtes kann gar nicht genug unterstrichen werden. Sie ist Ausgangspunkt für die in diesem Beitrag vertretene These. Deshalb seien die wesentlichen Passagen zitiert (Diod. Sic. II 48, 1-5; XIX 94):

> "Die östlichen Landesteile Arabiens werden nun von Arabern bewohnt, die Nabatäer genannt werden. Sie herrschen über ein Gebiet, das teils Wüste, teils wasserlos und nur zum kleinen Teil fruchtbar ist. Sie leben von Raubzügen und Überfällen auf große Teile der Nachbargebiete. Man kann ihnen militärisch schwer beikommen. ... Sie sind nie jemandem unterworfen gewesen ..., sondern wahren sich eine ununterbrochene Freiheit."

> "Sie leben unter freiem Himmel und nennen das Ödland ihre Heimat. ... Es ist bei ihnen Sitte, weder Getreide zu säen, noch einen früchtetragenden Baum zu pflanzen, Wein zu trinken oder Häuser zu bauen. Jeder, der dem zuwiderhandelt, wird mit dem Tod bestraft. ... Einige von ihnen züchten Kamele, andere Schafe, und weiden sie in der Wüste. Während es viele arabische Stämme gibt, die die Wüste als Weideland nutzen, übertreffen die Nabatäer alle anderen bei weitem an Wohlstand, obwohl ihre Zahl nicht viel mehr als 10.000 beträgt; denn nicht wenige von ihnen bringen Weihrauch und Myrrhe sowie die wertvollsten Gewürze hinunter an das Meer, Waren, die sie von denen übernehmen, die sie aus dem sogenannten Arabia Eudaemon bringen."

Die erste Stufe der Wandlung

Die Übernahme der Institution des Königtums durch die Nabatäer erfolgt zu einem bemerkenswerten Zeitpunkt, nämlich als sie sich anschicken, Kulturland zu okkupieren, das an ihre Handelswege angrenzt und das jetzt durch den Zerfall der Seleukidenmacht quasi neuverteilbar ist. Hier im Norden ihres Herrschaftsgebietes bis nach Damaskus Ansprüche zu behaupten, ist für die Nabatäer um so dringlicher, als ihnen das wiedererstarkte Saba' den Warenzufluß über die Weihrauchstraße gesperrt hat. Das Königtum ist nicht inneren Bedürfnissen der nabatäischen Gesellschaft entsprungen und verfolgt keine innenpolitischen Absichten, auch wenn es die Macht der führenden Sippe der Nabatu, die zur Dynastie wird, stärkt. Vielmehr ist diese Institution nach außen an die Konfliktparteien und besonders an die Seleukiden adressiert, als deren Rechtsnachfolger über jene okkupierten Gebiete sich die Nabatäer verstehen und legitimieren wollen. Für diese Deutung verweise ich zum einen auf die nabatäischen Münzen, die seleukidische Typen übernehmen[7], und zum anderen auf das Verhalten des nabatäischen Königs ARETA III., der nach dem Sieg über den Seleukiden ANTIOCHOS XII., 84 v. Chr., dessen Nachfolge auf dem Thron von Koile Syria in Damaskus antritt.[8]

Schon an diesem Beispiel läßt sich demonstrieren, wie Veränderungen der Machtverhältnisse in der Großregion und das direkte Eintreten in den nichtarabischen Kulturraum die Nabatäer veranlassen, diesem Umfeld angepaßte Selbstdarstellungsformen zu finden.

Nicht nur die Münzprägung setzt in dieser Stufe ein, sondern auch in anderen Bereichen finden sich erstmals genuin nabatäische Denkmäler, z.B. Fassadenfelsgräber, Inschriften und feine Tongefäße. Dies bezeugt ein neues Selbstverständnis und setzt eine Ortsbindung voraus. Das Königtum ist allerdings nicht Auslöser der Seßhaftwerdung, sondern nur Moment eines langen Prozesses, der erst in augusteischer Zeit zur siedlungsmäßigen Landnahme im nabatäischen Reich führt.

Die Ortsgebundenheit führt zur räumlichen Ausgestaltung von Kultbezirken, die von einzelnen Verehrergruppen bzw. Kultgenossenschaften betreut werden. Die älteste uns bekannte Anlage dieser Art, ins Jahr 96/95 v. Chr. datiert, ist der Komplex, den ein Mann namens ASLAH gestiftet hat.[9] Der Komplex besteht aus einem Triklinium, also einem Versammlungsraum mit Liegen auf drei Seiten, wo das Kultmahl eingenommen wurde, und aus beigeordneten Nebenräumen und einer Zisterne. Die Anlage war "Du Sara, dem Gott des Manbatu" geweiht. Diese Relation zwischen dem Gott und einem Verehrer, vielleicht dem Ahn der Sippe oder dem Gründer der Kultgenossenschaft, ist eine alte, auch sonst bekannte Form der Gottesbezeichnung. Jünger sind im Nabatäischen Bezeichnungen mit Ortsverweis wie "Du Sara, Gott von Gaia".

Näher als diese Komplexe stehen die Opferstätten[10] unter freiem Himmel der früharabischen Tradition. Doch auch hier weisen die Vielzahl und die Ausgestaltung dieser Anlagen auf die veränderte Lebensweise, auf die Präsenz der Nabatäer am Ort. Zu beiden Anlagetypen gehören Verehrungsbilder der Götter. Aus der hellenistischen Zeit sind nur anikonische Steinstelen, baitylen, bekannt, die als Reliefs in künstlichen Nischen der Felswände ausgehauen waren oder als kleine, transportable Ritualobjekte dort Aufstellung fanden. Das Steinmal ist Sitz der Gottheit und somit ein Präsenzbild der Gottheit. Dominanter Typ unter den baitylen ist die hochrechteckige Blockstele, die oben glattgeschnitten oder abgerundet begegnet, aber im übrigen unverziert bleibt. Sie verbindet sich mit Du Sara.[11]

Der nächstwichtige Typ besteht aus der Blockstele mit schematisierter Angabe von Augen und Nase. Er ist auf die Göttin Al-'Uzza zu beziehen.[12] Die Ausgestaltung geht auf Vorbilder zurück, die schon in altaramäischen Inschriftstelen aus Taima' aus der Perserzeit gespiegelt werden.[13] Als dritter Typ ist der Hörneraltar zu nennen, der ambivalent beiden Hauptgöttern zugeordnet ist. Diese Darstellungsformen sind typische Elemente der früharabischen Religion.

Neben Du Sara und Al-'Uzza sind für Petra als Götter sicher nur noch Al-Kutba, die ägyptische Fremdgöttin Isis (seit 26/25 v. Chr.) und der 9 v. Chr. vergöttlichte König OBODAS II. nachzuweisen. Wenn uns auch an anderen Orten entsprechend der Pluralität des nabatäischen Volkes weitere Götter bzw. Götternamen genannt werden, bleibt der Kreis der nabatäischen Götter klein, im Grunde auf den höchsten Gott oder die höchste Göttin - das wechselt wie auch die Namen an den einzelnen Orten - und auf den einen oder anderen Gott als gelegentlichen Paredros und auf Götter als persönliche Patrone individueller Verehrer(gruppen) beschränkt. Diese für die gesamte Königszeit gültige Situation ist unbedingt von den Verhältnissen zu scheiden, die nach der Annektion durch die Römer 106 n. Chr. im ehemaligen Nabatäerreich vorherrschen.

Die zweite Stufe der Wandlung

Nach dem Eingriff Roms in die Geschicke der Staaten in Kleinasien, Syrien und Palästina und der territorialen Neuordnung durch POMPEJUS 63 v. Chr. tritt die nabatäische Politik in ein neues Stadium. Rom beendet den Streit um die ostjordanischen Gebiet zwischen den Hasmonäern und den Nabatäern u.a. durch die Bildung der Dekapolis und durch die Zurückweisung der nabatäischen Expansionsbestrebungen. Petra wird 62 v. Chr. Klientelkönigtum Roms, verliert seine Souveränität, nicht aber seine Autonomie. Die nabatäische Politik unter MALICHUS I. (62-30 v. Chr.) zielt deshalb nun auf Konsolidierung des behaupteten Reichsgebietes, das ja mit Ausnahme von Petra fast überall noch immer nur durch Karawanenrouten mit festen Stützpunkten, den phrouria, strukturiert ist.

Als erste, neue zusätzliche Haftpunkte an diesen Routen, und zwar gerade in entfernteren Gegenden, werden Heiligtümer mit Tempeln angelegt.[14] Zur Übernahme dieses Bautyps kommen die Nabatäer im Rahmen der intensiveren Auseinandersetzung mit der hellenistisch-römischen Kultur im Osten. Das führt zu Hellenismen verschiedenster Art. Die Skala reicht vom importierten Original über die Kopie durch griechische Künstler am Königshof und über die Imitation durch einheimische Künstler bis zur Umbildung und Integration in eigene Kunstformen. Dies ist kein linearer Prozeß, sondern eine immer wieder neu gestellte Entscheidung, auch wenn sich bestimmte Tendenzen für bestimmte Zeitphasen feststellen lassen. Diese Vorgänge liefen nicht quasi von selbst unter dem Einfluß einer dominanten Umwelt ab, sondern wurden vom Königishaus mit konkreten Intentionen gesteuert.

Es ist wohl kein Zufall, daß die älteste Tempelanlage, ein Heiligtum für Du Sara/Dusares, für Puteoli, dem neben Ostia wichtigsten Handelshafen Roms, bezeugt ist (54/50 v. Chr.). Im nabatäischen Reich selbst ist die neue Konzeption zuerst im Hauran faßbar, in Bosra und besonders in Seeia/Si', wo 33/32 v. Chr. ein Heiligtum des Ba'al-Schamin errichtet wird, das nach und nach zu einem großer Wallfahrtskomplex auswächst. Weitere Tempelbezirke entstehen in dieser Zeit weiter nördlich in Sur und Sahr in der El-Legga.[15] Der weitere Ausbau bricht in dieser Region ab, als AUGUSTUS 23 v. Chr. Trachonitis, Batanea und nördliche Auranitis HERODES I. unterstellt, die südliche Auranitis mit Bosra bleibt dagegen weiterhin nabatäisches Herrschaftsgebiet.

Schon beim Tempel des Ba'al-Schamin in Seeia ist nach den Gründen für die reiche graezisierende Ausstattung zu fragen und ist zu fragen, wie sie sich zu den tradtitionellen Anschauungen der Nabatäer verhält. Das Heiligtum ist die Stiftung einer nabatäischen Sippe. Die stärkere Hellenisation im syrischen Raum erklärt noch nicht genügend die neue Darstellungsform. Ich will versuchen, den Gründen anhand des Befundes von Petra nachzugehen. Dabei ist die Möglichkeit nicht auszuschließen, daß die Gestaltung des Zentralheiligtums in Petra u.a. auch durch die etwas älteren Anlagen im südsyrischen Raum mitbeeinflußt wurde.

Ob in Petra schon unter MALICHUS I. Tempel errichtet wurden, ist derzeit vom archäologischen Befund her nicht entscheidbar und eher zu verneinen. Das Zentralheiligtum augusteischer Zeit steht jedenfalls nicht über einem Vorgängerbau aus der Zeit des MALICHUS I. Vielleicht geht ein noch unzureichend erforschtes Heiligtum des Ba'al-Schamin im Vorort Gaia/El-Gi auf MALICHUS I. zurück.[16] Im übrigen könnten die Baumaßnahmen dieses Königs in Petra anderen Objekten königlicher Repräsentation gegolten haben, auf die einige Architekturspolien mit Stukkaturen und Fresken deuten. Man mag in diesem Zusammenhang auch an den berühmten El-Hazne denken, ein von alexandrinischen Künstlern geschaffenes Grabmonument vielleicht für MALICHUS I.[17]

Erneut ändert sich die Situation, als die Römer durch den Feldzug des AELIUS GALLUS 25/24 v. Chr. gegen Saba' versuchen, den Weihrauchhandel in ihre Hand zu bringen.[18] Dies konnte nicht im Interesse der Nabatäer sein, und durch geschicktes Taktieren trägt SYLLAIOS, ein hochgestelltes Mitglied des nabatäischen Königshauses, dazu bei, daß den Römern ihre Absicht mißlingt. Gleichzeitig führen jedoch die Zerstörungen in Saba' zur Aufhebung der fast 100 Jahre langen Sperre für den Warenverkehr ins nabatäische Gebiet über die alte Weihrauchstraße. Die Folge ist ein enormer wirtschaftlicher Aufschwung, der sich u.a. in einem intensiven Besiedlungsprogramm bzw. der Integration der Landbevölkerung und in vielen Bauprojekten äußert. Zu den Letzteren gehört der Ausbau von Petra mit völlig neuer Gestaltung des Stadtkerns. Quer durch die Mitte des Talkessels von Petra wird eine via sacra angelegt, die zu einem neuen großen Heiligtum mit einem Tempel hinführt.[19] Die Konzeption des Heiligtums folgt den Vorgaben der Zeit des MALICHUS I., doch wird sie mit zusätzlichen Intentionen versehen.

Der Tempel, der sogenannte Quasr Bint Fir'on, war vermutlich Du Sara, dem Hauptgott von Petra geweiht. Im Metopen-Triglyphenfries des Tempels finden sich alternierend Rosetten und Medaillons mit Reliefbüsten von Göttern. Soweit sich die Medaillons noch am Bau befinden, haben sie stark unter Verwitterung und mehr noch durch Ikonoklasmus gelitten, so daß sie heute kaum mehr bestimmbar sind.[20] Es wurde aber ein sehr gut erhaltenes Medaillon gefunden, das früh abgestürzt oder abgenommen sein mag. Hier ist im griechischen Heliostyp der Himmelsgott dargestellt.[21] Der Typ meint zwar im Hauran jeweils Ba'al-Schamin, doch wird man ihn in Petra eher mit Du Sara verbinden. Gegenüber den Funden aus dem Hauran ist in Petra die Übernahme des griechischen Vorbildes hellenistisch-barocker Prägung, wie sie für die Kunst von Pergamon und Rhodos typisch ist, so getreu, daß man nicht von einer Adaption wie dort sprechen kann, sondern für diese Arbeit direkt an griechische Künstler am Hof des nabatäischen Königs zu denken hat. Griechische

Bildhauer in Petra bezeugt indirekt Strab XVI 4, 26. ein weiteres dieser Medaillons ist in Gaia gefunden worden; es stellt wiederum den Himmelsgott im Heliostyp dar.[22]

Weniger auffällig war der Stuckdekor des Tempels an den Innen- und Außenwänden, eine Pilasterarchitektur mit der Darstellung eines Schreins mit girlandentragenden Eroten auf der rückwärtigen Außenwand und Karyatiden als Gesimsträgern im Tempelinnern. Gleichwohl steht auch dieser Dekor in hellenistischer Tradition.

Der äußeren Gestalt nach, speziell in der Fassade, ist der Qasr Bint Fir'on griechischen Tempeln nachempfunden, doch sind ebenso arabische Züge bewahrt, etwa in der nahezu quadratischen Kubusform des Bauwerks (Flachdach mit Blendgiebel), in den Breitraumeinheiten, in der dreifachen Adytonabtrennung, in der Adytongestaltung mit einem Kultbildpodium mit Treppchen und eben auch im baityl-Kultbild.[23] Die Nabatäer haben keine eigene Tempeltradition, sondern passen sich mit diesem Heiligtumstyp ihrer Umwelt in Syrien und Palästina an, aber nicht ohne auch an andere arabische Vorbilder anzuknüpfen. So übernehmen sie für die kultfunktionalen Elemente Vorgaben aus dem südarabischen Raum. Dieses Eklektische und Integrative begegnet in der Kultur der Nabatäer immer wieder.

Den Eingang zum Heiligtumsbezirk bildet ein großer, dreitoriger Bogen, auch Propylon genannt. Er ist Teil der Gesamtanlage des Heiligtums und gleichzeitig mit dem Tempel. Die Pilaster des mittleren Durchgangs zeigen Paneele, die alternierend mit Rosetten und Reliefbüsten von Göttern verziert sind.[24] Hier kehrt das Motiv vom Tempelfries, inhaltlich vielleicht abgeändert, wieder. Vier von ursprünglich wohl mindestens zwölf Büstenreliefs befinden sich heute am restaurierten Bogen. Sie sind allerdings so stark bestoßen, daß eine sichere Benennung der Götter noch nicht gegeben werden konnte. Einige Beobachtungen zum architektonischen Befund sprechen dafür, daß der Bogen nach seiner Errichtung

Umgestaltungen erfuhr.[25] Damit könnten u.U. einige der Büstenreliefs in Verbindung gebracht werden, die in der Zone des Bogens gefunden wurden.

Es handelt sich um rund 30 solcher Reliefs von Göttern und um einige andersartige Reliefs, die, teilweise schon lange bekannt, dringend der Untersuchung und Publikation bedürfen.[26] Erst dann wird man konkreter absehen können, welche Reliefs dem Bogen oder anderen Bauwerken des Heiligtums zuzuordnen sind. Wichtig für diese Frage ist ein Eckblock mit Reliefs auf zwei aneinanderstoßenden Seiten. Ein Teil der Reliefs ist ähnlich bestoßen wie die Büstenreliefs am Bogen und wurde unmittelbar aus dem Schutt des Bogens geborgen. Diese Reliefs werden sich bis zum Einsturz des Bogens an diesem befunden haben. Interessanter ist der andere Teil der Reliefs, nämlich eine Gruppe erstaunlich gut erhaltener Büstenreliefs, wenn auch z.T. ikonoklastisch beschädigt und zerbrochen. Die Reliefs wurden in sekundärer Wiederverwendung in Verbauung in der Nähe des Bogens gefunden. Leider ist der Befund unpubliziert, sonst besäße man durch die Verbauung einen zeitlichen Anhaltspunkt. Soviel scheint deutlich: Diese Reliefs müssen relativ früh von ihrem ursprünglichen Baukörper entfernt worden sein.

Auf die Fragen nach den Gründen für 1. die Anbringung gerade derartiger Reliefs und 2. die Entfernung eben dieser Reliefs soll nun eine Antwort versucht werden. Dazu ist zunächst festzuhalten, wen die Reliefs darstellen. Das sind beim genannten Eckblock Athena und Hermes, bei anderen Reliefs Ares, Dionysos, Aphrodite, Apollon und die Muse Komodia. Weitere Zuweisungen zu dieser Gruppe bleiben abzuwarten. Gegenwärtig muß deshalb die Frage nach dem Programm der Gesamtdarstellung offenbleiben, wenn sich auch eher eine Darstellung der Himmelsgötter und der vier Planeten als eine Versammlung der zwölf olympischen Götter andeutet. Anhaltspunkte für diese Frage ergäbe der Vergleich mit entsprechenden Reliefs des Tempels von Hirbet et-Tannur weiter nördlich in Edom, wo die peträischen Reliefs imitiert wurden.²⁷ Man wird aber auch berücksichtigen müssen, daß unter den Reliefs vom Bogen manche der genannten Götter wiederkehren und noch weitere Götter kenntlich sind.

Die Büstenreliefs sind wiederum in griechischem Stil gearbeitet und entsprechen voll und ganz griechischen Vorbildern. Den dargestellten griechischen Göttern lassen sich Namen nabatäischer Götter unterlegen und in der Tat kam es zumindest später zu solchen Gleichsetzungen. Dies erklärt aber noch nicht, warum man überhaupt statt eines Verzichtes auf anthropomorphe Darstellungen griechische Götterbilder wählte und das nicht nur dekorativ, sondern offensiv am zentralen neuen Heiligtum Petras, am bedeutendsten Kult- und Repräsentationsbau der Nabatäer. Die neue Bildform der nabatäischen Götter, die nur aus dem griechischen Raum übernommen werden konnte, erklärt sich nicht aus einem Wandel der nabatäischen Religion einer synkretistischen Anpassung; denn weiterhin werden die nabatäischen Götter sonst im Typ des baityls dargestellt und verehrt. Auch das Kultbild des Qasr Bint Fir'on war eine einfache Blockstele aus schwarzem Stein. Um rein griechische Götter, die nur als Dekorform übernommen worden wären, kann es sich auch nicht handeln, da die Auswahl bestimmter Götter zu deutlich auf entsprechende nabatäische Götter weist und da einige der Typen auch andernorts wiederkehren. Man wird deshalb annehmen müssen, daß diese Reliefs eine bestimmte Aussage tragen, die über den Inhalt der Darstellung hinausgeht. Fragt man, ob sich die Konzeption eines nabatäischen Heiligtums mit griechischen Götterbildern auch auf der politischen Ebene verstehen und begründen läßt, so erhält man Antworten, die hier als These vorgetragen werden.

Im Verhältnis zur neuen Großmacht Rom haben die Nabatäer mehrmals territoriale Verluste zugunsten der Hasmonäer und Herodianer bzw. Roms hinnehmen müssen. Vor allem erleben sie aber, wie sich Rom im Osten immer mehr durchsetzt und festsetzt. Von Rom angedrohte Strafmaßnahmen wegen des nabatäischen Engagements in Palästina vermögen die Nabatäer durch Anerkennung der Oberhoheit Roms 62 v. Chr. fürs erste noch einmal abzuwenden. Später sind es dann äußere Umstände, die Rom hindern, gegen Petra zu ziehen. Als die Nabatäer bei der Entscheidungsschlacht zwischen Octavian und Marcus Antonius bei Actium, 31 v. Chr., auf der Seite der Letzteren mitkämpfen, wie es ihrer Klientelverpflichtung Rom gegenüber entspricht, müssen sie befürchten, daß der Sieger, OCTAVIAN, der spätere AUGUSTUS, den Anlaß ausnutzt, ihre Autonomie aufzuheben und ihr Reich als römische Provinz dem Imperium Romanum einzuverleiben, wie es POMPEJUS mit dem Seleukidenreich tat, das zur Povincia Syria wurde, und wie es später Kaiser Trajan 106 n. Chr. dann auch mit dem Nabatäerreich tat, um der verschärften Parthergefahr zu begegnen. Doch zunächst bestätigt Octavian den status quo in der Großregion. Wie wenig sicher sich jedoch HERODES und die Nabatäer, die beiden Klientelkönigreiche Roms, fühlen, zeigen die immer neuen Widmungen großartiger Bauwerke, ja ganzer Städte und Häfen, an den Kaiser und Rom durch HERODES. Gemäß einiger Reliefs mit der Darstellung von Meerwesen und Waffen, die typologisch den Actium-Denkmälern zugehören, könnte auch im Zentralheiligtum in Petra ein Siegesmonument aufgestellt gewesen sein, das Octavian feierte.

Eine akute Bedrohung durch Rom sehen die Nabatäer nach dem Feldzug des AELIUS GALLUS 25/24 v. Chr., bei dem die Loyalität der Nabatäer durchaus in Frage gestellt werden konnte, wie die Hochverratsanklage gegen SYLLAIOS zeigt. Eine erste Reaktion Roms darauf könnte die Übertragung des nördlichen Hauran an HERODES sein. Zum offenen Konflikt mit Rom kommt es aber erst einige Jahre später, nachdem SYLLAIOS weiterer antirömischer Handlungen beschuldigt wird. Gerade wegen dieser Vorkommnisse achtet der nabatäische König OBODAS II. (30-9 v. Chr.) darauf, Rom keinen weiteren Anlaß und Grund zu einem Vorgehen gegen sein Reich zu geben.

Wie HERODES durch seine Bauwerke in hellenistisch-römischem Stil versucht, sein Reich in das Imperium Romanum zu integrieren, so versuchen auch die Nabatäer, sich als ein dem Westen gleichwertiges, gebildetes und gesittetes Volk darzustellen; denn noch immer haftet ihnen der Odem der alten Beschreibung des HIERONYMOS von KARDIA an, die oben zitiert worden ist. Diese Belastung wird offenbar noch bedrohlicher empfunden als die politischen Vorkommnisse. So laden die Nabatäer Römer und Griechen nach Petra ein, um ihnen zu zeigen, wie falsch jenes Bild des HIERONYMOS von den Nabatäern ist. In der Tat sind die Besucher, die neben den Tempeln auch ein römisches Theater in Petra vorfinden, sehr erstaunt zu sehen, wie die Nabatäer leben und wie intakt diese Gesellschaft zu sein scheint. Das darf man aus Berichten schließen, die STRABO überliefert und die hier wiederum zitiert und jenem Bericht des HIERONYMOS gegenübergestellt werden sollen (Geogr. XVI 4, S. 21, 26):

> "Die Stadt (Petra) hat sehr gute Gesetze. Athenodor, ein Philosoph und unser Freund, der sich bei den Peträern aufhielt, erzählte mit Verwunderung, er habe dort viel Römer, aber auch andere Fremde getroffen und die Fremden oft Prozesse führen sehen sowohl miteinander als mit den Einheimischen, aber die Einheimischen hätten einander nicht verklagt, sondern stets miteinander Frieden gehalten."

> "Die Nabatäer sind mäßig und erwerbseifrig, so daß sogar der seinen Besitz Vermindernde öffentlich bestraft wird, der ihn Mehrende aber geehrt. Da sie wenig Sklaven haben, werden sie meist von den Verwandten bedient oder voneinander, oder sie bedienen sich selbst, so daß sogar bis zu den Königen diese Sitte gelangt ist. ... Der König veranstaltet beständig viele großartige Gelage, es trinkt aber niemand mehr als elf Becher mit Benützung von stets wechselnden goldenen Gefäßen. Der König ist dabei so herablassend, daß er nicht nur sich selbst, sondern auch die anderen bedient. Oft legt er auch öffentlich Rechenschaft ab, ja es wird auch zuweilen sein Leben untersucht. Die Wohnungen sind kostbare Steinbauten, die Städte sind mauerlos wegen der friedlichen Verhältnisse. Das meiste Land hat gute Früchte ... Schafe, Rinder, Kamele ... Sie (die Nabatäer) gehen einher ohne langes Gewand in Schurz und Sandalen, auch die Könige, wenn auch diese in Purpur. Einiges wird ganz und gar importiert, anderes teilweise; anderes ist einheimisch, wie Gold, Silber und die meisten Wohlgerüche. Kupfer und Eisen, Purpurgewand, Storax, Krokus und Kostus, Reliefs, Schrift, Skulpturen sind nicht einheimisch. ... Die Sonne verehren sie, indem sie auf dem Haus einen Altar errichten und darauf alle Tage spenden und räuchern."

Die Hellenismen im Dekor des Zentralheiligtums in Petra wie auch an anderen nabatäischen Tempeln verstehe ich deshalb als Teil eines vom nabatäischen Königshaus gesteuerten Prozesses, sich als "zivilisiertes", friedfertiges, weltoffenes Volk darzustellen. Wie besser könnte man den Griechen und Römern demonstrieren, daß man nicht barbarisch und gar nicht so andersartig ist, als dadurch, daß man ihnen die ihnen vertrauten Götter als die eigenen Götter vorzeigt! Hellenismen betreffen nur Teilbereiche und bedeuten nicht notwendigerweise auch schon Hellenisierung. Auch hier gilt diese Einschränkung. Die Kultfunktionen des Heiligtums bleiben nämlich arabisch-nabatäisch. Es gibt keine Hinweise, daß die nabatäischen Götter in ihrem Wesen und Wirkbereich eine Graezisierung erfahren, vielmehr wird die eigene Tradition ungebrochen fortgeführt. Deshalb kann man für die Büstenreliefs mit den griechischen Göttertypen im Grunde nicht von einer Interpretatio Nabataea sprechen. Die Nabatäer entleihen sich von den Griechen zur Verdeutlichung ihrer Götter dem Westen gegenüber nur Namen und Bildtypen, nehmen - mit Ausnahme der Isis - die Fremdgötter aber nicht auf, und dies ist das Entscheidende. Die Hellenismen am nationalen Heiligtum in Petra sind daher am ehesten aus politischer Motivation heraus zu verstehen und nur durch die Staatsmacht durchsetzbar gewesen. Die Adressaten sind nicht die Nabatäer, die sich eher an dieser Form stießen, sondern die Griechen und insbesondere Rom. In der Doppeldeutigkeit der Büstenreliefs und Medaillons als griechische und nabatäische Götter bleibt die griechische Formulierung für die Nabatäer nur übergestülpt, Maske also. Aus diesem Grund habe ich im Titel von "maskierten Göttern?" gesprochen. Die Hellenismen werden hier als politisches Mittel zur Existenzsicherung durch demonstrative Anpassung an die westliche Kultur genutzt. Zwischen den Intentionen des HERODES und denen der Nabatäer besteht aber ein entscheidender Unterschied. Während HERODES eine Hellenisierung mit kultureller und politischer Einbindung ins Imperium Romanum betreibt, bleiben in Petra die Hellenismen übernommene Fremdelemente, die nicht die Struktur der nabatäischen Gesellschaft verändern und vielfach nur Fassade sind.

Die Reaktion

Wie sehr die griechischen Formen als Eingriff, Anstoß und Fremdkörper empfunden werden, zeigt zum einen das geringe Aufgreifen jener Bildtypen in späterer Zeit – wo es dennoch geschieht, reflektiert man auf das Zentralheiligtum und nicht so sehr auf die Darstellungen –, zum anderen die Reaktion, die nach dem Tod von ARETA IV. (9/8 v. Chr. bis 40 n. Chr.), der jene Konzeption noch beibehielt, einsetzt. Unter RABEL II. (70/71 bis 106 n. Chr.) kommt es zu einer großangelegten religiösen Renovatio, deren eines Element die Abkehr von übertriebenen Hellenismen und die Abkehr von anthropomorphen Gottesbildern ist. Diesen Vorgang hat man archäologisch am Nordtempel ("Löwen-Greifen-Tempel") in Petra nachgewiesen. Hier wird der gesamte reiche Dekor griechischen Charakters mit figürlichen Stukkaturen und mit Freskenpaneelen abgenommen und durch eine schlichte Ornamentik ersetzt.[28] So muß man sich wohl auch den Vorgang vorstellen, von dem die Büstenreliefs betroffen wurden. Zur Renovation gehört die Betonung des Du Sara als dynastischen und nationalen Gott. Du Sara wird gleichrangig oder auch über andere Himmelsgötter anderer Regionen gestellt. Du Sara erhält Beinamen, die seinen arabisch-nabatäischen Charakter betonen, wie "A'ra/der im Stein Gesalbte" und "Herr des Hauses/der im Stein Wohnende". Neben Du Sara finden gerade die Götter eine Förderung, die stark in arabisch-nabatäischer Tradition stehen, nämlich Allat, Al-'Uzza und Al-Kutba. Al-'Uzza nimmt Züge der in Petra verehrten Fremdgöttin Isis an, um sie in dieser "Integratio Nabataea" zu verdrängen; Zeugnis dafür ist eine neugefundene Blockstele mit schematisierter Angabe von Augen und Nase, also eine Al-'Uzza-Darstellung, die von einer Isiskrone bekränzt ist.[29] Eine andere, besonders qualitätvolle Stele der Al-'Uzza aus dem Nordtempel bietet eine viel naturalistischere Gesichtsformulierung.[30] Dies ist jedoch keine Entwicklung zu einer anthropomorphen Gestaltung hin, sondern ein retrospektives Anknüpfen an früharabische Bildtypen. In der Interpretation verwandt ist ein neuer Bildtyp für die Göttin Allat, der in

Iram und Hegra belegt ist.[31] Hier wird eine anthropomorphe Darstellung, die Aphroditetypen nahesteht, in eine baityl-Form rückgeführt.

Man hat bislang der Renovatio in der Forschung noch keine Beachtung geschenkt, so daß diese Zusammenhänge nicht erkannt worden sind. Die Bedeutung der Renovatio erhellt aber auch den programmatischen Thronnamen des RABEL II.: "der, der sein Volk erneuert und errettet hat". Bislang hat man versucht, den Thronnamen auf irgendwelche Kämpfe zu beziehen, von denen sonst nichts überliefert ist, oder aber auf agrarische Projekte, wobei aber der Sachverhalt verkannt wurde. Die Renovatio fand ein vorzeitiges Ende, als Kaiser Trajan 106 n. Chr. das Nabatäerreich okkupierte und zur Provincia Arabia des Imperium Romanum umwandelte.

Zusammenfassung

Der Wechsel von der nomadischen Lebensweise als Beduinen in den ariden Zonen Nordarabiens hin zur ortsgebundenen Handelsmacht im jordanischen Bergland führt zur Volkwerdung und Staatsbildung bei den arabischen Nabatäern. Am Beispiel der Götterbilder und Tempel wird dargelegt, wie sich die Veränderungen durch die gesellschaftliche und politische Auseinandersetzung mit der hellenistisch-römischen Umwelt potenzieren und ausdrücken. Griechische Formen werden nicht als Zeichen der Hellenisierung, sondern als "Masken" eines Anpassungsprozesses verstanden, der zur Bewahrung der staatlichen Autonomie unter Kaiser AUGUSTUS notwendig erscheint. Die Ablehnung dieses Verhaltens äußert sich in einer religiösen Renovatio zur Zeit Kaiser Trajans.

Summary

After a period of being nomads and Bedouins in the desert of Norhtern Arabia the Arabic tribe of the Nabataeans settled in the Jordanian plateau, grew up to a nation and a kingdom. The various representations of their gods are helpful to demonstrate, how the changes increased and are expressed during the social and political contact and struggle with the Hellenistic-Roman environment. Greek elements at cultic buildings of the Nabataeans are understood as "masks" only in a kind of adaptation to survive and to keep autonomy in the time of AUGUSTUS. The reaction upon the Greek elements produced a religious renovation and a revival of old Nabataean traditions in the time of emperor Trajan.

Anmerkungen

* Aus drucktechnischen Gründen wurde eine vereinfachte Umschrift der arabischen Begriffe vorgenommen.

1. Informative Einführungen: HELLENKEMPER SALIES, G. (Hrsg.): Die Nabatäer. Erträge einer Ausstellung im Rheinischen Landesmuseum Bonn, 24. Mai - 9. Juli 1978. Führer des Rheinischen Landesmuseums Bonn Nr. 106, 1981; LINDNER, M. (Hrsg.): Petra und das Königreich der Nabatäer. 1983[4]; WENNING, R.: Die Nabatäer - Denkmäler und Geschichte. Eine Bestandsaufnahme des archäologischen Befundes. Novum Testamentum et Orbis Antiquus 3, 1987 (mit reicher Bibliographie und Karten).

2. Anfänge dazu wären gelegt. Vgl. OHLER, A.: Religion und Land: Beispiel Alt-Israel. In: GR 2, 1986; OTTO, E.: Geographische Faktoren in der Kulturgeschichte des Frühen Israel. Symposium Eichstätt 1988; Weitere Beiträge von KIPPENBERG, H., ZELLER, D., und SOFFER, A. in Eichstätt und PUMMER, R. in Festschrift M. BÜTTNER, Geisteshaltung und Umwelt, 1988, berühren diesen geographischen Raum unter anderen Aspekten.

3. XIII. Internationaler Kongreß für Klassische Archäologie: "Hellenismen augusteischer Zeit im Herodianischen und im Nabatäischen Reich - ein Vergleich", Berlin, 27.7.1988; Naturhistorische Gesellschaft Nürnberg e.V.: "Die Götter der Weihrauchhändler", Nürnberg, 8.9.1988.

4. Zu einem differenzierten Verständnis von Nomadentum vgl. KNAUF, E.A.: Ismael. Untersuchungen zur Geschichte Palästinas und Nordarabiens im 1. Jahrtausend v. Chr.. 1985, S. 41-45 (mit Verweisen, die heranzuziehen bleiben).

5. GROHMANN, A.: Arabien. Handbuch der Altertumswissenschaft, 1963, S. 81-89; FAHD, T.: Le panthéon de l'Arabie Cekntrale à la veille de l'Hégire. 1968; HÖFNER, M. in: GESE, H., HÖFNER, M. und RUDOLPH, K.:

Die Religionen Altsyriens, Altarabiens und der Mandäer. Die Religionen der Menschheit 10, 2, 1970, S. 354-388.

6. WENNING 1987, a.a.O., S. 22f.

7. MESHORER, Y.: Nabataean Coins. Qedem 3, 1975, S. 9-14.

8. BOWERSOCK, G.W.: Roman Arabia. 1983, S. 25f.

9. DALMAN, G.: Neue Petra-Forschungen. 1912, S. 40, 99f., Abb. 34f.

10. Z.B. sog. Großer Opferplatz auf Zibb 'Atuf in Petra: WENNING 1987, a.a.O., S. 217f., Abb. 39.

11. DALMAN, G.: Petra und seine Felsheiligtümer. 1908, S. 70-74.

12. LINDNER, M.: Zeitschrift des Deutschen Palästina-Vereins (im Druck).

13. EUTING, J.: Nabatäische Inschriften aus Arabien. 1885, 9 Abb. S. 6.

14. Die 66 nabatäischen Tempel sind über das Register WENNING 1987, a.a.O., S. 359 zu erschließen; die Gesamtzahl mindert sich um etwa ein Drittel durch Fehldeutungen, ebenda S. 288.

15. Zu den Orten vgl. WENNING 1987, a.a.O., Region A 2, F 7, E 4, C 1-2.

16. ZAYADINE, F., in: Annual of the Department of Antiquities in Jordan 25, 1981, S. 350.

17. SCHMIDT-COLINET, A., in: Bonner Jahrbücher 180, 1980, S. 217-223, Abb. 30-33; WENNING 1987, a.a.O., S. 210-212.

18. VON WISSMANN, H.: Die Geschichte des Sabäerreiches und der Feldzug des Aelius Gallus. Aufstieg und Niedergang der Römischen Welt II 9, 1976, S. 308-544.

19. WENNING 1987, a.a.O., S. 223f, 234-245.

20. LINDNER 1983, a.a.O. (s. Anm. 1), S. 91, Abb.35.

21. Der Königsweg. 9000 Jahre Kunst und Kultur in Jordanien und Palästina. Katalog der Ausstellung Köln, Rautenstrauch-Joest-Museum für Völkerkunde, 3. Oktober 1987 bis 27. März 1988, 1987, Kat. Nr. 208.

22. ZAYADINE 1981, a.a.O., 350 Taf. 103, 1; WENNING in: KUHNEN, H.P.: Palästina in griechisch-römischer Zeit. Handbuch der Archäologie, Vorderasien II 2, 1989, Taf. (im Druck).

23. Die Kultbildbeschreibung ist bei SUIDAS überliefert: "Das Bild ist ein schwarzer, viereckiger, ungeformter Stein von vier Fuß Höhe und zwei Fuß Breite, der auf einer aus Gold getriebenen Basis ruht."

24. Der Königsweg 1987, a.a.O., Abb. S. 199.

25. WENNING 1987, a.a.O., S. 237.

26. Zusammengestellt bei WENNING 1987, a.a.O., S. 235f. (mit Verweisen auf Abb.; dazu jetzt noch Der Königsweg 1987, a.a.O., Kat. Nr. 209, S. 212).

27. GLUECK, N.: Deites and Dolphins. The Story of the Nabataeans. 1965; WENNING 1987, a.a.O. S. 80f.

28. HAMMOND, P.C., in: Annual of the Department of Antiquities of Jordan 22, 1977/78, S. 91; ders.; Studies in the History and Archaeology of Jordan 1, 1982, S. 231-238; WENNING 1987, a.a.O., S. 229.

29. Der Königsweg 1987, a.a.O., Kat. Nr. 201bis.

30. Ebenda, Kat. Nr. 201. Zu den Vorbildern siehe Anm. 13.

31. SAVIGNAC, R., in: Revue Biblique 43, 1934, S. 582-585 Abb. 7 Taf. 38f.; JAUSSEN, A., SAVIGNAC, R.: Mission Archéologique en Arabie I, 1909, S. 411-415, Abb. 201-203.

Gott, Mensch, Natur und Umwelt

Zur Geschichte der Religion/Umwelt-Forschung (Physikotheologie) aus theologischer Sicht

von Manfred Büttner

neu ausgerichteter Aufsatz von 1989, dem Material aus der theologischen Dr.-Arbeit des Autors von 1964 zugrundeliegt*

Einleitendes

In einem vor kurzem erschienenen theologischen Werk[1] heißt es:

> "So besitzt ... der Glaube an eine göttliche Weltregierung nach wie vor eine große Bedeutung, obgleich die christliche Theologie dieses Lehrstück nicht mehr vor dem modernen naturwissenschaftlich geschulten Bewußtsein vertreten mag."

Welche Sprengkraft in diesem Ausführungen liegt, wird durch folgende Überlegung deutlich: Es läßt sich weder beweisen, noch ist der Gegenbeweis möglich, daß Gott die Welt (in der Vergangenheit) geschaffen hat. Dasselbe gilt für die Erlösung (in der Zukunft). Mit anderen Worten: Dem Glauben an Gottes <u>früheres</u> und <u>zukünftiges</u> Wirken steht grundsätzlich nichts im Wege. Hier kann der Christ (aber auch der Vertreter anderer Religionen) unangefochten durch modernes naturwissenschaftliches Denken glauben. Anders ist es mit dem <u>gegenwärtigen</u> Wirken bzw. Handeln Gottes in oder an der Natur.

Es war SCHLEIERMACHER, der als erster die radikale theologische Konsequenz daraus zog, daß sich der Glaube an den gegenwärtig in der Natur wirkenden Gott nur schwerlich mit modernem naturwissenschaftlichen Denken vereinbaren läßt. Etwas überspitzt kann man sagen, daß er aus dem Grunde eine Theologie "ohne Gottes Gegenwart in der Natur" entfaltete und die christliche, vor allem die protestantischen Theologen bis hin zu BARTH, RATSCHOW usw. sind ihm hier gefolgt, was zu einer grundsätzlichen Providentiaschrumpfung führte (BÜTTNER).

Dem Nichttheologen mag die Bedeutung einer Providentiaschrumpfung (Providentia = Vorsehung oder Lenkung, Regierung usw.) am Beispiel der "Theorie der Dominosteine" verdeutlicht werden.

Wenn der Glaube an Gott in _einem_ Bereich (dem ganz besonders wichtigen und besonders gut nachvollziehbaren Handeln oder Nichthandeln in der Natur) erst einmal grundsätzlich infragegestellt oder gar aufgegeben wird....

Vor diesem Hintergrund gewinnt das, was man als Physikotheologie bzw. physikotheologisches Denken bezeichnet, nahezu explosives Gewicht gerade auch für den glaubenden Christen an der Wende vom 20. zum 21. Jahrhundert, obwohl die eigentliche Physikotheologie eine Bewegung war, die sich in der Hauptsache im 17. und 18. Jahrhundert vollzogen hat.

Ein Blick in die Geschichte der Physikotheologie macht deutlich, wie es dazu kam, kommen mußte, daß sich die Theologie letztlich von jeglicher Erläuterung des Handelns Gottes in der Natur praktisch zurückzog und Gott "nur noch" als Herrn über die (menschliche) Geschichte aussagt(e), was im Grunde genommen zur Säkularisierung der Natur geführt hat.

Nun läßt bzw. ließ sich das Handeln Gottes in der Natur ganz besonders in dem Bereich einsichtig, ja "beweisbar" machen, den man im weiten Sinne als Klimatologie bezeichnet. Der so sinnvolle Wechsel zwischen Tag und Nacht, Sommer und Winter, Regen und Sonnenschein, Wärme und Kälte usw. mußten den in aristotelischem teleologischen Denken erzogenen Naturwissenschaftler eigentlich "von selbst" dazu bringen, hier das sinnvolle planmäßige Handeln eines Gottes zu erkennen, der es mit dem Menschen gut meint, der in seiner weisen Weltenlenkung alles so "richtet", daß dem Menschen (aber auch den Tieren und Pflanzen) ein optimales Leben ermöglicht wird.²

Nun findet aber in keiner naturwissenschaftlichen Disziplin wie gerade der Klimatologie um die Wende vom 17. zum 18. Jahrhundert ein solch radikaler Durchbruch von der <u>teleologischen</u> Betrachtung zur <u>kausalmechanischen</u> statt.

MELANCHTHON, ein Freund LUTHERs und einer der führenden Naturwissenschaftler seiner Zeit (er gilt als Begründer der neueren Geographie) konnte noch ganz im Sinne der alten Denkweise schließen: Der Regen ist dazu da, <u>damit</u> Pflanzen und Tiere zur rechten Zeit das lebensnotwendige Wasser erhalten, hier sieht man die Providentia (die Göttliche Fürsorge, Regierung, Lenkung) sozusagen "am Werk".³

Nach oder mit dem Aufkommen kausalmechanischen Denkens in den Naturwissenschaften ist bzw. war ein derartiger Schluß nicht mehr möglich. Der Theologe steht jetzt vor dem Problem, die Providentia erheben zu wollen (gewissermaßen naturwissenschaftlich "beweisen" zu wollen, daß und wie Gott in seiner Güte, Weisheit usw. am Werk ist), während ihm die moderne Klimatologie der Aufklärung das dazu erforderliche "teleologische Handwerkszeug" gewissermaßen zerschlagen hat.

Der moderne Klimatologe schließt nämlich jetzt genau anders herum. Er sagt: <u>Weil</u> es (zufällig) an dieser oder jener Stelle üblicherweise infolge einer bestimmten "kausalmechanischen Situation" regnet, deswegen können dort Pflanzen wachsen sowie Tiere und Menschen leben. Wo es nicht oder weniger regnet, müssen eben die Pflanzen (und in ihrem Gefolge Mensch und Tier) aussterben. Hier ist also nichts von Planung und weiser Einrichtung zu erkennen. Gerade mit diesen Vokabeln hatte man aber bislang die Providentia (und damit Gott selbst) naturwissenschaftlich "bewiesen", also mit Hilfe der Klimatologie einen primum iter ad deum (einen ersten, besonders "plausiblen" Weg zur Anerkennung des Daseins und Wirkens Gottes) beschritten.

Welches ist die Folge für den Theologen bzw. das theologische Denken dieses Übergangs von der teleologischen zur kausalmechanischen Betrachtung in der Klimatologie?[4]

Nach dem gegenwärtigen Stand der Forschung[5] scheint es so zu sein, daß man drei verschiedene Wege als Reaktion auf den von mir sogenannten "kausalmechanischen Schock" eingeschlagen hat, wobei sich der eine aus dem anderen mit innerer Folgerichtigkeit ergab.

Der <u>erste Weg</u> ist der, den die Physikotheologen im engeren Sinne beschreiten (beschritten haben). Die Vertreter dieser Denkrichtung versuchen, irgendwie trotz des neuen naturwissenschaftlichen Weltbildes (bzw. naturwissenschaftlichen Fortschrittes) den alten "primum iter" (den ersten Weg) zur Erhellung (Veranschaulichung, bzw. sogar zum Beweis) der natürlichen Providentia (Erkenntnis der Weltenlenkung durch Gott ohne die Bibel) zu beschreiten. Wie man hier im einzelnen vorgeht, soll an folgenden Beispielen verdeutlicht werden: DERHAM, CALVÖR, NIEUWENTYT, WOLFF, SCHEUCHZER, FABRICIUS.

Als <u>zweiter Weg</u> kommt die Neutralisierung infrage. Die Vertreter diese Richtung kann man nur noch bedingt zu den Physikotheologen rechnen. Hier soll A.H. FRANCKE beispielhaft herangezogen werden. Er (und seine Geistesverwandten) zieht die Folgen aus dem immer deutlicher werdenden Mißlingen jeglichen physikotheologischen Bemühens (im engeren Sinne).[6]

Der <u>dritte Weg</u> wäre der "Sprung in den Zirkel" (der Sprung über den "garstigen Graben"). Hier stellt man (ähnlich wie bei A.H. FRANCKE) fest, daß trotz intensiver Bemühungen kein Weg über die Natur (insbesondere auch nicht über die Klimatologie) zu Gott dem Weltenlenker führt, womit im Grunde genommen der Weg zu SCHLEIERMACHER und der Providentiaschrumpfung auf die Geschichte eingeleitet wird.[7] ZINZENDORF wird hier mit seinem "Christusmonismus" vorgestellt.[8]

DERHAM, der "Vater der Physikotheologie"

DERHAM sagt im Vorwort seines Werkes:[9]

> "... ich will auf physico-theologische Weise versuchen, das würkliche Wesen Gottes und seine Eigenschaften zu beweisen."

Sehen wir uns kurz an, wie er diese Beweise durchführt. Genau wie MELANCHTHON[10] setzt er mit atmosphärischen Erscheinungen an. In Kapitel 1 beginnt er: "Von der Atmosphäre überhaupt, die sehr nützlich ist zum Leben..." Auf S. 7 führt er dann weiter aus:

> "Wenn wir die Beschaffenheit der Atmosphäre erwegen und bedencken, was dieselbe der Welt große Dienste tut, so werden wir befinden, daß solches ein Werck sei, welches der unendlich weise Schöpfer aus guter Absicht geordnet und geschaffen hat..."[11]

Zweifellos ist hier noch die Nähe zur alten "teleologischen" Schlußfolgerung vorhanden, jedoch gilt es nun zu bemerken, daß in diesen allgemeinen teleologischen Aspekt die Ergebnisse der modernen "kausalmechanisch" vorgehenden Naturwissenschaft "hereingenommen" sind; denn unter dem Strich, also nicht im Haupttext, bringt er nun eine Menge von Beispielen, in denen die Nützlichkeit der Luft vorgeführt wird. Hier zeigt er sich als ein Wissenschaftler, der auf der Höhe der Zeit steht. Seine Zitate reichen von SENECA über PLINIUS bis hin zu VARENIUS (dem Begründer der allgemeinen Geographie), JOHN PATRICK und DAMPIER. Doch nicht nur das, er berichtet sogar von eigenen Experimenten, erweist sich also als ausübender Naturwissenschaftler (Thermometer-Versucht).

Wichtig ist aber festzuhalten, daß all seine naturwissenschaftlichen Angaben, sowohl formal als auch inhaltlich, nur eine untergeordnete Bedeutung haben. Prinzipiell steht bei ihm die augenscheinliche natürliche Providentia im Mittelpunkt. Sie ist in der Atmosphäre aktualisiert. Wie diese aktualisierung im einzelnen geschieht, das und nur das sollen seine naturwissenschaftlichen Beispiele erläutern.

Wir haben also allen Grund, bei ihm von einer echten Physikotheologie zu reden, insofern, als die Naturwissenschaft tatsächlich im Dienste der Theologie steht. Wir haben darüber hinaus allen Grund, DERHAM als den Vater der funktionalen Überformung der Kausalmechanik anzusehen. Mit Hilfe dieses Vorgehens gelingt es ihm nämlich, die Ergebnisse der modernen Naturwissenschaft für einen "Beweis Gottes" dienstbar zu machen.

An einem Beispiel möchte ich aufzeigen, wie DERHAM im einzelnen vorgeht, wenn er ein "neutrales" physikalisches Phänomen theologisch nutzbar machen will, um damit Gott zu "beweisen".

Das <u>Licht</u> behandelt er zunächst physikalisch, indem er seine Geschwindigkeit untersucht. Dann kommt er auf die klimatologische Bedeutung zu sprechen, indem er untersucht, welche Folgen es hätte, wenn das Licht sich weniger schnell fortpflanzen würde. Er berechnet, daß eine Kanonenkugel ganze 23 Jahre von der Sonne bis zur Erde brauchen würde und führt dann aus, was passieren würde, wenn das Licht genauso langsam wäre. Daß dabei starke Energieverluste mit allen pflanzengeographischen Folgen auftreten würden, ist auch für den modernen Klimatologen eine Sache, über die es sich lohnt nachzudenken. Und dann kommt der vom Ansatz her verständliche Schluß: Also ist die hohe Geschwindigkeit des Lichts ein Zeichen der Providentia Gottes! (Daß auch hierbei wieder die Providentia auf das "Damals" eingeschrumpft wird, womit auch DERHAM den Weg zum Deismus öffnet, ist eine Sache für sich.)

Halten wir fest: DERHAM überführt neutrale, kausalmechanisch-physikalische Zusammenhänge in übergeordnete klimatologisch-funktionale Abhängigkeiten. Mit Hilfe dieses Vorgehens gelingt es ihm, die nicht mehr rein teleologisch arbeitende Naturwissenschaft theologisch für den Gottesbeweis (die natürliche Providentia) dienstbar zu machen. Es ist dabei wichtig festzustellen, daß er sich noch nicht "spezialisiert" hat, sondern daß er noch gleichzeitig mehrere Möglichkeiten benutzt. Er verwendet sowohl die <u>teleologische Überformung</u> der Kausalmechanik (auf die sich später WOLFF "spezialisiert") wie auch die <u>funktionale</u> Betrachtungsweise (die dann das Besondere bei NIEUWENTYT wird). Und da er auch die dritte "physikotheologische Möglichkeit", nämlich die <u>Schrumpfung</u> der Providentia auf das Damals der Schöpfung, sofort "mit drin hat", haben wir allen Grund, ihn als den Vater der Physikotheologie zu bezeichnen; denn er ist es, der als erster Theologe den Umbruch in der Naturwissenschaft überhaupt bemerkt, daraus die "theologischen" Konsequenzen zieht ... und damit zum Physikotheologen wird.

Nun ist eins klar: Auf die Dauer kann man so nicht vorgehen, denn bald wird man ihm entgegenhalten, daß, wenn das Licht langsamer liefe (um bei diesem Beispiel zu bleiben), sich ein neues Gleichgewicht im Klimageschehen einstellen würde, was möglicherweise zu einer ganz anderen "Pflanzengeographie" führen würde, daß das aber ebenfalls ganz "neutrale" Dinge sind, die nicht für einen Beweis der Providentia Gottes herangezogen werden können.[12] Und DERHAM merkt es selbst, daß es so auf die Dauer nicht geht. Sein nächstes physikotheologisches Werk[13] ist denn auch völlig anders angelegt. Bereits im Vorwort läßt er durchblicken, daß er nach jahrelangen Gesprächen zu der Überzeugung gekommen ist, daß es so, wie er es damals versucht hat, nicht geht. Während aber nun seine Nachfolger neue Wege zu gehen versuchen, ist DERHAMs "Ausweg" in diesem seinem Spätwerk der Weg der Resignation. Er gibt zwar "theoretisch" noch vor, auch in diesem Werk auf natürlichem Wege zu Gott zu führen, in der Praxis seiner Beispiele kann er das aber dann nicht mehr durchhalten.[14] Sein "resignierendes Bekenntnis" ist schließlich dieses: Man kann lediglich darüber erstaunt sein, daß dieses komplizierte Uhrwerk so gut funktioniert.

Damit hat er auf seine Weise die Ausweglosigkeit physikotheologischen Bemühens festgestellt.[15]

CALVÖR

CALVÖR versucht, den Naturforscher RAY für seinen "Beweis" einer natürlichen Providentia "einzuspannen". Da RAY aber nur mit der causa efficiens arbeitet, CALVÖR diese jedoch für seine "teleologische physikotheologische Stufenleiter zu Gott" nicht verwerten kann, versucht er, RAY umzuinterpretieren. Das ist seine Art eines Versuches, die moderne Naturwissenschaft theologisch "hereinzunehmen".

Sehen wir uns an einem Beispiel an, wie CALVÖR grundsätzlich vorgeht. Sein Werk[16] ist nichts anderes als ein großangelegter Kommentar zu dem Werk RAYs. Im Paragraphen 59 behandelt RAY rein naturwissenschaftlich die Luft. Er sagt:

> "Noch weiter hebt die Luft durch ihre Gravität und Schwere die Wasser in die Pumpen hinauf, desgleichen in die Siphons und andere Maschinen, verrichtet also alle oberwehnte Dinge, welche die alten Philosophi von wegen Unwissenheit der causa efficientis haben der causa finali und End-Ursache beigemessen..."

CALVÖR gibt dazu folgende Uminterpretation:

> "So ists, die alten Philosophen haben weniger von der causa efficiente gewußt als die neuen, hingegen diese wissen weniger von der causa finalis als die Alten, zumal die Neuern, ohngeachtet, daß sie Christen heißen wollen, mehrenteils an denen materialischen causis hangen bleiben, die Alten aber, ohngeachtet sie Heyden waren, führeten sie dergleichen wunderbahre und Menschenwitz beynahe übersteigende effectus und das spiritualische ursprüngliche Wesen und causam ein, und kamen also der Erkäntnis und Veneration des Schöpffers, Bewegers und Erhalters aller Dinge näher als die also genante christliche Philosophantes.
>
> Haben sie daran übel gethan? Oder hebt die causa efficiens die finalem auf? Und will her der Herr Auctor mit seiner vorigen stattlichen Bestärkung der causa finalis accordiren?
>
> Man fragt weiter. Woher kommt denn das; daß sich die Lufft sofort mit ihrer Gravität oder Elasticität beweget. Und der andere antwortet: Es geschiehet daher, alldieweil der Schöpffer die Welt

> nach seiner Weißheit und Wohlgefallen das Welt-Gebäude fest zu einander geschlossen und will, daß es um Communication der Theile und Conservation des gesamten willen so bleiben solle."

Und nun folgt die Erklärung des Luftdrucks durch den "horror vacui".

> "Weil Gott nun wol zuvor gesehen, daß in Natur und Kunst dann und wann ein Vacuum und Leere entstehen würde und müßte, so hat der die Disposition der Welt-Theile und natürliche Ursachen solchergestalt eingerichtet, daß, falls sich eine dergleichen Lücke und leerer Raum würde hervor thun, sofort die nächsten Cörper in die Bewegung treten und den Riß ersetzen sollten."

Noch deutlicher spricht die Methode CALVÖRs, RAY zu "entschärfen", aus folgendem Beispiel:

> "Du sprichst: Die um das Barometrum schwebende Lufft ist in steter Compression, drum drückt sie von unten auf den Mercurium in die Höhe. Das sagst du, aber hast du es jemals gesehen oder gefühlet? Du sprichst, die Compression der Lufft hat ihre Gradus. Bistu etwa in der Ober-Lufft gewesen, und hast solches gesehen? Und woher kommts, daß die Ober-Lufft bald stark, bald gelinde die Unter-Lufft drückt? So lange du mir solches Unterschiedes Ursache nicht sagst, bist du mit deiner Demonstration noch nicht am Ende."

Nun, es ist klar, daß es so auch nicht geht. Man kann nicht einerseits die moderne Naturwissenschaft für einen Beweis der Providentia in Anspruch nehmen und gleichzeitig dort, wo man mit eben dieser neuen Naturwissenschaft und ihren Ergebnissen theologisch "nichts anfangen" kann, sich zum Verteidiger der "alten Lehre" aufschwingen.

Es ist verständlich, daß CALVÖR mit seinem Versuch offenbar keinen Anklang fand; denn während die anderen physikotheologischen Werke eine Auflage nach der anderen erleben, hören wir von weiteren Auflagen des Calvörschen Werkes nichts. Hier spielt sicherlich auch die von BOYLE beeinflußte Haltung des FRANCKE-Kreises eine rolle.[17]

NIEUWENTYT

NIEUWENTYT nennt sein Werk:[18]

"Die Erkenntnis der Weißheit, Macht und Güte des göttlichen Wesens aus dem rechten Gebrauch der Betrachtungen aller irdischen Dinge dieser Welt..."

Er kündigt also an, daß er über den rechten Gebrauch der Betrachtungen aller irdischen Dinge zur Erkenntnis Gottes führen will ... jedoch hält er sein Versprechen nicht![19] Ohne sich dessen offenbar völlig bewußt zu sein, führt er vor, daß dieser physikotheologische Weg allein eben doch nicht genügt, sondern daß man ohne die Schrift bei diesem "Beweisverfahren" nicht auskommt.

Sehen wir uns seine Gedankenschritte näher an. Er behandelt zunächst die "irdischen Dinge" der Reihe nach und stellt alles zusammen, was er über diese mit Hilfe der neuesten naturwissenschaftlichen Erkenntnisse aussagen kann. Dann kommt er zu seinem eigentlichen Anliegen, nämlich dem "richtigen Gebrauch" dieser Betrachtungen. In dem Abschnitt über die Luft, den ich hier kurz exemplarisch für sein Vorgehen anführen möchte, geht er folgendermaßen vor:

Zuerst liefert er in 41 (!) Paragraphen eine ganz moderne Physik der Luft. In rein naturwissenschaftlicher Betrachtung wird das Phänomen Luft empirisch angegangen. Es folgt die Beschreibung eines Experiments nach dem anderen. Dann kommt der theologische Gesichtspunkt in zwei Schritten. Er stellt fest:

1. Diese kausal-mechanische Betrachtung ist noch nicht alles, sondern wir müssen erkennen, wie eins ins andere greift.

2. Sollte dieses Ineinandergreifen zufällig sein?

Bis hierher schließt er also genau wie ARISTOTELES oder THOMAS[20]. Doch während für den teleologisch vorgehenden Naturforscher dieser Schluß zwingend sein mag, ist er es für den modernen Wissenschaftler nicht mehr. Auch NIEUWENTYT empfindet dies offenbar; denn nun bringt er Bibelstellen, aus denen hervorgeht, daß Gott es ist, der die Luft so angelegt hat.[21] Damit gesteht er zwar nicht expressis verbis, wohl aber "der Sache nach" ein, daß das physikotheologische Schlußverfahren, selbst wenn man die Kausalmechanik funktional überhöht, allein nicht ausreicht, um Gott zu "beweisen", sondern daß es um zu Gott zu gelangen, der Schrift, also der <u>theologia supranaturalis</u> bedarf.[22]

CHRISTIAN WOLFF

Während schon bei DERHAM, CALVÖR und NIEUWENTYT Ansätze zu einer teleologischen "Überhöhung" der Kausalmechanik festzustellen waren, können wir in CHR. WOLFF einen Wissenschaftler kennenlernen, der sich auf diese Methode "spezialisiert" hat. WOLFF macht nicht hier und da "teleologische" Ansätze, um mit diesen dann "die Stufenleiter zu Gott" zu beschreiben, sondern er geht "gezielt" vor.

WOLFF schreibt zwei Bücher, in denen er ganz systematisch die Gesamtheit aller augenblicklich bekannten physikalischen Kenntnisse vorführt. Dabei geht er im ersten Buch rein empirisch, kausal-mechanisch vor, während er in seinem zweiten Werk dann zu jedem "Locus" die entsprechende "teleologische Überhöhung" bringt.[23]

Betrachten wir zunächst das Buch von den "Würckungen". Hier handelt es sich um den Gegenpol zu DERHAMs Physikotheologie. Wie weiter oben bereits dargelegt, beginnt die Geschichte der Physikotheologie mit Werken, in denen die naturwissenschaftlichen Angaben nur "unter dem Strich" auftauchen. Nach und nach gelangen die "Beispiele" in den Text, nehmen an Umfang immer mehr zu ... und verdrängen schließlich den "theologischen" Teil mehr und mehr. Mit dem hier zu besprechenden Werk ist nun prinzipiell das Ende der Physikotheologie erreicht. Lediglich im Vorwort finden wir zwei Sätze, die darauf verweisen, daß es sich hier nicht um ein reines Physikbuch, sondern um ein "physiko-theologisches" Buch handeln soll. Auf S. XVI sagt WOLFF:

> Und hierinnen schmeckt man auch zugleich den Verstand, die Weisheit, Macht und Güte Gottes, indem, was in seinem unsichtbaren Wesen verborgen lieget, aus den Werken der Natur erkannt wird."

Und auf S. XXIII heißt es:

> "Der Haupt-Nutzen von der Erkenntnis der Natur, nämlich Gottes verborgene Majestät in den Wercken der Natur als in einem Spiegel zu erblicken."

"Theoretisch" bietet WOLFF also noch eine Physikotheologie, "praktisch" haben wir aber hier bereits eine emanzipierte, "neutrale" Physik vor uns; denn nun folgen rein "naturwissenschafltiche" Darstellungen ohne jeden theologischen Bezug.[24]

Ich möchte nun an einem Beispiel das verschiedenartige Vorgehen WOLFFs in seinen beiden Büchern demonstrieren. Greifen wir den Socus über die Dünste heraus. In seinem Buch sagt er im § 248:

> "Das Wasser ist voller Luft. Wenn die Sonne scheint, dehnt sich die Luft aus. Wenn sich die Luft innerhalb des Wassers ausbreitet, so formiret sie Bläslein. Ist ihr Diameter 10 x so groß als das Tröpflein Wasser, so sind es Dünste, die sich von dem Wasser losreißen..."

Und dann folgt in weiteren 20 Paragraphen die empirische Begründung dieser seiner "Bläschentheorie"; denn in seinem Vorwort hatte er ja gefordert, alles auf Erfahrung zu bauen, und in dieser Beziehung hält er sich durchaus an das, was er im Vorwort "verspricht". Auf S. XXI forderte er nämlich:

> "Ich halte auch dieses für den sichersten Weg, daß man weiter nichts annimmt als einen Grund, daraus man andere Dinge erkläret, außer was durch die Erfahrung bestetigt wird."

Und nun zu dem anderen Buch, welches ein Jahr später erscheint. Ob er selbst gemerkt hat, daß es so, wie er es in dem ersten Buch versucht hat, nicht geht? Jedenfalls schreibt er nun im Vorwort:

> "Also habe ich mir nun auch vorgenommen, noch in einem besonderen Theile die Absichten der natürlichen Dinge zu erklären, damit dadurch der Haupt-Nutzen von der Erkäntniß der Natur erhalten, nämlich Gottes verborgene Majestät in den Wercken der Natur als in einem Spiegel erblickt wird."

Und daß er seine teleologische Überformung der Kausalmechanik nun in der Tat für den besten und bisher in dieser Weise noch nicht begangenen "Weg zu Gott" hält, geht aus folgendem Abschnitt seines Vorwortes hervor:

> "Es ist noch keiner unter den Weltweisen gewesen, der sich so angelegen sein lassen, alle Erkenntnisse der Welt-Weisheit zu einer Leiter zu machen, darauf man sicher zu Gott hinauf steigen kann..."

Es ist nun wichtig festzuhalten, daß in diesem Buch keine Diskrepanz zwischen Vorwort und Text besteht. Es ist hier nicht so, daß man einfach das Vorwort streichen könnte, um zu einer "neutralen" Physik zu gelangen, sondern tatsächlich bringt WOLFF nun zu jedem Locus seine teleologische Stufenleiter zu Gott. Sehen wir uns an, wie er das an dem Beispiel der Dünste macht. Hatte er sie in dem anderen Buch rein empirisch-physikalisch beschrieben, so sagt er hier:

> "Die Dünste steigen nicht für die lange Weile aus dem Wasser und feuchten Cörpern in die Lufft; denn sie dienen dazu, daß die Lufft feucht werden kann, und nicht immer trocken verbleibt, daß Nebel, Wolcken, Thau, Reif, Regen, Schnee, Hagel, auch Regen-Bogen und andere Lufft-Erscheinungen in der Natur können erzeuget werden. Und solchergestalt werden die Dünste von der Natur zu gar vielem gebraucht, und würde sehr vieles in der Welt nicht stattfinden, wenn keine Dünste darinnen vorhanden wären.
>
> Wenn wir aber auch nur dieses erwegen, was einem jeden in die Augen fället, so haben wir schon eine Leiter, darauf wir von der Creatur zu Gott hinaufsteigen können..."

> Unerachtet nun die Dünste an sich so was geringes und gantz unordentlich in der Lufft zerstreut sind ... so werden sie doch von Gott gebraucht, viel sonderbare Dinge zu bewerkstelligen...
>
> Auf solche Weise erhält Gott, daß das Wasser an keinem Orte auf dem Erdboden jemahls gebricht..."

Wenn wir uns vor Augen halten, wie verschieden WOLFF in seinen beiden Büchern vorgeht, dann wird deutlich, daß er dabei "der Sache nach" dokumentiert: <u>Wenn es eine Stufenleiter zu Gott gibt, dann ist diese nur über die teleologische Überhöhung der Kausalmechanik möglich.</u>

Nun, beim WOLFFschen Streit[25] hat sich gezeigt, daß man ihm diese "Dokumentation" gerade nicht abnahm, und zwar aus dem Grunde, weil die teleologische Betrachtung nicht zwingend ist. Man kann zwar so argumentieren wie WOLFF, man kann aber auch genau anders herum schließen, nämlich so: Die Dünste erheben sich infolge der Sonneneinstrahlung und regnen sich bei Absinken des Verdampfungs-Schwellenwertes aus. Das ist ein rein mechanischer Vorgang! Eine Steuerung Gottes dahinter zu vermuten, ist eine "Grenzüberschreitung" des Naturwissenschaftlers. Ergo: <u>Nur von der Schrift her ergibt sich die teleologische Überhöhung der Kausalmechanik! WOLFFs Ansatz ist also falsch!</u> (Vergleiche dazu dann den "richtigen" Ansatz bei FABRICIUS).

SCHEUCHZER

Betrachten wir uns nun am Beispiel SCHEUCHZERs, wie die "Schrumpfung der Providentia auf das Damals" aussieht. Hier ist es interessant festzustellen, daß er nicht wie die Mechanisten[26] unter Absehung der Schrift von der Weltmaschine auf den Baumeister dieser Maschine schließt und so zu einem Gottespostulat kommt, sondern daß er sofort "von oben" ansetzt. Ziel seiner Arbeit ist dabei, darzutun, was eine bestimmte Bibelstelle nach dem neuesten Stand der Naturwissenschaft besagt. Greifen wir das Beispiel vom Wasserkreislauf heraus. Hier setzt er mit HIOB XXVI, 8 ein:[27]

> "Er bindet die Wasser in seinen Wolken zusammen,
> daß sie unter denselbigen nicht ausbrechen."

Hierzu kommentiert er:

> "Die Wolken bestehen nicht so fest aus einem an
> einander hangenden Schneeflocken-Gewebe, wie der
> sinnreiche CARTESIUS sich einbildet, sondern aus
> unzehlichen vielen neben einander frey schwimmenden
> Bläslein..."

Es geht ihm also zunächst darum zu erläutern, wie man sich das "Binden" der Wasser vorzustellen habe, ohne mit den Ergebnissen der modernen Naturwissenschaft in Widerspruch zu geraten. Dann versucht er, weiter auf die Providentia hin zu reflektieren:

> "... Sage mir einer, warum ein Wassertropfen sich nicht
> in die Länge ausziehe..."

Darauf kommt die Folgerung: Weil Gott das so geordnet hat:

> "... Hier erscheinet die göttliche Weisheit in Er-
> find- und Ausarbeitung dieser Wasserbläschen ...
> ohne welche wir weder Schnee noch Regen ... hätten,
> und müßten also die Wasser-Theile alsobald wiederum
> auf die Erde fallen, wenn nicht durch diesen Mathe-
> matischen Kunst-Vortheil wäre vorgebaut worden."

Der Gedankengang SCHEUCHZERs dürfte klar sein. Er setzt mit der Schrift an, "untermauert" diese Schriftstelle physikalisch und gelangt dann physikotheologisch zu dem Schöpfergott, der sich des "mathematischen Kunst-Vortheils" bedient, um auf diese Weise die Wasser in der Luft zum Wohle der Menschen zu "binden".

Eines dürfte klar sein: Obwohl SCHEUCHZERs Ausgangspunkt in der Schrift zu suchen ist, erfolgt sein "Beweisverfahren" doch rein physikotheologisch. Es gelingt ihm, mit Hilfe kausalmechanischer Betrachtung und anschließender teleologischer Überhöhung (die Bläslein sind deswegen so, <u>damit</u>...) die "providentia im Damals" anzuvisieren.[28]

Hierbei ist es wiederum wichtig festzuhalten, daß auch er mit der Kausalmechanik allein nicht "zu Gott" gelangt, sondern nur auf dem Umwege der Teleologisierung. Auch für ihn gilt "der Sache nach" das Eingeständnis: Mit der modernen Naturwissenschaft allen können wir nicht zu Gott gelangen, so geht es nicht! Entweder brauche wir eine (nicht einmal zwingende) teleologische oder funktionale Überhöhung ... oder einen anderen Zugang, nämlich die Schrift.

J.A. FABRICIUS
(Der Schritt von der praktischen natürlichen Theologie zur theologia supranaturalis)

Es ist FABRICIUS, der das "Versagen" physikotheologischen Bemühens erkennt und die "praktische natürliche Theologie" von ihrer Überzeugung, primum iter zu sein, befreit. Er macht deutlich, daß der primum iter die Schrift ist und daß jegliches physikotheologisches Bemühen nur ein secundum iter sein kann. Doch auch ihm kommt diese Erkenntnis nicht sofort. In seinem Werk[29], das er noch unter dem Einfluß DERHAMs schreibt[30], ist deutlich die Intention zu verspüren, der DERHAMschen Resignation eine "zukunftsträchtigere" positive physikotheologische Lösung entgegenzustellen. Dies versucht er mit dem "doxologischen Zirkel". Erst in seinem zweiten Werk demonstriert er dann die Ausweglosigkeit rein physikotheologischen Bemühens und verweist damit die Theologie auf ihre "Eigentlichkeit".

Sehen wir uns nun den Weg von der Physikotheologie zur Hydrotheologie[31] an.

Bei der Pyrotheologie handelt es sich um eine Gewitter-Klimatologie, die besonders für die Geschichte der Naturwissenschaft von großer Bedeutung ist; denn hier handelt es sich um das letzte zusammenfassende "Kompendium der vorelektrischen" Zeit. (Es ist bis heute den Klimatologen unbekannt geblieben, obwohl es wie kaum ein anderes in so umfassender Weise den Stand der Forschung zu dieser Zeit erhellt.) Doch bleiben wir bei der theologischen Seite.

Wenn man von allen Einzelheiten absieht, dann lassen sich gegenüber DERHAM zwei Dinge herausstellen, die die Entwicklung verdeutlichen.

1. Die physikalischen "praktischen Beispiele" rücken aus der "Versenkung unter dem Strich" in den Text selbst herein.

2. Die "theologische Auswertung" der "neutralen" physikalischen Fakten erfolgt jeweils am Schlusse, und zwar auf zweifache Weise. Einmal wird festgestellt, daß Gott diese "natürlichen dinge" für seine Zwecke gebraucht, und zum anderen wird darauf hingewiesen, daß, wer das alles erkennt, seine Seele zum Lobe Gottes erheben muß. (Das wäre die doxologische Lösung.)

Ich will wenigstens an einem Beispiel die Dinge vorführen. Sehen wir uns einige "neutrale, naturwissenschaftliche Kapitel an:

Cap. 1:   Der Sitz des Feuers
Cap. 2:   Von Donner und Blitz
...
...
Cap. 5:   Vom Ursprung und Ursach des Donners und Blitzes
usw.

Doch dann kommen die "theologischen"Kapitel, wie etwa Kap. 33, wo es darum geht: Daß der Regenbogen eine natürliche Sache, doch vom Schöpfer zu einem Gnadenzeichen bestimmt ist.

Im 10. Buch kommt dann die "doxologische Lösung", wo es FABRICIUS darum geht, an Hand des vorgeführten Materials die Herzen "zu Gott zu entflammen"! Hier setzt er "von oben" an. Er beginnt mit einer Exegese von Ps. XCLVIII, 7 (Lobet den Herrn Feuer, Hagel usw.). Der Sinn der ganzen Anlage ist dann der: So sieht also das Feuer, der Hagel, der Schnee, der da zum Loben anregen soll, "physikalisch" aus. Es bleibt ein gedanklicher Bruch, wie denn nun die Verbindung zum Lob durch den Menschen herzustellen ist. FABRICIUS sagt nicht etwa: Ihr Menschen, lobt den Schöpfer dieser großen Werke, (die ich euch soeben "physikalisch" vorgeführt habe), sondern er zeiht die Aufforderung zum Lob einfach aus dem Psalm heraus. Damit hängt letztlich das ganze Buch "in der Luft"; denn man fragt sich: Was soll dann die ganze riesige Ausbreitung des physikalisch-klimatologischen Materials, wenn letztlich doch das, was damit angeblich erreicht werden soll, nämlich das Lob des Mensch, aus der Schrift abgeleitet wird. (Ob FABRICIUS diese Diskrepanz selbst aufgegangen ist? In seiner Hydrotheologie vermeidet er jedenfalls diesen "Bruch"!)

Wenn wir hier FABRICIUS nun auch einen methodischen Fehler ankreiden können, so ist doch gerade in dieser Pyrotheologie der Weg in die "Theologie von oben" deutlich wahrnehmbar.

In seiner <u>Hydrotheologie</u> wird nun dieser Weg systematisch weiter beschritten. Naturwissenschaftlich gesehen ist dieses Buch ein großangelegtes Kompendium über die neuesten Ergebnisse der Forschung bezüglich des Wasserkreislaufs in der Atmosphäre. Theologisch betrachtet versucht hier FABRICIUS, Antwort auf die Frage zu geben: Was bedeuten diese Dinge für den Christen? Kann man die Ergebnisse der modernen Wetterforschung noch theologisch "hereinnehmen"? Dabei kommt er zu der sehr "modernen" Feststellung: Gott beweisen kann man damit nicht, doch dem Glaubenden kann man gerade mit den neuesten Ergebnissen der Forschung Ehrfurcht davor einpflanzen, wie großartig Gott alles macht.[32]

Den methodischen "Fehler", den wir in der Pyrotheologie feststellen konnten, überwindet FABRICIUS in diesem Werk durch betontes Aufgreifen der <u>funktionalistischen</u> Überhöhung der Kausalmechanik.[33] Zunächst bringt er etwa 30 Kapitel reine "Kausalmechanik". Sehen wir uns beispielhaft einmal das 3. Kapitel an! Es hat die Überschrift:

"Daß das Wasser mehr oder weniger Luft in sich hat."

Seine Diskussion der meteorologischen Literatur zu diesem "Locus" reicht von AUGUSTIN (der in seinem Werke "de genesi ad literam" schon darauf hingewiesen hat, daß die Luft Wasser und das Wasser Luft enthält) bis hin zu den neuesten Werken, in denen die Prozentwerte der Luft in Wasser experimentell nachgewiesen sind (z.B. SAM. REYHERUS "de aere", CHR. WOLFF "aerometria" und vor allem J.G. LEUTMANN "de instrumentis meteorognosiae", Wittenberg 1728).

So wird ein Locus nach dem anderen abgehandelt und immer wieder der Gang der wissenschaftlichen Entwicklung aufgezeigt, wobei er nicht selten bei ARISTOTELES beginnt und über die Physiker der Patristik und des Mittelalters bis hin zu VARENIUS, BOYLE, MARIOTTE, DE LA HIRE, FAHRENHEIT usw. voranschreitet.

Im Kapitel 30 kommt dann die funktionalistische Überhöhung. Er stellt fest, daß die bisher behandelten Phänomene neutral sind. Erst wenn man sie alle in ihrem Ineinandergreifen betrachtet, dann bietet sich ein "theologischer" Weg an.

> "... wenn man sie nicht nur jede für sich, sondern gegen einander betrachtet ... so muß das Hertz mit Verwunderung zum Preise und Lobe Gottes ermuntert werden.
>
> ... daß also nichts umsonst, nichts ohne Absicht ist. Nur durch diese Betrachtung wird die Betrachtung des Wassers zu einer Hydro-Theologie (vgl. DERHAM, der genau dieselbe Formulierung anwandte) und zu einer Lehre, die uns zu Gott hinauf führt, denn daraus sehen wir, wie alle Dinge einen Meister und Schöpfer haben."

Man spürt hier die Nähe DERHAMs und seiner eigenen Pyrotheologie, doch ist es wichtig, die "Fortschritte" gegenüber den beiden Werken festzuhalten: Neu gegenüber DERHAMs Physikotheologie ist der "doxologische Aspekt", den er nun unter Vermeidung des methodischen "Fehlers" in seiner Pyrotheologie hier an der "richtigen Stelle", nämlich "von unten" ansetzt. Er sagt jetzt: Wenn ich die "neutralen" naturwissenschaftlichen Vorgänge funktional betrachte, so werde ich dabei zum Lobe Gottes ermuntert.

Doch nun kommt das entscheidend Neue gegenüber DERHAM (was in der Pyrotheologie bereits anklang): Während DERHAM mit diesem Aufweis eines natürlichen Zugangs zu Gott seine Physikotheologie beschloß, geht nun FABRICIUS den entscheidenden Schritt weiter, indem er diesem ersten Teil seines Werkes, den wir eine Hydrotheologie "von unten" nennen können, einen ebenso langen zweiten Teil und sogar einen nochmal so langen dritten Teil gegenüberstellt. Dieser zweite und dritte Teil kann eine Hydrotheolgie "von oben" genannt werden; denn es geht dort um Folgendes:

Im zweiten Teil stellt er, ansetzend bei der Genesis, fest: Es ist Gott, der das alles, was wir im ersten Teil vorgeführt haben, _geschaffen_ hat.

Und im dritten Teil macht er deutlich, indem er mit Psalm CLXVII, 18 ansetzt (Der Herr läßt seine Winde wehen, so fließen die Wasser), daß es Gott ist, der das alles, was uns die Naturwissenschaft vorführt, _erhält_.

Damit ist die Großanlage der Hydrotheologie folgendermaßen zu charakterisieren:

Teil I: Gott "von unten"
Teil II: Gott damals (Schöpfung, "von oben")
Teil III: Gott jetzt (Providentia, "von oben").

Mit diesem Werk des Hamburger Hauptes der Physikotheologie ist meiner Meinung nach zwar wie bei dem späten DERHAM die Bankrotterklärung der Physikotheologie alter Schule "veröffentlicht", jedoch im Gegensatz zur "englischen Resignation", die allenfalls zum Deismus führen konnte, ist hier ein Weg beschritten worden, der die Physikotheologie vom "Irrweg" der praktischen natürlichen Theologie auf den "eigentlichen" Weg der Theologie, nämlich den der theologia supranaturalis drängt. Daß dieser Schritt unter dem Druck der modernen kausalmechanischen Naturwissenschaft, insbesondere der Klimatologie, erfolgte, ist dabei von Wichtigkeit.

Wenden wir uns nun einem Theologen zu, der als Antwort die Neutralisierung der Naturwissenschaft praktiziert.

A.H. FRANCKE
(Die Neutralisierung der Naturwissenschaft)

Es sind zwei Gründe denkbar, warum FRANCKE die Naturwissenschaft neutralisiert. Entweder, er hatte Kontakt zu der Physikotheologie und sah mit klarem Blick, daß eine solche Reaktion auf die moderne Naturwissenschaft letztlich doch zu nichts führen würde, oder aber ihm war als "Geisteswissenschaftler" jegliche Naturwissenschaft einfach so fremd, daß er deswegen zu dieser Wissenschaft keinen Zugang hatte und sie daher einfach nicht "theologisch hereinnehmen" konnte, selbst wenn er es gewollt hätte.

Beginnen wir mit dem Problem "FRANCKE und die Naturwissenschaft". Da der Leiter des hallensischen Waisenhauses einige Traktate BOYLES herausgibt[34] und dieser Engländer allgemein als Physikotheologie gilt, kann leicht der Eindruck entstehen, als sei FRANCKE auch ein Vertreter dieser Richtung.[35] Das ist jedoch nicht so; denn FRANCKE gibt gerade nicht die physikotheologischen Traktate BOYLES heraus ... sondern die theologischen. Die "Bearbeitung" der "Scripta varia" erstreckt sich nämlich darauf, gerade alle physikotheologischen Traktate auszusondern. Methodisch beschreitet dabei also FRANCKE einen ähnlichen Weg wie CALVÖR, indem auch er es fertigbringt, einen "Engländer mit Namen" so zu "bearbeiten", daß er seinen eigenen Zielen nutzbar gemacht werden kann.

Worum es FRANCKE bei dieser seiner "bearbeiteten" Veröffentlichung BOYLES geht, zeigt allein schon ein Blick in die Überschriften. Hier ist eine ganz bestimmte "Stoßrichtung" zu erkennen. Wählen wir z.B. den Traktat Nr. 2, der die Überschrift trägt:

> "Von der Vortrefflichkeit der Theologie in Vergleichung mit der Philosophie als Wissenschaft der Natur."

Gerade dieser Traktat im Zusammenhang mit den "Prolegomena über die Schrift" und der "Veneratio" bildet nämlich den Korpus der FRANCKE-Übersetzung. Sehen wir uns die "Stoßrichtung" noch etwas näher an. BOYLE sagt:

> "... So ist doch die Gering-Schätzung des Studii Theologici heutigen Tages dergestalt überhand genommen ... ich weiß zwar, daß dieser Tractat, worin das Studium Physicae scheint gering geachtet zu werden, anfänglich ihnen wird also vorkommen, als solt er nicht geschrieben worden seyn von einem, der anderswo in seinen Schriften von der Vortrefflichkeit und Nutzbarkeit des Studii Physici gedisputiret hat.
>
> ... Ich bekenne aber, nachdem ich die Sache reifflich überlegt, daß ... nach Beschaffenheit der Dinge derjenige am tüchtigsten sey die Theologie zu recommandiren, der keine Profession von derselben macht."

Und ein paar Sätze weiter kommt dann die entscheidende Stelle:

> "So habe ich müssen das Studium Physicum ein wenig geringschätzig machen, damit ich den übermäßigen Liebhaber derselben zu rechte weisen möge ... denn ob wir schon etwas von Gottes Wesen aus dem Lichte der Natur wissen können, so können wir doch von Gottes Willen (was er mit uns vorhabe, was er für eine ordnung der Seligkeit gemacht), nicht das geringste wissen."

Es ist deutlich, wofür FRANCKE den "großen BOYLE" hier "einzuspannen" sucht. Im Jahrhundert der Naturwissenschaft nimmt man es eben einem anerkannten Naturwissenschaftler eher ab als einem "professionellen" Theologen, wenn er sagt: Vorsicht! Die Naturwissenschaft ist zwar ganz schön und gut, aber alles vermag sie nun doch nicht, sie vermag es nicht, uns über das eigentliche Wesen Gottes, nämlich darüber, was er mit uns vorhat, Auskunft zu geben. Hier ist und bleibt nun einmal die Domäne der Theologie!

Eigentlich sagt BOYLE hier "freiwillig" dasselbe, was FABRICIUS nach langem vergeblichen Versuchen gewissermaßen "gezwungen" eingestehen muß: Die Naturwissenschaft führt eben doch nicht zu Gott! Sie vermag lediglich dem, der bereits im Glauben steht, eine Hilfe dabei zu sein, zu erkennen, wie groß die Werke Gottes sind; wer aber außerhalb dieses Glaubenszirkels steht, der wird keinesfalls über die Naturwissenschaft eine "Beweisbrücke" zu Gott erhalten. (Das aber gerade wollten ja die Physikotheologen.)

BOYLE ist nicht der einzige, über den FRANCKE Beziehungen und Kontakt zur Naturwissenschaft erhielt. Wenn er sich auch vielleicht in ganz besonderer Weise zu diesem "Theologen unter den Naturwissenschaftlern" hingezogen fühlte, so hat er doch Zeit seines Lebens engste Fühlung zur Naturwissenschaft gehabt. Da das Thema "FRANCKE und die Naturwissenschaft" eigentlich eine Arbeit für sich ist, wollen wir uns auch hier wiederum nur auf einige Hinweise beschränken. Wichtig ist jedoch dabei, schon jetzt vorausschauend festzustellen, daß FRANCKE hauptsächlich nur zu solchen Naturwissenschaftlern Kontakt pflegte, die die Naturwissenschaft "als weltliches Geschäft" betrieben, d.h. die nicht mit Hilfe der Naturwissenschaft einen Weg zu Gott weisen wollten.

Möglicherweise ist die Vorstellung FRANCKEs, daß die Naturwissenschaft eine "praktische Sache" ist, mit deren Hilfe man sich in dieser Welt gut umtun könne, bereits während seiner Schulzeit in Gotha aufgebrochen. Wie wir wissen, wurde ja in Gotha der Realien-Unterricht bereits zu einer Zeit gepflegt, als FRANCKE dort am Gymnasium war. SCHULZE[36] berichtet darüber:

> "Herzog Ernst ließ neben anderen Schulbüchern auch einen Unterricht von natürlichen Dingen ausarbeiten."

Und daß in Gotha ein früher Kristallisationspunkt für die Aufklärung (deren wichtigstes Kind eben gerade die moderne Naturwissenschaft ist) bereits gegen Ende des 17. Jahrhunderts entsteht, ist ebenfalls bekannt.[37]

Was aber weniger bekannt sein dürfte, ist die Tatsache, daß FRANCKE in Erfurt, also bereits mit 16 Jahren, ein Collegium Geographicum mitmacht und die Werke von HOEPFNER, MARTINI und MUSAEVS durcharbeitet.[38] Während HOEPFNER und MARTINI noch in der Hauptsache Naturphilosophie im Sinne des ARISTOTELES darstellten, also weder "moderne" Naturwissenschaft noch einen Kontakt zwischen Natur und Theologie pflegten, dürfte FRANCKE beim Studium des MUSAEUS[39] zum ersten Mal in seinem Leben bewußt auf den Gedanken gestoßen sein, daß die Natur und die Wissenschaft von ihr "insufficiens ad salutem" sei.[40]

Nach seiner Erfurter Zeit geht FRANCKE nach Kiel und treibt dort bei MORHOF Physik.[41] Ob er sich in Hamburg irgendwie mit Naturwissenschaft befaßt hat, wissen wir nicht. Er selbst berichtet nur, daß er sich dort "mit Liebe der Welt durch und durch befleckt" habe. Im Jahre 1685 nimmt er zum ersten Mal ganz engen Kontakt mit einem Naturwissenschaftler auf, und zwar mit JOH. CASPAR SCHADEN, dem Verfasser des "Sechs-Tage-Werkes".[42]

So weit zum "Kontakt" FRANCKEs mit der Naturwissenschaft (bzw. mit Naturwissenschaftlern) vor seiner Bekehrung. halten wir also fest: Der junge FRANCKE kommt zunächst nicht mit Physikotheologen in Berührung. Entweder sind es "neutrale" Naturwissenschaftler, über die er Beziehungen zur Naturwissenschaft erhält, oder solche, die auf die "Insufficientia" aller Naturforschung und der darauf gründenden natürlichen Theorie hinweisen.

Nach seiner Bekehrung (vor allem später in Halle) bekommt FRANCKE nun auch Kontakt zu "echten" Physikotheologen.[43] Es ist aber nun interessant, daß er sich dem physikotheologischen Vorgehen, so verlockend es vielleicht für seinen Unterricht auf den ersten Blick hätte scheinen können, nicht anschließt, sondern der Versuchung widersteht, die Naturwissenschaft im Unterricht zur Weckung "religiöser Gefühle" oder dergleichen zu "mißbrauchen". (Die Herrnhuter widerstehen später dieser Versuchung nicht!)[44]

Werfen wir noch einen Blick auf den Kontakt zu diesen Physikotheologen, um dann das Thema "FRANCKE und der Naturkundeunterricht" aufzugreifen.

Es war bisher nicht bekannt, daß FRANCKE einen regen Briefverkehr mit BÜTTNER unterhalten hat. Den Hinweis darauf verdanke ich dem Archivar in Halle, Herrn STORZ.[45] Die BÜTTNERS gehören der süddeutschen "Physikotheologenschule" an.[46] Der Vater BÜTTNER steht der englischen Physikotheologie um RAY nahe. Sein Buch "Rudera diluvii testes", seine Hinweise auf SCHEUCHZER, der ja der kontinentale Gesprächspartner der englischen Geologen um BRUNET, RAY, WHISTON usw. war, sowie sein Manuskript über "Physica diluviana" weisen in diese Richtung. Aus einem Brief BÜTTNERs geht z.B. hervor, daß die Werke SCHEUCHZERs und anderer Physikotheologen in Halle vorhanden und bekannt waren ... und doch führt FRANCKE das "neutrale" Lehrbuch eines TSCHIRNHAUS[47] für seine Schüler ein.

BÜTTNERs Sohn setzt dann das "physikotheologische Gespräch" fort. Er geht nach Altdorf, wo _der_ süddeutsche Physikotheologe FEUERLEIN sitzt[48], und wendet sich dann zu WOLFF nach Halle. Hier in Halle erlebt er unter dem kausalmechanischen Schock eine Art "Bekehrung", deren Folgen in dem Werk "Disputatio de insufficientia rationis ad salutem" sichtbar werden.[49]

Wenden wir uns nun noch den Lehrbüchern zu, die FRANCKE für seinen Unterricht einführt. Da ist als erstes die "Gründliche Anleitung zu nützlichen Wissenschaften, absonderlich der Mathesi und Physica" von TSCHIRNHAUS zu nennen.[50] Wie schon der Titel verrät, handelt es sich um einen reinen Nützlichkeits-Unterricht. Im Vorwort führt TSCHIRNHAUS den "Nutzen" des naturwissenschaftlichen Unterrichts im einzelnen aus. Wer eine Vorstellung von _dem_ deutschen Frühaufklärer TSCHIRNHAUS hat, wird sich nicht wundern, hier eine theologisch völlig neutrale Naturwissenschaft vorgesetzt zu bekommen.[51]

Speziell für die Klimatologie dient ein Buch von BUDDEUS, und zwar der 3. Teil seiner "Philosophia Instrumentalis Theoretica", der von der Erde, Wasser, Luft, Feuer und den Meteoren handelt.[52] Auch hier verwendet FRANCKE wieder nur den "realen" BUDDEUS.[53] Der Einwurf, die "physikotheologischen Anwandlungen" wären vielleicht für die Schüler unverständlich gewesen, und deswegen hätte FRANCKE seinen Schülern nur die "realen Fakten" vorführen wollen, ist, so naheliegend er vielleicht zunächst scheinen mag, nicht stichhaltig; denn nach FRANCKEs Tod finden in der Tat "physikotheologische" Vorworte in die Physikbücher des Waisenhauses bzw. des Pädagogiums Eingang[54], und auch die im 18. Jahrhundert weitverbreiteten "Ableger" Halles betreiben Naturkunde auf physikotheologischer Basis.[55]

Verzichtet FRANCKE im Falle BUDDEUS auf ein Vorwort, so läßt er sich von HERRNSCHMID ausdrücklich für das Physikbuch des J.G. HOFFMANN ein solches schreiben.[56] Doch ist dies Vorwort bezeichnenderweise kein theologisches oder gar physikotheologisches, sondern gerade ein "reales", indem von den Grenzen der Philosophie gesprochen wird und der Empirie das Wort geredet wird.

Sehr interessant ist weiter, daß FRANCKE außerdem noch das Physikbuch seines "Todfeindes", nämlich des CHRISTIAN WOLFF einführt. Bezeichnenderweise streicht er wieder das "physikotheologische Vorwort", in dem WOLFF nachzuweisen versucht, daß die Naturwissenschaft eine "Leiter zu Gott" bilde, ... und legt seinen Schülern also auch mit diesem Buch eine neutrale Naturwissenschaft vor.[57]

Wir können damit das Thema "Francke und der Naturkundeunterricht" abschließen. Für den Klimatologen ist jedoch der Hinweis noch wichtig, daß FRANCKE in seiner pädagogischen Schrift[58] ausdrücklich sagt, der naturwissenschaftliche Unterricht habe mit Hydrostatik, Aerometrie und Hydrologie zu beginnen, also mit den Fächern, die noch bis heute die Grundlage für Meteorologie und Klimatologie bilden. FRANCKE führt also insbesondere an dem Beispiel der Klimatologie, bzw. der für die Wissenschaft von der Atmosphäre zuständigen Grunddisziplinen, die Neutralisierung der Naturwissenschaft durch, er gehört also ganz genau in die Kontaktzone von "Klimatologie und Theologie".

Wir kommen zu der Frage: Warum neutralisiert FRANCKE die Naturwissenschaft? Deswegen, weil er keinen Zugang zur Naturwissenschaft hatte und daher als Theologe möglichst wenig mit dieser ihm fern stehenden Wissenschaft zu tun haben wollte, oder deswegen, weil ihm klar war, daß sich eine kausalmechanisch vorgehende Naturwissenschaft eben doch nicht auf physikotheologische Art anklammern ließ? Ich glaube, daß sich die Frage nun von selbst beantwortet!

ZINZENDORF
(Der Sprung von der natürlichen Theologie in die Christologie)

Daß ZINZENDORF Christologe war, daß also all sein theologisches Bemühen bei Christus und nur bei ihm beginnt, ist eine hinreichend bekannte Tatsache.[59] Daß aber der junge ZINZENDORF durchaus auf "physikotheologischen Abwegen" wandelte[60] und daß ihn erst im Laufe der Zeit die Aufklärung selbst von der natürlichen Theologie abbrachte[61] und in die Christologie "hineinstieß", das ist ein Zusammenhang, der mir erst nach eingehendem Quellenstudium im Archiv in Herrnhut aufgegangen ist. Um nicht mißverstanden zu werden: Genau wie den Physikotheologen und wie den "Neutralisten" um FRANCKE wird ZINZENDORF, je mehr er sich mit der Aufklärung befaßt, die "Insufficientia" der natürlichen Theologie deutlich. Daß er dann aber in die Christologie "hineinspringt" und nicht wie die Männer um FABRICIUS "nur" in eine "Theologie von oben", das ist eine besondere Sache. Sagen wir es anders herum:

Der Übergang von der theologischen Betrachtung zur kausalmechanischen "determiniert" die Insufficientia der natürlichen Theologie. Ob das Abgehen von diesem "primum iter" dann in die "Theologie von oben" oder in die Neutralisierung der Naturwissenschaft oder in die Christologie führt, ist eine Sache, die meiner Meinung nach nur von der jeweiligen Persönlichkeit abhängt. Ein Mann wie ZINSENDOFR, der schon in seiner Jugend "beim heiland war", konnte, nachdem er den "Irrweg der natürlichen Theologie" verlassen hatte, nur Christologe, niemals aber "Theologe" werden.[62]

Beginnen wir nun mit dem jeden ZINZENDORF-Kenner "schockierenden" Problem ZINZENDORF und die Kausalmechanik. Wir wollen dabei so vorgehen, daß wir uns zunächst den Kontakt ZINZENDORFs zur modernen Naturwissenschaft ansehen, um dann die Einflüsse dieses "kausalmechanischen Denkens" in seiner Theologie nachzuweisen. Schließlich müssen dann einige abschließende Bemerkungen zu dem Streit mit dem Naturwissenschaftler und Theologen DIPPEL gemacht werden; denn erst dieser Streit bringt ZINZENDORF zu seiner "Eigentlichkeit", macht aus ZINZENDORF den Christologen, als der er uns heute bekannt ist.

Vorweg noch ein Wort zur ZINZENDORF-Autobiographie. Jeder ZINZENDORF-Kenner weiß, daß die vielen autobiographischen Notizen ZINZENDORFs niemals die Vorgänge genau so darstellen, wie sie wirklich gewesen sind, sondern daß es sich immer nur um Darstellungen dessen handelt, wie ZINZENDORF gerade jetzt zu diesem Zeitpunkt seine Vergangenheit "sieht".[63] Eigentlich handelt es sich mehr oder weniger immer nur um den Scopus: Es ist der Heiland gewesen, der mein leben geführt hat. Wir stehen hier vor derselben Schwierigkeit wie im Alten Testament, wo wir auch die Glaubensaussage über die "Geschichte Israels" durchaus von der wirklichen Geschichte abheben müssen. Das bedeutet für ZINZENDORF: Die autobiographischen Notizen sind als Quellen nur insofern zu benutzen, als sie einen Einblick in die "seelische Verfassung" ZINZENDORFs zur Zeit ihrer jeweiligen Abfassung geben, mehr nicht!

Hier ein Beispiel für viele. In einer sehr frühen "Rückprojektion", die also noch ziemlich dicht an den Ereignissen war, stellt er seine großen Anfechtungen der Jugendzeit dar. Sogar die Bibel wurde ihm "zweifelhaft"; denn ihre Wahrheit habe man sich durch Erziehung und Gewohnheit nur eingebildet.[64] In einer späteren Rückprojektion[65] jedoch, wo es ihm um den Scopus geht: So wunderbar hat mich der Heiland durch alle Gefahren hindurch geführt, sagt er:

> "Weil aber mein Herz mit dem Heylande, und ich ihm mit einer empfindlichen Aufrichtigkeit zugetan war ... so hatten die Speculationen ... auf mein Hertz nicht den geringsten Effect ... und ich faßte damahls gleich den firmen Schluß ... an der Creutz- und Blut-Theologie des Lammes..."

Daß der Durchbruch zur Kreuz- und Bluttheologie in Wirklichkeit viel später erfolgte, und daß die Spekulationen durchaus auf sein Herz für Jahre einen "Effect" hatten, scheint ihm hier völlig entgangen zu sein. (Es spielt ja in der Tat bei diesem Scopus auch keine Rolle!)

Doch beginnen wir nun mit der <u>Kausalmechanik</u>. Die entscheidende Neuerung gegenüber der teleologischen Betrachtung ist doch wohl die, daß alles "von selbst" geht, ungelenkt und ungeplant. Gerade danach fragt ZINZENDORF offenbar schon sehr früh. Im SOCRATES (a.a.O., S. 210) behauptet er sogar, daß ihn diese Frage schon mit 8 Jahren beschäftigt habe. Und in dem Brief an ZIMMERMANN sagt er dazu, daß damals ihm nichts "satisfaction" tat. Alle theologischen Gegenargumente erschienen ihm "seicht und unzulänglich".[66]

Nun muß man auch hier wieder sehr vorsichtig sein; denn der Scopus des eben genannten Abschnitts aus dem Brief an ZIMMERMANN ist ja dieser: Bitte, auch ich habe lange Jahre hindurch die schlimmsten Anfechtungen gehabt, ausgehend von der Frage, ob sich eine Sache selbst machen kann. Und es ist damals niemandem möglich gewesen, mir diese Atheisterei "auszureden". Erst jetzt bin ich hindurch, doch Gott hatte seinen plan mit mir, daß er mich so lange in dieser Not ließ, denn:

"Gott gebrauchte sich dieser empfindlichen Sichtung deßwegen, damit ich hernach die kleinen Dispensionen der gottesdienstlichen Heyden ... desto leichtsinniger tractirte und geschwinde damit fertig werden konnte..."[67]

Doch wie dem im einzelnen auch sein, ob diese "kausalmechanische Anfechtung" schon mit 8 Jahren oder erst später über ihn kam und ob sie nur kürzere Zeit anhielt oder schneller als hier angegeben vorüber war, an der Tatsache selbst eines sehr frühen Bekanntwerdens und Durchdenkens der mechanischen Zusammenhänge ist wohl nicht zu zweifeln.

Es ist nun wichtig festzustellen, daß ZINZENDORF in Halle in eine regelrechte Schocksituation kam. Für einen, der in Großhennersdorf mit BÖHME, ARNOLD usw. groß geworden war[68], mußte in der Tat die neutrale Naturwissenschaft in Halle als Atheismus erscheinen; denn für einen jungen Menschen seiner Vorbildung ist einfach alles, was nicht zu Gott führt, Atheismus. Und es ist dann nicht verwunderlich, wenn er schreibt, daß ihm alles seicht und unzulänglich erschient, was gegen diesen Atheismus vorgebracht wird.[69] Einem so hellwachen Jungen mußte es einfach deutlich werden, daß zwischen seiner theologischen Grundkonzeption und der "neutralen" (sprich "atheistischen") Welt in Halle ein unüberbrückbarer Gegensatz bestand.

Sicherlich wäre es ZINZENDORF leichter gefallen, wenn man in Halle statt der Neutralisation Physikotheologie betrieben hätte, und ich persönlich sehe hier den Grund, warum ZINZENDORF später in seinen Schulen auf "physikotheologischen" Naturkundeunterricht drängt.[70]

In Wittenberg geht es ihm nicht viel besser, die Schocksituation hält an. Wie aus seinen Tagebuchaufzeichnungen[71] hervorgeht, studiert er u.a. bei GRIEBNER Naturrecht und bei KLAUSING Naturwissenschaft.[72] Hier dürfte er in die Auseinandersetzung zwischen KLAUSING[73] und MÖLLER[74] "hereingehört" haben, die sicherlich nicht dazu angetan war, ihn so ohne weiteres zur Ruhe kommen zu lassen.[75]

Daß in dieser Situation die Lektüre TAULERs[76] ihn nicht seiner Anfechtung entheben konnte, ist verständlich. Es ist erklärlich, wenn er nun Naturwissenschaft mit "Welt" identifiziert und seine Anfechtung als die jedem Christen neu gestellte Anfechtung der Welt gegenüber betrachtet. (Diese meine Hypothese hat insofern einen hohen Grad von Wahrscheinlichkeit für sich, als ZINZENDORF in anderen "weltlichen Dingen", wie Tanzen, Feste feiern, und Geldausgeben, nicht die anderen Pietisten übliche Anfechtung sieht!)[77]

Also: ZINZENDORF steht nur in den Dingen der modernen Naturwissenschaft, deren Emanzipation er aus seiner Perspektive als Atheismus ansieht, in Anfechtung gegen diese Welt. Seine (versuchte) Abkehr von <u>dieser</u> Seite der Welt hat also ganz andere Gründe als sie bei den Mystikern vorliegen.

Werfen wir nun noch einen Blick auf seine Bildungsreise.[78] Wie er selbst mitteilt, lernt er im Westen die Schriften folgender Wissenschaftler kennen: VITRARIUS, HILARIUS, MAYDEN, LEIBNIZ und vor allem BAYLE[79]. Er kommt mitten hinein in das Gespräch zwischen LEIBNIZ und BAYLE über die prästabilisierte Harmonie (die ja nichts weiter als angewandte Kausalmechanik ist). Da ZINZENDORF hier seine entscheidenden Ansichten von der Weltmaschine gewonnen haben dürfte (die ihn bis in die dreißiger Jahre hinein begleiten, vergleiche dazu später!), möchte ich hier einige Gedanken LEIBNIZens vorführen, die er als "Entgegnung an BAYLE" verfaßt hat.[80]

> "... dieses ist so wahr, daß, wenn diese Welt nach der Meynung einiger Leute nur aus einer endlichen zahl von Stäubchen zusammengesetzt wäre, die sich nach mechanischen Gesetzen bewegten; es gewiss einen endlichen Verstand geben könnte, der erhaben genug seyn könnte, alles demonstrativisch vorauszusehen und zu begreifen, was in einer gesetzten Zeit darinnen vorgehen würde. Ein solcher Verstand würde nicht nur ein Schiff machen können, welches ganz allein nach einem gesetzten Hafen liefe, wenn er ihm gleich anfangs den Schwung, die Richtung und die gehörigen Triebfedern gäbe..."[81]
>
> "... Es geschieht also nichts, auch nicht einmal durch die Berührung der angrenzenden Körper, was nicht aus demjenigen folgte, was schon innerlich ist, und was dessen Ordnung stören könnte."

Sehen wir uns nun an, wie sich die moderne Kausalmechanik bei dem Theologen ZINZENDORF niederschlägt!

Als Überschrift über die Theologie des jungen ZINZENDORF, der nach seiner Rückkehr ganz im "aufgeklärten Fahrwasser schwimmt", mögen folgende Stellen dienen:

> "<u>Physica experimentalis</u> ist der Theologie ihr Vorbild. Die wahre Theologie muß raisonnements und experimente beisammen haben." (Das wäre "ein Loblied auf die moderne Naturwissenschaft und die Übertragung der dort üblichen Arbeitsmethode auf die Theologie!")[82]

Die andere Stelle lautet:

> "Die Grundsätze, worauf die Gottheit die Religion befestigt, sind alle vernünfftig, und die Vernunft ist ihnen niemals, auch nur scheinbar zuwider." (Das wäre das Loblied auf die Vernunft.)[83]

Hier noch eine dritte Stelle:

> "Je verständiger ein Mensch von Natur ist, je mehr sein Verstand durch die Erfahrung geschärft und durch die gute Neigung gebessert ist, je näher kommt er denenjenigen Begriffen, welche in der göttlichen Schrift anzutreffen."[84]

Nach diesem "Vorwort" nun zur "theologischen Kausalmechanik" selbst. ZINZENDORF ist sich dessen bewußt, daß es ihm auf einzigartige Weise gelungen ist, mit Hilfe der kausalen Ableitung eine Religion darzubieten, wie sie besser wohl nicht mehr gedacht werden kann. Hören wir uns seine selbstbewußten Töne an[85]:

> "Socrates (das Pseudonym für ZINZENDORF) hat sich eine Religion in den Kopf gesetzt, die er nicht so leicht wieder fahren lassen wird. Er findet sie von einer so gründlichen Art, daß er bey denen jetzt florirenden und seines Gewissens iemahl bekannt gewordenen Secten der Gottesfürchtigen keine gefunden, die allen Zweifels-Knoten so gewachsen gewesen als diese..."

Die "absolut sichere Kette zu Gott", die über jeden Zweifel erhaben ist, sieht dann so aus:

> "Man siehet ein Haus.
> Man siehet nicht allemal seinen Baumeister.
> Aber man zweifelt nicht, daß es einen habe.
> Weil man dencken kan, daß es iemand gemacht habe.
> Man siehet die gantze Welt.
> Man siehet ihren Baumeister nicht.
> Aber man zweifelt nicht, daß ein Bau-Meister vorhanden sey."

(Sicherlich wäre ZINZENDORF sehr erstaunt gewesen, wenn man ihm gesagt hätte, daß diese Folgerung gar nichts Neues, sondern die übliche deistische Folgerung aus der Kausalmechanik sei.)

Nun möge noch ein Beispiel folgen, in dem ZINZENDORF an Hand der Wettervorgänge die "Weltmaschine" vorführt. Deutlich ist auch hier der LEIBNIZsche Gedankengang zu verspüren:

> "... wie sich das gantze Systema macht mit seinem Regen, Wärme, Kälte und Winden, und es kein unkluger gedancke ist, daß man das gantze Systema mundi ansiehet als eine musicalische vom Schöpffer aller Dinge eingerichtete Harmonie, die sich als ein glockenspiel selbst spielt, nachdem sie aufgezogen ist und die dieselben aeonen durch, darauf sie einmal aufgezogen ist, in der richtigen Ordnung geht, wie das glockenspiel seine halbe Stunde oder seine 10 Minuten..."[86]

Nun noch einige Beispiele für den Physikotheologen ZINZENDORF. Folgendes Gedicht könnte auch von HEINSIUS sein:

> "Macht die ganze erdmaschine eine so geringe mine gegen die viel tausend welten, die dem Schöpfer doch nichts gelten.
>
> Was muß wohl das wesen heißen, dem zu ehr sie alle gleißen..."[87]

Im Stile des jungen FABRICIUS sind folgende Stellen:

> "Es ist kein einziges Vögelchen, das nicht einen Instinkt hätte, seinen Schöpfer zu loben und anzurufen..."[88]

> "Die Wasser sahen dich, Gott ... und ängstigten sich ... Es betrifft den Umstand, was die Creaturen für subtile Gefühle vom Willen ihres Schöpfers haben."[89]

Soweit die Beispiele über den jungen ZINZENDORF. Und was sagt der alte ZINZENDORF dazu?

> "Ich danke dem Heiland, daß ich heraus bin. Da ich den Socratem schrieb, war ich im Umkehren, Wenn ich ihn aber jetzt lese, schäme ich mich."[90]

Daß Regen und Sonnenschein eine Sache seien, die "von selbst abläuft", hören wir später nicht mehr, sondern:

> "Theologice scheints doch, als ob der Vater sich der Welt-Umstände schon so angenommen hätte Tempore Exinationis, weil der Heiland den Regen und den Sonnenschein seinem Vater zuschreibt. Wenns wird regnen sollen, wenn die Sonne wird scheinen sollen, so wird mein Vater drum sich bekümmern..."[91]

Beschließen wir unsere "Beispielsammlung" mit dem Gegenstück zu der "absolut sicheren Beweiskette zu Gott". Im Entwurf zu seiner "systematischen Theologie" sagt er:

> "Was der liebe Gott gemacht hat, das sehen wir, was er aber denckt, das wißen die menschlichen Creaturen so wenig...
>
> Überhaupt ist es ausgemacht, daß man in Religions-Sachen nicht von unten hinauf, sondern von oben herunter procediren müsste. Nicht von dem Effekt in dem Mobile d.i. von seiner creatürlichen Aufgeregtheit auf die Ursache der Bewegung zu concludiren; sondern von den Operationen des Motors."[92]

Selbst wenn er hier noch das Vokabular der Mechanik, wie Motor, Effect usw. verwendet, so ist doch völlig deutlich, daß hier der physiko-theologische Ansatz "von unten", der allenfalls zu einer "geschrumpften" Providentia "im Damals" führen konnte, aufgegeben ist.

Wir müssen uns nun noch die Frage vorlegen, wie sich die "Umwandlung" des jungen ZINZENDORF in den alten ZINZENDORF im einzelnen vollzog. Hier spielt zweifellos der Streit mit DIPPEL die entscheidende Rolle.[93] DIPPEL ist der erste, der expressis verbis feststellt, daß die moderne Naturwissenschaft nicht zu Gott führt. Da er ja Naturwissenschaftler und Theologe war, ist es nicht verwunderlich, daß er bereits zu einer Zeit diesen Tatbestand klar erkannte, als seine Zeitgenossen nur mehr oder weniger die Dinge "erfühlten"; denn er kannte die naturwissenschaftlichen und auch die theologischen Probleme sozusagen "aus erster Hand". So sagt er denn bereits in seiner frühen Schrift:

> "... und wenn sie auch noch einen Geist und Schöpfer über der Welt anerkennen (die Mechanisten), so ist diese Anerkennung doch wertlos, da sie ihm nicht gestattet, in der Welt und auf die Welt zu wirken."[94]

Das ist expressis verbis genau die Antwort, die Wissenschaftler wie FABRICIUS, FRANCKE usw. "der Sache nach" auf das physikotheologische Bemühen gaben, nämlich: So geht es nicht, die moderne Naturwissenschaft führt nicht zu Gott, sie führt allenfalls zu einem "fernen" Gott (der damals bei der Schöpfung alles "eingeplant" hat), nicht aber zu dem "nahen" Gott, dem Vater Jesu Christi, der hier und jetzt "am Werk" ist.

DIPPEL zieht aus dieser klaren Erkenntnis den Schluß, daß also alles vernunftmäßige "Demonstrieren" im Rahmen einer natürlichen Theologie unangemessen sei. Als ZINZENDORF mit DIPPEL bekannt wurde, war es offenbar gerade dieser Gedankengang, der den Grafen darin bestärkte, endgültig mit allen "mechanischen" Gedankengängen zu brechen. Er sagt:

> "So lange ich sein System ... ansahe ... gefiel es mir, denn ich war damals in dem Concepte der Theodicee, und der liebe Gott jammerte mich gleichsam, wo seine Actiones nicht mathematisch genug zusammen zu hängen schienen..."[95]

Doch nun trennen sich in folgenden die Wege der beiden Männer. Während DIPPEL der Meinung ist, nun aber wenigstens innerhalb der Christologie "demonstrieren" zu sollen[96], (wir würden heute vielleicht sagen, Theologie zu betreiben, also die Dinge zu "systematisieren"), meint ZINZENDORF, man müsse auf jegliche Gedankenoperation verzichten.

MISKOWSKA[97] meint, indem er gegen das durch BEYREUTHER[98] entworfene ZINZENDORF-Bild polemisiert, es wäre zu fragen, ob hier nicht bei dem Grafen eine Flucht vor der Wissenschaft vorläge. In der Tat spricht vieles für die Auffassung MISKOWSKAs. Einmal gesteht ZINZENDORF selbst ein, daß DIPPEL ihm überlegen sei. Er sagt:

> "Ich muß gestehen, daß DIPPELIUS besser demonstrierte als ich."[99]

Zum anderen stellt auch DIPPEL die "horrente Blindheit" ZINZENDORFs fest. Er sagt:

> "... versprach mir einige dubia schriftlich zu eröffnen, die aber seine horrente Blindheit in dieser Materie an den Tag legten, denn er glaubte und sustenirte: Christus hätte dem Teufel müssen genugthun und ein Lösegeld bezahlen..."[100]

Und zum dritten läßt die charakterliche Veranlagung ZINZENDORFs so naheliegend erscheinen, so zu reagieren.[101]

Da in der neueren Literatur der DIPPELsche Streit immer nur aus der ZINZENDORFschen Perspektive dargestellt wird, möchte ich zur Vervollständigung des Bildes über diesen Streit einmal zum Schluß DIPPEL zu Wort kommen lassen. ZINZENDORF hatte zwar im Brief an ZINK zugegeben, daß DIPPEL ihm im Demonstrieren überlegen sei, nach außen jedoch verbreitete er, er habe DIPPEL bekehrt.[102] Darauf schreibt DIPPEL:

> "... der heuchlerische Tropf hatte in Berleburg nicht das geringste von dieser Materie mit mir gesprochen, ich war sein Bruder hinten und vorne, er küßte mir zum Ekel und Verdruß bei jeder Rencontre Mund und Hände ... ich bin die Tage meines Lebens noch nie in solcher Bosheit gestanden, als diese geistliche Maschine, die ganze Tage und Nächte von Gott plaudern kann..."[103]

Ich bin auf den Streit mit DIPPEL etwas näher eingegangen, weil hier folgendes deutlich wird:

Die Erkenntnis, daß die moderne Naturwissenschaft nicht zu Gott führt, nötigt zu dem Sprung in die Theologie "von oben" und zur Absage an die natürliche Theologie als dem "primum iter".

Daß die Reaktion auf diese "Nötigung" nun bei ZINZENDORF zu einem Verzicht auf jegliche Gedankenoperation führte, hängt mit der Person ZINZENDORFs zusammen, nicht aber mit der sachlichen Konfrontierung von Naturwissenschaft und Theologie im 18. Jahrhundert.

So müssen wir denn unterscheiden zwischen der sachlich bedingten Reaktion auf den "kausalmechanischen Schock", wie wir sie bei FABRICIUS, MUSAEUS, BÜTTNER, LEISTIKOW usw. kennengelernt haben, und der persönlich bedingten "besonderen" Reaktion ZINZENDORFs.

Zusammenfassung

Der Übergang von der "teleologisch" vorgehenden Naturphilosophie zur "kausalmechanisch" arbeitenden Naturwissenschaft beraubt die Theologie der Möglichkeit, (wie bisher!) an den Beispielen aus der Natur, vornehmlich des Wettergeschehens, Gott auf "natürliche Weise" zu erheben. Die Physikotheologie ist der Versuch, es doch noch zu "probieren". Aber weder das "Wegdiskutieren" der Kausalmechanik noch das teleologische oder funktionale "Überhöhen" bietet eine wirkliche Möglichkeit... und die "Schrumpfung" der Providentia auf das Damals der Schöpfung führt nur zum Deismus. Aus diesem Grunde bleibt nur der Weg, "über den Graben zu springen" und "von oben" anzusetzen. So wird denn die Theologie infolge der "kausalmechanischen Ernüchterung" zu ihrer "Eigentlichkeit" gedrängt, nämlich zur Absage an die natürliche Theologie praktisch-physikotheologischer Prägung. Damit wird zugleich die Naturwissenschaft aus ihrer "Hilfestellung" für die Theologie entlassen. Das kommt der sog. "Neutralisierung" (bzw. Säkularisierung) der Naturwissenschaft gleich, die FRANCKE in Vorausschau des Scheiterns aller physikotheologischen Bemühungen als seine Antwort auf die kausalmechanik gab. Auch ZINZENDORF, der gleichzeitig auf FRANCKE, LEIBNIZ, WOLFF und den Physikotheologen "aufstockt", wird nach langen inneren Kämpfen schließlich zum Sprung in den Zirkel "von oben" gedrängt und bezieht endlich "gezwungenermaßen" die Position, die FRANCKE schon vorher "freiwillig" eingenommen hatte.[104]

Summary

God, Men, Nature and Environment

In each of the past several centuries, a different branch of natural science has cultivated the contact with theology vicariously for all the branches of natural science. For instance, in the discussion between theologians and natural scientists taking place in this, the twentieth century, natural science is mostly represented by physicists - that is, it is safe to say that today's contact between natural science and theology is accomplished by the branch of physics exemplarily for the overall field.

It was different in the nineteenth century. Then, it was the biologist who stepped into the arena of dispute. The contact between the two sciences was kept on a mainly polemical level, the main topic of heated arguments being the question of whether it was evolution or creation that brought the world into being.

Earlier, in the seventeenth century, natural scientists and theologians worried about a similar problem, arguing whether the world had been created in an instant of six days or had slowly developed on its own. At that time it was geology's turn to lead the questioning, representing natural science.

In the sixteenth century, COPERNICUS was the leading scientist represented in the circles where the principal question argued was whether or not earth was orbiting around sun. The beginning of those disputes between Protestant theology and natural science can, of course, be found in astronomy.

Directing our attention toward the eigtheenth century, we find two facts of major importance:

1. It was climatology, in its widest scope (i.e., the theories on meteorological changes), that became the leading discipline in the argumentation between theology and natural science.

2. This dispute assumed a greater importance for theology <u>and</u> natural science at that time than any disputes before or thereafter.

As I have pointed out in my paper, the decisive transformation of theology (from natural theology to the theology of revelation) occurred in the course of discussion between theology and climatology, in particular during the period from 1680 to approximately 1740, during whch time natural science, especially the field of climatolgy, underwent a change from its teleological orientation to a causal-mechanical approach. The efforts made by theology to stem this development (at least temporarily) or to employ climatology for theological doctrines (even if the climatology used non-theological or auto-theological methods) were to no avail. At the end of this great dispute between theology and climatology (it was, by the way, less vociferous and dramatic than any of the disputes in other centuries), there remained a climatology that was quite independent from theology, and, by the same token, a theology that was quite independent from climatology or any other disciplines of natural science.

Why did this important separation happen around 1700? And why was it climatolgy, of all disciplines, that took such an important part? There are at least two reasons:

First, there was no other area of natural science so well suited not only for giving an absolutely convincing demonstration of the divine government of the world but also (and most importantly) for proving God's existence.

Secondly, there is no other discipline of natural science in which such a drastic change from the teleological to the causal-mechanical approach was/is brought about.

With both of these facts considered together, we have the following theorem: Previously it was safe to assume that rain was sent to make sure that all plants, animals, etc., received water as needed; in this way, God's omnipotence, wisdom, and grace were evident. Now, all of a sudden, the modern climatologist contends that plants and animals grow and prosper in a certain place because it happens to rain there (as a result of certain causal-mechanically developed conditions). Where no rain occurs, all life must perish. In light of this reasoning, there remains nothing of planning, providence, and benevolence; these concepts become mere words by means of which God's existence had been proven and by which climatology had been taken under theological employ.

I show in detail in my essay how the theologians and the believers among the natural scientists (as far as they were concerned with climatology) both tried to overcome this discrepancy. There were three principal ways:

The first way is that which was adopted by the physio-theologians. They tried to salvage whatever could be saved-by transposition, or "purposeful interpretation" (CALVÖR), by functional remodeling (NIEUWENTYT), by teleological elevation (CHR. WOLFF), or by shringking down the concept of government to adjust to the status quo of creation (SCHEUCHZER). But these means principally led nowhere. J.A. FABRICIUS, the theologian and geographer, was the first physio-theologian to come to a corresponding conclusion. He maintained that only that man who believed in God beforehand will be able to recognize God's hand in the occurrence of natural phenomena.

The second way was neutralization. A.H. FRANCKE was one of the most prominent followers of this theory. His reasoning was that modern natural science, and climatology in particular, is theologically neutral, leading neither to God nor away from God; nevertheless, it is very useful in life, and therefore we deal with natural science as a worldly business.

The third way was the so-called "jump into the circle" method, represented by ZINZENDORF; FABRICIUS had been pursuing this line of thinking, but ZINZENDORF quite in earnest followed it through. He taught that principally we cannot find God through nature, the only way leading to God being the way prepared by personal revelation, which leads toward Jesus Christ.

An evaluation of the foregoing results in the following conclusion: The "discourse" between theology and climatology has, from that time forward, definitely brought theology to an awareness of its proper purpose - to preach to mankind God's revelation as laid down in the Bible, and to dismiss or release natural science from its role as an "assistant" to theology. The geographer (or climatoligst, respectively) may construe this to mean that he can pursue his "worldly business" along principles which he deems appropriate in accordance with professional standards and objectives, regardless of whether or not his scientific findings can be used for or against the theological doctrine of a divine world order.

Anmerkungen

* Dieser Aufsatz geht zurück auf die theol. Diss. des Autors: Theologie und Naturwissenschaft, insbesondere Geographie. Münster 1963 (unveröffentlicht). Teilveröffentlichung: Theologie und Klimatologie. In:

Neue Zeitschrift für systematische Theologie und Religionsphilosophie, Bd. VI, Heft 2, 1964, S. 154-191. Nachdruck unter dem Titel: "Protestantische Theologie und Klimatologie im 18. Jahrhundert. In: Abhandlungen und Quellen zur Geschichte der Geographie und Kosmologie, Bd. 3 (Hrsg. MANFRED BÜTTNER), Paderborn 1982.

1. KROLZIK, U.: Säkularisierung der Natur. Providentia-Lehre und Naturverständnis der Frühaufklärung. Neukirchen-Vluyn: Neukirchener, 1988. Zugleich: Hamburg, Univ. Diss., 1984.

2. Hierzu sei auf meine bisher unveröffentlichte theologische Dissertation von 1964 verwiesen, die den Titel trägt: Theologie und Naturwissenschaft. Das Problem der praktischen natürlichen Theologie, dargestellt am Beispiel der Beziehungen zwischen Klimatologie und Theologie in der Geschichte der Physikotheologie. Münster 1964 (ca. 800 Seiten).

   Ein Teil aus dieser Arbeit wurde veröffentlicht unter dem Titel: Theologie und Klimatologie im 18. Jahrhundert. In: Neue Zeitschrift für systematische Theologie und Religionsphilosophie, Heft 2, Berlin 1964.

   Ich verzichte im folgenden auf Einzelnachweise für jede Aussage bzw. jedes Beispiel und verweise dazu auf den teilweisen Nachdruck in: Abhandlungen und Quellen ..., siehe Anm. *.

   Aus dem Gesagten mag deutlich werden, daß und wie die Thematik seit den sechziger Jahren (unter verschiedenen Aspekten und unterschiedlichen Ansätzen) an Bedeutung und Interesse gewinnt, insbesondere, seit die Frage nach den Beziehungen zwischen Geisteshaltung und Umwelt weltweit in das Bewußtsein rückt. Vgl. dazu auch die Anm. 4 und 5.

3. Nicht nur christliche Theologen/Naturforscher haben in dieser Weise geschlossen. Derartiges Denken ist auch z.B. in der islamischen Welt weit verbreitet, z.T. bis heute; denn dort hat es ja keine Aufklärung (und in diesem Zusammenhang den Übergang vom teleologischen zum kausalmechanischen Denken) gegeben.

4. Ich konzentriere (bzw. beschränke) mich in diesem Aufsatz auf die theologische Seite (den theologischen Ansatz, die theologische Perspektive usw.) der Physikotheologie. Vgl. dazu auch meinen Aufsatz über KARL HEIM (Kerygma und Dogma, Band 19, 1973).

   Zur philosophischen Seite, insbesondere bei KANT, siehe die vor kurzem erschienene Arbeit von WASCHKIES: Physik und Physikotheologie des jungen KANT ... Amsterdam 1987, und dessen Aufsätze in Band I dieser Reihe (insbesondere: Die Physikotheologie als Gegenstand historischer Forschung, S. 163-181).

Zur naturwissenschaftlichen (insbesondere geographischen und klimatologischen) Seite der Physikotheologie siehe vor allem die Bände I und II der Reihe: Abhandlungen und Quellen zur Geschichte der Geographie und Kosmologie. Paderborn 1979 und 1980.

Seit einigen Jahren gibt es eine "<u>Bundesdeutsche Arbeitsgruppe zur Geschichte der Physikotheologie</u>", in der versucht wird, aus einem <u>Neben</u>einander zu einem <u>Mit</u>einander zu kommen. Vgl. dazu auch den in Anm. 4 genannten Aufsatz von WASCHKIES, den er gewissermaßen als "Sprecher" dieser Arbeitsgruppe verfaßt hat.

5. Die Forschungen zur Geschichte der Physikotheologie sind in jüngster Zeit immer intensiver inganggekommen (vgl. dazu Anm. 4), insbesondere seit deutlich geworden ist, daß es sich hier (u.a. auch) um die Geschichte der Religion/Umwelt-Forschung bzw. um eine von mehreren Wurzeln dieser "interdisziplinären Disziplin" handelt.

Auf dem kommenden internationalen Wissenschaftshistoriker-Kongress in Hamburg/München im August 1989 ist (in Fortsetzung von Eichstätt) geplant, die verschiedenen Vertreter der Physikotheologie zu einem besonders engen Gedankenaustausch mit den Historikern der Geowissenschaften und den verschiedenen Vertretern der Religion/Umwelt-Forschung (Religionsgeographie, Geographie der Geisteshaltung usw.) zu führen.

6. Ausdrücklich sei hier noch einmal herausgestellt, daß ich, angeregt von VOETIUS, unterscheide zwischen der Physikotheologie im <u>engeren</u> und im <u>weiteren</u> Sinne. Zur ersten Gruppe sollen diejenigen (Wissenschaftler oder auch gebildeten Laien) gehören, die im Zuge der Aufklärung einen positiven Ausgleich zwischen Theologie (bzw. dem Glauben an Gott den Schöpfer und Weltenlenker) und Naturwissenschaft (bzw. einem von Laien in Anlehnung an kausalmechanisches Denken entfaltetes "Hobby-Naturverständnis") anstreben.

Da die Vertreter dieser Richtung im allgemeinen den Begriff "Physikotheologie" (oder ähnliche Begriffe) im Titel ihrer Schriften verwenden, kann hier eigentlich keine Meinungsverschiedenheit unter uns aufkommen, die wir uns mit der Geschichte der Physikotheologie befassen (PHILIPP, BÜTTNER, KROLZIK, WASCHKIES wohl in der Hauptsache). Wer ein Buch mit einem physikotheologischen Titel verfaßt (vorausgesetzt, dieser Titel "paßt" dann auch zum Inhalt), <u>ist</u> meiner Meinung nach den Physikotheologen zuzurechnen, ob das uns, die wir heute die Physikotheologie zu definieren und zu systematisieren versuchen, nun gefällt oder nicht. Ich halte es für mißlich, wenn z.B. PHILIPP denjenigen Physikotheologen ihre Zugehörigkeit zur "richtigen" Physikotheologie abspricht, die einer von ihm erhobenen und seiner Definition von Physikotheologie zugrundeliegenden Forderung nicht entsprechen! (So klammert er z.B. alle diejenigen aus, die den sogenannten "ethisch-doxologischen" Schluß nicht durchführen, d.h., die nicht im Anschluß an ihr physikotheologisches Beweisverfahren dazu auffordern, Gott zu loben und seine Gebote zu halten.) Hier sind wir jüngeren Wissenschaftler uns einig.

Uneinigkeit herrscht lediglich noch darüber, wie mit denjenigen zu verfahren ist, die ich im weiteren Sinne zur Physikotheologie rechne, bzw. bei denen ich von "physikotheologischem Denken in weiterem Sinne" spreche. (Wir hoffen, auf dem weiter oben genannten Kongreß im August dieses Jahres hier einen Schritt weiterzukommen.) VOETIUS rechnet alle, die sich irgendwie mit Beziehungen zwischen Naturwissenschaft und Theologie (bzw. mit Natur und Glauben) befassen, zu den Physikotheologen.

Zugegeben, es kann leicht ausufern, wenn man in dieser Weise vorgeht. Im Grunde genommen müßten dann z.B. praktisch alle Kirchenväter dazu gerechnet werden. Vielleicht sollte man mit demjenigen die Geschichte der Physikotheologie beginnen lassen, der als erster den entsprechenden Begriff verwendet? Das wäre LÜTGEMANN (1650), dessen Schrift allerdings so stark christologisch ausgerichtet ist, daß es in der Tat schwer fällt, in dieser Weise vorzugehen, zumal bei ihm genau das "fehlt", was wir heute als typisch physikotheologisch empfinden (Vorlegen von "Beweisen").

Leichter fällt, jedenfalls meiner Meinung nach, die Entscheidung, ob man Wissenschaftler der "nachklassischen"Zeit der Physikotheologie (z.B. CARL RITTER oder auch RICHARD HEIM) dazu rechnen soll. CARL RITTER (19. Jahrhundert), Begründer der modernen Geographie, geht insgesamt in einer Weise vor, daß man hier bedenkenlos von physikotheologischem Denken sprechen kann, auch wenn bei ihm der Begriff "Physikotheologie" nicht zu finden ist. Dasselbe gilt für KARL HEIM (20. Jahrhundert). Trotzdem habe ich dort Gänsefüßchen verwandt um anzuzeigen, daß man so ohne weiteres bei ihm nicht (mehr) von Physikotheologie bzw. physikotheologischem Denken sprechen sollte. Dies vor allem auch darum, weil der Begriff "Physikotheologie" bei manchen (vielen?) heutigen Lesern Assoziationen aufkommen läßt zu: Naivität, Borniertheit, Unbedarftheit, Überholtheit, Ausweglosigkeit, "Dummheit" früherer Denker usw.

Literatur hierzu in Auswahl (außer der bereits in Anm. 1-4 genannten):
LÜTKEMANN, J.: De Vero Homine. Dissertatio physico-theologica. Wolfenbüttel 1650.
VOETIUS, G.: Exercitia et Bibliotheca Studiosi Theologiae. Utrecht 1651.
PHILIPP, W.: Das Werden der Aufklärung in theologiegeschichtlicher Sicht. Göttingen 1957.
BÜTTNER, M.: Die Geographia generalis vor Varenius. Geographisches Weltbild und Providentialehre. (Habil.-Schrift) Wiesbaden 1973. Hier insbesondere

S. 103, Anm. 279 mit einem längeren Exkurs zur Physikotheologie und ihrer Abgrenzung von der Biblischen Physik.

7. Ich unterscheide grundsätzlich zwei Arten von Providentiaschrumpfung (der Schrumpfung des Glaubens an Gott den Weltenlenker und eigentlich auch den Weltenschöpfer).

Zum <u>einen</u> ist der "Rückzug" auf den Schöpfergott gemeint, der zwar die Gesetze geschaffen hat, nach denen die Welt heute (noch) funktioniert, der also zwar indirekt auch noch heute "irgendwie" regiert; aber eben nur sehr, sehr indirekt. Im Grunde genommen hat sich dieser (so geglaubte) Gott zur Ruhe gesetzt und überläßt den Weltenlauf sich selbst, wie COMENIUS als erster wohl treffend herausgearbeitet hat (vgl. dazu meine in Anm. 6 genannte Habil.-Schrift). Diese Vorstellung, bzw. dieser Glaube, der auf einer derartigen Vorstellung basiert, führt zwangsläufig zum Deismus und zum sogenannten "schlafenden Gott". Sie "paßt" besser zur reformierten Theologie mit ihrer Schwerpunktverlagerung zum Damals der Schöpfung (oder sogar zum "Vor-Damals" der Planung einer Schöpfung) als zur lutherischen Theologie, der es um den "Gott jetzt" geht. (Von daher wird es verständlich, daß die lutherischen Geographen sich mehr dem gegenwärtigen Funktionieren der Welt als den "Zeugnissen der Schöpfung" im Rahmen dessen, was wir heute als Geologie bezeichnen, zuwenden.)

Zum <u>anderen</u> meine ich den "Rückzug" auf eine Theologie, die Gottes gegenwärtiges Handeln einzig und allein "nur noch" in der (menschlichen) Geschichte behandelt (thematisiert, veranschaulicht usw.), unter Ausschluß einer Berücksichtigung dessen, wie (und/oder ob überhaupt) Gott in der Natur oder mit der Natur am Werk ist. Diese Providentiaschrumpfung führt zu der von KROLZIK so bezeichneten "Säkularisierung der Natur". (Vgl. Anm. 1).

Man kann die Providentiaschrumpfung (insbesondere die zuletzt genannte) auch unter einem anderen Aspekt betrachten, wie es in meiner theologischen Dr.-Arbeit versucht wurde (heute sehe ich die Dinge jedoch skeptischer): Der "kausalmechanische Schock" führte die Theologie dazu, sich (nach gewissen "Rückzugsgefechten" oder "Anbiederungsversuchen" an die Naturwissenschaft) auf ihre Eigentlichkeit zu besinnen und sich aus den Bereichen zurückzuziehen, wofür sie nicht zuständig ist.

Wer diesen Standpunkt vertritt, wird sich allerdings von kritischen Zeitgenossen den Vorwurf gefallen lassen müssen, daß sich die Theologie seit eh und je, zumindest seit KOPERNIKUS, GALILEI usw., in die "Nischen" zurückzieht, die ihr von der modernen Naturwissenschaft (oder auch der modernen Soziologie, Psychologie, Religionswissenschaft usw.) <u>noch</u> nicht streitig gemacht werden können. Was "nützt" im Grunde genommen ein Glaube an den "fernen" Gott, der möglicherweise die Welt einmal geschaffen hat, der aber jetzt nicht mehr (oder nur sehr, sehr begrenzt und indirekt) im Regiment sitzt und dem Lauf der Welt mit ihren Katastrophen (durchaus nicht von "sündigen" Menschen verursachten Erdbeben, Klimaveränderungen wie z.B. Eiszeiten usw.) mehr oder weniger interesselos gegenübersteht? Es ist nicht leicht, einem solchen "schlafenden" Gott (schlafend in Bezug auf den Gang der Natur) glaubend zu vertrauen und zuversichtlich von einer Erlösung (wie man sie auch immer glauben mag) absolut und unangefochten überzeugt zu sein. (Vgl. dazu RATSCHOW: Der angefochtene Glaube, oder Luthers Aufforderung, gegen den Augenschein anzuglauben.)

8. Im Grunde genommen vertreten in dieser Beziehung, wenn auch mehr oder weniger deutlich, die modernen Theologen (alle irgendwie in der Nachfolge SCHLEIERMACHERs) großenteils dieselbe Position, angefangen von KARL HEIM (vgl. Anm. 4) bis hin zu KARL BARTH oder CARL-HEINZ RATSCHOW, auch wenn sie sich in vielerlei anderer Hinsicht sehr voneinander unterscheiden. Müßig darauf hinzuweisen, daß es bereits "supramoderne" Theologen gibt, die eine "Theologie ohne Gott" vertreten, was aus meiner Sicht zu einem Schritt über die Providentiaschrumpfung hinaus zur grundsätzlichen Schrumpfung eines Glaubens an Gott (Christus usw.) führt mit einer asymptotischen Annäherung an den Nullpunkt (des Glaubens).

9. DERHAM, W.: Physikotheology... Deutsch von J.A. FABRICIUS, Hamburg 1732.

10. Vgl. Initia Doctrinae Physicae (Corpus ref. Bd. XIII).

11. Daß hier bereits eine "Schrumpfung" der Providentia auf das Damals vorliegt, ist deutlich. SCHEUCHZER kann hier ohne weiteres anknüpfen.

12. So argumentieren ja die Männer um A.H. FRANCKE.

13. DERHAM, W.: Astrotheologie... Deutsch von J.A. FABRICIUS, Hamburg 1732.

14. Hier zeigt sich erstmals die so oft zu beobachtende Diskrepanz zwischen Vorwort und Text, die man immer wieder in der physikotheologischen Literatur feststellen kann.

15. In einer anderen Beziehung ist das Werk DERHAMs noch von besonderer Bedeutung. So weit ich weiß, wird hier erstmals in der Theologiegeschichte der Versuch gemacht, zu trennen zwischen der biblischen Botschaft und den Vokabeln des alten Weltbildes, in das diese Botschaft gehüllt ist. In einem großangelegten Versuch führt er an folgenden Bibelstellen beispielhaft die "Entkoppelung" vom alten Weltbild durch: Ps.

XCIII, 1; XCVI, 10; CIV, 5; Prediger 1, 4; Ps. CXIX, 90; Gen. XIX, 23, XV, 17; Prediger 1, 5; Ps. XIX, 6, 7; Josua X, 12, 13; 2. Kön. XX, 10; Jes. XXXVIII, 8.

Hieraus mag deutlich werden, wie der "Vater der Physikotheologie" nach neuen Wegen suchte, die über die "physikotheologischen" Wege hinausführten und in die Richtung wiesen, die wir heute als die einzig legitime erkannt haben.

16. RAY, J.: Gloria Dei oder Spiegel der Weisheit... Deutsche Übersetzung von CALVÖR, Goslar 1717.

17. A.H. FRANCKE gibt ja bereits 1709 einige Schriften BOYLEs heraus, in denen die Stoßrichtung zu erkennen ist: Der Theologe mische sich nicht in die Naturwissenschaft! Das Ganze läuft dann auf die "theologische Neutralisierung" der Naturwissenschaft hinaus.

Auch dürfte das Bekanntwerden der BOYLEschen grundsätzlichen Untersuchung über die Final-Ursachen (BOYLE, R.: Disquisition about the final causes of natural things. London 1688) sicherlich dazu beigetragen haben, Versuche wie die CALVÖRs "unmöglich" zu machen; denn diese modernen Auffassungen werden ja durch das Pädagogium bald Allgemeingut der studierenden Jugend.

18. Original in niederländischer Sprache 1714, deutsche Übersetzung Leipzig 1732.

19. Vgl. die ähnliche Diskrepanz zwischen "Vorwort" und Text bei DERHAM und WOLFF.

20. Vgl. SCHMITZ, J.: Disput über das teleologische Denken. Eine Gegenüberstellung von Nikolai Hartmann, Aristoteles und Thomas von Aquin. Mainz 1960.

21. Ri. XIX, 26; Mos. XIX, 27; Hiob XXVIII, 25 usw.

22. Streng genommen ist NIEUWENTYT schon kein reiner Physikotheologe mehr. Ein "richtiger" Physikotheologe wollte ja gerade ohne die Schrift einen Weg zu Gott aufweisen. Man kann ihn höchstens insofern zu den Physikotheologen rechnen, als sein naturwissenschaftliches Beweisverfahren etwa den 40fachen Umfang des theologischen ausmacht. (Die theologische "Überhöhung" umfaßt genau 1 Seite gegenüber etwa 40 Seiten "Naturwissenschaft". Vgl. dazu J.A. FABRICIUS, bei dem rein äußerlich der theologische Teil genau so umfangreich ist wie der naturwissenschaftliche.)

23. WOLFF, CHR.: Vernünfftige Gedanken von den Würckungen ... Halle 1723. WOLFF, CHR.: Vernünfftige Gedanken von den Absichten ... Halle 1724.

24. Es ist daher nicht verwunderlich, wenn A.H. FRANCKE dieses Buch nach Streichung des Vorwortes als "neutrales" Physikbuch für seinen Real-Unterricht verwendet.

25. Siehe etwa: HARTMANN, G.V.: Anleitung zur Historie der Leibniz-Wolffischen Philosophie und der darinnen von Herrn Prof. Langen erregten "Naturwissenschaft". Vgl. dazu J.A. FABRICIUS, bei dem rein äußerlich der theologische Teil genau so umfangreich ist wie der naturwissenschaftliche.)

23. WOLFF, CHR.: Vernünfftige Gedanken von den Würckungen ... Halle 1723. WOLFF, CHR.: Vernünfftige Gedanken von den Absichten ... Halle 1724.

24. Es ist daher nicht verwunderlich, wenn A.H. FRANCKE dieses Buch nach Streichung des Vorwortes als "neutrales" Physikbuch für seinen Real-Unterricht verwendet.

25. Siehe etwa: HARTMANN, G.V.: Anleitung zur Historie der Leibniz-Wolffischen Philosophie und der darinnen von Herrn Prof. Langen erregten Controversen ... Leipzig 1737; LANGE: Caussa Dei ... Halle 1723; WOLFF: Anmerckungen zu Budd. Bedencken. Frankfurt 1724; BUDDEUS: Antwort auf Wolffs Anmerckungen. Jena 1723; BUDDEUS: Bedencken über die Wolffianische Philosophie. Jena 1724; WOLFF: Zugabe zu den Anmerckungen. Frankfurt 1724; BUDDEUS: Beweis, daß des Buddeus Bedencken noch feststeht. Jena 1724; ARINI: Beweis, daß Wolffs Philosophie in den strittigen Punkten mit allen drey Religionen übereinstimmt. Hamburg 1724; LANGE: Entdeckung der falschen Philosophie ... Halle 1724; LANGE: Ausführliche Recension der wider die Wolffianische Metaphysik ... Halle 1725; LANGE: Vollständige Sammlung aller derer Schriften, welche in der Langeschen und Wolffischen Streitigkeit ... Marburg 1737; LUDOVICI, K.G.: Ausführlicher Entwurf einer vollständigen Historie der Wolffschen Philosophie. Leipzig 1738. HAGEN, G.H.: Philosophia contra inculpationes ... (Widerlegung Langes Beweisverfahren gegen Wolff). Halle 1735; HAGEN, G.F.: Sammlung der Wolffschen Schutzschriften. Halle 1739.

26. Vgl. dazu ZINZENDORF.

27. SCHEUCHZER: Physica sacra. Zürich 1721.

28. Es ergibt sich dabei von selbst, daß auf ein derartiges theologisches Verfahren dieselbe Kritik "paßt", die wir gegen WOLFFs Teleologie angeführt hatten.

29. FABRICIUS, J.A.: Pyrotheologie... Hamburg 1732.

30. FABRICIUS übersetzt die Werke DERHAMs gerade in dieser Zeit.

31. FABRICIUS, J.A.: Hydrotheologie... Hamburg 1734.

32. Hier dürfte es sich offenbar um die Reaktion auf den WOLFFschen Streit handeln.

33. Im Ansatz war das bereits bei DERHAM festzustellen.

34. BOYLE, R.: Opera varia. Auserlesene Schriften aus dem Englischen übersetzt von A.H. FRANCKE, Halle 1709.

35. Vgl. PHILIPP, W.: Das Werden der Aufklärung... Göttingen 1957, S. 29.

36. SCHULZE, CH. R.: Geschichte des Gymnasiums zu Gotha. Gotha 1859, S. 137. Vgl. NASEMANN: A.H. Francke und der Unterricht in Realgegenständen. Halle 1863.

37. Vgl. dazu BECK, A.: Ernst der Fromme. Gotha 1865.

38. Vgl. dazu KRAMER, D.G.: August Hermann Francke. Bd. 1 1888, S. 4ff.

39. MUSEUS: Disputatio Theologica de Luminis Naturae et ei innixae Theologiae Naturalis Insufficientia ad Salutem. Jena 1730.

40. Zwar erscheint die Schrift des MUSAEUS erst später, das hindert aber nicht anzunehmen, daß FRANCKE die entsprechenden Gedanken mündlich oder durch ein Kolleg-Scriptum des MUSAEUS aufnahm; denn er selbst berichtet ausdrücklich daß er die Werke der drei genannten Männer durcharbeitete. (Vgl. KRAMER, a.a.O.).

41. Siehe NASEMANN, a.a.O.

42. SCHADEN, J.C.: Anleitung zur Betrachtung der sechs Tage-Werke. Nürnberg 1701.

43. Daß er selber darüber hinaus vornehmlich den "alten Kontakt" zu "neutralen" Naturwissenschaftlern weiter pflegte, sei ausdrücklich vermerkt. Vgl. seine Beziehungen zu MÖLLER, WAGENSEIL, STURM, STAHL, ALBERTI usw. Vgl. NASEMANN, a.a.O., und KRAMER, a.a.O.

44. Vgl. UTTENDÖRFER, O.: Die Entwicklung und Pflege der Naturwissenschaft in der Brüdergemeine. In: Zeitschrift für Brüdergeschichte, 1916. WINCKLER, J.P.S.: Zinzendorfs Anstalten und Lehrsätze. Leipzig 1740.

45. Die Briefe liegen in Tübingen. (Francke-Nachlaß Kapsel 8).

46. BÜTTNER, CHR. ANDR.: Cursus philosophicus. Halle 1734; BÜTTNER, CHR. ANDR.: Prolegomena theologiae experimentalis relevatae. Folio; BÜTTNER, CHR. ANDR.: Anmerkungen zu Wolffs Hydrostatik. Stralsund 1771; BÜTTNER, DAV. SIGISMUND: Physica diluviana (Manuskript); BÜTTNER, DAV. SIGISMUND: Rudera diluvii testes (Manuskript).

47. TSCHIRNHAUS: Gründliche Anleitung zu nützlichen Wissenschaften, absonderlich der Mathesis und Physica. 1700. Vgl. auch: WINTER, E.: Tschirnhaus und die Frühaufklärung. Berlin 1960.

48. FEUERLEIN "beweist" die Providentia aus dem Wasserhaushalt der Natur. Siehe: FEUERLEIN, J.W.: Dissertatio de sufficiente aquarum... Jena 1711.

49. Man könnte also auch an dem Fall BÜTTNER den Übergang von der Physikotheologie bzw. natürlichen Theologie zur theologia supranaturalis genauso beispielhaft vorführen wie an den Beispielen MUSAEUS, FABRICIUS oder ZINZENDORF. Bei allen bewirkt der "kausalmechanische Schock" das Abgehen von der natürlichen Theologie und die Hinwendung zum "Sprung in den Zirkel". Vgl. dazu auch LEISTIKOWs "Wandlung", Anm. 54.

50. Vgl. dazu NASEMANN, a.a.O., S. 13.

51. Vgl. WINTER, a.a.O.

52. BUDDEUS, J.FR.: Philosophia Instrumentalis Theoretica. Jena 1709. Vgl. dazu KRAMER, D.G.: Franckes Pädagogische Schrift. Langensalza 1885, S. 348.

53. Daß der "ganze BUDDEUS" keinesfalls die Naturwissenschaft theologisch neutral halten wollte, sondern durchaus bestrebt war, sie auf dem Wege über die natürliche Theologie theologisch anzuklammern (daß er also echter Physikotheologe war), wird in seinem Kampf gegen WOLFF deutlich. In seinen "Bedencken" gegen WOLFF stellt er gerade heraus, daß bei WOLFF die von mir sog. natürliche Providentia nicht mehr erhebbar sei. In dieser Beziehung steht BUDDEUS ganz gegen SEMLER, der ja ebenfalls wir FRANCKE ein Verfechter der "neutralen" Naturwissenschaft ist. Vgl. SEMLER: Nützliche Vorschläge von Aufrichtung einer mathematischen Handwerkerschule. 1705. (Vgl. dazu auch NASEMANN, a.a.O., und KRAMER, Päd., a.a.O.).

54. Vgl. dazu die "späten Bearbeitungen" der Lehrbücher, etwa LEISTIKOW: Auszug der vernünfftigen Gedancken... Halle 1732.

55. Siehe UTTENDÖRFER, O.: Die Entwicklung der Pflege der Naturwissenschaft in der Brüdergemeine, a.a.O.

56. HOFFMANN, J.G.: Kurtze Fragen von den natürlichen Dingen ... Halle 1720. Vgl. KRAMER, a.a.O., S. 349.

57. Was den späteren Bearbeiter dieses Buches, LEISTIKOW, nicht daran hindert, in den dreißiger Jahren wieder erneut ein physikotheologisches Vorwort dazu zu verfassen. Doch in den Auflagen der vierziger Jahre "bekehrt" sich auch LEISTIKOW, indem er, ähnlich wie FABRICIUS, "von oben" ansetzt. Wo man auch hinsieht, überall ist in den vierziger Jahren die Physikotheologie auf dem Wege zur Theologie "von oben", lediglich die "Nachzügler", die nicht merken, "was los ist", zementieren die alte physikotheologische Schlußweise.

58. KRAMER, D.G.: Franckes Pädagogische Schrift. Langensalza 1885.

59. Vgl. etwa UTTENDÖRFER, O.: Zinzendorfs religiöse Grundgedanken. Herrnhut 1935; HAHN: Evangelium und Gesetz bei Zinzendorf (Civitas praesens). Oktober 1962; EBERHARD, S.: Kreuzestheologie. München 1937; BEYREUTHER, E.: Studien zur Theologie Zinzendorfs. Neukirchen 1962.

60. Er war nämlich nicht von vornherein so fest bei seinem Heiland, wie er es selbst in seinen autobiographischen Rückblicken gern darstellt.

61. Dieselbe Aufklärung, die ihn zunächst dazu ermuntert hat.

62. Daß aber die besondere Art von Christologie ohne "Demonstration" bei ZINZENDORF nur eine Art Verlegenheitslösung war und in gewisser Weise einer Flucht vor der Wissenschaft entspringt, ist die Meinung MISKOWSKAS.

63. Vgl. BEYREUTHER, E.: Der junge Zinzendorf. Marburg 1957.

64. ZINZENDORF: Deutscher Socrates. Dresden 1726, S. 213. Ähnlich, aber schon etwas abgeschwächter, im Brief an ZIMMERMANN. Z.B.G. VI S. 201.

65. Büdingsche Sammlung ... Büdingen 1740, Vorwort.

66. Brief an Zimmermann, a.a.O., S. 302.

67. Ebenda.

68. Vgl. UTTENDÖRFER, O.: Zinzendorf und die Mystik. Berlin 1951; BEYREUTHER, a.a.O., S. 50ff, 130, 196.

69. Büdingsche Sammlung, Vorwort.

70. Vgl. UTTENDÖRFER: Die Entwicklung der Pflege der Naturwissenschaft in der Brüdergemeine, a.a.O.

71. Siehe BEYREUTHER, a.a.O., S. 137ff.

72. Theologische Vorlesungen hatte ihm ja seine Großmutter nicht erlaubt. Vgl. die Wittenberger Instruktion! R. 20 B 22 VII.

73. KLAUSING, H.: Dissertatio de naturae admirandis in luce. Leipzig 1704; KLAUSING, H.: De Scriptura Sacra non Copernizante. Wittenberg 1717.

74. MÖLLER: De indubio solis motu immotuque telluris quiete. Kiel 1734.

75. MÖLLER vertritt den Standpunkt, daß die moderne Naturwissenschaft, angefangen von KOPERNIKUS, die "satanischen" Ideen der Atheisten, Deisten, Naturalisten usw. durchaus rechtfertige und ruft beschwörend: laßt uns zurückkehren! KLAUSING und HOLLMANN dagegen tre-

ten für eine "neutrale" Naturwissenschaft im Stile FRANCKEs ein. ZINZENDORF dürfte rein gefühlsmäßig wohl zunächst auf Möllers Seite gestanden haben und alle Naturwissenschaft, die nicht "zu Gott führt", dem Atheismus gleichgesetzt haben.

76, Siehe BEYREUTHER, a.a.O., S. 103.

77. Vgl. BEYREUTHER, a.a.O., S. 122ff. Vgl. dazu auch die Gegenüberstellung FRANCKE - ZINZENDORF bei BEYREUTHER, Kap. 1.

78. Die großenteils unveröffentlichten Tagebuchaufzeichnungen ZINZENDORFs über seine Bildungsreise liegen im Archiv in Herrnhut. Der Archivar, Herr TRÄGER, hat bereits eine Reihe von Decknamen "übersetzen" können. Wenn diese "Übersetzung" abgeschlossen ist, soll an die Veröffentlichung dieses so wichtigen Dokuments zu dem Thema "ZINZENDORF und die Aufklärung" gedacht werden.

79. Über BAYLE lernt er dann die Gedankengänge eines DESCARTES und VOLTAIRE kennen. Ja, EBERHARD hat nachgewiesen, daß er sogar vieles von LUTHER auf dem Umweg über SELNECCER, HIMMELIUS und BAYLE kennengelernt hat. Siehe EBERHARD: Kreuzestheologie. München 1937.

80. Abgedruckt in BAYLEs Dictionnaire. Ich zitiere nach der deutschen Übersetzung von 1744.

81. Hier wird zweierlei deutlich: Einmal, wie diese Philosophie eine Folge der neuen Naturwissenschaft ist (und nicht umgekehrt diese Naturwissenschaft eine Folge der Philosophie!); zum anderen, wie LEIBNIZ unsere modernen Elektronengehirne vorausahnt, die ja nun tatsächlich in der Lage sind, einem Raumschiff den Schwung, die Richtung usw. zu berechnen, so daß nach monatelanger Fahrt das Ziel erreicht werden kann.

82. Z. B. G. VI, S. 201.

83. Socrates, a.a.O., S. 136.

84. Socrates, a.a.O., s. 137.

85. Ebenda S. 226.

86. Quelle: R. 2. A. Nr. 19, 3 b.

87. Herrnhuter Gesangb. Nr. 1458.

88. 21 Discurse über die Augspurgische Confession (unveröffentlicht), S. 228.

89. IHD 57 Beil. 7.

90. R. 2. A. 35a, S. 135.

91. 21 Discurse, a.a.O.

92. Religionsschrift, in Z. B. G. XIII, Vorwort.

93. Zu diesem Streit siehe aus ZINZENDORFscher Sicht: BECKER, B.: Zinzendorf im Verhältnis zu Philosophie und Kirchentum seiner Zeit. Leipzig 1886. Schon BECKER ist der Meinung, daß Z. erst durch den Streit mit DIPPEL ganz bewußt die Position bezieht, die ihm vorher nur unklar vorschwebte.

    Vgl. auch Büdingsche Sammlung, a.a.O., Vorwort; und HAHN: Evangelium und Gesetz bei Zinzendorf (Civitas praesens), Oktober 1962; sowie PLITT, H.: Zinzendorfs Theologie. Gotha 1869 bis 1874.

    Aus DIPPELscher Sicht liegt nur vor: BENDER, W.: Johann Konrad Dippel. Bonn 1882.

94. Fatum Fatuum. 2. Bd. der ges. Werke. Diese Schrift ist die Naturlehre DIPPELs neben der Londoner Dissertation. Vgl. dazu auch BENDER, a.a.O., S. 93. Hier gibt DIPPEL bereits "im Voraus" die Antwort auf den WOLFFschen Streit.

95. Büdingsche Sammlung, a.a.O. Hier ist allerdings wieder zu bemerken, daß ZINZENDORF etwas übertreibt, denn bereits 1726 hat er die Theodizee überwunden. Siehe Socrates, a.a.O. Inhalt aller Stücke Anmerkung. Es scheint aber wohl zu stimmen, daß DIPPEL ZINZENDORF in dieser Beziehung zumindest auf dem Wege bestärkt hat, den er Ende der zwanziger Jahre tastend einschlug. Ich möchte hier mit BECKER sagen, daß ZINZENDORF eben durch den Kontakt mit DIPPEL sich des vorher nur "erahnten" Weges bewußt wurde.

96. Siehe sein Werk Vera demonstratio evangelica, Frankfurt, Leipzig 1729.

97. MISKOWSKA, V.T. Krestanska Revue Nr. 6, 15.6.38, Theologische Beilage S. 88. Vgl. dazu S.   .

98. BEYREUTHER, F., a.a.O.

99. Zinzendorfs Brief an Zink. Vgl. WINCKLER, a.a.O., S. 147.

100. BENDER, a.a.O., S. 127.

101. Zu ZINZENDORFs Charakter vgl. BEYREUTHER, a.a.O., Vorwort, und vor allem PFISTER, O.: Die Frömmigkeit des Grafen Zinzendorf, eine psychoanalytische Studie. Leipzig 1925. Vgl. dazu die Gegenschrift: REICHEL, G.: Zinzendorfs Frömmigkeit im Lichte der Psychoanalyse. Tübingen 1911.

102. BENDER, a.a.O., S. 127.

103. Ebenda.

104. Vgl. dazu das in den Anm. 6-8 Gesagte. Ein Blick in die Geschichte der Physikotheologie kann für die Lösung der Probleme sehr anregend und hilfreich sein, die an der Wende vom 2. zum 3. nachchristlichen Jahrtausend von uns zu bewältigen sein werden, insbesondere diejenigen, die im Zusammenhang der Beziehung zwischen Religion (bzw. Geisteshaltung) und Umwelt anstehen.

D. Religionswissenschaft

On the Modern Geography of Perception and its Importance in the Investigation into the Religion/Environment Relationship

by Manfred Büttner, Bochum

Lecture given at the "Jahrestagung der Deutschen Vereinigung für Religionsgeschichte" in Marburg/FRG 1986*

At the beginning of my lecture I want to introduce some aspects of the relationship between the history of religions[1] and the geography of religion. The subject of this conference, "Religions in a Foreign Culture", could also be used within the scope of a symposium on the geography of religion. Actually it is the basic subject of any study within the field of the geography of religion, because up until now we have mainly concerned ourselves with religious minorities and their relationship with their environment. Since, in principle, modern human geography understands "environment" to be an "environment" which is relevant in a socio-geographical sense (the physio-geographical aspects such as climate, soil, Landschaft" (germ.), etc., no longer play the role they previously did), one can readily replace the term "environment" with "culture". The question of why geography has followed this course directed towards social studies, which by the way is not indisputed, cannot be discussed in this context.

From which point of view does a modern geographer of religion who is orientated towards social geography look at the relationship between religion (religious minority) and a foreign culture? Essentially he is interested in the following three questions:

1. To what extent are impulses emitted from the minority to the environment? Will this environment, i.e., the foreign culture, be somehow influenced or changed, and if "yes", in what manner and why?

2. What about the opposite relationship? Does the environment influence the minority? Does the minority take up certain stimulations? Does the minority conform, which in the extreme, can lead to disintegration?

3. Does it happen that a religion only really finds its identity by reacting to the challenge of its environment, i.e., the foreign culture?

In reality, it will be hard to find any cases in which religious minorities will only influence the environment, or will only be influenced by the environment, or will develop a self-identitiy by means of a mutual relationship. It will always amount to a "more or less" situation. It often happens that at particular times and/or at particular places one of the three relationships or processes mentioned above predominates.

Be that as it may, it seems practical for the geographical investigation of religion to follow the foregoing scheme, even if in reality, related circumstances (which are simultaneously taking place) have occasionally to be discussed and afterwards must again be seen as a whole. This is dealt with in greater detail in volume one of our publication, "Geographia Religionum".

Let me cite a few examples from my own fieldwork.

1) Among the Moravian-Brethren one can observe a predominance of the first kind of relationship, especially in the 18th and 19th centuries. Although ZINZENDORF said that the Moravian-Brethren should not be the yardstick by which everything is measured, all in all, as BECK emphasized in his recent publication about the mission of this religious community, Moravian has remained the general standard. To the geographer, this will become expecially obvious in the so-called Moravian structure of settlement, which should be regarded as an expression (as a visible indicator whithin "Land-

schaft" or environment) of the typical mentality and the religious socio-economic structure of this community.

2) The <u>Waldensians</u> can be mentioned as a counter-example. In a great number of cases (I am especially thinking about the Waldensians in Germany and Central Europe) they have totally adapted to their environment and to a culture which was originally foreign to them, and have eventually been absorbed into the culture. In many cases, not even relics in the settlements show their Waldensian origin. The Waldensians here never had any noteworthy influence on their environment.

In recent years, in northern Italy, one has found in the so-called Waldensian-valleys west of Turin a comparable process of adaption or disintegration, which my team and I in Bochum have been studying for about 15 years. However, this is not the place to go into further detail.

3) Reference should be made to the <u>Mormons</u> as a typical example of a group having gone through an identification process. This religious minority reacted towards an incrasingly hostile environment with a process of separation which led to greater self-examination and the recording of their peculiar religious doctrine, ethics etc. It should be stressed, however, that certain elements of the "American way of Life" penetrated the developing religion. The Stars and Stripes on the Hill of Cumorah, where the golden tablets were found and the Mormon movement began, however, may count as a visible indicator within the environment or "Landschaft", to illustrate this fact.

So much for my few short examples. You will probably be able to cite even more striking and vivid ones from your own research areas. Perhaps my suggestions have given you some ideas for a discussion which need not necessarily be limited to today's meeting.

Unfortunately, this is not the place to ask why all this is so, and whether or not every relgion at one time or another influences or is influenced by its surroundings, and whether in its initial stages, it always goes through an identification process by accepting certain environmental elements, yet simultaneously separating itself from the foreign culture. These introductory remarks are meant to make it clar to you how close the relationship is between the geography of religion and the history of religions. But now to:

The Modern Geography of Perception and It's Importance in the Study of the History of Religions

During the past few years, geographers have realized that the world (environment, culture etc.) is not only as they observe, perceive and describe it, but that interests and academic education result in a certain bias, which along with other factors (technical standards, standards of value), essentially influence the perception and therefore the description. In this context, concepts have been formed such as perceptive filter, perceptive blockade, perceptive shock, interpreting the perceived in a certain manner (Wahrnehmungscopierung) etcetera. Acutally, it was some kind of perceptive shock when, by the process of scientific-methodical reflection, geographers became aware of these facts. I can say this from personal experience since I have been working intensively on the process of realization, within the scope of the international project, "History and Philosophy of Geographical Thought".

Let me use a practical example and enter the field of <u>urban geography</u>. I am going to demonstrate how the same object can, and indeed has to be perceived and described entirely differently depending upon the school of thought and the field of geography in which one is specializing. The <u>"Landschaft"-geographer</u> is predominantly occupied with physiognomy. Above all he observes and describes the city as a

"Landschaft", space of settlement etc., which are contrasted to agricultural landscape ("Landschaft") or natural "Landschaft", which has been untouched by human hand.

The <u>geneticists</u>, who sometimes refer to themselves as representatives of historical geography (this should not be confused with historians of geography), try to trace the development of a town. They frequently confront the old urban core and its crooked lanes with new construction areas. The result can be illustrated very expressively on a city map.

On the other hand, a <u>geographer of population</u> sees the town from a completely different viewpoint. His city map is characterized by areas of high and low population density, etcetera.

I could continue telling you how a geographer of economics or transport etc., observes, perceives, describes or cartographically registers the town. However, I think these examples are sufficient to illustrate my intention.

Perhaps I should point out that the work of the modern <u>social-geographer</u> is essentially different to that of all the geographers mentioned above. The visible and cartographically usable aspects of geography are of secondary importance to what he is interested in. He "only" looks at the buildings, factories, transport systems etc., as indicators of social-geographically relevant activities. He regards them as spatial manifestations which are created by the living social community in order to supply their basic needs and to guarantee their satisfaction. Unused, periodically used, or permanently overcrowded buildings serve as indicators of the fact that a process is taking place, in which the visible and cartographically usable buildings do not correspond to the activities and needs of the people concerned. This is not the opportunity to go into further detail, but it is important to point out that the modern social geographer perceives something which he tries to describe and explain, that the traditional geographer did not recognize, although he did in fact see it. I think this is sufficient for the moment.

Now I want to come on to possible impulses for historians of religions, which, in my opinion, can be derived from what has been mentioned above. I want to limit myself to the analysis of texts, because historians of religions have a special affinity for them. If I am right, inspite of many other possibilities which have constantly come to light, I am convinced that just by dealing with texts, one will find the decisive access to what in the widest sense, is called religion. Through texts we find, for example, access to the religious community itself and to its history, as well as to the still active religious doctrines and ethical patterns of behaviour which were passed on by word of mouth before they were recorded in written texts. The texts give additional information about the structured environment from which they originated, were commented on and were finally transformed. In this context, one should especially consider the addressed group because their questions, interests and challenges are relevant for the specific formulation, codification, transformation, interpretation etc. of the text. (I do not need to emphasize here that I have not taken into account religions or cultures which do not have scripture). In analogy to what has been said in the beginning, the question arises:

In which passages does the text reflect conflicts with the perceived environment, for it seems to me, that only this will be recorded.

I want to suggest a fundamental distinction between the locality and the time in which the texts formed or were formed, and the state in which a religious community already has codified texts. In the first case one could say that the religion or religious community is working out, or has been working out texts. In the second case it would be appropriate to say that the religious community is working with the texts, and that the lives of its members are being moulded by the statements, demands, commands etc. To express it differently: In the first case the religious community is, to some extent, the medium through which or with whose help the texts originate. In the second case the community is guided by these texts. Carrying this over to the prophetic religions, one could point out: In one case the religious community (a specific group or single person) takes an <u>active</u> part in the realization of the texts, while in the second case, the religious community is only a <u>passive</u> listener. Following the commands etc., also presents a kind of activity, but it is not an activity which is revelant for the formation of a text.

Considering what has been pointed out, one could possibly speak of a phase of <u>activity</u> and a phase of <u>passivity</u>.

First of all I want to deal with the phase of <u>activity</u>. Let me try to establish a systematic pattern with the help of some examples (predominantly from my own field of research) in agreement with COLPES' claims which he raised in connection with my lecture in Lancaster. He wanted to get to grips both methodically and systematically with the religion-environment relationship.

A. The Stage of Formation. The Phase of Activity

It should be asked:

1. Influence on the environment, on the foreign culture: Is it possible to find something like that in the texts or is it treated in the texts? As an example here, I am thinking of the settling of Isreal. Whether this settling actually happened as described in the Old Testament is another matter. It is a possibility that we face written texts (in analogy to the Book of Chronicles) that have been influenced by a certain direction of the faith. Sceptics may call it a euphemistic version of the facts, but be that as it may, it describes how cities were conquered, land was taken

over etc. For some time now, exegetes of the Old Testament (in teamwork with other disciplines) have been trying to separate the religious doctrine from what actually happened. They want to find out whether they face a case of perception which is interpreted in a certain way (Wahrnehmungsscopierung) etc.

2. The reverse: The influence of the environment on the texts, or the infiltration of the environment into the texts. Is some kind of perception also to be found here, possibly a tendentious one, in the sense that it supports religious doctrine?

In this connection I am thinking of the prophets of the Old Testament who, amongst other things, opposed the infiltration of foreign habits and customs. It makes no difference whether the prophets providently warned against a religious or cultural infiltration from outside, or if they even perceived (or thought to have perceived) foreign infiltration. However, the subject discussed here (influences of foreign culture) is dealt with in the texts we have in hand today. Although I would like to go into further detail, I want to condine myself to this one example.

Now the third case:

3. I have already asked: Are there cases that a religion only really finds its identity by reacting to the challenge of its environment i.e. foreign culture? It appears to me that this question belongs to one of the central issues of the historians of religions. Can a religion gain a clear vision of itself without a confrontation with the foreign environment (other ways of thinking, other lifelong habits, other standards of value)?

The central issue is:

Is it possible to trace such a process which I want to define as a process of rising consciousness, from the tests of all religions, or at least from most of them? As far as I can see, this is the case in the <u>Old Testament</u>. The exegetes of the Old Testament have invested a remarkable amount of work in this field of research. But unfortunately, up until now, the <u>historical</u> aspects have been much more the centre of interest than the <u>geographical</u> ones.

Here I agree with our collegue, KÖPF, who pointed out that one should neither overemphasize the geographically relevant aspects (in our case the confrontation with the particular environment), by looking at them as the ultimate truth, nor should the scholar confine himself to the historical aspects. It could open up new horizons in the history of religions, if the question was raised whether religion can find its identity with the particular environment, and in how far this process can be traced within the texts.

This may suffice as to the stage of formation of the texts. In my view, as soon as they have been canonized and officially accepted as holy scriptures by the religious community, the next epoch begins.

B.   *The Finished Stage.*
     The Passive Phase - Developmental Stage

We should keep in mind what has already been said. In this case we should also speak of a "more or less". Once the texts are codified, one does not actively work on them because they are considered holy and one has to accept them the way they are. In this situation, the religious community wants to organize its life in agreement with these texts (they want to believe in the revelation fixed in the texts and follow the commands etc.).

But life goes on and time changes. Often a change of locality takes place accompanied by a confrontation with new technology, new economic systems etc. The traditional "finished" texts are confronted with new questions which arise out of the new situations. Now the stage of systematization, the development of professions of faith (in the widest sense), interpretation, modification, accentuation of particular parts of the text or their new perception or supersession begins.

In principle, the initial passive phase should be regarded as a period in which the activity has shifted. I do not like the phase, "passive phase", <u>because the activity has only shifted</u>. However, since I do not have a better definition at the moment, I will stick to this one. In any case, you understand what is meant. Perhaps it would be more appropriate to talk about <u>a phase of interpretation</u>, or a <u>developmental stage</u>.

In analogy to what has been said before, let me continue with some further questions:

1. Which parts of the text are recalled or stressed in order to influence the environment or the foreign culture? Remember, the problem is not if, how, when and under which circumstances a religion influences the environment. This would only be the <u>geographical</u> aspect of the religious-geographical problem. In this case, the <u>historical-religious</u> aspect should be discusses. This means, that such <u>texts</u> which have set a process in motion which has influenced the environment should be traced and examined.

I think of the Christian Great Commission ("Go ye into all the world, and preach the gospel ..."). The question the geographer of religion has to ask the historian of religions (in this case especially the exegete of the New Testament) should be: Is this an interpretation of the perceived in a certain manner (Wahrnehmungsscopierung), perhaps an even (intended) falsification of the perceived, in analogy to the "Donatio Constantini" (Constantinian donation)? Is it possible that in the beginning there had been the intention and not the order to missionize? Then this intention subsequently initiated a deceived perception, a so-called "Erglauben" (manage to believe - believe something for which there is possibly no material basis). Did this "Erglauben" subsequently influence, by means of theological discussion, the message of the New Testament and was finally mirrored in the text up to a point of manipulation?

2. Which texts or passages does the religious community emphasize as a reaction to the challenge of the environment? This question, which certainly belongs to the field of religious-geographical studies, is especially relevant in our modern world. It is possible, for example, to find text passages which are able to give unequivocal answers to problems such as: <u>equal rights for women, celibacy, destruction of the environment, abortion, euthanasia</u> etc., and which can lead to a polarization of thinking. And could it be that these modern environmental challenges which all religions, not only the Christion one, have to face lead into a new process of identification which finally results in a new reflection on the basic categories of thinking? When religions have dealt with questions of an alien environment as hinted at before (i.e., a culture without religion, dominated only by usable and scientific categories of thinking), they will be more aware of their self-identity than at present. Now I come to the last question.

3. This question should be put in analogy to the previously asked third question, but with a slightly different shade of meaning: Is it possible that religions, which dispose of finished scriptures and an unequivocal stock of doctrine etc., are able to reform themselves

again and again as a reaction to the challenge of the environment? And is this process of modification and development mirrored in the texts?

What about the so-called theology of liberation, feministic theology and others? The books which deal with these subjects are certainly not sacred texts. The historian of religions (in our case the researcher interested in the geography of religion) must not neglect them, although in this case the representatives of the Christian religions are predominantly concerned (but comparable challenges are to be stated for all religions).

Let me come to a conclusion. There is nothing essentially new about what I have told you. For a long time theologians and historians of religions have been discussing these problems. Perhaps the new point of view is the attempted systematization (and it is nor more than a first attempt) and approach to understand the subjects of research in analogy to geographical investigation, or that of a specific modern way of thinking which dominates social geography more and more.

We, as geographers of religion, and I in particular, would be pleased if some of you were interested in these issues and would like to participate in discussions and debates on subjects which are on the borderline between the history of religions and the geography of religion. Members of your own circles and everyone in his own field of research, would be welcome to participate in the project which is expected to be financed by the "Stiftung Volkswagenwerk".

The preliminary title of the project is "Religion and Environment".

Annotations

*   Published in the Bulletin No 1 of the interdisciplinary Working Group on Religion/Environment Research, Eichstätt 1987.

1.   History of Religions: (German: "Religionswissenschaft") "the descriptive, non-normative study of religious phenomena. At one time it was thought to comprise the historical, psychological, sociological and philosophical approaches. It now tends to be synonymous with the history of religions and the phenomenology of religions." (In: Encyclopaedia Britanica, Vol. VIII, p. 497, 1974.)

Pilgrimage and Plebiscite

The Political Significance of the 1933 Pilgrimage to the Holy Robe in Trier

von Kirk Allison, Minnesolta/USA

1988

The emergence of the subdisciplines Geography of Religion/Geography of Belief-Systems[1] and of their diachronic variant, Historical Geography of Religion/Belief Systems, is a recognition that events of religion and world view do not simply transpire in a unidimensional space known as "belief", but rather, take place in specific location, temporally (with specific persons). Transgeographic events, such as pilgrimage - a transgeographic, popular demonstration of the unity of a world view community[2] -, as they are transgeographic, invoke novel geographic unities when they span significant[3] ethnic, political, or other difference, including boundaries of competing world view(s).[4] Should these events have significant political consequences stemming from or impacting upon a pilgrimage group or upon the pilgrimage context, the process and effects will form a new religio-political constellation - describable as an element of a political geography of religion, or of a religious/weltanschaulich geography of politics. This description is particularly appropriate when the involved political structure is itself an embodiment of a self-conscious, integrated (and/or exclusive-obligatory) world view as was the case in Germany under National Socialism[5] following January 30, 1933.[6]

With this in mind, I would like to examine a peculiar event of popular piety (Volksfrömmigkeit), the 1933 Pilgrimage to the Holy Robe in Trier and locate its political significance in the context of the Saar Territory Plebiscite of January 15, 1935 - a plebiscite established by the Versailles Treaty of 1919 before the unexpected rise of National Socialism. From a historiographical standpoint, this examination seeks to fill in a detail previously neglected in the <u>Saarforschung</u>, highlighting this pilgrimage as a significant influence in the events that resulted in an overwhelming vote of acclamation to (re)unify the Saar with the Reich, even under National Socialism.[7]

This examination will consist of three parts: First, an investigation of the significance and rank of the pilgrimage to the Holy Robe <u>qua</u> pilgrimage - its scale, tradition, and the intensity of experience associated with it. This provides a scale for predicting the impact of any secondary effects on or from the pilgrims or the pilgrimage context. Secondly, an investigation of the political, geographic and demographic status of the Saar Territory following the Versailles Treaty of 1919 and its relation to developments in the Reich. This provides the context of origination for the pilgrims from the Saar Territory. It frames as well the strategies employed by the <u>Saarreferat</u> of the Third Reich in its attempts to secure a positive reception and limit opposition.[8] Finally, I will examine the confluence of the pilgrimage and pilgrimage tradition with the politcal context of 1933, relying heavily on documents from the Bistumsarchiv Trier[9], which will contribute toward a clarification of the politcal significance of the 1933 pilgrimage to the Holy Robe.

The Pilgrimage to the Holy Robe in Trier

According to archives of the Trier Diocese, the relic of the Holy Robe was declared in Trier on June 17, 1630 by archbishop PHILIP CHRISTOPH to be the genuine relic of the seamless robe of Christ for which the Roman soldiers cast lots on Golgotha, as depicted in the Evangelists' accounts.[10] This declaration was the conclusion of an investigation of a rejection of the relic by the Cathedral Chapter on April 19, 1630.[11]

In the framework of the relative significance of (declared) relics and the role these play in popular piety, there could scarcely be a more significant relic than the one presented in Trier - a relic of Chirst himself. From the standpoint both of the pilgrim and of the ecclesiastical hierarchy, the significance of the relic determines the degree of privilege and obligation for participation and the possible benefit, both spiritual and physical[12], which one might obtain through veneration. Not excluding logistics, it is these factors which largely determine the level of popular participation in a pilgrimage event.

Yet, the social function of the pilgrimage in "non-spiritual" terms, elements which contribute to the experience as shared, the sociology of the religious experience, must be included as well. In this respect, the frequency of an event is a significant factor in shaping its impact in the lives, collective and individual, of the participants. Between 1764 and 1933, or, in intervals of 46, 34, 37 and 42 years. The average time between these pilgrimages was 39.75 years, or nearly the "standard" (biblical, etc.) forty year generation. As GÖRRES emphasizes in his repeated use of the formula "von Geschlecht zu Geschlecht" ("from generation to generation"), the pilgrimage to Trier is an event which links generations and, from his perspecitve, the destinies of generations - a rare and extraordinary event in which one could participate, at most, twice. The elements of anticipation preceding and reflection after participation play a much greater role in structuring the experience than is the case with more frequent events, such as the pilgrimage to Lourdes. The Robe pilgrimages were routinely called at times of crisis and transition to provide unity in the face of critical change. This fact indicates that the Trier Holy Robe pilgrimage is "context sensitive". Crisis contexts contribute directly to the intensity and mnemonic impact and durability of an experience (not excluding when it functions in a compensatory manner).

An additional factor contributing to the significance and intensity of the pilgrimage experience is the significance of the cultural geography within which the experience takes place. This is a significant factor in a pilgrimage to the Holy Robe in Trier: the first Roman settlement and the oldest German city - an embodiment of history and continuity.[13] A pilgrimage or trip to Trier, even for the first time, structurally implies a return to sources: the Robe of Christ (the beginning of Christianity), the Porta nigra [14] (the Roman roots of western culture), the roots of German civilization: on multiple levels a pilgrimage to Trier included a suprapersonal experience of "going home".[15]

A final significant factor in the characterization and impact of a pilgrimage is its duration and geographical extension. For Trier, "the pilgrimage period lasts up to half a year and the regions of the pilgrims' origination is not tied to the bishopric."[16] Whether the area of origination extends beyond the bishopric, can be used as one "litmus test" in determining whether a location constitutes a "major" pilgrimage site. Together, the significance of the relic, the significance of the surrounding cultural geography, the interval and duration of the pilgrimage, and the context in which the pilgrimage is called are all factors which establish the Pilgrimage to the Holy Robe in Trier as "one of the great pilgrimages".[17] The level of participation in the Trier pilgrimage of 1844 was 1,100,000[18], in 1891 1,925,000[19], and in 1933 1,887,708[20]. For secondary effects, i.e. political, both the intensity of the experience and the numbers involved are of vital importance.

Concerning the tradtion of the pilgrimage, JOSEPH VON GÖRRES' 1845 account, "Die Wallfahrt nach Trier" (The Pilgrimage to Trier)[21] states that indubitable witnesses concerning Christ's miraculous Holy Robe are present from the 12th century on and cites 1196 as the discovery year of the Robe in the Trier Cathedral, a discovery which "at the time excited hearts in the whole of Germany, and struck all as a strange sign of the destiny-filled in-breaking epoch." In this tradition, the discovery of the Robe corresponds to a new cultural age. GÖRRES refers to a 1477 manuscript of a Straßburg epic poem concerning "the seamless gray Robe of Christ, as King ORENDEL of Trier acquired it."[22] The appearance of the robe ushered in significant cultural developments:

> "and thus also gave impulse then to <epic> folkpoesie, that they, mastering themselves <because> of this object, made it in their own way into a great motif. Thus at that time this lost song was composed; destined for the people, which was compelled to sing out all that was held in the object that was able to awaken all of sympathies of the people, that is, everything which the legends of the garment of the Saviour stored, and then what could be bound with this legendful tradition from the local heroic tales."[23]

This poem calls itself "the book", "the German book", and "the song".[24] GÖRRES identifies the references to "this German song" as "part legend from the Holy Robe, and part heroic tale (<u>Heldensage</u>) of King ORENDEL connected with it." A particular virtue of this poem is that,

> "[it] grew directly out of the spirit of the people, and, thus, it never did have to make its passage through the Latin language as did some other objects. It was taken directly out of life and offered itself at once as a worthy object of epic poesie."[25]

A symbiotic relationship is expressed here between the language, the people and the Robe. It is also a relationship with an exclusionary tendency - a purity to be preserved - of <u>Dichtung</u>, here epic "poetry/poetic art", to which the Robe immediately offers itself as a worthy object (a union to be consummated), in contrast to other Gegenstände (objects), which have made a (contaminating) detour (through the Latin language).[26] At the risk of stepping ahead, it is profitabe to point out that the cultura, religious, and linguistic conceptions concerning the emergence of the Holy Robe and poetry, of linguistic purity, of the reappearance of the Robe and the function of the relic as the determinant for the blossoming of the people, are consonant with concepts in National Socialism concerning cultural renewal, and with the peculiar mix of <u>völkisch</u> and Christian traditions which formed the "positive Christianity" of the "Deutsch Christen".[27]

GÖRRES next entry concerns a rediscovery of the Robe ("the second find"), set in the year 1512. It is recorded in a book entitled: "Of the Indivisible, Seamless Robe of Our Lord Jesus Christ, with Woodcuts" by a certain HANS OTHMAR.[28] GÖRRES comments,

> "three centuries after this first find a new impulse went out once again into the contemporaries of that time. Emperor Maximilian, standing directly on the sharp edge <between> two ages - a nurturer ... of the old from instinct, the midwife of the new by distress and trouble - brought what was long hidden once again to the light of day; and once again there was the call from the precious treasure which the city of Trier possessed, out from the Reichstag which gathered around it, extending throughout the surrounding countryside and soon through the whole of Germany - and all eyes once again had directed themselves to the high cathedral. But the Germany of that time was no longer what it had been."[29]

Just as the "first find" was correlated to the emergence of Epik, the second corresponds to the succeeding transformation of poesie in the life of the Volk, reflecting the spirit of the time: "the old heart still beat, but another under it began to stir in its pulses; the life of the spirit in poesie, its ruling tale and legend had receded; the power of prose had, however, extended itself."[30] This new impulse, however, was not one of regeneration, but rather signified decay: "Due to this, that age did not come to any new poetic creations; the early epic poem was dissolved into mere prose; the press, invented two generations previously, spread it throughout the land."[31] This image of an endemic spread of prose represents the geographic spread of Protestantism, in contrast to the religious (and political) unity represented in Maximilian and the cathedral. The call by the Holy Robe is a call for unity - represented in the unity and continuity of place, the cathedral reliquary - for integration in an age of fragmentation. The opposition between faith-poesie-cathedral, represented by the Robe (= Catholicism), and decay-prose-printing press, representing Protestantism, is brought into sharp relief through a citation from MARTIN LUTHER concerning the 1512 pilgrimage:

> "What alone does the new swindle with Christ's Robe in Trier accomplish? What year-end sale did the devil hold here, in all the world, and sell such countless false miracles? ... If all the leaves and grass were tongues, they couldn't tell all these boys' tales."[32]

Given the pilgrimage tradition as depicted by GÖRRES, it should come as no surprise that GÖRRES' book, written one year after the 1844 pilgrimage, also lies in a nexus of conflict: The context is the Cologne Church Dispute with the Prussian state concerning mixed marriage (that is, between catholic and protestant hierarchies).[33] For the present discussion, two aspects are pertinent - the first concerns the consequences of the dispute: According to KARL HEUSSI, "the Cologne dispute <led to> an unexpected popular boom in German catholicism." As a result, "in 1844 the clergy could dare to stage a pilgrimage to the Holy Robe in Trier." This pilgrimage, in turn, provided an impulse toward "realizing the dreamed of catholic national church," ultimately leading to the establishment of German-catholic congregations, which, however, "foundered, as official recognition began to be achieved."[34]

Similar to the pilgrimage of 1512, it represents a call for Catholic unity in the context of a schismatic religious-politcal dispute - in this case with (protestant) Prussia (Berlin). More importantly, this example indicates that the pilgrimage to Trier includes a tradition of politico-religious conflicts or involvements, related to upswings in popular piety (initially as an effect then as a cause). The 1844 pilgrimage, as we will see is the case with the 1933 pilgrimage, highlights popular piety as a political force. On a larger scale, the 1891 pilgrimage was cited as improving (Germany's) relations on an international level.[35]

The employment (or perhaps "deployment") of the 1844 pilgrimage reflects GÖRRES pivotal theses: The pilgrimage announces and is called during epochal transitions which will affect the whole of Germany (at the time of the writing, GÖRRES did not know the movement foundered). GÖRRES concludes,

> "you cannot say, when, after the course of a generation, you will yet again be summoned before the reappearing symbol to experience Germany's destinies."36

Here, a past and <u>future</u> relation concerning the pilgrimage is expresses (summons to the Robe - change of national destiny) - one which should be noted in considering the impact of the 1933 pilgrimage call as a <u>sign</u> (in the semiotic sense).

From the above we see that the pilgrimage to the Holy Robe, <u>qua</u> pilgrimage, has preceding 1933, a firmly established tradition linking national and religious destiny. Concretely, this connection is reflected in a metaphor employed by Trier Bishop ARNOLDI in the closing ceremony of the 1844 pilgrimage: "May the German people then truly be one people and brothers, ... unified in will and deed, in faith and striving, and may the German Fatherland, like the Holy Garment, undivided be!"37 The Holy Robe itself is transformed to a symbol for national-spiritual unity, and the call to pilgrimage a call to this same unity.

As a result of GÖRRES prominence as a representative of political Catholicism and of his own significant researches concerning <u>Volksbücher</u>, his "<u>The Pilgrimage to Trier</u>" commands a unique position in pilgrimage literature - as a popular, regional history concerning the Holy Robe. As such, it continued to play a significant role in shaping the popular conception of the meaning, tradition and continuity of the pilgrimage.38

The Politcal, Geographic and Demographic Status of the Saar Territory

The politcal and geographical entity which was defined by Part III, Article 48 of the 1919 Treaty of Versailles had never previously existed in the history of the region.[39] The administration of this entity was "entrusted to a Commission representing the League of Nations."[40] The resulting "Saar Territory" was created out of 1486km² annexed from the Prussian Rhein Province (Rheinprovinz), with a subsequent population on January 1, 1934 of 719,148 and 426km² from the Bavarian Palatinate (Pfalz) with a population of 108,980, comprising a total area of 1912km² [41] and a total population of 828,128 (total population in 1925: 770,830). The population density of the Territory was 425 persons/km² in 1925, 427 in 1932 and 433 in 1934, more than three times the average of the Reich (139).[42] The motivation for establishing this territory was "in order to assure the rights and welfare of the population and to guarantee to France complete freedom in working the mines"[43], that is, to facilitate the satisfaction of French reparation claims.[44] The French fran was the established currency and French schools were erected to accommodate the families of French personnal. Juridically, civil and penal codes remained status quo ante bellum. Linguistically and culturally, as was repeatedly emphasized in the 1934 German Saar-Atlas, the population belonged overwhelmingly to the German Kulturbereich.[45]

The crucial provisions concerning the ultimate destiny of the region, drafted under WOODROW WILSON's influence[46], established that "in due time" permanent provision for government be made "according to the wishes of the population"[47], that is, via a plebiscite.

The specifics of administration, reparation and plebiscite[48] were defined in an Annex on October 19, 1918 ("Saar Statute"), which, concerning the plebiscite, established that,

> "at the termination of a period of fifteen years from the coming in force of the present Treaty, the population of the territory of the Saar Basin will be called upon to indicate their desires ... on the three following alternatives: a) maintenance of the regime established by the present Treaty and by this Annex; b) union with France; c) union with Germany."[49]

The result would be interpreted and the final decision made by the League of Nations. The League reserved the right as well to divide the Territory into parts which would be placed under diverse jurisdictions according to the vote distribution.[50] The eligible voters for the plebiscite would be those persons resident in the Territory on June 28, 1919 who would be at least twenty years of age on January 13, 1935.[51] The establishment of voting lists was one of the first tasks of the Governing Commission and was completed by September 1922.[52] According to these lists, 539,541 voters were eligible to participate in voting in the 83 established voting districts.[53] Thus, both the legal and popular framework of the plebiscite were fixed twelve years before the actual balloting. Unforseen, even in 1931, was the rise of the National Socialist Workers Party (NSDAP) to prominence and the subsequent dictatorship that radically changed the context of the coming plebiscite.

Significantly, following the Machtergreifung, "the foreign policy goals of the NSDAP to strip off the 'shackles of Versailles' were met with only a limited amount of sympathy" in the Saar Territory.[54] Due to the cultural continuities involved, it was only with the rise of National Socialism in 1932-1933[55] that a decision for "union with Germany" was seriously put into question[56] - in National Socialism, the Saar population was, for the first time, confronted with a radical discontinuity given the social and political culture of the previous thirteen years:[57] "national self-determination became the problem of reunification into National Socialist Germany", while politically, "National Socialism contradicted the conceptions of domestic and foreign policy of all previously decisive Saar parties."[58] Marked by the Catholic Center party and the Social Democrats' refusal to attend a press reception for

Vice Chancellor VON PAPEN, there was, for the first time in thirteen years, open conflict between Saar parties and the government of the Reich.[59] A viable alternative to immediate reunification with National Socialist Germany was presented by the Status-quo movement which argued that maintaining the <u>status quo</u> alone represented the possibility of future reunification with a Germany free from National Socialism.[60]

With the events of 30. January 1933, capped in the Enabling Act of March 24, 1933, in addition to the political and economic aspects inherent in the Reichs-Saar Territory border of 1919, a third, for the area unprecedented, feature of demarcation was established - a demarcation of <u>Geisteshaltung</u> (world view) - reflexive with the establishment of the "legally" sanctioned, comprehensive and exclusive ideology of National Socialism. Corresponingly transformed, the previous politcal and economic interests of the Reich's foreign policy concerns were both maintained and subordinated to this unprecedented ideological concern. This transformation of <u>interest</u>, and with it, significance, was the organizing concept of the <u>post fact</u> analyis of the <u>Palatinate Gauleiter</u> and <u>Reichskommissar</u> for the Saarland, JOSEF BÜRCKEL:

> "While the plebiscite after 15 Years was primarily evaluated by Versailles as a territorial decision, this process received a completely new meaning, via the successful seizure of power by National Socialism.
>
> "... With the toppling of this mutual construction, of the democratic republic, the first confrontation with the new politcal power, against which everything unGerman marshalled itself, inexorably had to shift onto the plane of world view. There stood no longer across from each other two similar state systems in battle over a territory, but rather a proud <u>völkisch</u> life-principle and a froeign [volksfremde] democratic world speculation.
>
> "This day ⟨of the plebiscite victory⟩ was an even greater triumph of this world view, consummated exclusively according to the most natural and therefore godly laws by their creator, by our <u>Führer</u>, as in fact there was no means of hateful intrigue and devilish direction which was not employed to deny the People this victory. With this

victory of our Leader, and with that the victory of his idea, a development was introduced so gigantic that a parallel to it from our great history cannot be set beside it.

"At the Saar the Leader set his People, in the face of an inimical world, emphatically in march with a new faith."[61]

Preceding the plebiscite, another faith[62], the religious convictions of the Saar Catholics, constituted the single most potentially disruptive component for the prospect of unification with the Reich. The Saar population was 72.6% Roman Catholic; the remaining 27.4% consisted of 26.3% Protestant (all but 0.2% Lutheran), 0.5% Jewisch and 0.6% other.[63]

Religio-geographically, the Saar Territory was divided between the bishoprics of Speyer (Pfalz) and Trier (Rheinprovinz). Saar-Catholicism implied, structurally, a supraregional allegiance (to the bishoprics) along with surpanational identity (Catholic). The authority of the bishoprics constituted the strongest hierarchical link of the Saar population ot the geography of the Reich - a result of the effective resistance by the Bishops of Speyer and Trier, LUDWIG SEBASTIAN and RUDOLF BORENWASSER, in 1922-23 against the French demand to have the Saar Territory converted into an independent bishopric or placed under a neutral administration.[64] Despite the geographic link, the supranational Catholic identity carried with it the possibility of disrupting the homgeneity based on the linguistic/cultural and political continuity that had, until 1933, made the plebiscite results a foregone conclusion. The stirrings of disruption surfaced before the Machtergreifung in the March 5, 1931 "Announcement by the Bishops of the Cologne Church Province" which warned against National Socialism concerning its depictions of the Church, race, and its cultural politics "as long as they were incommensurable with Catholic teaching";[65] this announcement ended with a strong affirmation of the ethical propriety of ethnic loyalty and a love for the Fatherland, and was signed by, among others, the Bishop of Trier, RUDOLF BORNEWASSER.

Soon following the Machtergreifung,

> "criticism of the National Socialist world view and of measures against church organisations and Christian trade unions were repeatedly brought before the Reichs-government and Hitler himself in speeches, in the Center press and in letters of complaint from Saarland ministers and politicians and by the bishop of Trier, which unsettled the National Socialists."[66]

An additional complexity lay in the fact that Socialists and Communists of the Saar region "were also largely devout", whose ranks also included priests.[67] Thus, non-hypocritical appeals toward and on the basis of Catholicism and Christian conscience could be made by members of groups politically most hostile to National Socialism. Simultaneously there were also significant strategic/cynical attempts of manipulation for the benefit of the status quo by atheistic elements of the left, als related by GUSTAV REGLER (recently arrived from Moscow):

> "The party heads recommended to protect the Catholic feelings of the voters. The 'progeny of apes' had become valuable voting animals. The Bible was no longer the opium of the people. 'Unite, the Pope desires this!'... When the child of a prominent communist in a Saar village died, the leader of the cell received an order from the party to ask the pastor for a church burial: One saw red flags in the funeral procession; at the head swaying in the hands of a white-clad ministrant was the image of the Crucified."[68]

REGLER's report underscores the crucial role that considerations of religious identity would play in the politics of the Saar leading up to the plebiscite vote of January 1935. As ZENNER states, "decisive above all would be the attitude of the Catholics"[69], and most crucial the attitude of the clergy and of the ecclesiastical hierarchy[70], in particular that of the "Saar bishops", of Speyer, LUDWIG SEBASTIAN, and of Trier, RUDOLF BORNEWASSER - the spiritual leader and authority for Catholics in over 77% of the Territory. So significant was this role, that KLAUS ALTMEYER designated the final voting results as a "sacrifice which most Saar Catholics brought, at the direction of their diocese bishops."[71] BORNEWASSER, who, since 1923 expounded love-of-fatherland as a religious-ethical postulate[72], credited the episcopate and himself with the results of the plebiscite:

> "As the bishop most involved, I do not state this in order to reap appreciation and thanks. The German episcopate, in a serious hour, did its patriotic duty and whoever does his duty does not need thanks or appreciation ... I have mentioned it only in order that the historical truth will attain its due."[73]

The 1933 Pilgrimage to the Holy Robe in Trier and its Politcal Significance

Following a hiatus of 42 years, Bishop BORNEWASSER called the faithful to return once again to Trier[74] for "unity in Faith"[75] (and for renewing their ties with the past) between July 23 and September 10, 1933. Consistent with the tradition outlined by GÖRRES, the pilgrimage would take place during a time of crisis and crossroads for the Church in Germany and for the Saar Territory. Aside from the aspect of crises, the spiritual inducements for participating were also considerable: On the authority of Pope PIUS XI, a visit to the Holy Robe under the condition of confession, communion, and a cycle of 22 prayers would result in a "vollkommener Ablaß", a complete indulgence, which "for each believer can only be won once."[76] Lesser indulgences were also available for veneration at secondary sites. Ultimately, this event of popular piety involved 1,887,708 pilgrims[77], with over 700 chartered trains[78] and 900 chartered busses to accommodate mass-transit pilgrims[79], in the process swelling the city of Trier to nearly twice its normal size.[80] The transportation aspect was so significant that the <u>Reichsbahn</u> (Federal Train System) produced a booklet, "The Pilgrimage to the Holy Robe in Trier and the <u>Reichsbahn</u>" to commemorate the event.[81] Over 644,100 foreign pilgrims[82] from 20 countries, including such dignitaries as the Bishop of China, participated during the seven-week pilgrimage. For the Saar Territory alone, 228 chartered trains provided transportation for

195,572 of the 300,000 expected Saar pilgrims[83] (191,328 of which had been officially registered by July 27, 1933[84]). Most were travelling from Saarbrücken, 60 km from Trier.

As reflected in the above statistics, the pilgrimage was not only a major national event, but a major international event as well, bringing with it the first mass influx of foreigners and Saar inhabitants into the Reich since the "seizure of power". Thus, Trier, "the German Rome", was a political/religious showcase for seven weeks, for visitors present and for the "watching world" (the foreign press). This fact was not lost on the organizers, on the presses ("coordinated" - gleichgeschaltete - and Saar oppositional), least of all on the National Socialist government, as is reflected in orders given to the SA and SS effective for the period of the pilgrimage: 1) Only concealed weapons were to be carried; 2) "Trier is presently the 'Visiting Card' of Germany. The greatest politeness to foreigners is to be shown, the sharpest discipline under all circumstances;" 3) members of the NSDAP and families under no circumstances were to shop in Jewish shops during the pilgrimage period.[85] No less severe a critc than the Saar opposition paper "<u>Deutsche Freiheit</u>" was compelled to admit in the August 29, 1933 edition, that while the SS and SA had been directing the traffic and keeping order, save for two arrests, "until now amazingly there have been no excesses against members of catholic organisations, etc;" they had followed orders to the smallest detail displaying "the 'good manners' of National Socialism, friendliness, politeness, etc." Clearly, the National Socialists were making a good impression.[86]

For the Saar population, the pilgrimage provided a "neutral" context for a (mass) visit to the Fatherland, for many for the first time since the establishment of the Third Reich. It set as well an important precedent for events of mass transportation and participation from the Saar into the Reich, namely for the mass rallies of the Saar Announcements at the Niederwald monument <u>Germania</u> near

Rüdesheim on August 27, 1933 (during the pilgrimage period), and a year later, on August 28, 1934, at Ehrenbreitstein.

FRITZ JACOBY, while neglecting the pilgrimage in his otherwise careful documentation, places considerable emphasis on strategies of the National Socialist government to provide Saarländer opportunities for concrete exposure to the Reich: special courses organized by Prussia at the beginning of 1933[87]; the sending of 1840 Saar school children into the Reich on five chartered trains (during the pilgrimage period) between Aust 3-10, 1933 (with 7739 total participants through December 20, 1933) - sponsored by the Propaganda Minstry and by National Socialist People's Welfare. This children's program was criticized heavily by Saar priests as Catholic children were transported to areas almost exclusively protestant.[88] In contrast, the pilgrimage provided a more favorably considered introduction to the Reich involving over 5,000 persons in a special pilgrimage for men and boys on September 1, 1933.[89] From the Reich there were also vacation work programs for Saar youth in 1934. Finally the above mentioned mass rallies, which JACOBY designates as "particularly important for the encounter of the Saar population and with National Socialist Germany."[90] Though both rallies are almost universally represented in the literature examined, the pilgrimage has excaped notice. The simultaneity and formal similarity of the first rally and the pilgrimage warrants a short excursus.

The rally of August 27, 1933 at the Niederwald Germania monument took place 95 km from Trier and 108 km from Saarbrücken. In the aspect of its geographic fixity (a national visiting site), symbolic content (Germania instead of Heiliger Rock) and participation, it constituted a parallel teutonic "pilgrimage" at which the national faithful pledged their troth "to Mutter Germania, to the German Volk, and to Hitler."[91] The estimates of the Saarland participation range from 42,000 (by the Status-quo opposition) to 80,000 (by the synchronized press). Transportation to the rally was free and, given the comparable geographical positions of Saarbrücken and Trier, it may be safely inferred that a significant number of persons participated in both "pilgrimages", thus receiving a double dose of "Volksfrömmigkeit": the first, overtly an event of "popular" (Christian) piety; the second, overtly an event of "nationalist" (People's) piety; an order issued by Bishops BORNEWASSER and SEBASTIAN to the Saar clergy in November 1934, curbing the clergy's activity in the "Status-quo" movement, affirms both expressions: "Our order <to desist> does not touch the moral duty to love the ancestral nationality and be faithful to the Fatherland."[92] For persons 'separated' from the Fatherland the implication is clear. For persons who participated only in the Trier pilgrimage was intended to provide a Janus-faced experience. As REMIGIUS RECOLATOR observes generally, though concerning in particular the events surrounding the plebiscite, "the contemporary <Mitlebender> grasps the effect of events on daily life, but he does not know all of the effective factors behind the events and therefore has only a partial concept of cause and effect."[93] Following two pilgrimage accounts by groups from contested territories - the Saar and Alsace-Lorraine - we will examine the "effective factors behind the events.

The first account is provided by GUSTAV REGLER, the above mentioned Saar socialist who, having returned to campaign for the status quo, joined a pilgrimage group to observe its effect on the pilgrims:

> "The Bishop of Trier had called for a visit to the state relic of his cathedral, the Holy Robe. It was difficult to confirm why he had chosen this year of all years. Angry tongues soon said, that he wanted to do the Nazis a favor with this declaration. Daily the pilgrimage trains travelled down the Saar Valley without concerning themselves with the border.[94] ... Would the pilgrims smell the changed air when they went from the liberal Saarland into the Reich of dictatorship? I wanted to discover this myself and joined one of the pilgrimage trains under another name. Immediately following the departure of the train all began to pray ... 'O you who carried Him to Elizabeth, pray for us!', we joined in the prayer of the priest ... The border

came nearer ... The pilgrims sat on the benches of the clean train and while they prayed they looked at the fields to their left and to their right and estimated the harvest. It occurred to me to make a political speech to them ... that they were going into the land of Tyranny ... But then the priest paused and I heard what the people spoke; they spoke only of the Holy Robe! They spoke in the tone of the crusaders. It was as if they were on a voyage to the Holy Land. The shoreline upon which they would prostrate themselves was the threshold of the cathedral. There existed no Saar border, there was now only this mystical garment, which pious faith claimed was the garment of the Savior for which the soldiers of the Proconsul PILATE had thrown dice on a hillside of Jerusalem exactly nineteen hundred years before. The church was clever enough to show the Robe only every fifty years.[95] So whole generations longed for the day...

... the accusations came to mind with which the National Socialists had bombarded the church for months ... they had spoken of sexual immorality in the darkness of the cloisters, they had designated the priests as parasites ...

We crossed the Saar border and stopped briefly in the little wine city of Serrig. I saw the SA on the platform ... One of the police stood alert close in front of me ... behind him followed orderlies and nurses with first aid kits, flasks and stretchers; they all wore the swastika band on the arm, they laughed, were businesslike and mild.[96]

The Saarlanders in my compartment now pushed me to the side. Outside someone helped a half-fainted woman, in the next compartment someone gave water and flavored drink to the children. The pilgrims looked at the activity for awhile, the praying was interrupted, I heard them whisper: How wonderful everything had been arranged and how perfectly German, there's nothing going on about the Reich, there, one can see how the reds and the socialists lied, good to soon be returning! The poison worked exactly as planned. The SA saluted in front of a standard which bore the image of the Madonna. I heard a Gestapo man say to our chaplain, 'Praise be to Jesus Christ!'"[97]"[98]

The effects of the pilgrimage experience in REGLER's account, even before Trier, are corroborated and stated in terms of their political ramifications in a <u>Berliner Börsen Zeitung</u> article of August 12, 1933, "The Horror Unlearned - Lorraine Trier Pilgrims Laugh about Horror Propaganda." Like the Saar, Alsace-Lorraine constituted a disputed territory, geographically tangential to the Saar but under

French sovereignty, a territory which German geographers insisted must be treated politically with the Saar Territory as a piece on the basis of geographic, economic, racial and cultural characteristics, a contextual paralles which makes it prima facie of particular interest in our consideration.[99]

> "The pilgrimage to the Holy Robe gains as well, as a consequence of the age which surrounds it, an international political significance which is not to be underestimated, because it is suitable for throughly refuting for the masses of foreign visitors, wiht their own eyes, the horror reports spread abroad concerning the relations in the new Germany.
>
> [a quote from the Lothringer Volkszeitung, No. 185, concerning "up to 6000 pilgrims"]: 'all returned home very satisfied and laughed full of derision about the horror stories of the papers inimical to religions, and for people who wanted the Lorrainers to cower before the trip to Trier ... one told to the other how beautiful it was in Trier, and that they also saw Hitlerites, people who were full of politeness and cordiality ...
>
> "'... a Chinese Bishop in our Saar charter train was also greeted respectfully by the head of the train, the customs official and the police commissioner, the latter in a Hitler uniform. As the train departed the train system employees, customs officials and Hitler police stood in file and rank and dispatched the Bishop honor-conferring salutations.'"[100]

The embedded quote from the Lorraine paper is of particular significance as it reflects a change of attitude from an article in its July 23 - 24 edition, "Fahren wir nach Trier oder nicht?" ("Are we going to travel to Trier or not?"), which appeared on the same page as an article, "Judenrazzia in Nürnberg" ("Harassment of Jews in Nürnberg").[101] The later article appears also to be a 'refutation' of "Vorsicht bei der Einreise nach Deutschland" ("Careful on the Trip into Germany") of the July 19, 1933 edition of "Neueste Nachrichten", printed in Schauberg, also in Lorraine. (This latter article warned travelers of blacklist carrying SA members, once residents in Alsace-Lorraine, that were being employed as border controllers.[102] Other stories of warning concerning Germany were printed daily in "Deutsche

Freiheit", edited by MAX BRAUN, including reports concerning the concentration camp Dachau (July 13, 1933), executions[103], a listing of 45 concentration, detention and work camps and prisons scattered throughout the Reich (August 9, 1933), reports of persecution against Jews, pastors, communists, et. al., all of which was printed during the pilgrimage period.[104] Such negative press in the Saar demonstrated the necessity for a positive "first hand" experience for the Saar pilgrims, from the Reich's point of view.

If the political significance of the event was manifested by the behavior of the National Socialists during the pilgrimage, this was due not least of all to the careful encouragement provided by the Bishop of Trier and his assistant, the Domkapitular DR. FUCHS. This is represented in a series of four letters in the Bistumsarchiv, of which three, from BORNEWASSER, were written before the commencement of the pilgrimage. These contain predictions concerning the political significance of the pilgrimage. The final letter, dated August 10, 1933, is written by Dr. FUCHS to the Finance Office of Cologne via Trier; it relates the political benefits of the pilgrimage in order to secure a tax exemption for pilgrimage booklets and insignia.

In the letter of May 25, 1933 to Vice Chancellor VON PAPEN, who was also the Plenipotentiary for the Saar (preceding BÜRCKEL) until November 1933[105], Bishop BORNEWASSER endeavors to involve the Vice Chancellor in facilitating the pilgrimage, not least of all by arranging meetings with official representatives of the Reich with his emissary, Studienrat Prof. Dr. LEMMER during an organizational tour. BORNEWASSER explicates foreign policy payoffs which he views inherent in the pilgrimage. Next to the "primarily religious meaning", it ought also have the effect of improving relations between Germany and Western countries, relations which had been multiply clouded through the lost war. Given the experiences of 1891 (the preceding pilgrimage),

> "and according to the probes of the present pilgrimage leadership, there exists – not to mention Italy, Holland, Belgium – in Alsace-Lorraine in particular, from the strongly religious orientation of the population there, a vital [lebhaft] tendency toward adoration for the Holy Robe and toward making a pilgrimage to Trier. That such a contact by the now French Alsace-Lorraine with the German Reich is, especially today, exceedingly valuable, does not particularly need to be emphasized. From the Saar Territory 300,000 pilgrims are expected with certainty."[106]

Here a definite geopolitical significance is recognized in expected secondary effects of the pilgrimage. This is then advanced by BORNEWASSER to v. PAPEN as a basis for a symbiotic relationship. Considering visa difficulties and France's denial of permission for a visit by the German Lourdes Organisation, BORNEWASSER asks v. PAPEN to dispose of the hindrances for French Catholics,

> "namely from Alsace-Lorraine to Trier. The German Government cannot allow [itself] to miss the foreign policy significance of theis visit."[107]

The double emphasis on the "lost territory", for which no popular provision had been made (Alsace-Lorraine), and the implication of the Saar Territory pilgrims, indicates that Bishop BORNEWASSER had a 'strategic vision'(expressed in a most didactic tone) concerning the politcal ramifications of the pilgrimage vis-a-vis foreign policy goals of the Reich – akin to a restorative (kleindeutsch) solution. Though his conception of the official politics is open to discussion, it reveals that the political role and function of the pilgrimage is arguably significant, even to a Vice Chancellor, to the extent that it was advanced to be consciously acted upon and exploited in terms of foreign policy.

BORNEWASSER's second letter, an undated[108] carbon, hand initialed, is to the Chancellor, Adolf HITLER. It concerns the Saar Territory in the context of the opening ceremonies (to be held on July 27, 1933) and the necessity of having good public relations with Governing commission.

> "I know that momentary tensions exist between the government of the Reich and the Governing Commission of the Saar Territory. However, it is completely impossible for me in this purely religious celebration not to send an invitation to the Governing Commission, as a third of the members of my Diocese live in the Saar Territory...
>
> "Not sending an invitation for participation in the opening ceremony, in particular before the plebiscite taking place in January 1935, would make my position with the Governing Commission precarious and the influencing of the members of my diocese eventually difficult. The Catholics of the Saar Territory are bound with Trier in unwavering fidelity, a tie which historically was of the greatest significance for the tie to the Reich, and still is. Towards this, after initial difficulties, the pilgrimage for the Saarlanders has been greatly facilitated. I fear that through a non-invitation difficulties could emerge which would certainly not be in German interests.
>
> "... [I wish you] good luck for the completion of the <u>Reichskonkordat</u>, which is of the greatest significance for the Catholic Church and its relationship to the new Reich ... May God reward you for it!"[109]

In this communique, pilgrimage and plebiscite are tied explicitly together in the context of the supraregional identification of the Saar Catholics with Trier. (The preservation of his tie was made possible in part by BORNEWASSER's and SEBASTIAN's exertions in 1922 toward maintaining the Territory under the authority of Trier and Speyer.) The opening ceremony of the pilgrimage fulfills a necessarily political function vis-a-vis the Governing Commission, which, despite tensions with the Reich, must be mollified for the good of the future plebiscite. Under a thin veil ("and still is"), BORNEWASSER establishes the centrality of his own position in the plebiscite-political process to Hitler. In this he, albeit temporarily, strengthens his own position (at the agreeable price of pledging future influence in the "Saar Question"). The significance of the Reichskonkordat reference dannot be overlooked in this context. For our discussion, it is of import in terms of both substance and timing.

The "Reichskonkordat"[110], which "Deutsche Freiheit" called "a complete success for the Catholic Church" (following very sharp criticism by the same during negotiations)[111], secured limited autonomy for the Catholic Church in the Reich, most notably for parochial schools. The interval between the signing of the Concord and its ratification coincided almost exactly with the pilgrimage period: Signed on July 20, 1933, seven days preceding the opening of the (seven week) pilgrimage, it provided pilgrims a legal basis for new hope, and expectation, concerning relations and conditions in the Reich, even though, ironically, the Concord did not apply to the Saar Territory.[112] This 'secured' autonomy allayed fear concerning the status of Catholics in the Reich - one less objection against voting 'nix wie hemm'. For the visiting pilgrims, this hope seemed, for the greater part, to be substantiated by their exposure to National Socialsm during the pilgrimage (recalling the Regler and Lorraine accounts).[113] The ratification ceremony of the Concord occurred on September 10, 1933, precisely coinciding with the closing celebration of the pilgrimage. Consistent with the vision of providential timing (GÖRRES), this correspondence would seem to underscore that a new epoch had been ushered in the Church/Reich relations, legally and 'circumstantially'. Thus, as external factors converged with the pilgrimage experience, the formation of a positive impression was abetted.

BORNEWASSER's third letter is the subsequent celebratory invitation to both the Reichs- and Prussian Government ("to the Hands of the Reichskanzler", "to the Hands of the Ministerpresident"). In this invitation, the expectation is repeated of an attendance of two million pilgrims, plus "from the Saar Territory alone, which belongs almost exclusively to my diocese, circa 300,000 pilgrims will come to Trier", once again the plebiscite context. BORNEWASSER adds concerning this "purely religious" event:

> As Bishop of the Border Diocese of Trier I would be very thankful if the Government of the German Reich (as well as the Government of the State of Prussia) would be represented at this celebration, which is significant not just for Catholics."[114]

Though somewhat veiled, in the context of the previous letter the implication is clear: The pilgrimage is an event of (inter)national significance, and its broader implications are consonant with the concerns of the bishopric.

The final letter, dated August 10, 1933, flowed, during the pilgrimage, from the pen of the senior assistant to BORNEWASSER, the <u>Domkapitular</u>, Dr. FUCHS. This letter, to the Finance Office in Cologne via Trier, contains a request for a tax exemption for the cost-deferring pilgrimage booklets and insignia - sold for 30 pfennig. This particular method of defraying the exhibition costs was decided upon "so that the purely religious character [of the pilgrimage experience] would suffer the least possible damage." This should "at the same time serve the spiritual preparation of the pilgrims and the elevation of artistic taste in the broad mass of the people, and in fact does this" (the cultural component of the pilgrimage experience). Following a list of the legal paragraphs pertaining to a justified exemption, the two proged nature of the pilgrimage and its affects is then given gratuitous, unambiguous expression:

> "Besides religion, the education of the <u>Volk</u> and care for the Homeland will also be promoted, significant values of the German Nation will be newly awakened or vitally preserved.

> "In particular, Germania [present] outside the country experiences the strongest advancement. It is primarily in reference to neighboring Luxembourg and Alsace-Lorraine. From both countries, as well as from Holland and from Old and New Belgium come ever larger groups of pilgrims. By their return, they contribute more effectively than any other means to annihilate the lie fraught rumors outside the country concerning Germany. The effect of the pilgrimage from this side was captured in words by the German ambassador in Luxembourg after a visit of the Diplomatic Corps of Luxembourg: 'The course of the pilgrimage) has dismantled many prejudices and has, with that, also provided a good service for the German cause.'

"Not referred to last is the significance of the pilgrimage for the Saarland. It is an extraordinarily strong means to bind the Saar Territory still tighter to its German motherland and effectively prepare it for the upcoming plebiscite."[115]

Here the comprehensive political significance and function of the pilgrimage, culminating with the Saar plebiscite, is broached and summarized as perceived by the pilgrimage leadership: It awakens and strenghtens 'German consciousness abroad'; particularly in those pilgrims of German stock[116], who <u>return to their home countries and perform, effectively, according to FUCHS and the ambassadoe, as unofficial apostoloi</u> ['sent out ones'] in service to the new Germany, spreading the "truth" and "annihilating" the bushfires of political rumor; for the Saar pilgrims, a potent bonding process is implicitly involved, structured into the pilgrimage experience - psychosocial "preparation" which will be translated into political currency at the time of the balloting. This internal analysis of the pilgrimage as politically infuential finds external corroboration, as we have ssen, in the statements of participants and observers, by the behavior and policies of the National Socialists, in opinions and reports of the contemporary presses, and, finally, in the overwhelming results and partisan analyses of the dynamics of the plebiscite.[117]

As a final point of interest, with an eye toward the historical significance of the 1933 pilgrimage to the Holy Robe, one notices that FUCHS' depiction of <u>"Deutschtum"</u> (the German nation, Germania) is coextensive, save Austria, with a representation given by the head of the <u>Saarverein</u>, the <u>Gauleiter</u> of Koblenz/Trier, GUSTAV SIMON, in a closed meeting held during the pilgrimage period on August 26, 1933. This speech argued that the "conquest of the Saar" would be the beginning of subsequent (expansionist) foreign policy successes:

"As far as the German tongue reaches, as far as German blood rolls in the veins, this far reaches Greater Germany. We are not content with the Saar. Beyond that the German tongue reaches to Metz and down to Mülhausen. The Saar, Alsace-Lorraine, Austria, Luxembourg, parts of Belgium and the Netherlands have all once been German and German stock is still at home there."[118]

Gauleiter JOSEF BÜRCKEL and historian MARIA ZENNER agree that success in the plebiscite, the first major (and therefore crucial) foreign policy challenge for National Socialism, significantly contributed to Hitler's national and international prestige, opening the horizon for later exploits.[119] In this sense, the political significance of the 1933 pilgrimage cannot be seen as secondary to its religious significance. (In fact, the pilgrimage marked at many turns, a dereliction of its own professed significance.)

Conclusion

The 1933 pilgrimage to the Holy Robe in Trier and its significance can only be understood in terms of peculiarly Janus-faced "Volksfrömmigkeit" which motivated and permeated it, with the Reich retaining, to a great degree, the benefits. It's political effect and effectiveness lies in part in a fusion (and con-fusion) of popular religious and nationalist piety, in part in the formative nature of the pilgrimage experience as exploited to mollify fears and shape opinion. An understanding of the political aspect of this neglected religio-geographic event, clarifies in part the internal and external factors and processes involved through which National Socialism was able to exploit and neutralize a potentially disruptive and hostile world view.

Finally, concerning the Geography of Religion/Geography of Belief Systems and interdisciplinary studies, this example underscores the significance of events of popular piety for the analysis of historical, here specifically political, complexes, and indicates the potency, at times primacy, of the "secondary effects" of religio-geographic events.

Kurzfassung

Im Umfeld dieser Untersuchung kommen drei Elemente zusammen: Die Tradition der Pilgerfahrt zum Heiligen Rock zu Trier, die 1919 für 1935 im Versailler Vertrag festgelegte Abstimmung über die politische Zukunft des Saargebietes und die nationalsozialistische Herrschaftsübernahme zwei Jahre vor der Abstimmung. Untersucht werden der Zusammenhang von Pilgerfahrt und Begegnung der Pilger mit dem nationalsozialistischen Deutschland und dem Meinungsbildungsprozeß vor dem Plebiszit, in dem um die Vereinigung des Saargebiets mit Deutschland abgestimmt wurde.

Annotations

1. The history and ongoing development of the discipline is documented, in part, in the series: Geographica Religionum: Interdisziplinäre Schriftenreihe zur Religionsgeographie (Geography of Religion: An Interdisciplinary Series for the Geography of Religion) edited by BÜTTNER, M., HOHEISEL, K., KÖPF, U., RINSCHEDE, G., and SIEVERS, A.; a source of information concerning conferences and other developments germane to the discipline is the Bulletin of the Interdisciplinary Working Group on Religion/Environment-Research (address: Prof. Dr. G. RINSCHEDE/Adad. Rat TH. BREITBACH, Fachgebiet Geographie, Katholische Universität Eichstätt, Ostenstraße 26, D-8078 Eichstätt, F. R. of Germany); for issues concerning Environment and World View: Religion, Geisteshaltung und Umwelt: Beiträge aus Anlaß des 65. Geburtstages von MANFRED BÜTTNER, volume four of the series: Abhandlungen und Quellen zur Geschichte der Geowissenschaften und Religion/Umwelt-Forschung, edited by WERNER KREISEL (with the assistance of REINHARD JÄKEL and JOACHIM VOSSEN). I am indebted to Prof. Dr. Frühwald of the LMU München who orignially directed my attention to this topic, to the honoree of the above mentioned Festschrift for encouragement, and finally to the Fulbright Kommission USA/Germany, the <u>sine qua non</u> of my access to this article's "specific geography".

2. For completeness, "centered on a holy location or artifact".

3. Significance correlates to the degree of difference on either side of a demarcation. As JACQUES DERRIDA frequently points out (e.g., in: Of Grammatology (John Hopkins University Press, 1976), boundaries

both are defined by, and define, difference. A 'natural boundary' is defined by difference. Conventional boundaries, not based upon a criterion of difference inherent in the regions delineated (e.g., meridians of longitude), may in turn 'generate' difference (e.g., time zones). As with the Saar Territory, a conventional boundary ("arbitrary", as the critics of Versailles charged) may subsequently result in the delineation of a novel zone of (very substantial) difference, not a function of the original delineation, i.e., of world view.

4. As the difference is of the same 'denomination' as the acitivty, this spanning can be seen as a type of 'imperialism', which will result in conflict or accommodation.

5. The ideology of National Socialism expressed by i.a. HITLER and ALFRED ROSENBERG (Der Mythos des zwanzigsten Jahrhunderts, 1932) included a specific self-conscious anthropology (hierarchical and exclusionary), a politics, soteriological elements (HITLER as <u>Ersatzmessias</u>, establishing a new spiritual/cultural kingdom, aided by the 'return myths' concerning Friedrich Barbarossa), along with elements found in tradixional eschatologies (chilliastic, paradesic, catastrophic).

"The regime was no monolith, but it claimed more than a monopoly on the education of the political will in the context of the traditional responsibilities of the state: It raised an absolute claim on the control of the population, on the constitution of the totality of human existence, on providing the meaning of life and on the formation of conscience." ("Das Regime war kein Monolith, aber es beanspruchte mehr als ein Monopol auf politische Willensbildung im Rahmen der traditionellen Staatszuständigkeiten: Es erhob totalen Anspruch auf Kontrolle der Bevölkerung, auf Erfassung der gesamten menschlichen Existenz, auf Sinngebung des Lebens und auf Gewissensformung."), cited from: GOTTO, K., HOCKERTS, H.G., and REPGEN, K.: Nationalsozialistische Herausforderung und kirchliche Antwort. Eine Bilanz. In: GOTTO, K., and REPGEN, K.(Ed.): Die Katholiken und das Dritte Reich. Mainz 1983, p. 122-123.

6. The date of the so-called <u>Machtergreifung</u> ("seizure of power"), when the chancellory descended to ADOLF HITLER via FRANZ VON PAPEN and OSKAR VON HINDENBURG. One could alternatively choose the date of the "Enabling Act" of March 24, 1933 ("Ermächtigungsgesetz" or the "Gesetz zur Behebung der Not von Volk und Reich") which granted HITLER unlimited emergency powers subbsequent to the legislation that followed the Reichstag fire and enabled HITLER to eliminate politcal opposition.

7. The final results of the plebiscite were as follows: 90.57% voted for union with the German (Third) Reich; 8.84% voted for "Status quo", to remain neutral under the political control (or protection) of the Governing Commission of the League of Nations, and 0.40% voted for union with France. ZENNER, M.: Das Saargebiet 1920-1925 und 1945-1957. In: Europa im Zeitalter der Weltmächte. Handbuch der europäischen Geschichte Vol. 7, Stuttgart 1979, p. 594; hereafter, "ZENNER". [Concerning the francophile movement, LAMPER, P.: Das Saarland den Saarländern! Die frankophilen Bestrebungen im Saargebiet 1918-1935. Köln 1985.] The results in terms of voters registered: 539,541 were registered, of which 528,105 or 97.9% voted: 477,119 for union with Germany, 46,613 for Status-quo, 2,124 for union with France, plus 905 invalid and 1,292 blank ballots, WAMBAUGH, S.: The Saar Plebiscite: With a Collection of Official Documents. Cambridge, Harvard University Press, 1940, p. 304. The voting districts with the greatest and least percentage vote for union with Germany: Gemeinde Webenheim of Bezirk Homburg, 98.7%, Gemeinde Wörschweiler of Bezifk Ingbert, 83.4%, HEIβ, F.: Das Saarbuch: Schicksal einer deutschen Landschaft. Berlin 1935, p. 350; henceforth, "HEIβ".

8. The internal political aspects of this process are documented in JACOBY, F.: Die nationalsozialistische Herrschaftsübernahme an der Saar: Die innenpolitischen Probleme der Rückgliederung des Saargebietes bis 1935. Saarbrücken 1973; henceforth, "JACOBY".

9. The Bishopric Archive of Trier. Hereafter noted as BArchiv.

10. Matthew 27: 27-35; Mark 15: 17-29, 34; Luke 23: 11, 34; John 19: 1-3, 23-24. The passage most germane to the tradition of the Holy Robe is John 19: 23-24: "Then the soldiers, when they had crucified Jesus, took his garments and made four parts, to each soldier a part, and also the tunic. Now the tunic was without seam, woven from the top in one piece. They said therefore among themselves, 'Let us not tear it, but cast lots for it, whose it shall be,' that the Scripture might be fulfilled which says: 'They divided my garments among them, and for my clothing they cast lots.' Therefore the soldiers did these things." (NKJB).

11. "The heiress to the throne of Spain, ISABELLA CLARA EUGENIA OF BRUSSELS, searched out the Cathedral Chapter in order to [receive] a certificate that the item [Partikel] presented by Archbishop PHILIP CHRISTOPH was genuine. The Chapter denied this." Then on May 17: "PHILIPUS CHRISTOPH appointed the Official, among others, with the investigation <u>contra nonnullox difamatores reliquiarum salvatoris nostris capellae nostram</u>." June 17: "Celebratory declaration of the archbishop concerning the genuineness of the relic in question", BAarchiv 91/209, p. 44-45.

12. Not an insifnificant amout of the Trier pilgrimage documentation is dedicated to the attestation of healings (BArchiv 90/Fasc 120, 90/175 - 199-68).

13. For example, walking from the <u>Porta nigra</u> to the Domkirche, the architecture of the city serially presents one with a panorama of architectural/cultural continuity: Roman, romanesque, gothic, baroque, rococo ...

14. For the 1933 pilgrimage, the city of Trier designated 30,000 RM for the renovation of the Porta nigra; pilgrims were equipped as well with historical maps explaining the "architectural witnesses which bind our present to that time", BArchiv 90/115, p. 58.

15. One of the voting slogans in the Saar preceding the plebiscite was "Nix wie Hemm!" ("Nothing like home!"), REGLER, G.: Das Ohr des Malchus: Eine Lebensgeschichte. Köln/Berlin 1958, p. 299. Hereafter, "REGLER".

16. HAHN, M. A.: Siedlungs- und wirtschaftsgeographische Untersuchung in den Bistümern Aachen, Essen, Köln, Limburg, Münster, Paderborn, Trier. Eine geographische Studie.Düsseldorf 1969, p. 105. Other pilgrimage sites near Trier include Barweiler, St. Jost, Maria Martental and Klausen. Ibid. In the Saar (affecting the entire region) are Marian pilgrimage sites: Spabrücken, Marienthal and Blieskastel; Wendulin pilgrimage: St. Wendel. ZENDER, M.: Zur Volkskunde der Saarlande. Saar-Atlas, 2. Auflage, OVERBECK, H., and SANTE, G.W. (Ed.), Gotha 1934, p. 70-71. Henceforth, "ZENDER".

17. BArchiv 90/135, p. 55.

18. HEUSSI, K.: Kompendium der Kirchengeschichte. 19. Auflage, Tübingen 1981, p. 139, hereafter "HEUSSI"; V. GÖRRES, J.: Die Wallfahrt nach Trier. Regensburg 1943, p. 15.

19. July 10, 1933 letter from the Domkapitular, Dr. FUCHS, to the Saar Governing Commission, BArchiv 90/115 p. 17.

20. BArchiv 90/161 P. 39.

21. Hereafter "GÖRRES". This extended account (208 pages), written on the occasion of the 1844 pilgrimage, in the context of the Cologne church dispute with Prussia concerning mixed marriage, provides extended descriptions of the pilgrimage tradition including accounts of Robe legends. In this context GÖRRES argues for the truth of tradition, which witnessed the existence of a Germanic nobility before the Carolingian period. As this tradition was passed down as if through the bloodline and into consciousness, so similarly other traditional truths, were

transmitted at that time in the form of Poesie. The church had assumed the essential aspect(s) and "clothed it with her sanction", by means of which it became a part of the <u>Volksbewußtsein</u> - the people's consciousness. Thus, traditional truth continued to survive, "in a form of living transfusion from Generation to Generation" ("in einer Art von lebendiger Transfusion von Geschlecht zu Geschlecht"), V. GÖRRES, J.: Die Wallfahrt nach Trier. Regensburg 1843, p. 34-35.

22. "Der ungenähte Rock Christi, wie König ORENDEL von Trier ihn erwirbt und ihn nach Trier bringt ...;" "Die stellen, bei denen sich auf dieses deutsche Lied berufen wird, gehören nun theils der Legende vom heil. Rocke, theils der mit ihr verbundenen Heldensage vom Könige ORENDEL ...", GÖRRES, p. 36.

23. "Dieser Fund hatte damals die Gemüther in ganz Deutschland aufgeregt, er hatte Alle als ein merkwürdiges Zeichen der verhöngnisvollen hereinbrechenden Zeit bdünkt, da sie sich des Gegenstandes bemeisternd, ihn in ihrer Weise zu einem großen Motiv genommen. So wurde dann damals jenes verloren gegangene Lied gesetzt; dem Volke bestimmt, mußte es alles das aussingen, was im Gegenstande beschlossen, die Sympathien in diesem Volke erwecken konnte; also Alles was die Legende von dem Gewande des Erlösers aufbehalten, und dann was von der örtlichen Heldensage mit dieser legendenhaften Tradition sich verbinden ließ." GÖRRES, p. 37.

24. GÖRRES, p. 36.

25. "So war also diese Dichtung unmittelbar aus dem Volksgemüthe herausgewachsen, und so hat sie nicht, wie so mancher andere Gegenstand, ihren Durchgang durch die lateinische Sprache machen müssen; sie wurde unmittelbar aus dem Leben genommen, und bot sich sogleich als ein würdiger Gegenstand der epische Poesie." GÖRRES, p. 37.

26. As will be seen, there is also a context in 1933 in which Latin culture, French, is excluded from a privileged activity.

27. It should be noted that the "Deutsche Christen" were primarily of Protestant, rather than Catholic, persuasion. Following the Reichskonkordat, Hitler hoped (and stated his expectation), that Catholics would, like those 'separated brethren', "from now on, without reservation, place themselves in the service of the new National Socialist state," HITLER in: "Die Kirche beugt sich - Der Abschluß des Konkordats - Die Katholischen Priester dürfen künftig kein Wort mehr gegen den Hitler Terror sagen, weder im Amt noch privat", Deutsche Freiheit, July 11, 1933 [2]. For Hit-

ler, positive Christianity was a Christianity which had been "synchronized" with the basic conceptions of National Socialism and which affirmed National Socialism as an expression of the divine Order.

28. GÖRRES, p. 36.

29. "Drei Jahrhunderte nach jenem ersten Funde ist wieder ein neuer Anstoß in die damalige Zeitgenossenschaft ausgegangen. Kaiser MAXIMILIAN, recht an der Schärfe der Scheide zweier Zeiten stehend, ein Pfleger ... der Alten aus Instinct, ein Geburtshelfer der neuen aus Drang und Noth, hatte den lange Verborgenen wieder zu Tage gefördert; und abermals war der Ruf von dem kostbaren Schatze, den die Stadt Trier an ihm besitzte, vom um ihn her gesammelten Reichstag aus, durch die umliegenden Lande und bald durch ganz Deutschland hingelaufen, und aller Augen hatten sich abermals auf den hohen Dom gerichtet. Aber das Deutschland von damals war nicht mehr jenes von ehehin." GÖRRES, p. 37-38.

30. "Das alte Herz schlug noch, aber ein Anderes hatte unter ihm in seinen Pulsen sich zu regen angefangen; das Leben des Geistes in der Dichtung, sein Walten in Sage und Legende war zurückgegangen; die Macht der Prosa aber hatte sich ausgebreitet." GÖRRES, p. 38.

31. "So ist es denn damals zu keinem neuen dichterischen Erzeugnisse gekommen; das früher epische Gedicht wurde nur in Prosa aufgelöst, und der vor zwei Menschenaltern erfundene Druck bereitete es von Augsburg im Volke aus." ibid.

32. "Was hat allein die neue Bescheißerei zu Trier mit Christi Rock? Was hat hier der Teufel großen Jahrmarkt gehalten in aller Welt, und unzählige falsche Wunderzeichen verkauft? ... Wenn alles Laub und Grass Zungen wären, sie könnten alle dies Bubenstück nicht aussprechen." Luthers Warnung an seine lieben Deutschen 1531 (Luther's warning to his beloved Germans"), GÖRRES, p. 109.

33. HEUSSI, p. 439-440.

34. HEUSSI, ibid.

35. Statement by Bishop R. BORNEWASSER, BArchiv 90/111.

36. "Sie dürfen nicht zagen, wenn sie noch einmal nach dem Verlaufe eines Menschenalters vor die wieder erscheinenden Symbole geladen werden, um die Schicksale Deutschlands zu erfahren." GÖRRES, p. 208.

37. "Möge das deutsche Volk dann wahrhaft ein Volk und Brüder ... einig in Wille und That, im Glauben und Streben und das deutsche Vaterland, gleich dem heiligen Kleide, ungetheilt sein!" October 31, 1844, BArchiv 90/100, p. 146. It is also a note that this

statement was reprinted in November 15, 1933 edition of the <u>Allgemeine Zeitung</u> (reprint of the 12. Nov. edition of the <u>Schlesisches Kampfblatt</u>), which included as well a critical comment concerning censorship.

38. In a letter, dated March 23, 1933, from the suffragan bishop of Trier, ANTONIUS MÖNCH (Weihbischof), it is recommended that GÖRRES' "Die Wallfahrt nach Trier" be read as preparation for the pilgrimage.

39. ZENNER, p. 588; WAMBAUGH, 3; From a Reichs-German geographical perspective, "There exists no geographical concept to which the 'Saar Territory' would correspond" ("es gibt keine geographischen Begriff, dem das 'Saargebiet' entspräche."); concerning "arbitrary border drawing", "the unity which is deceptively presented through its political constitution, is in reality not present." ("Die Einheit, die es durch seine politische Zusammenfassung vortäuscht, ist in Wirklichkeit nicht vorhanden."), OVERBECK, H., and SANTE, G.W.: Die Stellung der Saarlande. (The position of the Saarlands), Saar-Atlas, p. 13. Henceforth, "OVERBECK/SANTE".

40. The Treaty of Versailles, Part III, Art. 50, § 16. The Treaty of Versailles and After: Annotation on the Text of the Treaty. Washington, United States Government Printing Office, 1947, p. 173. Henceforth, "Treaty".

41. The figure of WAMBAUGH, 3, a Technical Adviser and Deputy Member of the Saar Plebiscite Commission and of WALTHER CARTELLIERI: "Das 'Saargebiet' in Zahlen. (The Saar Territory in Numbers), Saar-Atlas, p. 25. Henceforth, "CARTELLIERI". ZENNER cites a figure of 1881 km².

42. Ibid. RIXECKER, O.: Zur Bevölkerungsverteilung in den Saarlanden." Saar-Atlas p. 38. Hereafter, "RIXECKER".

43. Part III, Art. 46, Treaty, p. 162.

44. The production reserves lost to France were considerable: the third largest coal and second largest iron deposits in the Reich, CARTELLIERI, p. 27.

45. In 1910 only 339 residents of the subsequent Saar Territory claimed French as their mother tongue, OVERBECK/SANTE, p. 23. The German nationalist-geographic analysis declared, that "the Saar Question is in its deepest meaning no business deal, to which the opponents of the German solution would like to denegrate it, rather it is a question of ethnic (Volkstums-) and cultural membership." ("Die Saarfrage ist in ihrem tiefsten Sinne kein Handelsgeschäft, sondern eine Frage der Volkstums- und Kulturzugehörigkeit."), OVERBECK/SANTE, p. 23. The Saar-Atlas is in itself a politico-geographical document of historical inter-

est: "The Saar-Atlas should in this not only be a scientific book, but it should also be a homeland book." ("Der Saar-Atlas soll indes nicht nur ein wissenschaftliches, er sol auch ein Heimatbuch sein."). "Above all it is intended [that] the schools exhaust this treasure trove of Saarlandic homeland studies and [cause] the consciousness of the German essence of the Saar to sink into the arising generation." ("An den Schulen vor allem ist es, diese Fundgrube saarländischer Heimatkunde auszuschöpfen und das Bewußtsein deutschen Wesens an der Saar in die heranwachsende Generation zu senken."). AUBIN, H., and BONGARD, H.: "Vorwort". Saar-Atlas, 11, 12. For complete bibliographical information see note 29.

46. JACOBY, p. 23.

47. Part III, Art. 4, Treaty p. 164.

48. Part III, Art. 50, Annex, § 36-40, Treaty p. 179-182.

49. Part III, Art. 50, Ammex, § 34, Treaty p. 180.

50. Part III, Art. 50, Annex, § 35, Treaty p. 180-181.

51. Many voters returned from foreign residence to vote and were allowed three days residence during the plebiscite week, beginning with January 9, 1933, when trains carrying travellers from America and other continents began to arrive from Hamburg and Bremen. WAMBAUGH, p. 297.

52. Treaty, p. 179.

53. For this and complete regional statistics, see WAMBAUGH, p. 469-472.

54. JACOBY, p. 83. Yet, as ZENNER points out, the focus toward reunification which marked the previous thirteen years also made a new orientation difficult to achieve.

55. In greater Germany, the National Socialist percentage of the vote developed as follows: May 20, 1928 - 2.6%; September 14, 1930 - 18.3%, July 31, 1932 - 37.3% and November 6, 1932 - 33.1% (a decline of 4.2%), data taken from the maps "National Socialist Percentage of the Vote [date]" OSS 1014E - 1017E, 1943. As there was never a clear majority for the National Socialists, HITLER's ascendancy was possible only via the cooperation of HINDENBURG and VON PAPEN. In contrast, the National Socialists in the Saar received in the local parliamentary elections of 1932 only 6.7%, or less than 1/5 of the NSDAP total in the national elections (28.2% less than the national average), ZENNER, p. 591. JACOBY states that preceding 1933 the National Socialists carried not weight in the Saar and the NSDAP-Saar was not counted among the significant parties, JACOBY, p. 83-84. This

differential is due, to a significant degree, to the legal control of the NSDAP-Saar by the Governing Commission: the NSDAP-Saar, first mentioned in 1923 (the year of the Beer Hall Putsch), was banned from March 12, 1924 until March 13, 1927; SA practices were banned in 1928. The aprty fielded its first candidates only in 1929 (winning two local seats). In 1930 the membership of the NSDAP-Saar was 261, and in 1932 2,500, a ten-fold increase, yet much less than 1% of the population. On Nov. 8, 1932 the NSDAP-Saar was banned again. On March 2, 1933, following the "seizure of power", reinstatement was rejected. The national socialist newspapers "NS-Saar Front" and "NS-Rheinfront" were also banned. JACOBY, P. 84-87. (LR BRAUN VON STUMM of the Reichs Foreign Affairs Office wrote on April 5, 1933 that the Governing commission took an "unambiguous unfavourable stance towards the NS movement in the Reich", ("unzweideutig ungünstige Einstellung gegenüber der NS-Bewegung im Reich"), JACOBY, p. 88.

56. "In contrast, one must keep in mind that, on the German side, no risk existed at all for the result of the plebiscite until 1933." ("Demgegenüber muß man sich vor Augen halten, daß es an der Saar bis 1933 überhaupt kein Risiko deutscherseits für die Abstimmung gab.") RECOLATOR, R.: Betrachtungen zur Saarabstimmung von 1935. In: Saarheimat, 19, 1975, p. 107. Hereafter, "RECOLATOR".

57. This discontinuity was so great, and so dangerous, that Social Democrat MAX BROWN approached the Governing Commission in October 1933 with a petition signed by expatriate Germans and Saarländer, including ALBERT EINSTEIN, requesting that the plebiscite be delayed 5-10 years. ZENNER, p. 593.

58. "Die nationale Selbstbestimmung wurde zum Problem der Rückgliederung an das nationalsozialistische Deutschland. Der Nationalsozialismus widersprach den innen- und außenpolitischen Vorstellungen aller bisher entscheidenden Saarparteien." ZENNER, p. 592. This statement is born out by the fact that the NSDAP-Saar culled only 6.7% of the vote in the parliamentary elections of 1932, whereas the Reichs-average for the two 1932 elections was 35.2%; see also note 46.

59. Ibid.

60. RECOLATOR, p. 106. Catholic exile appeals were also made for the "status quo" as represented in the 11. January 1935 edition of "Deutsche Briefe" (directly preceding the vote): "With complete justification you can claim to represent the interest of true Germany. Your decision does not mean the rejection of attachment to Germany for all times! This attachment should immediately take place, when a German regime rules in Germany which corresponds to the German essence." ("Sie können, durchaus mit Recht, für sich in An-

spruch nehmen, die Sache des wahren Deutschtums zu vertreten. <u>Ihre Entscheidung bedeutet ja nicht die Ablehnung des Anschlusses an Deutschland für alle Zeiten</u>! Vielmehr soll dieser Anschluß sogleich erfolgen, wenn ein deutsches, dem deutschen Wesen entsprechendes Regime in Deutschland wieder herrscht.")Vor der Saar-Abstimmung!, 11. Jan. 1935. In: Deutsche Briefe 1934-1938. Ein Blatt der katholischen Emigration I. Bearb. HEINZ HÜRTEN, Veröffentlichungen der Kommission für Zeitgeschichte bei der katholischen Akademie in Bayern, Hrsg. KONRAD REPGEN, Reihe A: Quellen 6, Mainz 1969, p. 157.

Due to the linguistic barriers, let alone regional resentments from providing reparations, the "francophile" alternative of "union with France" was never viable.

61. "Während von Versailles die Abstimmung nach 15 Jahren vornehmlich als eine territoriale Entscheidung gewertet wurde, erhielt dieser Vorgang durch die erfolgte Machtergreifung des Nationalsozialismus eine völlig neue Bedeutung. ... Der Sturz dieser gemeinsamen Einrichung, der demokratischen Republik, mußte zwangsläufig die erste Auseinandersetzung mit der neuen politischen Macht, die sich gegen alles erhob, was nicht mehr zwei gleichgeartete Staatssysteme im Kampfe um ein Territorium einander gegenüber, sondern ein stolzes völkisches Lebensprinzip und eine volksfremde demokratische Weltspekulation ... Dieser Tag war ein um so höherer Triumph jener Weltanschauung, die nur nach den natürlichsten und deshalb göttlichen Gesetzen von ihrem Schöpfer, unserem Führer, in Vollzug gesetzt wird, als es doch kein Mittel der Intrige, des Hasses und der teuflischen Regie gab, das nicht in Anwendung kam, um dem Volke diesen Sieg zu verweigern... Mit diesem Sieg unseres Führers und damit mit dem Siege seiner Idee wurde eine neue Entwicklung eingeleitet, die so gigantisch ist, daß ihr eine Parallele in unserer großen Geschichte nicht gegenübergestellt werden kann. An der Saar setzte der Führer gegenüber einer feindlichen Welt sein Volk mit einem neuen Glauben entscheidend in Marsch." JOSEF BÜRKEL in HOFFMANN, H. (ed.): Hitler holt die Saar heim. München 1938, [3-4].

62. Incompatibility between Christianity and National Socialism was emphasized by ALFRED ROSENBERG, Graf RENTLOW and others: "Christianity does not agree with our Race." ("Das Christentum stimmt mit unserer Rasse nicht überein.") Graf RENTLOW in "Keine Christen", Deutsche Freiheit, 19. July 1933 [7].

63. CARTELLIERI, p. 25.

64. JACOBY, p. 143; LEWY, G.: The Catholic Church and Nazi Germany. New York 1964, p. 182-183, 199. LEWY (182-201) provides an excellent overview of BORNE

WASSER's, et al., involvement with the Reichskommissar BÜRCKEL in the latter stages of the Saar plebiscite propaganda campaign.

65. "We catholic Christians know no race-religion, rather only Christ's world-reigning revelation, which brought for all peoples the same Faith, the same commandments and provisions for salvation." ("Wir katholische Christen kennen keine Rassenreligion, sondern nur Christi weltbeherrschende Offenbarung, die für alle Völker den glichen Glaubensatz, die gleichen Gebote und Heilseinrichtungen gebracht hat.") Kundgebung der Bischöfe der Kölner Kirchenprovinz, Akten deutscher Bischöfe über die Lage der Kirche 1933-1945, Veröffentlichungen der Kommission für Zeitgeschichte bei der Katholischen Akademie in Bayern, Reihe A: Quellen 5, Mainz 1968, p. 816.

66. "Kritik an der nationalsozialistischen Weltanschauung und an Maßnahmen gegen kirchliche Vereine und christliche Gewerkschaften wurden in Reden, in der Zentrumspresse und in Beschwerdebriefen saarländischer Geistlicher und Politiker und des Bischofs von Trier bei der Reichsregierung, ja bei Hitler selbst, wiederholt vorgebracht und beunruhigten die Nationalsozialisten." ZENNER, p. 593.

67. WAMBAUGH, p. 15.

68. REGLER, p. 302.

69. ZENNER, p. 593.

70. "According to the often-repeated claims of the bishops themselves, the role of the catholic episcopate in the attainment of this overwhelming victory was crucial." LEWY, p. 198. For GAULEITER, then REICHSKOMMISSAR for the Saar, BÜRCKEL, "the key to a successful plebiscite lay in the role of the Bishops." JACOBY, p. 145. HEINRICH HIMMLER called BÜRCKEL "the standard setting specialist of the Catholic problem" ("der maßgebende Facharbeiter des katholischen Problems"). WAMBAUGH adds, "There was, however, a greater force in the Territory than the Deutsche Front - the Church." WAMBAUGH, p. 291.

71. KLAUS ALTMEYER, in: JACOBY, p. 149.

72. ZENNER, p. 593.

73. <u>Ecclesiastica</u>, XV (1935), in: LEWY, P. 198-199.

74. These dates were chosen as they coincided well with the school vacation periods. In the Saar area, Catholic schools were let out on pilgrimage days to facilitate their participation on request of the pilgrimage leadership. BArchiv, 90/115 19. It was intended that university students participate in the first weeks "when the impressions are the strongest"

and the participants would be "actively caught up in the experience", ("lebhaft in Mitleidenschaft gezogen werden"), July 6, 1933 letter to the Oberpräsident der Rheinprovinz, BArchiv 90/115.

75. BArchiv 90/139 21.

76. "Vollkommener Ablaß: ... kann jedem Gläubigen nur einmal gewonnen werden; Bedingung: Beichte, Kommunion, Gebet: 16 Vaterunser, 6 Gegrüsset seiest du Maria, 6 Ehre zu dem Vater" (Prayer: 16 Our Father, 6 Hail Mary, 6 Glory be to the Father); lesser ("incomplete") indulgences of 7 years 11 days were also made available for visits to St. Mathias Basilika and to the Paulinuskirche. Pilgerbüchlein 3, BArchiv 90/112.

77. BArchiv 90/116 39.

78. According to the actual train schedules and summaries 701 trains were chartered, BArchiv 90/161 1. A press notice gave "nearly 900", as a figure, BArchiv 90/111 379, and the press as many as 1100, BArchiv 90/138 147.

79. BArchiv 90/161 2.

80. BArchiv 90/115 6.

81. Reichsbahndirektion: Die Wallfahrt zum Heiligen Rock zu Trier und die Reichsbahn. 1933, BArchiv 90/115 67.

82. Total from BArchiv 90/116 39.

83. Figure given in the undated invitation from the Bishop of Trier for the opening ceremonies: "1) An die Regierung des deutschen Reiches zur Hand des Herrn Reichskanzlers / 2) An die Regierung des Landes Preußen zur Hand des Herrn Ministerpräsidenten," ("to the hand of the Reichskanzler," Hitler, and "to the hand of the Ministerpresident of Prussia"). BArchiv 90/101 24.

84. BArchiv 90/112 147.

85. "Trier ist gegenwärtig die 'Vistienkarte' Deutschlands. Größte Höflichkeit den Fremden gegenüber ist geboten, schärfste Disziplin ist unter allen Umständen zu beobachten." Recktenwakl, reprinted in "Waffen 'nur versteckt': Fromm vor dem Heiligen Rock - aber hinter ihm?" ("Weapons 'concealed only': Piety before the Holy Robe - but behind it?") in: Deutsche Freiheit, August 16, 1933, 8. In a subsequent article on August 29, 1933: "Heiliger Rock und Nazikasse - Was man sich in Trier erzählt" ("The Holy Robe and Nazi coffers - What's being told in Trier"). Deutsche Freiheit surveyed the economic benefits of the pilgrimage for the city and repeated rumors that the "polite" NSDAP was receiving a kickback on the 30 pfennig entrance fee (which was levied in the form of

pilgrim book and insignia, BArchiv 90/115 53). This was an almost prscient inaccuracy. In fact, BORNE-WASSER recieved a letter on July 21, 1933 from the <u>Arbeitsamtkommissar</u> of Trier (Commissioner of Employment) asking hin "out of hot love for People and Fatherland" to be subjected to a "test": a kickback from the entrance fees for the advancement of national labor. This little coercion was answered in a July 29, 1933 letter in which BORNEWASSER outlined the economic benefits of the pilgrimage to the city and its relation to the rise in employment, with an assurance that should surpluses occur, he would be happy to discuss the matter at a later time (though none were expected). BArchiv 90/115 76,77.

86. The paper attributed this exemplary behavior to an unsubstantiated kickback from pilgrimage monies. "Bis heute kamen erstaunlicherweise noch keine Ausschreitungen gegen katholische Gesellenvereinler usw. vor, abgesehen von der Verhaftung des Wehrdender Pilgers. ... Bis ins kleinste erhalten die Leute ihre Anweisungen - Anstand des National Sozialismus, Zuvorkommenheit, Freundlichkeit usw. ... Dafür erhält die nationalsozialistische Partei 15% der Einnahmen, die die Ausstellung des heiligen Rockes bringt." Deutsche Freihiet, August 29, 1933 [3].

87. JACOBY, p. 127.

88. JACOBY, p. 137.

89. From a letter of confirmation by the Pastors Conference of Saarbrücken, signed by the Deacon of Saarbrücken, JOHANN LUDGER SCHLICH, on June 1, 1933. BArchiv 90/112.

90. "Durch die Teilnahme von Saarländern - auf dem Ehrenbreitstein etwa 200,000 von insgesamt 300,000 - waren die großen Kundgebungen besonders wichitg für die Begegnung der Saarbevölkerung mit dem nationalsozialistischen Deutschland." JACOBY, p. 141. JACOBY states that in 1934 at Ehrenbreitstein, which was also the year anniversary of the pilgrimage period, some 200,000 of 300,000 persons were from the Saar Territory, the number claimed by the pronationalist Deutsche Front - involving some 130 chartered trains. Status-quo adherents claimed that the number was nearer 100,000 to 150,000, part of whihc were only taking advantage of the greatly reduced train tickets to travel (propaganda tourism). WAMBAUGH, p. 219.

91. At the same time the "Status-quo" movement held a rally with MAX BRAUN as speaker with a claimed attendance of 15,000. "For the first time in the fourteen years of the League regime a contest in the plebiscite was foreshadowed." WAMBAUGH, p. 128.

92. LEWY, p. 189-190.

93. "Der Mitlebende erfaßte die Wirkung der Geschehnisse auf das alltägliche Leben, er kennt aber durchwegs nicht alle hinter den Geschehnissen wirkenden Faktoren, er hat also nur einen Teilbegriff von Ursache und Wirkung." RECOLATOR, p. 105.

94. For the pilgrimage, simple collective lists were considered sufficient identification at the Saar border by the Governing Commission, BArchiv 90/111 79; however, "passport problems" led the Bishop of Luxembourg to officially cancel his pilgrimage, BArchiv 90/111 75; BORNEWASSER appealed to VON PAPEN to intervene and received a reply on July 15, 1933 assuring that the difficulties concerning entry for pilgrims had been solved, BArchiv 90/111 80; the official figure of pilgrims from Luxembourg is 69,481. BArchiv 90/161 24.

95. From 1750 to 1933, an average of 39.75 years.

96. On August 4, 1933 from the Mayor of Trier: all police employees, at the request of the Domkapitular Dr. FUCHS, received first aid equipment kits and large chests of medicine supplies and equipment were made available by the police clubs for immediately responding to minor illness. The volunteer forces of the German Red Cross would also be available, but organizational costs belonged to the cathedral. BArchiv 90/115 32. Volunteer medical personnel from the Saar Territory also participated, BArchiv 90/112 8.

97. Reported in the Aug. 19, 1933 Deutsche Freiheit - In Württemberg, southeast of the Saar Territory, the Educational Minister made the 'Hitler greating' obligatory for all school children, "at the same time he allowed that priests show the necessary honor with the Hitler greeting, that is, with raised right hand, but with the words 'praise be to Jesus Christ!'" ("Gleichzeitig gestattet, Priester mit dem Hitlergruß, d.h. mit erhobener rechter Hand, aber mit den Worten: 'Gelobt sei Jesus Christus', die nötige Verehrung zu bezeugen"). 2.

98. "Der Bischof von Trier hatte zum Besuch der Staatsreliquie seines Doms, des Heiligen Rockes, aufgerufen. Es wird schwer nachzuprüfen sein, warum er gerade dieses Jahr gewählt hatte. Böse Zungen sagten bald, da er den Nazis mit diesem Aufruf einen Gefallen tun wollte. Täglich fuhren Pilgerzüge das Saartal hinunter, ohne sich um die Grenze zu kümmern.... Würden die Pilger die veränderte Luft riechen, wenn sie aus dem liberalen Saarland ins Reich der Diktatur fuhren? Ich wollte es selbst feststellen und schloß mich unter einem anderen Namen einem der Pilgerzüge an. Sofort nach dem Abgang des Zuges begannen alle zu beten.... 'Der du ihn zu Elisabeth getragen hast, bitte für uns!'.... Die Grenze kam immer näher... Die Pilger saßen auf den Bänken des sauberen Zuges, und während sie beteten, sahen sie auf die Felder zur Linken und

zur Rechten und schätzten die Ernte ein.... Aber dann
machte der Priester eine Pause, und ich hörte, was
die Leute redeten; sie sprachen nur vom Heiligen
Rock! Sie sprachen im Ton der Kreuzfahrer, es war,
als ob sie auf der Schiffahrt seien nach dem heiligen
Land. Das Ufer, an dessen Rand sie sich niederwerfen
würden, war die Schwelle des Trierer Domes. Es gab
keine Saargrenze, es gab nur dieses mystische Kleid,
von dem der fromme Glaube hauptete, daß es das
Kleid des Erlösers sei, über das vor genau neunzehn-
hundert Jahren auf einem Hügel Jerusalems die Söldner
des römischen Prokonsuls Pilatus das Los geworfen
hatten. Die Kirche war klug genug gewesen, den Rock
nur alle fünfzig Jahre zu zeigen. So sehnten sich
ganze Generationen nach dem Tag ... Mir fielen die
Anklagen ein, mit denen seit Monaten die Nationalsozialisten die katholische Kirche bombardierten; ...
sie hatten von Unzucht im Dunkel der Klöster gesprochen; sie hatten die Priester als Schmarotzer bezeichnet.... Wir überfuhren eben die Saargrenze und
hielten kurz darauf im Weinstädtchen Serrig an. Ich
sah die SA auf dem Bahnsteig ... Einer der Polizisten
stand zum Greifen nah vor mir.... Hinter ihm folgten
mit Verbandskasten, Krügen und Tragbahren Sanitäter
und Schwestern; sie alle trugen am Arm die Haken-
kreuzbinde, sie lächelten, waren geschäftig und mild.
Die Saarländer meines Abteils drängten mich nun zur
Seite. Draußen half man einer halb ohnmächtigen Frau,
im nächsten Abteil reichte man Kindern Wasser und Li-
monade. Die Pilger sahen eine Weile dem Treiben zu,
das Beten wurde unterbrochen, ich hörte sie flüstern:
Wie wunderbar doch alles eingerichtet sei und wie
echt deutsch, es gehe doch nichts über das Reich, da
sehe man doch, wie die Kommis und die Sozis lögen,
gut, daß man bald zurückkehrte! Das Gift wirkte genau
so, wie es gedacht war. Die SA-Leute salutierten vor
einer Standarte, die das Bild der Madonna trug. Ich
hörte einen Mann der Gestapo zu unserem Kaplan sagen:
'Gelobt sei Jesus Christus!'" REGLER, excerpts,
p. 300-303.

99. "On the other hand, the Lorraine <u>Gau</u> adjacent to the
Saar Territory not only belongs in terms of landscape, but also on the basis of its indeniable <u>Volk</u>-
membership in the German cultural domain and because
it carries all of the characteristics of the German
cultural landscape." "<u>With that the connection of the
Saar reserves with Lorraine is comprehended by the
wider German aggregate Rhine economic contexts</u>."
("Andererseits gehört gerade der an das "Saargebiet"
angrenzende lothringische Gau nicht nur landschaft-
lich, sondern auch auf Grund der Volkstumszugehörig-
keit seiner Einwohner unstreitig dem deutschen Kulturbereich an und trägt alle Züge der deutschen Kulturlandschaft, " "<u>Damit wird die Verbindung des Saar-
revieres mit Lothringen von den weiteren deutschen,
gesamtrheinischen Wirtschaftszusammenhängen über-
wölbt.</u>").OVERBECK/SANTE p. 14, 20.

100. "Das Greuel verlernt - Lothringer Trier Wallfahrer lachen über Greuelpropaganda", "Die Wallfahrt zum Heiligen Rock gewinnt infolge der Zeit in der sie hüllte, auch eine nicht zu unterschätzende außenpolitische Bedeutung und zwar deshalb, weil sie geeignet ist, den Massenbesuch von Ausländern, die dort verbreiteten Greuelnachrichten über die Verhältnisse in dem neuen Deutschland durch Augenschein schlagend zu widerlegen." [Zitat aus der Lothringer Volkszeitung Nr. 185, bis 6000 Pilger] 'Alle kehrten sehr zufrieden heim und lachten voller Spott über die religionsfeindlichen Blätter und Leute, die den Lothringern vor dieser Reise nach Trier gruseln machen wollten ... Einer erzählt es dem anderen, wie schön es in Trier war, und da sie auch Hitlerleute gesehen haben, Leute voller Höflichkeit und Entgegenkommen..." "[da]...ein chinesischer Bischof in unserem Saargrunder Sonderzug auch von Eisenbahnvorsteher, Zolldirektor und Polizeikommissar, letzterer in Hitleruniform, ehrfurchtsvoll begrüßt wurde. Als der Zug abfuhr, standen Eisenbahnbeamte, Zollbeamte und Hitlerpolizisten in Reihe und Glied und entbotem dem Bischof ehrerbietige Grüße.'" Berliner Börsenzeitung, 12. August 1933, BArchiv 90/139 104. All of the Saar trains were routed through the south train station [which simplified not only organisation, but also bringing off a desired impression], BArchiv 90/111 195.

101. BArchiv 90/111 94.

102. BArchiv 90/111 124.

103. "Die Hölle von Dachau - Ein Greis im Konzentrationslager - Die Chronik der Opfer - Bisher 41 ermordet gemeldet" ("The hell of Dachau - An elderly person in the concentration camp - The chronicle od the victims - Up to now 41 reported murdered"), Deutsche Freiheit, 13 July 1933, 3. The number of total pilgrims from the Munich-Dachau area was relatively small, 2,424, BArchiv 90/116 39. Deutsche Freiheit was a sufficient thron in Hitler's side that he denounced its editor, MAY BRAUN, by name in the Reichstag as a traitor (a capital crime). This lead the faint of heart to distance themselves from him. JACOBY, p. 122-123.

104. "45 Konzentrationslager! Sonderlager für Fauen - Dunkelarrest und körperliche Züchtigung" ("45 concentration camps! - Special camps for women - Night arrest and body searches"), Deutsche Freiheit, 9 August 1933, p. 1.

105. Succeeded in August 1934 by Josef Bürckel. JACOBY, p. 94, 96.

106. "...neben der in erster Linie stehenden religiösen Bedeutung auch die Wirkung haben, die durch den verlorenen Krieg vielfach getrübten Beziehungen zwischen Deutschland und den westlichen Ländern besser zu ge-

stalten. Nach den Erfahrungen des Jahres 1891, wo der Heilige Rock zum letzten Male gezeigt wurde, und nach der bisherigen Fühlungnahme der hiesigen Wallfahrtsleitung besteht - abgesehen von Italien, Holland und Belgien - insbesondere in Elsaß-Lothringen aus der starken religiösen Einstellung der dortigen Bevölkerung heraus eine lebhafte Neigung, zur Verehrung des Heiligen Rockes und nach Trier zu wallfahren. Daß eine derartige Berührung des französisch gewordenen Elsaß mit dem Deutschen Reich gerade heute überaus wertvoll ist, braucht nicht besonders betont zu werden. Vom Saargebiet werden mit Bestimmtheit 300.000 Pilger erwartet." letter of May 25, 1933 from the Bishop of Trier to Vice Chancellor von Papen, BArchiv 90/101.

107. "...namentlich aus Elsaß-Lothringen nach Trier ergeben. Die außenpolitische Bedeutung dieses Besuches dürfte die deutsche Regierung nicht verkennen." Ibid.

108. Though undated, one can place the letter after May 25, 1933, that is following the letter to von Papen (BArchiv 90/101 is a chronological file) and necessarily before July 27 - the opening cermony. As the close of the letter wishes luck for the conclusion of the Reichskonkordat, one can infer that it was written preceding the final negotiating period with the Vatican (by von Papen and Rudolf Buttmann), which took place June 29-July 8, 1933. VOLK, L.: Das Reichskonkordat vom 20. Juli 1933. Von den Ansätzen in der Weimarer Republik bis zur Ratifizierung am 10. September 1933. Veröffentlichungen der Kommission für Zeitgeschichte bei der Katholischen Akademie in Bayern, Reihe B: Forschungen 5, Mainz 1972, VI. Hereafter, "VOLK".

109. "Sehr geehrter Herr Kanzler, ... Ich weiß, daß augenblicklich Spannungen zwischen der Reichsregierung und der Regierungskommission des Saargebietes bestehen. Es ist aber für mich, bei dieser rein religiösen Feier, ganz unmöglich, eine Einladung an die Regierungskommission zu unterlassen, da ein Drittel meiner Diozesanen im Saargebiet wohnen.... Es würde das Unterlassen der Einladung zur Teilnahme an der Feier, zumal jetzt vor der im Januar 1935 stattfindenden Abstimmung, meine Stellung zur Regierungskommission prekär machen und die Beeinflussung meiner Diozesanen im Saargebiet eventuell erschweren. Die Katholiken des Saargebietes sind in unverbrüderlicher Treue mit Trier verbunden, eine Verbundenheit, die von der größten Bedeutung für die Verbundenheit mit dem Reiche bislang war und noch ist. Zudem ist den Saarländern, nach anfänglichen Schwierigkeiten, die Pilgerfahrt sehr erleichtert worden. Ich fürchte, daß durch eine Nichteinladung Schwierigkeiten entstehen könnten, die sicherlich nicht im deutschen Interesse legen. .... herzlichsten Glückwünschen aussprechen für die Vollendung des Reichskonkordates, das von der

größten Bedeutung für die katholische Kirche und ihr Verhältnis zum neuen Reiche ist ... Gott möge es Ihnen lohnen! Ihr ergebenster Bischof von Trier", hand initialed. BArchiv 90/101 23.

110. Negotiated between the Reich and the Vatican, signed on July 20, 1933 and ratified on September 10, 1933. For documentation concerning the Concord see VOLK.

111. "Die Flagge des Vatikans - Das Konkordat: Ein vollkommener Erfolg der katholischen Kirche", Deutsche Freiheit, July 25, 1933 [4]. This may be contrasted with the July 11 article "Die Kirche beugt sich - Der Abschluß des Konkordats - Die katholischen Priester dürfen künftig kein Wort mehr gegen den Hitler-Terror sagen, weder im Amt noch privat" ("The church bows - The conclusion of the Concord - The Catholic priests in the future are not allowed to say one word against the Hitler terror either officially or privately"). The paper remained critical with the agreement clause to desist from political activity, but considered that to be the <u>de facto</u> state before the Concord, Deutsche Freihet, July 11, 1933 [1].

112. Cardinal PACELLI to BORNEWASSER, July 22, 1933, VOLK, p. 180.

113. One should not have the impression that there were no controversies during the pilgrimage over run-ins with National Socialist authorities or followers as at least three had some prominence: Adding to the visa difficulties for the Luxembourg Bishop, processions of pilgrims from Luxembourg were escorted by SA to the cathedral and back - "as pilgrims one was treated like prisoners of the SA, which foreigners picture as wild animals." ("Man wurde als Gefangener der SA (unter der man sich drüben wilde Tiere vorstellt) als Pilger behandelt"), BArchiv 90/111 75. The second and third cases concern arrests of two Saarlanders, reported in the August 2, 1933 Saarbrücker Volksstimme ("Saarländer Wallfahrer in Trier verhaftet"), and in the September 4, 1933 edition of the same ("Wieder ein Saarländer Pilger in Trier festgenommen"), BArchiv 90/115 41. In a reply from the Mayor of Trier ("as a member of the Police Authority") the two cases were explained: the first, a waiter from Saarbrücken, insulted the Führer and was released after a month's (!) investigative custody, Berlin haven chosen not to press charges. The second case, a Herr Keiber, was found to be not responsible for the (unspecified) charge, BArchiv 90/115 40.

114. "Als Bischof der Grenzdiozese Trier würde ich sehr dankbar sein, wenn auch die Regierung des Deutschen Reichs (bzw. die Regierung des Landes Preußen) bei dieser, nicht bloß für Katholiken, bedeutungsvollen Feier vertreten wäre," BArchiv 90/101 24.

115. "Damit der rein religiöse Character möglichst wenig Schaden leide, wurde es so gestaltet, daß [es] den Pilgern für ein Pilgerbüchlein zum Preise von RM 0,30 geliefert wird. Dadurch sollte zugleich der seelischen Vorbereitung der Pilger und der Hebung des Kunstgeschmacks in den breiten Massen des Volks gedient werden und wird tatsächlich gedient ..." "Außer der Religion wird auch die Volksbildung und Heimatpflege gefördert, es werden bedeutende Werte des Volkstums neu erweckt oder lebendig erhalten. Ins besondere erfährt das deutsche Volkstum im Ausland stärkste Förderung. Es sei vornehmlich auf das benachbarte Luxembourg und Elsaß-Lothringen verwiesen. Aus beiden Ländern, wie auch aus Holland und aus Alt- und Neubelgien, kommen immer größere Scharen von Pilgern. Bei ihrer Heimkehr tragen sie wirksamer als alle anderen Mittel dazu bei, die lügenhaften Ausstreuungen über Deutschland im Ausland zu vernichten. Die Wirkung der Wallfahrt nach dieser Seite hat der Deutsche Gesandte in Luxembourg nach dem Besuch des Diplomatischen Korps von Luxembourg in Worte gefaßt: "Der Verlauf (der Wallfahrt) hat viele Vorurteile beseitigt und damit auch der deutschen Sache einen guten Dienst erwiesen. Nicht zuletzt sei hingewiesen auf die Bedeutung der Wallfahrt für das Saargebiet. Sie ist ein außerordentlich starkes Mittel, das Saargebiet noch fester mit seinem deutschen Mutterland zu verbinden und so wirksam auf die bevorstehende Abstimmung vorzubereiten." August 10, 1933 letter from Domkapitular Dr. FUCHS "An das Landesfinanzamt Köln durch das Finanzamt Trier", BArchiv 90/115 52-53. The exemption was granted, on the basis of the paragraphs, BArchiv 90/115 54.

116. One notices that the 236,783 pilgrims from France, by far the largest number of pilgrims from any other area outside the Reich save the Saar Territory, play no role in this 'virus killing' function. (The largest enturage of the listed countries: Luxembourg with 69,481). BArchiv 90/161 22, 24.

117. A detailed depiction and analysis of the importance of internal factors in the Saar Territory plebiscite is provided by JACOBY. The 'tone' for the majority of the Catholics, which meant the majority of the population, was 'set from the top' by the bishops (with notable exceptions, such as JOHANNES HOFFMANN, Chief Editor of the "Saarbrücker Landeszeitung" and publisher of the "Neue Saarpost"). Most significant in this, as previously stated (by the bishop himself), was Bishop BORNEWASSER. His decision to call the pilgrimage and his attitude towards its 'usefulness' fits it as an element in his general agenda of influence. This informs the understanding of other crucial events – such as the self-dissolution of the Saar Center Party into the NSDAP controlled Deutsche Front in October 1933 – leading up to the results of the plebiscite.

118. "Soweit die deutsche Zunge reicht, soweit deutsches Blut in den Adern rollt, so weit reicht das große Deutschland. Wir begnügen uns nicht mit der Saar. Darüber hinaus reicht die deutsche Zunge bis nach Metz und herunter bis Mülhausen. Die Saar, Elsaß-Lothringen, Österreich, Luxemburg, Teile von Belgien und die Niederlande sind einmal deutsch gewesen und deutsche Eigenart ist noch heute dort zu Hause ...", GUSTAV SIMON, protocol from speech of August 26, 1933 reproduced in Deutsche Freiheit, August 30, 1933, 3 and again on September 2, 1933, [3].

119. BÜRCKEL calls it "the first decisive world-political test of verification" ("die erste entscheidende weltpolitische Bewährungsprobe") in: HOFFMANN, [4]; "The Saar plebiscite became for Hitler the first great foreign policy success and, factually, the Saar decision strengthened his prestige." ("Für Hitler jedoch wurde die Saarabstimmung zum ersten großen außenpolitischen Erfolg, und tatsächlich stärkte die Entscheidung der Saar sein Prestige.") ZENNER, p. 594.

Religiöse Texte in fremder Kultur

Eine religionsgeographische Problemstellung mit pädagogischen Implikationen

von Frank Usarski, Hannover

Aufsatz erstellt 1988

Vorbemerkungen

Die historisch gewachsene Ausdifferenzierung akademischer Spezialgebiete mit jeweils begrenzter Zuständigkeit wird sich langfristig nur dann als ein Fortschritt der Wissenschaft insgesamt erweisen, wenn es gelingt, einzelne Betrachtungsweisen empirischer Phänomene zu einem fächerübergreifenden Ansatz zu bündeln und zum Wohle eines umfassenderen Verständnisses unserer Welt fruchtbar zu machen. Eine systematische Entwicklung in diese Richtung ist jedoch nirgendwo auszumachen. Obwohl das Bewußtsein von der "Vorläufigkeit" isolierter Forschungsarbeit in der jüngeren Zeit offenbar gewachsen ist, sind praktikable Gelegenheiten, Fragestellungen mehrperspektivisch anzugehen, nach wie vor selten.

Auf diesem Hintergrund erfüllte das im Mai 1988 in Eichstätt abgehaltene "Interdisziplinäre Symposium zur Religion/Umwelt-Forschung" eine wesentliche Schrittmacherfunktion. Mit dem Ziel, die Dialektik von Glaubenssystemen bzw. Glaubensgemeinschaften und die sie umgebenden natürlichen bzw. sozio-kulturellen Gegebenheiten unter möglichst vielen Gesichtspunkten zu erhellen, war der Kongreß für Vertreter diverser Fachgebiete offen und bot einen breiten Ausschnitt aus dem Facettenreichtum themenrelevanter Zugänge.

Es würde allerdings die wissenschaftssoziologische Bedeutung dieses Symposiums unterlaufen, wollte man es bei einem allgemeinen Resümée der in Eichstätt präsentierten Beiträge belassen und sich mit dem unmittelbar aus der Tagung resultierenden Erkenntnisgewinn zufriedengeben. Weil es eine permanente Aufgabe sein muß, interdisziplinäre Impulse aufzugreifen und weiterzutreiben, erscheinen vielmehr Überlegungen, die dem Kongreß zur "Religion/Umwelt-Forschung" auch "nachträglich" dienlich sein können, als sinnvolle Ergänzungen bereits vor Ort behandelter Aspekte.

Die folgenden Gedanken sind insofern mit den in Eichstätt zusammengetragenen Materialien verknüpft, als auch hier eine religionsgeographische Programmatik zugrundegelegt wird. Gleichzeitig aber ist mit den nachstehenden Ausführungen der Anspruch verbunden, das in Eichstätt praktizierte Miteinander der Forschungsgebiete um eine bislang eher vernachlässigte Variante zu bereichern.

Internationale Verortung der vorliegenden Erörterung

Die beiden Pole des angedeuteten Spannungsverhältnisses, also einerseits der Versuch, an vorhandene Entwicklungstendenzen anzuknüpfen, und andererseits die Absicht, die fächerübergreifende Diskussion innovativ mitzugestalten, lassen sich vor allem unter der Bedingung vermitteln, daß man den Objektbereich der Religionsgeographie möglichst weiträumig absteckt. Folgt man in diesem Sinne z.B. BÜTTNER, dann reflektieren jene forschungspragmatischen Aktivitäten das Interesse der Religionsgeographie, die sich auf die Gesamtthematik "Religion in fremder Kultur" beziehen. Damit ist auch schon deutlich gemacht, daß der Begriff "Umwelt" <u>sozialgeographisch</u> denotiert ist und damit über eine terminologische Deutung hinausgeht, die ausschließlich physiographische Faktoren wie Klima, Boden oder Landschaft berücksichtigt.[1]

Es entspricht der Offenheit der Formulierung "Religion in fremder Kultur", daß sich die Beziehung von "importierten" bzw. immigrierten Glaubenssystemen und deren Umwelt je nach disziplinärem Blickwinkel unterschiedlich darstellt. Während etwa BÜTTNER den Schwerpunkt auf die Dialektik von religiösen <u>Minderheiten</u> und Gesellschaften mit anderen weltanschaulichen Wurzeln legt², ist mit gleicher Plausibilität denkbar, daß eine "Religion in fremder Kultur" nicht soziologisch sondern <u>philologisch</u> repräsentiert ist.

Eine Situation, die geradezu von der philologischen Repräsentanz von Glaubenssystemen "lebt", welche - chronologisch gesehen - zunächst ausschließlich in anderen geographischen Zonen der Erde beheimatet waren, ist die des "religionskundlichen" Unterrichts. Überall dort, wo innerhalb von Bildungsinstitutionen Kenntnisse z.B. über Hinduismus, Islam oder Judentum an Lernende christlich-abendländischer Prägung "weitergereicht" werden, begegnen Religionen in der Regel <u>in Form von Texten</u> Angehörigen einer "fremden" Kultur.

Der angesprochene Sachverhalt impliziert, daß sich eine textvermittelnde Praxis in Schule oder Erwachsenenbildung, die Zeugnisse von Glaubenssystemen mit lokal entlegenem Entstehungshintergrund zum Einsatz bringt, als ein Feld jeweils aufeinanderverweisender religionspädagogischer und religionsgeographischer Problemstellungen begreifen läßt.

Der vorliegende Beitrag verfolgt die Intention, ein möglichst universell anwendbares Modell zu erarbeiten, daß innerhalb der beiden angesprochenen Disziplinen erkenntnisleitende Funktionen erfüllt. Entsprechend sollen die nachstehenden Ausführungen in ein visualisiertes und wissenschaftssprachlich-abstrakt kommentiertes Schema einmünden, das den Anspruch erhebt, beliebig auf solche Konstellationen anwendbar zu sein, innerhalb derer religiöse Texte unterschiedlicher Herkunft auf eine ursprünglich "fremde" Kultur treffen. Um jedoch einsichtig zu machen, daß der schließlich erreichte Abstraktionsgrad nicht das Produkt einer der "Realität" enthobenen Gedankenleistung ist, sondern vielmehr die jederzeit konkretisierbare Generalisierung exemplarischer Anwendungsfälle, steht zu Beginn der Gedankenführung ein idealtypisches Textbeispiel. Alle weiteren Erörterungen werden zunächst auf diese ausgewählte Quelle bezogen und erst in einem daran anschließenden Schritt in allgemeine Prinzipien überführt. Einige Anmerkungen, die den spezifisch religionspädagogischen und insbesondere den religionsgeographischen Ertrag des entworfenen Modells betreffen, sollen den Aufsatz abrunden.

"Das Gleichnis von den Blinden und dem Elefanten" als exemplarischer Bezugspunkt

Im folgenden wird eine vielzitierte, der theravada-buddhistischen Tradition entstammende Sprachsequenz mit dem Titel "Das Gleichnis von den Blinden und dem Elefanten" wiedergegeben. Der besagte Abschnitt stellt die deutsche Übersetzung einer in Pali abgefaßten Originalschrift dar und trägt dem pädagogischen Regelfall Rechnung, daß religiöse Texte aus anderen Kulturbereichen - soll ihr Einsatz didaktisch sinnvoll sein - gewöhnlich als Translationen in die Muttersprache der betroffenen Schüler oder Kursteilnehmer Verwendung finden. Die relevante Passage wird zugunsten anderer, ebenfalls in Deutsch vorliegender Versionen[3] der im Kern gleichen Geschichte aus zwei Gründen favorisiert. Erstens weist die ausgewählte Fassung hinsichtlich des Gebrauchs wesentlicher Metaphern deutlicher als vergleichbare Alternativen auf den eigentlichen Entstehungszusammenhang des Ursprungstextes zurück. Zweitens enthält das Beispiel im Gegensatz zu den vorliegenden anderen Übersetzungen zusätzlich zum eigentlichen Hauptteil weitere Informationen, die für die hier zu verfolgenden Fragestellungen konstitutiv sind. Um diese "Zusatzinformationen" herausarbeiten zu können, ist es notwendig, den mehrfach redundanten Text weitgehend ohne Auslassungen zu zitieren.

> "So wurde es von mir gehört: Einst weilte der Erhabene bei der Stadt Sâvatthi, in dem Jetavana, dem Haine des Anâthapindika. Zur selben Zeit nun gingen viele Asketen und Brahmanen, die verschiedenen religiösen Gemeinschaften angehörten und auf der Wanderschaft waren, um der Almosen willen nach Sâvatthi. Diese hatten vielerlei Ansichten, unterschieden sich im Glauben, standen unter verschiedenartigem Einfluß und verließen sich auf allerlei Anschauungen. Es waren da einige Asketen und Brahmanen, die ließen solches vernehmen, sie hegten die folgende Ansicht: 'Ewig ist diese Welt. Dies nur ist die Wahrheit, alles andere Irrtum.' - Und es gab nun einige Asketen und Brahmanen, die sprachen

solches, deren Ansicht war die folgende: 'Vergänglich ist diese Welt. Dies nur ist die Wahrheit, Irrtum alles andere.' - Einige Asketen und Brahmanen waren darunter, die sprachen dies und deren Anschauung war die folgende: 'Endlich ist die Welt; dies nur ist Wahrheit, alles andere ist Irrtum', und andere verkündeten und hegten die Meinung: 'Unendlich ist diese Welt; dies nur ist Wahrheit, alles andere Irrtum.' Einige sprachen und hatten die Anschauung: 'Der Köper ist gleich der Seele, dies nur ist Wahrheit, Irrtum etwas andere.' Und andere wieder sprachen und betrachteten all dies auf solche Art: 'Der Körper ist das eine und die Seele das andere; dies nur ist Wahrheit, Irrtum etwas anderes.'[...] So verweilten sie, Kampf und Streit entstanden unter ihnen, und sie gerieten in Auseinandersetzungen und drangen aufeinander mit schneidenden Worten ein: 'So ist die rechte Lehre.' - 'Dies ist nicht die rechte Lehre.' - 'Nicht ist die rechte Lehre so, sondern so ist die rechte Lehre.'

Und die Menge der Bikkhus, der Mönche des Buddha, kleidete sich am Morgen an, nahm Mantel und Almosenschale und begab sich um der Almosen willen nach Sâvatthi. Nachdem sie in Sâvatthi Almosen gesammelt hatten und nach dem Mittagsmahl von dem Bettelgang zurückgekehrt waren, begaben sie sich dorthin, wo der Erhabene weilte. Zum Erhabenen gelangt, grüßten sie ihn ehrfürchtig, ließen sich ihm zur Seite nieder, und ihm zur Seite sitzend, sprachen die Mönche zum Erhabenen dies: 'Es weilen hier, Herr, viele den verschiedenen religiösen Gemeinschaften angehörenden Asketen und Brahmanen, die auf der Wanderschaft sind, in Sâvatthi zusammen. Sie vertreten die verschiedensten Ansichten und sind darüber in Auseinandersetzung geraten.'

'Die wandernden Mönche, die anderen religiösen Gemeinschaften angehören, sind blind; da sie keine Augen besitzen, erkennen sie nicht das Ziel und nicht den Irrweg, der fort vom Ziele führt, verstehen sie nicht die wahre Lehre und die falsche Lehre. Unter ihnen, die das Ziel und den Irrweg vom Ziel, die Lehre und die falsche Lehre nicht kennen, erwächst nun Kampf und Streit, in Auseinandersetzungen geraten, verharren sie und dringen mit schneidenden Worten aufeinander ein: 'So ist die rechte Lehre.'- 'Die rechte Lehre ist nicht so.' - 'Nicht ist die rechte Lehre so, so ist die rechte Lehre', dies alles behaupten sie. -

"In alter Zeit, ihr Mönche, gab es einen König in dieser Stadt Sâvatthi. Und jener König befahl einem seiner Diener: 'Heda, du Mann, gehe und versammle alle die von Geburt an Blinden, welche in Sâvatthi leben!' - 'So sei es, Herr', antwortete dieser. Er ließ alle Blinden, soviele es auch in Sâvatthi gab, ergreifen und begab sich dorthin, wo der König weilte. Zum König gelangt sprach er dies: 'Versammelt sind fürwahr, Herr, alle von Geburt an Blinden, die in Sâvatthi leben.' - 'So sage ich dir, weise du den Blinden einen Elefanten!' - 'Es sei, Herr', antwortete dieser Mann dem Könige und zeigte den von Geburt an Blinden mit den folgenden Worten einen Elefanten: 'Dies ist, ihr Blinden, ein Elefant.' Einige derselben ließ er das Haupt des Elefanten betasten und erklärte ihnen: 'Dies, ihr Blinden, ist ein Elefant.' Einigen anderen wies er mit denselben Worten die Ohren, wieder anderen den Stoßzahn, den nächsten den Rüssel, anderen den Körper, den einen den Fuß, den anderen den Rücken, dann den Schwanz und schließlich auch noch einigen die Schwanzquaste, stets mit den Worten: 'Dies, ihr Blinden, ist ein Elefant.' Nachdem der Diener den von Geburt an Blinden den Elefanten vorgeführt hatte, begab er sich zum Könige. Zum Fürsten gelangt, sprach er: 'Ich habe, Herr, den Blinden den Elefanten gezeigt. Für was du glaubst, daß die Zeit gekommen ist, das mögest du nun tun.' Und der König begab sich dorthin, wo die Blinden versammelt waren, und hinzugekommen, sprach er zu diesen: 'Ist euch, ihr Blinden, der Elefant gezeigt worden?' - 'So ist es, Herr, der Elefant wurde uns gezeigt.' - 'So sagt nun, wem gleicht ein Elefant?'

Die Blinden, die das Haupt des Elefanten betastet hatten, sagten: 'Ein Elefant, Herr, ist gleich einem Topf.' Jene, welche die Ohren befühlt hatten, sprachen: 'Ein Elefant ist gleich einem Worfelsieb.' Und die den Stoßzahn berührt hatten, die sagten: 'Ein Elefant ist gleich einer Pflugschar.' Die allein den Rüssel in Betracht zogen, sprachen: 'Ein Elefant ist gleich einem Nahrungsspeicher', die den Fuß befühlt hatten: 'Der Elefant ist gleich einem Pfosten', denen der Rücken gezeigt wurde: 'Der Elefant ist gleich einem Mörser.' Welche den Schwanz untersucht hatten: 'Der Elefant ist gleich einem Stößel.' Und die von Geburt an Blinden, die nur die Schwanzquaste betasteten, sagten: 'Der Elefant ist gleich einem Besen.' Und sie ereiferten sich und sprachen: 'Dem gleich ist ein Elefant.' - 'Ein Elefant ist nicht so.' - 'Nicht ist der Elefant so, sondern so ist der Elefant.' Da drangen sie aufeinander mit Fäusten ein; darüber, fürwahr, belustigte sich der König.

So wahrlich, ihr Mönche, sind auch die wandernden Asketen, die anderen religiösen Gemeinschaften angehören, blind. Da sie keine Augen haben, erkennen sie nicht das Ziel und was vom Ziele wegführt. Sie kennen nicht die rechte Lehre und nicht die falsche Lehre. Bei ihnen, die das nicht kennen, erwächst Kampf und Streit; in Auseinandersetzungen geraten, verharren sie, während sie mit schneidenden Worten einander bedrängen: So ist die rechte Lehre. - Nicht ist die rechte Lehre so. - Nicht ist dies die rechte Lehre, so ist die rechte Lehre."

> Und nachdem der Erhabene dies verkündet hatte, ließ er jenen Ausruf vernehmen: 'Wahrlich, an diesen Dingen hängen einige Brahmanen und Asketen; sich entzweiend streiten sie sich, die nur einen Teil erfassen.'"[4]

Anmerkungen zum exemplarischen Sprachmedium

Nähert man sich der zitierten Passage unter strukturellen Gesichtspunkten, fällt zunächst die Unterteilung des Mediums in das eigentliche Gleichnis und einer vorangestellten Beschreibung der für das Gleichnis konstitutiven Rahmenbedingungen auf.

Den zum Hauptteil hinführenden Angaben ist zu entnehmen, daß die Erzählung von den Blinden und dem Elefanten eine belehrende Ansprache darstellt, die Buddha aus gegebenem Anlaß an seine Anhänger richtet. Wie aus der Anrede "der Erhabene" und der Ehrfurcht ersichtlich wird, mit der sich die Mönche dem Buddha nähern, besteht zwischen den beiden Parteien der Kommunikationsdyade – hier ein als erleuchtet geltender Meister, dort dessen Anhänger – eine Statusdifferenz. Es ist die dem Buddha zugeschriebene Autorität, die die Mönche bewegt, sich dem Meister ratsuchend anzuvertrauen. Das von den Mönchen als Frage an ihren Meister artikulierte Problem erwächst aus einer für Indien zu Lebzeiten des Siddhartha Gautama typischen Konstellation, die sich in aller Kürze als ein religiöser Pluralismus charakterisieren läßt. Damit spiegelt sich in dem Anliegen der Mönche der "spirituelle Aufbruch" teilweise rivalisierender Asketen und charismatischen Führungspersönlichkeiten, die sich in Abgrenzung gegenüber dem Monopol der damals herrschenden religiösen Eliten, also im Protest gegen eine durch die Kaste der Brahmanen verkörperte "orthodoxe" hinduistische Tradition, individualisierten Formen der religiösen Vervollkommnung zugewandt hatten.[5]

Der sozio-kulturelle Entstehungshintergrund des Sprachmediums spiegelt sich aber nicht nur in der für die Mönche bestehenden kognitiven Dissonanz, sondern auch in den sprachlichen Mitteln, derer sich der Buddha zum Zwecke der problemlösenden Belehrung bedient. In diesem Sinne deckt sich der Inhalt des Gleichnisses mit dem Selbstverständnis des Buddha als ein "von aller Unwissenheit, genauer: Finsternis, Lichtlosigkeit, somit Unerleuchtetheit ... 'Erwachte[r]'"[6], der sich von anderen, ebenfalls "spirituelle Kompetenz" beanspruchenden Zeitgenossen qualitativ unterscheidet. Vergleichbar läßt sich z.B. das Elefanten-Motiv als ein Sinnbild überlegener Gedächtnisleistungen[7] bzw. der Weisheit und Stärke[8] deuten, während der König als ein Zeichen besonderer Macht oder - in Anspielung an die mit Monarchen oft verbundene solare Symbolik[9] - wiederum als Gegenpol zur vollständigen Dunkelheit eines Blinden zu verstehen ist.

Eine entwicklungsgeschichtliche Dimension schließlich repräsentieren einerseits die mehrfach im Text auftauchenden Wiederholungen und andererseits der einleitende Satz: "So wurde es von mir gehört." Sowohl der redundante Gebrauch gleicher bzw. ähnlicher Formulierungen als auch die Einführungsworte sind Manifestationen des historischen Prozesses, innerhalb dessen die ursprünglich im Magadhi-Dialekt mündlich artikulierten Äußerungen des Buddha über diverse Zwischenschritte kanonisiert, mnemotechnisch fixiert und schließlich mehrere Jahrhunderte später zunächst in der Pali-Sprache schriftlich festgehalten wurden.[10]

Weiterführende Problematisierung

Um die religionsgeographischen und religionspädagogischen Probleme zusammenhängend in den Blick nehmen zu können, ist es für die konstruktive Weiterführung der bisherigen Überlegungen erforderlich, zusätzlich zu der eben umrissenen "Produktionssituation" eines Textes auch jene Gesichtspunkte zu berücksichtigen, die unmittelbar in der textbearbeitenden Praxis des religionskundlichen Unterrichts angelegt sind. Letztere werden im folgenden pauschal der sogenannten "Vermittlungssituation" zugerechnet und ergeben sich z.B. aus der allgemeinen kulturellen Determination der beteiligten Individuen, aus religionskundlichen Lehrplänen und Rahmenrichtlinien oder aus der persönlichen Biographie der Schüler bzw. Teilnehmer. Aspekte der angedeuteten Art stehen in einer mehr oder weniger deutlichen Spannung zu Konstituenten der Produktionssituation, welche auch dann als bestimmende Momente in den Unterricht eingehen, wenn sie dort nicht ausdrücklich zum Thema erhoben werden. Auf das obige Beispiel bezogen bedeutet dies, daß der eigentliche Anlaß des Gleichnisses, die Qualität der Beziehung der ursprünglich beteiligten Kommunikationspartner, die behandelten Inhalte, die stilistischen Varianten und gewählten Metaphern sowie die Chronologie der Überlieferung eine Einheit bilden, die als solche auf Rezipienten mit eigener Geschichte, spezifischer sozio-historischer Einbettung, individuellen Vorlieben, usw. trifft.

Das im folgenden konstruierte Modell versteht sich als schematische Verarbeitung des Verhältnisses zwischen "Produktionssituation" und "Vermittlungssituation" und bildet die visuelle Grundlage für eine wissenschaftlich-abstrakte Darstellung jener Faktoren, die im Kontext der philologischen Repräsentanz religiöser Traditionen innerhalb "fremder" Kulturen eine Rolle spielen können.

Ein Strukturmodell religionsgeographisch und religionspädagogisch relevanter Faktoren des Kulturtransfers von Texten

Wie unmittelbar ersichtlich, ergibt sich im Schaubild zunächst eine Differenzierung zwischen einer <u>Produktionssituation</u> und einer <u>Vermittlungssituation</u>.

Mit "Produktionssituation" ist die räumlich und zeitlich qualifizierte Konstellation gemeint, in dessen Rahmen ein <u>Sender</u> (S_1) ein <u>Medium</u> (M_1) mit Blick auf einen <u>Empfänger</u> (E_1) artikuliert. Sender und Empfänger sind unter Maßgabe bestimmter Interessensverhältnisse perspektivisch miteinander verwoben bzw. handelnd aufeinander bezogen. Das durch den Handlungsbezug gesetzte Interaktionsfeld (schraffierter Kreis) ist wiederum eingebettet in einen sozio-historischen Kontext (gepunkteter Kreis).

Schaubild

Analog ist mit "Vermittlungssituation" die räumlich und zeitlich qualifizierte Konstellation gemeint, in deren Rahmen ein Lehrender (Sender = S_2) einen ihm verfügbaren und unter pädagogischen Gesichtspunkten ausgewählten, letztlich auf die Produktionssituation zurückverweisenden Text (Medium = M_2) einem Lernenden bzw. einer Lerngruppe (Empfänger = E_2) präsentiert. Da - soziologisch betrachtet - Lehrender und Lernende in ein komplementäres, institutionell abgesichertes Rollengefüge eingebunden sind, gilt wie oben: Sender und Empfänger sind unter Maßgabe bestimmter Interessensverhältnisse perspektivisch miteinander verwoben bzw. handelnd aufeinander bezogen. Auch dieses Interaktionsfeld (schraffierter Kreis) ist eingebettet in einen sozio-historischen Kontext (gepunkteter Kreis).

Der dreigliedrige Pfeil zwischen den beiden Gesamtkreisen soll zum Ausdruck bringen, daß zwischen Produktionssituation und Vermittlungssituation eine kulturelle bzw. historische und geographische Distanz besteht. Diese Aussage schließt ein, daß es sich nicht nur bei S_1 und S_2 bzw. E_1 und E_2, sondern auch bei M_1 und M_2 um Größen handelt, die nicht deckungsgleich sind. Letzteres gilt schon deshalb, weil M_1 meist nicht mehr authentisch rekonstruierbar ist. Zwischen M_1 und M_2 besteht aber insofern eine inhaltliche Beziehung, als M_1 über diverse Zwischenschritte in M_2 überführt wurde. Mit jedem Schritt auf dem Überführungsweg von M_1 nach M_2 sind hinsichtlich des Inhalts des ursprünglichen Sprachmediums Bedeutungsverschiebungen verbunden. In diesem Zusammenhang ist daran zu erinnern, daß religiöse Texte, die für Unterrichtszwecke zur Verfügung stehen, in aller Regel Übersetzungen von Schriftdokumenten, also von Sprachmedien sind, die sich im Verlauf eines quellengeschichtlichen Entwicklungsprozesses gegenüber eines formal weniger festgelegten, im Minimalfall nur im Inhaltskern bestimmten Erzählgutes verdinglicht haben. Besteht bereits eine Diskrepanz zwischen M_1 in seiner ursprünglichen, ggf. mündlichen Gestalt und des bereits tradierten, auf M_1 zurückverweisenden Materials, kommt es schließlich mit dem Übersetzungsvorgang zu einem entscheidenden qualitativen Bruch. Der Text gelangt nämlich in einen von anderen Sprachgegebenheiten bzw. Erfahrungshorizonten geprägten Kontext, verweist auf eine Zeit mit häufig anders gelagerten Problemstellungen und büßt so einiges von seiner genuinen kulturellen Eigenheit ein.[11]

Zusätzlich zu den eben angeführten Aspekten ergeben sich weitere Möglichkeiten der Bedeutungsverschiebung sowohl innerhalb der Produktionssituation als auch innerhalb der Vermittlungssituation.

In der Produktionssituation angelegte Bedeutungsverschiebungen können ihre Ursache einerseits in einer zwischen Sender und Empfänger bestehenden Perspektivendivergenz und andererseits in einer zwischen Sender und Empfänger bestehenden prinzipiellen Bewußtseinsdivergenz haben.

Bezüglich des zuerst genannten Gesichtspunktes ist zunächst herauszustellen, daß die Vorstellung, es gäbe zwischen Kommunikationspartnern prinzipiell die Möglichkeit einer grundsätzlichen Übereinstimmung ihrer jeweiligen "Verstehenshorizonte", lediglich eine idealisierende Unterstellung ist. Stattdessen gilt: Einem Empfänger sind die Intentionen, die ein Sender mit Hilfe eines Sprachmediums verfolgt, nur über die ihm unmittelbar sinnlich wahrnehmbaren Zeichen zugänglich. Damit der Sender über das Medium beim Empfänger eine beabsichtigte Wirkung entfalten kann, ist er auf die "Mitarbeit" des Hörers bzw. Lesers angewiesen. Letzterer ist aufgefordert, die von ihm wahrgenommenen Zeichen auf einen dahinterliegenden Sinn zu interpretieren.[12] In diesem Zusammenhang ist es ein empirischer Allgemeinplatz, daß unterschiedliche Personen dazu neigen, ein Sprachmedium auf der Basis eines persönlichen Vorverständnisses zu "entschlüsseln".[13] Entsprechend variieren die Resultate der von unterschiedlichen Empfängern vollzogenen Rekonstruktionen eines vom Sender intendierten Sinnes. Wie das Beispiel der zunächst von einzelnen Mönchsgruppen mündlich bewahrten und erst später schriftlich fixierten Texte der buddhistisch-theravadischen Tradition nahelegt, ist der eben angesprochene Sachverhalt insbesondere dann von Bedeutung, wenn E_1 im Rahmen eines Prozesses der Textüberlieferung eine vermittelnde Funktion übernimmt, d.h. als ein Bindeglied zwischen dem eigentlichen Textproduzenten S_1 - im obigen Beispiel der Buddha - und der Nachwelt auftritt. Die Erzählung des von S_1 eigentlich Gemeinten gegenüber Dritten ist in ihrer Authentizität nämlich schon dadurch in Frage gestellt, daß der Hörer E_1 bereits entfremdete, weil durch eigene Interpretationen gefärbte Inhalte weitergibt.

Eine Radikalisierung erfahren die eben ausgeführten Aspekte in solchen Fällen, - und auch hier erweist sich das oben gewählte Beispiel als repräsentativ -, in denen Gläubige ihren jeweiligen Religionsstifter oder anderen, ihrer Meinung nach charismatisch veranlagten Persönlichkeiten als Urheber eines Textes ansehen. Sender der besagten Art - so will es die jeweilige Religionsgemeinschaft, und die Religionswissenschaft befindet sich aus wissenschaftstheoretischen Gründen nicht in der Position, jenes Selbstverständnis zu negieren - haben aufgrund von mystischen Einsichten oder Offenbarungserlebnissen auch Einblicke in Zusammenhänge, die sich qualitativ von der "gewöhnlichen" Realitätswahrnehmung unterscheiden, die das Alltagsbewußtsein von Vertretern der entsprechenden sozio-kulturellen Umwelt konstituiert.

Hinsichtlich jener Bedeutungsverschiebungen, die sich innerhalb der Vermittlungssituation ergeben können, ist zu bedenken, daß S_2 - bevor er ein Sprachmedium in eine Vermittlungssituation einbringt - selber in die Rolle eines Empfängers gestellt ist. In diesem Sinne hat S_2 den entsprechenden Text, bzw. die dort enthaltene "Botschaft", gemäß den in seiner Person begründeten Voraussetzungen, d.h. auf dem Hintergrund seiner sozio-kulturell und individualbiographisch determinierten Deutungsmuster interpretierend aufgenommen.[14] Die so entstandene "Färbung" der Textinhalte ist von nun an ein mitbestimmendes Element der Vermittlungssituation. Im Unterricht tritt S_2 gegenüber E_2 nämlich als ein "Experte" auf, der den von E_2 zu vollziehenden Rezeptionsvorgang bezüglich M_2 mehr oder weniger aktiv steuert. Auf diese Weise entfalten die von S_2 im gesamten Kontext der Textbearbeitung bereitgestellten "Zusatzinformationen" - etwa indem sie bestimmte Textaspekte gewichten - vorurteilsstrukturierende Wirkungen auf seiten von E_2. Letztere wiederum können sich mit psychischen Faktoren verbinden, die unabhängig von einer Intervention des Lehrenden in E_2 angelegt sind und zu einer selektiven Wahrnehmung der Inhalte des Sprachmediums führen.[15] Entsprechend müssen dann auch Momente wie eine evtl. vorhandene "eurozentristische" Einstellung, eine ggf. vorherrschende Affinität des Schülers bzw. Teilnehmers zu einer der großen Weltreligionen oder eine vielleicht gegebene "agnostische" bzw. religionskritische Gesinnung bedacht werden.[16]

Abschließende Bemerkungen zum heuristischen Wert des erarbeiteten Modells

Fragt man im Sinne der "interdisziplinären" Ausrichtung dieses Beitrags zunächst nach dem heuristischen Wert der bis hierhin ausgebreiteten Prinzipien für die Religionspädagogik, dann ist vor allem die Möglichkeit herauszustellen, anhand des entworfenen Schemas potentielle Probleme einer textvermittelnden Unterrichtspraxis zu bestimmen und konstruktiv zu wenden. Das dargestellte Modell sensibilisiert für die Tatsache, daß die Qualität einer Arbeit an Sprachmedien im Kontext einer religionskundlichen Lehr-/Lern-Situation nicht zuletzt davon abhängt, inwieweit die pädagogisch Verantwortlichen in der Lage sind, textinhärente "Spuren" teilweise bereits tradierter Bedeutungsverschiebungen, soziokulturell bedingte Voraussetzungen für inhaltliche Mißverständnisse oder persönlichkeitsspezifische Dispositionen in bezug auf Fehlinterpretationen zu identifizieren und aufzufangen. Je intensiver sich Lehrer bzw. Kursleiter hermeneutischen, quellenhistorischen, wahrnehmungspsychologischen und ideologiekritischen Vorarbeiten widmen und je gewissenhafter die so gewonnenen Erkenntnisse innerhalb des Unterrichts aktualisiert werden, umso wahrscheinlicher bildet sich auch bei den Schülern bzw. Teilnehmern ein der Problematik angemessenes Bewußtsein heraus. Entsprechend groß dürfte dann auch die Chance sein, die oben skizzierten Störmomente zu umgehen bzw. diese in bezug auf das Ergebnis der Textarbeit jeweils "mitdenken" zu können.

Mit Blick auf die <u>Religionsgeographie</u> besitzt das obige Modell in erster Linie deshalb eine erkenntnisleitende Funktion, weil es dazu auffordert, die Formulierung "Religion in fremder Kultur" ggf. differenzierter zu begreifen, als es die Pauschalität der im Singular gehaltenen Redewendung vordergründig vorzugeben scheint. So dürfte anhand des gewählten Beispiels deutlich geworden sein, daß nicht etwa erst mit der Überführung eines anderssprachlichen Textes ins Deutsche, sondern bereits mit der von Pali-kundlichen Autoren vorgenommene schriftlichen Fixierung einer mündlichen Rede, die ursprünglich in Magadhi vorgetragen wurde, ein "Kulturtransfer" innerhalb der theravada-buddhistischen Tradition nachweisbar ist.

Will man noch einen Schritt weitergehen, dann läßt das obige Schema sogar eine Auslegung zu, nach der diverse Glieder einer quellenhistorischen Kette "sub-kulturelle" Einheiten repräsentieren. Eine solche Deutung deckt sich bis zu einem gewissen Grad mit Annahmen der "Phänomenologischen Soziologie" und dem von ihr postulierten Theorem der "Lebenswelt".[17] Die "Lebenswelt" entspricht den im Alltagsvollzug gewöhnlich nicht problematisierten Unterstellungen, d.h. jenen "Deutungsmustern", auf deren Hintergrund Angehörige einer gesellschaftlichen Gruppe routinemäßig ihrer ganz spezifischen "Wirklichkeit" begegnen. In diesem Sinne trifft eine philologisch repräsentierte Religion z.B.. innerhalb des religionskundlichen Unterrichts auch nicht auf die deutsche Kultur. Vielmehr ist innerhalb einer Vermittlungssituation ein bereits mehrfach "gebrochener" Text subjektiv nuancierten Interpretationen ausgesetzt, die sich ggf. disparaten subkulturellen Milieus zuordnen lassen.

Inwieweit sich das vorgestellte, weitgehend abstrakte Modell in der Praxis bewährt, muß sich im Rahmen zukünftiger Forschungsarbeiten erweisen! Die Religionsgeographie könnte dabei als ein wesentlicher disziplinärer Rahmen fungieren.

Zusammenfassung

Fremdsprachliche Übersetzungen religiöser Texte haben in der Regel einen vielfältigen Prozeß der Umgestaltung durchlaufen. Dabei hat sich das betreffende Medium bei jedem Schritt innerhalb dieses Prozesses immer weiter von seinem eigentlichen Ursprung entfernt. Solche Vorgänge der Transformationen unterliegen bestimmten Prinzipien. In diesem Sinne läßt sich ein abstraktes Modell erarbeiten, das die Bedingungen der Übertragung von sprachlichen Konstrukten in einen anderen kulturellen zusammenhang veranschaulicht. Gleichzeitig läßt sich dieses Modell als Rahmen für eine

Erörterung jener Elemente nutzen, die für den sukzessiven Wandel von Texten verantwortlich sind, die letztendlich auf Angehörige einer "fremden" Kultur treffen. Aspekte der angesprochenen Art sind sowohl für die Religionspädagogik als auch für die Religionsgeographie von disziplinärem Interesse.

Summary

As a rule religious texts being available as translations into a "foreign" language have gone through a manifold process of modification. At each step of this process a philological medium continuously alienated from its origin. The principles of this cultural transformation can be generalized. In this sense it is possible to design an abstract model which illustrates the conditions of transferring manifestations of speech from one culture to another. Furthermore, the model leads to a discussion of different elements which are responsible for the successively change of texts individuals pertaining to a "foreign" culture finally are confronted with. The aforementioned aspects are relevant both in terms of pedagogics and the "geography of religions".

Anmerkungen

1. Vgl. BÜTTNER, M.: Zur modernen Wahrnehmungsgeographie und ihre Bedeutung für die Erforschung der Umwelt/Religion-Beziehung. In: Mitteilungen der Interdisziplinären Arbeitsgruppe zur Religion/Umwelt-Forschung, Mitteilungsblatt 1, Juni 1987, S. 11ff.

2. Vgl. ebenda.

3. Vgl. u.a. ORNSTEIN, R.: Die Psychologie des Bewußtseins. Köln 1974, S. 153ff.; TWORUSCHKA, U.: Himmel ist überall. Geschichten aus den Weltreligionen. Gütersloh 1985, S. 57ff.; BÄTZ, K.: Weltreligionen heute. Hinduismus. Zürich/Köln 1979, S. 57.

4. "Reden des Buddha". Stuttgart 1957, S. 49ff.

5. Vgl. z.B. SCHUMANN, H.-W.: Buddhismus. Stifter, Schulen und Systeme. Olten/Freiburg 1976, S. 13ff.

6. WALDENFELS, H. (Hrsg.): Lexikon der Religionen. Freiburg usw. 1987, hier S. 152.

7. Vgl. LURKER, M. (Hrsg.): Wörterbuch der Symbolik, Stuttgart 1985, S. 66.

8. Vgl. ebenda, S. 155.

9. Vgl. ebenda, S. 362.

10. Vgl. SCHUMANN, H.-W., a.a.O., S. 53ff.

11. Ein in diesem Zusammenhang treffendes Beispiel gibt GRESCHAT. Vgl. GRESCHAT, H.J.: Was ist Religionswissenschaft? Stuttgart 1988, S. 46.

12. Vgl. den nach wie vor hervorragenden Beitrag: WILSON, TH.P.: Theorien der Interaktion und Modell soziologischer Erklärung. In: Arbeitsgruppe Bielefelder Soziologen (Hrsg.): Alltagswissen, Interaktion und gesellschaftliche Wirklichkeit. Opladen 1985, S. 54ff.

13. Vgl. z.B. SCHOBER, O. (Hrsg.): Text und Leser. Zur Rezeption von Literatur. Stuttgart 1979, insbes. S. 42ff.

14. Die von KÖRBER unter etwas anderer Perspektive angestellten Überlegungen sind hier übertragbar. Vgl. KÖRBER, S.: Bedingtheit und Distanzbemühen. Zur anthropologischen Situation des Religionswissenschaftlers. In: STEPHENSON, G. (Hrsg.): Der Religionswandel unserer Zeit im Spiegel der Religionswissenschaft. Darmstadt 1976, S. 293ff.

15. Wesentliche Aspekte der Gesamtproblematik behandelt z.B. WILLENBERG, H.: Zur Psychologie literarischen Lesens. Paderborn 1978.

16. Vgl. LANGEMEYER, G.: Das Thema Weltreligionen in unserer Gesellschaft. In: SCHULTZE, H., TRUTWIN, W. (Hrsg.): Weltreligionen, Weltprobleme. Ein Arbeitsbuch für Studium und Unterricht. Düsseldorf/Göttingen 1973, S. 171ff.

17. Vgl. das Grundlagenwerk: SCHÜTZ, A., LUCKMANN, TH.: Strukturen der Lebenswelt. Darmstadt/Neuwied 1975.

Rückkehr zum Ursprung

Das Problem der Revitalisierung von Stammesreligionen, dargestellt am Beispiel der christianisierten Batak

von Peter Gerlitz, Bremerhaven

Vortrag gehalten auf dem Symposium in Eichstätt 1988

I.

Die Jungen Christlichen Kirchen in Afrika und Asien machen - äußerlich gesehen - den Eindruck, als wären sie lediglich Spiegelbilder ihrer westlichen Mutterkirchen oder Partnerkirchen, deren Strukturen sie in Liturgie, Gemeindeaufbau und vor allem in der Theologie übernommen haben. Der westliche Gottesdienstbesucher findet sich denn auch sofort "zuhause": Er kann die Lieder mitsingen, die Gebete mitsprechen und die kerygmatisch-theologischen Inhalte der Predigt mühelos nachvollziehen. Er stellt - teils befriedigt, teils bedauernd - fest, daß die missionarische Transformation in die fremde Kultur nahezu lückenlos gelungen zu sein scheint, aber eine Inkulturation kaum stattgefunden hat, geschweige denn eine einheimische Theologie entstanden ist, die sich unabhängig von der westlich-europäischen Theologie entwickelt, - und das trotz aller Ermutigungen, die seit einigen Jahrzehnten seitens der ehemaligen Missionsgesellschaften ausgesprochen werden. Offenbar lassen sich so komplexe Neuerungen wie "Inkulturation" und "Einheimische Theologie" nicht verordnen.

Allerdings - und das scheint der westliche Besucher nicht zu bemerken - finden in den Jungen Kirchen zur Zeit latente Entwicklungen statt, deren Tragweite wir noch nicht ermessen können. Es sind dies sozusagen "Entwicklungen an der Basis", wenn man unter "Basis" die tribalen und darum originären Traditionen versteht, denen das Christentum europäischer Prägung "aufgesetzt" wurde.

Soweit ich sehe, handelt es sich mindestens um zwei Traditionsstränge, in denen sich autochtone tribale Überlieferungen normativen Inhalts erhalten haben, welche latent das kirchliche Leben in den ehemaligen Missionsgemeinden in Frage stellen: Nämlich die traditionellen Familienstrukturen und bestimmte kultisch-rituelle Überlieferungen, denen freilich mit der Übernahme des Christentums die bewußte Reproduzierung des autochtonen Mythos verloren gegangen ist. Beides, Familienstrukturen und kultisches Handeln, sind dabei in der Regel nicht voneinander zu trennen, bedingen einander und sind interdependent.

II.

Ich will die hier skizzierte Problematik an den vor 125 Jahren von der Rheinischen Mission christianisierten Batak auf Sumatra (Toba-Batak, Karo-Batak, Simalungen) deutlich machen, hinter deren streng protestantischem Grundkonsens sich ein zähes Festhalten an orthodox-autochtonen Elementen verbirgt, so daß es geradezu zu einer religiösen Identitätskrise kommen konnte. Ursache dafür ist der aus vorislamischer Zeit stammende Sittenkodex, die Adat, dieses "alte indonesische Gewohnheitsrecht", das der Urteilsfindung dient[1] und gleichzeitig die Lebensordnung ist, die die Stammesangehörigen von den Vorfahren ererbt haben. In die Adat ist das Leben der Batak-Familie und des Batak-Dorfes ebenso eingebettet wie Alltag und Feiertag, Hochzeits- und Bestattungsritus und die Hochschätzung der Ahnen, die auch mit der Christianisierung der Stämme nie aufgehört hat. Ihre "Funktion" ist es, "Verhalten und Handeln der Mitglieder einer Gesellschaft zu ordnen, zu überwachen, zu regulieren und zu bestimmen", schreibt eine Missionszeitschrift mit einer gewissen Polemik.[2] Die Adat ist zugleich eine Lebensordnung, die die Ahnen an alle nachfolgenden Generationen überliefert haben, und innerhalb derer die Toten mit den Lebenden verbunden bleiben. Sie ist also ein Bund, den die Vorfahren mit den zu erwartenden Nachkommen über die

Zeiten hinweg geschlossen haben, und der seitdem Lebende und Tote trägt. Dieser Grundsatz gilt auch für die christianisierten Batak-Stämme.

Wichtigster Pfeiler der Adat ist das Marga-System, die streng exogame Heiratsordnung, die die Sippe verpflichtet, ihre Frauen aus bestimmten anderen Sippen zu nehmen und somit die Eheschließung zu einer Angelegenheit der Sippe macht. Auf der Marga beruht die gesamte Sozialordnung der Toba- und Karo-Batak. Die komplizierten auf strikter Patrilinearität beruhenden Strukturen dieses Systems wollen wir vernachlässigen und uns hier nur mit der Funktion der Marga als Kult- und Ritualgemeinschaft beschäftigen; denn darin besteht ihre religiöse Aufgabe.

Sämtliche Marga sind nach Anlage eines Stammbaums konzipiert, haben also eine vertikale und eine horizontale Komponente, d.h., die Marga-Mitglieder sind sowohl durch ihre Herkunft als auch durch ihre verwandtschaftlichen Beziehungen miteinander verbunden. Was ihre Herkunft anbelangt, so münden alle Marga mitsamt ihren Verzweigungen in die beiden Stammeshälften Sumba und Lontung ein, die wiederum auf die beiden Söhne des Stammvaters der Batak, SI RAJA BATAK, zurückgehen.[3] Für die christianisierten Batak endet hier die tribale Tradition bzw. wird von der biblisch-christlichen Anthropogenie aufgenommen, während die orthodoxen Stammesmitglieder die Ahnenreihe weiterführen bis zu den ersten Menschen, den Geschwistern RAJA IHATMANASIA und BORU ITAMAMANASIA[4] und damit direkt zu den Gottheiten der tribalen Schöpfungsmythen[5], einer Göttertrias, bestehend aus BATARA GURU, SORIPADA und MANGALABULAN, und zu SIDEAK PARUJAR, der Tochter des BATARA GURU, die die Mutter der beiden Menschenzwillinge und damit die göttliche Ahnin der Menschheit ist.

Jeder Toba- und Karo-Batak, ob er Christ oder Nicht-Christ ist, setzt seine Ehre darein, seine Herkunft von SI RAJA BATAK, dem Stammesgründer und Urvater, über die Stammesväter seiner Marga nachzuweisen. Der orthodoxe Batak[6] geht noch einen Schritt weiter: Er vermag sogar nachzuweisen, daß ihn ein direktes Verwandtschaftsverhältnis mit der otiosen Schöpfergottheit MULA JADI NA BOLON[7], dem Vater der Göttertrias, verbindet, deren direkter Nachkomme er ist.

Damit endet die Ahnenreihe für die Batak-Religion in der Oberwelt, die dem Höchsten Gott bzw. der mit der Schöpfung beauftragten Trias untersteht.[8] Menschen und Götter sind über die Marga unmittelbar miteinander verbunden und sind verwandt. Himmel und Erde stehen in einem Bundesverhältnis zueinander. Das Batak-Volk ist das auserwählte Volk, der Toba-See mit der Insel Samosir Mittelpunkt der Erde und Wiege der Menschheit.

Allerdings muß dieses Bundesverhältnis auch gepflegt werden. Dazu hat MULA JADI NA BOLON die Menschen mit dem <u>Wesen des Opfers</u> vertraut gemacht und ihnen das Ritual erklärt. Und damit beginnt die eigentlich kultische Aufgabe der Marga, nämlich Träger der Stammesreligion und Zentrum für die Opferriten zu sein.

Bereits die kleinste Einheit oder Gruppe, <u>saompu</u>[9], die Familie oder Lineage, die einen gemeinsamen Ur- oder Ururgroßvater, ompu, besitzt, also die Nachkommen aus vier bzw. fünf Generationen umfaßt, bildet eine solche Kultgemeinschaft: Sie wohnt in ein und demselben Dorf, trägt miteinander Freud und Leid und begeht zusammen die Feste anläßlich von Geburt, Hochzeit und Tod. Danach folgt - gemäß der Reihenfolge der Marga - eine saompu, die sechs bis zehn Generationen von Nachkommen eines gemeinsamen Ahnherrn umfaßt, also mehrere Großfamilien. Hier kennen sich die Angehörigen zwar und treffen sich auf den Familienfesten, aber der Zusammenhalt ist lose, schon dadurch, daß diese "Sippe" in verschiedenen Dörfern lebt. Und schließlich können mehrere saompu dieser zweiten Gruppierung zusammen eine noch größere dritte saompu bilden, die bis zu fünfzehn Generationen Nachkommenschaft umfaßt. Der Begriff "saompu" wird also für jede Gruppe gebraucht, ungeachtet ihrer Größe. Einziges Unterscheidungsmerkmal ist das <u>Opferritual</u>. Anläßlich der Feste schlachtet nämlich jede saompu ihr ganz bestimmtes Opfertier[10]: Die kleinste Gruppe opfert ein Huhn und ist darum die <u>sapanganan manuk</u>, die größere Gruppe opfert ein Schwein und heißt darum <u>sapanganan babi</u>, und die größte Gruppe opfert bei einem entsprechend bedeutenden Sippenfest, horja genannt, das die Angehörigen von weit her zusammenführt, einen Wasserbüffel und heißt darum <u>sapanganan lombu</u>.[11] Erst mehrere sapanganan lombu bilden eine Marga, die wichtigste soziale Einheit, deren Name heute als Nachname für die Marga-Angehörigen gebräuchlich ist. Die Marga ist also selbst eine saompu und vereint in der Regel zahlreiche "sapanganan".[12] Der gemeinsame Vorfahre, in dem alle die vielen Angehörigen kulminieren, ist dabei in eine historisch kaum noch faßbare Zeit entrückt, eine mythische Figur also, die "in grauer Vorzeit lebte".[13]

Aber gerade diesem gemeinsamen Vorfahren gilt die Aufmerksamkeit: Er ist nicht nur Begründer des "Stammes", sondern auch ständig gegenwärtiger Kustos und Supervisor, der die Lebenden begleitet, fördert, aber sie auch beobachtet und kontrolliert. Denn ein bedeutender Vorfahre erreicht in der Oberwelt den Rang eines <u>sombaon</u>, eines vergöttlichten Ahnherrn, der auf Erden und bei seinen Nachkommen in verwandelter Gestalt zu erscheinen pflegt.[14] Der Gründer der Marga ist also - tiefenpsychologisch gesprochen - das Über-Ich der Marga-Angehörigen.

III.

Dem Urahnen einer saompu und Marga gebührt darum nach tribal-orthodoxer, also vorchristlicher Auffassung, höchste Verehrung. Mit der Begründung der Marga ist damit zugleich auch der <u>Ahnenkult</u> begründet.

Hunderte von alten kunstvoll aus Stein gehauenen Grabhäusern[15] finden sich auf der Insel Samosir im Toba-See und an den Ufern des Sees: Das sind die Plätze, an denen in vorchristlicher Zeit die saompu oder gar die Marga zusammentraten, um die Geister der Ahnen anzurufen und ihnen Opfergaben darzubringen.

Die **Praxis der Bestattung** wurde in den Batak-Stämmen vor ihrer Bekehrung zum Christentum unterschiedlich gehandhabt: Die Karo kannten die Kremation als zweite Bestattung, die auf das Erdbegräbnis folgte.[16] Die Toba kannten nur die Erdbestattung; doch der Verlauf der Beisetzungen vollzog sich in beiden Stämmen auf die gleiche Weise: Die Toten wurden in Holz- oder Steinsärge (sopo) gelegt, über der Erde stehen gelassen oder begraben und die Knochen nach einem Jahr, wenn das Fleisch abgefallen war, in einer Ahnengruft beigesetzt.[17] Diese zweite Beisetzung erfolgte während einer feierlichen Zeremonie und heißt auf Batak mameakhon tu batu na pir, "auf den harten Stein legen". Erst jetzt war der Tote zu einer *begu*, einem Ahnengeist, geworden und in eine andere Existenzform übergegangen.

IV.

Die **klassischen Grabmale** (kuburan) der Toba-Batak sind aus Stein (Granit, Basalt in vulkanischen Gegenden), der z.T. von weither transportiert wurde[18], selten aus Holz.[19] Sie bestehen in der Regel aus einem rechteckigen ausgehöhlten Sockel, der mit einer Deckplatte versehen ist, die die Form eines zweigeteilten Daches hat.[20] Die mächtigen Megalithsärge sind nicht zu übersehen. Sie stehen mitten im Dorf oder am Dorfeingang, stets mit dem Kopfende zum See hin ausgerichtet. Sie gleichen den traditionellen Batak-Häusern mit ihren kühn geschwungenen Dachfirsten (das Totenhaus ist Abbild des Hauses der zurückbleibenden Familie) oder Booten, wie sie auf dem Toba-See gebräuchlich sind (der Tote tritt seine Reise ins Jenseits über den See an). Menschliche Figuren, mythische Drachen und die Schlange der Unterwelt, wie sie auch im Schnitzwerk der Häuser zu finden sind, und die allgegenwärtige Eidechse, die als Symbol des ewigen Lebens in vielen Reiskulturen eine Rolle spielt, bilden den Dekor oder flankieren als Wächterfiguren den Sarg.[21] Dazu kommen Reminiszenzen aus der hinduistischen Periode: Nandi, der Bulle Sivas, Sphinxe und - immer wiederkehrend - der Kopf eines singa am Kopfende des Sarges, des mythischen Löwen und Schutzgeistes der Tiere[22], Epitheta, die selbst auf christlichen Friedhöfen anzutreffen sind.[23] Seltener sind <u>Steinurnen</u>, die wie riesige Töpfe mit Deckeln aussehen und offenbar nur auf Samosir hergestellt werden und auch dort nur zu finden sind.[24]

> "One can have only admiration for the remarkably good design and execution of these structures, and for the conservation of the old artistic spirit which they show",

schrieb BARTLETT 1934.[25]

V.

Doch die Steinmetzkunst und das Interesse an überlieferten Kunststilen fanden ein jähes Ende, als in den zwanziger Jahren dieses Jahrhunderts die vielseitige Verwendung von Zement auf Sumatra bekannt wurde. War man beim Bau der bisherigen Grabanlagen aus Stein an natürliche Grenzen gestoßen, so konnte man nun das neue Material "simen" dazu benutzen, um aufwendige Grabkammern und hohe <u>Obelisken</u> über den sterblichen Überresten des ompu, des Ahnherrn, zu errichten und auf diese Weise den Ruhm seiner Marga zur Schau stellen. Es konnte nicht ausbleiben, daß beim Bau der neuen gigantischen Monumente das Prestige der Angehörigen und Nachkommen eine größere Rolle zu spielen begann als die Verdienste des Verstorbenen: "Je glänzender die Verwandten und die saompu", schreibt JEAN PAUL BARBIER ironisch[26], "um so monumentaler das Grabmal, um so größer der Ruhm derer, die das Fest organisieren." Schon in vorchristlicher Zeit hatte die Ausrichtung eines Begräbnisses nicht nur dem Wohlergehen der Seele des Verstorbenen gegolten, sondern diente immer auch der Stärkung des sozialen Status der Nachkommen. Doch damals existierte noch ein organischer Zusammenhang zwischen den Toten und den Lebenden, ein "Bund", der seit der Einführung des Christentums als "heidnisch" eingestuft wurde. Die Bestattung eines bedeutenden Marga-Angehörigen besitzt seitdem keinen religiösen Topos mehr; sie dient jetzt nurmehr dem Prestigezuwachs der Marga, wofür die gigantischen Zementdenkmäler sichtbarer Ausdruck sind.

Um diese aufwendigen Denkmäler errichten zu können, bedarf es einer möglichst großen Zahl von Marga-Mitgliedern, die die immensen Kosten dafür aufbringen. Doch das scheint offenbar kein Problem zu sein; denn bei der Überführung der Gebeine, dem mangongkal holi-holi, möchten die saompu jeder Größe und Provenienz dabei sein; sie würden sonst bei Abwesenheit ihr Gesicht verlieren.[27] Natürlich kommt es zu einer derartigen Demonstration der Größe und Macht nur bei renommierten Mitgliedern der Marga; das bedeutet, daß sich eine Zweitbestattung, bei der die Gebeine des Verstorbenen in ein solches gigantisches parholian überführt werden, nur wohlhabende saompu der Marga leisten können. Leute von niederer Geburt und geringem Wohlstand müssen sich einen derartigen Totenkult versagen; in ihrem Falle genügt die einmalige Bestattung.[28]

Zur gleichen Zeit, in der die letzten handgemeißelten Grabanlagen entstanden, z.B. das von Dolok Martahan, wurden die ersten Denkmäler aus Zement gebaut, die man seit den zwanziger Jahren "Tugu" = Monument, Säule, nennt.[29] BARTLETT klagt:

> "It appears that the movement to create a new art in the spirit of the past was abortive. The forces bringing about cultural desintegration are too strong."[30]

In der Tat bestätigen die Monumente, denen man seit den sechziger Jahren in Tapanuli, dem Siedlungsgebiet der Toba, begegnet, seine Klage, ebenso wie die Tatsache, daß der bescheidene Wohlstand bei den Batak weniger der Verbesserung der Lebensqualität dient, als vielmehr zur Selbstdarstellung ihrer Marga benutzt wird. Die ebenso einflußreiche wie beherrschende Huria Kristen Batak Protestan (HKBP), die Protestantische Batak-Kirche, bekämpft darum die kolossalen

Aufwendungen für Totenfeste und den Bau der Tugu und bezeichnet sie als Ausdruck einer Megalomanie, die in keinem Verhältnis zur Armut der unteren sozialen Schichten steht.[31]

VI.

Die vorangegangenen religionshistorischen und ethnologischen Erörterungen waren notwendig, um nun auf das eingangs erwähnte Problem einer Latenz der tribalen Überlieferungen zurückzukommen: <u>Wie verhalten sich die Christen zur religiösen Tradition ihrer vorchristlichen Vergangenheit</u>? Gibt es vielleicht Ansätze zu einer Integration, zu einer Inkulturation, zu einer Indigenisation? Und wie werden derartige Ansätze seitens der Kirchenleitung beurteilt?

Die Kirchenleitung in Tarutung weiß natürlich, daß es sich bei den Tugu und den Totenfesten nicht nur um ein Oberflächenphänomen handelt, das sich eines Tages von selbst erledigen wird, sondern daß dies ein Zeichen dafür ist, daß sich die Adat und ihr Marga-System durchsetzen werden bzw. nur schwer mit der herkömmlichen christlichen Anthropologie und Soteriologie zu vereinbaren sind.[32] Einerseits ist die Adat diejenige Ordnung, die Leben und Tod "regelt" und in der Lebende und Tote miteinander verbunden sind - und die Batak-Kirchen bejahen grundsätzlich diese ihnen überlieferte Struktur -, andererseits ist mit Adat und Marga-System die alte vorchristliche Stammesstruktur unlösbar verbunden. Das heißt: Die Toten gehen als sambaon, als deifizierte Ahnen, in die Oberwelt ein, bleiben gleichzeitig aber auf Grund ihrer Körperlosigkeit Teil der Menschenwelt und werden somit zum Über-Ich innerhalb einer Familie, einer saompu oder gar einer Marga. Und eben diese noch immer vorhandene vorchristliche Stammestradition, daß die Ahnen zu Gottheiten werden können und als solche neben Tuhan, dem einen und einzigen Gott, den das Christentum verkündigt, treten und diesen ergänzen, begleiten oder gar ersetzen, wird von den christlichen Kirchen als "Synkretismus" bezeichnet und bekämpft. Der Tugu, dieses "Prestigezeichen für die Marga", ist das "Dokument dafür, daß das Christentum den alten Glauben nicht ausgerottet hat."[33]

Zu den großen Überführungs- und Totenfesten treffen sich nicht nur zahlreiche Angehörige einer Marga, um in ihrer traditionellen Stammestracht der Toten zu gedenken, gemeinsam zu essen und ihre zeremonialen Tänze zu tanzen, - sondern auch, um den Geistern der Toten zu opfern und zu ihnen zu beten.[34] Es ist also keineswegs so, wie BARBIER meint[35], daß die Konstruktion eines Tugu heutzutage unabhängig von der Stellung geschieht, die der Totengeist im Jenseits einnimmt, und seine Erhöhung zum sombaon "vergessen" ist, - im Gegenteil: Tugu und Ompu, Grabmal und Ahnherr, stehen wie in vorchristlicher Zeit in einem wechselseitigen Verhältnis: Je verdienstvoller der Ahne, um so größer der Tugu; je größer der Tugu, um so bedeutender die Marga; je bedeutender die Marga, um so aufwendiger die Feste; je aufwendiger die Feste, um so härter der Wettbewerb bei den konkurrierenden Marga. Die einzelnen Topoi sind und bleiben immer voneinander abhängig, weil Ahnenverehrung und Adat interdependent und nicht voneinander zu lösen sind. A.E. SIAHAAN, der Direktor des Departmen Zending, also der Äußeren Mission der Protestantischen Batak-Kirche, spricht sogar von einer "Bewegung", die das Tugu-Problem unter den Toba-Batak ausgelöst habe:

> "The tugu seems to be a movement, although the number of the members is difficult to know..."[36]

Welcher Art diese Bewegung ist, ob sich hinter ihr nationalistische Tendenzen verbergen und wie diese zu deuten sind, ist schwer auszumachen. Mir scheint, daß EDWARD M. BRUNER recht hat, wenn er schreibt:

> "Die Tugu sind eine Brücke zwischen Vergangenheit und Gegenwart, sie sind - mit SUKARNOS Worten ausgedrückt - 'Nahrung für die Seele'."

Für die einst ausgewanderten Städter bedeutet die Versammlung unter dem Tugu "eine zeitweilige Rückwanderung" in ihr Dorf:

> "Der Batak kehrt zurück in sein Dorf, nach Tapanuli, an den Ort seines Ursprungs, an den Platz seiner Väter und Ahnen."

Er kehrt zum einfachen Leben seiner Vorfahren zurück.

> "He moves from the secular market-orientated city to his sacred roots. He takes time out from the world of work to enter sacred time... To return to Tapanuli is to return to an earlier phase of his culture's experience of itself. He goes from his secular urban world to the magical adat world of his kinsmen... All clansmen, rural and urban, living and dead, return to their original place."[37]

Der Tugu wird damit zum Symbol für religiöse Erneuerung im Sinne einer Rückkehr zum Ursprung, in die "Urzeit", in der Zeit und Ewigkeit noch eins und die Götter noch Menschen waren.[38]

VII.

Die protestantische Kirchenleitung in Tarutung und die Kirchenvorstände an der Basis scheinen in dieser "Rückkehr zum Ursprung" eine Gefahr für den christlichen Glauben zu sehen. Nicht die Versammlungen unter dem Tugu sind es, die ihr Mißtrauen erregen, sondern die religiösen Inhalte, die eine solche "Rückkehr zum Ursprung" wiederaufleben lassen könnte. So bewegt sie z.B. unablässig die Frage, ob neben dem roha (bzw. rohulkudus), dem Heiligen Geist, auch die tondi, die Schicksalsgeister, existieren dürfen, mit anderen Worten: Ob ein Synkretismus im täglichen Leben der christlichen Batak[39] zu tolerieren sei. Liberale, zumal westlich gebildete und ausgebildete Theologen, sehen in den tondi lediglich spirituelle Anteile des Heiligen Geistes oder Manifestationen desselben und neigen daher zur Duldung des tondi-Kults. Aber es kann nicht verborgen bleiben, daß ein solcher Kompromiß nicht den religionsgeschichtlichen Tatsachen entspricht; denn die tondi sind präexistente Geistwesen, die von der Schöpfergottheit MULA JADI NA BOLON als Träger des menschlichen Schicksals ausersehen sind. Jede tondi empfängt in der Oberwelt das Geschick eines bestimmten Menschen und beseelt diesen Menschen (in der Mittelwelt) im Mutterleib. Damit ist zugleich sein Schicksal besiegelt.[40] Nach dem Tode verläßt die tondi den Menschen und kehrt in die Oberwelt zurück, um aus der Hand von MULA JADI NA BOLON einen neuen Menschen zu beseelen und damit dessen Schicksal zu bestimmen. Die tondi-Vorstellung beruht also auf einer <u>Reinkarnationstheorie</u>, deren Ursprünge auf die hinduistisch-buddhistische Periode Sumatras und den Einfluß der indischen Philosophie zurückzuführen sind. Eine zyklische Anthropologie, in welcher Weise sie auch immer tradiert wird, ist natürlich mit dem christlichen linear und final geprägten Menschenbild, wie es die Missionare bei den Batak Sumatras verkündigten, unvereinbar. Und unvereinbar mit der biblisch-christlichen Seelenvorstellung ist auch das Wesen der tondi. Die tondi gleicht nämlich dem vedisch-hinduistischen purusa: Sie ist, wie der Nestor der Batak-Forschung JOHANN WARNECK sagt[41], "eine Art Mensch im Menschen, ... ein besonderes Wesen im Menschen, das einen eigenen Willen und eigene Wünsche hat." Sie trägt andererseits individuelle, eigenständige Züge, die sie auch gegen den Willen des Menschen durchsetzen kann; denn gegen den Schicksalsgeist tondi, der über Glück und Unglück bestimmt, streitet und wehrt sich noch ein anderer Geist im Menschen, der denkt, fühlt, sich fürchtet und hofft. Er enthält das eigentliche Ich-Bewußtsein und bildet die notwendige Alternative zum Verhängnischarakter der tondi. Unglücklicherweise übersetzte WARNECK dieses Ich-Bewußtsein ebenfalls mit roha, was natürlich zu Verwechselungen mit roha, dem Heiligen Geist, führen mußte.

Die Batak-Theologie tut sich jedenfalls schwer, beide Begriffe voneinander abzugrenzen und den Menschengeist vom Gottesgeist zu unterscheiden.

Die "Pneumatologie" wird aber noch komplizierter dadurch, daß - wie bereits erwähnt - der Totengeist bzw. Ahnengeist <u>begu</u> für die Stammesangehörigen eine unabdingbare Rolle spielt; denn die begu ist mit der Marga und über die Marga mit der Adat verbunden: So hat z.B. <u>die Begu eines ompu</u> Einfluß auf die Nachkommen und ihr Wohlergehen; aber zugleich kontrolliert sie auch die Nachkommen und straft sie, wenn sie sich von ihnen nicht genug geehrt fühlt. Die Strafe kann bis zur Vernichtung von Leib und Leben gehen; denn die begu sind die größten Feinde der tondi, die sie beseitigen wollen. Darum sind die begu besonders verdienter Toter gefürchtet.

Die lebenden Nachkommen müssen um ihr Wohlergehen besorgt sein, sie ständig mit Opfern versöhnen und zu ihnen beten. Während man die tondi nicht beeinflussen kann, weil sie karmahaft das Schicksal bestimmen, hängt das Wohlergehen der begu von der ihnen gebührenden Verehrung ab. Ja, die Nachkommen haben es geradezu in der Hand, die begu ihres Vorfahren zu einer Ahnengottheit, einer sumangot, zu erheben.[42] Zu dieser Kulthandlung ist jenes tagelang dauernde kostspielige Fest mit den Tieropfern, der Präsentation der Knochenreste des Ahnherrn und ihre Wiederbestattung erforderlich.

A.B. SIAHAAN spricht von Tausenden von Menschen, die sich - z.T. von weit her kommend - zum Fest "unter dem Tugu" einfinden, und er gesteht, daß diese Kultfeste sich heutzutage mehr als früher[43] einer großen Beliebtheit im Volk erfreuen. Aber er fügt entschuldigend hinzu: "...it [der Tugu] is like a monument among the hard life of the difficult economy situation."[44] Seiner Meinung nach dienen also die kultischen Feste für eine begu vor allem dem Zusammenhalt der Marga und der Stärkung der Marga-Mitglieder, die im Alltag unter schweren Bedingungen leben müssen. Er folgt damit - unwissentlich - der Meinung westlicher Forscher, die das "Tugu-Ritual" für eine "kulturelle Darstellung" halten, welche dazu dient, die Identität der Batakstämme zu bewahren.[45]

Aber eine solche tolerante Interpretation, die eine Duldung der Riten ausspricht, dürfte der strengen dogmatischen Haltung der HKBP-Kirchenleitung nicht entsprechen. Sie sieht im Ahnenkult auf dem Lande nichts anderes als einen Synkretismus bzw. einen Rückfall ins Heidentum, den man mit Kirchenzucht bekämpfen muß. Denn täglich mehren sich die

Fälle, daß nicht nur die Marga unter den Tugu ihre Feste abhalten, sondern daß im Schatten der Dunkelheit auch einzelne Personen die Grabmäler aufsuchen, um vor ihnen zu beten und die Ahnen um Hilfe anzurufen. Das kann der Kirchenleitung nicht recht sein. Sie verhängt darum strenge Kirchenstrafen gegen Gemeindemitglieder, die betend vor einem Tugu ertappt werden. Beim ersten Mal kommt es nur zu einer geistlichen Vermahnung: Der Delinquent muß vor seinem Pfarrer erscheinen, wird einer Anhörung unterzogen und muß seine Verfehlung bereuen. Im Wiederholungsfalle aber droht ihm die <u>Exkommunikation</u>: Der Sünder wird aus der protestantischen Kirche ausgeschlossen, d.h. ihm wird die Teilnahme am Abendmahl und die Taufe seiner Kinder verwehrt, und er hat - was für ihn wahrscheinlich noch schlimmer ist - mit der Verbannung aus seinem Heimatdorf zu rechnen, was einer Ausstoßung aus Familie, Sippenverband und Marga gleichkommt.[46]

Ungeachtet dieser Strafen nehmen die Übertretungen der Kirchengesetze in dem Maße zu, in dem die Errichtung von Tugus zunimmt. Und die christlichen Batak-Kirchen stehen vor einer Machtprobe. Die protestantische Batak-Theologie deutet dieses Wiedererwachen des religiösen Tribalismus - offenbar einseitig - als moralischen Lapsus, der sich durch Kirchenzucht beheben läßt. In Wirklichkeit sind die Ursachen vielfältig. Eine davon ist - wie wir gesehen haben - in der Natur der <u>Adat</u> bzw. in der <u>Ahnenverehrung</u> begründet, die jeden Bereich menschlicher Kommunikation erfaßt; eine andere im Aufkommen eines verstärkten <u>Stammesbewußtseins</u>, mit dem sich die Batak-Stämme im Vielvölkerstaat Indonesien behaupten und zu ihrer religiösen Identität bekennen müssen. Eine dritte Ursache schließlich liegt in der <u>pietistisch orientierten Theologie</u> der protestantischen Batak-Kirchen, die jeden Versuch einer Akkulturation des Christentums verhindern möchte und daher allen Ansätzen zur Entstehung einer indigenen Theologie außerordentlich mißtrauisch gegenübersteht.[47] Dennoch sind die Zeichen für eine Revitalisierung der alten Stammesreligion nicht mehr zu übersehen. Besonders an der Basis und auf dem Lande, dort, wo das Marga-

System noch lückenlos funktioniert, brechen die alten religiösen Strukturen wieder auf und machen sich - jedermann augenfällig - bemerkbar.

> "... the take-off period of tugu construction coincided with a search for Indonesian identity, with a return to the old culture and to ethnic roots, along with a rejection of the West and of Western ways",

so erklärt EDWARD M. BRUNER das Phänomen.[48] Aber im Kantor Pusat der HKBP in Tarutung hört man erschrocken sagen: "Das Heidentum ist zurückgekehrt."[49]

Die westlich-christliche Missionstheologie mit ihrem eurozentrischen Absolutheitsanspruch, den sich die Batak-Kirchen zueigen gemacht haben, ist nun gezwungen, nicht nur ihr Verhältnis zu den traditionellen Familienstrukturen der Adat neu zu definieren, sondern auch die kultisch-rituellen Erneuerungsbestrebungen als eine Rückbesinnung auf die Religion der Väter ernstzunehmen. Dies aber kann nur geschehen, wenn die bisher praktizierte christliche Theologie ihren Anspruch und ihre Methode überdenkt, um dann möglicherweise zu erkennen, daß die "Rückkehr zum Heidentum" in Wahrheit die Hinkehr zu einem alternativen <u>indigenen Christentum</u> ist.[50]

Zusammenfassung

Die nahezu vollständig christianisierten Batak-Stämme auf Sumatra (Beginn der Mission 1861 durch die Rheinische Missionsgesellschaft) erleben gegenwärtig eine Identitätskrise, die ihren Ursprung in der Adat hat, jener traditionsmächtigen "Ethik", die Leben und Tod und die dazugehörigen Riten in der Batakgesellschaft bestimmt. Seit alters her fungiert die Adat als Bindeglied zwischen Lebenden und Toten (Ahnen) und garantiert die Einheit zwischen Diesseits und Jenseits.

Trotz der Christianisierung hat dieses Ordnungsprinzip seine Bedeutung in den Batak-Stämmen nie verloren. So ist z.B. unter der Landbevölkerung der Ahnenkult wieder aufgelebt: Gewaltige weithin sichtbare Grabmäler aus Zement, die sogenannten Tugu, in denen die sterblichen Reste der Marga-Begründer eingeschreint sind, zeugen davon, daß der Ahnenkult nicht ausgestorben ist. Vor ihnen feiert man die Adat-Feste und gedenkt der Verdienste der Vorfahren, indem man die alten Stammesrituale verwendet. Bei der protestantischen Batakkirche erweckt solches Verhalten ihrer Mitglieder Besorgnis, zumal es immer häufiger geschieht, daß die Angehörigen vor diesen Tugu beten und offenbar die Ahnen um Hilfe anrufen. Die Kirchenleitung der Huria Kristen Batak Protestan (HKBP) verhängt darum Kirchenstrafen gegen Gemeindeglieder, die man betend vor einem Tugu antrifft. Dennoch scheinen in letzter Zeit solche "rituellen Übertretungen" zuzunehmen. Die Batak-Theologie deutet das Phänomen ihrer Lapsi offenbar "moralisch". In Wahrheit sind die Ursachen vielfältig. Eine davon ist im Aufkommen eines verstärkten Stammesbewußtseins begründet. Derartige Anzeichen für eine Revitalisierung der alten Stammesreligion müssen zwangsläufig dazu führen, daß die christliche Missionstheologie ihre missionarische Methode neu definiert. Was hier für die Batak gilt, trifft in entsprechendem Kontext möglicherweise auch auf andere christianisierte Stämme Südostasiens zu.

Summary

Superficially the young Christian churches in Asia and Africa seem to be adapted to the western forms of Christianity and theology. A good example for that is the Protestant Batak Church (HKBP) in North Sumatra, around the Toba Lake: The visitor has the impression that after 125 years of missionary activities the "Western religion" has completely replaced the tribal religion. But the first view fails: The traditional Batak family structures, which become evident in the adat (the old Indonesian common law) and in the marga (the old exogame marriage system) show, that there are still tribal rituals en vogue. A great-great-grandfather (ompu) is venerated also in Christian families by sacrifices, his spirit (begu/tondi) is still superviding the living ones, and is existing besides the Holy Spirit (roha). Even the venerated ancestor is often worshipped as a semi-god (sombaon) or an ancestor-god (sumangot).

As well as in pre-Christian times huge monuments, called tugu, are errected today to receive the bones of the venerated dead person in a second burial. On the occasion of such funeral ceremonies the lineage (saompu) or even the whole marga is present while sacrificing a buffalo, dancing and sometimes praying to the ancestor spirit. The Batak church officials face a great number of problems, which are opposed to the Christian mission work. Tribals, who offend against the Christian dogma of monotheism or trinity are called "syncretists" and sometimes excommunicated. The pietistic orientated theology cuts off each practice to assimilate respectively to indigenize western Christianity in a tribal environment. Moreover, the church government obviously does not understand the re-awakening of the Batak tribal consciousness.

Anmerkungen

1. Arab. ada; STÖHR, W.: Die Religionen der Altvölker Indonesiens. In: Die Religionen der Menschheit 5, 1, Stuttgart 1965, S. 284.

2. In die Welt für die Welt. Berichte der Vereinigten Evangelischen Mission, 23. Jg., Essen, Jan./Feb. 1987, S. 25.

3. W. STÖHR, ebenda, S. 62.

4. Daher manisia = die Menschen. Die Inzestverbindung zwischen Bruder und Schwester wird in der Mythe anscheinend als selbstverständlich angesehen, obwohl die Blutschande bei den Batak als schweres Verbrechen gilt; vgl. dazu STÖHR, ebenda, S. 54.

5. Vgl. VERGOUWEN, J.G.: Het rechtsleven der Toba-Bataks. 's-Gravenhage 1933, S. 8-16.

6.   Für die Zugehörigkeit zur tribalen Religion verwende ich lieber den Ausdruck "orthodox" statt "autochton".

7.   "Der Große", von JOHANNES WARNECK als "Ursprung des Werdens" übersetzt. (Die Religion der Batak. Leipzig 1909, S. 32f.).

8.   Nach der Vorstellung der Batak ist der Kosmos dreigeteilt in Ober- oder Götterwelt, Mittel- oder Menschenwelt und die Unterwelt oder den Ort des Drachens Naga Padoha. Die drei Welten werden durch den Weltenbaum zusammengehalten. Zum Ganzen besonders TOBING, P.L.: The Structure of the Toba Batak Belief in the High God. Amsterdam 1956.

9.   Von ompu = Großvater, Ahnherr.

10. Die Angehörigen sagen dann: "Wir sind von einer sapanganan", von der und der Mahlzeit der Opferzeremonie.

11. Siehe STÖHR, ebenda, S. 61f.

12. Vgl. YPES, W.K.H.: Bijdrage tot de kennis von de stamverwantschap, de inheemsche rechtsgemeenschappen en het grondenrecht der Toba- en Dairi-Bataks. Leiden 1932, S. 3-8.

13. STÖHR, ebenda, S. 62.

14. Z.B. in Gestalt einer Schlange, die mittags in den Grotten von Lagundi auf Samosir erscheint (BARBIER, J.P.: Tobaland. The Shreds of Tradition. Geneva 1983, S. 134).

15. "Joro" genannt (WARNECK, J., a.a.O., 1909, S. 24; BARTLETT, H.H.: The Sacred Edifices of the Batak of Sumatra. Ann Arbor, Michigan 1934 (Veröffentl. des Museum of Anthropology, Michigan, Nr. 4, 6).

16. D.h. der Leichnam wurde bis zu sechs Tagen in einem bootsähnlichen Holzsarg im Hause aufbewahrt, dann erfolgte das Totenfest und schließlich die erste Bestattung in der Erde. Etwa ein Jahr später, wenn der Leichnam zerfallen war (richtiger: Wenn das Fleisch von den Knochen abgefallen war), wurde der Sarg wieder ausgegraben, und die Knochen wurden exhumiert. Dabei feierte man das Fest der Entlassung der Seele ins Land der Toten, d.h. die Rückkehr des Toten in die mythische Urzeit oder - wie H. SCHÄRER sagen würde, "in sein Urdorf". Siehe SCHÄRER, H.: Die Gottesidee der Ngadju-Dajak in Süd-Borneo. Leiden 1946, S. 106-107.

Die Toten sollten in Gestalt ihrer Gebeine am Fest teilnehmen, bevor diese verbrannt und die bei der Kremation übriggebliebenen Reste zum zweiten Male bestattet wurden. Das geschah in der Regel am nächsten Tage in der Weise, daß man die Asche in ein weißes

Tuch schüttete und dieses in die Arme der Totenskulptur (pangulubalang) oder - häufiger noch - in eine Steinurne (parholian) legte, die vor dem Grabmal aufgestellt wurde. Dazu BARTLETT, a.a.O., S. 21f; LOEB, E.M.: Sumatra. Its History and People. Wien 1935, S. 72-74.

17. J. WINKLER hat noch zu Beginn unseres Jahrhunderts beobachtet, wie die sterblichen Überreste eines Notablen aus dem Steinsarg (ebenfalls parholian) herausgenommen und - zusammen mit den Knochen der Ahnen des Toten - in einem gemeinsamen Grab, das mit einem Elefantenkopf versehen war, am Dorfeingang von Tomok bestattet wurden. Siehe WINKLER, J.: Die Toba-Batak auf Sumatra in gesunden und kranken Tagen. Stuttgart 1925, S. 132-133; BARBIER, a.a.O., S. 128. BARBIER berichtet zwar, daß es in Uluan einen von heiligen Bäumen und anderen Pflanzen bewachsenen und von einem Steinwall eingefaßten Erdhügel gibt, tombak genannt, in welchem vollständige Körper, nicht nur Knochen, begraben sind; aber das scheint die Ausnahme zu sein: Die Regel war auch für die Toba-Batak eine zweite Bestattung, bei der die Schädel und die Arm- und Beinknochen der Toten während einer feierlichen Zeremonie im Ahnengrab beigesetzt wurden und z.T. noch beigesetzt werden. Siehe WINKLER, ebenda, S. 133; SCHNITGER, F.M.: Forgotten Kingdoms in Sumatra. Leiden 1939, repr. 1964, S. 139. "... die Bestattung einer Person von hohem Rang war nie endgültig, solange nicht ihre Gebeine in einem Monument mit großem Prestige beigesetzt waren", schreibt BARBIER, a.a.O., S. 137.

18. Wie SCHNITGER, Forgotten Kingdoms..., S. 142, nachweisen konnte.

19. BARBIER, a.a.O., S. 128. Zum Ganzen: SCHNITGER, F.M.: Megalithen vom Batakland. In: Jahrbuch für prähistorische und ethnographische Kunst, Berlin 1941-42, Bd. 16, S. 220-252; ders.: Steinmonumente von Nordsumatra: Natuur en Mensch, Utrecht 1939; TICHELMAN, G.L.: Bataksche Sarkofagen. In: Cultureel Indie, Leiden 1942; ders.: Quelques observations sur la sculpture primitive au Simaloungoun. In: Anthropos 46, 1951, S. 209-220.

20. Vgl. dazu BARBIER, a.a.O., S. 114.

21. Arm durch Reichtum. Sumatra. Eine Insel am Äquator. Hrsg. vom Museum für Völkerkunde, Frankfurt/M. 1979, S. 82, 88.

22. BARTLETT, a.a.O., S. 27. Der singa wurde in alter Zeit an die Kopfseite des Sarges eingraviert, nur seine kugelförmigen Augen traten hervor (BARBIER, S. 114, 122).

23. Z.B. in Balige, wo sogar Gräber mit Kieferknochen und Hörnern von Opferrindern behängt sind (s. Arm durch Reichtum, S. 83).

24. BARBIER hat sie in Pansur, Si Alangoan und auf der kleinen Insel Pasir gesehen (a.a.O., S. 124), ich fand sie in der Nähe von Tomok.

    Beispiele für besonders eindrucksvolle und kunstgeschichtlich wertvolle Grabmäler (kuburan) bzw. Sarkophage (parholian) sind etwa der Steinsarg eines Raja von Sipira auf Samosir, der von Säulen umgeben ist und früher von einem Dach gekrönt wurde. Siehe SCHNITGER, Forgotten Kingdoms, S. 140ff; vgl. 143: "ebenfalls ein mit Säulen verziertes Monument, an denen die Kieferknochen von Schweinen aufgehängt sind, welche man beim Bau des Schreines schlachtete." Zu erwähnen sind ferner der Sarg des LUMBAN RAJA, der unter einem riesigen Kopf die Figur eines Mannes zeigt (SCHNITGER, S. 141), die Grabstätte von OMPU BOLITON, seinem Sohn und seinen Enkeln, bei Lumbang Rang in der Nähe von Porsea, in welcher Urne und Sarg nebeneinander stehen und außer den Gebeinen auch Musikinstrumente für das Jenseits enthalten sind (SCHNITGER, S. 143f.), das sagenumwobene, mit einem riesigen singa geschmückte Grabmal von Huta raja, das G.L. TICHELMAN beschrieb (Bataksche Sarkofagen; BARBIER, S. 120), und das gleichsam das Zentrum des "Urdorfs" (huta parserahan) bildet, der zweihundert Jahre alte Sarkophag von Silindung, der uns durch seinen Löwenkopf beweist, daß die Toba/Samosir-Kultur bis in die Gegend von Tarutung ausstrahlte (BARBIER, S. 124), und der von einem mythischen Tier gekrönte Sarkophag von Aek Godang, dessen Säulen noch die Reste der Kieferknochen von Schweinen tragen, die man beim Bau der Anlage geschlachtet hatte (SCHNITGER, S. 143).

25. A.a.O., S. 28.

26. A.a.O., S. 113; vgl. auch BARBIER, J.P.: The Megaliths of the Toba-Batak Country. In: Cultures and Societies of North Sumatra, ed. RAINER CARLE, Berlin/Hamburg 1987, S. 43-80.

27. BARBIER, S. 131. BARBIER berichtet hier, wie sich bei der Errichtung des Mausoleums für MANGARAJA JURA MONANG SIAHAAN die gesamte Marga Siahaan, einschließlich der islamischen Mitglieder und der im Ausland lebenden Mitglieder, an der Finanzierung beteiligten.

28. BARBIER, S. 134.

29. A.B. SIAHAAN (in einer schriftlichen Mitteilung vom 8. August 1987) macht ausdrücklich einen Unterschied zwischen parholian und tugu und weist darauf hin, daß es bis zu dieser Zeit keine Tugu bei den Batak gegeben habe und diese eigentlich erst mit Beginn des wirtschaftlichen Aufschwungs nach dem Zweiten Weltkrieg in Mode gekommen seien.

Der erste Tugu wurde für OMPU NI TOGAP SITORUS in der Nähe von Lumban na Bolak noch ganz im klassischen Stil errichtet (Abb. bei BARBIER, S. 117); aber mit der megalithischen Tradition war es in dem Augenblick vorbei, in dem die Ost-West-Richtung aufgegeben wurde und die Ausrichtung der Toten willkürlich erfolgte. Beispiele für solche Übergangsformen von einem klassischen kuburan zu einem tugu haben wir im Gebiet von Lumban Suhi Suhi und in Si Tamiang vor uns. Von jetzt ab beginnt man auch den Zement zu bemalen und die Gesichter in bunten Fraben darzustellen. Ein besonders kurioses Beispiel dafür ist das Mausoleum des RAJA OMPU SILO SIMBOLON in Pansur Duggul, das aus drei Sarkophagen mit drei menschlichen Köpfen aus Zement besteht, die stieren Blicks landeinwärts starren.

30. A.a.O., S. 29.

31. Vgl. "Arm durch Reichtum", S. 83f.

32. "Die Christen unter den Batak leben u.a. im Spannungsfeld zwischen Evangelium und der Adat und dem damit verbundenen Ahnenklult." (In die Welt – für die Welt. Berichte der Vereinigten Evangelischen Mission, S. 25).

33. Arm durch Reichtum, S. 83.

34. Nach einer schriftlichen Mitteilung von Rev. A.B. SIAHAAN vom 8.8.1987.

35. A.a.O., S. 134.

36. Ebenfalls schriftliche Mitteilung vom 8.8.87.

37. Megaliths, Migration and the Segmented Self. In: Cultures and Societies of North Sumatra. Ed. RAINER CARLE, Berlin/Hamb8g 1987, S. 145.

38. "He (the Batak) loses the sense of time, for in honoring the ancestors he returns to the ancestral time. He goes from a world of time to a timeless world, to free time, time out, unburdened by the economic and political tensions of the city." (E.M. BRUNER, a.a.O., S. 146).

39. Hier handelt es sich hauptsächlich um die Toba-Batak.

40. Eine Lebensbaummythe, die J. WARNECK aufgezeichnet hat (Die Religion der Batak. Leipzig 1909, S. 49), schildert diesen Vorgang der "Schicksalsverteilung" augenfällig: In die Blätter des mythischen Baumes Jambubarus sind die einzelnen Lebensschicksale eingezeichnet: Kinderreichtum, Wohlstand, Ansehen, aber auch Kinderlosigkeit, Armut, Verachtung usw. Die tondi erbitten sich von dem Schöpfergott je eines der Schicksals blätter, tragen es in die Mittelwelt und pflanzen es in das menschliche Embryo ein.

41. Die Religion der Batak, S. 9-17, 46-94; vgl. W. STÖHR, a.a.O., S. 177f.

42. J. WARNECK, a.a.O., S. 14ff, 67-85.

43. Er meint die Zeit vor dem Zweiten Weltkrieg.

44. In seiner schriftlichen Mitteilung vom 8.8.87, S. 2.

45. "The tugu monument itself is such an appropriate symbol for the unification process". Siehe E.M. BRUNER, a.a.O., S. 148.

46. Diese Angaben verdanke ich Rev. I.V.T. SIMATUPANG, Kirchenrat bei der HKBP-Kirchenleitung in Tarutung.

47. Das geht bis zur Verweigerung der Baugenehmigung von Kirchen im Batak-Stil!

48. A.a.O., S. 139.

49. Die Mission habe nur "Reischristen" hervorgebracht, bemerkt der alternative Museumsführer "Arm durch Reichtum", S. 83, ironisch.

50. Der ursprüngliche Titel meines Vortrages lautete: "Rückkehr zum Heidentum" (mit oder ohne Fragezeichen) und wurde verschiedentlich in der Diskussion als "Bewertung aus christlicher Sicht" bzw. als "Abwertung der Stammesreligion" mißverstanden. Es handele sich doch lediglich um die Suche nach religiöser Identität, - so der Einwand. Ich bin dankbar für diese Korrektur, möchte aber ausdrücklich bemerken, daß es sich hier um ein Zitat der Kirchenleitung von Tarutung handelt, die im wiedererwachten Ahnenkult einen Rückfall in den Paganismus befürchtet. Selbstverständlich identifiziere ich mich nicht mit dieser missionstheologischen Wertung! Der Titel meines Vortrags sollte nur Zitat sein!"

Marianische Wallfahrten im süddeutsch-österreichischen Raum im 17./18. Jahrhundert

von Ludwig Hüttl

Vortrag gehalten auf dem Symposium in Eichstätt 1988

I. *Problemstellung*

"O wohl ein heiliges Land ist unser liebes Bayrland! ... Alle Ort stecken voller Kirchen, Gotteshäuser, Klöster und Capellen, Bruder-Häuser und Spittäler... Wieviel wunderthätige Kirchfahrten seinem Heiligen Blut, seiner hochheiligen Hosty zu Ehren, seiner wehrten Mutter zu Lob, seinem Heiligen Creutz zulieb, seinen lieben Heiligen zu Lob durch gantz Bayren Gott aufgericht, ist fast unbeschreiblich ... Vor allen anderen [Heiligen] aber hat sich in Bayren als in ihrem eigenthümlichen Land niedergesetzt die glorwürdige Himmelskönigin und Mutter des Allerhöchsten, Maria, welche allein weit über hundert Kirchen und Kirchfahrten allda eingenommen, wo sie ihre Gaben und Gnaden allen und reichlich ertheilt, unter denen vor allen den Vorzug hat Alten Oettingen im unteren Bayren, Ettal und Peissenberg, Aufkirchen und Vilgertshofen im oberen Bayren."[1]

Mit diesen Worten charakterisierte der Weilheimer Stadtpfarrer CHRISTOPH SELHAMMER in einer Predigt des Jahres 1701 die geistig-geistliche Landschaft des süddeutschen Barock, der nachtridentinischen Ecclesia triumphans sichtbare Gestalt verlieh. Die von CHRISTOPH SELHAMMER angesprochenen Marienwallfahrten waren Teil der tief verwurzelten marianischen Frömmigkeit im Rahmen der Gegenreformation und katholischen Erneuerung seit dem späten 16. Jahrhundert und sind deshalb im übergeordneten Zusammenhang der historisch nachweisbaren Entwicklung zeittypischer Frömmigkeitsformen zu sehen.[2]

Hinsichtlich des Begriffs christlicher Wallfahrt gab es im deutschsprachigen Raum aufgrund einer vertieften Reflexion[3] unterschiedliche, teils auch widersprüchliche Definitionen:

Der Ingolstädter Jesuit JAKOB GRETSER, ein engagierter Vertreter der Gegenreformation, hatte dereinst im Jahr 1606 jede Reise als Kirch- bzw. Wallfahrt bezeichnet, die aus einem religiösen Motiv heraus unternommen werde.[4] Im frühen 19. Jahrhundert hielt der katholische Dogmatiker ANTON JOSEPH BLINTERIM "im Grunde" bereits das "Hingehen von Hause nach der Kirche" für eine "kleine Wallfahrt". Als Begründung fügte der Autor an, der Gläubige "verlasse aus religiösen Absichten" sein Haus, "um an einem anderen Gott geheiligten Ort zu beten".[5]

Derart weitgefaßten Definitionen widersprach der Kirchenhistoriker BERNHARD KÖTTING. Er wollte den Begriff Wallfahrt nur dann gelten lassen,

> "wenn jemand aus einem in ihm selbst ruhenden religiösen Motiv seine Gemeinde zum Besuch einer bestimmten heiligen Stätte verläßt mit der Absicht, in die Heimat zurückzukehren".

Das Verlassen der Ortsgemeinde sei notwendige Voraussetzung, sonst wäre jeder Kirchgänger ein Wallfahrer.[6]

Der Kirchenhistoriker STEPHAN SEISSEL machte auf den religiös-mentalen Bezug der Wallfahrten, die "dem Drang des Herzens" entsprächen, aufmerksam.

> "Die Menschen wollen zuweilen hinaus aus den engen Schranken der Heimat, suchen dann und wann der Gottheit näher zu kommen, indem sie sich dem gewöhnlichen Treiben des alltäglichen Lebens entziehen. Sie haben auch immer geglaubt, er [Gott] erhöre dort lieber und rascher die Bitten der bedrängten Sterblichen."[7]

Diese Form der Hingabe an das Göttliche, dieses Sich-auf-den-Weg-Machen war eine weitgehend von kirchlichen Normen frei gestaltete Glaubens- und Lebensäußerung, da sie weder von seiten geistlicher noch weltlicher Obrigkeit verpflichtend vorgeschrieben war. Wallfahrt war und ist also kein verpflichtender Teil kirchlicher Liturgie, kann aber eng damit verbunden werden in Form von Prozessionen, Andachten, Gottesdiensten, Sakramentenempfang und realisiert sich im Rahmen der vielgestaltigen heimischen Traditionen. Der Theologe KONRAD HOFMANN sah deshalb in der Wallfahrt einen

> "Akt der Frömmigkeit, häufig zu einem besonderen Zweck ausgeführt, zugleich ein öffentliches Bekenntnis des Glaubens".[8]

Der Volkskundler RUDOLF KRISS betonte, Wallfahrt sei

> "die Wanderung zu einem bestimmten Kultplatz, mit einem bestimmten Kultobjekt, das dort eine besondere Verehrung genießt."[9]

HANS DÜNNINGER verwarf aufgrund seiner volkskundlichen Untersuchungen der fränkischen Wallfahrten[10] den Begriff der Einzelwallfahrt als Tautologie[11] und hob statt dessen ihren Gemeinschaftscharakter hervor. Ein einzelner könne sich niemals auf Wallfahrt begeben, sondern nur eine Gemeinschaft. Für die sogenannte Einzelwallfahrt sei der Begriff Pilgerschaft zu verwenden. Wallfahrt als gesellschaftliches, von Religion und Umwelt, von Tradition und persönlicher Glaubensüberzeugung geprägtes Phänomen[12] kann deshalb nur aufgrund seiner Multiperspektivität und Multikausalität im Zusammenhang des jeweiligen Raumes und der jeweiligen Zeit, in der sie realisiert wird, verstanden werden. Was speziell die Marienwallfahrt als Teil der Heiligenwallfahrt im süddeutsch-österreichischen Raum der Frühneuzeit betrifft, so haben hier Kirche, Volk und Dynastie diese Frömmigkeitsform in besonderer Weise geprägt. Die <u>historischen</u> (nicht volkskundlichen) Faktoren sollen deshalb im folgenden hervorgehoben werden.

II. Kirche und Marienwallfahrt

Die oft mit langer Abwesenheit und auch mit Gefahren verbundenen traditionsreichen Fernwallfahrten nach Jerusalem, Rom, St. Gilles und Santiago de Compostela verloren, was den deutsch-sprachigen Raum betrifft, im Lauf des Spätmittelalters an Attraktivität. Sie wurden allmählich von Nahwallfahrten zu heimischen Gnadenstätten, die bislang von sekundärer Bedeutung gewesen waren, abgelöst.[13] Neben den Wallfahrten zu Heiligtümern und Heiligen gewannen aufgrund der Frömmigkeitsentwicklung die Marienwallfahrten zunehmend an Gewicht. Bereits im 12. Jahrhundert begannen die Marienwallfahrten zum steierischen Heiligtum Mariazell[14], zu Beginn des 14. Jahrhunderts nach Einsiedeln in der Schweiz[15], im Laufe des 14. Jahrhunderts nach Tschenstochau in Polen[16] und im späten 15. Jahrhundert nach Altötting in Bayern[17]. In der Folgezeit - unterbrochen von der Reformation - entstanden in den katholisch gebliebenen oder rekatholisierten Teilen des süddeutsch-österreichischen Raumes zahlreiche marianische Gnadenstätten. Allein in Österreich waren von 414 nachweisbaren Gnadenbildern dieser Zeit 219 marianisch.[18] Für Wien und Nieder-Österreich[19] sind über 200 marianische Gnadenbilder bekannt, die wiederum zum großen Teil Mittelpunkte von Marienwallfahrten waren. In Bayern[20] gab es über 400 marianische Wallfahrts- und Gnadenstätten, von denen sich 315 in Oberbayern mit Schwerpunkt in den unmittelbar an das Erzstift Salzburg bzw. an Oberösterreich angrenzenden Gebieten befanden.[21] Die wechselseitige Beeinflussung ist evident.

Neben genuin marianischen Gnadenstätten gab es auch Wallfahrtszentren, deren Mittelpunkt sich im Lauf der Zeit änderte, wie das Beispiel von Andechs zeigt. Der "Heilige Berg" hatte bereits im 12. Jahrhundert als Christuswallfahrt für den süddeutschen Raum große Bedeutung erlangt, dann sich im Rahmen einer verstärkten Eucharistieverehrung zu einer Drei-Hostien-Wallfahrt gewandelt und war außerdem seit der Mitte des 15. Jahrhunderts unter dem Einfluß benediktinischer Reformmönche aus Tegernsee noch Zentrum einer marianischen Wallfahrtsbewegung geworden. Zu Beginn des 17. Jahrhunderts betrug die Zahl der Wallfahrer, die zum "Heiligen Berg" kamen, jährlich über eine halbe Million.[22]

Das gewandelte religiöse Verständnis der Reformation bedeutete auch für die Wallfahrten im süddeutsch-österreichischen Raum einen tiefen Einschnitt. Zwar schrieb der bayerische Humanist, Geschichtsschreiber und Prinzenerzieher JOHANNES AVENTINUS noch 1526/33:

"Das baierisch Volk ... ist geistlich, schlecht
(= schlicht) und gerecht, get, läuft gern kirchfahrten, hat auch viel kirchfart."[23]

Doch diese Charakteristik war mehr ein Rückblick auf bereits vergangene Zeiten denn eine Gegenwartsbeschreibung. Zwischen 1520 und 1527 weitete sich die Reformation in Bayern[24] wie in Österreich zu einer breiten Volksbewegung aus. Das gleiche gilt für die reichsunmittelbaren Hochstifte des süddeutsch-österreichischen Raumes. Viele Gläubige verlangten als äußeres Zeichen ihrer gewandelten Frömmigkeit, das Abendmahl in beiderlei Gestalt zu empfangen; sie hielten die Freitags- und Fastengebote nicht mehr; sie verließen bereits nach der Predigt die Kirche, da sie das Meßopfer ablehnten; sie weigerten sich auch teilweise bereits, unmündige Kinder taufen zu lassen und forderten statt dessen eine bewußte Entscheidung des Erwachsenen, und an den einst so beliebten Kreuzzügen und Wallfahrten beteiligte man sich auch nicht mehr.[25] Die erst jüngst (1919) gegründete Wallfahrt zur "Schönen Maria" in Regensburg[26], zu der die Gläubigen in großer Zahl geströmt waren, hörte ebenso rasch wieder auf, wie sie entstanden war. Viele Menschen lehnten unter Berufung auf die kritische Haltung MARTIN LUTHERs[27] die Bilderverehrung ebenso wie die Wallfahrten zu den Heiligen, insbesondere zu Maria, und die Verehrung Mariens als Fürsprecherin und Mittlerin ab, denn, so die theologische Begründung, es gebe nur einen einzelnen Mittler zu Gott, und dieser sei Jesus Christus.

In der Tat war in der Theologie des Spätmittelalters und mehr noch in der Frömmigkeitsentwicklung und im Volksglauben das christologische Zentrum des christlichen Glaubens in den Hintergrund getreten und äußere Frömmigkeitsformen in den Mittelpunkt gestellt worden. So wurde zum Beispiel häufig nicht mehr eindeutig zwischen dem Bild und dem durch das Bild repräsentierten Heiligen unterschieden. Unter Berücksichtigung eines aktuellen Streits zwischen französischen Hugenotten und Katholiken betonte deshalb das Trienter Konzil 1563, daß die Verehrung der Bilder Christi und der Gottesmutter Maria beizubehalten seien, jedoch nicht weil diesen Bildern göttliche Kraft innewohne, wie volkstümliche Auffassungen fälschlicherweise vermuten ließen, sondern weil die ihnen erwiesene Ehre "refertur ad prototypa".[28] Die aufblühende kirchliche Barockkunst, die die katholischen Glaubenswahrheiten bild- und sinnhaft repräsentieren sollten, ist deshalb von WERNER WEISBACH[29] nicht zu Unrecht als Kunst der Gegenreformation bezeichnet worden.

Ziel der katholischen Erneuerung bzw. Gegenreformation[30] war die Erhaltung und Erneuerung des katholischen Glaubens in jenen Ländern, die, wie Bayern und die österreichischen Territorien, teilweise noch katholisch waren, sowie die Wiedergewinnung verlorengegangener Positionen. Äußerlich unterschieden die Visitatoren, wer die hl. Kommunion oder das Abendmahl empfing, wer Fasten- und Freitagsgebote hielt oder nicht, wer die sieben oder nur zwei bzw. drei Sakramente anerkannte, wer Maria und die Heiligen verehrte oder ablehnte, wer sich auf Wallfahrten begab oder nicht. Obwohl auch im Protestantismus das Marienlob[31] gepflegt wurde, was die Kontroverstheologen dieser Zeit meist übersahen, galten Marienverehrung, Marienwallfahrt und Marienweihe im Rahmen der vehementen Auseinandersetzungen um Reformation und Gegenreformation bald als signifikante Unterscheidungsmerkmale der Konfessionen. Maria, so die katholische Position, ist als Ersterlöste Mutter der Kirche. Wer sich offen zu ihr bekennt (z.B. durch Verehrung marianischer Gnadenbilder und durch Marienwallfahrten), bekennt sich zur katholischen Kirche und deren Mittlerfunktion.

Bei der Setzung marianischer Kultobjekte hatte die Oberschicht (Kirche, Dynastien, Adel) einen ganz entscheidenden Anteil[32] - es wurden berühmte Künstler mit der Schaffung von Marienbildern und Wallfahrtskirchen betraut -, daneben aber gingen zahlreiche Statuen, Gnadenbilder, Kirchen und Kapellen, die Maria und/oder den Heiligen geweiht sind, auch auf die Initiative des Volkes zurück - und manche vom Volk häufig frequentierten Gnadenstätten fanden erst nach Jahrzehnten die Anerkennung der geistlichen und/oder weltlichen Obrigkeit. Marienverehrung und -wallfahrt waren nicht nur Ergebnis kirchlicher Aktivität, sondern auch der Eigeninitiative des Volkes, das sich seine "heiligen Stätten" schuf, worüber die kirchliche Obrigkeit nicht immer begeistert war, da die Gefahr bestand, daß ihr die Leitung entgleiten und das Laienelement möglicherweise das Übergewicht gewinnen konnte. Die kirchliche Obrigkeit hatte, insgesamt gesehen, deshalb ein ambivalentes Verhältnis gegenüber den Marienwallfahrten, den Wallfahrten überhaupt. Einerseits waren sie Zeichen der sich durchsetzenden katholischen Erneuerung und Gegenreformation, andererseits verließen die Gläubigen zu tausenden ihre Heimatgemeinden, um in oft tagelangen Wallfahrten, von Laien organisiert, ferngelegene Wallfahrtsstätten, meist von Ordensangehörigen betreut, aufzusuchen. Zwischen Welt- und Ordensgeistlichkeit entstanden in dieser Frage durchaus unterschiedliche Auffassungen und Rivalitäten, insbesondere wenn der Ortsgeistliche nicht mehr die organisatorische Leitung der Wallfahrtsbewegung in den Händen hielt.

Die Gläubigen wallfahrteten in Tages- oder mehrtägigen Wallfahrten meist in Gemeinschaft oder auch einzeln - für den letzteren Fall wurde die Verwendung des Begriffs der Pilgerschaft statt des Wallfahrens vorgeschlagen - zu "heiligen Stätten", an denen sich bereits Mirakel ereignet hatten. Das Mirakel[33], das Außergewöhnliche, die Gnade, die Rettung aus Not und Bedrängnis gingen voraus. Hatte sich die Kunde von einem solchen Ereignis verbreitet, dann setzte auch ein "Zulauf" des Volkes oder eine mehr oder minder gut organisierte Wallfahrtsbewegung ein. Diese konnte von kirchlicher und/oder weltlicher Obrigkeit gefördert, aber nicht erzwungen werden. Etliche im Mittelalter berühmte, in der Reformationsepoche versunkene Wallfahrtsstätten[34] erstanden nie mehr, und es gab zahlreiche Marien- und Heiligenbilder, die niemals Zentren einer Wallfahrt wurden, da sie nicht durch "Mirakel"[35] legitimiert waren. Ereignete sich jedoch ein Mirakel, so verbreitete sich die Kunde sehr schnell, und gläubige Menschen strömten zu diesen Gnadenstätten, um ebenfalls des göttlichen Heils teilhaftig zu werden. Die Kirche bemühte sich, durch Beichte, Predigt, feierliche Gestaltung der Messe die Seelsorge an diesen Orten zu intensivieren. Die absolutistischen Landesherrn, die das Prinzip "Ein Herrscher, ein Gesetz, eine Religion" in ihren Territorien vertraten, förderten die Wallfahrtsbewegungen als Zeichen der Einheit des Glaubens. Und der ökonomische Faktor war ebenfalls recht beachtlich, wenn abertausende von Wallfahrern in zum Teil von den Durchzugsstraßen weit abgelegene Wallfahrtsorte wie z.B. Maria Zell in der Steiermark strömten.

Die Marienwallfahrten standen wie alle Heiligenwallfahrten somit aus der Sicht der katholischen Kirche seit dem späten 16. Jahrhundert unter dem Aspekt der inneren Reform, der Förderung und Vertiefung des Glaubens, der Volksmission und der Gewinnung Andersgläubiger. Eine prachtvolle, mit Fahnen und Musik, Gebet und Gesang gestaltete Wallfahrt konnte – modern gesprochen – "werbewirksam" sein, wie die barocke Aus- oder Umgestaltung der Kirchen, die Pracht der Innenräume, die Musik, die religiösen Schauspiele. Nicht ohne Grund erregten sich die Protestanten Donauwörths über die "demonstrativ-provokativen" Prozessionen und Wallfahrten ihrer katholischen Mitbürger, was zu so handfesten Auseinandersetzungen führte, daß schließlich 1607 die Reichsacht über die Stadt verhängt wurde.

Dies ist ein Extrembeispiel. Doch prinzipiell gilt: Marienwallfahrt war offizielle Dokumentation des Glaubens nach außen und diente der Förderung und Vertiefung des Glaubens bei jenen, die der katholischen Kirche treu geblieben oder wieder zu ihr – aus welchen Gründen auch immer – zurückgekehrt waren. Der Würzburger Bischof JULIUS ECHTER von Mespelbrunn gehörte zu jenen Oberhirten, die sich dieses zweifachen Aspekts der Marienwallfahrten bewußt waren. Als er 1573 die geistliche und weltliche Herrschaft des Hochstifts übernahm, schien die Lage der Kirche äußerst problematisch, von der Situation der außerhalb des hochstiftischen Territoriums lebenden Diözesanangehörigen ganz zu schweigen. Eine durchgreifende Bildungsreform, die Gründung der Universität, der Marianischen Studentenkongregation, dreier Seminarien (darunter des Marianischen Kollegs)[36] schufen die Voraussetzung dafür, die künftige Generation von Priestern und Beamten im Geist der tridentinischen Reform zu erziehen. Nach einem Brand in der Marienfeste im Jahr 1600 unterstellte der Bischof seinen Herrschaftssitz symbolisch der Himmelskönigin, deren vergoldetes Bild zum strahlenden Mittelpunkt des ersten Turmes der Feste erhoben wurde.[37] Denn gemäß der barocken Architekturtheorie[38] sendet ein zentrales Objekt (hier der Bischofs- und Herrschaftssitz) seine Strahlen und Kräfte wie die Sonne nach allen Seiten ins Unendliche aus. Ist Maria das geistig-geistliche Zentrum des Hochstifts, so beherrscht Maria das ganze Land und seine Bewohner. 16 Jahre später verfügte Herzog MAXIMILIAN I. von Bayern dieselbe Symbolhandlung für die Münchener Residenz.[39] Neben der Wiedereinführung der im Bistum Würzburg traditionsreichen Muttergottesbruderschaften suchte JULIUS ECHTER, auf breiter Basis auch neuen Eifer für Marien- und Heiligenwallfahrten zu wecken, indem er an traditionsreichen Wallfahrtsorten wie Mariabuchen und Dettelbach prachtvolle Wallfahrtskirchen errichten ließ. Der Kreuzberg und das mainzische Walldürn sowie die marianische Bergkirche des - ehemals würzburgischen - Laudenbach[40] sind ebenfalls diesem Prinzip unterzuordnen, einen im Zug der Gegenreformation unter JULIUS ECHTER und seinen Nachfolgern auf dem Stuhl des hl. Burkhard bewußt gestalteten Verteidigungsring des Katholizismus aufzubauen. Im Bild der "geistlichen Vorburg" hat HANS DÜNNINGER derartige Wallfahrtsorte als Zeichen und Stützpunkte der katholischen Reform und Gegenreformation gekennzeichnet.

III. Volk und Marienwallfahrt

War bereits im Rahmen der kirchlichen Aktivitäten die Bedeutung des Volkes für die Ausprägung der Marienwallfahrten mehrfach betont worden, so soll dieser Aspekt im folgenden noch vertieft werden. Für die katholischen Gläubigen der Barockzeit zählten Mariens wirksame Fürbitte und Hilfe, die sie in zahllosen Einzel- und Gemeinschaftswallfahrten zu erflehen und zu danken wußten, zu den Realitäten ihres Lebens. An den Gnaden- und Wallfahrtsstätten, so in Andechs, Dorfen, Altötting, Maria-Eck, Amberg, Dettelbach, Mariabuchen oder im österreichischen Maria Dreieichen, Maria Rain, Maria Saal, Maria Taferl, Maria Lanzendorf, Maria Plain, Mariazell und vielen anderen, brachten die Angehörigen aller gesellschaftlichen Gruppen, aller Stände Verehrung, Dank und Bitte zum Ausdruck. Sie wallfahrteten und beteten sowohl in privaten wie in öffentliche Anliegen.[41] Wallfahrten wurden von ganzen Pfarrgemeinden, Dorfschaften, Städten[42] und Märkten mit ausdrücklicher Intention und Motivation der Erhaltung des Gemeinwesens, des Landes und der Dynastie und des Heiligen Römischen Reiches unternommen. Die Bürger Landshuts begaben sich z.B. im 17. und in der ersten Hälfte des 18. Jahrhunderts jeweils in einem Turnus von drei, später sieben Jahren auf Wallfahrt nach Altötting in einem oder mehreren die Stadt, das Land, das Reich, die Kirche betreffenden aktuellen, von zeitgeschichtlichen Ereignissen (etwa dem Dreißigjährigen Krieg, den Türkenkriegen, dem Spanischen Erbfolgekrieg) bedingten Anliegen.[43] Auch die Bürger von Neuötting, Schärding, Mattighoven, Kraiburg, Deggendorf und Ort im Innviertel unternahmen Gemeinschaftswallfahrten in politischen und sonstigen Bedrängnissen.[44] Im Jahr 1704 wurde anläßlich der kriegerischen Ereignisse im Zusammenhang des Spanischen Erbfolgekriegs das Ettaler Gnadenbild nach München gebracht, worauf mehr als 40 Gemeinden nach München wallfahrteten, um für den Frieden zu bitten.[45]

In den Jahren außerordentlicher Nöte nahm die Zahl der Wallfahrer zu Marienwallfahrtsstätten überdurchschnittlich zu, während gleichzeitig die Quantität und Qualität der Opfergaben - eben aufgrund der allgemeinen Notlage - überproportional zurückgingen. Die jeweiligen Friedensjahre weisen eine größere Konstanz in der Frequentierung auf, aber auch einen überproportionalen Anstieg der Spendenfreudigkeit. Opferten z.B. die Landshuter Bürger Ende des Dreißigjährigen Krieges der Altöttinger Gnadenmutter Geschenke im Wert zwischen 100 und 220 fl., so waren es 1684 (ein Jahr nach dem Entsatz Wiens von den "Türken") bereits annähernd 700 und 1691 trotz des Pfälzer Erbfolgekriegs, der jedoch Südostbayern nicht unmittelbar betraf, rund 1000 Gulden.[46]

Der Seesieg von Lepanto 1571 über die Osmanen, der Ausgang der Schlacht des Ligaheeres am Weißen Berg bei Prag gegen die böhmischen Protestanten, der Entsatz Wiens 1683 von den Türken wurden von den katholischen Zeitgenossen ganz oder teilweise der Fürbitte Mariens zugeschrieben.[47] Die Flotten und Heere, die Soldaten und Heerführer erschienen nur als Werkzeuge des göttlichen Willens. Waren ehedem die Erfolge der Reformation und das Vordringen der Osmanen pastoraltheologisch als Strafe Gottes für die Untaten der katholischen Gläubigen interpretiert worden, so verkündeten die Prediger des Barock die Siege der Katholiken als Ausdruck des göttlichen Willens – Gott habe sich der Sünder auf Fürsprache Mariens und der Heiligen erbarmt und die Bußwerke der Christen – zu denen auch die Wallfahrten zählten – gnädig angesehen. Maria als Hilfe der Christen (so PAPST PIUS V. in der Lauretanischen Litanei) und Maria vom Siege wurde durch Gebet, Wallfahrt und spezielle Feiertage geehrt. Der großen Verehrung des aus Oberungarn nach Wien auf Veranlassung Kaiser LEOPOLDs I. übertragenen Gnadenbildes Maria Pocs (Pötsch)[48] schrieben die großen zeitgenössischen Prediger, P. MARCO D'AVIANO[49] und P. ABRAHAM A SANCTA CLARA[50] den entscheidenden Sieg des Prinzen EUGEN VON SAVOYEN bei Zenta im Jahr 1697 zu. In der Tat wirkte dieser Sieg als endgültige Befreiung von der Gefahr eines permanenten Zweifrontenkrieges – im Westen gegen Frankreich, im Osten gegen das Osmanische Reich. Befreit von der unmittelbaren Türkengefahr blühte Wien, dereinst stets bedrohte Grenzstadt des Heiligen Römischen Reiches Deutscher Nation, seit 1683 und besonders nach der Jahrhundertwende zu einem europäischen Zentrum der Politik und der Barockkultur auf, und ein ganzer Kranz von Marienwallfahrtsstätten[51] breitete sich rings um die Stadt aus, wobei häufig ältere Traditionen wieder reaktiviert werden konnten.

Was der aus Schwaben stammende kaiserliche Hofprediger P. ABRAHAM A SANCTA CLARA über Mariabrunn und die Motive der an diesen Gnadenort strebenden Wallfahrer sagte, kann auch für andere marianische Gnadenstätten gelten:

> "Ich müste viel Zeit haben, wenn ich solte und wolte alle diejenige beibringen, welche in ihrer Krankheit ihre Zuflucht genommen zu dieser Kirchen und Gnad erhalten haben... Ich könt glaubwürdige Zeugnus vorweisen, die da ein Mangel gelitten an dem Licht ihrer Augen, an dem Gehör, an Sprache, Geruch, Bresten ihrer Hände und Glieder, unterschiedlichen Fiebern, ... Gebrechen, Apostemen und Geschwulsten, Leibs-Schäden, Entzündungen, Reissen und Grimmen, Brüchen und Beulen, Bluten und Blattern, Chyrarcha, Cholica, Ruhr, Contractur, Günden, Winden, Steinen, ... (Verletzungen) an Füßen und Beinen...".[52]

Die zahlreichen Votivgaben und die Mirakelbücher beweisen, wie sehr zahlreiche Gläubige ihr Vertrauen auf Maria als "Heil der Kranken und Himmels-Ärztin" setzten.[53] So tragen die Votivgaben aller Stände das Signum menschlicher Kontigenzerfahrung, angefangen von der Rokoko-Silberstatue des zehnjährigen bayerischen Kurprinzen MAX III. JOSEPH[54], die zum Dank für seine Errettung aus schwerer Krankheit der Altöttinger Gnadenmutter gestiftet wurde, bis hin zu den aus Holz, Wachs[55], Silber, Gold gestalteten Gliedmaßen, die Menschen aus allen Gesellschaftsschichten als bildhaft bleibendes Dankeszeichen für empfangene Hilfe aufopferten. Neben diesen Identifikationsopfern (nachgebildeten Körperteilen oder Nachbildungen von Personen) und "Denk- und Dankzeichen" (Fesseln als Zeichen der Befreiung aus der Gefangenschaft, insbesondere aus türkischer Haft, oder Krücken als Zeichen wieder gesundeter Gliedmaßen) bezeugen bemalte und beschriebene Votivtafeln[56] und Devotionalien erfahrene Hilfe und zugleich Bitte um weiteren Schutz. Brautkränze und -kleider opferten die Gläubigen nicht nur bei oder unmittelbar nach der Hochzeit, sondern zuweilen oft erst Jahre später aus Anlaß der Errettung aus Not und Bedrängnis oder zur bleibenden Erinnerung an den verstorbenen Ehepartner oder als testamentarisches Vermächtnis.[57] Auch die "Verlobung" an mehrere Gnadenorte war bekannt, insbesondere wenn es um die Tilgung schwerer Schuld ging. Auch die "Verlobung" an Maria und mehrere Heilige war üblich. Während jedoch die Heiligen in der Regel jeweils für bestimmte Krankheiten und Leiden zuständig waren[58], umfaßte das gläubige Vertrauen zu Maria alle nur denkbaren Schicksalsschläge. Denn Maria wurde in ihrer Eigenschaft als Mutter des Gottessohnes als die Gott nächststehende Person gesehen, die die Hoffnungen, Leiden und Nöte des Menschengeschlechts nach Jesus am intensivsten repräsentiert.

Den Höhepunkt der Marienwallfahrt bildete die Marienweihe: "Me tibi maria dedico." Diese Dedikation fand ihren Ausdruck im Opfer von Weihekerzen und -wappen als "monumenta amoris et devotionis"[59]. Ein Abbild zeitgenössischer Herrschafts- und Wirtschaftsformen stellte die freiwillig übernommene Zinsbarkeit gegenüber marianischen Gnadenstätten[60] und die Naturalopfer (Getreide, Flachs, Kerzenwachs[61], aber auch Tiere wie Hühner, Kühe, Pferde) dar. Die Bestattung des eigenen Herzens bzw. des ganzen Leibes bei oder innerhalb einer marianischen Gnadenstätte als "signum et pignusintimum Mariani amoris" war dagegen nur höchsten Gesellschaftskreisen vorbehalten.[62]

IV. Dynastie und Marienwallfahrt

Der aus dem Herzogtum Krain stammende Prediger und Historiograph JOHANN LUDWIG SCHÖNLEBEN bemerkte im 17. Jahrhundert, das Glück des Erdkreises beruhe auf drei Säulen, nämlich dem katholischen Glaubenseifer des "Hauses Österreich", auf dessen Pietas Eucharistica und auf dessen Einsatz für die Unbefleckte Empfängis Mariens.[63] Die nämlichen Kriterien sind analog für das bayerische Haus Wittelsbach anwendbar. Die Entscheidung des bayerischen Herzogshauses für die Erhaltung des alten Glaubens erfolgte bereits unter WILHELM IV.[64], der mit Hilfe durchgreifender landesherrlicher Reformen die religiös sittlichen Verhältnisse im Lande zu bessern und die breite Reformationsbewegung, die sukzessive Volk und Stände erfaßte, einzudämmen suchte. Sein Nachfolger ALBRECHT V. hatte sich vor allem mit den zum Teil protestantisch gewordenen weltlichen bayerischen Landständen auseinanderzusetzen. In Altötting wurden seit den zwanziger Jahren bis etwa 1570 kaum noch Mirakel verzeichnet,

"also die andacht nacher AltenOetting erkaltet und
der gnadenbrunnen der göttlichen wol- und wun-
derthaten zu fliesen aufgehört".[65]

Was hier von Altötting ausgesagt wurde, galt auch für Dorfen, Maria-Eck, Tuntenhausen, Mariazell und zahlreiche andere Wallfahrtsstätten des süddeutsch-österreichischen Raumes. Die Reformation und ihre Folgen auf theologischem, religiösem, gesellschaftlichem und politischem Gebiet schienen das Ende der Heiligen- und damit auch der Marienwallfahrten zu bedeuten. Die Aufdeckung einer angeblichen Adelsverschwörung (1563) in Bayern und schließlich die endgültige Entscheidung des Hauses Habsburg für den Katholizismus in den ersten Jahrzehnten des 17. Jahrhunderts bewirkten die Verwirklichung der tridentinischen Reformen[66] und bestimmten fortan den Kurs der bayerischen und österreichischen Innen- und Religionspolitik.

Nach der glücklichen Errettung aus einem plötzlich sich erhebenden Sturm während einer Vergnügungsfahrt auf dem Würmsee begab sich Herzog ALBRECHT V. im Jahr 1570 in einer demonstrativ ausgestalteten Prunkwallfahrt nach Altötting, um seine Dankesschuld mit "königliche(n) schanckungen" gegenüber Maria als Fürbitterin und Helferin in der Not abzustatten. Seit Jahrzehnten war kein bayerischer Herrscher mehr zu einer Wallfahrt aufgebrochen. Die Dankesbezeugung aber war nun nicht der einzige Grund. Ein zeitgenössischer Bericht sprach vielmehr den Zusammenhang von Reformation-Gegenreformation-Marienverehrung-Marienwallfahrt und Votivgabe deutlich an: "Aus christlichen eyfer", wurde dort vermerkt, und weil ihm "alls ainem catholischen fürsten nit unbillich zu gemüet und herzen dringen ... thuet", daß "in- und ausserhalb des heiligen reichs ... der uralt catholisch, waar und heilsam gottesdienst abgetan, ... die gottsheuser enteeret, verwüstet und zerrissen, die clainoder, ornat und bildnussen Gotts und seiner lieben hailigen prophanirt, hingenommen und abgetilgt werden"[67], habe sich der bayerische Herzog entschlossen, "die stifftkirchen und gotteshaus zu AlltnOtting ... in Gottes und der reinen Junckfrauen Mariae eeren ... mit ettlichen vil schönen und csstlichen clainoden ... zuzieren".[68] Der Herzog hoffte, daß durch seine Opfergaben "vil übernatürliche miracul aus gottlicher krafft, barmhertzigkeit und genaden vilfelltigclich beschehen" und dadurch in seinem Fürstentum und seinen Landen der traditionelle katholische Glaube "vermittels gottlicher gnaden nach aller möglichkeit bestendigclich" erhalten und fortgesetzt werde.[69]

Diese Aufsehen erregende Wallfahrt und Schenkung waren keine nebensächliche Episode, sondern äußere, demonstrative Zeichen einer religionspolitischen Wende.

Für ALBRECHTs V. Nachfolger gehörten Wallfahrten, insbesondere zu marianischen Gnadenstätten, bereits wieder zur Selbstverständlichkeit. Herzog WILHELM V. wallfahrtete mindestens einmal jährlich nach Altötting, ohne daß er die traditionelle Wallfahrt seiner Vorfahren zum heiligen Berg Andechs versäumt hätte. 1585 begab er sich sogar zur Wallfahrt zum Heiligen Haus von Loreto und nach Rom.[70] Er förderte die Jesuiten und die unter ihrer Leitung stehenden marianischen Kongregationen.[71] Sein Sohn MAXIMILIAN I. trat – ebenso wie der Habsburger FERDINAND II. – der marianischen Kongregation bei, und MAXIMILIAN wurde sogar weltlicher Präfekt und Schutzherr aller marianischen Kongregationen in Deutschland.[72] Beide Fürsten studierten an der von Jesuiten geleiteten Universität Ingolstadt, einem Zentrum der Gegenreformation. Von Kindheit an, so eine diesbezügliche Erziehungsinstruktion, gingen die bayerischen Prinzen "je zu zeiten kirchfartten", so nach Maria-Talkirchen, Maria-Ramersdorf, zum Heiligen Berg Andechs, nach Tuntenhausen und Altötting.[73]

Nach seinem Regierungsantritt (1597) stellte Herzog MAXIMILIAN I. die Pietas Mariana in den Mittelpunkt seines politischen Handelns. Seine erste Regierungstätigkeit war eine offizielle Wallfahrt nach Altötting.[74] Wichtige Staatsaktionen verlegte der Herzog auf einen Marienfeiertag, so den Aufbruch gegen Donauwörth 1607 auf das Fest Mariä Empfängnis, die Vereinigung des Ligaheeres mit den kaiserlichen Truppen unter BUCQUOI 1620 auf das Fest Mariä Geburt und den Einmarsch in die dem Pfälzer Verwandten FRIED-

RICH V. abzuringende Oberpfalz auf den selben Tag des folgenden Jahres. Zur Königswahl des Habsburgers FERDINAND III. erschien er 1636 ebenfalls an einem Marienfeiertag.[75] Den Bischöfen von Freising und Regensburg verweigerte er die offizielle Einführung des Korbinians- und Wolfgangfestes mit der Begründung, es gebe schon genügend Feiertage, doch den bereits bestehenden Marienfeiertagen fügte er (mit Zustimmung des Episkopats) noch die Feste Mariä Opferung (21. November) und Mariä Heimsuchung (2. Juli) hinzu. Das bereits traditionelle, aber kirchen- und staatsrechtlich noch unverbindliche Immaculata-Fest am 8. Dezember erhob der bayerische Landesfürst zu einem gesetzlichen Feiertag.[76] Im Jahr 1615 legte er Maria den Ehrentitel "Patrona Bavariae" bei, und ein Jahr später unterstellte er, wie bereits erwähnt, die Münchener Residenz dem Schutz Mariens.[77] Er selbst verstand sich als ihr erster Diener. Infolge der zweiten Ehe des nunmehrigen bayerischen Kurfüsten MAXIMILIAN I. mit Erzherzogin MARIA ANNA (1635) erhielt die Marienverehrung des bayerischen Hauses Wittelsbach neue Impulse durch die Pietas Austriaca[78], wie auch umgekehrt bayerische Frömmigkeitsformen die Religiosität des österreichischen Hauses Habsburg beeinflußten. So war die 1638 am Münchener Schrannenplatz (dem späteren Marienplatz) errichtete Mariensäule[79] (von der aus übrigens alle Wegstrecken in Bayern gemessen wurden) Vorbild der Wiener Mariensäule, die FERDINAND III. "Am Hof" 1647 aufstellen ließ.[80] Doch ein entscheidender Unterschied besteht: Die Münchener Mariensäule stellte, ikonographisch betrachtet, Maria als Schutzfrau, die Wiener Mariensäule dagegen Maria als Immaculata dar. Die Habsburger bemühten sich bereits damals wiederholt an der römischen Kurie, die Dogmatisierung der Unbefleckten Empfängnis Mariens zu erreichen - allerdings vergeblich. Erst in späteren Jahrhunderten nahm Rom zu den sich bis dahin unterschiedlich entwickelnden Lehrmeinungen dezidiert Stellung.

Der bayerische Herzog und Kurfürst MAXIMILIAN I. empfing sein Land vom Maria gleichsam zu Lehen; ihr Schutz und Schirm sollte Land und Leute durch die Fährnisse des Dreißigjährigen Krieges geleiten. Seinem Sohn gab er den

Namen FERDINAND MARIA - Ferdinand nach dem kaiserlichen Großvater mütterlicherseits und Maria als Dank für die Erhörung seiner Gebete um einen Erben, da seine erste Ehe mit ELISABETH VON LOTHRINGEN kinderlos geblieben war und die bayerische Linie des Hauses Wittelsbach zu erlöschen drohte. Seinem Sohn FERDINAND MARIA erteilte er hinsichtlich seines Lebenswegs den Rat, "alle Heillige Gottes, bevorab aber die Königin aller Heilligen, die Jungfräuliche Muetter Gottes" zu ehren, "als wie ein underthenigist ergebener Sohn zuthun schuldig ist. Uf solche weis bist Du versichert, das Sye als ein sorgtragende Mutter Dich lieben und bey dem Allerhöchsten Gott Dich in glickh und unglickh beschützen werde."[81]

Wie Kurfürst MAXIMILIAN I. von Bayern die Madonna gekrönt[82] und sein Land von ihr zu Lehen genommen hatte, so handelten auch die Angehörigen des Hauses Österreich. Die Vorbildfunktion des Herrscherhauses für Staat und Gesellschaft beschrieb P. ABRAHAM A SANCTA CLARA mit den Worten: "Was unter dem Gestirn die Sonn, was unter den Vögeln der Adler, was unter den Thieren der Löw, was unter den Steinen der Diamant, was unter den Metallen das Gold, was unter den Blumen die Rosen: das ist unter den Menschen ein Lands-Fürst und Regent."[83]

Die Religiosität des Herrschers, insgesamt des Herrscherhauses, besaß deshalb enormen Vorbildcharakter. In den Glaubenskämpfen riefen die Habsburger Maria als Patronin der katholischen Heere an. Der Kampf gegen die Türken wurde unter ihrem Banner ausgefochten.[84] Die habsburgischen Kaiser, so KARL V.[95], betrachteten Altötting als Reichsheiligtum. Im heiligen Haus von Loreto zu Wien versprach der erst 20jährige Herzog FERDINAND II. von Steiermark 1598, alle protestantischen Prädikanten aus Innerösterreich (Steiermark, Kärnten und Krain) auszuweisen. Die Rekatholisierung war auch sein Ziel, nachdem er zum König von Böhmen gewählt worden war. Die Folge war seine Absetzung und der Ausbruch des Dreißigjährigen Krieges. 1647 stellte sein Nachfolger FERDINAND III. in der Endphase dieses europäischen Konflikts, in dem alle Parteien noch einmal die letzten Reserven zu mobilisieren versuchten, nach bayerischem Vorbild "das gantze Land under den schutz, schirm und partocinium glorwürdigster Jungfrauen Mariae." Der Kaiser weihte sich selbst, seine Kinder, seine Völker, Heere und Provinzen Gott, "dem höchsten Kaiser des Himmels und der Erde, durch den die Könige regieren, und der Jungfrau, Gottesgebärerin und unbefleckt Empfangenen, durch welche die Fürsten herrschen, als der besonderen Herrin und Patronin Österreichs".[86] Die besondere Zugehörigkeit des Hauses Habsburg zu Maria galt, so ANNA CORETH, seit FERDINAND III. "als Privileg und verpflichtende Prärogative".[87]

Kaiser LEOPOLD I. führte die Pietas Austriaca zur höchsten Vollendung. Ursprünglich zum Priester erzogen, übernahm er nach dem Tod seines älteren Bruders FERDINAND IV. (9.7.1654) in Demut vor Gottes unerforschlichem Willen das für ihn schwere Erbe. Trotz des energischen Widerstands der französischen Diplomatie wurde er 1658 von den deutschen Kurfürsten zum römisch-deutschen Kaiser gewählt. Er begriff, so seine Herrschaftsauffassung, "das newe angetrettene Kaiserthumb" als "Lehen" Mariens und unterstellte anläßlich seiner Danksagung in Altötting am 5. September 1658 "sich und seine untergebne Land und Leuth unter den Schutz Mariae wider seine Feind."[88] Im folgenden Jahr dankte er anläßlich einer Wallfahrt nach Mariazell noch einmal der Gnadenmutter für seine Wahl zum Reichsoberhaupt.[89] 1681 unternahm Kaiser LEOPOLD I. eine Wallfahrt nach Altötting[90], um dort eine Aussöhnung mit dem bayerischen Haus Wittelsbach herbeizuführen, das sich in der Vergangenheit wiederholt eng mit Frankreich verbündet hatte.

Für Kaiser LEOPLD I. waren Wallfahrten speziell zu marianischen Gnadenstätten Höhepunkte seines Lebens. Im Lauf seiner Regierungszeit unternahm er neun Wallfahrten nach Mariazell. Sie dauerten jeweils fünf bis zehn Tage,. Im Marienzeller Heiligtum trug er der Gottesmutter alle ihn bewegenden Anliegen bezüglich des Reiches, seiner Erblande und seiner Dynastie vor. 1659 dankte er, wie erinnerlich, für die glückliche Kaiserwahl und 1665 für den im Vorjahr geschlossenen Waffenstillstand mit den Osmanen zu Vasvár- Eisenburg. Seinem in Spanien weilenden Vertrauten, dem Diplomaten Graf PÖTTING schrieb er: "Es ist heuer zu (Maria) Zell eine solche quantitas peregrinorum gewest, maxime in festo assumptionis, in quo ego etiam aderam, dass nit zusagen. Um 4 (Uhr morgens) hat man die Kirche geöffnet, um 5 Uhr hat keiner mehr Platz gehabt, haben die meisten müssen auf dem Kirchhof gespeist werden."[91]

Im Jahr 1670 flehte Kaiser LEOPOLD in seiner Eigenschaft als König von Ungarn, das außerhalb der Reichsgrenzen lag, um die Beilegung des Konflikts mit den ungarischen Ständen und des Aufstandes in Oberungarn[92]; außerdem dankte er für seine Genesung aus schwerer Krankheit, die die benachbarte bayerische Regierung FERDINAND MARIAs bereits zu Reflexionen über die Aufteilung des habsburgischen Erbes mit französischer Hilfe[93] veranlaßt hatte. 1673 bat Kaiser LEOPOLD um Hilfe im Holländischen Konflikt mit Frankreich und erklärte öffentlich, ein Kreuz in den Händen tragend, daß er diesen Krieg gegen Frankreich nicht aus Eroberungslust führe, sondern von Frankreich dazu gezwungen werde. Außerdem betete er für das Seelenheil seiner verstorbenen ersten Gemahlin denMARGARITA TERESA von Spanien, auf einer weiteren Wallfahrt 1676 für die ewige Ruhe seiner kürzlich verschiedenen zweiten Gemahlin CLAUDIA FELICITAS von Tirol.[94] 1679 flüchtete LEOPOLD vor der Pest zunächst nach Mariazell[95], dann nach Prag. 1683 flehte er auf der Flucht vor den Türken die Madonna auf dem Mariahilf-Berg bei Passau um Hilfe bei der Rettung seiner von den Osmanen belagerten Haupt- und Residenzstadt Wien an.[96] Im Jahr 1688 dankte er in Mariazell für all die Erfolge, die die kaiserlichen Waffen, verstärkt durch die Alliierten, seit 1683 in Ungarn errungen hatten. 1693 kam LEOPOLD I. neuerlich nach Mariazell, um der Gnadenmutter für den glücklichen Ausgang der Königswahl JOSEPHS I.[97] und damit der Fortsetzung der Kaiserlinie im Hause Österreich zu danken. LEOPOLDs dritte Gemahlin ELEONORA MAGDALENA aus dem wittelsbachischen Hause Pfalz-Neuburg förderte die marianischen Anliegen ihres Gemahls und war selbst Mitglied der Kongregation der "Sklavinnen oder leibeigenen Dienerinnen Mariae"[98], die ihren Ursprung im Rheinland hatte. Kann ihr ältester Sohn JOSEPH

I.[99] bereits in die Reihe der maßgebenden Persönlichkeiten der beginnenden Aufklärungsepoche gerechnet werden, so faßte ihr zweiter Sohn KARL VI. (1711-1740) noch einmal die habsburgische Pietas Eucharistica und Pietas Mariana zusammen und verband sie, wie LEOPOLD I., mit der besonderen Verehrung der Dreifaltigkeit.[100]

V.   Aufklärung und Marienwallfahrt

Kaiserin MARIA THERESIA bekannte, daß die weitgehende Wahrung ihres Erbes angesichts der Ansprüche Bayerns und Preußens, die in engem Einverständnis mit Frankreich standen, ein wunderbares "Miracle"[101] und primär göttlicher Hilfe zuzuschreiben sei. In den Staatsschriften des mariatheresianischen Zeitalters wurden die Pietas Austriaca und die Clementia Austriaca immer wieder als "Grundsäulen" der Herrschaft MARIA THERESIAs hervorgehoben; doch zugleich floß, so ADAM WANDRUSZKA, "ganz naiv und nahezu unbewußt bereits ein Element der Kritik an diesen ehrwürdigen Grundbegriffen der österreichischen Regierungstradtion ein."[102] MARIA THERESIA, die Landesmutter, sah in Maria vorwiegend die Gnadenmutter und Schutzfrau, doch deren ideelle Stellung als Herrscherin und Kaiserin bzw. Königin der habsburgischen Länder begann zu verblassen.[103] Überdies bemühte sich die katholische Aufklärung nach protestantischem Vorbild, alles sogenannte "veräußerlichte" Kirchenwesen zu behaupten und deren angebliche Träger, vor allem die beschaulichen Orden und die Kongregationen in ihrer Tätigkeit einzuschränken. Im Rahmen einer sich wandelnden, zur Aufklärung tendierenden Umwelt begann MARIA THERESIA trotz Beibehaltung barocker Frömmigkeitsformen allmählich, aber konsequent den Einfluß der Kirche auf den Staat zurückzudrängen[104] und - umgekehrt - den Einfluß des Staates auf die Kirche auszudehnen. Da die Wallfahrtsbewegung im katholischen Raum bislang u.a. unter dem Aspekt der Gegenreformation gestanden hatte, war sie aufgeklärtem Denken, das die Toleranz zwischen den Konfessionen zum Prinzip erhob und kontrovers-theologische Aspekte zu überwinden trachtete, suspekt geworden. JOSEPH II., der im Landesfürsten den Regenten und die Privatperson unterschied, begab sich zwar 1764, 1766 und 1767 noch privat auf Wallfahrten nach Mariazell[105], aber eine innere Beziehung zu dieser barocken, festlich gestalteten, ehedem von der Dynastie offiziell geförderten Frömmigkeitsform vermochte er nicht zu gewinnen. Aus staatspolitischen, wirtschaftlichen, fianziellen und religiösen Gründen reduzierte er u.a. die Feiertage und beschränkte die Wallfahrten. Dasselbe geschah in Kurbayern unter MAX III. JOSEPH und KARL THEODOR und nach dem bayerischen und österreichischen Vorbild auch in verschiedenen Hochstiften Süddeutschlands. Aus moralischen Gründen und wirtschaftlichen Überlegungen verbot JOSEPH II. 1772 alle Wallfahrten, bei denen die Teilnehmer über Nacht ausbleiben mußten.[106] Die Sittlichkeit schien gefährdet, wenn Männer und Frauen auf den Wallfahrten gemeinsam übernachteten, und mehrtägige Wallfahrten hinderten die Untertanen an der Arbeit, und das Geld werde in fremde Gegenden oder gar ins Ausland getragen. Wallfahrten ins Ausland wurden deshalb ebenfalls verboten.[107] Denn der Merkantilismus und die Physiokraten forderten, daß das Geld im Lande zirkulieren müsse und nicht ins Ausland gelangen solle - was eine Verarmung des eigenen Landes bedeute. Wallfahrten ins Ausland dauerten meist mehrere Tage, in denen zu Hause die Arbeit ruhte. Sie stellten andererseits für jenen Teil der Bevölkerung, der schollegebunden war, eine der wenigen Möglichkeiten dar, die Heimat zu verlassen.

Das Verbot mehrtägiger Wallfahrten und Wallfahrten ins Ausland, das sukzessive auch durchgeführt und dessen Einhaltung sowohl von der weltlichen wie geistlichen Obrigkeit überwacht wurde, bedeutete letztlich einen radikalen Einschnitt in die traditionelle Wallfahrtsbewegung. Vor allem die Weltgeistlichkeit unterstützte diese Verbote, sah sie doch aufgrund der gewandelten Pastoraltheologie ihrer Zeit die Konzentration auf die Ortsgemeinde und die Aktivierung des Gemeindelebens als vorrangige Notwendigkeit zur seelsorgerlichen Betreuung der Untertanen an. Sie sollten nicht mehr an ferngelegene Wallfahrtsorte eilen, sondern den Gottesdienst[108] der Ortsgemeinde als Zentrum des christlichen Glaubens erleben. Selbst Wallfahrten zu nahegelegenen Wallfahrtsstätten wurden beschränkt, und 1784 dekretierte JOSEPH II.[109], daß im Lauf eines Jahres pro Ortsgemeinde überhaupt nur noch zwei Prozessionen stattfinden dürften - und diese auch nur in besonderen Notfällen und auf Anordnung des zuständigen Ordinariats. Außerdem wurden diese wenigen noch möglichen Prozessionen auf Sonn- bzw. die noch anerkannten Feiertage verlegt, so daß diese die Werktagsarbeit in Haus, Hof und Feld nicht mehr tangieren konnten. Traditionen der Volksfrömmigkeit wurden dem Maßstab der Vernunft unterworfen und als nebensächlich, überflüssig oder gar schädlich empfunden. Die wenigen noch zulässigen Prozessionen durften auch nicht mehr von Laien (etwa der sog. Wallfahrtsmutter) organisiert werden, sondern wurden der Ortsgeistlichkeit unterstellt, die wiederum im Geist der Aufklärung wenig Neigung zeigte, ihre Pfarrangehörigen aus der eigenen Ortsgemeinde an entfernt gelegene Gnadenorte herauszugeleiten.

Die "Wundersucht" der Gläubigen wurde ebenfalls bekämpft und alle ungewöhnlichen Ereignisse, die in der Vergangenheit als "Mirakel" interpretiert worden waren, auf vernunftgemäße Ursachen hinterfragt. Die katholische Aufklärung forderte eine Rückkehr zum Wesentlichen des Glaubens und eine Abkehr von peripheren Frömmigkeitsformen. Ob JOSEPH II. von Österreich, MAX III. JOSEPH oder KARL THEODOR von Bayern - ihnen und ihren Ratgebern erschienen die Wallfahrten als Teil der Pietas Mariana, die Verehrung von Gnadenbildern, die Krönung Mariens und ihres Kindes, die Einkleidung von Gnadenstatuen und die zahlreichen Opfer als Ausdruck der Bitte, des Dankes und der Devotion nunmehr eher als Zeichen des Aberglaubens denn als Zeichen wahrer Frömmigkeit. Das eigene Land von Maria in einem religiösen Akt zu Lehen zu nehmen sowie Land und Leute offiziell dem Schutz Mariens zu unterstellen und sie durch demonstrative Überreichung von wertvollen Opfergaben um Hilfe in politischen Anliegen anzuflehen, erschien aufgeklärten Herrschern und der aufgeklärten Bürokratie ohne Fundament.

Als der Salzburger Erzbischof HIERONYMUS JOSEPH GRAF VON COLLOREDO-WALDSEE[110] seit den 80er Jahren des 18. Jahrhunderts ebenso energisch gegen die traditionelle Wallfahrtsbewegung vorging, Wallfahrten verbot, Wallfahrtskirchen von Gnadenbildern und Devotionalien säubern bzw. Wallfahrtskirchen und -kapellen schließen ließ und die Heiligen- und Marienverehrung beschränkte, konnten so manche Untertanen nicht begreifen, daß nun verboten sein solle, was noch vor kurzem offiziell und mit Nachdruck von der weltlichen und geistlichen Obrigkeit gefördert worden war.[111] Es gab sicherlich gute Gründe, die ausufernde Wallfahrtsbewegung einzuschränken. Anstatt den Pfarrgottesdienst zu besuchen, die Predigt anzuhören, sich am Gemeindeleben zu beteiligen, an der sonntäglichen Christenlehre teilzunehmen, begab man sich auf Wallfahrt. Mancher Wallfahrer vergaß im Gasthaus häusliche Pflichten und den eigentlichen Grund seiner Wallfahrt. Den Heimatort unter dem Vorwand der Wallfahrt zu verlassen, war manchem wichtiger als das religiöse Anliegen. Trotzdem fühlte sich vor allem die bäuerliche Bevölkerung durch die genannten rigorosen obrigkeitlichen Maßnahmen in ihren religiösen Gefühlen und Traditionen verletzt. Das aufgeklärte Bildungsbürgertum distanzierte sich ohnehin zunehmend von barocken Überlieferungen, und die aufgeklärte adelig-bürgerliche Bürokratie war davon überzeugt, im Auftrag und in Übereinstimmung mit ihren geistlichen und/oder weltlichen Landesherrn notfalls die Untertanen zu ihrem Glück und Vorteil zwingen zu müssen, wenn diese unfähig seien, das für sie beste zu erkennen. Alles für das Volk - nichts durch das Volk: dieses Prinzip galt auch in diesem Zusammenhang. Indem die Obrigkeit gegen die zweifellos vorhandenen Mißstände und Übertreibungen vorging, schaffte sie die Wallfahrt als solche ab, ohne auf die Anliegen des Volkes allzu viel Rücksicht zu nehmen. In Tirol kam es aufgrund der obrigkeitlichen Eingriffe in das religiöse Leben des Landes sogar zu einer Loyalitätskrise. Die Obrigkeit wiederum sah sich im Gewissen verpflichtet, hart durchgreifen zu müssen, um Besserung in ihrem Sinne herbeizuführen. FRANZ PHILIPP JUGAGHI, Bischof von Triest und Zeitgenosse JOSEPHs II., sprach sich "mit Tränen in den Augen" gegen die "Unsitte" des Wallfahrens aus. Der aufgeklärte Linzer

Bischof JOSEPH ANTON VON GALL meinte, beten könne man überall, das Gebet sei an einem Ort nicht weniger wert als an einem anderen, deshalb sei der Besuch eines Wallfahrtsortes gänzlich überflüssig.[112]

Manche Wallfahrtsorte erstanden durch die in der Aufklärungsepoche vorgenommenen Eingriffe nie mehr, andere gerieten in Vergessenheit. Wieder andere Wallfahrtskirchen wurden abgerissen oder prophanen Zwecken zugeführt, einige in Pfarrkirchen umgewandelt. Hatte sich die Reformation aus theologischen Gründen sehr kritisch mit der Wallfahrtsbewegung auseinandergesetzt, so die Aufklärung mit Vernunftsgründen. Wo einst im Laufe eines Jahres, insbesondere zu Heiligen- und Marienfesten Tausende von Menschen zusammengekommen waren, gebetet, den Gottesdienst gehört[113] und die Sakramente empfangen hatten - die Wallfahrten waren deshalb auch Teil der pastoralen Bemühungen insbesondere von seiten verschiedener Orden geworden -, herrschte nun große Stille. Das 19. Jahrhundert tat sich zunächst schwer, an die Tradition der Gemeinschaftswallfahrt ganzer Städte, Märkte, Dorfschaften anzuknüpfen. Man verlegte die Wallfahrt mehr in die Sphäre privater, persönlicher, individueller Frömmigkeit. Allein oder in kleinen Gruppen begab man sich auf Wallfahrt, ehe der besondere Wert der Wallfahrtsbewegung im Zusammenhang der Seelsorge <u>innerhalb</u> der Ortsgemeinde wieder erkannt und gepflegt wurde. Schon die Romantik, die vergangene Traditionen neu entdeckte, erkannte die Bedeutung der (häufig abseits der großen Straßen gelegenen) Wallfahrtskirchen und -kapellen von neuem, aber nicht so sehr als religiöses Phänomen, denn als Teil des Ensembles Berg-Wald und Kirche, Mensch-Natur und Einsamkeit. Die katholischen Dynastien verehrten Maria nicht mehr als gekrönte Kaiserin und Königin, von der sie ihre Länder zu Lehen nahmen - ein derartiger Gedanke lag den konstitutionellen Monarchen des 19. Jahrhunderts fern -, sondern als Mutter und Schutzfrau, durch deren Sohn die Fürsten herrschen.[114] Das Gottesgnadentum und das in bewußter Antithese zum Prinzip der Volkssouveränität der Französischen Revolution transzendental begründete monarchische Prinzip blieben, der Begründungszusammenhang aber hatte sich verlagert.

Anmerkungen

1. SELHAMMER, CHR.: Tuba rustica. 1701, zitiert nach MOSER, H.: Bayerische Frömmigkeit. In: Ausstellungskatalog Bayerische Frömmigkeit. 1400 Jahre christliches Bayern. München 1960, S. 36.

2. Aus der Fülle der Literatur zu dieser komplexen Thematik in Auswahl: BEISSEL, ST.: Geschichte der Verehrung Marias in Deutschland während des Mittelalters. Ein Beitrag zur Religionswissenschaft und Kunstgeschichte. Freiburg i. Br. 1909; Ders.: Geschichte der Verehrung Marias im 16. und 17. Jahrhundert. Ein Beitrag zur Religionswissenschaft und Kunstgeschichte. Freiburg i. Br. 1910; SCHREIBER, CHR. (Hrsg.): Wallfahrten durchs deutsche Land. Eine Pilgerschaft zu Deutschlands heiligen Stätten. Berlin 1928; SCHMIDT, L. (Hrsg.): Marianische Wallfahrten in Österreich. Ausstellungskatalog (Österreichisches Museum für Volkskunde), Wien 1954; KRISS, R.: Die Volkskunde der Altbayrischen Gnadenstätten. 3 Bde., München-Passing ²1953/56; GUGITZ, G.: Die Wallfahrten Oberösterreichs. Versuch einer Bestandsaufnahme mit besonderer Hinsicht auf Volksglauben und Brauchtum. Linz 1954; ASSMANN, D.: Grundzüge einer Wallfahrtskunde von Tirol. In: Mannus, Deutsche Zeitschrift für Vor- und Frühgeschichte 42, 1976, S. 70-88; UTZ, H.W.: Wallfahrten im Bistum Regensburg. München/Zürich 1981; NEUHARDT, J.: Wallfahrten im Erzbistum Salzburg. München/Zürich 1982; KRISS-RETTENBECK, L., und MÖHLER, G. (Hrsg): Wallfahrt kennt keine Grenzen. Themen zu einer Ausstellung des Bayerischen Nationalmuseums und des Adalbert-Stifter-Vereins München. Ausstellungskatalog München/Zürich 1984; MADER, F.: Wallfahrten im Bistum Passau. München/Zürich 1984; HÜTTL, L.: Marianische Wallfahrten im süddeutsch-österreichischen Raum. Analysen von der Reformations- bis zur Aufklärungsepoche. Kölner Veröffentlichungen zur Religionsgeschichte Bd. 6, Köln 1985; CARLEN, L.: Wallfahrt und Recht im Abendland. Freiburger Veröffentlichungen aus dem Gebiete von Kirche und Staat Bd. 23, Freiburg, Schweiz 1987; KÜPPERS, K.: Marienfrömmigkeit zwischen Barock und Industriezeitalter. Untersuchungen zur Geschichte und Feier der Maiandacht in Deutschland und im deutschen Sprachraum. Münchener Theologische Studien, I. Hist. Abtg., 27. Bd., St. Ottilien 1987.

3. Vgl. BRÜCKNER, W.: Zur Phänomenologie und Nomenklatur des Wallfahrtswesens und seiner Erforschung. In: Volkskultur und Geschichte, Festschrift JOSEF DÜNNINGER, hrsg. von DIETER HEARMENING u.a., Berlin 1970, S. 384-424; BAUMER, I.: Wallfahrt und Wallfahrtster-

minologie. In: Volkskunde. Fakten und Analysen, Festgabe für LEOPOLD SCHMIDT, hrsg. von KLAUS BEITL, Bd. 2, Wien 1972, S. 304-316.

4. GRETSER, J.S.J.: De sacris et religiosis peregrinationibus. Ingolstadt 1606, S. 17.

5. BINTERIM, A.J.: Die vorzüglichsten Denkwürdigkeiten der Christ-Katholischen Kirche aus den ersten, mittleren und letzten Zeiten. Bd. 4, Teil 1, Mainz 1827, S. 610.

6. KÖTTING, B.: Peregrinatio religiosa. Wallfahrten in der Antike und das Pilgerwesen in der alten Kirche. Forschungen zur Volkskunde Bd. 33/35, Münster 1950, S. 11.

7. BEISSEL, ST.: Wallfahrten zu Unserer Lieben Frau in Legende und Geschichte. Freiburg i.Br. 1913, S. 3.

8. HOFMANN, K.: Wallfahrt. In: Lexikon für Theologie und Kirche (im folg. LThK) Bd. X, Freiburg i. Br. 1938, Sp. 735.

9. KRISS, R.: Wallfahrtsorte Europas. München 1950, S. 283.

10. DÜNNINGER, H.: Procemo peregrinationis. Volkskundliche Untersuchungen zu einer Geschichte des Wallfahrtswesens im Gebiet der heutigen Diözese Würzburg. 2 Teile, in: Würzburger Diözesangeschichtsblätter Bd. 23, 1961, S. 53-176 und Bd. 24, 1962, S. 52-188.

11. Ebenda, Bd. 23, S. 57. Vgl. dazu die Diskussion bei KRISS, R.: Zur Begriffsbestimmung des Ausdruckes "Wallfahrt". In: Österreichische Zeitschrift für Volkskunde, Neue Serie Bd. 17 (gesamte Serie Bd. 66), Wien 1963, S. 101-107; DÜNNINGER, H.: Was ist Wallfahrt? Erneute Aufforderung zur Diskussion um eine Begriffsbestimmung. In: Zeitschrift für Volkskunde Bd. 59, 1963, S. 221-232.

12. Vgl. KRISS-RETTENBECK, L., und MÖHLER, G. (Hrsg.): Wallfahrt (siehe Anm. 2); zum Wallfahrtsbegriff besonders: HARMENING, D.: Fränkische Mirakelbücher, Quellen und Untersuchungen zur historischen Volkskunde und Geschichte der Volksfrömmigkeit. In: Würzburger Diözesangeschichtsblätter Bd. 28, 1966, S. 1-240, hier S. 91-103; KORFF, G.: Formierung der Frömmigkeit. Zur sozialpolitischen Intention der Trierer Rockwallfahrten 1891. In: Geschichte und Gesellschaft Bd. 3, 1977, S. 352-383; SCHIEDER, W.: Kirche und Revolution. Sozialgeschichtliche Aspekte der Trierer Wallfahrt von 1844. In: Archiv für Sozialgeschichte Bd. 14, 1974, S. 419-454; HÖRGER, H.: Dorfreligion und bäuerliche Mentalité im Wandel ihrer ideologischen Grundlagen. In: ZBLG Bd. 38, 1975, S. 244-316.

13. SCHREIBER, G.: Strukturwandel der Wallfahrt. In: Ders. (Hrsg.): Wallfahrt und Volkstum in Geschichte und Leben. Forschungen zur Volkskunde Bd. 16/17, Düsseldorf 1934, S. 1-183, hier S. 21-22; vgl. zur Wallfahrt nach Santiago: Europalia 85 Espana (Hrsg.): Santiago de Compostela. 1000 ans de Pèlerinage Européen. Bruxelles 1985; HERBERS, K.: Der Jakobsweg. Mit einem mittelalterlichen Pilgerführer unterwegs nach Santiago de Compostela. Tübingen 1986; BOTTINEAU, Y.: Der Weg der Jakobspilger. Geschichte, Kunst und Kultur der Wallfahrt nach Santiago de Compostela. Bergisch Gladbach 1987; HERBERS, K. (Hrsg.): Deutsche Jakobspilger und ihre Berichte. Tübingen 1988.

14. WONISCH, O.: Mariazell. Überarbeitet von BENEDIKT PLANK, München/Zürich ²1980; WIDDER, E.: Mariazell. Geschichte und Kunst des Gnadenortes. 3. Aufl., Mariazell o. J. (1983).

15. LÜTHOLD-MINDER, I.: Helvetia Mariana. Die marianischen Gnadenstätten der Schweiz. Stein am Rhein 1979, S. 28-47.

16. JURGA, W.: Czenstochau. In: Lexikon der Marienkunde (LMK), hrsg. von KONRAD ALGERMISSEN, Bd. 1, Regensburg 1967, Sp. 1234-1236.

17. KÖNIG, MARIA ANGELA: Weihegaben an U. L. Frau von Altötting vom Beginn der Wallfahrt bis zum Abschluß der Säkularisation. 2 Bde., München 1939/40; PFENNIGMANN, J.: Die Wallfahrt zu Unserer Lieben Frau in Altötting. In: Unbekanntes Bayern. Bd. 4, München 1975, S. 202-220; MEINGAST, F.: Marienwallfahrten in Bayern und Österreich. München 1979, S. 11-37; BAUER, R.: Bayerische Wallfahrt Altötting, Geschichte - Kunst - Volksbrauch. München/Zürich ²1980.

18. GUGITZ, G.: Die Wallfahrten Oberösterreichs. Versuch einer Bestandsaufnahme mit besonderer Hinsicht auf Volksglauben und Brauchtum. Linz 1954, S. 3, 7, 8.

19. AURENHAMMER, H.: Die Mariengnadenbilder Wiens und Niederösterreichs in der Barockzeit. Der Wandel ihrer Ikonographie und ihrer Verehrung. Veröffentlichungen des Österreichischen Museums für Volkskunde Bd. VIII, Wien 1956, bes. S. 82-166.

20. GEBHARD, T.: Die marianischen Gnadenbilder in Bayern. Beobachtungen zur Chronologie und Typologie. In: SCHMIDT, L. (Hrsg.): Kultur und Volk. Beiträge zur Volkskunde aus Österreich, Bayern und der Schweiz. Festschrift Gustav Gugitz, Veröffentlichungen des österreichischen Museums für Volkskunde Bd. 5, Wien 1954, S. 93-116.

21. SPERBER, H.: Unsere Liebe Frau. 800 Jahre Madonnenbild und Marienverehrung zwischen Lech und Salzach. Regensburg 1980, S. 161.

22. BAUERREISS, R.: Andechs. In: LMK Bd. 1, Sp. 206.

23. JOHANNES TURMAIR'S genannt AVENTINUS: Sämtliche Werke, Bd. 4-5 "Baierische Chronik", hrsg. von GEORG LEIDINGER, München 1883/86, hier Bd. 4, S. 42.

24. RIEZLER, SIGMUND VON: Geschichte Baierns. Bd. 4, Gotha 1899; RÖSSLER, H.: Geschichte und Strukturen der evangelischen Bewegung im Bistum Freising 1520-1571. Einzelarbeiten aus der Kirchengeschichte Bayerns Bd. 42, Nürnberg 1966.

25. Vgl. KAFF, B.: Volkskirche und Landeskirche. Die evangelische Bewegung im Bayerischen Teil der Diözese Passau. (Miscellanea Bavarica Monacensia Bd. 69), München 1977, S. 183, 321, 322.

26. STAHL, G.: Die Wallfahrt zur Schönen Maria in Regensburg. In: Beiträge zur Geschichte des Bistums Regensburg Bd. 2, 1968, S. 33-282.

27. Vgl. DÜFEL, H.: Luthers Stellung zur Marienverehrung. Kirche und Konfession. Veröffentlichungen des Konfessionskundlichen Instituts des Evangelischen Bundes Bd. 13, Göttingen 1968.

28. JEDIN, H.: Entstehung und Tragweite des Trienter Dekrets über die Bilderverehrung. In: Theologische Quartalschrift Bd. 116, 1935, S. 143-188, 404-429; Ders.: Geschichte des Konzils von Trient. Bd. IV/2, Freiburg/Basel/Wien 1975, S. 180-183.

29. WEISBACH, W.: Der Barock als Kunst der Gegenreformation. Berlin 1921 (Eine umstrittene These, wenn man die profane Baukunst des Barockzeitalters berücksichtigt, im Hinblick auf den Kirchenbarock jedoch bedenkenswert).

30. Vgl. JEDIN. H.: Katholische Reformation oder Gegenreformation? In: ZEEDEN, E.W. (Hrsg.): Gegenreformation. Wege der Forschung Bd. 311, Darmstadt 1973, S. 46-81.

31. COURTH, F.: Das Marienlob bei Martin Luther. Eine katholische Würdigung. In: Münchener theologische Zeitschrift Bd. 34, 1983, S. 279-292.

32. SPERBER (siehe Anm. 21) S. 15.

33. Vgl. HARMENING (siehe Anm. 12); GIERL, I.: Bauernleben und Bauernwallfahrt in Altbayern. Eine kulturkundliche Studie auf Grund der Tuntenhauser Mirakelbücher. Beiträge zur Altbayerischen Kirchengeschichte Bd. 21, München 1960; THEOBALD, W.: Votivtafeln und Medizin. Kulturgeschichte und Heilkunst im Spiegel der Votivmalerei. München 1978; Ders.: Das Kind in er Votivmalerei. München 1981; Ders.: Mirakelheilung zwischen Wissenschaft und Glauben. München 1983.

34. GEBHARD, T.: Notizen zu erloschenen Wallfahrten in Franken. In: Jahrbuch für fränkische Landesforschung Bd. 36, 1976, S. 1-6.

35. Im Zusammenhang der Mirakel spielen auch die Anschwemmungs-, Auffindungs- und Übertragungslegenden, das Türken-, Pest- und Mißhandlungsmotiv eine wichtige Rolle, vgl. AURENHAMMER (s. Anm. 19), S. 36-39.

36. BRANDER, V.: Julius Echter von Mespelbrunn, Fürstbischof von Würzburg. Sein Leben und Wirken. Würzburg 1917, S. 62; vgl.: MERZBACHER, F. (Hrsg.): Julius Echter und seine Zeit. Gedenkschrift, Würzburg 1973.

37. BRANDER (s. Anm. 36), S. 123.

38. Vgl. NORBERG-SCHULZ, CHR.: Architektur des Barock. In: Weltgeschichte der Architektur, hrsg. von PIER LUIGI NERVI, Stuttgart/Mailand 1975.

39. SCHWAIGER, G.: Maria Patrona Bavariae. In: Ders. (Hrsg.): Bavaria Sancta. Zeugen christlichen Glaubens in Bayern Bd. 1, Regensburg 1970, S. 28-37, hier S. 32.

40. SCHNEIDER, W.: Die Wallfahrt zur Bergkirche bei Laudenbach. Veröffentlichungen zur Volkskunde und Kulturgeschichte, hrsg. von WOLFGANG BRÜCKNER und LENZ KRISS-RETTENBECK, Bd. 24, Würzburg 1987.

41. RICHARD ANDREE (Votive und Weihegaben des katholischen Volks in Süddeutschland. Ein Beitrag zur Volkskunde, Braunschweig 1904) hatte einst die gegenteilige Meinung vertreten (S. 1): "Vota pro patria, pro imperio, wie sie bei den alten Römern vorkommen, kennt das süddeutsche Volk nicht. Es handelt hier nur im persönlichen Interesse."

42. Vgl.: ENNEN, E.: Stadt und Wallfahrt in Frankreich, Belgien, den Niederlanden und Deutschland. In: Festschrift MATTHIAS ZENDER. Studien zu Volkskultur, Sprache und Landesgeschichte, Hrsg. von EDITH ENNEN und GÜNTER WIEGELMANN, Bd. 2, Bonn 1972, S. 1057-1075.

43. KÖNIG (s. Anm. 17), Bd. 1, S. 318-324.

44. Ebenda, S. 293.

45. Ettaler Wallfahrts-Büchlein. Von einem Ordenspriester des dortigen Klosters verfaßt, München 1910, S. 50-62.

46. KÖNIG (s. Anm. 17), Bd. 1, S. 321-322.

47. LOIDL, F.: Menschen im Barock. Abraham a Sancta Clara über das religiös-sittliche Leben in Österreich in der Zeit von 1670 bis 1710. Wien 1938, S. 20.

48. Dieses Gnadenbild befindet sich gegenwärtig am Marienaltar des Wiener Stephansdomes (rechtes hinteres Seitenschiff).

49. CORETH, A.: Pietas Austriaca. Ursprung und Entwicklung barocker Frömmigkeit in Österreich. Österreich Archiv, München 1959; zweite erweiterte Auflage unter dem Titel: Pietas Austriaca. Österreichische Frömmigkeit im Baorck. München 1982, hier S. 61.

50. LOIDL (s. Anm. 47), S. 27-29.

51. z.B.: Maria Hilf auf der Laimgrube, Hietzing (Maria Hilfe der Notleidenden), Mariabrunn (Mara Heimsuchung), Maria Anzbach im Wienerwald (Maria Mutter der Barmherzigkeit), Maria Lanzendorf (Schmerzhafte Gottesmutter), Maria Elend, Maria Enzersdorf.

52. LOIDL (s. Anm. 47), S. 24.

53. Ebenda, S. 24-25; vgl. zum Problem Wallfahrt und Krankheit: HARMENING (s. Anm. 3), S. 63-64, 72-76; THEOBALD (s. Anm. 33).

54. KÖNIG (s. Anm. 17), Bd. 2, S. 416-418.

55. Vgl. NEUHARDT (s. Anm. 2), S. 2441.

56. KÖNIG (s. Anm. 17), Bd. 1, S. 59-71.

57. KRISS-RETTENBECK, L.: Ex Voto. Zeichen, Bild und Abbild im christlichen Votivbrauchtum. Zürich/Freiburg i. Br. 1972, S. 9-11.

58. ABRAHAM A SANCTA CLARA: "Im Augenleiden St. Ottilia, an den Brüsten St. Agatha, an Stein und Grieß St. Liborius, an Grimmen und Colica St. Erasmus, an Fieber St. Nikolaus von Tolentina, an Gicht St. Valentinus, an Halss-Wehe St. Blasius, im Zahnleiden St. Apollonia." LOIDL (s. Anm. 47), S. 45.

59. KÖNIG (s. Anm. 17), Bd. 1, S. 211-217.

60. Ebenda, S. 242.

61. NEUHARDT (s. Anm. 2), S. 24.

62. KÖNIG (s. Anm. 17), Bd. 1, S. 250. Die Herzen der bayerischen Wittelsbacher wurden im Oktogon der Altöttinger Gnadenkapelle bestattet, die Herzen der Habsburger im (unter Jospeh II. abgerissenen) Hl. Haus von Loreto in der Augustiner-Hofkirche zu Wien.

63. CORETH (s. Anm. 49), 1959, S. 16, 43.

64. RIEZLER (s. Anm. 24), S. 3-429.

65. IRSING, J.S.J.: D. Virginis Oetinganae historia, München 1643, liber III, caput IV, S. 185/186, dt. von SCHEITENBERGER, J.: Historia von der weitberühmbten unser lieben Frauen Capell zu Alten-Oetting in Nidern-Bayrn. München 1643, 3. Buch, 4. Kap., S. 158.

66. Vgl. SCHREIBER, G. (Hrsg.): Das Weltkonzil von Trient. Sein Werden und Wirken. 2 Bde., Freiburg i. Br. 1951.

67. Eine Anspielung auf den Bildersturm während der Reformation, insbesondere von seiten der Hugenotten in Frankreich.

68. KÖNIG (s. Anm. 17), Bd. 2, S. 73-74.

69. Ebenda, S. 74.

70. RIEZLER (s. Anm. 24), Bd. 4, S. 630.

71. Vgl. KRATZ, W.: Aus alten Zeiten. Die Marianischen Kongregationen in den Ländern deutscher Zunge. Ihr Werden und Wirken von 1575 bis 1650. Innsbruck/Wien/München 1917, bes. S. 63 ff.

72. DOTTERWEICH, H.: Der junge Maximilian. Jugend und Erziehung des bayerischen Herzogs und späteren Kurfürsten Maximilian I. von 1573 bis 1593. München 1962, S. 72.

73. SCHMIDT, F.: Geschichte der Erziehung der Bayerischen Wittelsbacher von den frühesten Zeiten bis 1750. Monumenta Germaniae Paedagogica Bd. 14, Berlin 1892, S. 30: Instruktion von 1584 für die Erziehung Maximilians I. und seines Bruders Philipp.

74. SCHNELL, H.: Der baierische Barock, München 1936, S. 41.

75. RIEZLER, S.: Baierische Geschichte. Bd. 5, Gotha 1900, S. 684-685.

76. Ebenda, S. 685.

77. SCHWAIGER (s. Anm. 39), S. 32.

78. CORETH (s. Anm. 49).

79. SCHWAIGER (s. Anm. 39), S. 33-34.

80. BEISSEL: Geschichte der Verehrung (s. Anm. 2), S. 241; LOIDL (s. Anm. 47), S. 19-20; CORETH (s. Anm. 49), ²1982, S. 55-56.

81. SCHMIDT (s. Anm. 73), S. 110: Monita paterna Maximilians I., 1639.

82. KÖNIG (s. Anm. 17), Bd. 2, S. 121.

83. ABRAHAM A SANCTA CLARA: Etwas für alle. Hrsg. von RICHARD ZOOZMANN (Angermanns Bibliothek Bd. 3), Dresden 1905, S. 17.

84. Vgl. LOIDL (s. Anm. 47), S. 20.

85. Vgl. KÖNIG (s. Anm. 17), Bd. 2, S. 56-58 über eine Wallfahrt Karls V. 1541 von Regensburg nach Altötting.

86. CORETH (s. Anm. 49), ²1982, S. 53.

87. Ebenda, S. 57.

88. Ebenda, S. 57.

89. Wien Haus-, Hof- und Staatsarchiv Zeremonialakten Protokolle (WHHStA ZA Prot.), Bd. 1 (1653-1659), fol. 849; MILLER, R.: Die Hofreisen Kaiser Leopolds I., Diss. Masch. Wien 1966, S. 222.

90. WHHStA ZA Prot. Bd. 3 (1681 März), fol. 299-309.

91. PRIBAM, A.F. und PRAGENAU, M.L. v. (Hrsg.): Privatbriefe Kaiser Leopolds I. an den Grafen F.E. Pötting, 1662-1673. Fontes Rerum Anstriacarum, II. Abtg., Bd. 56, Wien 1903, S. 152.

92. Vgl. WHHStA Hungarica Specialia Fasz. 282-321 (1668-1671).

93. DOEBERL, M.: Bayern und Frankreich vornehmlich unter Kurfürst Ferdinand Maria. 2 Bde., München 1900/03.

94. MILLER (s. Anm. 89), S. 224-226.

95. Ebenda, S. 197, 226-227.

96. STURMINGER, W. (Hrsg.): Die Türken vor Wien in Augenzeugenberichten. Düsseldorf 1968, S. 168.

97. MILLER (s. Anm. 89), S. 227.

98. CORETH (s. Anm. 49), ²1982, S. 63.

99. INGRAO, CH.: Joseph I. Der "vergessene" Kaiser. Graz/Wien/Köln 1982.

100. CORETH (s. Anm. 49), ²1982, S. 69.

101. ARNETZ, A. Ritter von (Hrsg.): Zwei Denkschriften der Kaiserin Maria Theresia. In: Archiv für österreichische Geschichte Bd. 47, 1871, S. 267-354, hier S. 329.

102. WANDRUSZKA, A.: Das Haus Habsburg. Die Geschichte einer europäischen Dynastie. Wien/Freiburg/Basel ²1979, S. 165.

103. CORETH (s. Anm. 49), ²1982, S. 69.

104. Vgl. MAASS, F.: Der Josephinismus. Quellen zu seiner Geschichte in Österreich 1760-1790. FRA, II. Abtg., Bd. 71-73, Wien (-München) 1951-1956.

105. CORETH (s. Anm. 49), ²1982, S. 69.

106. SCHREIBER (s. Anm. 13), S. 73.

107. Ebenda, S. 74.

108. Vgl. zu diesem Problem: HOLLERWEGER, H.: Die Reform des Gottesdienstes zur Zeit des Josephinismus in Österreich, Regensburg 1976.

109. SCHREIBER (s. Anm. 13), S. 73, 77.

110. Vgl. WIDMANN, H.: Geschichte Salzburgs. Bd. 3 (1519-1805), Gotha 1914, S. 460-556; MARTIN, F.: Salzburgs Fürsten in der Barockzeit. Salzburg ²1959, S. 225-256.

111. SCHÖTTL, J.: Kirchliche Reformen des Salzburger Erzbischofs Hieronymus von Colloredo im Zeitalter der Aufklärung. Südostbayerische Heimatstudien Bd. 16, Hirschenhausen 1939, S. 89.

112. SCHREIBER (s. Anm. 13), S. 85-86.

113. Den Gottesdienst "hören" war der stehende Ausdruck, den Gottesdienst mitfeiern erst eine "Neuerung" der liturgischen Bewegung im katholischen Raum.

114. CORETH (s. Anm. 49), 1959, S. 67 und ²1982, S. 71.

Beitrag zum Verständnis verschiedener Aspekte Heiliger Berge im alten China

von Thomas H. Hahn, Marburg

Aufsatz erstellt 1988

Prolog

Feldforschung in der VR China ist schon immer problematisch gewesen.[1] Eine kontinuierliche Beschäftigung mit einem spezifischen Thema, zum Beispiel mit regionalen Kulturen, war bis dato nur sporadisch möglich. Wo aber eine solche Studie durchgeführt wurde, sei diese historisch oder in der heutigen Zeit verankert, war das Ergebnis, unterstützt von einer meist ungeahnten Materialfülle, oftmals verblüffend.[2] Diese Aussage bezieht sich auch und gerade auf Religionen und volksreligiöse Kulturausprägungen, bei denen man eine Eigenständigkeit entdeckt, die im orthodoxen Schrifttum vergangener Epochen immer wieder normativen Zwecken geopfert wurde. Nicht viel anders ist es heutzutage, da in jeder modernen chinesischen Regionalbeschreibung - ideologisch nivelliert - die Gesamtheit (der Kultur, des Volkes etc.) vor das Partikulare geschoben wird, gewissermaßen als eine abgeblendete Form der Tatsachenfindung.

Darüberhinaus begleitet die religionswissenschaftliche Methodik in der VR China noch heute das pejorative Diktum, daß speziell die Volksreligion in all ihren Erscheinungsformen unwissenschaftlich, abergläubisch, unsinnig und ganz allgemein schädlich für den Produktionsprozeß sei. Daß der Religionsbegriff, der dieser Haltung zugrunde liegt, ein anderer ist wie derjenige, der im Westen diskutiert wird, liegt auf der Hand. Mit der Einengung des Religionsbegriffs ging auch ein besonderer Umgang mit den Religionen einher. So wurde das philosophische Erbe anerkannt, aber die räumliche Manifestation selbst abgebaut und destrukturiert: ein Tempel im städtischen Gefüge erfährt keine bauliche Ankündigung mehr gegenüber dem Besucher, z.B. durch die früher so verbreiteten Ehrenbögen, durch Fahnenmäste, Vorplätze mit kleinen Devotionalienbuden etc. Heute steht man meist unvermittelt vor dem Tempeleingang, entrichtet durch ein kleines Fensterchen seinen Eintrittsobolus, und befindet sich dann in steril-gefegten Höfen, die nur noch museal von vergangenem Leben und Glanz zeugen. Wenn man Religion so definiert wie z.B. der Sinologe und Daologe JOHN LAGERWEY, der behauptet, daß das einzige Ziel von Religion darin besteht, in Kontakt mit (den Grundlagen von) Leben zu treten, so muß man sagen, daß die heutigen städtischen Tempel in der VR durch ihren sterilisierten, entleerten Charakter nur eine ungenügende Plattform für ein solches Unterfangen bilden können. Als Stätte der Aufrechterhaltung eines mechanisierten Glaubensbekenntnisses mögen sie noch dienen, aber durch diverse einschlägige Gesetze an einer expansiven oder spirituell regenerativen Dynamik gehindert, sind die ehemalig oft von Kaisern oder Kanzlern unterstützten Institutionen des kontemplativen Lernens äußerlich (d.h. städtebaulich unmodern) und innerlich (es obwaltet ein gewisser atheistischer Imperativ im Lande) isoliert. Dies gilt gleichermaßen für den Buddhismus, den Daoismus, den Islam sowie das Christentum. Eine umfassende Rekonstruktion des Original-Stadtbildes mit allen zeitgemäßen Schreinen, Ehrenbögen, Fahnenmästen, kurzum, die gesamte religiös-urbane Zeichensetzung im Sinne FICKELERS (Form und Farbe, Baulichkeit und religiös-territorialer Anspruch in städtischen Siedlungsformen) nach alten Beschreibungen (schriftlich und bildlich) zumindest abstrakt zu rekonstruieren, scheint mir zwar als exemplarisch-wünschenswert und auch durchaus aussagekräftig, kann und soll aber hier nicht mein Thema sein.[3]

Aber zurück zum Anfang, zur grundsätzlichen Problematik von Feldforschung in China: so unfruchtbar wie die Untersuchung heutiger Formen von Religion im urbanen Raum mir auch erschien, so sind sie doch nur die extremen Entsprechungen von dem, was auf dem Lande vor sich geht (mit wenigen Ausnahmen). Wiederum überspielt das Gesetzlich-Normative als blockierende Kraft die teilweise erheblichen Anstrengungen, die die Anhänger von Religionen machen, um z.B. die 10 Jahre destruktiver Religionspolitik der Kulturrevolution (offiziell: 1966-1976) ungeschehen zu machen. Trotzdem gibt es Entwicklungen auf dem Lande, die in der Stadt als festumrissenem, einschränkendem Arbeits- und Wohnraum nur schwer nachzuvollziehen sind.[4]

Während eines dreijährigen Studienaufenthaltes in der VR China zwischen 1984 und 1987 lag mein Hauptaugenmerk mehr auf der Entwicklung von Religion auf dem Lande als in der Stadt. Speziell gilt dies für alpine Sakralzentren und Heilige Berge, von denen ich insgesamt ca. 50 besuchte und bestieg.[5] Manche, das sei vorausgeschickt, sind heute noch von regionaler Wichtigkeit als Pilgerorte, andere sind touristisch wiederum von überregionaler Bedeutung. Vorausgeschickt sei auch, daß es nirgendwo in China so etwas wie ein Pilgrimage Documentation Center gibt, wie es in Fatima/Portugal den Herren RINSCHEDE und GIURIATI für ihre Forschung zur Verfügung stand. Auch sah ich keine Möglichkeit, nach Mrs. NOLANs Methode Computergraphiken zur Saisonbedingtheit von Pilgergruppen, Pilgeraufkommen etc. zu erstellen. Und des weiteren ist mir die Möglichkeit verwehrt gewesen, nach neuen Religionsformen einer chinesischen "New Age"- Religion zu forschen, geschweige denn dem fiktiven Postulat einer chinesischen "Befreiungskirche" nachzugehen

Was überhaupt zu leisten ist als religionswissenschaftliche Feldforschung (inkl. der Statistiken, der Befragungen, der beteiligten Beobachtung etc.) wird von der chinesischen "Akademie für Sozialwissenschaften - Abteilung für Religionsstudien" initiiert und durchgeführt. Als Einzelperson, d.h. als Gastforscher, hat man die folgenden drei Möglichkeiten:

1. Man spezialisiert sich auf eine bestimmte Region, deren Bearbeitung Erfolg versprechend erscheint. Diese

Gebiete sind meist traditionell bereits definiert und strukturell "auffällig", d. h. aus den zur Verfügung stehenden chinesischen oder westlichen Quellen (siehe dazu Bibliographie A) geht hervor, daß z.B. Tempelbau-Aktivitäten überdurchschnittlich in der neueren Zeit (ab 1368, d.h. dem Beginn der Ming-Epoche) zu beobachten waren. Diese Regionen können (müssen aber nicht) einen Heiligen oder "Haus"-Berg (siehe dazu weiter unten) mit einschließen.

2. Die zweite Möglichkeit besteht darin, die Leiter der chinesischen Geschichte zu erklettern und Kulten oder religiösen Praktiken, die historisch belegt sind, eine geographische Zuordnung zu geben, gewissermaßen eine geschichtsgeographische Datei von ausgestorbenen Kulten (seien diese nun animistischer, schamanistischer, opferritueller oder anderer Natur) und religiösem Brauchtum zu kompilieren. Um die Historizität der Kulte etc. zu belegen, muß man sich, soweit möglich, natürlich an Ort und Stelle vom "Verschwinden" der Glaubensform überzeugen. Der heutige Zeitkontext erlaubt dies jedoch eher, als sich über das <u>Vorhandensein</u> einer Glaubensform Gewißheit zu verschaffen.

3. Man verfolgt kontinuierlich und möglichst vollständig ein System (soweit erarbeitbar) von zusammengehörigen Kultstätten, die weit verstreut im Lande positioniert sein mögen, aber eine identische Aussage- und Bedeutungsstruktur benutzen. Es gilt dabei, die Variationsmöglichkeiten eines religiös-inspirierten Konzepts zu durchleuchten, und den numinosen Gehalt seiner sakralbaulich ausgeführten Manifestation einer jeweils veränderten Umwelt gegenüber aufzurechnen und auszuwerten. Solche Systeme stellen z.B. die Fünf Heiligen Berge dar, oder die Vier Buddhaberge.

Von den eben erwähnten drei Möglichkeiten fiel meine persönliche Wahl auf die letztere Form. Dementsprechend beschäftigte ich mich mit alpinen Sakralsystemen, von denen ich im Folgenden fünf Formen unterscheiden werde, wobei ein historischer Rückgriff unerläßlich ist. Ausgehend von diesen fünf Typen soll dann anhand einer bestimmten Lokalität als Beispiel und Ausgangspunkt für eine später zu leistende Untersuchung die Problematik der traditions- und religionsbezogenen Raumordnung im sakral-alpinen Gelände umrissen werden.

1. Die Fünf Typen alpiner Opferkulte

1.a) Der Grundtypus: die unbestimmte Masse

Das vorchristliche China als dynastische Herrschaftsform beanspruchte räumlich nur einen Bruchteil seiner heutigen Ausdehnung. Ausgehend von der fruchtbaren Loessebene zwischen dem gelben Fluß und dem Huai Fluß, dem sogenannten Kernland der chinesischen Zivilisation, expandierte das Volk der Chinesen.[6] Bereits in grauer Vorzeit, d.h. in der bis dato historisch als Dynastie nicht nachweisbaren Xia-Epoche (siehe Zeitentabelle im Anhang), soll der Gründer dieser Dynastie, ein gewisser YÜ, als "Ingenieur für Wasserwesen" die Fluten der Flüsse reguliert und Land urbar gemacht haben.[7] Darüberhinaus gab er neun Dreifüsse aus Bronze in Auftrag, auf deren Seiten Abbildungen der befriedeten Gebiete dargestellt gewesen sein sollen. Auch figürliche und symbolhafte Zeichnungen der Wesen, die die neu gewonnenen Regionen bewohnen, waren in Bronze ausgegossen. Diese Wesen antizipierte man teils als Geister, teils als Monster. Durch die Art der Darstellung war ein gewisser Schutz vor diesen Naturgeistern gegeben: wer die wahre Form eines Wesens erkennt, kann sich entsprechend mit magischen Mitteln wie Talismanen etc. wappnen, um der Erscheinung wehrhaft zu begegnen. Die Neun Dreifüsse als Staats-und Landkarten (in Wirklichkeit waren sie magische Embleme zur Legitimierung eines vererbbaren Herrschaftsanspruches und gehörten somit zum Staatsschatz)[8] sollten schwer, unverrückbar und glänzend sein, wenn die Herrschaft tugendvoll ausgeübt wurde. War dies nicht der Fall, so verblaßte der metallische Glanz, die

Dreifüße wurden leicht, d.h. mobil, was wiederum einen Regierungs-und Herrschaftswechsel andeutet, mit einer neuen Hauptstadt zumeist.

Leider sind uns die Neun Dreifüße nicht erhalten geblieben, bzw. bisher wurden weder sie noch die Hauptstadt des Xia-Reiches entdeckt. Jedoch ist uns ein Text überliefert, der der Tradition nach eine deskriptive Umschreibung der Darstellungen auf den Seitenflächen der Dreifüße sein soll. Der Text, allgemein der "Berg-und Meere-Klassiker" (Shanhai Jing) genannt, liegt uns heute in 18 Kapiteln vor.[9] Davon befassen sich die <u>ersten fünf</u> Kapitel nur mit Bergen:

1. Kap.: Die südlichen Berge - unterteilt in drei Abschnitte; der dritte Abschnitt endet mit einer Zusammenfassung des Abschnitts. Diese sagt folgendes aus:

> "In the third mountain system in the south, from the first, Tian Yü Mountain, until Nan Yü Mountain, there are altogether fourteen, stretching 6530 li. The spirits of these mountains all have drogon bodies and human faces. In sacrifices to them, a white dog is used, a prayer is said and sticky rice is given (as an offering)."[10]

2. Kap.: Die westlichen Berge - unterteilt in vier Abschnitte; Ende des letzten Abschnitts die Zusammenfassung:

> "The fourth mountain group in the west, from Yin Mountain to Yen Tzu Mountain, includes altogether 19 mountains, and is 3980 li long. In the sacrifices to the spirits here, a white chicken is always offered in the blood smearing ritual, the sacrificial grain is <u>tao</u> rice, and white <u>chien</u> grass (Themeda triandra) is used to make a mat."[11]

3. Kap.: Die nördlichen Berge - unterteilt in drei Abschnitte; Ende des letzten Abschnittes die Zusammenfassung:

> "The third mountain group in the north, from the head, (i.e.) T`ai Hang Mountain, to Ch`un Yü Mu Feng, includes 46 mountains and stretches for

> 12350 Li. There are 20 spirits here with horse bodies and human faces. In sacrifices to them, algae and angelica are always burned. Fourteen of the spirits have pig bodies and wear jade. In sacrifices to them, jade is not buried (as an offering item). Ten of the spirits have pig bodies, eight feet and snake tails. In sacrifices to them, pi jade is always buried. All the 44 spirits are offered glutinous rice as sacrificial grain,...".[12]

4. Kap.: Die östlichen Berge - unterteilt in vier Abschnitte; die Zusammenfassung des dritten Abschnitts lautet:

> "From the head of the third mountain group in the east, Shih Hu Mountain, to Wu Kao Mountain, there are nine in all stretching 6900 li. The spirits all have human bodies and goat horns. A ram is sacrificed to them, along with glutinous millet. If anyone sees any of these spirits, destructive storms are coming."[13]

5. Kap.: Die zentralen Berge - unterteilt in zwölf Abschnitte; die Zusammenfassung des letzten Abschnittes lautet:

> "From the Head of Tung T'ing Mountain, to Jung Yü Mountain, there are fifteen in all, stretching 2.800 li. The spirits here all have bird bodies and dragon heads. In the single-colored animal sacrifices to them, a rooster and a young sow are killed with chi (ein Schneideinstrument). The sacrificial grain is rice. Fu Fu, Chi Kung, Yao and Yang Ti (alles Bergnamen) are all tumuli (oder: Berge als Grabstätten) their offerings are displayed, then buried. For the prayer of supplication, one offers wine and a goat and a pig of a single color. An auspicious jade is offered with the animals. Tung T'ing and Jung Yü are mountain spirits (d.h. der Name des Berges korrespondiert mit dem Namen des Geistes).[14] For their sacrifices, the offerings are displayed, then buried. In the prayer of supplication, wine and (a) cow, goat and pig (s) are offered. Fifteen kuei (= Jadetafeln, oftmals mit Gebeten beschrieben) are arranged in a ring and adorned colorfully."[15]

Soweit die Berg-Kapitel des "Berg-und Meere-Klassikers". Die fünf Kapitel sind nochmals unterteilt in insgesamt 23 Abschnitte. Fast jeder dieser Abschnitte wird dergestalt zusammengefaßt, wie dies oben wiedergegeben wurde:

a) die Gesamtanzahl der Berge

b) das Aussehen der dort hausenden oder erscheinenden Geister

c) die entsprechenden Opfergaben: Farbe, Tier und/oder Reis, Wein und Jade, bearbeitet in verschiedenen Formen.

Aus diesen summarischen Texten, von denen oben fünf übersetzt wurden, lassen sich folgende, für unser Verständnis der Bergkulte relevante Schlußfolgerungen herleiten:

1. Bergkulte waren dezentralisiert, d.h. so weit verbreitet, daß sie auch außerhalb des Kernlandes praktiziert wurden. Von wem konkret, ist hierbei vorerst Nebensache.[16]

2. das Kernland selbst als geographischer Raum ist im fünften Kapitel (die mittleren Berge) ausführlicher behandelt, weist mehr Informationen auf als für benachbarte Gebiete. Numinose Gestalten und Omina unterscheiden sich aber <u>nicht</u> substantiell oder qualitativ von denen der vier anderen Regionen. Somit ist weder eine normative Ausgrenzung noch ein spezifische, entmythologisierte Zone auszumachen, die darauf verweise, daß eine Befriedung im Sinne Yüs bereits eingesetzt und "gegriffen" hätte.[17]

Festzuhalten ist demnach, daß eine namhafte Menge von Bergen kultisch verehrt wurde. Weder ist von diesen Kulten im Shanhai Jing als einer Form der Herrschaftslegitimation - wie dies in anderen vorchristlichen Texten betont wird - die Rede, noch sind Berge als Beschützer oder Bewacher von Landes- oder Gebietsgrenzen herausgehoben. Erwähnung finden allerdings die Fünf Heiligen Berge, über die weiter unten noch zu sprechen sein wird. Ich möchte diese sozial nicht weiter funktionalisierten Bergkulte als den Grundtypus kennzeichnen, gewissermaßen als

"Grundmasse" verstehen, aus der später spezifischere Konzepte modelliert werden, auf die ich gleich eingehen werde.

Vorher möchte ich aber noch auf einen Text zu sprechen kommen, der uns nähere Angaben über den Stellenwert der Bergkulte des Grundtypus machen kann. Bezeichnend ist, daß auch dieser Text interpoliert und uneinheitlich ist. Dazu paßt, daß man aus dem Shanhai Jing abgeschrieben hat. Unser Text, nach seinem Kompilator und Initiator kurz "Meister Guan" (Guan Tse) genannt, beschreibt in Kap. 22, Abschnitt 76, nach welchen Kriterien ein Berg als Kultplatz behandelt wird:

> "Ein Berg mag im oberen Bereich Zinnober (oder Quecksilber) enthalten, und weiter unten Gold ... oder ein Berg mag im oberen Bereich Magnesiumerz enthalten und weiter unten Eisenerz. Dies sind die inneren Reichtümer eines Berges.[18] Wenn nun ein Edler (Herr) diese (inneren Reichtümer) erschaut, so wird er den Berg ehrerbietig belehnen und ihm Opfer bringen. In einer Entfernung von zehn Li wird ein Altar errichtet, und jeder, der auf dem Pferd vorbeikommt, muß absteigen ..."[19]

Es sind also hier nicht die Geisterwesen, die den Berg zum Kultobjekt machen, sondern dessen materielle Werte, die Bodenschätze. Gleich mitgenannt wird die zuständige Gesellschaftsschicht: die der Edlen, die Vornehmen, die Mächtigen. Es sind diejenigen, die über die Eisenschmelzen gebieten, in denen Waffen und Münzen gegossen werden. Berge als göttliche Zulieferer für das Militär- und Finanzwesen des Staates - wer könnte also das sakrale Element ignorieren, welches hinter der pragmatischen Belehnung der späteren <u>Minen</u> steht.

Noch eine andere, bemerkenswerte Formulierung ist uns aus dem Guan Tse überliefert, die verdeutlicht, daß wir uns, trotz der oben angedeuteten Differenzierung und Präzisierung, immer noch beim Grundtypus aufhalten:

> "So wie die Beamten ihre (Exemplare der) Frühlings- und Herbst-Annalen[20] im Geheimen hegen, so hegen die gemeinen Leute im Geheimen den Opfertempel ihres heimatlichen Berges".[21]

Endlich also - nachdem im Shanhai Jing keine Personengruppen benannt sind, die Bergkulte durchführen, können zwei unterschiedliche Gesellschaftsschichten identifiziert werden:

1. die Adligen, die Mächtigen, deren Motive materiell-pragmatischer Natur zu sein scheinen, und

2. das gewöhnliche Volk (lie min = alle Leute), welches aus Schutzbedürfnis und als Mittel örtlicher Identifikation seinen Heimat- (Schutz-) Berg verehrt.

Soweit meine Ausführungen zum Grundtypus, der großen, unspezifischen unkoordinierten Anzahl von Bergen, deren Grundcharacteristica und Kulttypus.

1.b) Der differenzierte Typus 1 - Die Fünf Heiligen Berge

Aus der großen Masse "gewöhnlicher" Bergopferkulte in China hebt sich schon früh der Glaube an die ordnenden Kräfte der Fünf Heiligen Berge (chines.: Wu Yüe) heraus. Einbezogen in das Ritensystem der Zhou-Zeit, ja diesem sogar vorstehend, wurden nach Gesichtspunkten, die heute nur noch unzureichend nachzuvollziehen sind, fünf Berge, jeweils eine Himmelsrichtung und die Mitte symbolisierend, ausgewählt, denen der Kaiser in regelmäßigen Abständen seine Referenz erweisen mußte. Auch lokale Fürsten und Würdenträger waren angehalten, die Berggottempel zu unterhalten und zumeist zweimal im Jahr Opfer darzubringen.

Die Namen dieser Berge sind allgemein bekannt:

1. Berg Tai im Distrikt Tai`an, heutige Provinz Shandong;

2. Berg Hua im Distrikt Hua Ying, heutige Provinz Shaanxi;

3. Berg Heng im Distrikt Heng Yang, heutige Provinz Hunan;

4. Berg Heng (andere Schreibung) im Distrikt Datong, heutige Provinz Shanxi;

5. Berg Song im Distrikt Dengfeng, heutige Provinz Henan.

In den Schriften "Riten von Zhou" und dem "Er Ya", einer alten vorchristlichen Enzyklopädie, werden die ersten vier Berge als "Yüe" bezeichnet, was soviel bedeutet wie "Riesengebirge". Als fünfter Berg allerdings wird mal Berg Wu (Distrikt Long, heutige Provinz Shaanxi, nahe der Grenze zu Sichuan), mal Berg Tianzhu (Himmelspfeiler; Distrikt Qian Shan, heutige Provinz Anhui) genannt[22], was darauf hinweist, daß

a) die heute überlieferte Ordnung und Kennzeichnung dieser "Riesenberge" nicht die erste, ursprüngliche oder gar einzige war, und

b) sich dementsprechend die kultische Bedeutung dieser Berge veränderte.

Ohne uns allzu lange bei den Positionsbestimmungen und Änderungen aufhalten zu wollen (allgemein gilt, daß die Zuordnung der heiligen Fünf Berge nach der Standortwahl der jeweiligen Hauptstadt erfolgte), will ich hier kurz auf den funktionalen Aspekt der Wu Yüe eingehen, denn dieser steht in Verbindung mit den Riten und Opfern, die sich unterscheiden von denen des Grundtypus.

So war es ausschließlich Sache des Kaisers als "Sohn des Himmels", die Fünf Heiligen Berge aufzusuchen und dort dem Himmel und der Erde zu opfern. Im vorchristlichen Klassiker "Buch der Riten" steht dazu:

"Im zweiten Monat des (neuen) Jahres begab er (der Kaiser) sich gen Osten, wo er den Berg Tai verehrte. Dort verbrannte er einen (großen) Stapel Holz und verkündete seine Ankunft im Himmel (d.h. er erneuerte sein Regierungsmandat, welches er vom Himmel empfangen hatte). Und indem er sich diesen zuwandte, opferte er den Hügeln und Flüssen...

Im siebten Monat setzte er seine Reise fort nach Süden, zu dem dortigen Berg, wo er die selben Zeremonien durchführte wie am Berg des Ostens (= Tai Shan). Im achten Monat setzte er seine Reise fort in den Westen, zu dem dortigen Berg, wo er die selben Zeremonien durchführte wie auf dem Berg im Süden. Im elften Monat setzte er seine Reise fort und reiste in den Norden, wo er den dortigen Berg besuchte, auf dem er die gleichen Zeremonien durchführte wie auf dem Berg des Westens."[23]

An einer anderen Stelle des "Buchs der Riten" heißt es, daß der Kaiser <u>allen</u> namhaften Bergen opferte, aber den fünf Großen Bergen Ehrerbietung entgegenbrachte wie den drei herzöglichen Ministern bei Hofe.[24]

Daraus ergibt sich in unserer kurzen Skizzierung der mit Bergen verbundenen Kulttypen der Modelltypus 1. Abgelöst von der Masse der unspezifischen, alltäglichen Kulthandlungen orientiert sich das Herrscherhaus selbst primär nur an einer bestimmten Gruppe von Bergen, wobei wiederum einer herausragt, nämlich der Berg Tai. Als "Hausberg" des Kaisertums waren hier die Kulthandlungen nicht öffentlich, und sind deshalb auch nur spärlich in den Geschichtsbüchern verzeichnet. Immerhin wissen wir, daß z.B. Kaiser WU in den Jahren 110, 106, 102, 98 und 93 (ein regelmäßiger Turnus von vier Jahren, bis auf die Jahreszahl 93, die auf ein Jahr "Verspätung" hinweist) am Berg Tai die entsprechenden "feng"-Riten ausführte, die durchaus nicht nur im Verbrennen eines Stapels (duftenden) Holzes bestanden.[25]

Kaiser Wu war weder der erste noch der letzte Kaiser, der dem Tai Berg seine Reverenz erwies.[26] Soweit man aber weiß, war er einer von nur zwei Herrschern, die die Mühe auf sich nahmen, zu allen vier oben erwähnten Bergen aufzubrechen (zwecks Inspektion und rituellen Unterwerfung der Landesteile in den vier Himmelsrichtungen), und noch den Berg der Mitte, d.h. den Song Berg, aufsuchten, um der alten kosmographischen Vorstellung der Fünf Elemente[27] zu entsprechen und somit eine Harmonisierung der Regentschaft mit den Belangen des Reiches anzustreben.

Aus den obigen Ausführungen läßt sich ersehen, daß wir es bei den fünf "Großen Bergen" mit einem politischen Kult zu tun haben, der den Legitimationsanspruch des Herrschers unterstreicht. Die Zahl "fünf" deutet auf eine kosmographische Einbindung dieses Konzeptes hin, d.h. der Kaiser wird als eine Art "Kosmokrator" betrachtet, der nicht auf einer Weltkugel ruht, sondern von Himmelspfeilern (den fünf Bergen) getragen wird.

1.c) Der differenzierte Typus 2 - die Fünf Schutzberge

Mindestens ebenso alt wie der Kult der fünf Heiligen Berge (wu Yüe) ist die Vorstellung der fünf Grenzschutzberge (wu zhenshan). Diese führt das Buch "Riten der Zhou" im gleichen Kapitel an wie die "wu yüe". Es sind dies

1. der Berg Yi, Distrikt Linju, heutige Provinz Shandong; Osten;[28]

2. der Berg Wu, Distrikt Long Xian, heutige Provinz Shaanxi; Westen;[29]

3. der Berg Huo, Distrikt Huo, heutige Provinz Shanxi; Zentrum;[30]

4. der Berg Kuaiji, Distrikt Shaoxing, heitige Provinz Zhejiang; Süden;[31]

5. der Berg Lü, Distrikt Beizhen, heutige Provinz Liaoning; Norden.

Diese Grenzschutzberge sind in ihrer Positionsfestlegung abhängig von den jeweiligen Landesgrenzen. Soweit man die historische Geographie Chinas heute überblicken kann, korrespondiert die Lage der Grenzschutzberge mit dem Territorium des 5.-3. Jahrhunderts vor Christus.

Außer dem System der Fünf Grenzschutzberge (engl.: " guardian mountains) erwähnt die "Geschichte der Han (-dynastie)" von Ban Gu (32-92 a.D.) noch ein weiteres von zwölf Grenzschutzbergen, die ich aber hier nicht anführen kann. Grundsätzlich sei nur soviel gesagt, daß jede der damals (Han-Zeit) in der Entstehung befindlichen Provinzen Chinas einen Schutzberg zugeordnet bekam, der

1. eine natürliche Grenze zu anderen Regionen des Landes oder des Auslandes markierte, und

2. aufgrund spezifischer Eigenschaften verantwortlich war für das Wohl und Wehe der Volksgruppen in "seinem Einflußbereich". Diese Eigenschaften bestehen darin, daß Berge u.a. als das Wetter beeinflussende Faktoren angesehen wurden, eine Vorstellung, die für ein Bauernvolk wie das chinesische historisch und auch geistesgeschichtlich begründbar ist.

Im Prinzip sind wir hier wieder beim Grundtypus der Bergkulte, nur daß einer bestimmten Anzahl von Bergen gewissermaßen "von Amts wegen" die Verantwortung übermittelt wurde, für eine bestimmte Region als Schutzberge aufzutreten. Im Falle der fünf Grenzregionen in den vier Himmelsrichtungen (plus der verbindenden Mitte) muß man dementsprechend von Grenz-Schutzbergen sprechen. Auf lokaler Ebene wurden solche Berge auch nur Zhen-Shan (Schutzberge) genannt, und bis 1949 hat man auf solchen Bergen oder Hügeln (manchmal auch nur sehr sanfte Anhebungen des Geländes) noch für das kommunale Wohl gebetet. Mitunter wurden dort (oben) Tempelanlagen errichtet, die multi-funktional operierten: zum einen hielt man Riten und Zeremonien ab für das Gemeinwesen, zum anderen strömten Pilger oder Gläubige zu einer bestimmten Gottesstatue in den Hallen, um für ihr persönliches Glück zu beten.

Was den Kultus der Grenzschutzberge angeht, so scheint sich dieser unterschieden zu haben von den Riten, die z.B. Kaiser Wu auf dem Berg Tai ausführte. Wir wissen aber über den religiös-kosmologischen Stellenwert dieser Berge noch zu wenig, um z.B. eine detaillierte Prozessionsdokumtation geben zu können. Historisch überliefert jedoch ist, daß mehrere Kaiser persönlich den nördlichen Grenzschutzberg Lü besuchten und dort Riten abhielten. So die Kaiser des Liao-Reiches Xingzong und Daozong in der Mitte des 11. Jahrhunderts. Bereits ab dem Jahre 460 a.D., wahrscheinlich aber noch früher, sind diese Schutzberge bei solchen Anlässen wie Thronbesteigungen, Unruhen im Lande usw. von Ritenspezialisten (meist Priester, die dem Daoismus nahestanden) und amtlichen Würdenträgern aufgesucht worden. Zu Zeiten, da ein (zuständiger) Schutzbergdurch Kriegswirren oder ähnliche Umstände nicht erreichbar war, hat man kurzerhand stellvertretend einen künstlichen Berg aufgeschüttet.h[32]

1.d) der differenzierte Typus 3 - die Vier Buddhistischen Berge

So bekannt wie die "Heiligen Fünf Berge" (wu yüe) sind die vier heiligen Berge des Buddhismus in China. Tatsächlich werden diese beiden Gruppen häufig in einem Atemzug genannt und unterliegen oft der Verwechslungsgefahr. Es sei an dieser Stelle darauf hingewiesen, daß der Buddhismus erst im ersten Jahrhundert nach Christus nach China kam und eine geraume Zeit brauchte (ca. bis zum Jahre 300 a.D.), um sich fest einzuwurzeln. Anfänglich bestanden die Schwierigkeiten darin, daß das buddhistische Schriftgut quantitativ ungenügend in chinesischer Übersetzungen vorlag, sodaß die Buddhisten oftmals (auch bei Hofe) als "Männer des Dao", d.h. als Daoisten bezeichnet wurden. Zum Aufbau einer eigenen, sinisierten Identität als chinesische Hochreligion (nicht als volksreligiöse Kraft gedacht - dies setzte erst mehrere Jahrhunderte später ein) benötigte man nicht nur Zeit, sondern auch den nötigen Raum. Es kam deshalb in verschiedenen urbanen Zentren zu Kloster<u>neu</u>gründungen, und in mehreren ruralen Gebieten zu <u>Übernahmen</u> von sakralen Orten.[33] Im Zuge der buddhistischen Missionierung reklamierte man auch vier wichtige Berge, die hier noch einmal kurz genannt sein sollen:

1. der Berg Wutai im Distrikt Wutai, heutige Provinz Shanxi; am Berge Wutai entstand kurz nach dem "Weißen Pferd Tempel" in Luoyang (72 a.d.) der zweitälteste buddhistische Tempel in China überhaupt. Angesichts der damaligen Situation muß man allerdings davon ausgehen, daß dieser (heute noch als "Da Fu Ling Jiu Tempel") existierende Bau primär als Übersetzungsbüro genutzt wurde. Der Wirkungskreis dürfte gering gewesen sein. Interessant ist, was der Abt eines buddhistischen Klosters am Emei-Berg gegenüber einem westlichen Besucher am 30. Juli 1877 erklärte:

   "Wu t'ai Shan is the most ancient holy place in China, and contains a statue which stood there <u>before</u> Buddhism was preached..."

   Diese Aussage erweckt fast den Eindruck, als gäbe diese alte, vorbuddhistische Statue dem Ort seine Heiligkeit, und nicht die vielen Statuen von Buddha und Manjusri, die man nach und nach aus edlen Metallen goß und in den vorgesehenen Hallen aufstellte.[34]

2. der Berg Emei, im Distrikt Mei, heutige Provinz Sichuan; der (unbelegten) Überlieferung nach soll bereits im Jahre 63 a.D. auf dem immerhin rund 3.000 m hohen Gipfel ein buddhistisches (vorbuddhistisches?) Heiligtum errichtet worden sein, der "Guang Xiang Tempel", so genannt weil man vom "Golden Summit" eine merkwürdige Aurora erschauen konnte, die man für das abbildende Licht (= guang xiang) des Buddha hielt.[35] Nach neueren Kenntnissen war es jedoch nicht der Buddhismus, der dem Emei Berg seine numinose Potenz

verlieh, sondern der dort bis zum 11. Jahrhundert weit verbreitete Daoismus. Für einen längeren Zeitraum existierten beide Religionen räumlich nebeneinander in dieser hochalpinen Region, bevor dann, aufgrund der religionspolitischen Verhältnisse (was auch die relative Nähe zu tibetischen Gruppen einschließt) der Buddhismus die Oberhand gewann und die Daoisten sich mehr zum Berg Qing Cheng (Kreis Guan, in Sichuan) im Norden hinwandten. Am Berg Emei, das sei an dieser Stelle noch erwähnt, wachsen eine ganze Reihe von seltenen Heilpflanzen, die von den Daoisten in der medizinischen Fürsorge benutzt wurden. Noch heute baut man auf dem höchsten Gipfel, also in über dreitausend Meter Höhe, eine bestimmte Pilzart an, ähnlich unseren Champignons, denen eine vitalisierende Wirkung nachgesagt wird.[36]

3. der Berg Jiuhua im Distrikt Qingyang, heutige Provinz Anhui; dieser Berg entwickelte sich erst spät zu einem buddhistischen Zentrum und Pilgerort. Im Jahre 401 scheint zwar bereits ein buddhistischer Mönch seine Wohnstatt dort erbaut zu haben, aber immerhin dauerte es noch bis zum achten Jahrhundert, bis das erste Kloster errichtet wurde. Wie auch am Emei Berg, so war auch der Jiu Hua Berg ein daoistisches Zentrum Zentral (damals: Süd-) Chinas gewesen, mit einer Tradition, die mindestens bis auf das Jahr 110 b.C. zurückgeht.[37]

4. der Berg Putuo, Kreis Putuo , eine Insel vorgelagert der Küste der heutigen Provinz Zhejiang; als vielleicht der bekannteste der heiligen buddhistischen Berge, ist er zwar derjenige Ort, der sich am spätesten, dann aber auch am dynamischsten entwickelt hat. Die Legenden, die diese Insel als "Buddha's Land" erklären, stammen vom Ende des neunten Jahrhunderts. Die ersten Tempel zu Ehren der Göttin Guan Yin datieren ebenfalls aus diesem Zeitraum. Eine vorbuddhistische Kultstätte auf der Insel kann man als wahr-

scheinlich voraussetzen (immerhin war die Insel ein bekannter Schutzhafen für den Schiffsverkehr nach Japan und Korea).

Zusammenfassend sei zu den vier heiligen Bergen des Buddhismus angemerkt, daß sie weder die Rolle von Schutzbergen für das staatliche Gemeinwesen innehatten, noch auf andere Art und Weise mit dem "megalithischen" Staatskult in Verbindung standen. Diese Entwicklung war um die Zeitenwende bereits abgeschlossen und betraf nur die fünf "Riesenberge" sowie die fünf Grenzschutzberge. Trotz der zeitlich sehr weit auseinanderliegenden Entwicklungsphasen der vier "Buddhaberge" (si da foshan) hat man auch von buddhistischer Weise versucht, ein einheitliches, Zusammengehörigkeit symbolisierendes System zu erstellen. So heißt es in der Bergchronik des Putuo Berges: "Die buddhistischen Schriften bezeichnen die Kultstätten (daochang) der (Gottheiten) Dizang (Gott der Unterwelt = Jiu Hua), Puxian (Boddhisattva Samanthabadra, am Emei Berg), Wenshu (Manjusri, am Wutai Berg) und Guan Yin (Boddhisatva Avalokitesvara, am Putuo Berg) als (zugehörig zu den Elementen) Erde, Feuer, Wasser und Wind; daraus bildet sich die Verbindung der großen Vier.[38] Jiu Hua entspricht (dem Element) Erde, Emei entspricht (dem Element) Feuer; Wu Tai entspricht (dem Element) Wind; Pu Tuo entspricht (dem Element) Wasser."[39] Eine ähnliche, aber wesentlich früher angewandte Elementenlehre haben wir ja bereits bei den "wu yue" beobachtet.

1.e) der differenzierte Typus 4 - die Heiligen Höhlen des Daoismus

Eng in Verbindung mit den Bergkulten steht die Verehrung heiliger Höhlen in China. Diese Höhlen sind in ihrer Bedeutung und Symbolhaftigkeit außerordentlich komplex. Ich werd hier nur auszugsweise auf ihre wichtigsten Eigenschaften zu sprechen kommen, und verweise den Leser auf die Arbeiten von ROLF STEIN (Bibliographie A, Nr.47) und Edouard Chavannes.[40]

Folgende Funktionen von Höhlen kann man als die wichtigsten bezeichnen:

1. als Schutz- und Zufluchtsstätten bei Kriegen, Verfolgungen etc. Die Beschreibung fast jeder Höhle in China beginnt mit der Schätzung, wieviele Menschen sie beherbergen kann.

2. Als Wohnort für die sog. Unsterblichen, d.h. daoistische Heilige, die sich in Meditation und den Praktiken der Verlängerung des irdischen Lebens übten. Auch Boddhisattvas werden mit solchen Höhlen in Zusammenhang gebracht.[41]

3. als Aufbewahrungsstätte für heilige Schriften. Ein kulturgeographisches Sammelwerk vom Anfang des elften Jahrhunderts, verfaßt auf Geheiß des Kaisers, enthält einen Abschnitt, welcher nur solchen "Schriften-Höhlen" gewidmet ist.[42]

Abgesehen von diesen konkreten Funktionen der Höheln als nutzbarer Raum sind noch mehrere abstrakte Vorstellungen mit ihnen verbunden:

1. zum Himmel gerichtet stehen die Höhlen in Beziehung mit dem Licht des Himmels; nach unten gerichtet wird eine Verbindung mit den Quellen des Gelben Flusses (des lebensspendenden Wassers) assoziiert. Eine mittlere (materielle Lebens-) Ebene korrespondiert mit den oberen und unteren Kräften. Auf dieser "Dreistufigkeit" baut sich eine systematisierte Kosmologie auf, die auch im Baulichen zum Ausdruck kommt: die drei Terrassen des Himmelstempels in Peking (neun als Zahl, die dem Himmel zugeordnet wird = 3x3), die drei- oder neungeschossigen Türme der Han-Zeit, um Himmelsphänomene zu beobachten und Unsterbliche begrüßen zu können, etc.[43]

Ein Baum geschmückt mit Laternen – diese repräsentieren die zehn Sonnen, die ehemals die Erde verbrannten und eine katastrophale Dürre auslösten, bevor neun von ihnen mit Pfeil und Bogen vom Himmel geschossen wurden. Alte Schöpfungsmythen werden fast nur noch vom Daoismus dargestellt.
(Aufgenommen im "Grünen-Ziegen-Kloster" in Chengdu, Sichuan)

Tor und Eingang zur fünften "Großen" Grotte am Grün-Stadt-Berg, Distrikt Guan, Provinz Sichuan. Wer hier eintritt, befindet sich in numinoser Landschaft, ohne zwangsweise eine Höhle antreffen zu müssen.

Fernansicht der Gaizhu-Höhle im Distrikt Linhai, Provinz Zhejiang. Die Höhle bildet die 19te "Kleine" Grotte und ist zugleich die Nr. 2 der Serie der "terres bienheureuses" (fudi). Obwohl sehr abgelegen und mit einem beschwerlichen Aufstieg von 1 1/2 Stunden verbunden, ist die Höhle auch heute noch eine Pilgerstätte von regionaler Bedeutung. Sie steht unterirdisch in Beziehung zu anderen Grotten der "Kleinen" Serie von 36.

Der "Gaizhu Dongtian" aus der Nähe. Man tritt durch ein rundes Portal (rund repräsentiert den Himmel) und gelangt in den Hof der Anlage. Die Schreine der Höhle sind überdacht und etwa in der Höhlenmitte errichtet. Sie wird als Heiligtum verwaltet von den Daoisten der "Drachentor-Sekte".

Kleine Steinpagode am "Jade-Berg" im nördlichen Teil der Provinz Jiangxi. Pagoden gelten als "Landschaftsveredler" par exzellence. Nach Boerschmann (Chinesische Pagoden, Teil I, Berlin und Leipzig 1931, S. 16) werden "auch vereinzelte größere Felsen zuweilen durch ansehnliche Pagoden bekrönt und erfahren hierdurch eine landschaftliche Steigerung". Die religiöse Botschaft, die sich hinter der Plazierung des kleinen Turmbaus verbirgt, zielt natürlich auf die Reklamierung des überschauten Gebietes als "Buddhas Land" (fo guo) ab.

Klostergarten des "Zwei-Unsterblichen-Klosters" in Chengdu, Sichuan. Der Gartenbau umfaßt einen Wandelgang, einen Pavillon, den See im Vordergrund sowie einen angedeuteten Grotteneingang als Himmelspforte im Hintergrund. Solche Felsformationen gehören zur Standard-Anlage chinesischer Gärten.

Ming-zeitliches Bronzemodell des Berges Sameru, der buddhistischen axis mundi schlechthin. Aus den Wellen des Meeres erhebt sich ein Fels, der nach vier Himmelsrichtungen hin die Paläste der Himmelskönige trägt (auf halber Höhe). Auf der Bergspitze thront Sakyamuni, der Begründer des Buddhismus. (Modell aufgenommen im "Ewigen-Frieden-Tempel" - allgemein auch Lama-Tempel genannt in Peking)

Pagode in reichverziertem Sichuan-Stil: Zahl der Grund- und Geschoßpfeiler ist 12. Man beachte die quadratischen Grundrisse der ersten beiden Etagen und die runden (= angedeutet achteckig) Geschosse oben. Der Tradition nach wird der Himmel rund und die Erde viereckig dargestellt. (Pagode in Chengdu, Sichuan)

2. zumindest in der Literatur Chinas gibt es zahlreiche Belege dafür, daß man unter einer Höhle nicht eine "Wölbung im Fels oder in der Erde" versteht, sondern diese mehr als Durchgang zum Licht (d.h. nach oben, in des Himmels Nähe) begreift. Das Reich hinter der Höhle ist es, welches es zu erreichen gilt, ein Land, völlig abgelöst von dynastischen Ränken und Intrigen, ohne Kriege oder Fehden. Diese chinesische Paradiesvorstellung ist eng mit dem Daoismus verknüpft, der als "Administrator" dieser Sanktuarien auftritt.[44]

3. als Wohnsitz des wetter-erzeugenden Drachengottes sind viele Höhlen in China Ziel von kultischen Prozessionen und Zeremonien gewesen. Ausgrabungen haben Gebetstafeln, goldene Drachen und andere rituelle Gerätschaften zum Vorschein gebracht, die bezeugen, daß dieser Kult weit verbreitet war. Die Blütezeit dieses Drachenkultes lag in den Dynastien Tang und Song.

4. als spezifisch daoistisches Konzept spielt die unten erläuterte Gattung der "Höhlen-Himmel" in der Meditation und spirituellen Versenkung eine wesentliche Rolle. bestimmte körperliche Funktionen werden demnach in inneren Cavernen gesteuert, die als energetisch-geladene, Geister-besetzte Hohlräume visualisiert und kontrolliert werden. Dies ist die mikrokosmische Entsprechung der makrokosmischen Vorstellung der oben erwähnten "Dreistufigkeit" (auch im Körper sind drei "Energiezentren" lokalisier- und ansteuerbar). Viele andere Organe des Körpers haben im Daoismus Bezeichnungen erhalten, die direkt auf administrative, technische Termini der Außenwelt anspielen (so z.B. das "Wasserbüro" für die Blase, der "zwöfstöckige Turm" für die Wirbelsäule, die "Tore zum Fengdu (= Unterwelt) Palast" für die Nieren etc.)[45]

An dieser Stelle sei angemerkt, daß auch der Buddhismus von Höhlen Gebrauch gemacht hat (man denke an die Felsentempel von Longmen, Yun gang, Dazu, Dunhuang usw.), aber kein System oder ein geschlossenes Netzwerk daraus herleitet.

Dies blieb dem Daoismus vorbehalten, der im vierten Jahrhundert a.D. ein Netzwerk von 10 "Großen" Höhlen und 36 "Kleinen" Höhlen entwarf, die sich sehr rasch zu vielbesuchten Sakralzentren entwickelten. Diese Höhlen, im Chinesischen konkret "Höhlen-Himmel" genannt, weil sie die Durchdringung des Himmels ermöglichen sollen, haben, wie bereits erwähnt, ihre eigene numinose Anziehungskraft, und, verbunden mit den Drachengott-Riten, sind durchaus losgelöst von den oben beschriebenen Bergkulten zu betrachten. Topographisch gesehen sind die Höhlen natürlich mit Bergen in Beziehung zu setzen (sie fehlen in keiner topographischen Beschreibung einer Region, soweit dort von den daoistischen Vorgaben her antreffbar) und jeder der oben unter "differenzierter Typ 1" aufgelisteten Fünf Heiligen Berge tritt auch als Überbau für jeweils einen "Kleinen" Höhlen-Himmel auf. Nur muß man unterscheiden zwischen den beiden Kulten (hier Staatskult/ dort Drachengottkult u.a.), die jeweils verschiedene Inhalte und Zielsetzungen hatten.

In einem Atemzug mit den "dongtian" werden in den daoistischen Schriften oftmals sogenannte "Glücksverheißende Böden" (fu di) erwähnt. Diese "Böden", d.h. kleine Parzellen entweder flachen oder auch hügeligen Landes sollen der Überlieferung nach besonders fruchtbar sein. Es gedeihen hier z.B. bestimmte Heilpflanzen, ein Teich zum Waschen und Trocknen der Kräuter mag in der Nähe sein, Bäume wie z.B. der Gingko entfalten ihr Laubdach und bunte Blumen erfüllen mit ihrem Duft die klare Luft; kurzum, diese Landparzellen sind mit einer besonders fördernden und potenten Kraft ausgestattet, die das Wachstum primär von Pflanzen in einem ungewöhnlichen Ausmaß erlaubt. Von diesen ungewöhnlichen Böden gibt es, das steht seit der frühen Tang-Zeit fest, exakt 72 im Reich.[46] Sie werden ebenfalls wie die Höhlen von Daoisten und "Unsterblichen" betreut, bepflanzt und gepflegt. Manche

Berge sind, außer daß sie selbst als Berg "Rang und Namen" haben (sei es als Schutzberg = Zhenshan oder als einer der Funf "Yue"-Berge), auch noch mit einer (oder mehreren) Höhle(n) gesegnet (wobei aber nur eine der "Höhlen-Himmel" ist), und haben zusätzlich noch eine solche vitale Wachstumsstätte. Manche Klöster wiederum stilisieren einen "Fu Di", indem der Abt einen Heilpflanzengarten in der nordöstlichen Ecke des Klosters anlegen läßt, mit einem passenden Tor dazu, das den Eintritt in den potenten Garten ankündigt.[47]

Die "Fu Di", obwohl einer spezielleren Untersuchung würdig, sind bisher in allen Einzelaspekten noch nicht genügend erforscht. Es scheint aber festzustehen, daß kein eigener "Fu Di" - Kult im Sinne einer gesetzlich oder formal normierten liturgischen Handlung (d.h. Heiligung), die sich auf das Objekt des fruchtbaren Bodens und der Erde richtete, entstanden ist. Dieses Bedürfnis wurde bereits seit altersher durch den Erdgottkult und die Erdaltar-Riten abgedeckt, bedurfte also nicht der Erneuerung oder Überhöhung. Trotzdem sind die "Fruchtbaren Böden" auch eigenständige Sakralzentren, an denen Kloster oder Schreine entstanden sind, die zumindest regional Bedeutung erlangt haben. Im Laufe der Zeit haben übrigens auch die Buddhisten sich die fürs Volk attraktive Terminologie der "dongtian/fudi" (Höhlen und Böden) angeeignet, und manch Felsdurchbruch in einem klösterlichen Felsengarten wird durch die entsprechenden Schriftzeichen verziert und assoziativ geweiht.

2. *Kleine Fallstudie eines "Vermischten Berges" - der Berg Lu*

Nachdem wir uns mit dem Grundtypus sowie den differenzierten Typen alpiner Religiösität in China vetraut gemacht haben, möchte ich es nicht vesäumen, auf ein besonderes Problem hinzuweisen: das derjenigen Kategorie von Bergen, die mehrere religiöse Traditionen im Laufe ihrer langen Geschichte beherbergt haben oder noch heute von

Anhängern verschiedener Religionen aufgesucht werden. Diese Kategorie ist - quantitativ gemessen - gegenüber den Bergen mit einer einheitlichen Religionsstruktur in der Überzahl. Um die verschiedenen Traditionen im Gelände oder in der Landschaft differenzieren und zuordnen zu können, bedarf es fundierter Kenntnisse über die Entstehung und Entwicklung der einzelnen Religionen. Nur so kann man Überlagerungen, Isolierungen und typische Phänomene feststellen. Darüberhinaus sollte man noch mit den Regional-oder Lokalkulten vetraut sein, also jenen religiösen Erscheinungsformen, die keiner Hochreligion entspringen (obwohl vielleicht von dieser verwaltet und in begrenztem Umfang assimiliert) und lokal eingrenzbar sind. Um eine Vorstellung von den Überlagerungen der Traditionen zu geben, möchte ich zum Schuß kurz auf einen Berg eingehen und dessen Geschichte herleiten, um damit zu demonstrieren, daß es in der Tat zu komplizierten Mischformen kommen kann, die aber in der Regel deduktiv isolierbar sind.

2.a) *Geschichtlicher Überblick*

Der von mir gewählte Ort ist der Berg Lu. Die strategische Position des Gebirges, welches immerhin ein Gebiet von 300 km² umfaßt, spielt eine Schlüsselrolle für das Verständnis seiner Entwicklung. Am Südufer des Yang Tse Flusses gelegen, dabei den See Boyang überragend, in dessen westliche Ausläufer sich der Fluß Gan als Zubringer aus Südchina ergießt, erhebt sich der Hauptgipfel des Lu-Gebirges 1474 Meter über eine fruchtbare Tiefebene. Die Vegetation ist fast schon subtropisch, aber kühle Winter mit Schnee sind nicht selten. Durch den Boyang See gewinnt man den Anschluß an die südchinesischen Provinzen, die dementsprechend auf dem Wasserwege direkt mit dem Yang Tse verbunden sind. Wer demnach die Mündung des Boyang-Sees zum Yang Tse hin kontrollierte, konnte gleichzeitig einen Großteil Südchinas in Schach halten und ein weiteres Ausbreiten etwaiger rebellischer Armeen auf dem so bequemen Wasserweg in andere, wichtigere Regionen des Landes verhindern (von den chinesischen Hauptstädte lagen alle weit nördlich des Yang Tse, mit Ausnahme von Nanking und Hangzhou). Das Gebirge des Lu Berges liegt also wie ein Einlaßventil an der Mündung einer vitalen Verkehrsader. Verantwortlich für den sicheren Transport von Gütern und Menschen war der Berggott, der im Zorne schlechtes Wetter erzeugte und die Fahrt unmöglich machte.[48] Dergestalt entstand um diesen Berg eine religiöse Aura, die durch rituelle Handlungen instrumentalisiert wurde, indem man nach einer Beeinflussung des Berggottes trachtete. In dieser Situation der "Zähmung" und Befriedung des Berges (und seines Gottes - von Geistern oder Omina des Lu-Berges ist zumindest im "Berg-und Wasserklassiker" keine Rede) ist WASCHKIES These zum Begriff Umwelt denkbar:

> "Umwelt sollte durch die Anwendung von zwei Methoden wie eine Welt befreit von Furcht und Sorge behandelt werden können: 1. durch die Erstellung einer äußeren Zeichen-sprache, und 2. durch die Aneignung einer inneren Haltung gegenüber feindlichen Situationen. Die räumliche Dimension des religiösen Prozesses, um mit SEIWERT zu sprechen, erscheint mir demnach als eine Synthese des "Inneren" als Haltung und des "Äußeren" als Zeichen. In einem späteren Aufsatz werde ich am Beispiel des Lu-Berges versuchen, diese Beziehungsstrukturen zwischen innerer Haltung und äußerer Manifestation (die ich oben als religiöse Zeichensetzung = Semiologie bezeichnet habe) aufzuzeigen, wobei die uneinheitlichen religiösen Traditionen vor Ort Berücksichtigung finden.[49]

Ein kurzer chronologischer Überblick soll an dieser Stelle mit der (vereinfachten) Geschichte des Berges vertraut machen:

1. Während der letzten vier Jahrhunderte vor Christus und der nachfolgenden zwei Jahrhunderte nach der Zeitenwende war der Berggott (mit dem richtigen chinesischen Nachnamen Xü) Gegenstand der Verehrung. Wahrscheinlich hat man eine Reihe von Schreinen und Altären errichtet, um den Gott gnädig für Transporte und reichen Fischfang zu stimmen. Im zweiten Jahrhundert erscheint ein mächtiger Magier auf dem Plan, der

den Berggott ein für allemal bändigt.[50] Auch der uns bereits bekannte Kaiser Wu der Han-Dynastie besuchte den Berg, hielt ihn für einen mächtigen Gott und nannte diesen "Herzog der Großen Klarheit". In vorchristlichen Zeiten galt der Lu Berg ebenfalls als einer der vier "Adjudanten" des Südlichen "Riesenberges" Heng.[51]

2. Etwa um die gleiche Zeit entsteht am nördlichen, dem Yang Tse Fluß zugewandten Fuß des Berges das daoistische "Kloster des Höchsten Friedens" (Tai Ping Gong). Erst im Jahre 385 lassen sich organisierte buddhistische Anhänger am Berg nieder und gründen die "Tempel des Westwaldes" und den "Tempel des Ostwaldes". Im späten vierten Jahrhundert absorbiert der Daoismus die lokalen See- und Bergkulte. Die Koexistenz der Daoisten mit den Buddhisten fällt in diesen Zeitabschnitt.

3. Im Laufe der Jahrhunderte errichten sowohl die Buddhisten als auch die Daoisten zahlreiche Klöster und Tempel, Schreine und Pavillons am Berg. So sollen 12 daoistische und mindestens 8 buddhistische Klöster entstanden sein.

4. Der Bauboom am Lushan erlebte in der Ming-Dynastie eine erste Blütezeit. Die Gründe dafür sind politischer Natur:

Im Mai 1363 lieferte sich ein Rebell namens ZHU YUANZHANG eine entscheidende Schlacht mit einem anderen Abtrünnigen namens CHEN YOULIANG am Lu Berg und dem See Boyang. Obwohl alles für einen Sieg von CHEN sprach, hatte ZHU am Ende doch die Oberhand gewonnen und seinen Gegner vernichtend geschlagen. Im Laufe der Auseinandersetzungen waren viele Tempel zerstört worden, das Land konfisziert etc. Das Volk hatte sich vor den Truppen in die obersten und unwegsamsten Regionen des Gebirges geflüchtet. Der Überlieferung nach gehörte es zu den ersten Amtshandlungen des neuen (und ersten) Ming-Kaisers (der kein anderer als dieser ZHU YUANZHANG war), den Rang des Lu Berges zum "yue" zu erhöhen. Während der gesamten Ming-Dynastie war demnach der Lu Berg einbezogen in den Kult der Fünf Heiligen Berge, die ja nun ein neues Mitglied bekommen hatten. Diese wenig bekannte Tatsache machte den Berg Lu gewissermaßen zum "Haus"-berg der Ming-Epoche, und das Herrscherhaus dankte dem Berg seine Hilfe beim Kampf zur Erringung des Regierungsmandats (in Form von vorteilhaften Winden für die Flotte), indem ein großer Berg(-gott) Tempel errichtet wurde. Ebenso befahl man, die zerstörten Klöster und Schreine, ungeachtet der religiösen Provenienz, in noch größerem Stile wiederaufzubauen. In Vertretung des Kaisers begab sich in Jahr zweimal der höchste Würdenträger der Region zum Berg(-gott) Tempel, um diesem zu opfern. Diese kaiserliche Gunst währte bis zum Ende der Ming-Zeit (1644).

5. Die folgende Qing-Dynastie sollte das Antlitz der Lushan noch einmal einschneidend verändern. In der Mitte des 19. Jahrhunderts fielen zahlreiche religiöse Bauwerke den zerstörerischen Horden der "Höchsten Frieden"-Bewegung anheim, ein Kahlschlag, der irreparabel schien. Denn schon kurze Zeit darauf machten sich reiche westliche Geschäftsleute aus Shanghai daran, den Lu Berg touristisch zu erschließen und als Sommerferienort zu nutzen. Zu Beginn dieses Jahrhunderts war aus diesem Vorhaben eine ansehnliche Siedlung in den zentralen sanften Tälern geworden, die natürlich auch ihre eigene, westliche Toponymik hatte: Namen wie "The Gap" (ein Haupttal), "Lindsay Park", "Pines Road", "Morris Hill" etc. legen beredt Zeugnis ab von der "Verwestlichung der Landschaft". Auch Kirchen errichtete man, sodaß sich hinfort drei Religionen das Feld teilten: der Buddhismus, der Daoismus und das Christentum. Unter den ca. 20.000 Sommerfrischlern, die sich regelmäßig am Lu Berg (von den Ausländern "Kuling" genannt) einfanden, waren gegen Ende des Kuling-Booms auch eine

größere Zahl reicher Chinesen anzutreffen, die ebensolche westlichen Häuser bewohnten wie ihre ausländischen Geschäftspartner (und die Missionare). Einer dieser wohlhabenden und einflußreichen Chinesen war JIANG KAISHEK, der sich wiederholt am Lu Berg aufhielt (und zu dieser Zeit bereits zum Christentum konvertiert war). Ein Golfkurs durfte natürlich nicht fehlen, genauso wenig wie das Schwimmbad.[52] Jagdreviere wurden abgesteckt, der Anglerfreund kam auf seine Kosten. Nach der Revolution von 1949 stand der Berg noch einmal als Örtlichkeit einer wichtigen Tagung im Rampenlicht: die sogenannte Lushan-Konferenz unter der Leitung von MAO ZEDONG hatte 1959 hier getagt, am Fuße des Morris Hill, so sagt man. Heute existieren noch jeweils ein buddhistisches und ein daoistisches Kloster, doch die Kirche war 1985 zumindest noch geschlossen.

Wie aus dem geschichtlichen Überblick hervorgeht, hat der Berg Lu eine bewegte Vergangenheit hinter sich. Die Verschiebungen von Traditionen zogen eine Verschiebung des Verhältnisses von erlebter zur vorgestellten Umwelt mit sich. Statik, die sich zur phänomenologischen Dynamik der erfahrenen, originär sakralisierter (später aber mehr vom Freizeitwert geprägter) Landschaft wandelt, ruft mitunter, wie Büttner betont, Identitätskonflikte und dialektische Prozesse hervor, die eine Umwertung der Wahrnehmungsinhalte nach sich ziehen.[53] Das räumliche Nebeneinander verschiedener, den Inhalten nach zu urteilen so entgegengesetzter Religionen wie der Buddhismus und des Daoismus am Berg Lu hat natürlich der zu erfassenden Landschaft als "beschriebener" Kulturraum sein eigenes Gepräge gegeben. Was vom Buddhismus "beschriftet" oder an Zeichen (wie Stupas, Pagoden, Schreinen, großen Tempelanlagen als Makrostrukturen, deren Haine und Gärten, die dazugehörigen Fischteiche, Felsinschriften - diese meist zuhauf, etc.) in die Landschaft gesetzt wurde, entziffert der Daoismus auf seine eigene Weise. Dessen topographische Semiologie wiederum (wie die Höhlen, die "Heiligen Böden" und deren Embleme, megalithische Symbole wie Steinstelen gewidmet dem "Ersten Berg auf Erden", bestimmte Baumsorten als Pflanzungen, Fahnenstangen, konfuzianisch-moralisierende Ehrenbögen und symbolische Höhleneingänge etc.) "liest" der Buddhist nach seiner Art und nach seinem Verständnis der Dinge (oder Symbole). Ein (ausländischer) Christ allerdings wird all diese Zeichen "überlesen", bzw. falsch oder unsachlich interpretieren. Eine Kohärenz des "Gesagten" mit dem "Bedeuteten" ("signifier" and "signified") sehe ich deshalb nur dann als gewährleistet, wenn der Lernprozeß, der normalerweise den Menschen in seine eigene Tradition einbindet, das "Innere" als Haltung zum "Äußeren" als lesbarer Umwelt normativ konditioniert, also wiederum hin zur (originären) Statik orientiert ist. Die Endlos-Schleife, die hierbei eintreten kann (der Mensch ist nunmal ein geschichtliches, endliches Wesen), durchbricht dabei notwendigerweise die Strukturen einer Je-Meinigkeit (d.h. der Subjektivität), die sich destabilisierend auf das Umweltverständnis auswirken könnte.

Die umfassende, kosmologische Symbolik z.B. innerhalb eines daoistischen Klostern, ja die Idee der Klosteranlage selbst (Hauptachse Nord-Süd, 12, 24 oder 36 Pfeiler in der Haupthalle, Satteldach ohne Fenster, gegeneinander versetzte, nie aufeinander zeigende Giebel etc.) stammt, dies sei an dieser Stelle zum Abschluß hervorgehoben, aus einer Zeit, da gesamte Stadt- und Palastanlagen nach ebendiesen Kriterien entworfen wurden. Die alpinen Sakralsysteme, die ich oben darstellte, fanden in diesen Habitaten ihren Ausdruck durch stellvertretende Tempel. Spätestens ab dem 6. Jahrhundert besaß die Hauptstadt einen Tai-Berg-Tempel (wahrscheinlich aber wurde der Kult des Berg Tai schon sehr viel früher in die Städte und die Häuser getragen, einmal in Form von Schreinen, zum anderen in Form von Steinen, die am Tai Berg gebrochen wurden). Dieses Siedlungsbild übertrug sich "en miniature" (oder besser: in Reinkultur) auf einzelne Sakralbauten, die als ewige Vorbilder einer mythologischen Vergangenheit das Verlangen nach der Erfahrbarkeit dieser Vergangenheit repräsentieren. Die Vermittlung der dazugehörigen (ethisch/moralischen) Werte - im Rahmen der geltenden Kosmologie - als Objekt des normativen, übergeschichtlichen Lernprozesses wird sogar in jenen Naturräumen betrieben, die üblicherweise schwer erreichbar sind: auf den Gipfeln der Berge.

Zusammenfassung

Der Artikel beschäftigt sich mit den fünf Typen heiliger Berge im alten China. Ausgehend von einem Grundtyp werden vier differenzierte Typen entworfen:

1. die Fünf Heiligen Berge

2. die Fünf (Grenz-)Schutzberge

3. die vier Berge des Buddhismus

4. die sogenannten Höhlenberge, d.h. heilige Höhlen des Daoismus

Die Bedeutung und der religiös-kosmologische Hintergrund dieser Gruppen erklärt sich aus alten, teilweise vorchristlichen Schriften, die teilweise sehr präzise Angaben über den kosmologischen Stellenwert sowie die geologisch-materielle "Ausstattung" der Berge enthalten. Weiterhin wird auf die Problematik eines "vermischten" Berges eingegangen, d.h. eines Ortes, der im Laufe seiner Geschichte als Typus 1 und 4 fungierte, und daneben noch eine wichtige Bastion des südchinesischen Buddhismus war und ist. Die unterschiedlichen religiösen Traditionen, die somit in einem bestimmten Gebiet vorherrschen, lassen Variationen eines Raumkonzepts erkennen, welches sich in Form von religiösen "Zeichen" wie Schreinen, spezifische Baumpflanzungen, Neun-Kurven-Pfade etc. in der Landschaft manifestiert. Die Interpretation des Bedeutungsgehalts dieser "symbolischen Schrift" (in der Landschaft) ermöglicht es dem "Lesenden" (d.h. den Menschen allgemein), ein grundlegendes Verständnis für seine "geweihte", akkulturierte Umwelt zu entwickeln, die sich somit als "Raum befreit von Angst und Sorge" darstellt.

Summary

The article is dealing with five types of holy mountains in ancient China. Based on a fundamental type of mountain I set forth to establish four types of differentiated mountains (and the respective cults):

1. the Holy Five Mountains

2. the Five (border-) Guardian-Mountains

3. the four holy buddhist mountains

4. the Grottoe-Mountains, i.e. daoist holy grottoes

The importance and the religios-cosmological background of these types of mountains can be glimpsed from ancient, pre-christian sources, which at times include precise reference to the cosmological value and the "inner riches" (geologically speaking) of mountains. Further below I discuss the problem of a "mixed mountain", i.e. a place that in the course of its history did belong to types 1 and 4 contemporaneously, and in addition served (and indeed still serves) as an important and active center of Buddhism. The different religious traditions prevailing thus in one area hint to diverse concepts of space which are expressed through "signs" like shrines, ninefold bended pathways, plantation of specific trees etc. It is the meaningful interpretion of these signs as a symbolic scripture that enables man to develop the fundamental understanding of one's culturalised, "sacralised" environ ment as a space "freed of anxiety and fear".

Bibliographie A

A short Bibliography of Books explaining or describing Sacred Centers in China.

This bibliography lists all books that were published in westernlanguages on the topic of China's sacred sites. It includes monographic treatments of temples located f.e. in Peking as well as very elaborate historical studies of such mountains as Tai Shan, Mt. Luofu etc. Also included are studies that are related to a certain area in China (a province f.e.) and specific cults or religious customs found or developed only within this area's boundaries.

The quality of the presented and investigated material varies greatly. I still consider *any* of the listed books valuable because no matter from what angle one might look at the subject of sacred sites in China even the documentary travel reports have their merits (not only for their historic photographs taken of now forgotten or delapitaded temples and shrines).

Chinese books are not listed here. *That body of literature on holy mountains would fill whole cabinets.* Chinese secondary literature, by contrast, especially in regard to pilgrimage, distribution of monasteries etc. is rather scarce. Institutions that did undertake such kind of work in the Republican Period (1911-1949) had to cope with such hazards as paper shortage, inflation of paper money, unsafe roads (anti-japanese war!) etc. Besides, socio-religious studies are usually not on the academic agenda when a country is split into so many fragmentary political powers as China was in the pre-1949 years. There was nothing much on the subject *after* 1949, though, either.

The objective of compiling this bibliography is, of course, to demonstrate that quite a bit of work has been done on China's main religious centers so far already. One should not think that China is only the sinologist's (sacred) territory. This list of books in western languages given below is as complete and thorough as possible (exceeding Thompson's bibliography, for that matter) and it should facilitate, I hope, the non-specialist's approach to the region *and* to the religion.

General remarks:

a) The main objects of the titles listed below are mountains, monasteries and specific regional surveys. Not included are books on pagodas, stupas or other specific parts of monasteries and temples.*

b) Excluded are the works on the cave-temples of Dunhuang (former chinese Turkestan), Yungang and Longmen. They can also be found in Thompson's bibliography and are not of immediate relevance to our topic.

c) Included, though, are the two very important articles by W.A. Grootaers, whose method of fieldwork can serve as a model for such kind of investigations in China.

d) The bibliography is in alphabetical order according to the author's name.

AIJMER, G.: The Dragon Boat Festivals in the Hunan and Hupeh Plains, Central China: a study in the ceremonialism of the transplantation of rice; Stockholm 1964, 135p.

BAKER, D. C.: Tai Shan - An Account of the sacred eastern peak of China; Shanghai 1925 (repr. Taibei, Taiwan 1971); 225p.

BOERSCHMANN, E.: Gedächtnistempel Tzé Táng; Baukunst und religiöse Kultur der Chinesen, II; Berlin 1914, 307p.

BOERSCHMANN, E.: P'u T'o Shan - Die Heilige Insel der Kuan Yin, der Göttin der Barmherzigkeit; Baukunst und religiöse Kultur der Chinesen, I; Berlin 1911, 222p.

BOURNE, F.S.A. : The Lo-Fou Mountains: an excursion; Hongkong 1895, 48p.

BROWN, F. R.: Religion in Tientsin; Shanghai 1908, 62p.

CARROLL, O.: The Religious Implications of the Choukoutien Lower Cave; Berkley, California 1980 or slightly later.

CHAYET, A.: The Temples of Jehol et leurs modeles Tibetains. Paris 1985, 206p.

CHAVANNES, E.: Le T'ai Shan. essai de monographie d'un culte chinois; Paris 1910, 591p.(Annales du Musée Guimet, 21)

COMBER, L.: Chinese Temples in Singapore; Singapore 1958, 110p.

COOPER, R.F. : Welcome to Hongkong Temples; Hongkong 1977, 95p.

CULBERTSON, M. S.: Darkness in the Flowery Land: or religious notions and popular superstitions in north China; New York 1857, 235p.

DELAHAYE, H.: Les peintures chinois de paysage en Chine - aspects religieux; Publications de l'Ecole Francaise d'Extreme Orient, Vol. CXXIX, Paris 1981, 139p.

EBERHARD, W., and MORRISON, H.: Hua Shan: The Sacred Mountain in West China. Its Scenery, Monasteries and Monks; Hongkong 1973, XXV + 135p.

FISCHER, E.S. : The Sacred Wu Tai Shan; Shanghai 1925, 37p.

FORSYTH, R. C. : Shandong, the Sacred Province of China; Shanghai 1912

FREY, H.-N.: Les Temples Egyptiens primitifs identifiés avec les temples actuels chinois; Paris 1909

GEIL, W. E. : The Sacred 5 of China; London 1926, 355p.

GOODRICH, A.S.: The Peking Temple of the Western Peak (Dong-yue Miao); Monumenta Serica Monograph No. XV, Nagoya, Japan, 1964, 326p.

GOODRICH, A. S. : The Peking Temple of Eighteen Hells and Chinese conceptions of Hells; Monumenta Serica Monograph (No.?), 1981, 167p.

GRAHAM, D.C.: Religion in Szechwan Province; Washington, DC., 1928, 83p.

GRAHAM, D.C.: Folk Religion in Southwest China; Washington, DC., 1961; 246p. Smithsonian Miscellaneous Collection 142, No.2.

GROOTAERS, W.A. (with the collaboration of Li Shiyu and Zhang Jiwen): Temples and History of Wanch'üan - The Geographical Method applied to Folklore; Monumenta Serica 13, 1948, p. 209-316.

GROOTAERS, W.A. : Rural temples around Hsüan Hua; their iconography and their history; Folklore Studies Vol.10, 1951, p. 1-116.

GRÜNWEDEL, A.: Altbuddhistische Kultstätten in chinesisch Turkestan; Berlin 1912, 370p.

HART, V.C.: Western China. A Journey to the great buddhist center of Mt. Omei; Boston 1888, 306p.

HEDIN, S.: The Chinese Lama Temple, Potala of Jehol; Chicago 1932 (Century of Progress Exposition), 64 S.

HILDEBRANDT, H. : Der Tempel Ta-chüeh sy bei Peking; Vereinigung Berliner Architekten (Hrsg.), Berlin: 1897

HSÜ, F. L. K.: Magic and Science in Western Yunnan; New York 1943, 53p.

HUBBARD, G.E.: The Temples of the Western Hills; Peking and Tianjin 1923, 76p.

KALFF, P.L. : Der Totenkult in Südschantung - ein Beitrag zur Volkskunde des Landes; Yenchoufu (China) 1932, 109p.

KÖRNER, B.: Die religiöse Welt der Bäuerin in Nordchina Reports from the Scientific Expedition to the North-Western Provinces of China under the leadership of Dr. Sven Hedin, Publication 43, VIII Ethnography 8, Stockholm 1959.

KUPFER, C.F. : Sacred Places in China; Western Methodist Press, Cincinnati, Ohio, 1911, 111p.

LESSING, F.: Yung-Ho-Kung - An Iconography of the lamaist cathedral in Peking - with notes on lamaist mythology and cult; Reports from the scientific expedition to the northwestern Provinces in China under the leadership of Dr. Sven Hedin (The Sino-swedish Expedition), Publication 18, VIII Ethnography 1, Vol.1; Stockholm 1942, XX +179p.+ XXXII plates.

MELCHERS, B.: Der Tempelbau - Die Lochan vom Ling-yän-si; Geist, Kunst und Leben Asiens Bd. 5 (China II), Hagen 1921, 46 S. + 119 Ill. + 18 Tempelgrundrisse

MOIDREY, J. de: Carte des préfectures de Chine et leur population chretienne en 1911; Shanghai, Imprimerie de la Mission Catholique (Varietés sinologiques no. 35), 1913, 16p. and map.

MULLIKAN, M.A. and HOTCHKIS, A.M. : The Nine Sacred Mountains of China (a pilgrimage of 1935-36); Hongkong 1973, XX + 156p.

PHELPS, D. L.: Mount Omei - Illustrated Guide (translated from the chinese); Hongkong 1947, reprinted from the 1936 edition (stitchbound), 354p., num. ill.

PRIP-MOLLER, J.: Chinese Buddhist Monasteries - their plan and its function as a setting for buddhist monastic life; 1st ed. Copenhagen 1937; 3rd impression Hongkong 1982, 396p., num. ill. and plans.

REITER, F.: Der "Bericht über den Berg Lu" - Lu Shan Chi von Chen Shunyu; ein historischer Beitrag aus der Sung-Zeit zum Kulturraum des Lu Shan (Mt. Lu), Dissertation, München 1977, 290p.

RONDOT, N.: Excursion a l'Ile de Pou Tou (province de Tsche-kiang) 7 et 8 octobre, 1845; Reims 1846, 40p.

SAVIDGE, J.: This is Hongkong: Temples; Hongkong Government Publication; Hongkong 1977, 122p.

SCHAFER, E.: Mao Shan in T'ang Times; Society for the Study of Chinese Religions, Monograph Nr. 1, Boulder (Colorado), 1980, 72p.

SEIWERT, H.: Volksreligion und nationale Tradition in Taiwan. Studien zur regionalen Religionsgeschichte einer chinesischen Provinz; Münchner Ostasiatische Studien Nr. 38, Wiesbaden 1985, 284p.

SHRYOCK, J.K.: The Temples of Anking and their Cults - A Study of modern chinese Religion; Paris 1931 (repr.: New York 1973), 203p.

SOYMIE, M.: Le Lo-Feou Chan - Etude de Geographie Religieuse; Bulletin de L'Ecole Francaise d'Extreme Orient, Vol. XLVIII, Fasc. 1, Paris 1956, 139p.

STEIN, R.A.: Le Monde en Petit - Jardins en miniature et habitations dans la pensée religieuse d'Extreme

Orient; Collections Idées et Récherches, Flammarion; Paris 1987, 345p.

STEINKE, M. (Pseud.: Tao Chün) : Buddha and China : Tsi-Hia Shan; Potsdam 1940, 30p.

STENZ, G.M.: Beiträge zur Volkskunde Süd Shantungs; (Veröffentlichungen des Museums für Völkerkunde zu Leipzig, Heft 1) Leipzig 1907; 116p.

STONE, A.H. and REED, J.H.: Historic Lu Shan - The Kuling Mountains; Hankow (China) 1921, 106p.

STRICKMANN, M.: Le Taoisme du Mao Chan - Chronique d`une revelation; Memoires de l`Institut des Hautes Etudes Chinoises, Vol. XVII, Paris 1981, 282p.

SULLIVAN, M.: The Cave-Temples of Maichi Shan - with an account of the 1958 expedition to Mt. Maichi by A. de Silva; London 1969, 172p.

TSCHEPE, A.: Der Tai Shan und seine Kultstätten ; Jentschoufu 1906, 124p.

WILHELM, R.: Der Laushan - nach chinesischen Quellen (bearbeitet und übersetzt); Tsingtau 1913, 45 S.

WU, N.: Chinese and Indian Architecture : the city of man, the mountain of god and the realm of the immortals; New York 1963, 128p.

YANG HSÜAN-CHIH : A Record of Buddhist Monasteries in Loyang; Princeton 1984 or later; ca. 340p.

YANG, S.N.: Guide to the Chaocho Monastery; Chengdu 1936.

*   See LAURENCE, G.Th.: Chinese Religion in Western Languages. A comprehensive and classified bibliography of publications in english, french and german through 1980. Ass. for Asian Studies Monograph No. XLI, Tucson (Arizona) 1985, 302 p.

Bibliographie B

Eine kurze Bibliographie von Artikeln, die moderne Probleme der Religionsgeographie behandeln, oder sich speziell mit dem Thema "Berge" befassen.

DEAN, K.: Revival of Religious Practices: a case study; in: The Turning of the Tide, ed. by Julian Pas, Hongkong Branch of the Royal Asiatic Society, 1988 (forthcoming).

DEAN, K.: Two Daoist Jiao (Rituals) Observed in Zhangzhou (Fujian Province), Dec. 1985; in: Cahiers d`Extreme Asie Vol. 2, 1986 (Kyoto)

HAHN, Th. H. : On doing Fielddwork in Daoist Studies in the P. R. of China; in: Cahiers d`extreme Asie, Vol.2 (Kyoto) 1986

HAHN, Th. H. : New Developments concerning Daoist and Buddhist Monasteries; in: The Turning of the Tide, ed. by Julian Pas, Hongkong Branch of the Royal Asiatic Society, Hongkong 1988 (forthcoming).

HAHN, Th. H. : New Aspects of daoist-related mountain-cults; in: Cahiers d`extreme Asie Vol. 5, (Kyoto) 1989 (forthcoming)

HAHN, Th. H. : A few notes on religion in generell in the prefecture of Wenzhou (Zhejiang), with a more specific view towards the daoist activities in the area; unpublished manuscript, resulting from fieldwork done in the area during the month of May, 1987.

LAGERWEY, J. : Le Pelerinage Taoique en China, in: Les Pelerinages Non-Chretien, Paris 1987.

SCHIPPER, K. M. : Les Pelerinages en Chine: montagnes et pistes; in: Sources Orientales 3, Paris 1960.

SEIDEL, A. : Geleitbrief an die Unterwelt. Jenseitsvorstellungen in den Graburkunden der Späteren Han-Zeit; in: Festschrift für Hans Steininger, ed. by Gert Naundorf et.al., Würzburg 1985. (teilweise zur Rolle der Berge als Bestandteil des Entwurfs einer Unterwelt)

Angemerkt sei noch, daß im Januar 1989 eine Sinologische Tagung in Bodega Bay, Californien, stattfand, die sich speziell mit Pilgerstudien und der Religion/Umwelt - Frage auseinandersetzte. Die vorgetragenen Aufsätze werden in 1990 unter dem Titel "Pilgrims and Sacred Sites in China" erscheinen.

E. Anhang

1. Eichstätt-Tagungsprogramm und Teilnehmerliste

TAGUNGSPROGRAMM (Übersicht) / TIMETABLE OF THE SYMPOSIUM

Tagungsort/Conference rooms: Landratsamt Eichstätt, Residenzplatz 1, Großer und Kleiner Sitzungssaal

● Donnerstag/Thursday, 05.05.1988

8.45 - 12.30 h 14.00 - 19.30 h	**Plenarsitzung/Plenary Session:** Allgemeine Themen (Grundsätzlich-Methodisches, Historisches usw.)/ Fundamental-Methodical Themes (Deutsch/Englisch)

20.00 h	Gemütliches Beisammensein im Gasthof Krone, Domplatz 3 Informal Meeting at Gasthof Krone, Domplatz 3

● Freitag/Friday, 06.05.1988

8.00 - 12.45 h **Parallel-Sitzung/Parallel-Session:** "Umwelttheologie"/ Environment/Religion-Relationship (Deutsch/Englisch)	8.45 - 12.45 h 14.00 - 18.45 h **Parallel-Sitzung/Parallel-Session:** Pilgerwesen/Pilgrimage (Englisch)
14.00 - 18.45 h **Parallel-Sitzung/Parallel-Session:** Religionswandel/ Change of Religions and Belief Systems (Deutsch/Englisch)	

19.00 h	Empfang im Spiegelsaal des Landratsamtes Reception in the Spiegelsaal of the Landratsamt

● Samstag/Saturday, 07.05.1988

8.30 - 11.45 h	8.30 - 11.45 h
Parallel-Sitzung/Parallel-Session:	**Parallel-Sitzung/Parallel-Session:**
Religion und Siedlung/	Religiöse Minderheiten und Volksgruppen/
Religion and Settlement	Religious Minorities and Ethnic Groups
(Deutsch/Englisch)	(Englisch)

13.00 - 17.00 h	**Plenarsitzung/Plenary Session:**	
Berichterstattung der Sitzungsleiter		Report on sessions
Allgemeine Diskussion		general discussion
Projektvorstellungen		Project papers
	(Deutsch/Englisch)	

● Sonntag/Sunday, 08.05.1988

Tagungsort/Conference room: Ostenstrasse 18, Luftbildraum		
11.00 - 13.00 h	**Plenarsitzung/Plenary Session:**	Projekt-Vorstellungen/ Project Papers
	(Deutsch/Englisch)	

14.30 - 16.30 h	Stadtführung Eichstätt/Guided tour of Eichstätt

● Montag/Monday, 09.05.1988:   Exkursion/field trip: Kloster Weltenburg/Altmühltal

● Dienstag/Tuesday, 10.05.1988   Exkursion/field trip: Altötting/München

Hinweis/Announcement

Tagung/Conference: "Kultmusik und Umwelt"
Montag/Monday, 09.05.1988   10 - 17 h: Kath. Universität, KG I, 304

ALLGEMEINE THEMEN/FUNDAMENTAL THEMES

- Donnerstag/Thursday, 05.05.1988

Plenarsitzung/Plenary Session:	Allgemeine Themen (Grundsätzlich-Methodisches, Historisches usw.)/ Fundamental-Methodical Themes
Sitzungsort/Conference room:	Landratsamt, Residenzplatz 1, Großer Sitzungssaal (101)
Sitzungsleiter/Chair:	M. Büttner (Bochum), H. Kippenberg (Groningen) K. Rudolph (Marburg)
Konferenzsprache/Language:	Deutsch/Englisch German/English

8.45 h	Begrüßung/Welcoming Address
9.00 h	Büttner, M./Bochum: Zur Geschichte und zum gegenwärtigen Stand der Religion/Umwelt-Forschung. Versuch einer Standortbestimmung aus geographischer und wissenschaftshistorischer Sicht.
9.45 h	Rudolph, K./Marburg: Zur Geschichte und zum gegenwärtigen Stand der Religion/Umwelt-Forschung. Versuch einer Standortbestimmung aus religionswissenschaftlicher Sicht.
10.30 - 11.00 h	**Pause/Break**
11.00 h	Kippenberg, H./Groningen: Zur religionshistorischen Funktion von Rückzugsgebieten in Vorderasien.
11.45 h	Langhein, J./Heidelberg: Möglichkeiten der Systemtheorie (für ein Gleichgewicht zwischen Analyse und Synthese) in Geographie, Kultur- und Anthropowissenschaften.
12.30 - 14.00 h	**Mittagspause/Lunch break**

14.00 h	Seiwert, H./Hannover:	Religion und moderne Umwelt. Globale Perspektiven religiöser Innovation.
14.45 h	Pahnke, D./Bremen u. Usarski, F./Hannover:	Neue spirituelle Orientierungen als Reaktion auf die Bedingungen der Moderne.
15.30 h	Suzuki, H./Tokyo:	Natural environment, language and religion.
16.15 h	Zeller, D./Basel:	Zur Beziehung Religion/Umwelt unter besonderer Berücksichtigung einiger Aspekte des Islam.
17.00 - 17.15 h	**Pause/Break**	
17.15 h	Waschkies, H. J./Kiel:	Linnés ökologische Interpretation des Garten Edens und ihre Rezeption durch Kant.
18.00 h	Peuster-May, G./Köln:	Die Darstellung der Beziehungen zwischen geographischer Umwelt und Religion in schulbezogenen Erdkundebüchern des 18. und 19. Jahrhunderts.
18.45 h	Ahrens, Chr./Bochum:	Zur Religion/Umwelt-Forschung aus musikwissenschaftlicher Sicht.
ab 20.00 h	**Gemütliches Beisammensein im Gasthof Krone, Domplatz 3** **Informal meeting at Gasthof Krone, Domplatz 3**	

UMWELTTHEOLOGIE/THEOLOGY OF ENVIRONMENT

● Freitag/Friday, 06.05.1988

Parallel-Sitzung/Parallel-Session:	"Umwelttheologie"/ Theology of Environment
Sitzungsort/Conference room:	Landratsamt, Residenzplatz 1, Kleiner Sitzungssaal (204)
Sitzungsleitung/Chair:	H. G. Altner (Koblenz), E. Otto (Osnabrück), K. Fiedler (Heidelberg)
Konferenzsprache/Language:	Deutsch/Englisch German/English

8.00 h Altner, H. G./Koblenz: Der aktuelle Stand im Gespräch zwischen Theologie und Naturwissenschaft als Momentaufnahme einer jahrhundertelangen Konfliktgeschichte.

8.45 h Otto, E./Osnabrück: Geographische Faktoren in der Kulturgeschichte des Frühen Israels.

9.30 h Gill, R./Edinburgh: Religion and Environment: Theology as a social system.

10.15 - 10.30 h **Pause/Break**

10.30 h Pirouet, M. L./Cambridge: Traditional Religion and the Response to Christianity: Environment Considerations.

11.15 h Fiedler, K./Heidelberg: Die Bedeutung theologischer Konzepte der evangelikalen "Glaubensmissionen" für die konfessionelle, religiöse und wirtschaftliche Entwicklung West- und Zentral-Afrikas.

12.00 h Wenning, R./Münster: Maskierte Götter? - Anmerkungen zum Aufeinandertreffen von Ost und West am Beispiel der arabischen Nabatäler.

12.45 - 14.00 h **Mittagspause/Lunch break**

RELIGIONSWANDEL/CHANGE OF RELIGIONS

● Freitag/Friday, 06.05.1988

Parallel-Sitzung/Parallel-Session:	Religionswandel/ Change of Religions and Belief Systems
Sitzungsort/Conference room:	Landratsamt, Residenzplatz 1, Kleiner Sitzungssaal (204)
Sitzungsleitung/Chair:	Th. Ahrens (Hamburg), W. Kreisel (Aachen), P. Gerlitz (Bremen)
Konferenzsprache/Language:	Deutsch/Englisch German/English

14.00 h Feinberg, R./Kent, Ohio: Spatial Symbolism and the Logic of Rank in Polynesia.

14.45 h Kreisel, W./Aachen: Traditionelle Strukturen und westliche Wertvorstellungen im Pazifik (unter besonderer Berücksichtigung Polynesiens).

15.30 h Ahrens, Th./Hamburg: Religiös motivierter Protest und Anpassung. - Lo-bos Gemeinde und christliche Gemeinde in Astrolabe-Bay. Indigenes Christentum im Spiegel anthropologischer Literatur (Melanesien).

16.15 - 16.30 h **Pause/Break**

16.30 h Gerlitz, P./Bremen: Rückkehr zum Heidentum - Das Problem der Revitalisierung von Stammesreligionen - Dargestellt am Beispiel der christianisierten Batak.

17.15 h Janssen, H./Aachen: Der Story-Kult von Kaliai - Fallstudie und Analyse von Cargo-Kult-Bewegungen in Papua-Neuguinea.

18.00 h Warnecke, H./Rösrath: The unknown Christian cult of the snake on the island of Kephallenia/Greece.

19.00 h **Empfang und Begrüßung der Teilnehmer durch den Landrat des Kreises Eichstätt, Herrn Konrad Regler und den Präsidenten der Katholischen Universität Eichstätt, Herrn Prof. Dr. Nikolaus Lobkowicz, im Spiegelsaal des Landratsamtes.**

Reception of the participants of the symposium and welcoming addresses by the District Administrator of Eichstätt, Mr. Konrad Regler and the President of the Katholische Universität Eichstätt, Prof. Dr. Nikolaus Lobkowicz, in the Spiegelsaal of the Landratsamt

PILGERWESEN/PILGRIMAGE

● Freitag/Friday, 06.05.1988

Parallel-Sitzung/Parallel Session:	Pilgerwesen/Pilgrimage
Sitzungsort/Conference Room:	Landratsamt, Residenzplatz 1, Großer Sitzungssaal (101)
Sitzungsleitung/Chair:	S. M. Bhardwaj (Kent, Ohio), G. Rinschede (Eichstätt) A. Sievers (Vechta/Bonn)
Konferenzsprache/Language:	Englisch/English

8.45 h   Stoddard, R./Lincoln, Nebraska: Spatial and Environmental Relationship associated with Major Pilgrimage Places of the World.

9.30 h   Nolan, M. L./Corvallis, Oregon: Seasonal Patterns of Christian Pilgrimage.

10.15 - 10.30 h   **Pause/Break**

10.30 h   Hüttl, L./Köln: Historisch-theologische Interpretation des Themas: Marianische Wallfahrten im süddeutsch-österreichischen Raum vom 16. - 19. Jahrhundert.

11.15 h   Rinschede, G./Eichstätt: The Pilgrimage Center of Fátima/Portugal

12.00 h   Giuriati, P./Padova, Italien: The Pilgrimage Experience of Fátima.

12.45 - 14.00 h   **Mittagspause/Lunch break**

14.00 h	Sievers, A./Bonn: Remarks on research in the geography of religion and methods applied in (South) Asia.
14.15 h	Singh, R. P: B./Varanasi, Indien: Time and Hindu Rituals in Banares: A study of Sacrality and Cycles.
15.00 h	Bhardwaj, S. M./Kent, Ohio: Hinduism in the American Milieu. A Study of Hindu Temples and Pilgrimages in a Non-Hindu Environment.
15.30 h	Speidel, M./Aachen: Zahl und Landschaft. Formen der Wallfahrt in Japan. Geschichte und Bedeutung in der Gegenwart.
16.15 - 16.30 h	**Pause/Break**
16.30 h	Hahn, Th. H./Würzburg: Entstehung und Wandel des Wu Dang-Gebirges als kaiserlich-protektioniertes Kulturzentrum in den Epochen Ming bis Qing.
17.15 h	Jackson, R. A./Provo, Utah: Holy Places in the Mormon Culture.
19.00 h	**Empfang und Begrüßung der Teilnehmer durch den Landrat des Kreises Eichstätt, Herrn Konrad Regler und den Präsidenten der Katholischen Universität Eichstätt, Herrn Prof. Dr. Nikolaus Lobkowicz, im Spiegelsaal des Landratsamtes.**
	Reception of the participants of the symposium and welcoming addresses by the District Administrator of Eichstätt, Mr. Konrad Regler and the President of the Katholische Universität Eichstätt, Prof. Dr. Nikolaus Lobkowicz, in the Spiegelsaal of the Landratsamt

RELIGION UND SIEDLUNG/
RELIGION AND SETTLEMENT

● Samstag/Saturday, 07.05.1988

Parallel-Sitzung/Parallel Session: Religion und Siedlung/
Religion and Settlement

Sitzungsort/Conference room: Landratsamt, Residenzplatz 1,
Kleiner Sitzungssaal (204)

Sitzungsleitung/Chair: G. Henkel (Heidelberg), W. Leitner (Graz)

Konferenzsprache/Language: Deutsch/Englisch
German/English

8.30 h	Leitner, W./Graz:	Stadtgeographische Probleme aus religionsgeographischer Sicht.
9.15 h	Paul, G./Tübingen:	Vom protestantischen Bauerndorf zum anthropologischen Zentrum.
10.00 - 10.15 h	**Pause/Break**	
10.15 h	Henkel, R./Heidelberg:	Christliche Missionen als Faktoren der Raumgestaltung in Afrika - das Beispiel Zambia.
11.00 h	Schleßmann, L./Bonn:	Sufismus in Deutschland
11.45 - 13.00 h	**Mittagspause/Lunch break**	

MINDERHEITEN/MINORITIES

● Samstag/Saturday, 07.05.1988

Parallel-Sitzung/Parallel Session: Religiöse Minderheiten und Volksgruppen/ Religious Minorities and Ethnic Groups

Sitzungsort/Conference Room: Landratsamt, Residenzplatz 1, Großer Sitzungssaal (101)

Sitzungsleitung/Chair: R. Hartmann (Boulder, Colorado), C. Prorok (Slippery Rock, Pennsylvania)

Konferenzsprache/Language: Englisch/English

8.30 h   Soffer, A./Haifa: Islamic and Jewish Fundamentalism in Israel: Reasons, Process, Results.

9.15 h   Hartmann, R./Boulder, Colorado: Religion and Church Membership as an enduring Field of Identification among German Americans. - The field of Identification Concept and its Usefulness in the Geography of Belief Systems.

10.00 - 10.15 h   **Pause/Break**

10.15 h   Vossen, J./Aachen: A Religious Minority in the American Society. The Old Order Amish in Pennsylvania/USA.

11.00 h   Prorok, C./Slippery Rock, Pennsylvania: Religion, Landscape and Ethnic Identity: The Case of East Indians and their Places of Worship in Trinidad.

11.45 - 13.00 h   **Mittagspause/Lunch break**

Plenarsitzung/Plenary Session: Berichterstattung der Sitzungsleiter: Allgemeine Diskussion, Projektvorstellungen/

13.00 - 18.00 h   Report on sessions, general discussion, Project papers

Sitzungsort/Conference Room: Landratsamt, Residenzplatz 1, Großer Sitzungssaal (101)

Sitzungsleitung/Chair: M. Büttner (Bochum), G. Rinschede (Eichstätt), K. Rudolph (Marburg)

Teilnehmer/Participants

Ahrens, Christian	Prof. Dr.	Musikwissenschaftliches Institut, Ruhr-Universität	Postfach 10 21 48, 4630 Bochum 1
Ahrens, Theodor	Prof. Dr.	Ökumenisches Seminar, Universität Hamburg	Sedanstr. 19, 2000 Hamburg 13
Allison, Kirk		Fulbright Stipendiat, Universität München	Helene-Mayer-Ring 7, 8000 München 40
Altner, Günter	Prof. Dr.Dr.	Öko.-Institut, EWH-Koblenz	Weinbrennerstr. 61, 6900 Heidelberg
Beyer, Lioba	Prof. Dr.	Institut für Didaktik der Geographie, Univ. Münster	Robert-Koch-Str. 26, 4400 Münster
Bhardwaj, Surinder M.	Prof., Ph.D.	Department of Geography, Kent State University	436, McGilvrey Hall, Kent, Ohio 44242
Blümel, Christian		Westfälische Schule für Musik der Stadt Münster	Himmelreichallee 50, 4400 Münster
Bochinger, Christoph	Mag.theol.		Nordendstr. 43 a, 8000 München 40
Breitbach, Thomas	AR	Fachgebiet Geographie, Kath. Universität Eichstätt	Ostenstr. 26, 8078 Eichstätt
Büttner, Manfred	Prof.DDDr.	Geographisches Institut, Universität Bochum	Kiefernweg 40, 4630 Bochum
Feinberg, Richard	Prof. Dr.	Dept. of Sociology and Anthrop., Kent State University	Kent, Ohio 44242, USA
Fiedler, Klaus	Dr., Habilit.	Universität Heidelberg	Virchowstr. 15, 4030 Ratingen
Fleischmann, Ingeborg	Dokt. Geogr.	Universität Bonn	Poppelsdorfer Allee 50, 5300 Bonn
Flüchter, Winfried	PD Dr.	Fach Geographie, Universität Duisburg	Schadowstr. 15, 4630 Bochum
Gerlitz, Peter	PD Dr.Dr.	Bremische Ev. Kirche, Universität Bremen	Bgm.-M.-Donandt-Platz 7, 2850 Bremerhaven
Gill, Robin	Dr.	Faculty of Divinity, New College, Univ. of Edinburgh	The Mound, Edinburgh EH1 2LX
Giuriati, Paolo	Prof. Dr.	Centro Ricerche Socio-Religiose (C.R.S.R.)	Via del Seminario, 29, I-35122 Padova
Green, Friedemann		Seminar für Praktische Theologie, Univ. Hamburg	Sedanstr. 19, 2000 Hamburg 13
Grötzbach, Erwin	Prof. Dr.	Fachgebiet Geographie, Kath. Universität Eichstätt	Ostenstr. 26, 8078 Eichstätt
Grünberg, Wolfgang	Prof. Dr.	Seminar für Praktische Theologie, Univ. Hamburg	Sedanstr. 19, 2000 Hamburg 13

Hagenbüchle, Roland	Prof. Dr.	Lehrstuhl für Amerikanistik, Kath. Univ. Eichstätt	Ostenstr. 26, 8078 Eichstätt
Hahn, Thomas	M.A., Dokt.	Universität Würzburg	Ludwigstr. 156, 6050 Offenbach/Main
Hartmann, Rudi	Visit.Ass.Prof.	Dept. of Geography, University of Colorado, Boulder	Boulder, Colorado 80309, USA
Hassel, Georg			Barbarossa Ring 7, 6500 Mainz
Henkel, Reinhard	Prof. Dr.	Geographisches Institut, Universität Heidelberg	Im Neuenheimer Feld 348, 6900 Heidelberg
Hübner, Jürgen	Prof. Dr.	Forschungsstätte der EvStG, Universität Heidelberg	Schmeilweg 5, 6900 Heidelberg
Hüttl, Ludwig	Prof. Dr.	Interdiszipl. Institut für Religionsgeschichte e.V.	Ludwig-Thoma-Str. 6, 8223 Trostberg
Jackson, Richard	Prof. Dr.	Department of Geography, Brigham Young University	690 SWKT, Provo, Utah 84602, USA
Janssen, Hermann	Dr.	Missionswiss. Institut Missio e. V.	Bergdriesch 27, PF 11 10, 5100 Aachen
Kippenberg, Hans	Prof. Dr.	Institute for Religious Iconography	Nieuwe Kijk in't Jatstraat 104, NL-9712 SL Groningen
Kreisel, Werner	Prof. Dr.	Geographisches Institut, RWTH Aachen	Templergraben 55, 5100 Aachen
Kremers, Helmut	Dr.	Diesterweg-Verlag	Hochstr. 29 - 31, 6000 Frankfurt 1
Langhein, Joachim	Dr., Dipl.-Vw.	Online GmbH/APF, Heidelberg	Schönauer Abtweg 7, 6900 Heidelberg-Zh
Leitner, Wilhelm	Univ.-Prof. Dr.	Institut für Geographie, Universität Graz	A-8010 Graz
Meister, Mansueta	Dr., Diöz.-Ref.	Amt für Missionsarbeit der Diözese Eichstätt	Luitpoldstr. 2, II, 8078 Eichstätt
Neddens, Martin C.	Dr.		Dambachtal 50, 6200 Wiesbaden
Nethöfel, Wolfgang	PD Dr.	Inst. f. Syst. Theologie u. Sozialethik, Universität	Leibnizstr. 4 I, 2300 Kiel
Nolan, Mary Lee	Prof. Dr.	Department of Geography, Oregon State University	Corvallis, Oregon 97331, USA
Oberdiek, Ulrich	M.S.L.S.	Universität Freiburg	Alemannenstr. 2, 7800 Freiburg
Ohler, Annemarie	Dr.	Seminar für Gemeindekatechetik, Freiburg	Im Dorf 46, 7801 Horben
Otto, Eckart	Prof. Dr.	Forschungsst. f. Hist. Palästinakunde, Univ. Osnabrück	Postfach 44 69, 4500 Osnabrück

Pahnke, Donate	freiber. Doz.		Schwachhauser Ring 136, 2800 Bremen
Paul, Gudrun	Dipl.-Geogr.		Nauklerstr. 21, 7400 Tübingen
Peuster-May, Gudrun	Doktorandin	Interdis. Inst. f. Religionsgeschichte e.V.	Klosterstr. 124 A, 5000 Köln 41
Pieper, Richard	AOR, Dr.	Inst. f. Sozialwissenschaften, TU München	Am Vogelberg 13, 8061 Arnbach
Pirouet, M. Louise	Dr., Lecturer	Homerton College	Cambridge CB2 2PH, Great Britain
Prorok, Carolyn	Prof., Ph.D.	Department of Geography, Slippery Rock University	Slippery Rock, Pa 16057-1326, USA
Rinschede, Gisbert	Prof. Dr.	Fachgebiet Geographie, Kath. Universität Eichstätt	Ostenstr. 26, 8078 Eichstätt
Rudolph, Kurt	Prof. Dr.Dr.	Fachgebiet Religionsgeschichte, Universität Marburg	Am Plan 3, 3550 Marburg
Schleßmann, Ludwig			Plittersdorfer Str. 50, 5300 Bonn 2
Seiwert, Hubert	Prof. Dr.	Lehrgebiet Religionswissenschaft, Univ. Hannover	Bismarckstr. 2, 3000 Hannover 1
Seybold, Michael	Prof. Dr.	Katholisch-Theol. Fakultät., Kath. Univ. Eichstätt	Ostenstr. 26, 8078 Eichstätt
Sievers, Angelika	Prof. Dr. em.	Geographie, Universität Osnabrück/Vechta	Römerstr. 118/3308, 5300 Bonn 1
Singh, Rana P. B.	Dr., Lecturer	Banares Hindu University	No. B 29/12 A Lanka, Varanasi 221005 UP India
Soffer, Arnon	Prof. Dr.	Faculty of Social Sciences, University of Haifa	Mount Carmel Haifa 31999, Israel
Speidel, Manfred	Prof.Dr.-Ing.	Institut für Kunstgeschichte, RWTH Aachen	Schinkelstr. 1, 5100 Aachen
Steinbach, Josef	Univ.-Prof. Dr.	Fachgebiet Geographie, Kath. Universität Eichstätt	Ostenstr. 26, 8078 Eichstätt
Stoddard, Robert H.	Prof., Ph.D.	Department of Geography, University of Nebraska	Lincoln, Ne 68588-0135, USA
Streeck, Klaus			oHo Speckter Str. 19 c, 2000 Hamburg 60
Ströhm, Wilfried	Doktorand		Bodewigstr. 8, 5420 Lahnstein
Suhl, Alfred	Prof. Dr.	Evangelisch-Theologische Fakultät, Univ. Münster	Im Mühlenfeld 20, 4400 Münster
Suzuki, Hideo	Prof. Dr.	Dept. of Geography, Fac. of Science, Univ. of Tokyo	7-3-1, Hongo, Bunkyo-Ku, Tokyo Japan, 113

Treude, Erhard	Prof. Dr.	Universität Bamberg, Geographisches Institut	Am Kranen 12, PF 15 49, 8600 Bamberg
Usarski, Frank	Dokt. Rw	Universität Hannover	Bgm.-Fink-Str. 15, 3000 Hannover
Ustorf, Werner	Dr.habil.	Wiss.-Theol. Seminar, Universität Heidelberg	Theodor-Frey-Str. 31, 6930 Eberbach
Vossen, Joachim	Doktorand	Geographisches Institut, RWTH Aachen	Laurentiusstr. 27, 5100 Aachen
Waschkies, Hans-Joach.	PD Dr.	Philosophisches Seminar, Universität Kiel	Niekoppel 4, 2300 Altenholz
Warnecke, Heinz	Dr.		Hauptstr. 282, 5064 Rösrath-Hoffnungsthal
Weiss, Ingeborg			Rosenstr. 35, 4000 Düsseldorf 30
Wenning, Robert	Dr.	Seminar für Biblische Zeitgeschichte, Univ. Münster	Pienersallee 34, 4400 Münster
Xinping, Zhuo	Dr., M.A.		Haus "FU", Ohmstr., 8000 München 40
Zeller, Dieter	lic.rer.pol.	Geographisches Institut, Universität Basel	Weiherhoferstr. 97, CH-4054 Basel
Krolzik, Udo	Dr. M.A.	Kirchen- und Dogmengesch. Sem., Univ. Hamburg	Sedanstr. 19, 2000 Hamburg

2. Hamburg Abstracts (ICHS 1989)
(Ausblick auf weitere Forschung)

Vorbemerkung

Auf den folgenden Seiten werden einige besonders instruktive Abstracts publiziert, die für den kommenden Wissenschaftshistoriker-Kongreß eingereicht wurden (August 1989 in Hamburg/München). Diese Abstracts geben einen gewissen Ausblick darauf, wie die Forschungen zur Geschichte der Geowissenschaften und Religion/Umwelt-Beziehung in nächster Zeit weitergehen.

Der Kongreß steht unter dem Generalthema "Wissenschaft und Staat". Es geht dabei um das Herausarbeiten der wechselseitigen Beziehungen zwischen staatlichen, kirchlichen Organisationen/Institutionen usw. (z.B. auch Missionsgesellschaften) und Wissenschaft; bei den hier zur Diskussion stehenden Sektionen um die Geowissenschaften (insbesondere die Geographie) und alle Disziplinen, die sich im weitesten Sinne mit der Religion/Umwelt-Forschung (Religionsgeographie) befassen.

Wie im Vorwort dieses Bandes bereits angesprochen, ist geplant, die besonders anregenden Referate (wiederum zusammen mit anderen Aufsätzen) in Band III (gegebenenfalls auch Band IV) dieser Reihe zu publizieren. Dabei werden die Referate zur <u>Geschichte der Geowissenschaften</u> in enge Beziehung zu denjenigen gestellt, die auf dem Göttinger Geographentag gehalten wurden und inzwischen publiziert sind in den "Abhandlungen und Quellen zur Geschichte der Geographie und Kosmologie" Band II. Die Referate zur <u>Religion/Umwelt-Forschung</u> knüpfen in der Hauptsache an Eichstätt an.

Die Abstracts sind in alphabetischer Reihenfolge nach Autorennamen geordnet.

BECK, Günther (Bundesrepublik Deutschland)

Tellurische Teleologie oder System der sittlichen Welt

Carl RITTERs Wissenschaft einer Verpflichtung des Menschen auf Staat und Vaterland

Eine Anleitung zum "rechten Sein und Tun", wie sie sich in RITTERs Schriften findet, zählt traditionell zum Geschäft einer "praktischen" Philosophie. Solcherart Weisheit führt ins Reich einer "sittlichen Welt", Deren "System" RITTER auf "natürliche" Weise begründen und durch "ernste" Wissenschaft darstellen will. Zur sittlichen Welt rechnet er Staat und Vaterland ("weil kein Volk ohne Staat und Vaterland gedacht werden kann"). Bei diesem Vorhaben, Staat und Vaterland als "natürliche" Erfordernisse eines in sich begründeten Systems der sittlichen Welt darzustellen, kann nicht der Wille zu einer vorurteilsfreien "allgemeinen" - und das heißt nach RITTER: "ohne Rücksicht auf einen speziellen Zweck" zu vollziehenden - Erdbeschreibung Pate gestanden haben. Was aber dann?

Es kann RITTER nicht entgangen sein, daß schon der Gedanke an Staat und Vaterland sich nicht zwanglos einstellt (und daß sich auch immer irgend jemand nachweisen läßt, der die Menschen darauf verpflichtet). Dennoch betrachtet er sie als etwas, was von Natur aus ist. Dieser Überzeugung entspricht sein Programm einer "Gesamt-Erdkunde", deren Aufgabe er darin sieht, der Bestimmung des Menschen auf den Grund zu kommen. RITTERs Standpunkt, daß die "wahre" Bestimmung des Menschen (als eines sittlichen) und die "äußeren" Verhältnisse auf der Erde von Anfang an in Einklang stehen, ist der spezifische Inhalt seiner "tellurischen Teleologie". Von einer auf platten Geodeterminismus gegründeten Apologetik des Bestehenden hält er sich durchaus fern, indem er seine Auffassung bekundet, daß das Menschengeschlecht geistig-ethischen und nicht - wie die Erdnatur - physisch-kosmischen Gesetzen folge. Das ethische Moment, die "Freiheit" des Menschen, besteht nach RITTER darin, in der Anschauung an einem übergeordneten Maß und Gesetz den eigentümlich vorgegebenen Entwicklungsgang der Völker mit Bewußtsein zu vollziehen. Daß eine so verstandene "Freiheit" dem Menschen konkrete Tugenden abverlangen muß, die gerade dasjenige konstituieren, was RITTER abstrakt abzuleiten versucht, ist - auch wenn es dabei nicht ohne methodologische Tricks abgehen kann (deren Grundlage der ontologische Zirkel ist) - ein wesentlicher Ertrag seiner Wissenschaft.

BECK, Hartmut (Bundesrepublik Deutschland)

Erforschung, Nutzung und Veränderung von Umweltbedingungen durch Mission (Herrnhuter Brüdergemeine)

I. ERFORSCHUNG gegebener Umweltbedingungen (im weitesten Sinn des Wortes) durch die im Selbstverständnis von Kirche über ihre eigenen Grenzen hinaustendierende Bewegung als Motivation und notwendige geographische Komponente. Herrnhuter Handwerkermissionaren folgten qualifizierte Mitarbeiter, die nicht nur Interesse an Forschungsprojekten hatten, sondern die auch in Expeditionen einbezogen wurden (J. BRODBECK mit Frhr. A.E. von NORDENSKIÖLD, J.A. MIERTSCHING bei McCLURE-FRANKLIN-Suchexpedition u.a.m.). Ergebnisse nach außen hin: Anerkannte wissenschaftliche Arbeit und Publikationen (S. KLEINSCHMIDT: Grönland, H.E. JÄSCHKE und A.H. FRANCKE: West-Tibet, Himalaya u.a.m.). Nach innen: Perspektiven von Gemeindeleben und Mitgliedschaft, hoher Stand seminaristischer Ausbildung (Seminar Barby/Missionsschule) und lokaler Schulen (Ortsschule Herrnhut) im Heimatbereich. Besonderheiten der Herrnhuter Brüdergemeine und ihrer Struktur bewirkten Profilierungen gegenüber dem, was sonst in Kirchen und Missionen gängig war.

II. NUTZUNG. Bei den für christliche Mission gegebenen inhaltlichen Motivationen mußte es für die angestrebten Zielsetzungen zunächst um Erforschung, Beschreibung und Analyse gegebener Umweltbedingungen (traditionelle Religion und Gesellschaftsstruktur) gehen (T. BACHMANN über Glaube und Leben der Wanyiha, E. KRETSCHMER-KOOTZ über die Safwa u.a.m.) und um deren Gebrauch. Als Ausgangspunkt für weitere Arbeit mußten diese zuerst hingenommen werden, soweit mit Grundprinzipien überhaupt kompatibel (Gesellschaftsordnung, Kolonialsystem, Wirtschaftsstrukturen u.a.m.). Beobachtungen und Bewertungen schlugen sich in vielen Briefen, Berichten und auch in wissenschaftlichen Monographien nieder. Diesbezügliche Erkenntnisse waren auszuwerten und Folgerungen zu ziehen, auch wenn Umweltbedingungen wie gegeben zunächst unberührt blieben, solange die Mitteilung neuer Wertvorstellungen überwiegend auf individueller Ebene erfolgte.

III. VERÄNDERUNG. Politische, soziologische, ethnologische und wirtschaftliche Voraussetzungen und Umweltbedingungen konnten, wo Änderungen wünschenswert schienen, nicht programmatisch frontal angegangen werden. Von der zentral religiösen Botschaft her mit neuer theologischer Anthropologie brach sich ein neues Menschenverständnis Bahn (Menschenwürde, Menschenrechte, Freiheit, Gerechtigkeit) für eine spätere, jetzt gegenwärtige Zeit. Unterschiedliche politische, gesellschaftliche und historische - und auch geographische - Bedingungen mit verschiedenen Entwicklungen, die auch die traditionellen Religionen nicht unberührt ließen, ergaben auch verschiedene Abläufe von Ereignissen und Tendenzen (Grönland - Nicaragua - Surinam - Ostafrika - Südafrika) bis hinein in aktuelle Fragestellungen der Gegenwart.

Das weite Netz Herrnhuter Arbeit mit dynamischen und organischen Wandlungen in Vollzug und Zeit erlaubt und bedingt Parallelen und Bezüge weltweit und zeithorizontal bei gegebener lokaler Einbindung, resultierend aus konkret angewandtem Evangeliumsverständnis.

Weitere Konkretionen und Einzelheiten im Vortragstext selbst. Vgl. Buchveröffentlichung H. BECK: Brüder in vielen Völkern. Erlangen 1981, 583 S.

BÜTTNER, Manfred (Bundesrepublik Deutschland)

Grundsätzliches zur Geschichte der Religion/Umwelt-Forschung (Religionsgeographie) seit 1800

Religionsgeographie von wem, für wen, nach welcher Methode? Wenn man diese drei Fragen an die neuere Religionsgeographie (seit der Aufklärung), insbesondere an den Begründer unseres "Faches", Gottlieb Heinrich KASCHE, richtet, so ergeben sich folgende Antworten:

1. Das Forschungsmaterial wird von Geographen zusammengetragen und von Pfarrern und Lehrern, die im Dienste der evangelischen Kirche stehen, physikotheologisch aufbereitet.

2. "Adressaten" sind: Gemeinde (Predigt) und Schüler (Religionsunterricht).

3. Feldforschung wird empirisch betrieben. In einem zweiten Schritt bereitet man dann dieses "Material" für die Verkündigung oder Lehre im Rahmen der sogenannten teleologischen Überhöhung physikotheologisch auf.

In meinem Referat werde ich <u>erstens</u> ausführen, was im einzelnen unter dem hier Angedeuteten zu verstehen ist (Teleologische Überhöhung usw.). <u>Zweitens</u> soll überblickartig dargelegt werden, welche Wandlungen sich seit der Aufklärung vollzogen haben. (Man kann von Paradigmenwechseln sprechen.) Es geht dabei um Wandlungen in einem "Fach", das es als eigenständige Disziplin gar nicht gibt und nie gegeben hat. Religionsgeographie bzw. Religion/Umwelt-Forschung wurde und wird im Überschneidungsgebiet zwischen Geographie, Philosophie, Theologie (Physikotheologie) und seit dem 20. Jahrhundert auch zunehmend von der Religionswissenschaft (großenteils nach je facheigenen Methoden) betrieben. Je nachdem, welche <u>Fachvertreter sich auf diesem Gebiet besonders engagierten</u> und welche Strömungen in den einzelnen Fächern herrschten, wurde die Religionsgeographie gewissermaßen "hin und hergerissen". Außerdem spielt(e) die jeweilige "Großwetterlage" (die politische, gesellschaftliche, wirtschaftliche, wissenschaftliche, gesamtgeistesgeschichtliche Situation usw.) eine wichtige Rolle.

Einige Andeutungen, die im Referat weiter ausgeführt werden: Für KASCHE (er war Hauptpastor in Lübeck) war es eine der wichtigsten Aufgaben der Religionsgeographie, auf empirischer Grundlage zu "beweisen", welche Religion die beste von allen ist. "Schulmänner" (z.B. A.H. FRANCKE) sahen die Hauptaufgabe der physikotheologischen Aufbereitung des geographischen Faktenmaterials darin, die Schüler im Glauben an Gott zu bestärken. Im 19. Jahrhundert dient die Religionsgeographie weithin dazu, die Religion(en) aus ihrer Umwelt heraus zu "erklären". Seit dem Zweiten Weltkrieg gilt das Hauptinteresse der religionsgeographisch arbeitenden Wissenschaftler (vorwiegend Geographen) religiösen Minderheiten. Mit dem Aufkommen der Sozialgeographie hat sich eine Interessenverlagerung zur Untersuchung der geographisch relevanten Aktivitäten des Religionskörpers (der Religionsgemeinschaft), seinen Strukturen usw. ergeben, was zu einer intensiven Annäherung an die Religionswissenschaft geführt hat.

Organisatorisches: Mitte der siebziger Jahre kam es zu einem weltweiten Zusammenschluß von Wissenschaftlern, die an der Religion/Umwelt-Forschung interessiert sind. Am Schluß meines Referates werde ich auf die Ziele dieser Arbeitsgruppe eingehen, sowie auf die neugegründete Gesellschaft zur Förderung der Religion/Umwelt-Forschung.

DAMMANN, Ernst (Bundesrepublik Deutschland)

Die Bedeutung der christlichen Mission für die Geschichte der Kulturwissenschaften

Die Geschichte des Christentums im Mittelalter, das, besonders durch die Klöster, die Kultur maßgebend beeinflußt hat, wird nicht berücksichtigt. Das Motiv der Mission in der Neuzeit war geistlich, den christlichen Glauben in der nichtchristlichen Welt auszubreiten. Missionare waren oft die ersten Fremden und vermittelten neue geographische Erkenntnisse (LIVINGSTONE, REBMANN). Ihr Beruf zwang sie, sich gründlich in die Sprachen ihres Gebietes einzuarbeiten (COLENSO, TAYLOR, WESTERMANN). Sie sammelten Texte, analysierten die Sprachen, fixierten die Grammatik (SACLEUX, DOKE, ENDEMANN). Ihre Sprachkenntnisse befähigten sie, gesammelte Texte zu übersetzen und zu interpretieren (KOOTZ-KRETSCHMER, ITTMANN, HOFFMANN-KRATZENSTEIN). Dabei drangen manche tief in das Leben der fremden Völker ein und vermittelten Kenntnisse über deren materiale und geistige Kultur (GUTMANN, VICEDOM, FRANCKE [Tibet]). Die missionarische Auseinandersetzung erforderte Kenntnis der fremden Religion. Obwohl dabei eine theologische Voraussetzung zu parteiischer Darstellung führen könnte, sind trotzdem manche objektive Darstellungen zu verzeichnen (ZIEGENBALG, WILHELM, SPIETH). Auch das Recht wurde in die Erforschung einbezogen (GUTMANN). Auch viele kleine und große Beiträge zur Geschichte fremder Stämme und Völker sind zu nennen (SPIETH). Auf Grund der Fülle des gesammelten Materials war es dann anderen Gelehrten möglich, zusammenfassende Werke z.B. über das Recht, die Dichtung, die Religion oder das Denken der betreffenden Völker zu schreiben (W. WUNDT, W. SCHMIDT).

Der Wunsch der Missionare, den Christen zum Lesen von religiöser Literatur zu verhelfen, ließ sie Schulen errichten. Dies war der Beginn einer Schriftkultur. Die Übersetzung der Bibel bildet den Anfang einer Literatur, die bereichernd oder ergänzend zur Volksdichtung tritt. Geschichtliche Überlieferungen werden schriftlich fixiert. Das durch die Mission gebrachte Christentum zeitigt weitere Folgen: In jeder christlichen Missionsschule werden die Formen des in anderen Religionen weitverbreiteten zyklischen Denkens durch das unverzichtbare lineare Denken ersetzt. Ohne dieses kann eine moderne Gesellschaft nicht aufgebaut werden. Hinzukommt das Verständnis von Geschichte. Das Christentum setzt an Stelle von Sage, Mythos oder Spekulation eine Heilsgeschichte, welche auch die Bildung profanen Geschichtsbewußtseins begünstigt. Da die Mission von dem Erwachsenen bei seinem Übertritt zum Christentum eine persönliche Entscheidung wünscht, wird der Mensch zu einem unverwechselbaren Individuum, das dem Gruppenkollektiv gegenüber ein Wesen sui generis geworden ist. Durch die Mission entsteht ein neuer Sozialkörper in der Form einer Gemeinde oder Kirche. Diese tritt oft an die Stelle der alten urtümlichen Bindungen, die weithin zerbrochen sind.

Die Mission hat in kulturgeschichtlicher Beziehung eine doppelte Bedeutung. Zum einen hat sie für die Kenntnis fremder Länder und Kulturen eine Fülle von Material geliefert und interpretiert. Durch ihr Wirken hat sie sodann vielfach eine Zäsur geschaffen und eine neue Kulturepoche eingeleitet. Dabei hat sie Menschen anderer Kulturen bereichert und ihnen zu einer Selbstfindung und zur Gewinnung einer mit unserer Zeit konkordanten Identität verholfen.

EISELEN, Tobias (Bundesrepublik Deutschland)

Der Missionar und die "'Civilisierten' Schwarzen Herren".
J.A. SPIETH (1856-1914) als Überträger westlicher Normen

Jakob Andreas SPIETH war Missionar der Norddeutschen Missionsgesellschaft (NMG) in Bremen, die in engem Verbund mit dem Bremer Handelshaus Vietor arbeitete. Wie viele andere Missionare entstammte er kleinbürgerlich-bäuerlichen Verhältnissen. Nach mehrjähriger Ausbildung wurde er im Juni 1880 zum ersten Mal nach Afrika (englische Goldküste/Deutsch-Togo) gesandt. Hier traf er auf eine entwickelte Missionsstruktur, da die NMG schon lange präsent war. Früh begann er mit der Aufzeichnung seiner Beobachtungen, auf die seine ethnologische Sammlung über "Die Ewestämme, Material zur Kunde des Ewe-Volkes in Deutsch-Togo", Berlin 1906, zurückgeht. Dieses sehr umfangreiche Dokument afrikanischer Kultur ist bis heute eine wichtige Quelle ethnologischer Forschung. Seit 1887 war SPIETH im Amt des Generalpräses der höchste Repräsentant der NMG in deren Arbeitsgebiet, das seit dem Helgoland-Sansibar-Vertrag 1890 etwa zur Hälfte unter deutscher Herrschaft war. In dieser Funktion unternahm er Visitationen der Bremer Stationen, worüber er Berichte an den Vorstand der Missionsgesellschaft nach Bremen sandte.

Es fragt sich, was SPIETH in den afrikanischen Kontext übertrug.

In seinen Visitationsberichten zeigt sich, daß seine Ideale von Ordnung, Sauberkeit, Arbeit und bestimmten Rollenvorstellungen seiner eigenen Sozialisation entstammten. Was für SPIETH eine Rekapitulation württembergisch dörflicher Idylle und angepaßter Sozialtradition gewesen sein mag, erhielt in Afrika eine ganz andere Bedeutung. Das Evangelium, das sich nach SPIETHs Anweisung "eigentümlich" entfalten sollte, entpuppte sich streckenweise als moralisierende sozialambitiöse Gesinnung, wie sie aus dem deutschen Kleinbürgertum nicht unbekannt ist. SPIETH verkannte, daß er nicht das "reine" Evangelium brachte, sondern nur _seine_ Interpretation, und er erlag dem Irrtum, seine eigenen Vorstellungen mit christlichen Werten zu verwechseln. Mit seinem Transfer leistete er einen Beitrag zur Erschließung fremder Gesellschaft für den kolonialstaatlichen Zugriff.

FLIEDNER, Dietrich (Bundesrepublik Deutschland)

Zur Entwicklung des Raumverständnisses in der Anthropogeograhie seit HETTNER

Die Anthropogeographie hat sich seit HETTNER in bemerkenswerter Weise entwickelt; der Untersuchungsgegenstand verlagerte sich schrittweise von den "Erdräumen" oder "Ländern" auf die diese gestaltenden Prozesse. Die wichtigsten Stadien (etwa):

30er bis 60er Jahre: Erforschung funktionaler Verknüpfungen; Landschaftstypologie, Anfänge der "Sozialgeographie" (soziale Gruppen)

50er bis 80er Jahre (?): Innovationsforschung, Geosystemforschung (Informations- und Energiefluß, Fließgleichgewicht); Etablierung quantitativer Methoden

70er und folgende Jahre: Zeitgeographie, Verhaltens-, Handlungs- und Konfliktforschung; Mikrogeographie.

Hieraus entwickelt sich nun eine Prozeßgeographie; die Kenntnis der Ordnung des Prozeßablaufs führt zum Verständnis der Selbstorganisation der Gesellschaft.

Es wird in dieser Entwicklung eine Änderung des Raumverständnisses erkennbar; der "absolute" Raum, d.h. der "Raum als Behälter", und die von ihm unabhängige Zeit, wie sie noch den Hettnerschen Darstellungen zugrunde lagen, wird vom "Raum als Ordnung" abgelöst; durch den Prozeß verschmelzen Raum und Zeit zu einer Einheit:

Um zu einer tragfähigen, falsifizierbaren Theorie zu gelangen, ist - aufbauend auf den Ergebnissen der empirischen Forschung - die Anwendung quantitativer Methoden unumgänglich, die Entwicklung mathematischer Modelle, mit Hilfe derer sich die <u>Prozesse nachvollziehen lassen</u>. Hierbei kann man wichtige Anregungen von den Naturwissenschaften (z.B.

Populationsbiologie, Chaosforschung, Synergetik) erhalten. Der Gliederung der menschlichen Gesellschaft in Populationen (vgl. unten) fällt eine Schlüsselrolle zu; insbesondere sind

1. die strukturellen und prozessualen Verknüpfungen in einer Population und

2. ihre Bedeutung für den Aufbau der übergeordneten Systemverbände, letztlich für die menschliche Gesellschaft als Ganzes zu klären.

Zu 1.: Populationen lassen sich als <u>Nichtgleichgewichtssysteme</u> auffassen und - vereinfacht - durch ein Modell beschreiben. Dieses "Basissystem" besteht aus Elementen (den Individuen in ihren Rollen) und wird - als Bestandteil einer Hierarchie von Populationen - von Umwelten umgeben. Durch eine größere Zahl von einzelnen - meist nichtlinearen - Gleichungen können die Aufnahme, Verarbeitung und interne Verbreitung von Informationen und Energie, d.h. Adoption und Produktion (Selbstreferenz), Konsum und Reproduktion (Autopoiese) beschrieben wurden. Diese Vorgänge formieren sich jeweils zu siebengliedrigen Prozessen; in jedem Teilprozeß muß eine Aufgabe für die Population gelöst werden, sonst zerfällt das System. So werden dauerhafte Vernetzungen geschaffen, soziale Systeme in unserem Sinne.

Zu 2.: Populationen als <u>Nichtgleichgewichtssysteme</u> können sich nur dadurch erhalten, daß sie ihrerseits Aufgaben für die menschliche Gesellschaft als Ganzes erfüllen, im Rahmen eines ubiquitären Informations- und Energieflusses. Auch dies geschieht in Teilprozessen, die sich zu einem siebengliedrigen Prozeß zusammenfügen. Hier jedoch verteilen sich die Aufgaben auf von den Populationstypen gebildeten hierarchischen Ebenen; neben der Menschheit als Ganzes lassen sich Kulturpopulationen, Völker (in nichtdifferenzierten Gesellschaften Stämme), Stadt-Umland-Populationen (kleine Stämme), Gemeinden (Lokalgruppen), Organisate (Familien) und Individuen - in ihren Rollen - unterscheiden d. h. sieben übereinander angeordnete Niveaus. Die untergeordneten Populationen arbeiten den übergeordneten zu (Feedback).

Die sich selbst organisierenden <u>Nichtgleichgewichtssysteme</u> können als "relative" Räume betrachtet werden, bestehend aus geordneten Elementen und ausgestattet mit internen Zeiten, die sich in den Prozesses manifestieren.

FRITSCHER, Bernhard (Bundesrepublik Deutschland)

Vulkanismusstreit und französische Revolution.
Überlegungen zu einer zeitlichen Parallele

Obwohl der französische Naturhistoriker GIRAUD SOULAVIE den Bewohnern "basaltischer Gegenden" einen "aufrührerischen Charakter" zugeschrieben hatte, scheinen die Vulkane der Auvergne doch nicht die wesentliche Ursache der französischen Revolution gewesen zu sein. Auch wenn später K.C. v. LEONHARD die vulkanistische Theorie als Ausdruck des "freiern Denkens" seiner Zeit sah und sich der Neptunist J.A. WAGNER dadurch "unwillkürlich an die stehenden Redensarten unserer liberalen Journalistik" erinnert fühlte, sollte nicht sofort an einen Zusammenhang von Vulkanismusstreit und französischer Revolution gedacht werden.

Auffällig bleibt aber die zeitliche Parallele beider Ereignisse. Die Jahre 1789-1794, die Zeit der französischen Revolutionswirren, bezeichnen gleichzeitig die "heiße Phase" des Vulkanismusstreites. J.F. WIDENMANN,. J.C.W. VOIGT, J. HUTTON und R. KIRWAN waren die Protagonisten des Streites. Weitere Arbeiten zu dieser Auseinandersetzung erschienen im gleichen Zeitraum von W. HAMILTON, A.F. v. VELTHEIM, FAUJAS DE ST.-FOND, A.G. WERNER und anderen.

Es ist nun nicht meine Absicht, aus dieser "Gleichzeitigkeit" einen ursächlichen Zusammenhang von Vulkanismusstreit und französischer Revolution abzuleiten. Die zeitliche Parallele der beiden Ereignisse kann aber zum Anlaß genommen werden - angeregt nicht zuletzt auch durch das Oberthema unseres Kongresses - über einige strukturelle Gemeinsamkeiten und auch über mögliche gemeinsame ideengeschichtliche Wurzeln des Vulkanismusstreites und der französischen Revolution nachzudenken.

HAHN, Thomas H. (Bundesrepublik Deutschland)

Religionsgeographische oder verwandte Forschung und deren institutioneller Hintergrund in China von 1900 bis 1949

Das Thema nimmt sich der Anfänge religionsgeographisch-relevanter Studien in der damaligen Republik China an. Bezeichnenderweise war die Initiierung solcherart Studien durch westliche Forscher gegeben, wobei diese wiederum von den in China vertretenen Institutionen unterstützt wurden.

Beispiel 1:

Der Holländer GROOTAERS (promovierter Ethnologe) unternimmt drei Forschungsreisen im Norden Chinas (1946/47), davon zwei in Begleitung hochangesehener chinesischer Gelehrter. Die chinesische "Ableger"-Institution der Harvard-Universität finanziert die Reisen. Deren Forschungsinhalte können auch heute immer noch als richtungsweisend gelten, die Methodik allerdings müßte in ihrer analytischen Interpretationsform modifiziert werden. Ergebnisse der Forschung: nach einer generellen Erhebung aller Tempel in 106 Ortschaften des Kreises Datong wurden Klassifizierungen der Bauwerke sowie der diesen inhärenten Kulten vorgenommen. Ziel der Forschung war es, die Verbreitung und die geographisch-präsente Eigendynamik gewisser religiöser Bräuche zu orten, zu kartographieren und kulturhistorisch einzubinden.

Beispiel 2:

Das Institut für Geschichte und Sprachwissenschaften der berühmten Academica Sinica (Peking) unternimmt es im Jahre 1935, eine Kultstätte besonderer Art in einer Feldstudie zu untersuchen. Es dreht sich dabei um den Ort Fengdu, auch die "Geisterstadt" genannt. Allgemein ist Fengdu das chinesische Pendant zum griechischen Hades, der Unterwelt, des Reiches der Toten. Der Glaube an die Wirkung dieser Stätte war 1935 immerhin noch so stark, daß man eine über 40 Seiten lange Studie erstellte, die Pilgerstatistiken, eine tabellarische Auflistung der Schreine und Tempel etc. beinhaltet. Eine deskriptive Nachzeichnung der religiösen Gebräuche vor Ort schließt sich an. Zitiert werden Emil DURKHEIM u.a. westliche Quellen. Die Studie ist einzigartig, weil im Jahre 1949 der Kult unterbunden wurde, das gesamte Institut der Academica Sinica nach Taiwan emigrierte, nicht zuletzt weil die Zerstörung traditioneller Denkweisen auch die Zerstörung alter Bauwerke und Sakralstätten nach sich zog. Die Tempel von Fengdu sind heute wieder restauriert, das religiöse Brauchtum wird aber sehr stark repressiv kontrolliert. Besonders die topographische Anordnung, der kosmographische Aufbau gleichsam der Tempel und Schreine ist in sich schlüssig und von religionsgeographischer Bedeutung.

Als weitere Beispiele können die kulturgeographischen Werke der amerikanischen Missionare FORSYTH (Shantung - The Sacred Province in China) und JOHNSTON (Lion and Dragon in Northern China) sowie die umfangreiche religionsgeographische Beschreibung des amerikanischen Kulturattachées CROCKETT (Folkreligion in Southwest China) gelten. Die relative Freiheit akademisch-arbeitender Missionare, Botschaftsangehöriger, Gesandter, aber auch der ethnologischen und historischen Institute gewisser Universitäten (eine französische Universität befand sich ebenfalls in Peking) gestattete es, trotz widriger Umstände (Bürgerkrieg, Krieg gegen die Japaner) punktuelle Feldstudien und Erhebungen sakraler Stätten durchzuführen. Freilich waren hierbei die Ziele ebenso verschieden wie die Methoden. In meinem Vortrag soll vor allem auf die religionsgeographische "Erkundung" des Umfeldes von Missionsstationen eingegangen werden, denn gerade das Vertrautmachen mit regionalen Kulten und religiösen Praktiken und Denkformen in dem nunmehr von christlichen Missionaren betreuten Gebiet kann aufzeigen, wie z.B. das Christentum wirkungsgeschichtlich soziale Veränderungen herbeigeführt hat und wie sich solche raumwirksam niederschlagen. Daß bei den Chinesen der von Prof. BÜTTNER in die Diskussion eingebrachte Begriff der "Toleranz" eine wichtige Rolle spielt, soll anhand der Korrelation von Kirchen und Tempeln (buddhistisch/daoistisch) diskutiert werden.

Als Anhang (soweit Zeit und Raum ausreichen) kann noch auf die Anstrengungen von heute eingegangen werden, religiöstraditionelle Zusammenhänge lokal/regional aus dem sozialen Umfeld herauszulösen, um somit jeglicher Art von religiöser Haltung die historisch-genetische Grundlage zu entziehen. Die Kriminalisierung religiöser Sekten, die nicht staatlich organisiert und kontrolliert sind, treibt diese mithin in den Untergrund, ein Phänomen ähnlich dem, welches Prof. KIPPENBERG anhand der Gnosis im Römischen Reich erörterte (Eichstätt-Konferenz). Diesen (auch geographisch lokalisierbaren) "Untergrund" aufzuweichen und in asozialen Sumpf zu verwandeln, bemühen sich mehrere Institutionen auf lokaler, regionaler und auf nationaler Ebene.

JÄKEL, Reinhard (Bundesrepublik Deutschland)

Begründetes Wissen und Sinnhaftigkeit wissenschaftlicher Erdbeschreibung in der zweiten Hälfte des 18. Jahrhunderts

Als "Kunde von der Erde", "Beschreibung von Land und Leuten" oder mit ähnlichen Epitheta umrissen, war die jeweilige konkrete Ausrichtung der Geographie zu verschiedenen Zeiten in besonders hohem Maße abhängig von institutionellen Vorgaben, nicht nur aus dem staatlich-politischen, sondern insbesondere auch aus dem kirchlich-theologischen und philosophischen Raum. Dabei beschäftigte "die" Geographie spätestens seit dem 17. Jahrhundert zunehmend die Frage nach ihrem Selbstverständnis als Wissenschaft. Programmatischer Ausdruck der immensen Spannweite der Geographie zwischen "physikalischem" und "historischem" Geschehen war etwa der Titel von Carl RITTERs berühmter "Erdkunde im Verhältnis zur Natur und zur Geschichte des Menschen". Aber weder RITTERs "universelle Auffassung" (die ihn übrigens weit mehr mit Alexander von HUMBOLDT verband, als nach beider Tod vielfach gesehen wurde), noch unterschiedlich motivierte, scheinbar eindeutige Festlegungen - zum Beispiel auf die politische Erdbeschreibung im 18. Jahrhundert oder die morphologisch-naturwissenschaftliche Seite im späteren 19. Jahrhundert - konnten grundlegend Zweifel und Fragen beseitigen, mit welchem Gegenstandsbereich man es denn nun eigentlich zu tun habe, welches die geeigneten Methoden seien und worin Sinn und Zielsetzung bestünden. Der tiefgreifende Wandel im wissenschaftlichen Denken seit der Zeit BACONS führte zu einem besonderen Dilemma für die Geographie: Schwerlich konnte für eine sowohl die Erscheinungen der menschlichen wie der natürlichen Welt untersuchende Forschungsrichtung die mechanistisch-kausalistische Blickrichtung die allein bestimmende Leitlinie sein, obwohl doch von dorther die Kriterien für Wissenschaftlichkeit überhaupt zusehends bestimmt wurden. In dieser zusätzlich durch den utilistischen Anspruch an die Wissenschaften prekär gewordenen Situation fand die Geographie bzw. die Geowissenschaft generell mit der Physikotheologie des späten 17. und des 18. Jahrhunderts einen formenden Gedanken, eine Leitidee, nach der sich das gesammelte und zu sammelnde Material sinnvoll strukturieren bzw. deuten ließ. Diese teleologische, von einer die gesamte Wirklichkeit durchwaltenden Zweckmäßigkeit überzeugte Ausrichtung erlaubte einerseits ein Aufgreifen der neuen Wissenschaftskriterien, klammerte andererseits die Frage nach der Sinnhaftigkeit des zu Untersuchenden nicht aus. Neben Ansätzen einer ganzheitlichen Erkenntnisweise, die bereits auf spätere Ökologievorstellungen verweisen, erlaubte die "physikotheologische Klammer" dem einzelnen Forscher zudem, sich und sein Tun in einem ungebrochenen Bildungszusammenhang verstehen zu können. "Geschlossen" war dieses Weltbild aber schon im Verlauf des 18. Jahrhunderts nur noch sehr bedingt, auch wenn es seine Funktion als eine Art Ordnungsrahmen oder - mit KANT - als heuristisches Prinzip noch für einige Zeit aufrechterhalten konnte. Als Leitgedanke einer Analyse dieses Sachverhalts bietet sich die Frage an, inwieweit von einer Trennung oder eher von einem Prozeß der Entkoppelung gesprochen werden kann. Im Blick auf die Bedeutung für die disziplinäre Entwicklung wird am Beispiel so unterschiedlicher, verschiedene Traditionsstränge verkörpernder Wissenschaftler wie etwa Anton Friedrich BÜSCHING oder Torbern BERGMANN das Verhältnis divergenter Aspekte im Weltbild von Forscherpersönlichkeiten bzw. hinsichtlich geowissenschaftlicher Auffassungsweisen in der zweiten Hälfte des 18. Jahrhunderts untersucht.

KROLZIK, Udo O. F. (Bundesrepublik Deutschland)

Naturwissenschaftliche Forschung im Schnittpunkt von Kirche und Gesellschaft in der Frühaufklärung: Physikotheologie

Naturwissenschaftliche Forschung war in der Frühaufklärung im wesentlichen bestimmt durch die Physikotheologie. Diese physikotheologisch bestimmte Naturforschung beschreibt die Natur und experimentiert, um dann die Phänomene kausal-mechanisch zu erklären. Die kirchlich-theologische Verbindung gewinnt diese Forschung durch ihre Einbindung in größere Naturzusammenhänge, wie sie etwa beim Wasser der Wasserkreislauf und geologische Kreislauf bilden. Die Verbindung zu den gesellschaftlichen Verhältnissen besteht in dem zugrundeliegenden optimistisch-fortschrittlichen Weltbild, das dem bürgerlichen Lebensgefühl jener Zeit entspricht.

Die physikotheologische Naturforschung sah Gottes fürsorgliches Handeln in der Natur. Im Gegensatz zur vorausgehenden naturwissenschaftlichen Wahrnehmung der Natur nahm sie nicht die zerstörerischen Kräfte in den Blick, sondern die regenerativen und für den Menschen nützlichen Kräfte und Möglichkeiten. Die Wahrnehmung der Natur in ihrem zerstörerischen Potential war getragen von einer pessimistisch-konservativen Anschauung vom allgemeinen Zerfall, vom Schlechterwerden der Welt als Folge des Sündenfalls. Diese Sicht provozierte einen Kampf des Menschen gegen die natürlichen Zerfallsprozesse, insbesondere mußten die zerstörerischen Kräfte des Wassers gebändigt werden. Diese chaosbändigende Aufgabenstellung entspricht dem absolutistischen Selbstverständnis des 17. Jahrhunderts. Deutliche Folgen dieser Sicht sind etwa die englischen fens oder auch die "höfischen Wasser" in Schloßteichen, Kanälen und Wasserspielen.

Demgegenüber betonen die Physikotheologen die Leben ermöglichenden und fördernden Eigenschaften und Wirkungen der Natur. Sie arbeiten dies besonders am Wasser und Wasserkreislauf heraus: Wasser und Wasserkreislauf versorgen und regenerieren alles Leben auf Erden; Schwemmland ist nicht

Kennzeichen des Verfalls, sondern Verbesserung, da es besonders fruchtbar ist; Wasser bietet besonders günstige Möglichkeiten für Technik und Handel; Wasserkreislauf und geologischer Kreislauf garantieren eine unerschöpfliche Fülle dieses lebensspendenden und -fördernden Elementes. Diese natürlichen Gegebenheiten und Wirkungen des Wassers und Wasserkreislaufes sind das Werk göttlichen Wirkens.

In der nächsten Generation begannen die theologischen Begründungen und Einschränkungen wegzufallen. Die Anschauung vom Wasserkreislauf, die sich schnell durchsetzte, führte dazu, daß der Mensch meinte, der Wasserhaushalt sei unerschöpflich und zur umfassenden Nutzung durch den Menschen bestimmt. Der Grundgedanke war dabei, daß die natürliche Ordnung zweckvoll ist und alle Störungen zu beseitigen sind. Hiermit war natürliche Ordnung endgültig mit zweckvoller Ordnung gleichgesetzt.

Der Kreislauf ohne Mittelpunkt, wie ihn die Natur im Wasserkreislauf darbietet, wird zur sicheren Grundlage der Behaglichkeit und des Reichtums des Bürgertums. Für den Absolutismuskritiker MONTESQUIEU nimmt der Reichtum zu, wenn die "Zirkulation" gesteigert wird. In Zukunft zirkuliert vieles, nicht nur das Wasser, das Blut, die Sterne und die Materie, sondern auch die Ideen, das Geld und die Arbeit.

LEITNER, Wilhelm (Österreich)

Wandlungen in der Wahrnehmung des Türken-Problems Vom "Feindbild" der Türken zur Erforschung der Gastarbeiterproblematik.

Auf dem Weg zu einer wahrnehmungsgeographisch ausgerichteten <u>Geographie der Geisteshaltung</u>

In allen Zerwürfnissituationen, ob auf der Mikroebene zwischen Personen, auf der Mesoebene zwischen Volksgruppen, oder auf der Makroebene zwischen Völkern und Staaten, werden "Bilder der Vergangenheit" lebendig. Sie tragen zur Verschärfung oder Entschärfung von Konflikten bei bzw. motivieren häufig die Verhaltensnormen. "Weltanschauungen", gefälschte oder verzerrte Geschichtsbilder (als Ausprägung von Denkkategorien einer "Gesellschaft") gestalten entscheidend die Geisteshaltung der Zeit, - wobei Sir POPPER's Feststellung, "daß es ohne Standpunkt keine Betrachtung der Vergangenheit (der Geschichte) gäbe" - in diesem Zusammenhang unwidersprochen bleiben soll.

Seit der ersten Auseinandersetzung mit der osmanischen Welt bildete sich ein Türken-"Feindbild" aus, das stark von religiösen Ideen und einer Uminterpretation der Osmanen in heilsgeschichtlicher Sicht dominiert war.

Trotz einer gewissen Trendwende - so gab es bereits im 18. Jahrhundert nicht nur eine ausgesprochene "Türkenmode", sondern eine echte "Begeisterung" für den Orient (man denke an Hammer von PURGSTALL, den größten Orientalisten, oder an GOETHE bzw. an die turkophilen Schwärmereien der Adelskultur) - haben sich alte Klischeevorstellungen gehalten und sind in ihren Nachwirkungen bis zur Gegenwart spürbar.

Im Rahmen der wahrnehmungs- (und auch handlungs-) theoretischen Geographie der <u>Geisteshaltung</u> werden im Thema u.a.

folgende Problemfelder (in ihrer subjektiven und objektiven Struktur und deren "Rückkoppelungen" auf die Geisteshaltung) angerissen:

- die Ideologie von der "Verteidigung des christlichen Abendlandes",

- die Tradierung alter "Türkenfeindbilder" in ihrer speziellen Mengung mit der Gastarbeiterproblematik und dem "Alltagsfaschismus".

Dabei ergaben die forschungsleitenden, wahrnehmungs- bzw. handlungstheoretischen Fragestellungen Kontakte mit Nachbardisziplinen, so über

- die Vorurteilsforschung,

- und die "Wirklichkeitsforschung" (wie erscheint die "Wirklichkeit" in den Köpfen der die Geisteshaltung Bestimmenden zu den Sozial- und Verhaltenswissenschaften, ferner zur Geschichtswissenschaft).

Zum anderen wird der Versuch unternommen, die doch recht differenzierte (Geistes-)Haltung der Völker der "Donauländer" zum Islam herauszufiltern, was über die Untersuchung der "Kultur- und Religionswellen" (M. BÜTTNER) erneut den engen Kontakt zur Religionsgeographie herstellt.

Der Beitrag zur Theoriebildung liegt im Erkennen des Wandels im Denken über den Orient. Die "Feindbilder", als geistiges Substrat, als Imago einer Gesellschaft, differenziert in Volks- und Adelskultur der Vergangenheit, dokumentieren religiöse, kulturelle und politische Strömungen. Damit wird der dialektische Prozeß M. BÜTTNERs angesprochen, den dieser als ein sich aufschaukelndes Auf und Ab zwischen entgegengesetzten Phasen beschreibt, in welchen Geisteshaltung/Religion und Umwelteinflüsse sich in der Balance oder im Konflikt befinden. Die ökonomisch orientierte pluralistische Gegenwartsgesellschaft komprimiert, was Jahrhunderte hindurch in Form von "Wellen" ablief.

Abschließend sei angemerkt, daß an einem besonders instruktiven Beispiel die Entwicklung zur modernen wahrnehmungs- (und handlungs-)orientierten <u>Geographie der Geisteshaltung</u> aufgezeigt werden soll.

PIROUET, M. M. Louise (Großbritannien)

Understanding the Changing Patterns of Politico-Religious Dominance in Late 19th Century Uganda

The last quarter of the 19th century saw the irruption into Uganda of Christian missionaries, European travellers and colonial administrators. The politico-religious map of the area was substantially changed, and the relationship between religion and the socio-political environment was fundamentally altered. Yet it is not clear whether continuities or disjunctions were more important. An unusually large body of literature was produced by the Europeans who came to Uganda during these years, and, most unusually for tropical Africa, a considerable native Ugandan literature also emerged which allows us to see a little into these developments as they appeared to Ugandans at the time. The missionary literature described the Christianising of Uganda largely in terms of religious conversion as understood in evangelical circles in Victorian England, or French Roman Catholic thinking. But from time to time these writings allow us glimpses of far more complex processes at work which were often unrecognised even by those whose writings convey these hints.

Uganda before 1875 was not a static society. Apart from shifting patterns of political domination in the area which became Uganda, accompanied by adaptations of the religious myths which sanctioned the acquisition of political power, the mid 19th century saw the first major impingement of the outside world in the shape of Muslim traders from the Swahili coast who brought luxury goods, firearms, literacy and a new religion in an explosive package which profoundly affected the area. The European presence, accompanied by more technologically-advanced firearms, a different form of literacy, another new religion (in two forms, Catholic and Protestant), and colonial power, came into conflict both with the traditional politico-religious establishments, and also with Islam.

In the struggle which ensued, the traditional political structures were used by the British as vehicles for their own political domination, but subtly and profoundly altered in the process. The relationship between traditional religious authority and political power was also altered. Christianity replaced the traditional religious beliefs at certain levels, and, since it could not be used in exactly the same way as the traditional belief systems had been, a new relationship between religion and politics had to be worked out. In these processes of change, Ugandans did not play a purely passive role. They often innovated and led the way in an acceptance of new ways and ideas, but often using these for traditional purposes. They also sought to understand what was happening, and wrote numerous tracts and books which were printed and widely circulated, exploring events.

The missionary literature sought to understand the traditional patterns of life, and serious anthropological study was undertaken. It also sought to describe, explain and analyse Ugandan events for the benefit of a European readership, and as a result the sources for Ugandan history in this period are exceptionally rich.

By 1910 a new order had emerged, a part of which has persisted right up to the troubled present, having survived the pseudo-Islamic interlude under Idi Amin, and the appalling traumas of Obote's second presidency. It is this link with the present which gives particular importance to the 19th century changes, and to the contemporary efforts to record and analyse them.

USARSKI, Frank (Bundesrepublik Deutschland)

Zur Geschichte der wissenschaftlichen Auseinandersetzung mit den sogenannten "Jugendsekten" in der BRD

Seit Ende der 70er Jahre genießen neue spirituelle Gruppierungen in der Bundesrepublik besondere Aufmerksamkeit. In der Folgezeit wurde das besagte Thema meist unter dem Stichwort "Jugendreligionen" immer wieder aufgegriffen und in öffentlichen Informationsträgern, Verlautbarungen politischer Vertretungen oder wissenschaftlichen Beiträgen behandelt.

Ein Rückblick auf die Geschichte der Auseinandersetzung mit alternativ-religiösen Organisationen macht deutlich, daß der sukzessive Einstieg akademischer Kreise in diese Debatte für einzelne Disziplinen mit erheblichen wissenschaftstheoretischen Schwierigkeiten verbunden ist. Nachdem neue spirituelle Bewegungen zunächst schwerpunktmäßig von kirchlichen Fachleuten als Problem wahrgenommen bzw. unter christlich-apologetischer Perspektive erörtert wurden, übernahm im weiteren Verlauf der Auseinandersetzung die Mehrzahl auch der nicht-theologischen Autoren weitgehend unreflektiert den von den "Initiatoren" der "Jugendsekten"-Diskussion vordefinierten "Erkenntnisstand". Forschungspragmatischer Ausgangspunkt der sich erst später in die Diskussion einschaltenden Wissenschaftler war damit ein in Grundzügen bereits umrissener, nunmehr arbeitsteilig auszudifferenzierender Objektbereich. Die Kehrseite dieses affirmativen Einschwenkens auf das ursprünglich weltanschaulich gebundene Paradigma war in vielen Fällen die Preisgabe eigener disziplinärer Forschungsmaximen.

Die aktive Rolle einzelner Länderregierungen sowie der Bundesregierung bezüglich einschlägiger Maßnahmen gegen neue spirituelle Bewegungen entspricht dem weitverbreiteten wissenschaftlichen Grundkonsens und repräsentiert zusätzlich zu der wissenschaftstheoretischen die verfassungsrechtliche

Problematik der "Jugendsekten"-Debatte. Beide Aspekte sind untrennbar miteinander verwoben und müssen im Sinne dieses Wechselverhältnisses betrachtet werden.

Es ist dann auch das zentrale Anliegen des Referates, die chronologischen Prozesse herauszuarbeiten, mittels derer sich das kirchlicherseits wahrgenommene "Jugendsekten"-Problem in der angedeuteten Weise interdisziplinär manifestieren und öffentliche Relevanz entfalten konnte. Dabei soll auch die Kluft zwischen dem Selbstverständnis der umstrittenen Gruppen einerseits und der von Wissenschaftlern und politischen Gremien vorgenommenen Fremddefinition andererseits deutlich werden. In diesem Sinne ist auch eine Konfrontation des hierzulande dominanten öffentlichen Meinungsbildes hinsichtlich neuer spiritueller Bewegungen mit inzwischen vorliegenden empirischen Materialien und Gerichtsurteilen unabdingbar.

WARNECKE, Heinz (Bundesrepublik Deutschland)

Die Erforschung der Romfahrt des Apostels Paulus
Ein Beitrag zur Religionsgeographie des Neuen Testaments

Der Einfluß staatlicher und kirchlicher Institutionen auf geographische Interpretationen des Bibeltextes wurde bisher nicht untersucht. Auch mein Vortrag vermag dieses Desiderat keineswegs zu beseitigen, aber er wird den Einfluß politischer und kirchlicher Kräfte auf die geographische Interpretation der Romfahrt des Apostels Paulus aufzeigen.

Wie die Kapitel 27-28 der biblischen Apostelgeschichte berichten, segelte Paulus im Herbst des Jahres 59 n. Chr. von Palästina nach Rom, wobei er westlich von Kreta in einen schweren Sturm geriet, infolgedessen das Schiff nach zweiwöchiger Irrfahrt vor einer Insel strandete. Diese Insel, auf der Paulus drei Monate überwintern mußte, hieß Melite.

Das in der Apostelgeschichte beschriebene Melite wurde entweder in der Insel Malta oder in der süddalmatischen Insel Mljet erblickt; beide Inseln trugen im Altertum den Namen Melite. Staatlicher- und kirchlicherseits bestand zunächst kein besonderes Bedürfnis, sich für Malta oder Mljet zu entscheiden, denn beide Inseln gehörten während der Spätantike zum Weströmischen Reich und während des Frühmittelalters zum Oströmischen Reich.

Erst als Malta im 9. Jahrhundert unter arabische und somit moslemische Herrschaft kam, wies der christlich-orthodoxe Klerus das dem Byzantinischen Reich verbliebene Mljet als das Melite der Apostelgeschichte aus. Als dann zu Beginn der Neuzeit der römisch-katholische Johanniterorden (bzw. Malteserorden) die Herrschaft auf Malta übernahm, forcierten die Ordens-Großmeister dagegen den Anspruch Maltas, das Melite der Apostelgeschichte zu sein. Jedoch erst zu Beginn des 19. Jahrhunderts, nach der Annektion Maltas durch die Briten, konnte insbesondere aufgrund der Studien englischer Wissenschaftler die Malta-Melite-Theorie gegenüber der

Mljet-Melite-Theorie sich zunehmend durchsetzen, obwohl die Benediktiner der bis 1918 zum Kaiserreich Österreich-Ungarn gehörenden Insel Mljet deren alten Anspruch verteidigten.

Nicht zuletzt weil einerseits das kommunistische Jugoslawien, zu dessen Staatsgebiet Mljet seit dem 2. Weltkrieg gehört, kein Interesse an der Verteidigung der These besaß, derzufolge der Völkerapostel Paulus auf Mljet gewesen sei, und andererseits die römisch-katholische Kirche während der vergangenen Jahrzehnte die Malta-Melite-Theorie mit allem Pomp förderte, geriet die einst favorisierte Mljet-Melite-Theorie schnell in Vergessenheit.

Fazit: Bei dem über 1000jährigen Streit, ob Malta oder Mljet das Melite der Apostelgeschichte ist, waren staatliche und kirchliche Einflüsse durchaus von Bedeutung.

Meine, von kirchlicher oder gar staatlicher Einflußnahme freie Studie über die Romfahrt des Apostels Paulus weist jedoch (insbesondere aufgrund naturwissenschaftlich überprüfbarer Angaben der Apostelgeschichte) nach, daß Paulus weder auf Malta noch auf Mljet war, sondern stattdessen auf der westgriechischen Insel Kephallenia.

WARNKE, Götz (Bundesrepublik Deutschland)

Beiträge von Theologen zum Fortschritt in Wissenschaft und Technik

Der Anspruch der Theologie auf die Universalität ihres Wissenschaftsgebietes fand in früheren Jahrhunderten seine Entsprechung in den vielfachen Interessen und Betätigungen der einzelnen Theologen.

Daß sich deren Wirkungskreis nicht nur auf die der Theologie nahestehenden Wissenschaften wie Philosophie, Philologie und Historiographie beschränkte, sondern fast ebenso intensiv die Naturwissenschaften und die Technik miteinbezog, soll dieser Vortrag anhand des Zeitraums 1500-1850 dokumentieren.

Ausgehend vom Ausbildungsweg der Theologen und dessen möglichen Einfluß auf das spätere (natur-)wissenschaftlich-technische Engagement, sowie von verschiedenen staatlichen Einflußnahmen zugunsten weltlich-"nützlicher" Betätigung von Gemeindepfarrern, werden die Leistungen der Theologen in den einzelnen Fachgebieten aufgezeigt.

Anschließend soll das vorhandene Material zeitlich aufgeschlüsselt werden, um Parallelen zu den jeweiligen zeitgeschichtlichen Strömungen aufzuzeigen. Am Schluß steht die Frage nach den Gründen für das Verschwinden dieser Form innerweltlicher Betätigung in Klöstern und Pfarrhäusern.

Als Quellen dienen neben der ADB und den entsprechenden wissenschaftsgeschichtlichen Werken die Pfarrerbücher der Landeskirchen und Werke der regionalen Kirchengemeinde.

WASCHKIES, Hans-Joachim (Bundesrepublik Deutschland)

Physikotheologische Wurzeln der Bevölkerungsstatistik in Deutschland

Mit dem Erscheinen von Samuel PARKERs "Tentamina physicotheologica" im Jahre 1665 fand die zuvor nur wenig beachtete Physikotheologie im protestantischen Europa des 17. und 18. Jahrhunderts viele neue Anhänger. Im übrigen ging sie als theologische Bewegung aus dem Bemühen der Gelehrten im nachcartesianischen England hervor, die christliche Tradition mit einer neuen, zumindest schon ihrem Programm nach in die Empirie fundierten Deutung der Natur in Einklang zu bringen. Da die Natur dabei als Gottes Werk interpretiert wurde, sind die Schriften der Physikotheologen im einzelnen stark von der Gottesvorstellung des jeweiligen Autors geprägt. Im norddeutschen Raum orientierten sich die akademisch gebildeten Vertreter dieser speziellen theologia naturalis während der ersten Hälfte des 18. Jahrhunderts häufig an einem Gottesbild Leibnizscher Prägung, das Gott als einen Technokraten vorstellte, nach dessen Plan die Welt seit der Schöpfung wie ein perfekter Automat ihren Lauf nimmt, ohne daß Gott je regulierend in das Weltgeschehen einzugreifen braucht. Bei dem Versuch, die Natur in diesem Sinne auszulegen, geriet man im Bereich der Lebewesen allerdings in große Schwierigkeiten. Wie der junge KANT in seiner physiko-theologisch konzipierten "Allgemeinen Naturgeschichte und Theorie des Himmels" von 1755 feststellte, fehlte es zum einen nämlich noch an einem "Newton des Grashalms", und außerdem ließen sich die Menschen mit ihrem freien und mithin unberechenbaren Willen nur schwer als bloße Rädchen in einem von Gott genial geplanten, am ersten Tag in Gang gesetzten automatischen Getriebe deuten.

Den Ansatz zu einem Ausweg aus diesem Dilemma bot die junge Disziplin der Bevölkerungsstatistik, zu deren Archegeten vor allem Medizinalstatistiker wie John GRAUNT (1662) und Bernadino RAMAZZINI (1690) gehörten. Im deutschen Sprachraum wurde die Weiterentwicklung dieser neuen Wissenschaft seit dem Beginn des 17. Jahrhunderts vor allem von LEIBNIZ propagiert, und daher ist es nicht erstaunlich, daß der an dessen Gottesbild orientierte Berliner Probst und Physikotheologe Johann Peter SÜßMILCH statistische Erhebungen verschiedenster Art analysierte, um eine Reihe von erstaunlich gesetzmäßigen und daher als von Gott geplant interpretierbaren Details der Bevölkerungsentwicklung seiner Zeit zu erfassen. Im übrigen knüpfte er damit an Ausführungen in William DERHAMs "Physico-Theology or a Demonstration of Being and Attributes of God from his Work of Creation" (1713) an. SÜßMILCHs Hauptwerk mit dem bezeichnenden Titel "Die göttliche Ordnung in den Veränderungen des menschlichen Geschlechts, aus der Geburt, Tod und Fortpflanzung desselben erwiesen" erschien zuerst 1741 und brachte es bis 1798 auf sechs Auflagen. Wirkungsgeschichtlich war diese Monographie von großer Bedeutung; denn sie markiert den Beginn der systematischen Demographie in Deutschland. Für die Physikotheologen kam sie dagegen schon zu spät; denn der vorkritische KANT versuchte in seinem "Einzig möglichen Beweisgrund für die Existenz des Daseins Gottes" (1763) zwar noch, die neuen Einsichten von SÜßMILCH für die Physikotheologie fruchtbar zu machen; aber schon wenig später verlor dieser Sonderzweig der Theologie nicht zuletzt unter dem Einfluß des kritischen KANT mehr und mehr an Anhängern und damit an Bedeutung.